ZUKUNFTSHORIZONTE KATHOLISCHER SEXUALETHIK

QUAESTIONES DISPUTATAE

Begründet von
KARL RAHNER UND HEINRICH SCHLIER

Herausgegeben von
PETER HÜNERMANN UND THOMAS SÖDING

241

ZUKUNFTSHORIZONTE KATHOLISCHER
SEXUALETHIK

ZUKUNFTSHORIZONTE KATHOLISCHER SEXUALETHIK

HERAUSGEGEBEN VON KONRAD HILPERT

HERDER

FREIBURG · BASEL · WIEN

www.herder.de
Umschlaggestaltung: Finken & Bumiller, Stuttgart
Satz: Barbara Herrmann, Freiburg
Herstellung: fgb · freiburger graphische betriebe
www.fgb.de
Gedruckt auf umweltfreundlichem, chlorfrei gebleichtem Papier
Printed in Germany
ISBN 978-3-451-02241-8

Inhalt

Vorwort

Mehr als manch andere Quaestio disputata hat die, die im vorliegenden Band beleuchtet wird, einen *aktuellen Anlass*: das Bekanntwerden von zahlreichen Fällen sexuellen Missbrauchs Minderjähriger in pädagogischen Einrichtungen kirchlicher und anderer Träger in jüngerer und in entfernterer Vergangenheit sowie die Erschütterungen, die dadurch und im Gefolge ihrer „Bearbeitung“ ausgelöst wurden. Sie sind neben dem damit verbundenen Leid vieler Menschen deshalb so schmerzlich, weil sie das moralische Ansehen der Kirche belasten, weil sie eine fragwürdige Einseitigkeit der öffentlichen Wahrnehmung hervorrufen und weil sie einen zentralen Kern dessen beschädigen, was kirchliche Arbeit ausmacht, nämlich Vertrauen und Menschlichkeit.

Die deutschsprachigen Moraltheologen haben bei ihrem Treffen in der ersten Jahreshälfte 2010 eine Erklärung beraten und verabschiedet[1], in der sie gefordert haben, bei der nun notwendigen intensiven Bearbeitung entschlossen von der Perspektive der Opfer auszugehen. Sie haben aber auch sich selbst verpflichtet, die Probleme und ihre möglichen Zusammenhänge mit kirchlichen Lehrtraditionen bzw. theologisch-ethischen Defiziten in den Blick zu nehmen. Sie waren von Anfang an der festen Überzeugung, dass es nicht nur Bemühungen um bessere Richtlinien für den Umgang mit angezeigten Fällen sowie für die Prävention und die Rekrutierung des eigenen Personals bedarf, sondern dass es in einer weiteren, begleitenden und mittelfristigen Anstrengung darum gehen muss, den ganzen Bereich der Sexualmoral und deren ethischer Reflexion tiefer gehend und substanzieller neu zu durchdenken. Die Moraltheologie muss sich hierbei offener den Erkenntnissen der Humanwissenschaften und energischer den erheblichen Veränderungen im Selbstverständnis der Menschen, in der Beziehungswirklichkeit und in den gesellschaftlichen Rahmenbedingungen (z. B. Medien, Globalisierung) stellen und dabei zugleich die zentralen

[1] Vgl. Erklärung der Arbeitsgemeinschaft der deutschen Moraltheologen zu den Fällen von sexuellem Missbrauch in kirchlichen Einrichtungen, in: Münchener Theologische Zeitschrift 62 (2011) 83f.

Anliegen der eigenen christlichen Tradition zur Geltung bringen. Im metaphorischen Begriff „*Zukunftshorizonte*" des Titels ist diese programmatische Absicht zum Ausdruck gebracht: Es soll ganz bewusst und experimentell über die kirchliche Lehre, wie sie bis in jüngste Zeit immer wieder formuliert und festgeschrieben wurde, hinaus weitergedacht werden. Aber dabei wird es nicht um die Antizipation fertiger Ergebnisse oder die Festlegung der Schritte auf dem Weg zu bestimmten Positionen gehen, sondern um ein Weiterdenken, um ein problemsensibles Suchen, um ein Imaginieren, welche Themenfelder aufgegriffen werden müssten, und um ein Vermessen, welche Richtung die Entwicklung nehmen könnte.

Schließlich ist es für das angemessene Verstehen der folgenden Beiträge wichtig, dass sie sich als *Facetten* eines Problemkomplexes verstehen und nicht als Kapitel einer neuen Sexualethik aus einem Guss. Was sie systematisch zusammenbindet, ist inhaltlich die Grundüberzeugung, dass Liebe und Sexualität nicht Gegensätze sind, sondern füreinander offen sind, wie es das II. Vatikanum grundsätzlich in „Gaudium et spes" (nr. 47–52) entfaltet und Papst Benedikt XVI. in seiner ersten Enzyklika „Deus caritas est" (nr. 3–8) betont hat, indem er von einer „einzigen Wirklichkeit" gesprochen hat, die aber „verschiedene Dimensionen" aufweist. In problemorientierter Hinsicht ist allen Beiträgen der Umstand gemeinsam, dass die behandelten Fragestellungen sämtlich im Zuge der Missbrauchsdiskussion aufgetreten sind oder sich mit unverminderter Heftigkeit wieder in Erinnerung gebracht haben, so dass ihre Thematisierung in einer Quaestio disputata gerechtfertigt ist.

Darunter finden sich Fragen, die bis ins theologisch Grundsätzliche reichen. Etwa die Frage nach den verschiedenen Lebensformen und ihrer Eignung, gelebte Ausdrucksgestalt des Christlichen zu sein. Oder die Frage nach der Möglichkeit und der Realität von Schuld im Spannungsfeld von Einzelnem, Institutionen, Strukturen und System. Die Frage nach dem Bild von Kirche in der Spannung von normativer Ekklesiologie und erlebter Faktizität sowie die Frage nach den Anforderungen und Erwartungen an Amt und Berufsethos in diesem Feld. Auch anthropologisch und sozialanthropologisch kommen basale Dimensionen und Fragen in den Blick, etwa die Frage nach den Grenzen der Gestaltbarkeit menschlicher Beziehungen, die nach der Spannung von Nähe und Distanz in helfenden Beziehungen, die Frage nach der Funktion von normativen Vorgaben gegenüber dem Anspruch auf individuelle Selbstgestaltung, die nach der Bedeutung von Entwicklungsdynamik und Lernen.

Wie stets habe ich bei der organisatorischen, technischen und redaktionellen Vorbereitung dieses Bandes von meinen Mitarbeitern starke, kompetente und darüber hinaus äußerst freundliche Unterstützung erhalten. Deshalb seien an dieser Stelle dankbar erwähnt: Herr Dr. Jochen Sautermeister, Frau Kerstin Pfeiffer M.A., Herr cand. theol. Alexander Hermann und Frau stud. theol. Marina Dorer. Mein Dank gilt auch den Herausgebern der Reihe und dem zuständigen Lektor des Herder Verlags.

München, im März 2011 Konrad Hilpert

1.
Kultur- und theologiegeschichtliche Aspekte

Von der Sexual- zur Beziehungsethik

von Karl-Wilhelm Merks

Die Sexualethik ist – der Eindruck lässt sich kaum vermeiden – der Paradefall für bestimmte Schwächen der traditionellen katholischen Moraltheologie, Schwächen freilich, die in den Augen ihrer Verteidiger gerade ihre Stärke waren, und dies zum Teil bis auf den heutigen Tag noch sind.

Unter traditioneller katholischer Moraltheologie verstehe ich hier die in ihrer Substanz bis weit ins 20. Jahrhundert ziemlich einheitliche, durch Lehramt und Fachtheologie als selbstverständlich propagierte Moraldoktrin, in unserm Falle „de sexto", zum 6. (und 9.) Gebot des Dekalogs (nach katholischer Zählung).

Auf einem Gemisch von metaphysischen und physischen Naturvorstellungen gegründet, erwies sie sich als weitgehend resistent gegenüber etwaigen „Neuerungen", wie sie sich aufgrund human- und sozialwissenschaftlicher Einsichten und Theorien nahe legen mochten. Und in dem Maße, in dem die übliche Begründung immer weniger Überzeugungskraft zeigte, rückte das Argument der Lehrautorität verstärkt ins Zentrum kirchlicher Lehre. Das Ja zur kirchlichen Sexualmoral wird schließlich – neben einigen Fragen der Bioethik sowie der allgemeinen Frage des Gehorsams gegenüber dem kirchlichen Lehramt – zum articulus stantis et cadentis für Moraltheologen und -theologinnen, zum kritischen Punkt, mit dem die Rechtgläubigkeit steht und fällt. Und so hat es in der Folgezeit so mancher Moraltheologe vorgezogen, sich nicht allzu auffällig aufs sexualethische Glatteis zu begeben.[1]

[1] Vor allem gegen Ende der 1960er und in den 1970er und 1980er Jahren (im Zusammenhang mit dem 2. Vatikanischen Konzil und nach der Enzyklika „Humanae vitae") gab es eine Fülle moraltheologischer Literatur zu Fragen von Sexualität und Ehe, in der alle relevanten Fragen offen angesprochen und dringende Vorschläge zur Erneuerung gemacht wurden. Manchen Theologen ist das nicht gut bekommen. Um niemanden bei der Aufnahme in die nicht gerade kurze Ehrenliste der Betroffenen zu übersehen, nenne ich hier keine Namen, außer zweien. Einmal *Bernhard Häring*, der mit seinen zwei großen dreibändigen Moraltheologien auf persönliche Weise den Paradigmenwechsel in der Moraltheologie sichtbar macht (Das Gesetz Christi, seit 1954; Frei in Christus: deutsche Ausgabe seit 1979), und der über die Schwierigkeiten, denen er deswegen ausgesetzt war, (leider viel zu spät, möchte man sagen) berichtet in: „Meine Erfahrung mit der Kirche" (Freiburg 1989). Der zweite, den ich

Aber die unübersehbare Diskrepanz zwischen Lehre und Leben, zwischen Moraldoktrin und (ja doch auch von Überzeugungen geprägter) Moralpraxis machen es unausweichlich, die Schwachstellen des moralischen Traditionalismus endlich ernst zu nehmen.

Hierbei geht es nicht, wie sich auch bei anderen Fragen einer kritischen Moraltheologie gezeigt hat, um billige oder wohlgemeinte Anpassung an den Zeitgeist, sozusagen lockerere Moralregeln als Antwort auf lockerere Sitten. Bei einer näheren Betrachtung wurde deutlich, dass eine Revision der die Normen tragenden Leitbilder sowie darüber hinaus das Grundverständnis von Moral einer kritischen Sichtung bedürftig waren und, vor allem was die kirchliche Sexuallehre angeht, es immer noch sind.

Anders als in den meisten andern Bereichen vertritt die Morallehre der Kirche in der Sexualmoral eine deontologisch-absolut argumentierende Auffassung von Normen. Hier gibt es keine Ausnahmen, so wie etwa im Falle des Stehlens den sogenannten Mundraub, oder im Falle des Tötens die Selbstverteidigung. Keine sexuelle „Betätigung" außerhalb der Ehe, keine Maßnahmen zur Unterdrückung des Zeugungsbezugs – das gilt ohne Ausnahmen. Und genau hier liegt der kritische Punkt: Noch so gute Gründe, noch so neue Einsichten, noch so wohlerwogene Gewissensüberzeugungen wiegen nicht auf gegen die kirchlich verkündeten Normen. Das aber kann nicht gut gehen, weil es unserem Grundverständnis von Moralität allgemein, und von verantwortlich gestalteter Sexualität im Besonderen entgegensteht. Zwischen der kirchlichen Sexualmoral und den Moralvorstellungen auch vieler praktizierender Kirchenmitglieder liegen inzwischen Welten. Und da hilft es nicht mehr, die Menschen an *diese* kirchliche Sexualmoral erneut heranführen zu wollen, da hilft nur eine Herausführung der Sexualmoral aus ihren bisherigen strukturellen Schwachstellen, da hilft nur ihre Übersetzung in ein heute verständliches, nachvollziehbares und so glaubwürdiges Moralverständnis.

Im Folgenden beabsichtige ich nicht eine Detail-Darlegung zu den Brennpunkten der kirchlichen Sexualmoral, sondern will mich konzentrieren auf einige strukturelle Eigentümlichkeiten der traditionellen Morallehre, die deutlich machen, wo eine Neu-

---

nennen möchte, ist mein Lehrer *Franz Böckle*. Die einschlägigen Titel seiner vielfachen Beschäftigung mit der Thematik lassen sich seinem von Claire Reiter zusammengestellten Schriftenverzeichnis entnehmen (in: *Höver, Gerhard*, *Honnefelder, Ludger* [Hrsg.], Der Streit um das Gewissen, Paderborn, München u. a. 1993, 135–174). Weitere persönliche Erfahrungen finden sich im Übrigen in: *Hilpert, Konrad* (Hrsg.), Theologische Ethik autobiografisch, 2 Bde., Paderborn u. a. 2007–2009.

orientierung unentrinnbar ist. Diese Neuorientierung kann man als den Weg von der Sexualmoral zur Beziehungsethik bezeichnen.

Ich nenne zunächst summarisch die strukturellen Hauptschwachpunkte, wie sie sich in der „Endphase“ des traditionellen Moralmodells bis in die 1950er und 1960er Jahre darstellten und in entscheidenden Fragen eben noch bis in die heutige Sexualethik hineinreichen (I). Danach gehe ich kurz auf Veränderungsvorstellungen von moraltheologischer Seite für ein heute adäquates Verständnis von Moral ein (II). In einem dritten Schritt komme ich beispielhaft auf Elemente in der gegenwärtigen Lehrverkündigung zu sprechen, die – trotz gewisser Entwicklungen – m. E. die genannten traditionellen Schwachstellen in der Sexualmoral perpetuieren (III). Schließlich skizziere ich die Grundzüge des erforderlichen Strukturwandels der Ethik der Sexualität durch den paradigmatischen Wechsel von der Sexualethik hin zur Beziehungsethik (IV). Eine kurze Nachbetrachtung (V) schließt das Ganze ab.

I. Sexualethik als Naturrechtsethik

Welche Charaktereigentümlichkeiten prägen die traditionelle katholische Sexualethik? Ich versuche eine Typisierung von außen nach innen, vom Erscheinungsbild zu den Grundlagen und leitenden Ideen.

Zunächst das Erscheinungsbild. Diese Moral erscheint theoretisch-abstrakt und wirklichkeitsfern, detailversessen und rigoristisch. Hierzu einige Erläuterungen.

Die Traktate über das 6. und 9. Gebot in den Moralhandbüchern sind, auch wenn die Differenzierungslust bei anderen Fragen, etwa der Eigentumsordnung (7. Gebot) oder der Wahrhaftigkeitsfrage (8. Gebot) nicht gerade zurückhaltend ist, doch ein erlesenes Beispiel für das Detailinteresse der Moralisten. Manche Handbuchautoren sehen für sie selbst einen eigenen Band vor.[2] Eine der Ursachen für diese Ausführlichkeit ist die Umsetzung der Vorschrift des Trienter Konzils über die Pflicht, alle schweren Sünden nach „Art, Zahl und Umständen“ zu beichten[3]. Man kann sich denken, dass angesichts der empirisch ja durchaus bekannten,

---

[2] So fand ich in meiner eigenen Sammlung von Manualia z. B. zu *H. Noldins* Summa theologiae moralis von 1952 ein eigenes „Complementum De castitate“ von nicht weniger als 94 zumeist ziemlich klein gedruckten Seiten vor; „De castitae et ordine sexuali“ von *Joseph Fuchs SJ* kommt 1960 auf 168 Seiten.

[3] Vgl. DH 1679ff.; CIC 1917, c. 901; CIC 1983, c. 988.

eher chaotischen Vielfalt des Sexuellen für eine Moralunterweisung in dieser Materie schon einiges zusammenkommen konnte. Wie sollten die Beichtväter dieser Forderung entsprechen können, ohne genau Bescheid zu wissen?

Und so bieten die Handbücher nicht nur ein detailliertes Regelwerk über Arten und Unterarten möglicher Verfehlungen, sondern sie liefern daran vorabgehend auch das nötige Detailwissen sexuellen Funktionierens – eine Art normativ interessierter Sexualkunde, die ahnungslose Menschen vielleicht gar erst auf Ideen bringen konnte, was es so alles gibt. Bisweilen erachten es die Autoren (z. B. J. Aertnys, C. A. Damen CSSR, J. P. Gury SJ) denn auch nicht für überflüssig, die Mahnung des Alfons von Liguori (1696–1787) zu Beginn seiner Abhandlung über das 6. und 9. Gebot zu zitieren. Hierin bittet dieser den unschuldigen Leser (castus lector), ihm die detaillierte Darlegung nachzusehen. „Könnte ich mich doch kürzer und bedeckter äußern! Aber weil dies eine immer wieder vorkommende und vielumfassende Materie beim Beichten ist, und ihretwegen die meisten Seelen zur Hölle fahren", sieht er sich zu der ausführlichen Darlegung genötigt. Und er bittet die Studenten bei ihrer Vorbereitung auf die Tätigkeit als zukünftige Beichtväter, nur um dieses Zieles willen und nicht aus eigener Neugierde und zum eigenen Verderb die Darlegung zu lesen.[4]

Mit welchen Detaillierungen einer solchen Verantwortung nachgekommen wurde, braucht hier nicht dargelegt zu werden. Sie reichen von der Beschreibung der biologischen Vorgänge bis in die verwinkelten Ecken, Arten und Abarten sexueller Praktiken. Zugänglich waren diese Darlegungen in der Regel nur in Latein; (noch der „Kleine Jone"[5] behielt mindestens entsprechende lateinische Einsprengsel bei). Eine dünne Version bieten die Fragen in den sogenannten Beichtspiegeln, so beispielsweise das Gebet- und Gesangbuch für das Erzbistum Köln von 1949. Nach einer Einführung über die Tugenden der Schamhaftigkeit und Keuschheit wird näherhin für die Gewissensprüfung gefragt:

> „Hast du aus Leichtfertigkeit oder aus unbeherrschter Neugierde gesündigt durch unschamhafte Blicke? Durch unschamhafte Gedanken und Vorstellungen? Durch unschamhafte Reden? Durch unschamhaftes Benehmen bei dir selbst? Vor anderen?

---

[4] Vgl. *Alfons von Liguori*, Theologia Moralis, Lib. IV, n. 413 (übers. K.-W. Merks).

[5] *Jone, Heribert OMCap*, Katholische Moraltheologie (ab 1929 verschiedene Auflagen in verschiedenen Sprachen) ist ein Handbuch im Taschenbuchformat vor allem zur schnellen Information für Seelsorger, das gerade in seiner Kürze ein gutes Gespür für den kasuistischen Typus der damaligen Moraltheologie vermittelt.

> […] Hast du verbotene Regungen des Geschlechtstriebes oder unkeusche Lust gesucht und geweckt oder darin eingewilligt? Durch unkeusche Blicke? Wie oft? Durch unkeusche Gedanken und Vorstellungen? Wie oft? Durch unkeusche Reden? Wie oft? Durch Aufsuchen der nächsten Gelegenheit? Welcher? Wie oft? Durch unkeusche Werke an dir selbst? Wie oft? Durch unkeusche Werke mit anderen (Männern oder Frauen)? Wie oft? Handelt es sich um ein unerlaubtes Verhältnis? Um bräutliche Untreue? Hast du anderen Anlaß zur Unkeuschheit gegeben? Wodurch? Wie oft? Wie vielen? Hast du andere zur Unkeuschheit verführt? Wie oft? Wie viele? Hast Du deinen Brautstand durch Unkeuschheit entheiligt?"

Und weiterhin:

> „Besonders für Eheleute: Hast du dich ohne schwerwiegenden Grund dem Ehegatten versagt? Hast du die eheliche Treue gebrochen durch ehebrecherische Blicke oder Begierden? Wie oft? Hast du Ehebruch begangen? Wie oft? Mit Verheirateten? Hast du ein ehebrecherisches Verhältnis unterhalten? Wie lange? Hast du gesündigt durch Mißbrauch der Ehe? Aus welchem Grunde? Wie oft?"[6]

Vor allem die letzte Frage nach dem Missbrauch der Ehe[7] – der Verhinderung der Zeugung beim ehelichen Verkehr – sollte für die Zukunft der Sexualmoral nicht nur, sondern für die Auffassung von Moral überhaupt eine unerwartete Wirkung haben. Bekanntlich beförderte die Enzyklika Humanae vitae wie kein anderes Dokument die aufgebrochene moraltheologische Grundlagendebatte.

Zwar handelt es sich bei der hier aufgeführten Liste möglicher Übertretungen des 6. und 9. Gebots nicht in jedem Falle um eine Todsünde, doch ist die Grenze zu dieser schnell überschritten und in jedem Falle hauchdünn.[8]

Dadurch wird die Sexualethik nun aber zu einem Komplex, der vielen Katholikinnen und Katholiken das Erlebnis sexueller Freude verdorben, sie innerlich neurotisiert und verbogen hat. Und man braucht sich nicht zu wundern, wenn es irgendwann zu einer Explosion kommen würde, wo die Erfahrung möglicher Beglückung und Freude ständig unter dem Verdacht der Verderbtheit und Sünde und vor allem als Gefährdung vorgehalten wurde.

---

[6] Ebd., 579f. (ebenso lautet der Text für das Bistum Aachen, 1954).

[7] Vgl. z. B. das 74 Seiten zählende De usu et abusu matrimonii. Leitsätze und Hinweise für Beichtväter, hrsg. v. der Österreichischen Bischofskonferenz, Innsbruck 1954.

[8] *Kleber, Karl-Heinz*, De parvitate materiae in sexto. Ein Beitrag zur Geschichte der Moraltheologie, Regensburg 1971.

Ist das Reifen von Jugendlichen zu einer erwachsenen Sexualität als ständiges „Fallen“ und „Wiederaufstehen“ angemessen beschrieben? Sind die eigenen Erfahrungen von Eheleuten mit ihrem Eheleben eine quantité négligeable? Lex impossibilis non obligat: Hat das keine Geltung für die „legitime“ Gewalt aufgrund des „ius in corpus“[9], das viele Frauen in einen unlösbaren Konflikt zwischen ehelicher Pflicht, eigenen Möglichkeiten und verantwortlicher Elternschaft brachte?

Dass die Glaubwürdigkeit dieser Moral ihre Plausibilität verlieren musste, liegt freilich nicht nur in der aufgestauten Spannung zwischen direkter persönlicher Erfahrung und Lehre, der sich auf Dauer auch die Beichtväter nicht entziehen konnten. Mit den Zweifeln an der praktischen Befolgbarkeit der Lehre wurden – jedenfalls für die Fachleute – auch Zweifel und Kritik an den Grundlagen und leitenden Ideen dieser Lehre stets lauter.

Man kann diese *Grundlagen* meines Erachtens mit folgenden Stichworten skizzieren: Negative „Verdächtigungs“-Anthropologie, abstraktes Naturrechtsdenken, Autoritätsdominanz, Stil einer Gesetzesethik, Marginalisierung des Gewissens, Wirklichkeitsferne mit der Folge zunehmender Wirkungslosigkeit. Auch hierzu wiederum einige kurze Erläuterungen.

– *Negative „Verdächtigungs“-Anthropologie*

Die Gutheit der Schöpfung ist gründlich verdorben durch die Ursünde des ersten Elternpaars sowie deren Fortwuchern in der Erbsünde und dem eigenen Sündigen der Nachfahren. In diesem Negativ-Komplex nimmt die Sexualität einen prominenten Platz ein.

Insbesondere durch die das Abendland prägende augustinische Tradition stehen Ursünde und sündiges Menschsein in engem Zusammenhang mit der Sexualität. Sofern nicht die Ursünde selbst als sexuelles Vergehen verstanden wird, ist sie jedenfalls der Anlass für die Unordnung und das Übermaß der sexuellen Begierde und deren katastrophale Folgen in der Menschheitsgeschichte. Der sexuellen Begierde kommt so ein besonderes Gewicht dadurch zu, dass sie als der *Natur* des (postparadiesischen) Menschen von Anfang an und unmittelbar inhärent angesehen wird und sich deswegen sozusagen mit natürlicher Konsequenz als unvermeidbar erweist. Der Mensch ist unentrinnbar Sünder (und vor allem Sünderin), und muss sich daher in strenge Zucht nehmen bzw. genommen werden. Und wo anders, wenn nicht bei der Wurzel des Unheils?

[9] CIC 1917, c. 1081 § 2.

– *Abstraktes Naturrecht*

Es ist leicht ersichtlich, dass die ausführliche traditionelle Sexualethik sich nicht allein auf biblische Quellen stützen kann,[10] es sei denn um den Preis einer Extrapolation der biblischen Grundlagen. Die Handbuchautoren sind sich dieser Tatsache durchaus bewusst. Ohne Umschweife vermelden sie, dass das 6. (und 9.) Gebot sich (nur) auf den Ehebruch bezieht, doch sehen sie implizit in ihm alle Unzucht in Gedanken, Worten und Werken mitgemeint.[11] Auch noch im Katechismus der Katholischen Kirche (KKK) von 1993, der für die Moral dem Dekalog folgt, kommt dies zum Ausdruck. Dort wird eingangs auf Ex 20,14, Dtn 5,18 und Jesu Bezugnahme hierauf (Mt 5,27f.) gewiesen, um dann nach einigen Erklärungen zur menschlichen Sexualität ohne weitere Begründung zu konstatieren: „Die Überlieferung der Kirche hat das sechste Gebot als auf die gesamte menschliche Geschlechtlichkeit bezogen verstanden" (2336).

Das heißt, die Begründung liegt (allein) in der „Überlieferung". Der bereits erwähnte, für seine unbesorgte Direktheit berühmt-berüchtigte „Kleine Jone" macht daraus quasi einen logischen Zusammenhang. Einleitend zum 6. und 9. Gebot (nr. 222ff.) heißt es:

> „Im sechsten Gebot wird ausdrücklich nur der Ehebruch verboten; damit wird aber zugleich [sic!] auch alles verboten, was der menschenwürdigen Fortpflanzung [sic!] des Menschengeschlechtes entgegengesetzt ist, also jede [sic!] äußere Sünde gegen die Keuschheit. Im neunten Gebot aber werden auch die unkeuschen Gedanken verboten."

Nun muss man nicht unterstellen, dass die biblische Moral nur den Ehebruch als Gegenstand sexueller Vergehen behauptet hätte. Sie kennt auch sexuelle Gewalt, Hurerei, (kultische) Prostitution, Unzucht (porneia – ein Begriff, bei dem nicht klar ist, was er umfasst), aber jedenfalls äußert sie sich nicht zu Fragen, die heute als heißes Eisen gelten: vorehelicher Verkehr, Empfängnisverhütung, Selbstbefriedigung.[12]

---

[10] Dies wird bisweilen explizit gesagt, wo die Moralhandbücher dem Schema der 10 Gebote folgen. Freilich bietet auch das Moralmodell nach dem Tugend-Schema praktisch keine andere Moral. Geht man der Sache etwas nach, so zeigt sich, dass im einen wie im anderen Modell die Detaillierung der Ethik des Sexuellen sich letztlich einer naturrechtlich begründeten Doktrin verdankt.

[11] Z. B. *Noldin*, De castitate (s. Anm. 2), 7. Ähnlich *Aertnys, Joseph, Damen, C. A.*, Theologia moralis. Secundum doctrinam S. Alfonsi de Ligorio Doct. Ecclesiae, Bd. I, nr. 592.

[12] Eine kurze gute Einführung bietet: *Halter, Hans*, Bibel und Sexualität, in: *ders., Ziegler, Albert, Mieth, Dietmar, Camenzind-Weber, Hildegard*, Sexualität und Ehe. Der Christ vor einem Dauerproblem, Zürich 1981, 9–27.

Auffällig bleibt jedenfalls, dass es im Dekalog nur um Ehebruch geht. Im Übrigen fällt auf, dass auch Jesus sich in den Evangelien genau hierauf bezieht, und nicht auf allerlei sexuelle Vergehen. Keinesfalls tritt er als Lehrer einer detaillierten Sexualethik auf. Aber auch aus den übrigen biblischen Schriften des NT (und auch des AT) wird man kaum die ganze Skala sexueller Vergehen herauslesen können, wenn man nicht eine andere Lesebrille aufsetzt als die innerbiblische. Verfehlt ist es jedenfalls, in den biblischen Texten nun schon die Ansätze oder gar Beweise für alle Sexualmoral der Zukunft, bis hin ins 19. oder 20. Jahrhundert, vorzufinden. Wo die andere Brille ihren Schliff und ihre Färbung bekommen hat (aus der Stoa, aus gnostischem Dualismus, aus asketischer Leibfeindlichkeit ...), kann hier nicht untersucht werden. Wichtig ist aber das Resultat, das ich mit abstraktem Naturrecht[13] andeute: Aus den Dingen und ihrer Struktur/Wesensnatur selbst ergeben sich die moralischen Folgerungen.

Diese Wesensnatur ist im Falle der Sexualität bestimmt durch ihren Zeugungsbezug und ihre Ausrichtung auf die Ehe. Diese beiden Bezüge sind freilich keineswegs gleicher Ordnung. Mag das erste Element noch dem natürlichen Geschehen als innerlich – „natürlich" verbunden empfunden werden, so sind im zweiten Argument unzweifelhaft Historie und Kultur im Spiel.[14] Wir wissen heute, dass Historie auch für das erste Argument gilt, sowohl was die Wesensnatur der Sexualität, wie was die Interpretation ihrer normativen Konsequenzen betrifft. Die kirchliche Lehre aber hat an beidem als selbstverständlich und „dem Wesen entsprechend" festgehalten, bis heute.

---

[13] Zu verschiedenen Naturrechtsvarianten vgl. immer noch erhellend die Beiträge von Jos. Th. C. Arntz und F. Böckle, in: *Böckle, Franz* (Hrsg.), Das Naturrecht im Disput, Düsseldorf 1966.

[14] Das hat z. B. Thomas von Aquin sehr wohl gesehen, wenn er für die Bindung der Sexualität an die dauerhafte (Ein-)Ehe nicht einfach vom allgemeinen (Mensch und Tier) natürlichen Zusammenhang von Sexualität und Fortpflanzung ausgeht, sondern mit dem Wohl des Kindes argumentiert, nämlich der spezifisch menschlichen Notwendigkeit von Vater *und* Mutter – in seiner Sicht vor allem des Vaters – für Aufzucht und Erziehung (educatio prolis). Dies setzt für ihn wiederum die Gewissheit der Abstammung voraus, die bei einem vagus concubitus dahin wäre. Der „natürliche" Zweck der Zeugung könnte zwar auch in der Polygynie (aber nicht in der Polyandrie) wie in neuen Ehen nach dem Erwachsenwerden der Kinder realisiert werden. Doch würde Polygynie wiederum gegen die (gewisse) Gleichheit (aequalitas) und liberalis amicitia (freiheitliche Freundschaft) zwischen Mann und Frau verstoßen (vgl. S.th II–II, 154,2; ScG III, 122–124). In Kategorien seiner Kultur gedacht, ist für Thomas hier Sexualethik bereits alles andere als lediglich Sexualethik. Im Übrigen aber spricht einiges dafür, dass, wie es einmal ein Thomaskenner formuliert hat, Thomas von drei Dingen nichts verstanden habe: „von der Kunst, von Kindern – und von Frauen" (Hinweis bei *Pesch, Otto-Hermann*, Thomas von Aquin. Grenze und Größe mittelalterlicher Theologie, Mainz 1988, 208).

– *Stil einer Gesetzesethik, Autoritätsdominanz, Marginalisierung des Gewissens*

Die weiteren für die traditionelle Sexualethik relevanten Grundlagen, die in ihr mehr als auf den meisten anderen ethischen Gebieten zur Geltung kommen, sind die Ausarbeitung der moralischen Pflichten im Stil einer rigorosen kasuistischen Gesetzesethik, das zunehmende Engagement der kirchlichen Autorität in Fragen des Sextum, sowie die Marginalisierung des Gewissens.

Für die Fragen der Sexualmoral gelten nicht die Abwägungsaspekte, die ansonsten in den meisten moralisch problematischen Situationen gelten. Die Sexualmoral findet ihren Ausdruck in absolut geltenden Normen, in einem Lehramt, das sich selbst durch diese Tradition gebunden fühlt und nicht imstande ist, diese Tradition hermeneutisch zu aktualisieren, sowie in den Folgerungen für das Gewissen. Das Gewissen, so hat Pius XII. einmal allgemein formuliert, kann man nicht gegenüber der Kompetenz des Lehramtes für die Auslegungen des Naturrechts geltend machen.[15]

Das „Natur"-Recht nun aber ist der Eckstein der Sexualethik: So ist die Wirklichkeit, so ist sie von Gott gewollt, so ist sie selbst der Schlüssel zur Auslegung der Heiligen Schrift. Damit ist der Komplex der Sexualmoral gleichsam abgedichtet: durch natürliche und positive göttliche Offenbarung zum Gehorsam vorgelegt und auferlegt.

II. Änderungsvorschläge seitens der Moraltheologie für ein adäquates Verständnis von Moral und den Umgang mit der Sexualmoral

Bekanntlich hat die katholische Moraltheologie, nicht zuletzt auch durch diese stets weniger einleuchtende Sexualmoral und die durch sie hervorgerufene Gewissensnot vieler Gläubiger motiviert, sich genötigt gesehen, neue Wege im Umgang mit der Moral zu suchen.

Die Entwicklungen beziehen sich einerseits auf das konkrete Verständnis von Sexualität, ihre Bedeutung (Werte), die mit ihr verbundenen Chancen und Gefährdungen, die von daher sich nahelegenden Wünschbarkeiten und Erfordernisse (Tugenden und Normen) für eine Gestaltung des sexuellen Lebens, wie anderseits auf eine Revision und Erneuerung der Grundlagen der Moral.

---

[15] *Utz, Arthur F., Groner, Josef* (Hrsg.), Aufbau und Entfaltung des gesellschaftlichen Lebens. Soziale Summe Pius XII., 3 Bde., Fribourg i.Ue. 1954–1961, Nr. 4315.

Nach anfänglichen Versuchen, dem Gewissen von Menschen mehr (exkulpierenden) Raum zu schaffen mit der Unterscheidung von „subjektiv“ und „objektiv“ und der Respektierung auch eines möglicherweise (unüberwindbar) irrenden Gewissens, wodurch Ausnahmen von der Regel zulässig sein könnten, konnte es nicht ausbleiben, dass die Frage nach der *objektiven* Moral selbst auf den Tisch kam und problematisiert wurde.

Die Sicht des Menschen als Sünder(in); die latente Negativität des Sexuellen; die normative Natur der faktischen Sexualität, oder dessen, was man dafür hielt; die oft merkwürdigen moralischen Folgerungen für das konkrete Leben – soviele Aspekte, soviele Fragezeichen!

Mit der Entwicklung neuer fundamentalmoralischer Ansätze, an denen inzwischen zwei bis drei Generationen Moraltheologen und zunehmend auch Theologinnen beteiligt waren, hat sich die Sicht auf Sexualität und Sexualmoral grundlegend geändert. Hierbei spielten folgende Aspekte[16] eine wichtige Rolle:

- Abschied vom traditionellen statischen Naturrechtsmodell,
- Einsicht in Geschichtlichkeit und Veränderlichkeit der Moral,
- die zentrale Bedeutung des Subjektes mit seiner personalen Eigenverantwortung und seinen eigenen Erfahrungen,
- konkrete Normen als Ausdruck von Werten und Gütern,
- die Bedeutung moderner Wissenschaften für die Moral,
- die Zwänge des Subjektes durch a-personale Strukturen und Bedingungen,
- die Verantwortung der Subjekte für Strukturen, Systeme und auch die Normen des Zusammenlebens.

Das Ergebnis ist eine (er)neue(rte) Fundamentalmoral, in deren Zentrum nicht eine wie auch immer vorgegebene normative *Natur* steht. Im Zentrum steht die *menschliche Person* mit ihrer Eigenverantwortung, die in den gegebenen Möglichkeiten, unter den jeweiligen persönlichen, sozialen und kulturellen Handlungsbedingungen wahrgenommen werden soll und die sich im Konkreten als Abwägungsethik verwirklicht.

Inwieweit hat die Sexualethik „der Kirche“ aus diesen Entwicklungen gelernt?

---

[16] Vgl. ausführlicher: *Merks, Karl-Wilhelm*, Bewegliche Ethik. Zum notwendigen Strukturwandel der Moraltheologie, in: Theologie der Gegenwart 53 (2010) 205–219.

III. Lehramtlicher Wandel und Perpetuierung bestimmter Schwachstellen der traditionellen Sexualmoral

Es ist nicht so, als ob sich in der kirchlichen Morallehre zur Sexualität des Menschen nichts geändert hätte. Als Beispiel kann man den Wandel nennen, der mit der Zeit in die Gebet- und Gesangbücher Einzug gehalten hat, in denen (vgl. etwa das Gotteslob für das Bistum Aachen, [1975]), *verschiedene*, mehr oder weniger entfaltete Gewissensspiegel angeboten werden.[17] Den Einzelfragen vorab werden für die Erfüllung der „rechten", „gottgewollten Ordnung" zunächst Partnerschaft, Gleichwertigkeit, Gleichberechtigung im Zusammenleben im privaten und öffentlichen Leben, Ehrfurcht, Zucht, Rücksichtnahme und Anstand sozusagen als Leitlinien vorgegeben.

In diesen Veränderungen[18] ist zunehmend der *personale Aspekt* von Sexualität gegenüber der auf Fortpflanzung zentrierten, nennen wir sie „funktional-finalen", Sicht in den Vordergrund getreten. Ohne Zweifel zeigt sich hierin zunehmend ein Wandel in der Auffassung von Geschlechtlichkeit und Ehe.[19]

Einer der Kernpunkte ist hierbei die *Einstellung zur geschlechtlichen Lust*, der andere die Frage der *Zeugungsabsicht*. Wurde die sexuelle Lust zunächst abgelehnt und höchstens durch die „bona matrimonii", die durch sie geförderten Güter der Ehe „entschuldigt", so ändert sich dies im 2. Jahrtausend. Der zur Sache nicht gerade unerfahrene Abaelardus z. B., aber auch der wohl nicht so erfahrene Thomas von Aquin etwa sehen auch die Lust als Teil der guten Schöpfung Gottes.[20] Während die drei Ehegüter – bonum

---

[17] Zu Fragen von Sexualität und Ehe wird z. B. im ersten Spiegel (Die Zehn Gebote) zum 6. und 9. Gebot „nur" allgemein gesagt (119f.): „Das ist die Forderung, die Gabe der eigenen Geschlechtlichkeit und die geschlechtliche Liebe von Eigensucht freizuhalten und so die eheliche Liebe zu entfalten und vor Zerstörung zu bewahren. Vernünftige Schamhaftigkeit und zuchtvolle Keuschheit schützen den einzelnen vor Selbstsucht und ungeordnetem Begehren. Eine verantwortungsbewußte Haltung gegenüber der Geschlechtlichkeit schafft die Voraussetzung für eine menschenwürdige Begegnung der Geschlechter." In einem weiteren „Allgemeinen Gewissenspiegel" heißt es („Mein Verhältnis zu den Mitmenschen", 125): „[…] habe ich das Heil des anderen gefährdet, indem ich ihn in meine Sünde verstrickte, zum Beispiel durch Verführung zu Unglaube, Diebstahl, Ehebruch, Unkeuschheit, Meineid […]?" Auch im Weiteren („Mein Verhältnis zur Geschlechtlichkeit", 126f.), wo auf einzelne Detailfragen eingegangen wird, fällt der andere Ton auf.

[18] Vgl. auch die weiteren Gewissensspiegel unter dem Titel: „Glaube, Hoffnung, Liebe", 133f., bzw. „Leben für andere", 138f.

[19] Dass und wie sich die Lehre der Kirche im Laufe der Zeit verändert hat, zeigt mit zahlreichen Beispielen sehr schön der Beitrag von *Ziegler, Albert*, Sexualität und Ehe. Gleichbleibende Lehre der Kirche?, in: *ders., Halter, Mieth, Camenzind-Weber*, Sexualität und Ehe (s. Anm. 12), 28–67.

[20] Auch im Paradies hätte es eine Fortpflanzung des Menschengeschlechts gegeben

prolis, fidei, sacramenti, das Gut der Nachkommenschaft, der eheliche Treue, der Dauerhaftigkeit/Unauflöslichkeit – sozusagen die Entschuldigungsgründe für das Lusterleben bei der Sexualität darstellten, kann man die aufkommende fines-Lehre (Nachkommenschaft, gegenseitige Hilfe, Heilmittel gegen die ungeordnete Begierde) als den Versuch verstehen, diesem negativen Ruch durch ein mehr Sinn-orientiertes Verständnis der Sexualität zu entrinnen. Freilich bleibt die Lust in der Regel eher eine verdächtige, jedenfalls durch die Vernunft zu bändigende Größe. Daran hat auch die Schwerpunktverlagerung von der bona-matrimonii-Lehre hin zu den fines matrimonii wenig ändern können.[21]

Der zweite Punkt, die *Zentrierung auf „Nachkommenschaft"*: Sie bleibt in beiden Modellen doch der harte Kern. In der Formulierung des CIC 1917 gelten Zeugung und Erziehung ausdrücklich als finis primarius, während demgegenüber mutuum adiutorium und remedium concupiscentiae, wechselseitige Unterstützung und Heilmittel der (ungeordneten) Begierde, „nur" sekundär sind.[22]

(denn sonst wäre die Sünde geradezu notwendig gewesen für ein so großes Gut); und zwar eine Fortpflanzung „per coitum", die dem Menschen „natürlich" ist. Absurd findet Thomas daher die Ansicht Gregors von Nyssa, im Paradies wäre die Fortpflanzung ohne Coitus geschehen und Gott habe den Menschen schon im Hinblick auf die Sünde in dieser seiner natürlichen Konstitution geschaffen (S.th I 98,1; 2). Vgl. zu diesem „Komplex" von Sexualität und Lust und die Korrekturen des Thomas zu der augustinischen Sicht: *Pesch*, Grenze und Größe (s. Anm. 14), 254ff. (11. Kap.: Die Paradiesesehe oder: die Theologie der Sünde).

[21] Die augustinische Lösung, mittels der „bona" das „malum" des Geschlechtstriebs gleichwohl gut zu gebrauchen (bene uti malo), ist für Joseph Ratzinger immerhin der Versuch, „die Frage nach der Versittlichung des Geschlechtlichen [...] nicht punktuell, sondern aus einem personal-sozialen Zusammenhang" zu beantworten. Demgegenüber sei die mit der Scholastik aufkommende Sicht der Geschlechtlichkeit als Naturgegebenheit „eine eigentümliche Mischung von Abstraktion und Naturalismus" (96f.), indem sie primär nicht vom spezifisch Menschlichen, sondern vom Gemeinsam-Animalischen ausgehe und die Wahrung von dessen Struktur zum sittlichen Maßstab nehme. Eine Neuorientierung müsse hingegen davon ausgehen, dass „die Versittlichung des Sexuellen [...] in seiner Humanisierung (liegt), nicht in seiner Naturalisierung [...] Nicht dann ist die Erfüllung des Geschlechtlichen sittlich wertvoll, wenn sie ‚naturgemäß' geschieht, sondern dann, wenn sie der Verantwortung vor dem Mitmenschen, vor der menschlichen Gemeinschaft und vor der menschlichen Zukunft gemäß geschieht [...]" (99). Daher die These: „Ehe ist gleichzeitig eine personale, gesellschaftliche und religiöse Wirklichkeit" (103). Die personale Sicht, seit dem Ende des ersten Weltkriegs zunehmend vertreten (Ratzinger weist hier besonders auf Herbert Doms), hatte zur Folge: „An die Stelle der generatio prolis trat als Gegenbegriff der Theologie der Ehe der amor mutuus, die personale Liebe." Gegenüber dem „‚Wachset und mehret Euch' tritt nun ‚Es ist nicht gut, dass der Mensch allein sei' in den Vordergrund [...]" (106f.) (*Ratzinger, Joseph*, Zur Theologie der Ehe, in: *ders., Greeven, Heinrich, Schnackenburg, Rudolf, Wendland, Heinz-Dietrich* [Hrsg.], Theologie der Ehe, Regensburg, Göttingen 1969, 81–115).

[22] Zur Auslegung vgl. *Eichmann, Eduard, Mörsdorf, Klaus*, Lehrbuch des Kirchen-

Zwar wird im 2. Vatikanum[23] auf eine solche Rangordnung verzichtet und eine Art Gleichheit hergestellt. Anstelle der juridischen Kategorie der Ehe als „Vertrag“ tritt die personal orientierte des Bundes („foedus“)[24] und das ist, ebenfalls wie der Verzicht auf die „hierarchische Struktur der Ehe“[25], eine grundlegende Neuorientierung. Auch das kirchlichen Gesetzbuch schließt sich dem an.[26] Doch unterschwellig und de facto wird man feststellen müssen, dass vor allem in der Lehre über den notwendigen Zusammenhang von Zeugungsoffenheit und Sexualität (insbesondere durch Humanae vitae und die wiederholten Einschärfungen vor allem auch durch Johannes Paul II.) dieser Wechsel praktisch relativ folgenlos blieb. Als Beispiel kann der KKK (2366ff.) gelten. In einer Analyse des KKK und des Katholischen Erwachsenenkatechismus (KEK)[27] merkt der frühere Linzer Moraltheologe Alfons Riedl an:

> „Im Unterschied zur früheren Lehre von den Zwecken der *Ehe* (Fortpflanzung, gegenseitige Hilfe, geordnete sexuelle Befriedigung), unter denen die Fortpflanzung als vorrangiger (primärer) Ehezweck galt, spricht der KKK von einem ‚doppelten Zweck der Ehe‘, der im ‚Wohl der Gatten‘ und in der ‚Weitergabe des

---

rechts auf Grund des Codex Iuris Canonici, Bd. II, Paderborn [9]1959, 136ff.; von Pius XII. nochmals – gegenüber den „modernen Anschauungen über den Vorrang der ‚Persönlichkeitswerte‘ im Eheleben“ – bestätigt in seiner Ansprache vom 29.10.1951 an die Mitglieder des Verbandes katholischer Hebammen: *Utz, Groner* (Hrsg.), Summe Pius XII. (s. Anm. 15), Bd. 1, 1954, Nr. 1080ff.; vgl. *Mausbach, Joseph, Ermecke, Gustav*, Katholische Moraltheologie, Bd. 3, Münster [9]1953, 107ff.

[23] Vgl. den Kommentar zu Gaudium et spes 46–52 von *Bernhard Häring* in: Lexikon für Theologie und Kirche, Erg.-Bd. 2 (1967) 423ff. Der Konzilstext zeigt im Übrigen durch seine komplexen Formulierungen (ebenso wie der Kommentar übrigens) mehr als einmal den Charakter einer mühsam eroberten Öffnung.

[24] Vgl. *Kaiser, Matthäus*, Grundfragen des kirchlichen Eherechts, in: *Listl, Joseph, Müller, Hubert, Schmitz, Heribert* (Hrsg.), Handbuch des Katholischen Kirchenrechts, Regensburg 1983, 730ff.

[25] Vgl. *Eichmann, Mörsdorf*, Lehrbuch (s. Anm. 22), 138–140.

[26] Vgl. CIC 1917, c. 1013 § 1: „Matrimonii finis primarius est procreatio atque educatio prolis; secundarius mutuum adiutorium et remedium concupiscentiae.“; CIC 1983, c. 1055 § 1: „Matrimoniale foedus, quo vir et mulier inter se totius vitae consortium constituunt, indole sua naturali ad bonum coniugum atque ad prolis generationem et educationem ordinatum […] est.“ (N.B.: Statt von Ehezwecken wird nunmehr von indole sua naturali [natürlicher Eigenart] gesprochen, und zunächst das Wohl der Gatten genannt, das freilich zutiefst und untrennbar mit Zeugung und Erziehung verbunden ist, vgl. Humanae vitae 12: „eine von Gott bestimmte unlösbare Verknüpfung der beiden Sinngehalte – liebende Vereinigung und Fortpflanzung“).

[27] Katholischer Erwachsenen-Katechismus Bd. 2: Leben aus dem Glauben, München 1995.

> Lebens‘ besteht; beide dürfen nicht voneinander getrennt werden (2363) […]“[28]

In seiner Würdigung stellt Riedl zunächst fest: „Bemerkenswert ist der *personale Ansatz* der Sexualmoral, der im Vergleich zu früheren Dokumenten zweifellos einen Fortschritt darstellt […] Allerdings“, fährt er fort,

> „zeigt der personale Ansatz der Sexualanthropologie auf der *normativen Ebene* keine Auswirkung. Die bisher gültigen Normen bleiben unangetastet. So lässt der KKK bei seiner strikten Grenzziehung – trotz der Hinweise auf das Wachstum in der Keuschheit – jene differenzierte Betrachtungsweise und Beurteilung vermissen, die heute der Lebenswirklichkeit (und dem sittlichen Empfinden) angemessen erscheint. Dies wird besonders deutlich beim Begriff der ‚Unzucht‘, der mit dem alleinigen Kriterium des Nicht-miteinander-verheiratet-Seins (2353) ein breites Spektrum von sehr wohl ethisch zu unterscheidenden Sexualkontakten umgreift. Die mangelnde Differenzierung ist irritierend und in ihrer Kompromisslosigkeit für die Formung des Gewissens eher provozierend als orientierend. Dies gilt auch hinsichtlich der Empfängnisverhütung, zu der erwartungsgemäß lediglich die bisherige Lehramtsposition wiederholt wird.“[29]

In gewisser Weise krankt auch der KEK am selben Punkte, obwohl er, wie Riedl lobend feststellt, „die humane Gestaltung der Sexualität […] ausdrücklich (und noch deutlicher als im KKK) unter den Maßstab der Liebe (in ihrer Einheit aus Gottes-, Nächsten- und Selbstliebe) gestellt (hat)“ (345): Bei aller Differenzierung, die man ihm nicht absprechen kann, bleibt es doch bei einer gewissen Zweigleisigkeit: „‚offenere‘ Orientierung“ und Wiedergabe der kirchlichen Dokumente und Lehraussagen „stehen […] einfach nebeneinander. Damit mögen pastoral manche Probleme entschärft werden, eine zielführende und redliche Vorgangsweise ist dies kaum“. Und so „ist es zu bedauern, dass die Divergenzen nicht benannt, sondern eher kaschiert werden. Damit werden Probleme, die längst einer Lösung (die es doch wohl geben muss) harren, prolongiert.“[30]

---

[28] *Riedl, Alfons*, Die Sexualethik der neuen Katechismen. Analytische Darstellung und kritische Würdigung, in: *Bondolfi, Alberto, Münk, Hans J.* (Hrsg.), Theologische Ethik heute. Antworten für eine humane Zukunft (Hans Halter zum 60. Geburtstag), Zürich 1999, 299–321, 303.

[29] Ebd., 309f.

[30] Ebd., 310 u. 317. Beispiele, an denen Riedl dies konkret erläutert, sind Empfängnisregelung, operative Sterilisation und künstliche Befruchtung (ebd., 310ff.).

Somit bleibt etwas fundamental Unentschiedenes in den neuen, personal orientierten Betrachtungsweisen bestehen. Die wachsende Anerkennung der Partnerschafts- und Beziehungskomponenten in der menschlichen Sexualität entkräftet nicht wirklich das zugrunde liegende Modell einer Sexualethik „naturrechtlichen" Stils, die je schon vom Wesen (der „Natur") der Sexualität ausgeht und darin auch die wesentliche Normierung verankert sieht. Das zeigt nochmals nachdrücklich die Haltung Johannes Pauls II., des Papstes, der wie kein zweiter bis dahin die zwischenmenschliche, personale Liebesbeziehung in der Sexualität betonte. Für die konkreten Normierungen hatte dies keine Auswirkungen, im Gegenteil.[31]

Mit hehren Worten zum Personsein des Menschen und dessen verantwortlicher Verwirklichung in personaler Liebe gehen weiterhin harte Normen einher: kein voreehelicher Sex, keine Empfängnisverhütung, keine Sterilisation zu diesem Zweck, keine künstliche Befruchtung, kein Homo-Sex usw.

Bringt man das Problem auf den anthropologischen Kernpunkt, so ist es letztlich immer noch das Verhältnis von Natur und Person: Bestimmt die Natur (Struktur des Gegebenen) die Verstehens- und Handlungs-Ordnung des Personalen? Oder ist die Person als Wesen von Freiheit und Verantwortung zur Sinndeutung und Gestaltung auch des Natürlichen herausgefordert und befreit?[32]

Man kann es auch so auf den Punkt bringen: Ist die (ontologische und moralisch bedeutsame) Natur des Menschen zu sehen von den Strukturen des natural Gegebenen her, oder kommt sie gerade als die *spezifische* Natur *des Menschen*, in seiner Freiheit und Verantwortlichkeit zur Verwirklichung? Ist es dem Menschen nicht gerade natürlich, zur vorgegebenen Natur, selbst zu den naturalen Vorgegebenheiten seiner selbst, in Freiheit und Verantwortung Stellung zu nehmen? Und bestimmt so die freie und verantwortliche Stellungnahme nicht das Moralische – mal mit, mal gegen das „natürlich" Vorgegebene? Konkret: Bestimmt die (nota bene aber keineswegs immer gegebene) biologische Verknüpfung von Sexualität und Fruchtbarkeit unsere Verhaltensnorm oder sind wir zur verantwortlichen Gestaltung auch dieses Vorgegebenen befreit und selbst verpflichtet?

---

[31] Für eine kritische Erörterung vgl. etwa *Böckle, Franz*, „Humanae vitae" und die philosophische Anthropologie Karl Wojtylas, in: *ders.*, Ja zum Menschen. Bausteine einer Konkreten Moral. Aus dem Nachlaß hrsg. v. *Gerhard Höver*, München 1995, 156–167.

[32] Dazu Franz Böckle: „Haben wir das vorgegebene Sein vom Moment des Personalen oder das Personale aus dem Verständnis des vorgegebenen Seins zu interpretieren?" (ebd., 166).

IV. Von der Sexualethik zur Beziehungsethik[33]

Fassen wir das Bisherige kurz zusammen: Zwar geriet die Komponente „Beziehung“ mit der Kategorie des „Personalen“ und der Unterstreichung der „ehelichen Liebe“ in der kirchlichen Sexualmoral zunehmend ins Blickfeld, doch war sie nicht imstande, einen grundsätzlichen Wandel des Paradigmas herbeizuführen. Sexualethik blieb Sexualethik im Sinne einer „in se“ moralisch bestimmten Materie. Bestimmte Normen im Bereich der Sexualität gehören zu den wenigen und zugleich vornehmlichen Beispielen für eine „malum in se“-Normierung, die durch noch so viele personale Beziehungsaspekte nicht flexibilisiert werden kann und daher nichts von ihrer Absolutheit einbüßt.

Im Weiteren skizziere ich die Wende zu einer Ethik der Sexualität von ihrer Einverwebung in die menschlichen Beziehungen her, deren Tatsächlichkeit, Unausweichlichkeit, Verschiedenartigkeit, ihrer Chancen und ihrer Zerbrechlichkeit – alles Gesichtspunkte, die dann auch für die Normierungen des sexuellen Lebens bedeutsam sind. Es geht also darum, die „Sexualmoral“ zu definieren und zu gestalten von den Beziehungen her, und nicht mehr umgekehrt das bereits gefasste moralische Urteil über Sexualität und ihre Äußerungen als den Rahmen zu verstehen, von dem her Beziehungen als legitim oder illegitim, wünschenswert oder abzuweisen verstanden werden müssen.

Gewiss gibt es zwischen beiden Zugängen eine Art dialektischer Bewegung, wahrscheinlich gibt es auch Unbeliebigkeiten in dieser Wechselseitigkeit. Die Frage ist aber die des Richtungssinns: Einordnung des Sexuellen ins Beziehungsganze, oder Grenzen von und in Beziehungen durch eine vorgängige Sexualmoral?[34]

Die empirisch festzustellende Tatsache des engen Zusammenhangs zwischen Sexualität und zwischenmenschlichen Beziehungen ist gleichsam der Startpunkt, von dem aus die normative Frage nach Sinn und Gestaltungsaufgabe von Sexualität gestellt werden muss.

---

[33] Für wichtige Hinweise hierzu vgl. den umsichtigen Beitrag von *Hilpert, Konrad*, Verantwortlich gelebte Sexualität. Lagebericht zu einer schwierigen theologischen Baustelle, in: Herder-Korrespondenz 62 (2008) 335–340.

[34] Wenn im Weiteren von Beziehungsethik gesprochen wird, geht es dabei nicht allein um die allgemeine Feststellung, dass alle Ethik im Grunde als Beziehungsethik verstanden werden kann/muss, d. h. alles Handeln im Beziehungsgefüge zu den Mitmenschen, zur Gesellschaft, zur Umwelt, zur Nachwelt und darüber hinaus zu Gott steht. Sondern es geht spezifisch um die Bedeutung der Beziehungsqualität der menschlichen Sexualität in ihren gemeinschaftsfördernden, aber auch -störenden oder gar zerstörenden Potenzen und den sich von daher nahelegenden moralischen Konsequenzen.

Das heißt: der Ausgangspunkt, sozusagen die Materie moralischer Befragung ist nicht Sexualität in ihrem „Wesen" an sich; ihr „Wesen" wird im umfassenden Sinn erst verstanden, wo es in seiner relationalen Qualität menschlicher Existenz gesehen wird.

Nun könnte man vielleicht einwenden, dass eine solche Feststellung eigentlich doch offene Türen einrenne. Selbstverständlich sei doch auch die traditionelle Sexualethik Beziehungsethik? Ihre beiden definitorischen Schwerpunkte oder Säulen seien bekanntlich die Zeugung und die Ehe, Beziehung zum Kind und zum Ehepartner – zwei Gesichtspunkte, die sowohl in der bona- (Ehegüter-) wie in der fines- (Ehezweck-)Lehre prominent vorkommen. Was ist denn nun die Differenz zwischen dieser Tradition und der vermeintlich „neuen" Beziehungsethik?

In einem ersten Zugang ist die Antwort einfach: Im Grunde definiert im einen Falle die (nicht ausgeschlossene) Zeugung von Nachkommenschaft in der Ehe die legitime Beziehung; d. h. die Beziehungsqualität des Menschen als sexuell geprägtes Wesen ist gleichsam als basso continuo reduziert auf *ein* normatives Modell, das der Ehe, zu dem dann, mal mehr, mal weniger, der Zeugungsaspekt die erste Geige spielt. Die Beziehung ist in sich selbst schon a priori von vorgefassten, als naturhaft vorgegebenen und darin gottgewollten Gestaltungsgrenzen des Sexuellen bestimmt.

So sind denn auch noch selbst die Eheleute in ihrem sexuellen Erleben reglementiert, statt dass sie dieses in ihrer Beziehung kreativ gestalten dürfen. Erst recht gilt das für jedes nichteheliche Zusammenleben: Ein solches darf nur unter Ausschluss des Sexuellen bestehen. Vernachlässigt bleibt die vielseitige Bedeutung von Sexualität. Erst wo diese anerkannt wird, kann sich dann auch unbefangener die Frage nach vielseitigeren Beziehungsmöglichkeiten öffnen. Wie wirkt sich diese Fokussierung auf den Beziehungsaspekt konkret aus?

Die vorgeschlagene Öffnung ist m. E. mit dem Ausbrechen aus einer mehrfachen Isolation verbunden:

- Aus der Isolation der Betrachtung der einzelnen Handlungen hin zu Verhaltenszusammenhängen;
- aus der Isolation der normativ- deduktiven Logik hin zur Rückbindung der Normen an ihren Sinngehalt (Werte und Güter);
- aus der Isolation des traditionellen Ehemodells hin zur Mehrgestaltigkeit von Beziehungen;
- aus der Isolation in der eigenen Tradition hin zu Erfahrungen der Betroffenen und Erkenntnissen moderner Wissenschaften.

Welchen Platz nimmt Sexualität und soll sie einnehmen im menschlichen Leben überhaupt und im Lebensentwurf jedes Menschen? Es ist nicht mehr als fair, nochmals daran zu erinnern, dass in den 1970er und 1980er Jahren von Seiten der Moraltheologie im Grunde alle wichtigen Argumente bereits erarbeitet wurden, die auf ein entsprechendes Überdenken der Sexualmoral und ihrer Grundlagen hindrängten. Auch entbrach es nicht an bischöflichen und synodalen Stellungnahmen.[35] Für den „offiziellen" deutschen Bereich ist vor allem zu verweisen auf Dokumente der Gemeinsamen Synode der Bistümer der BRD, den Beschluss „Christlich gelebte Ehe und Familie",[36] sowie das Arbeitspapier „Sinn und Gestaltung menschlicher Sexualität"[37] (letzteres freilich vorsichtshalber versehen mit einer distanzierenden Erklärung der Deutschen Bischofskonferenz).

„Sachgerechte Aussagen über den Sinn der menschlichen Sexualität", so das Arbeitspapier,[38] „können nur gemacht werden, wenn das Phänomen Sexualität in seiner ganzen Vielschichtigkeit berücksichtigt wird. Sowohl die Bedeutung der Sexualität für das Individuum wie ihre Bedeutung für die menschliche Gesellschaft müssen gesehen werden" (Nr. 2). Biologische und soziologische Aspekte zeigen, dass der Mensch durch und durch geschlechtsspezifisch differenziert und geprägt ist, aber auch, dass er mit dieser Prägung zugleich umfangreiche Möglichkeiten hat, sein Sexualverhalten nach seiner Vorstellung zu gestalten. Da das Sexualverhalten Rechte und Belange der Mitmenschen berührt, müssen diese zwischenmenschlichen Beziehungen durch soziale Übereinkünfte geordnet werden und dies werden sie auch überall, und zwar durch Regelungen, die historisch und kulturell sehr unterschiedlich sind. Solche Ordnungen sollen bestimmte Funktionen garantieren: „Institutionalisierung der Sexualbeziehungen mit den Prinzipien von Dauerhaftigkeit und Ausschließlichkeit" (mit allerlei zugestandenen oder geduldeten Abweichungen) sowie „Sorge der Partner füreinander und für den Fortbestand und das Wohl der Familie". Standen in der Vergangenheit soziale Aspekte im Vordergrund, so werden heute „die Bedeutung der Sexualität für den einzelnen, seine Selbstverwirklichung und die ihr innewohnenden Möglichkeiten der Lust und der Beglückung mehr und mehr als weitere Sinngehalte erkannt". Für eine nähere Definition der Sinngehalte wird darauf hingewiesen, dass diese nicht einfach durch biologi-

[35] Vgl. vor allem die Stellungnahmen zu „Humanae vitae" in verschiedenen Ländern.

[36] In: Gemeinsame Synode der Bistümer in der Bundsrepublik Deutschland. Offizielle Gesamtausgabe I, Freiburg 1976, 411–457.

[37] Ebd., Offizielle Gesamtausgabe II, 1977, 159–183.

[38] Der Kerntenor ist auch die Grundlage für die Nr. 2.2 des Beschlusses Ehe und Familie, hier freilich zugespitzt auf „Die Bedeutung der Sexualität in Ehe und Familie".

sche oder soziologische Fakten gefasst sein können. Wörtlich führt das Arbeitspapier (Nr. 3) aus:

„– Die Sexualität bestimmt die ganze Existenz des Menschen, sie prägt sein Mann-Sein oder sein Frau-Sein.

– Die Sexualität vermittelt dem Menschen existenzielle Erfahrungen;

– in der Selbstbestätigung und in der Bestätigung durch den Partner, durch die Zuweisung von sozialen Rollen und durch die Förderung der personalen Entwicklung;

– im Erlebnis der Lust;

– in der Liebe zum Partner, im Angenommensein durch den Partner und in den sexuellen Ausdrucksformen dieser Liebe;

– In der Zeugung und Erziehung des Kindes, im Geprägtwerden durch das Kind und durch die Selbsterfahrung in Vater- und Muttersein;

– Die Sexualität des Menschen ist nach wie vor auch durch Zeugung und Erziehung der Nachkommenschaft sozial bedeutsam."

Als Orientierungen für das Sexualverhalten insgesamt von dieser Grundlage her stellt das Arbeitspapier „die Liebe als das einende und formende Prinzip" heraus, artikuliert durch die verschiedenen Formen der Liebe, Eigenliebe (bezüglich des Selbst), Nächstenliebe (bezüglich der Partner) und soziale Verantwortung (bezüglich der sozialen Aspekte der menschlichen Sexualität), die sich jeweils mit unterschiedlichen Akzentuierungen im Sexualverhalten insgesamt ausprägen können.

Die Sinnrichtung ist damit deutlich: Ihre Ordnung erhält die menschliche Sexualität nicht einfach aus natural (aus dem „wesentlichen" Zeugungs- und Ehebezug) gegründeten Ge- oder Verboten, sondern von den die eigene Personalität, die Partnerschaft, die Gemeinschaften, die Gesellschaft aufbauenden Werten und Gütern, wie Bindung, Vertrauen, Geborgenheit, Zuwendung, Annahme, Verantwortung, Anerkennung, Toleranz, Wahrhaftigkeit, Rücksichtnahme, Verlässlichkeit, Treue, die sich in konkreten Beziehungsformen von Ehe und Familie, Freundschaften und Lebensgemeinschaften, aber auch im freien und eigenverantwortlichen Verzicht auf manche dieser Möglichkeiten ausdrücken können.

Eine nach diesen Leitlinien gestaltete Ordnung, in die, auf neue Weise, auch die „alten" Güter (Kind, Ehe und Familie) eingebettet sind, mag sich dann in näheren Regeln weiter konkretisieren. Sie trägt aber immer der conditio humana Rechnung, sie riskiert immer auch, prekär zu sein, unvollständig zu bleiben, sich lediglich im Maße des Möglichen zu realisieren, des mir und den andern Möglichen, des Möglichen in Gesellschaft und jeweiliger Kultur – ohne damit zum Verzicht auf die Leitideale zu führen.

In einem solchen Ethikmodell wird keineswegs alles gebilligt – es entstehen selbst neue Sensibilitäten für Missbrauchsformen der Freiheit und für beziehungsschädigendes und -zerstörendes Verhalten. Das zeigt die Empörung praktisch der ganzen (oft wegen ihrer sexuellen Liberalität gescholtenen) Gesellschaft über die sexuellen Missbrauchsfälle; das zeigt das geschärfte Gespür für Unterdrückung und Gewalt bis in die Ehe hinein (Vergewaltigung in der Ehe dürfte wahrscheinlich früher schon wegen des „ius in corpus" längst nicht immer als solche verstanden worden sein). Manche bisherigen normativen Vorstellungen hingegen erscheinen als eher zweitrangig, wenn sie überhaupt noch als moralisch relevant gesehen werden (Beispiele: die „unanständige" Kleiderordnung am Strand; unbefangener Umgang mit der eigenen Sexualität, voreheliche Beziehungen, Akzeptanz von Homosexualität).

Eine auf eigene Einsicht, auf Werte und auf Wertabwägungen gegründete moralische Ordnung als maßgebender Rahmen für konkrete Entscheidungen fordert somit die eigene Verantwortung heraus, sich den Problemen, Gefährdungen, Illusionen, Unvollkommenheiten und Kompromissen zu stellen, die ja auch mit dem Wagnis eigenverantwortlicher Freiheit in den vielfältigen Formen zwischenmenschlicher Beziehungen verbunden sind. Und so eröffnet sie auch die Freiheit, auf verschiedene Fragen weniger ängstliche, weniger selbstgewisse, auch vorläufige, jedenfalls befreiende und für die verschiedenartigen menschlichen Beziehungen förderliche Antworten zu versuchen – mit Sachverstand, moralischer Klugheit und Bescheidenheit. Hierbei kommen wir nicht um bestimmte Fragen herum, zum Beispiel:

- In welcher Beziehung stehen Tradition, Lehramt und Theologie zur (moralischen) Erfahrung der Menschen, und zwar in ihren je verschiedenen Lebenssituationen?
- Wie werden allgemeine moralische Werte in ihrer konkreten Vielfalt für die persönliche Identität, wie für gedeihliche menschliche Beziehungen, im kleinen Kreise von Ehe und Familie, von Freundschaft und Partnerschaft, bis hin in die Gestaltung von Gesellschaft und ganzer Kulturen, in Balance gebracht?
- Gibt es nur eine Moral für alle, oder kennt Moral situativ begründete Variationen, Stichworte: Jugendsexualität; voreheliche Beziehungen; gleichgeschlechtliche Beziehungen? Wie weiterleben nach einer gescheiterten Ehe?

- Welche Rolle spielen Veranlagung und Charakter für eine verantwortlich gelebte Sexualität?
- Und wie soll man theologisch darüber reden? Z. B. Homosexualität: Ist sie theologisch hinreichend beschrieben „als Verlust der persönlichen Ganzheit (Integritätsverlust)", der „wie Krankheit, Leid und Tod [...] mit der durch die Sünde bedingten allgemeinen Erlösungsbedürftigkeit des Menschen" im Zusammenhang steht?[39] Ist sie also eine Folge einer wie immer gearteten Sündenverstrickung der Menschheit, oder ist nicht der Gedanke wenigstens eine Überlegung wert, dass sie, wie der niederländische Jesuit Jan van Kilsdonk gesagt hat, „een vondst van de Schepper", eine Erfindung des Schöpfergottes ist? Und kann es daher nicht auch in der Situation von Homosexualität eine positive Beziehungsethik geben?
- Wo liegen die Schwerpunkte eines religiös-kirchlichen Engagements in Fragen der Sexualität, wo sollten sie liegen?

V. Nachbetrachtung

Dies alles bedeutet zweifelsohne eine tiefgreifende, vor allem auch kritische Relektüre der Tradition im Lichte gegenwärtiger Einsichten. Aber gerade so, und nur so, eröffnet sich auch die Chance, das Wertvolle aus der eigenen Tradition weiterzugeben.

Die eigene Tradition bietet aus ihren Tiefenschichten heraus durchaus die Ansätze zur Selbstkorrektur. Mit Hinweisen auf dieses positive Potenzial soll daher dieser Beitrag denn auch positiv enden.

Die Gutheit der Schöpfung wird durch den Menschen nicht ungeschehen gemacht; Geschlechtlichkeit gehört zur guten Schöpfung; sie verbindet Menschen untereinander; Lust ist Lebenskraft.

Die Fixierung auf das rechte Sexualverhalten ist nicht das Anliegen der Bibel;[40] was dort zu finden ist, ist nicht die Inkriminierung von Sexualität, sondern von deren erniedrigenden und gemeinschaftszerstörenden Formen. Das erste Gebot ist Liebe – Gottesliebe, Nächstenliebe, Feindesliebe –, in der alle Gebote

---

[39] Vgl. Gemeinsame Synode der Bistümer in der Bundesrepublik Deutschland Offizielle Gesamtausgabe II: Arbeitspapiere der Sachkommissionen, Freiburg u. a. ^{3}1981, 176ff. (wobei freilich deutlich der Beziehungsaspekt als gestalterisches Lebensprinzip hervorgehoben wird).

[40] Vgl. *Halter, Hans*, Bibel und Sexualität. Biblisch begründete Leitsätze für eine heutige christliche Sexualmoral, in: *ders., Ziegler, Mieth, Camenzind-Weber*, Sexualität und Ehe (s. Anm. 12), 9–27.

„aufgehoben" sind. Situative Anpassungen (Geschichtlichkeit), Kompromisse, Vergebung, Chancen des Neuanfangs – alles das kennt die Schrift, es sind unsere Prinzipien, uns weitergegeben in der Kirche selbst.

Als dem Münchener Moraltheologen Richard Egenter Zweifel am absoluten, naturrechtlich (mit dem Totalitätsprinzip) begründeten Verbot lebender Organspenden kamen, war für ihn in der Situation neuer medizinischer Möglichkeiten genau die aus der Schrift und dem Glauben heraus verstandene Liebe des Nächsten der Schlüssel, der für ihn – nicht ohne Mühen – das naturrechtlich verstandene Gebot „relativierte".[41] Es hat sich gezeigt, dass diese Relativierung keineswegs zur Verwässerung der Moral geführt hat, sondern zu einem neuen Verständnis menschlicher Liebe und Solidarität als Handlungsregel. Warum sollte das nicht auch für eine Sexualität gelten, die aus der Verantwortung für die zwischenmenschliche Beziehungswirklichkeit ihre moralische Gestaltung gewinnt?

---

[41] *Egenter, Richard*, Die Organtransplantation im Lichte der biblischen Ethik, in: *Böckle, Franz, Groner, Franz* (Hrsg.), Moral zwischen Anspruch und Verantwortung. Festschrift für Werner Schöllgen, Düsseldorf 1964, 142–153.

Sexualethik und Genderperspektive

von Saskia Wendel

Die offizielle Position der Katholischen Kirche in Fragen der Sexualethik ist in nicht unerheblichem Maße von anthropologischen Voraussetzungen hinsichtlich des Geschlechterverständnisses geprägt. Wer also bestimmte sexualethische Positionierungen verstehen, gegebenenfalls auch kritisieren will, wird dies nicht tun können, ohne diese anthropologischen Voraussetzungen zu analysieren und zu beurteilen. Gegebenenfalls ist dann eine Revision der anthropologischen Prämissen da vorzuschlagen, wo sie mit Blick auf die „Zeichen der Zeit“ der Anthropologie der Geschlechter geboten erscheint und sofern sie vernünftig gerechtfertigt ist sowie den Kernmotiven der christlichen Tradition nicht widerspricht. Im Folgenden werden zunächst die Herausforderungen markiert, die an die offizielle kirchliche Sexualethik durch zeitgenössische Gendertheorien ergehen, um dann Leitlinien einer Anthropologie der Geschlechter zu skizzieren, die zeitgenössische Gendertheorien kritisch rezipiert. Diese kann als Basis für eine zeitgemäße katholische Sexualethik fungieren, die einerseits an die Lebensführung von Menschen in spätmodernen Gesellschaften anschlussfähig ist, und die sich andererseits der Reich-Gottes-Botschaft Jesu und den Grundüberzeugungen des christlichen Glaubens verpflichtet weiß.

I. Substanzmetaphysik trifft auf „gender“: Lehramtliche Geschlechteranthropologie und die Herausforderungen durch Gendertheorien

Die offizielle katholische Lehrmeinung zu Fragen der Sexualethik ist pointiert im Katechismus der Katholischen Kirche (KKK) zusammengefasst.[1] Dort wird das gesamte Feld der sexuellen Lebensführung des Menschen (Stichwort „menschliche Geschlechtlichkeit“) unter der Vorgabe des Sechsten und des Neunten

[1] Vgl. Katechismus der katholischen Kirche. Neuübersetzung aufgrund der Editio typica Latina, München 2003.

Gebotes sowie in Bezug auf das Ehesakrament verhandelt, womit schon die Perspektive vorgegeben ist, die das Thema bestimmt: die Bezogenheit sexueller Praxis auf die Institution „Ehe und Familie“ und die Frage des Ehebruchs. Die Positionierung in Fragen der sexuellen Lebensführung ist damit deutlich präfiguriert. Allerdings gibt es im KKK hinsichtlich des Themas „Sexualität“ auch Rückbezüge auf die Anthropologie, genauer hin auf die Gottebenbildlichkeitslehre. Die Geschlechterdifferenz gilt als gottgewollt und damit als eine im Schöpferwillen Gottes vorgegebene natürliche Größe: Mann und Frau sind gleich hinsichtlich ihrer Personwürde, aber in ihrem Mann- und Frausein verschieden und in jener Verschiedenheit einer Ergänzungstheorie entsprechend aufeinander hingeordnet und „füreinander gewollt“ (KKK 371). Darin bilden sie eine Einheit in Verschiedenheit, die sich in der Ehe abbildet als Ideal der Harmonie des geschlechtlich differenzierten Paares. Die menschliche Sexualität wird so einerseits auf die Ehe als das Sinnbild der differenzierten Einheit zwischen Mann und Frau hingeordnet, andererseits auf diese Weise aber auch mit Generativität verknüpft. Das Urteil über die Legitimität sexueller Praxen und Lebensführungskonzepte aus christlicher Perspektive wurzelt somit neben der naturrechtlichen Orientierung der Ethik in einer bestimmten Geschlechteranthropologie, die einem philosophischen und theologischen Paradigma folgt, das in der Scholastik u. a. in der Rezeption der Aristotelischen Substanzmetaphysik grundgelegt wurde.

Auf Basis einer Substanzontologie wird dem menschlichen Dasein eine genau zu bestimmende Natur, ein substanzieller Kern, eine Wesenheit (*essentia*) zugesprochen – im Unterschied zu seiner faktischen Existenz (*esse, existentia*), der Realdistinktion von Sein und Wesen entsprechend. Diese Substanz unterscheidet das Seiende, das „Mensch“ genannt wird, von anderem Seienden, macht also seine *differentia specifica* aus. Ihr entspringen substanzielle Eigenschaften, die dem Menschen in seinem Menschsein notwendig zukommen und ihn als Menschen bestimmen im Unterschied zu akzidentiellen Eigenschaften, die ihm nicht notwendig zukommen und die ihn nicht in seiner Wesenheit bestimmen. Ebenso lässt sich dieser substanzontologischen Perspektive folgend eine Substanz, eine Natur der Geschlechter bestimmen, die das Mann- oder Frausein in seiner Wesenheit definiert. Dementsprechend gibt es auch substantielle Eigenschaften jenes Mann- oder Frauseins, d. h. natürlich gegebene Qualitäten, die als „männlich“ und „weiblich“ bezeichnet werden, und die Männern und Frauen notwendig zukommen. Nicht allein die Geschlechterdifferenz ist so substanzontologisch begründet, sondern auch Eigenschaften, die aus der sexuellen Differenz begründet werden und die dann als „männlich" oder „weiblich" definiert werden. Die Attribute „männlich" und „weiblich" werden somit nicht als Resultate einer Benennungspraxis und ihre Bedeutung nicht als Ergebnis des Sprachgebrauchs verstanden, sondern sie werden der klassischen Repräsentationstheorie entsprechend als Abbild einer ihnen vorgängigen Wirklichkeit und so als natürliche Eigenschaften interpretiert. Sie referieren dieser essentialistischen Lesart zufolge auf eine natürliche Gegebenheit, die Teil der Ordnung der Natur bzw. der Schöpfungsordnung ist, und die so letztlich auf göttlichen Willen zurückgeht.

Aus diesem Sein wird dann in ethischer Perspektive ein Sollen, werden konkrete Handlungsanweisungen abgeleitet: Menschen haben in ihrer Lebensführung der natürlichen Gegebenheit ihrer Essenz zu entsprechen, Männer und Frauen der Natur ihres jeweiligen Geschlechts. Basis dieser Forderung ist eine ontologische Verankerung der Ethik im Blick auf essentialistische Definitionen von Mensch-, Mann- und Frausein. Das entspricht der naturrechtlichen Tradition theologischer Ethik: Was natürlich gegeben ist, ist zugleich das, was der Lebensführung als zu realisieren aufgegeben ist: *secundum naturam vivere*.[2] Zugleich wird entsprechend der Aristotelischen Lehre von der Zielursache (*causa finalis*) des Seienden die natürliche Ordnung als durch ein Ziel, einen Zweck bestimmt angesehen: „Entsprechend fordert die wesensgerechte Daseinsform des Menschen ein vernünftiges Sicheinordnen in diese Ordnung der Natur und das Übernehmen der daraus erkennbaren Aufgaben."[3]

Diese essentialistische Geschlechteranthropologie wird nicht nur von zeitgenössischen Gendertheorien deutlich in Frage gestellt; die Substanzontologie wurde bereits durch die in Feministischen Theorien übliche Unterscheidung von *sex* (natürliche Geschlechtsidentität) und *gender* (kulturell bedingte Geschlechtsidentität) unterlaufen: Was als natürlich gegeben erscheint, ist häufig nichts anderes als Produkt kultureller Prägung; so genannte natürliche Eigenschaften von Männern und Frauen entpuppen sich in einer kritischen Analyse dieser Prägungen als soziale Konstruktionen und Projektionen. Schon Simone de Beauvoir führte die Diskriminierung von Frauen auf solche Konstruktionen zurück, denen letztlich die Kons-

[2] Dieser Grundsatz ist jedoch nicht ausschließlich aristotelisch begründet, das Ziel naturgemäßen Lebens findet sich etwa auch in Stoa formuliert; vgl. hierzu etwa *Böckle, Franz*, Fundamentalmoral, München 1977, 246.
[3] Ebd., 247.

truktion der Frau als ‚die Andere' des männlich konnotierten Subjekts zugrunde liegt, und diese Konstruktion der Frau als das Andere wurzle darin, dass die Kategorie des Anderen ein Grundzug des menschlichen Denkens sei, da unser Denken durch die Konstruktion von Gegensätzen geprägt sei. In diesem Kontext findet sich die berühmte Formulierung:

> „Man kommt nicht als Frau zur Welt. Man wird es. Kein biologisches, psychisches, wirtschaftliches Schicksal bestimmt die Gestalt, die das weibliche Menschenwesen im Schoß der Gesellschaft annimmt. Die Gesamtheit der Zivilisation gestaltet dieses Zwischenprodukt zwischen dem Mann und dem Kastraten, das man als Weib bezeichnet."[4]

Grundsätzlich hält de Beauvoir allerdings noch an der Unterscheidung von *sex* und *gender* fest, wobei *sex* als Minimalbestimmung der biologischen Geschlechterdifferenz fungiert und nicht mehr als Substanzbegriff zu verstehen ist, aus dem dann substanzielle Eigenschaften des „Weiblichen" abzuleiten wären.

Gendertheoretikerinnen wie etwa Judith Butler radikalisieren diese Perspektive: Im Anschluss an entsprechende Überlegungen Michel Foucaults geht Butler anders als de Beauvoir davon aus, dass schon der Gedanke der Subjektivität durch diskursive Praktiken erzeugt ist;[5] das Ich ist nicht einfach in Diskursen situiert, sondern durch deren Vorgängigkeit konstituiert und konstruiert. De Beauvoir hingegen hatte an den Begriffen Subjektivität und Freiheit auch in Rezeption entsprechender Überlegungen Jean-Paul Sartres festgehalten. Im Gegensatz dazu verabschiedet Butler die Idee eines ‚Subjekts Frau' ersatzlos. Ebenso verhält es sich laut Butler mit dem Verständnis von ‚Geschlecht': Auch ‚Geschlecht' ist Effekt diskursiver Praxen, und was als natürlich gegeben erscheine, wie etwa der Körper in seiner geschlechtlichen Differenzierung, ist allein Ergebnis kulturell und gesellschaftlich bedingter Benennungspraxen.[6] Demzufolge gibt es für Butler keine natürliche Geschlechtsidentität (*sex*) im Unterschied zum kulturell bedingten Geschlecht (*gender*), und dementsprechend macht es für Butler auch keinen Sinn, sich positiv auf das Weibliche zu beziehen im Sinne der Identifikationsversuche eines „weiblichen" Selbst oder eines „weiblichen" Begehrens.

---

[4] *De Beauvoir, Simone*, Das andere Geschlecht. Sitte und Sexus der Frau, Hamburg 1989, 265.

[5] Vgl. *Butler, Judith*, Das Unbehagen der Geschlechter, Frankfurt a.M. 1991, 212.

[6] Vgl. ebd., 26.

Wenn aber ‚Geschlecht' nicht anders zu verstehen ist denn als Effekt diskursiver Praktiken, dann sind ständige Verschiebungen und Wiederholungen des Verständnisses von ‚Geschlecht' möglich, da ja jede Identifizierung von ‚Geschlecht' durch die Unendlichkeit der Verschiebung von Zeichen quasi hintergangen werden kann. Die Bedeutung von *gender* ergibt sich durch diese ständige Zeichenverschiebung, wodurch sich die Bedeutung von *gender* selbst verschiebt – *gender* referiert so gesehen auf sich selbst, nicht mehr auf eine vorgängige Identität. Anders formuliert referiert *gender* auf die ständige Verschiebung der Bedeutung seiner selbst in einer unendlichen Vielfalt performativer Akte, die ein Individuum als Teil des Diskurses unternimmt. Die performative Macht des Diskurses wirkt sozusagen durch die Sprachhandlung des einzelnen Individuums, das dem Diskurs unterworfen und durch ihn geprägt ist, auch hinsichtlich von *gender*. Der Schöpfer dieser Gestaltungen ist es jedoch nicht selbst, sondern der Diskurs, an dem es partizipiert.[7]

Butler hat zwar mittlerweile unmissverständlich klargestellt, dass sie keineswegs die Gegebenheit des Körpers und auch anatomische Gegebenheiten in Frage stellt; sie leugnet nicht die Gegebenheit bestimmter biologischer Prozesse, etwa die zur Fortpflanzung notwendige Verschmelzung von Sperma und Ei. Dennoch aber macht sie darauf aufmerksam, dass wir in Bezug auf diese Vorgänge in einer Sprach- und Benennungspraxis eine sexuelle Differenz gemäß einer binären Logik konstruieren und so auch eine bestimmte Körperpraxis konstituieren – bis dahin, die Konstruktion solcherart geschlechtlich differenzierter Körper als Ursprungskategorie aufzufassen.[8] Butler fasst ihren Ansatz wie folgt zusammen:

> „Gender als eine historische Kategorie zu verstehen bedeutet […] zu akzeptieren, dass Gender, verstanden als ein Verfahren zur kulturellen Konfiguration eines Körpers, der ständigen Neuschöpfung unterliegt und dass ‚Anatomie' und ‚anatomisches Geschlecht' nicht ohne kulturelle Prägung sind […]. Die Zuschreibung von Weiblichkeit zu weiblichen Körpern, so als ob diese eine natürliche oder notwendige Eigenschaft wäre, findet in einem normativen Rahmen statt, in dem die Zuordnung von Weiblichkeit zu weiblicher Anatomie ein Mechanismus zur Erzeugung von Gender ist. Begriffe wie ‚maskulin' und ‚feminin' sind bekanntermaßen austauschbar; jeder der Begriffe hat seine Sozialgeschichte. […] Begriffe zur Gender-Be-

[7] Vgl. ebd., 49.

[8] Vgl. *Butler, Judith*, Die Macht der Geschlechternormen, Frankfurt a.M. 2009, 24.

zeichnung sind somit nie ein für allemal festgelegt, sondern befinden sich ständig im Prozess der Erneuerung.“[9]

Schon die Unterscheidung von *sex* und *gender* und die Absage an die substanzontologische Tradition, mehr noch aber die Radikalisierungen in Gendertheorien, die die Differenz von *sex* und *gender* zugunsten der Monopolisierung der *gender*-Kategorie einziehen, stellen die essentialistische Geschlechteranthropologie und darauf basierende Sexualethiken in Frage. Was dort als natürlich gegeben gilt, als unveräußerlicher Bestandteil der von Gott gewollten Schöpfungsordnung, der der Mensch in seinem Handeln zu entsprechen hat, wird hier als Effekt diskursiver Praxis, als Resultat vielfältiger Konstruktionsmechanismen von *gender* verstanden.

Es überrascht nicht, dass die Kongregation für die Glaubenslehre die Brisanz dieser Thesen erkannt hat; 2004 wurden in einem Schreiben an die Bischöfe der Katholischen Kirche über die Zusammenarbeit von Mann und Frau in der Kirche und in der Welt[10] eine nicht näher benannte „gewisse Strömung“ im Feminismus kritisiert, die eine Nivellierung der natürlichen Unterschiede der Geschlechter anstrebe: „Die Folge davon ist eine Verwirrung in der Anthropologie, die Schaden bringt und ihre unmittelbare und unheilvollste Auswirkung in der Struktur der Familie hat.“ (Nr. 2). Allerdings kritisiert das Schreiben nicht nur Gendertheorien, die jedoch wie gesagt nicht näher benannt werden, sondern generell die Unterscheidung von *sex* und *gender*, da mit dieser Unterscheidung die Differenz zwischen Mann und Frau eingeebnet, eine „polymorphe Sexualität“ gefördert und die Person zu einem Konstrukt werde (Nr. 2 und Nr. 3). Also wird nicht nur der konstruktivistische Ansatz in den Bahnen Butlers im Dokument kritisiert, sondern überhaupt schon die Unterscheidung zwischen natürlicher und kulturell bedingter Geschlechtsidentität. Das Dokument schärft stattdessen die natürliche Vorgegebenheit der Zweigeschlechtlichkeit nebst Ergänzungstheorie ein (Nr. 12), danach folgt die Bestimmung so genannter „weiblicher“ Qualitäten und Werte sowie Überlegungen zu Ehe und Familie.[11]

---

[9] Vgl. ebd., 22f.

[10] Verlautbarungen des Apostolischen Stuhls 166, hrsg. v. Sekretariat der deutschen Bischofskonferenz, Bonn 2004. Vgl. zu Inhalt und Duktus dieses Schreibens sowie zu einer theologischen Kritik an diesem Schreiben auch *Heimbach-Steins, Marianne*, „… nicht mehr Mann und Frau“. Sozialethische Studien zu Geschlechterverhältnis und Geschlechtergerechtigkeit, Regensburg 2009, 163–177.

[11] Mittlerweile gibt es auch aus dem Feld konservativer katholischer Gruppierungen Wortmeldungen zum Thema *gender*. So wurde z. B. in einer Presseerklärung des „Forums Deutscher Katholiken“ aus dem Jahr 2010 unter der Überschrift „Von Deutschland darf nicht das Unheil ausgehen!“ die Absetzung des Präsidenten der Bundeszen-

II. *Die „blinden Flecken" einer substanzontologischen Anthropologie und einer radikalkonstruktivistischen Gendertheorie*

1. *Das Problem des substanzmetaphysischen Begriffs des Menschen und des Geschlechts*

Gendertheorien erteilen der Substanzmetaphysik bzw. dem Essentialismus der lehramtlichen Geschlechteranthropologie eine klare Absage. Doch damit sind sie alles andere als revolutionär, schon Immanuel Kant z. B. hatte im Paralogismuskapitel der „Kritik der reinen Vernunft" der Substanzontologie in Form der Seelenmetaphysik den Abschied gegeben: Wer aus dem aller Erkenntnis zugrunde liegenden transzendentalen Prinzip „ich denke" die Existenz einer Seelensubstanz folgert – die Existenz einer *res cogitans* – und diese dann auch noch zu bestimmen sucht, verwechselt *phainomenon* mit *noumenon* und verstrickt sich in der transzendentalen Illusion.[12] Und nicht nur die Transzendentalphilosophie kritisierte die Substanzontologie; die Wende von der Essenz hin zur Existenz des Daseins ist ein Kernmotiv der Existenzphilosophie. Für diese Wende plädierte auch Martin Heidegger und kritisierte damit auch die scholastische Tradition der Realdistinktion von Sein und Wesen im Blick auf das (menschliche) Dasein:

> „*Das ‚Wesen' des Daseins liegt in seiner Existenz.* Die an diesem Seienden herausstellbaren Charaktere sind daher nicht vorhandene ‚Eigenschaften' eines so und so ‚aussehenden' vorhandenen Seienden, sondern je ihm mögliche Weisen zu sein und nur das. Alles Sosein dieses Seienden ist primär Sein. Daher drückt der Titel ‚Dasein', mit dem wir dieses Seiende bezeichnen, nicht sein Was aus, wie Tisch, Haus, Baum, sondern das Sein."[13]

---

trale für Politische Bildung, Thomas Krüger, gefordert, weil dieser auf einem Kongress für die Durchsetzung von „gender mainstreaming" eingetreten war und sich dabei auch gegen hegemoniale Vorstellungen von Sexualität wandte. Wörtlich heißt es in der Presseerklärung: „Sollen jetzt von Deutschland Theorien ausgehen, die das Wesen des Menschen zerstören, der seiner Natur gemäß unverwechselbar Mann oder Frau ist?" (vgl. http://www.forum-deutscher-katholiken.de/presse/decl-2010.html, Stand: 14.11.2010).

[12] Vgl. etwa *Kant, Immanuel*, Kritik der reinen Vernunft B 422: „Die Einheit des Bewußtseins, welche den Kategorien zum Grunde liegt, wird hier [in der Seelenmetaphysik] für Anschauung des Subjekts als Objekts genommen, und darauf die Kategorie der Substanz angewandt. Sie ist aber nur die Einheit im *Denken*, wodurch allein kein Objekt gegeben wird, worauf also die Kategorie der Substanz, als die jederzeit gegebene *Anschauung* voraussetzt, nicht angewandt, mithin dieses Subjekt gar nicht erkannt werden kann."

[13] *Heidegger, Martin*, Sein und Zeit, Tübingen ^{16}1986, 42.

Heidegger folgert die Differenz zwischen Ding und Person, „etwas“ und „jemand“ daraus, dass die Person keine Substanz sei und kritisiert so auch den Cartesischen Substanzendualismus.[14] Menschliches Dasein wird so nicht mehr im Rekurs auf eine Wesenheit definiert, die das Menschsein bestimmt, sondern in Bezug auf den Existenzvollzug dieses Daseins selbst.

Bereits vor Kants transzendentalphilosophischer Kritik der Seelenmetaphysik finden sich ebenfalls Kritiken an einer am Substanzbegriff ausgerichteten Anthropologie. Baruch de Spinoza gab zwar in seinem Versuch, den Cartesischen Substanzendualismus zu überwinden, den Begriff der Substanz nicht gänzlich preis, reservierte ihn aber allein für Gott, verstanden als „alleine Substanz“, die Denken und Ausdehnung als Attribute in sich einschließt. Der Mensch ist so gesehen keine Substanz, weder *res cogitans* noch *res extensa*, sondern in Denken und Ausdehnung Modus der einzigen, alleinen göttlichen Substanz.[15] Ebenso finden sich selbst in theologischen Traditionen, die noch der mittelalterlichen Theologie zugerechnet werden, jedoch mit Blick auf deren Grundmotive bereits an der Schwelle zur Neuzeit stehen, Absetzbewegungen von der Identifikation der Seele mit einer Substanz. Meister Eckhart beispielsweise (und vor ihm schon Dietrich von Freiberg[16]) verstand den Seelengrund nicht im Sinne einer *res*. Deshalb kann über den Seelengrund auch nichts kategorial aus-

---

[14] Vgl. ebd., 47f.

[15] Vgl. *de Spinoza, Baruch*, Die Ethik. Übersetzt und mit Einleitung und Register versehen von *Otto Baensch*, 10. Aufl., mit der 7. gleichlautenden Aufl., Leipzig 1922.

[16] Dietrich hat zwar die substanzontologischen Termini selbst nicht aufgegeben, deutet die Substanz aber nicht als *quidditas*, was am Beispiel der Bestimmung des tätigen Intellekts durch Dietrich deutlich wird: „Unser tätiger Intellekt aber ist nicht die Washeit eines Dinges, und nicht ist durch ihn ein Ding ein etwas der Wirklichkeit nach im Sinne der Formbestimmtheit, und nicht läßt sich von ihm die Definition gewinnen, die die Washeit, welche die Form des zusammengesetzten Dinges ist, anzeigt.“ (vgl. *von Freiberg, Dietrich*, Abhandlung über den Intellekt. Übersetzt und mit einer Einleitung versehen von *Burkhard Mojsisch*, Hamburg 1980, II 11, 3. Vgl. auch ebd., II 31, 6 sowie *ders.*, De visione beatifica I 1, 15f., in: *ders.*, Opera omnia. Tomus I. Veröffentlicht unter der Leitung von *Kurt Flasch*, Hamburg 1977). Vgl. hierzu auch *Flasch, Kurt*, Kennt die mittelalterliche Philosophie die konstitutive Funktion des menschlichen Denkens? Eine Untersuchung zu Dietrich von Freiberg, in: Kant-Studien 63 (1972) 182–206, 198: „Weder ein imaginierter Ideenhimmel noch die dinghafte Einzelsubstanz, sondern das denkende Ich ist Urbild und Grund des Seienden als Seienden; dieses Ich ist nicht nach dem Modell des Vorhandenen zu begreifen, was Dietrich so ausdrückt, dass es sein Sein erst durch sein Tätigsein hat. – Es ist nicht erst ruhende Substanz und dann auch Denken. Es ist in seinem Wesen nach Energie und Relation, also jenseits der Distinktion von Substanz und Akzidenz.“ Vgl. hierzu auch *Wendel, Saskia*, Affektiv und inkarniert. Ansätze Deutscher Mystik als subjekttheoretische Herausforderung, Regensburg 2002, 161–175.

gesagt werden.[17] Und auch Nikolaus Cusanus setzte sich von der Substanzontologie aristotelischer Provenienz ab: Zwar anerkennt er durchaus noch in ontologischer Hinsicht die Rede von einer Substanz aller Dinge, identifiziert diese jedoch mit dem „Nichtanderen". Das aber kann nicht mit den Mitteln des Intellekts erkannt und somit nicht definiert werden; das „Nichtandere" kann allein intuitiv geschaut werden und entzieht sich somit letztlich begrifflichen Bestimmungen diskursiver Erkenntnis.[18] Wesen der Dinge und damit Substanz im eigentlichen Sinne ist für den dem (Neu-)Platonismus verpflichteten Cusanus somit keine spezifische Wesenheit der Dinge, sondern das Eine, also das „Nichtandere" als Grund, als Prinzip aller Dinge,[19] und diese „Substanz" ist letztlich für das Verstandesvermögen unbegreiflich und unnennbar:

> „Könntest du es [das Wesen des Geistes] begreifen, dann wäre es nicht der Ursprung von allem, der in allem alles bedeutet. Jeder menschliche Begriff ist nämlich der Begriff irgendeines Gegenstandes. Vor dem Begriff jedoch ist das ‚Nichtandere', da doch der Begriff nichts anderes als Begriff ist. Man kann also das ‚Nichtandere' als absoluten Begriff bezeichnen, den der Geist zwar erschaut, von dem es aber sonst kein Erfassen gibt."[20]

Vor diesem Hintergrund ist das Festhalten an einer essentialistisch ausgerichteten Geschlechteranthropologie nur schwer nachvollziehbar, es sei denn, man vernachlässigte zum einen die neuzeitliche Tradition der Anthropologie und zum anderen Modelle der christlichen Theologie, die der sich abzeichnenden Monopolisierung einer bestimmten theologischen Denkform in den Bahnen der Theologie des Aquinaten nicht folgten. Es ist zu fragen, ob diese Denkform angesichts der skizzierten philosophischen wie theologischen Skepsis gegenüber einer substanzontologisch ausgerichteten, essentialistischen Metaphysik auch in Zukunft noch

---

[17] Vgl. hierzu *Wendel*, Affektiv und inkarniert (s. Anm. 16), 189f.; vgl. auch *Hof, Hans*, Scintilla Animae. Eine Studie zu einem Grundbegriff in Meister Eckharts Philosophie mit besonderer Berücksichtigung des Verhältnisses der Eckhartschen Philosophie zur neuplatonischen und thomistischen Anschauung, Lund 1952, 183ff. sowie *Reiter, Peter*, Der Seele Grund. Meister Eckhart und die Tradition der Seelenlehre, Würzburg 1993, 409 u. 411f.

[18] Vgl. *Nikolaus von Kues*, Vom Nichtanderen (De li non aliud). Übersetzt und mit Einführung und Anmerkungen versehen von *Paul Wilpert*, Hamburg ^{3}1987, 64–73.

[19] Vgl. hierzu auch *ders.*, De docta ignorantia II, 146ff. Dort gesteht Cusanus zwar die Verschiedenheit von Wesensgründen zu, doch diese sind nichts anderes als der individualisierte allgemeine, eine Wesensgrund, eben die eigentlich Substanz als Ineinsfall aller Gegensätze und Verschiedenheiten.

[20] Vgl. *Nikolaus von Kues*, Vom Nichtanderen (s. Anm. 18), 73.

mit guten Gründen als einzig mögliche katholische Position gerechtfertigt werden kann.[21] Hinzu kommt das Problem, dass bei einer wörtlichen Auslegung von Gen 1,27 („als Mann und Frau schuf er sie") der Eindruck entsteht, Gott habe im Schöpfungsakt ‚fertige' Menschen geschaffen, noch dazu ‚fertige' geschlechtlich differenzierte Menschen. Diese kreationistische Perspektive widerspricht naturwissenschaftlichen Erkenntnissen, ganz zu schweigen davon, dass diese Vorstellung letztlich im Anthropomorphismus gefangen ist, mit Rückwirkung auch auf das Gottesbild. Wer an dieser Perspektive festhält, verstrickt sich in das Problem der ‚doppelten Wahrheit' der unterschiedlichen Geltung von philosophischen bzw. naturwissenschaftlichen und theologischen Wahrheitsansprüchen.

Wird aber die Voraussetzung einer essentialistischen Anthropologie fragwürdig, dann mit ihr auch eine ebenso essentialistisch ausgerichtete Geschlechteranthropologie. Lässt sich keine „Essenz" des Menschen definieren, dann auch keine ihr entsprechenden Eigenschaften, und dasselbe gilt im Blick auf die behauptete „Essenz" des Mann- und Frauseins und ihr entsprechenden Bestimmungen von „weiblich" und „männlich" als natürliche Eigenschaften. Die Verabschiedung einer essentialistischen Anthropologie ermöglicht somit die Anerkennung der mittlerweile kultur- wie sozialwissenschaftlich allgemein akzeptierten Unterscheidung von *sex* und *gender*. Daraus muss jedoch nicht notwendig die Anerkennung der gänzlichen Aufhebung der Differenz von *sex* und *gender* folgen; eine Gendertheorie auch in die theologische Anthropologie (und dann nachfolgend in die Sexualethik) zu integrieren heißt nicht, in jeder Hinsicht auch der radikalkonstruktivistischen Perspektive Butlers zu folgen, wiewohl auch Butlers Theorie in modi-

---

[21] Im Bereich der Theologischen Ethik wurde das essentialistische Paradigma, das meist als Basis naturrechtlich argumentierender Ethiken fungiert, denn auch aufgrund seiner prekären Folgen für das ethische Urteilen kritisiert, so etwa durch Franz Böckle: „Solche Art der Berufung auf das Wesen und die Wesenseigenschaften des Menschen weckt den Verdacht, daß die in der herrschenden Praxis vorausgesetzten Strukturen zu Wesenseigenschaften hochstilisiert werden, um die Normen der Praxis als unabänderlich im Sein begründet zu erweisen. [...] Die Geschichtlichkeit sowie die kulturelle Offenheit des Menschen lassen sich nicht unterschlagen." (*Böckle*, Fundamentalmoral [s. Anm. 2], 248). Böckle zitiert in diesem Kontext unter anderem auch Joseph Ratzinger, der in einem Aufsatz aus dem Jahr 1975 von einem „Naturrechtspositivsmus" sprach, „der aus der vermeintlichen Metaphysik eine theokratische Lehramtsgesetzgebung macht, deren Positivität durch den metaphysischen Anspruch nur um so gefährlicher wird: Was als pragmatische Regel hingehen mochte, kann unerträglich werden, wenn es als ewige Wahrheit der lex naturalis ausgegeben wird" (*Ratzinger, Joseph*, Theologie und Ethos, in: *Karl Ulmer* [Hrsg.], Die Verantwortung der Wissenschaft, Bonn 1975, 46–61, 57).

fizierter Art und Weise sich als durchaus anschlussfähig für die Theologie erweisen kann.

2. Das Problem der Gendertheorie Judith Butlers: Die Verwechslung von Substanz- und Subjektbegriff und die Verwechslung von Leib und Körper

Butler hat zu Recht darauf aufmerksam gemacht, dass Sprache und Diskurspraxis Wirklichkeit nicht nur repräsentiert, sondern auch schafft. Die Bestimmung der Bedeutung von Geschlecht ist auch diskursiv erzeugt, und damit ist der *gender*-Anteil unserer eigenen Geschlechtsidentität alles andere als gering einzuschätzen. Doch Butlers Theorie weist in zwei Punkten Probleme auf: in ihrer Kritik des Subjektbegriffs und in ihrer Gleichsetzung von Leib und Körper. Obwohl Butler betont, dass sie eine ‚Philosophie der Freiheit' entwickeln und dabei auch und vor allem der Frage nachgehen möchte, wie Menschen im Akt der Anerkennung als Personen anerkannt werden, die sich nicht der herrschenden sozialen Norm bezüglich sexueller Praxen und damit auch *gender*-Praxen unterwerfen, kritisiert sie zugleich die Voraussetzung eines dem Diskurs vorgängigen „ich" und damit die Subjektphilosophie – wohl auch deshalb, weil sie den Subjektbegriff unkritisch mit dem Substanzbegriff gleichsetzt. Aber wenn das Ich nicht mehr als dem Diskurs vorgängig verstanden wird, dann fällt sowohl ein grundlegendes Prinzip einer Philosophie der Freiheit als auch ein Prinzip einer Praxis der Anerkennung als Personen. Dementsprechend ist es problematisch, ein ‚Außerhalb' des Diskurses als selbst schon vom Diskurs erzeugt zu denken, ebenso die soziale Norm, die den Diskurs beherrscht: Diskurse fallen nicht vom Himmel, ebenso wenig soziale Normen. Diskurse sind keine autopoietischen, selbstreferentiellen Systeme, sondern sie sind von bewusstem Dasein erzeugt, welches über das Können, das Vermögen – die Freiheit verfügt, Diskurse zu erzeugen, Normen zu setzen. Diskurse sind keine selbstursprünglichen, notwendig existierenden kreativen Entitäten. Sie sind vielmehr das Resultat der Kultur setzenden, schöpferischen, kreativen Praxis des Bewusstseins. Als solche sind sie auch veränderbar und nicht quasi natürlich gegeben. An die Stelle der natürlichen Gegebenheit der Substanz rückt hier die Gegebenheit des Diskurses. Damit bestätigt Butler unfreiwillig diejenigen, die den Substanzbegriff gerade deshalb nicht preisgeben möchten, um die Singularität von Personen rechtfertigen zu können, wiewohl dieses Anliegen auch bewusstseinstheoretisch ohne Rekurs auf die Substanzmetaphysik eingeholt werden kann.

Dazu bedarf es jedoch eines nicht substanziell verstandenen Begriffs des Subjekts, wie er etwa in transzendentalphilosophischen Traditionen formuliert wurde.

Ein zweiter problematischer Punkt in Butlers Theorie ist ihre Gleichsetzung von Leib und Körper, was dann in letzter Konsequenz auch die Auflösung von *sex* in *gender* zur Folge hat. Doch gerade die Phänomenologie hat darauf aufmerksam gemacht, dass zwischen Leib und Körper zu unterscheiden ist, weil dem Leib eine Doppelstruktur eignet: Auf der einen Seite ist er Ding unter Dingen und damit Objekt der Wahrnehmung, auf der anderen Seite aber derjenige, der Dinge berührt und sieht und somit selbst kein Ding. Als Ding unter Dingen ist der Leib objektivierter, verdinglichter Körper. Den Körper kann ich benennen, definieren, sezieren, analysieren. Der Körper ist somit derjenige, der in diskursive Praxen eingelassen und durch diese bestimmt wird; die kulturell bedingte Geschlechtsidentität macht sich somit am Körper fest. Aber der Leib ist mehr als nur Körper, er ist vielmehr vom Dasein und seinem Bewusstsein untrennbar.[22] Ist dem Körper die *gender*-Dimension zuzuordnen, so dem Leib die Dimension von *sex*. Diese Differenzierung von Leib und Körper und die ihr entsprechende Differenz von *sex* und *gender* wird jedoch von Butler negiert, was die Totalisierung von *gender* zur Folge hat. Auf diesen Aspekt wird noch näher einzugehen sein.

Wenn nun aber sowohl die Fixierung auf die überkommene Substanzontologie als auch die radikalkonstruktivistische Monopolisierung von *gender* sich als problematisch erweisen, dann muss nach einer Basis für eine tragfähige Geschlechteranthropologie gesucht werden, die sich vom Geschlechteressentialismus verabschiedet und kritisch an Gendertheorien anschließt.

---

[22] Vgl. zu dieser Bestimmung von Leib und Körper: *Husserl, Edmund*, Gesammelte Schriften, hrsg. v. *Elisabeth Ströker*, Bd. 8, Hamburg 1992; *Stein, Edith*, Zum Problem der Einführung. Reprint der Originalausgabe von 1917, München 1980; *Merleau-Ponty, Maurice*, Phänomenologie der Wahrnehmung, Berlin 1966. Vgl. hierzu auch ausführlich *Wendel*, Affektiv und inkarniert (s. Anm. 16), 283–313; *dies.*, Inkarniertes Subjekt. Die Reformulierung des Subjektgedankens am ‚Leitfaden des Leibes', in: Deutsche Zeitschrift für Philosophie 51 (4/2003) 559–569.

III. Die Freiheit der Person als Orientierungspunkt christlicher Sexualethik

1. Als freie ‚Subjekt-Person' Bild Gottes

Die theologische Anthropologie kennt zwei Grundmotive, die auch in einer Revision der Geschlechteranthropologie eine zentrale Rolle spielen: die Gottebenbildlichkeitslehre und die Überzeugung von der leibseelischen Einheit der Person. Beide können auch ohne substanzontologische Prämissen vertreten werden; hier ist der Anschluss an Bewusstseinstheorien von besonderer Bedeutung, in denen Bewusstsein nicht als Form reflexiv, also denkend sich vollziehender Selbsterkenntnis verstanden wird („ich denke mich"), sondern als vorreflexive Selbstgewissheit, die mit den Philosophen Dieter Henrich und Manfred Frank als ‚Vertrautheit mit sich' bezeichnet werden kann.[23] Diese Vertrautheit kann nicht denkend hergestellt werden, weil die Selbstreflexion ja bereits auf ein Wissen von sich verwiesen ist, auf das sich das reflektierende Dasein schon bezieht. Dieses Wissen kommt nicht erst im Denken auf, sondern wird im Denkakt selbst schon vorausgesetzt: Die vorreflexive Selbstgewissheit (präreflexives Bewusstsein von sich) ist die Basis der reflektierend sich vollziehenden Selbsterkenntnis (reflexives Selbstbewusstsein). Sie vollzieht sich unmittelbar, da eben nicht durch Zeichen und Bilder vermittelt, und sie vollzieht sich intuitiv, da es sich um ein unmittelbares Erfassen, ein Gewahrwerden handelt, in dem das Wissen von sich aufkommt und auftritt.[24]

Das vorreflexive Bewusstsein ermöglicht es nun dem einzelnen Dasein, eine ‚Ich'-Perspektive einzunehmen. Mittels dieser Perspektive ist es ihm allererst möglich, sich auf Anderes, auf Welt zu beziehen. Die ‚Ich'-Perspektive und damit verbunden die ‚Jemeinigkeit' sämtlicher Vermögen der Vernunft, ja aller Vollzüge

---

[23] Vgl. hierzu etwa *Henrich, Dieter*, Denken und Selbstsein: Vorlesungen über Subjektivität, Frankfurt a.M. 2007; *ders.*, Bewusstes Leben. Untersuchung zum Verhältnis von Subjektivität und Metaphysik, Stuttgart 1999; *ders.*, Fluchtlinien. Philosophische Essays, Frankfurt a.M. 1982; *ders.*, Selbstbewußtsein. Kritische Einleitung in eine Theologie, in: *Rüdiger Bubner, Konrad Cramer, Rainer Wiehl* (Hrsg.), Hermeneutik und Dialektik. FS *Hans-Georg Gadamer*. Aufsätze I, Tübingen 1970, 257–284; *Frank, Manfred* (Hrsg.), Selbstbewusstseinstheorien von Fichte bis Sartre, Frankfurt a.M. ^{2}1993; *ders.*, Selbstbewusstsein und Selbsterkenntnis. Essays zur analytischen Philosophie der Subjektivität, Stuttgart 1991; *Frank, Manfred*, Subjekt-Person-Individuum, in: *ders.* u. a. (Hrsg.), Die Frage nach dem Subjekt, Frankfurt a. M. 1988, 7–28; *ders.*, Die Unhintergehbarkeit von Individualität. Reflexionen über Subjekt, Personen und Individuum aus Anlaß ihrer ‚postmodernen' Toterklärung, Frankfurt a.M. 1986.

[24] Vgl. z. B. *Reininger, Robert*, Metaphysik der Wirklichkeit, Bd. 1, 2., gänzlich neubearbeitete und erweiterte Aufl., Wien 1947.

der Existenz, bestimmt so das ‚Zur-Welt-Sein' des Daseins. Zugleich ist diesem Dasein kraft seines Bewusstseins Einmaligkeit, Singularität verliehen. Niemand anderes kann seine Perspektive und sein ‚Zur-Welt-Sein' einnehmen. In seiner Einmaligkeit nun ist das Dasein Subjekt, wobei der Subjektbegriff hier kein Seins- und vor allem auch kein Substanzbegriff ist. Vielmehr bezeichnet der Subjektbegriff eine Perspektive, nämlich diejenige der mit dem ‚Ich' verbundenen Singularität des ‚Zur-Welt-Seins', nicht aber eine ontologische Gegebenheit. Durch diese Perspektive jedoch wird das Dasein aus seinem Status der puren Individualität herausgerissen: Es ist kein isoliertes Einzelnes neben anderen, ist kein unbedeutender Teil einer Masse, ebenso ist es kein Teil der Dingwelt, es ist ‚jemand', nicht ‚etwas'.

Diese Differenz zwischen ‚etwas' und ‚jemand' wird häufig auch zur Unterscheidung von Dingen, Ereignissen und Personen verwendet: Personen sind dadurch ausgezeichnet, dass sie ‚jemand' sind. Somit könnte man das seiner selbst bewusste Dasein auch als Person bezeichnen. Allerdings gilt es hier, ein beliebtes Missverständnis auszuräumen: Die Begriffe ‚Subjekt' und ‚Person' bedeuten nicht das Gleiche. Der Personbegriff bedeutet im Unterschied zum Subjektbegriff die Beziehung zwischen Dasein und anderem Dasein, ja bedeutet überhaupt das Vermögen des Daseins, sich auf Andere und Anderes, letztlich überhaupt auf das, was wir ‚Welt' nennen, zu beziehen. Als Person ist das Dasein somit nicht ‚Zur-Welt-Sein', sondern ‚In-der-Welt-Sein' und ‚In-Beziehung-Sein'. Auch die Personalität ist eine Perspektive, über die das einzelne Dasein verfügt, nicht aber eine ontologische Gegebenheit. Dasein ist also kraft des Bewusstseins immer schon beides: Subjekt und Person.

Als Person ist das Dasein allerdings immer schon mitten in Sprachhandlungen, in diskursive Praxen hineingestellt, als Person hat es an diesen Praxen teil und übt sie selbst aus. Der gesamte Bereich des Diskursiven kommt also erst auf der Ebene der Person zum Tragen, kann aber auch erst deshalb auftreten, weil das Dasein über eine dem Diskurs vorgängige Subjektperspektive verfügt, die es ihm ermöglicht, diskursive Praxen zu entwickeln und auszuüben. Auf der Personebene jedoch entfaltet sich das gesamte Feld an performativen Akten und sozialen Konstruktionen, die Butler so bestechend analysiert, dabei aber vergisst, dass diese Akte einer Möglichkeitsbedingung bedürfen, die selbst nicht wiederum diskursiv erzeugt sein kann, da das zu Begründende auf diese Weise durch sich selbst erklärt werden würde. Diese Möglichkeitsbedingung ist in der Ich- bzw. Subjektperspektive gegeben, die dem Dasein kraft seines Selbstbewusstseins gegeben ist.

Jedes bewusste Dasein verfügt jedoch nicht allein über Selbstbewusstsein. Denn gerade darin, dass es über Selbstbewusstsein verfügt, verfügt es noch über etwas anderes: über Freiheit. Diese Freiheit ist wie schon der Begriff des Bewusstseins und mit ihm der Subjekt- und Personbegriff kein Seins- und kein Substanzbegriff. Zudem erschöpft sich Freiheit nicht in der Freiheit des Willens; sie bedeutet vielmehr zunächst ein pures Können bzw. Vermögen, welches noch dem einzelnen Vermögen der Willensfreiheit zugrunde liegt. Denn dieses Können bezieht sich anders als die Willensfreiheit nicht auf einzelne Objekte, sondern ermöglicht allererst die auf Objekte gerichtete Entscheidungs- bzw. Wahlfreiheit. Selbstbewusstsein und Freiheit des Daseins gehören so unauflöslich zusammen.

Die Gottebenbildlichkeitslehre kommt nun in einer theologischen Anschlussreflexion zum Tragen, die bei der Frage nach dem Grund der Einmaligkeit und der Freiheit des Daseins ansetzt. Denn diesen Grund kann das endliche Dasein nicht aus sich selbst haben. Man kann die Frage nach dem Grund selbstverständlich offen halten. Man kann sie als unsinnig ansehen, als Rückfall in schlechte Metaphysik. Man kann sie naturalistisch zu beantworten suchen, den Grund des Bewusstseins in neuronalen Prozessen verorten und den Freiheitsgedanken als Illusion verabschieden. Man kann den Grund allerdings auch einer religiösen Überzeugung entsprechend mit einem unbedingten Grund identifizieren, letztlich mit Gott als dem schlechthin Unbedingten[25]. Bewusstsein, Einmaligkeit, Freiheit des Daseins sind dann insofern als Schöpfergabe Gottes zu interpretieren, als sich Gott selbst im Bewusstsein und in der Freiheit eines jeden einzelnen bewussten Daseins ins Bild gesetzt hat. Zugleich ist damit aber auch deutlich, dass Gott sich nicht allein im Bewusstsein und in der Freiheit des einzelnen Daseins ins Bild setzt, sondern auch und vor allem im Leib, und dies deshalb, weil Bewusstsein, Freiheit und Leiblichkeit zusammen zu denken sind. Hier wird das Motiv der leibseelischen Einheit der Person aufgegriffen.

---

[25] Hier gibt es in einem weiteren Reflexionsgang auszuweisen, inwiefern der schlechthin unbedingte Freund als „Gott“ und das heißt: als schlechthin unbedingte Subjekt-Person bestimmt ist. Diese Reflexion kann hier nicht nachgezeichnet werden.

2. In Leib und Körper Bild Gottes[26]

Es wurde bereits auf die Doppelstruktur des Leibes als Leib und Körper hingewiesen, eine Doppelstruktur, die etwa Butler in ihrer ‚Leibvergessenheit' unreflektiert lässt. Diese Doppelstruktur des Leibes lässt sich mit der Doppelstruktur des Daseins als Subjekt und Person vergleichen: Durch den Leib ist das einzelne Dasein ‚zur Welt', im Leib ist die Ich-Perspektive vermittelt, in und durch den Leib ist das Dasein einmalig und unvertretbar. Somit sind Subjektperspektive und Leiblichkeit untrennbar miteinander verknüpft. Doch nicht nur die Subjektperspektive, sondern auch die Personperspektive kommt im Leib zum Ausdruck. Denn der Leib ist ein Vermögen, durch das Dasein sich auf Anderes hin zu öffnen und sich auf es zu beziehen; der Leib ermöglicht Relation. Subjekt- und Personperspektive sind also gleichermaßen mit der Leiblichkeit verbunden.

Hinzu kommt, dass Subjekt- und Personperspektive im vorreflexiv verfassten, intuitiv sich vollziehenden Bewusstsein aufkommen, nicht aber in einem Akt des Denkens, und hier ist bereits ein Bezug zur Leiblichkeit gegeben. Denn diese kann auch als Vollzug eines ‚Fühlens', ‚Spürens', Gewahrwerdens verstanden werden, welches das vorreflexive Bewusstsein kennzeichnet. Der Leib kann so als Ausdruck, als Symbol des Bewusstseins interpretiert werden, wobei dieses Symbol kein Abbild des Bewusstseins ist, sondern selbst schon Vollzug dessen, das es symbolisiert, Ausdruck, der das Auszudrückende selbst schon realisiert. Das Gleiche ist hinsichtlich der Freiheit zu sagen, auch sie wird in und durch den Leib symbolisiert, weil das Können, das die Freiheit bedeutet, nicht allein geistig gelebt und vollzogen wird, auch nicht allein in einem reflexiven Akt der Wahl, sondern auch leiblich, eben weil der Leib selbst schon ein Vermögen darstellt: das Vermögen der Offenheit zur Welt, des Bezugs auf Andere und somit Bedingung der Möglichkeit dafür, seine Freiheit zu realisieren und zu gestalten.

Wie das Subjekt nun immer schon Person ist, und wie die Person stets schon als ‚In-der-Welt-Sein' Teil diskursiver Praxen ist, so ist der Leib aufgrund der skizzierten Doppelstruktur, die der Doppelstruktur von Subjekt und Person entspricht, nicht allein Leib, sondern Körper. Körper ist der Leib dann und insofern, als er als Ausdruck der Personperspektive ‚In-der-Welt-Sein' ist wie das endliche Dasein, das über die Subjekt- und über die Personperspektive verfügt. Der Leib wird zum Körper, wenn er zum Objekt von Sprach-

[26] Vgl. hierzu ausführlich *Wendel*, Affektiv und inkarniert (s. Anm. 16), 283–309.

handlungen, von performativen Akten wird. Als Teil diskursiver Praxen ist der Leib schon Körper und so sämtlichen Bedingungen und Bedingtheiten des ‚In-der-Welt-Seins' unterworfen, folglich auch der Macht diskursiver Praxen und den Konstruktionsmechanismen, die mit ihnen verbunden sind. Diese Praxen müssen nicht primär als Bedrohung für den Leib bzw. die leibliche Identität und Integrität und damit für die Selbstidentität überhaupt gedeutet werden, sie können zwar Verdinglichung, Objektivierung, ja ‚Zurüstung' bedeuten, wenn der Leib allein unter der sezierenden Analyse des Körpers betrachtet wird. Ebenso dann, wenn durch die Einflüsse bestimmter hegemonialer, also wirkmächtig gewordener Körperbilder der Blick auf den eigenen oder fremden Körper so verstellt wird, dass der Zwang zur Gewalt gegen den eigenen oder fremden Körper entsteht. Aber diskursive Praxen können auch als Teil der Realisation der Freiheit gedeutet werden, die dem bewussten Dasein zukommt, und die ja auch seine Würde ausmacht. Es lebt und vollzieht seine je eigene Lebensgeschichte, seine je eigene Identität, und diese ist nicht essentialistisch determiniert, sondern sie bildet sich aus und entfaltet sich in eben jenem Vollzug der Freiheit, zu der auch das Vermögen gehört, sich in verschiedenen diskursiven Praxen, performativen Akten zu entwerfen. Dieser Selbstentwurf vollzieht sich jedoch, anders als Butler meinte, nicht unter der Bedingung eines allmächtigen Diskurses, und er vollzieht sich auch nicht im Modus unendlicher Verschiebung von Bedeutung, sondern er vollzieht sich unter Maßgabe der Würde der Person, also letztlich unter der Maßgabe der in der Subjekt- und Personperspektive markierten Einmaligkeit und Freiheit eines jeden bewussten Daseins, das dazu fähig ist, Diskurse hervorzubringen, zu gestalten und sich zu ihnen zu verhalten.

Hier lässt sich erneut die Brücke zum Gedanken der Gottebenbildlichkeit schlagen: Wenn das seiner selbst bewusste Dasein als Subjekt und Person und im Vollzug seiner Freiheit Bild Gottes ist, und wenn sich Subjektivität und Personalität im Leib und im Körper des Daseins ausdrücken, dann ist auch der Leib bzw. der zum Körper gewordene Leib Bild Gottes und somit Ausdruck, Gestalt der Wirklichkeit Gottes. ‚Imago Dei' ist der Mensch nicht nur als Bewusstsein und als Freiheit, sondern als leiblich verfasstes Bewusstsein und als Freiheit, die sich im Leib und dessen Grundvollzügen realisiert. Bewusstsein drückt sich nicht nur im Leib aus und prägt bzw. bestimmt diesen, sondern gestaltet sich bereits *als* Leib, der Symbol, also realisierende und vergegenwärtigende Gestalt des Bewusstseins ist. Welche Bedeutung kommt hier nun dem Geschlecht zu?

3. *Das Bild Gottes und sein Geschlecht*[27]

Die Leiblichkeit wurde unter anderem als ein Vermögen der Offenheit zum Anderen bezeichnet, somit als Vermögen der Relation, das in der Personperspektive markiert ist. Das impliziert nun auch einen Aspekt, der bislang noch nicht zur Sprache gekommen ist, nämlich den Aspekt des Begehrens. Das Begehren ist zwar immer Begehren von etwas oder jemandem, doch es basiert auf einem Vermögen, das selbst noch nicht auf Objekte bezogen und so noch nicht inhaltlich bestimmt ist: das Begehrungsvermögen, welches mit der Leiblichkeit verbunden ist. Dem Leib ist eine Struktur des Begehrens eingeschrieben, welche das leiblich verfasste Dasein immer auch zu einem begehrenden Dasein macht. Zugleich ist das Begehrensvermögen mit der Freiheit verbunden, denn in seiner Freiheit ist das Dasein fähig, zu begehren. Begehren bedeutet hier mehr als nackter Trieb, denn es hat Bewusstsein und Freiheit zu seiner Voraussetzung.

Das Dasein kann vieles begehren: Dinge, Güter, ja das Erleben bestimmter Ereignisse oder Gefühle. Es kann aber auch andere Personen begehren, zu denen es in Beziehung steht. Diese Beziehung erhält dann eine erotische Dimension, wenn es auch um das Begehren des Leibes der anderen Person geht. Jenes Begehren anderer Personen in der Dimension des Leibes kann nun auch als ‚sexuelles Begehren' bezeichnet werden, das zum Vollzug der Existenz des bewussten Daseins in seiner Leiblichkeit hinzugehört. Erst durch dieses Begehren kann mir in der Welt überhaupt eine andere Person als erotisch anziehend erscheinen. Andere Personen werden sozusagen erst dadurch sexualisiert, dass das Dasein selbst schon über das Vermögen des Begehrens verfügt, das in der Leiblichkeit wurzelt. Dementsprechend lässt sich das sexuelle Begehren nicht allein bzw. in erster Linie dem objektivierten Körper

[27] Vgl. zum Folgenden auch ausführlich *Wendel, Saskia*, „Neuer Wein in neue Schläuche" – Von der Feministischen Theologie zu einer genderbewussten Rede von Gott, in: Feminisms Revisited. Freiburger Geschlechter Studien 24 (2010) 129–144; *dies.*, „Als Mann und Frau schuf er sie". Auf dem Weg zu einer genderbewussten theologischen Anthropologie, in: Herder-Korrespondenz 63 (3/2009) 135–139; *dies.*, A Critique Of Feminist Radical Constructionism, in: *Deborah Orr* u. a. (Hrsg.), Belief, Bodies, And Being. Feminist Reflections on Embodiment, Oxford u. a. 2006, 185–196; *dies.*, Der Körper der Autonomie. Anthropologie und ‚gender', in: *Antonio Autiero, Stephan Goertz, Magnus Striet* (Hrsg.), Endliche Autonomie. Interdisziplinäre Perspektiven auf ein theologisch-ethisches Programm, Münster 2004, 103–122. Vgl. zur ethischen Reflexion der Verknüpfung von Körper und Sexualität vor allem *Ammicht Quinn, Regina*, Körper, Religion, Sexualität: theologische Reflexionen zur Ethik der Geschlechter, Mainz 1999.

zuordnen, sondern dem Leib, insofern die Leiblichkeit mehr bedeutet als ‚einen benennbaren Körper haben'. Dieses Begehren lässt sich nun auch mit dem Begriff ‚Geschlecht' (*sex*) bezeichnen, und *sex*, die Geschlechtsidentität, ist dann zunächst einmal noch nicht an den objektivierten, gedeuteten Körper gebunden, sondern an den Leib und dessen Begehrungsvermögen. ‚Geschlecht' im Sinne von *sex* bezieht sich dann allerdings auch noch nicht auf besondere Körpermerkmale bzw. Körperbilder, dient somit keineswegs zur Bezeichnung dieser Körperbilder etwa durch Bezeichnung der Körper als ‚männliche' und ‚weibliche' Körper und ist dementsprechend weder einfach mit der sexuellen Differenz identisch noch ein Gattungsbegriff zur Unterscheidung besonderer Exemplare der menschlichen Spezies in Männer und Frauen. Das funktioniert auch deshalb nicht, weil sprachliche Bezeichnungen wie etwa ‚männlich' und ‚weiblich' nicht mehr nur als Repräsentanten einer ihnen vorgängigen Wirklichkeit zu verstehen sind.

‚*Sex*', sexuelles Begehren und die damit verknüpfte Geschlechtsidentität konkretisiert sich jedoch im personalen Verhältnis zwischen begehrendem Ich und begehrtem Anderem. ‚*Sex*' gehört demnach nicht allein zur Subjektperspektive – als Begehrungsvermögen, sondern auch zur Personperspektive – als konkretes Begehren, das in der Beziehung zu anderen empfunden und gelebt wird. ‚*Sex*' gehört zum Dasein nicht nur als Subjekt, sondern auch als Person. Doch genau hier kommt erneut die Differenz von Leib und Körper zum Tragen, denn in der Beziehung zu anderen ist der Leib schon Körper mit all den bekannten Diskurspraxen und Konstruktionsmechanismen, die damit verbunden sind. Sprachhandlungen konstituieren das Verständnis des Körpers, den Blick auf den eigenen Körper und den Körper der Anderen. Körper werden bezeichnet und solcherart bestimmt. Und genau hier beginnt auch die Verschiebung von *sex* in *gender*, der Transformation des Leibes als Körper entsprechend. Denn *sex*, Geschlecht, ist auf der Ebene der Person ebenso wie der Leib vielfältigen Deutungs- und Konstruktionsprozessen unterworfen. Im Rahmen dieser Deutungsprozesse spielen auch die Attribute ‚männlich' und ‚weiblich' eine wichtige Rolle, allerdings nicht als Substanzbegriffe. Die *gender*-Ebene nun gilt es zu analysieren und dabei auf bestimmte Deutungen etwa von ‚männlich' und ‚weiblich' hinzuweisen, die sozialisationstheoretisch und handlungstheoretisch zu erklären sind.

Was bedeutet dies nun aber für die theologische Anthropologie und den Gedanken der Gottebenbildlichkeit? Für die Bestimmung der Gottebenbildlichkeit ist die Unterscheidung von ‚männlich' und ‚weiblich' zunächst einmal gänzlich unerheblich, denn jedes bewusste Dasein ist Bild Gottes und als solches mit einer unveräußerlichen Würde ausgestattet, unabhängig von allen Differenzen, die in der konkreten Existenz des Daseins zum Tragen kommen können, auch unabhängig von der Geschlechterdifferenz. Gottes Schöpfungswille kommt darin zum Ausdruck, dass er ein Anderes seiner selbst als sein Bild setzen wollte, dass er sich zu diesem seinem Geschöpf in Beziehung setzen wollte, und dass diese Beziehung die unbedingte Zusage Gottes an sein Geschöpf mit einschließt, dass ihm Heil und Befreiung zuteilwird. Im Schöpfungsakt hat Gott jedoch sein Bild auch mit *sex* begabt, also als geschlechtliches Wesen bestimmt, das Andere zu begehren vermag und von anderen begehrt werden kann. Ebenso gehört es zum Schöpferwillen Gottes, sein Geschöpf, eben weil es sein Bild ist, mit Bewusstsein und Freiheit zu begaben, auf dass es seine Existenz zwar in Verantwortung vor seinem Schöpfer, aber dennoch selbstbestimmt und eigenverantwortlich, somit auch in eigener Kreativität führen kann. Jene Freiheit macht die Würde des Geschöpfes aus und muss keineswegs zwangsläufig zu Willkür und Sünde führen. Zur Willkürfreiheit sinkt sie allein dann herab, wenn die grundlegende Forderung missachtet wird, die Würde eines jeden Daseins zu achten und sich dafür verantwortlich zu fühlen, dass jedes Dasein seine Freiheit unter würdigen Bedingungen realisieren kann. Zum Vollzug dieser Freiheit gehört auch die geschichtliche Verwirklichung der uns geschenkten Freiheit und der uns verliehenen Einmaligkeit. Damit hat Gott uns die Fähigkeit verliehen, unsere Existenz performativ auch im Rückgriff auf *gender*-Bestimmungen zu gestalten. So ist denn auch der Satz „als Mann und Frau schuf er sie" nicht notwendigerweise als Schöpfung eines ‚fertigen' Menschen mit einer unveränderlichen Substanz zu verstehen, sondern als Gabe eines auch die Dimension von ‚Geschlecht' einschließenden bewussten Lebens, das jedoch konkret immer schon als *gender* geführt wird, weil es sich in Geschichte vollzieht. Wie wir das uns geschenkte bewusste Leben und die Dimension von ‚Geschlecht' konkret realisieren, welche Rollen wir dabei entwickeln und wie wir diese Rollenmuster verändern, ist unbeschadet gesellschaftlicher Prägungen, denen wir hier auch unterworfen sind, in unsere Verantwortung gestellt, eben weil wir als Bild Gottes frei sind. Kriterium dieser Lebensführung ist für Christinnen und Christen die Achtung eines jeden bewussten Lebens als Bild und Gleichnis Gottes sowie die Praxis, die uns Jesus von Nazareth als das vollkommene Bild Gottes vorgelebt hat und der wir in seiner Nachfolge zu entsprechen suchen.

Für die Sexualethik bedeutet das: Das Kriterium einer Lebensführung, in der Sexualität gelebt und gestaltet wird, ist die unbedingte Anerkennung der Würde des Anderen und meiner selbst, die in Selbstbewusstsein und Freiheit markiert ist. Diese Anerkennung impliziert die Bestimmung des Verhältnisses zwischen Ich und Anderem als ein Verhältnis formaler Gleichheit. Ihr entspricht die Bereitschaft dazu, für den Anderen wie für mich selbst Verantwortung zu übernehmen, und dies dem Kategorischen Imperativ gemäß: *„Handle so, daß du die Menschheit sowohl in deiner Person, als in der Person eines jeden anderen jederzeit zugleich als Zweck, niemals bloß als Mittel brauchest.*“[28]

Das Handeln Jesu lässt sich als vollkommene Realisation dieses Imperativs verstehen; in ihm fallen Wollen und Sollen in eins, und deshalb ist er christlichem Bekenntnis entsprechend als einziger Mensch ohne Sünde – „wahrer Mensch“ – und genau darin zugleich „wahrer Gott“.

Alle Praxen, die dem Kategorischen Imperativ widerstreiten, die den Anderen/die Andere zum bloßen Mittel degradieren und dabei seine/ihre Würde missachten bis hin zur Verletzung der leiblichen Integrität, und alle Praxen, die durch Ausübung von Gewalt und Zwang die Freiheit des/der Anderen negieren, können somit nicht als Ausdruck christlicher Lebensführung gelten, können nicht als Praxis der Nachfolge Jesu verstanden werden. Das Gleiche gilt aber auch für die Missachtung seiner selbst, die Verletzung der eigenen Würde, die Verletzung der eigenen leiblichen Integrität, die Missachtung des eigenen freien Willens. Damit ist ein klarer Orientierungspunkt vorgegeben und ein ethischer Relativismus vermieden. Zugleich ist dieser Orientierungspunkt aber in seiner Formalität so offen, dass Raum bleibt für die Gestaltungs- und vor allem für die Gewissensfreiheit jeder Christin, jedes Christen auch und gerade in der Führung des je eigenen sexuellen Lebens und damit in der konkreten Ausübung auch von so genannten *gender*-Praxen, in der Gestaltung der je eigenen Geschlechtsidentität, und dies ohne auf essentialistisch aufgeladene Rollenbilder bzw. Geschlechternormen festgelegt zu werden.

---

[28] *Kant, Immanuel*, Grundlegung zur Metaphysik der Sitten BA 67.

Das Junktim von Priestertum und Zölibatsverpflichtung

von Franz Xaver Bischof

Die Aufdeckung von erschreckend vielen Fällen von sexuellem Missbrauch durch Priester, Ordensleute und sogar Bischöfe hat mit zu einem immensen Vertrauens- und Glaubwürdigkeitsverlust der katholischen Kirche in der Gesellschaft und im Kirchenvolk geführt. Obschon kein direkter Zusammenhang zwischen den Missbrauchsfällen und der priesterlichen Ehelosigkeit nachzuweisen ist, steht – angesichts des aktuellen innerkirchlichen Reformstaus – auch die seit Jahrzehnten der Diskussion entzogene Zölibatsfrage auf der kirchlichen Tagesordnung[1]. Bischöfe in verschiedenen europäischen Ländern haben sich in den letzten Monaten für die Priesterweihe von verheirateten *viri probati* ausgesprochen, und auch beim Kirchenvolk wird das Junktim von Priestertum und Zölibatsverpflichtung zunehmend hinterfragt, nicht zuletzt weil eine Verbindung zu dem gerade in ländlichen Gegenden herrschenden Priestermangel gesehen wird[2]. Dabei geht es um die Grundfrage, ob der Zölibat – also das Versprechen der Ehelosigkeit und sexuellen Enthaltsamkeit als Vorbedingung für die Priesterweihe – in der römisch-katholischen Kirche des la-

[1] *Heinz, Hanspeter*, Zeugnis und Ärgernis. Zur fälligen Diskussion über den Pflichtzölibat, in: Herder-Korrespondenz 64 (2010) 335–339; *Primetshofer, Bruno*, Zölibat und Sexualität. Überlegungen zu aktuellen Fragen innerhalb der katholischen Kirche, in: Theologisch-Praktische Quartalschrift 158 (2010) 303–305; *Tück, Jan-Heiner*, „Die Kirche wird von vorne anfangen". Die Lockerung des katholischen Pflichtszölibats steht auf der Tagesordung, in: Neue Zürcher Zeitung vom 21. Mai 2010, Nr. 115, 18.

[2] *Kraus, Georg*, Plädoyer für die Freiwilligkeit des Zölibats der lateinisch-katholischen Priester, in: Stimmen der Zeit 135 (2010) 579–588 (mit Nachweis der Stellungnahmen der Bischöfe Norbert Brunner, Sitten, Alois Kothgasser, Salzburg, Hans-Jochen Jaschke, Hamburg, Ludwig Schick, Bamberg); *Bossart, Josef*, Ein Bischof zum Anfassen. Der neue Bischof von Basel, Felix Gmür, an seiner ersten Medienkonferenz, in: Schweizerische Kirchenzeitung 178 (2010) 817 (Stellungnahme des Bischofs von Basel); Süddeutsche Zeitung vom 21. Januar 2011, Nr. 16 (Stellungnahme Weihbischof Bernhard Haßlberger, München); Münchner Merkur vom 24. Januar 2011, 6 (Stellungnahme Altabt Odilo Lechner, München); *Robinson, Geoffrey*, Macht, Sexualität und katholische Kirche. Eine notwendige Konfrontation, Oberursel 2010.

teinischen Ritus „in der gegenwärtigen gesellschaftlichen Konstellation und vor allem in der gegenwärtigen pastoralen Notsituation der Kirche noch aufrecht erhalten werden soll“[3]. Dass der Zölibat als Lebensform radikaler Nachfolge, wie er von den Ordensleuten durch ein persönliches Gelübde freiwillig übernommen wird, während er den Weltpriestern als Weihevoraussetzung auferlegt ist, ein hohes geistliches Gut darstellt, steht hingegen außer Frage und nicht zur Diskussion.

Vor diesem Hintergrund versucht der Beitrag Genese und Entwicklung der allgemeinen Zölibatsverpflichtung, wie sie in der lateinischen Kirche im 12. Jahrhundert vorgeschrieben wurde, sowie ihre tatsächliche Befolgung und Diskussion über die Jahrhunderte hinweg kursorisch und mit dem Mut zur Lücke nachzuzeichnen.

I. Ehe und Ehelosigkeit in den ersten dreieinhalb Jahrhunderten

Das Neue Testament kennt keine Vorschrift, die einem Christen oder einer bestimmten Gruppe von Christen, etwa solchen, die einen Dienst in der Kirche versahen, die Ehe verbietet. Die Pastoralbriefe bezeugen im Gegenteil klar, dass Bischöfe, Presbyter und Diakone im frühen Christentum verheiratet waren, wenn sie mahnen, ein Bischof, Presbyter oder Diakon solle der Mann nur *einer* Frau sein (1 Tim 3,2; 1 Tim 3,12; Tit 1,6)[4]. Auch aus anderen Texten der ersten christlichen Jahrhunderte geht eindeutig hervor, dass die höheren Weihen und die Ehe einander weder ausschlossen noch beeinträchtigten.

Parallel dazu gab es wohl von Anfang an christliche Frauen und Männer, die aus religiösen Gründen wie Jesus selbst ehelos lebten. Sie konnten sich ebenfalls auf die neutestamentlichen Schriften berufen, die auch den Wert des freiwilligen Verzichts auf die Ehe „um des Himmelreiches willen“ (Mt 19,12) kennen. Paulus empfahl die Ehelosigkeit wegen der ungeteilten Hingabe an den Herrn (1 Kor 7,32–34), unterschied aber klar zwischen Gebot und Rat

[3] *Kraus*, Plädoyer (s. Anm. 2), 579. – Vgl. *Zulehner, Paul M.*, Wie geht's, Herr Pfarrer? Ergebnis einer kreuzundquer Umfrage: Priester wollen Reformen, Wien, Graz, Klagenfurt 2010.

[4] Vgl. *Oberlinner, Lorenz*, Die Pastoralbriefe, 3 Bde. (Herders theologischer Kommentar zum Neuen Testament 11,2/1–3), Freiburg i.Br. 1994–1996, I 118–121. – Allgemein zur Entstehung der Ämter: *Hübner, Reinhard M.*, Die Anfänge von Diakonat, Presbyterat und Episkopat in der frühen Kirche, in: *Albert Rauch, Paul Imhof* (Hrsg.), Das Priestertum in der Einen Kirche. Diakonat, Presbyterat und Episkopat (Koinonia. Schriften des ostkirchlichen Instituts Regensburg 4), Aschaffenburg 1985, 45–89.

(1 Kor 7,25) und riet, dass jeder nach dem ihm gegebenen Charisma leben solle (1 Kor 7,7)[5].

Es sind aber keine rechtlichen Normierungen für sexuelle Enthaltsamkeit und Ehelosigkeit der kirchlichen Amtsträger vor der Mitte oder dem Ende des 4. Jahrhunderts bekannt. Für den lateinischen Westen gibt es für die Zeit davor nur einen einzigen Text des nordafrikanischen Theologen Tertullian († nach 220), der das Faktum enthaltsam lebender Christen berichtet, diese Lebensform aber nicht exklusiv auf kirchliche Amtsträger bezieht[6]. Vielmehr respektierte das Christentum der gesamten vorkonstantinischen Zeit die Lebensweisen sowohl verheirateter als auch ehelos lebender Kleriker. Ein apostolischer Ursprung der zölibatären Lebensform, wie häufig behauptet, lässt sich historisch nicht belegen[7].

II. Die Zäsur des 4. Jahrhunderts – das Gesetz der sexuellen Enthaltsamkeit

Die ersten Bestimmungen, die eine Einschränkung in der Freiheit des Klerikers enthalten, zu heiraten oder mit seiner Gattin ehelichen Verkehr zu haben, datieren aus dem 4. Jahrhundert[8]. Die Synode von Ankyra 314 gestand Diakonen eine Heirat nach ihrer Weihe nur dann zu, wenn sie bei ihrer Weihe eine solche Absicht öffentlich erklärten – ein Zugeständnis, das Kaiser Justinian (527–565) 546 wieder rückgängig machte. Und die Synode von Neocäsarea (zwischen 314 und 325) bestimmte, dass Presbyter

---

[5] Vgl. *Lindemann, Andreas*, Der Erste Korinterbrief (Handbuch zum Neuen Testament 9/1), Tübingen 2000, 154–185.

[6] *Tertullian*, De exhortatione castitatis, in: Corpus Christianorum Series Latina 2 (1954) 1035: „Quanti igitur et quantae in ecclesiasticis ordinibus de continentia censentur, qui deo nubere maluerunt, qui carnis suae honorem restituerunt." – Vgl. *Schöllgen, Georg*, Jungfräulichkeit, in: Reallexikon für Antike und Christentum 19 (2001) 523–592, 553–555.

[7] Anders Stefan Heid (Zölibat in der frühen Kirche, Paderborn 1997), der in Anlehnung an Roman Cholij (Clerical Celibacy in East and West, Herfordshire 1989) und Christian Cocchini (Apostolic Origins of Priestly Celibacy, San Francisco 1990) die These vertritt, dass die Verpflichtung des höheren Klerus auf dauerhafte sexuelle Enthaltsamkeit nicht eine Neuerung des 4. Jahrhunderts, sondern apostolischen Ursprungs sei. Diese These beruht auf konstruierter Vermutung, lässt sich aufgrund fehlender historischer Zeugnisse jedoch nicht belegen. – Zur Widerlegung von Heids These: Rezension von *Sieben, Hermann-Joseph*, in: Theologie und Philosophie 73 (1998) 585–587.

[8] Vgl. *Boelens, Martin*, Die Klerikerehe in der Gesetzgebung der Kirche. Eine rechtsgeschichtliche Untersuchung, Paderborn 1968; *Kottje, Raymund*, Zur Geschichte des Zölibatsgesetzes, in: *Raymund Kottje, Wolfgang Nastainczyk, Michael Raske, Hermann Stenger* (Hrsg.), Ehelosigkeit des Priesters in Geschichte und Gegenwart, Regensburg 1970, 9–24, 10.

nach ihrer Weihe nicht mehr heiraten dürfen[9]. Die Weihe bereits Verheirateter blieb erlaubt.

Verbote hingegen, die verheirateten Inhabern der höheren Weihegrade (Majoristen genannt), also Bischöfen, Priestern, Diakonen, später auch Subdiakonen, sexuelle Enthaltsamkeit in der Ehe auferlegten, finden sich ab der zweiten Hälfte des 4. Jahrhunderts erstmals in mehreren päpstlichen Dekretalen. Den Anfang machte im Jahre 385 Papst Siricius (384–399) in seinem Antwortschreiben an Bischof Himerius von Tarragona[10]. Die päpstliche Forderung stimmte inhaltlich mit Kanon 33 der spanischen Regionalsynode von Elvira (bei Granada) aus dem ersten Jahrzehnt des 4. Jahrhunderts überein. Dieser verpflichtete die verheirateten Bischöfe, Priester, Diakone und überhaupt alle Kleriker unter Strafe der Absetzung, den Geschlechtsverkehr mit ihren Ehefrauen aufzugeben, fortan enthaltsam zu leben und keine Kinder mehr zu zeugen[11]. Wie nachgewiesen wurde, ist dieser Kanon jedoch ein Einschub aus dem späten 4. Jahrhundert, datiert also aus der Zeit, der auch die übrigen frühen Belege zugehören[12]. Dieselbe Regelung, wie sie Papst Siricius vorschrieb, verfügten die nordafrikanischen Synoden von 390 und 401[13]. Wie die verlangte Enthaltsamkeit kontrolliert und inwieweit angedrohte Strafen vollzogen wurden, darüber schweigen die Quellen. Ab dem 5. Jahrhundert schärften Synoden auch in Oberitalien und Gallien die sexuelle Enthaltsamkeit des höheren Klerus mit ihren Ehefrauen ein. Im Einflussbereich der östlichen Patriarchate stieß die Regelung hingegen auf weitgehende Ablehnung, mit Ausnahme von Ägypten, das damals unter starkem römischem Einfluss stand, und einzelnen Befürwortern sexueller Enthaltsamkeit in der Ehe wie Epiphanios von Salamis († 404) auf Zypern, der vor seiner Ernennung zum Bischof als Mönch gelebt hatte[14].

---

[9] *Boelens*, Klerikerehe (s. Anm. 8), 29f.

[10] *Siricius*, Epistula 1, in: Patrologia Latina 13 (1845) 1131–1148, 1138f.; dt. Übersetzung: *Heid*, Zölibat (s. Anm. 7), 198–200. – Gleichlautende Schreiben des Bischofs von Rom an die nordafrikanischen Bischöfe (386) und an gallische Bischöfe, in: Patrologia Latina 13 (1845) 1155–1163 u. 1181–1194.

[11] „Placuit in totum prohibere episcopis, presbyteris et diaconibus vel omnibus clericis positis in ministerio abstinere se a coniugibus suis, et non generare filios", in: Concilios Visigóticos e Hispano-Romanos, Edición preparada por José Vives (España Cristiana. Textos 1), Barcelona, Madrid 1963, 1–15, 7; dt. Übersetzung: *Heid*, Zölibat (s. Anm. 7), 100.

[12] *Price, Richard M.*, Zölibat. Kirchengeschichtlich, in: Theologische Realenzyklopädie 36 (2004) 722–741, 723.

[13] *Kötting, Bernhard*, Der Zölibat in der Alten Kirche, Münster 1970, 15; *Price*, Zölibat (s. Anm. 12), 724.

[14] Ebd.

Das Gebot der sexuellen Enthaltsamkeit, das die Mönche freiwillig auf sich nahmen, wurzelte in der christlichen Askese. Dass es ab dem 4. Jahrhundert auf den höheren Klerus ausgedehnt wurde, hing mit jüdischen und heidnischen Vorstellungen über kultische Reinheit zusammen, die im gesamten hellenistisch-römischen Kulturkreis verbreitet waren und wonach natürliche menschliche Aktivitäten wie Essen bestimmter Speisen oder sexuelle Handlungen in der Ehe eine Unreinheit herbeiführen, die vom Zugang zum sakralen Bereich oder von rituell-kultischen Tätigkeiten ausschließen. So diente die alttestamentliche Praxis der Leviten, die sich während der Zeiten ihres Tempeldienstes von ihren Frauen trennten (Lev 22,3f.; Lk 1,23), sowohl Papst Siricius als auch Innozenz I. (402–417) als Begründung für ihre Enthaltsamkeitsforderungen. Mit den kultischen Reinheitsvorstellungen vermischte sich enkratitisches Gedankengut mit einem häufig extremen, im 4. Jahrhundert aber vielfach hoch geschätzten Jungfräulichkeitsideal. Hinzu kamen Einflüsse gnostischer Strömungen, vor allem aber der neupythagoreischen und neuplatonischen Philosophie, die Geist und Seele als das eigentlich Wertvolle am Menschen ansah, den Leib aber wie überhaupt das irdisch Weltliche gering achtete. Die Enthaltsamkeitsideen, wie sie sich ab der zweiten Hälfte des 4. Jahrhunderts in den päpstlichen Dekretalen finden, wurden in den Texten einer Reihe herausragender Theologen des 3. und 4. Jahrhunderts entfaltet und begründet: Origenes (um 185–254) beispielsweise sprach dem jungfräulichen Stand eine höhere Qualität zu als der Ehe und plädierte wie später – seine Gedanken aufnehmend – Ambrosius von Mailand (339–397) mit Nachdruck für die Ehelosigkeit des höheren Klerus[15]. Vorstellungen dieser und anderer Art veranlassten im 5. Jahrhundert Bischof Augustinus von Hippo (354–430) zur Ausfaltung der Lehre, dass ehelicher Verkehr unausweichlich Sünde beinhalte und folglich mit dem Dienst am Altar unvereinbar sei[16].

Dieser nur ansatzweise skizzierte geistesgeschichtliche Hintergrund macht verständlich, dass ab der Mitte des 4. Jahrhunderts in allen Teilen der Kirche an die Stelle der bis dahin selbstverständlich gewesenen Freiheit der kirchlichen Amtsträger in der Wahl zwischen ehelosem und ehelichem Leben einschränkende gesetzliche Regelungen traten. Allerdings sind dabei Ost und

[15] Dazu grundlegend: *Brown, Peter*, The Body and Society: Men, Women and Sexual Renunciation in Early Christianity, New York 1988; dt. Übersetzung: Die Keuschheit der Engel. Sexuelle Entsagung, Askese und Körperlichkeit am Anfang des Christentums, München, Wien 1991. – Vgl. *Kötting*, Zölibat (s. Anm. 13), 18–34; *Heid*, Zölibat (s. Anm. 7), 82–95 (Origenes), 209–212 (Ambrosius).
[16] Vgl. *Brown*, Keuschheit (s. Anm. 15), 395–437; *Price*, Zölibat (s. Anm. 12), 725.

West unterschiedliche Wege gegangen. Die Kirchen des Ostens haben ihren Diakonen und Priestern kein Eheschließungsverbot auferlegt, verlangten von ihnen aber während der Zeit, in der sie kultisch tätig sind, sexuelle Enthaltsamkeit. Definitiv regelte im Jahr 692 das Konzil von Konstantinopel (auch Trullanum oder Quinisextum genannt, da es sich als Ergänzung zum 5. und 6. ökumenischen Konzil verstand) die in der orthodoxen Kirche bis heute geltende Praxis. Danach dürfen Majoristen *nach* der Diakonenweihe keine Ehe schließen und in keinem Fall eine Zweitehe eingehen; vor der Weihe zum Diakon bereits Verheiratete können aber geweiht werden und ihnen ist es auch erlaubt, ihre Ehe fortzusetzen und Kinder zu zeugen[17]. Einzig das Bischofsamt blieb zölibatär lebenden Priestern vorbehalten. Das Konzil übernahm hierin die Gesetzgebung Kaiser Justinians aus den Jahren 528 bis 546, der nicht so sehr aus religiös-kultischen, sondern vielmehr aus materiell-ökonomischen Gründen verheiratete Priester vom Bischofsamt ausschloss – hauptsächlich weil er fürchtete, dass dadurch Kirchengut entfremdet werde. Deshalb mussten sich verheiratete Priester, wenn sie ins Bischofsamt eintraten, dauerhaft von ihren Ehefrauen trennen, mit der Folge, dass heute Bischöfe in der Regel aus dem Mönchtum rekrutiert werden[18]. Die gleiche Regelung wie in der orthodoxen Kirche gilt für die mit Rom unierten katholischen Ostkirchen[19]!

III. Die Durchsetzung der allgemeinen Zölibatspflicht durch das gregorianische Papsttum im 12. Jahrhundert

Im Unterschied zur griechisch-byzantinischen Ostkirche sind in der lateinischen Westkirche in der Zeit zwischen dem Tod Gregors I. und dem Amtsantritt Leos IX., also zwischen 604 und 1049 keine gesetzlichen Bestimmungen erlassen worden, die über partikulares

---

[17] Konzil von Konstantinopel: Kanon 6, 12, 13, 48, in: Concilium Quinisextum – Das Konzil Quinisextum, übersetzt und eingeleitet von *Heinz Ohme* (Fontes Christiani 82), Turnhout 2006, 190f., 196–203, 242f. – Vgl. *Dragon, Gilbert*, Byzantinische Kirche und byzantinische Christenheit zwischen Invasionen und Ikonoklasmus, in: *ders., Pierre Riché, André Vauchez* (Hrsg.), Bischöfe, Mönche, Kaiser (Die Geschichte des Christentums 4), Freiburg, Basel, Wien 1994, 3–96: 63f. u. 261–267.

[18] Codex Justinianus I, 3 Lex 42, § 1 Cod. I,3; Novelle 6,1, 546; Novelle 123,1.

[19] Codex Canonum Ecclesiarum Orientalium – Gesetzbuch der katholischen Ostkirchen. Lateinisch-deutsche Ausgabe, hrsg. v. *Libero Gerosa* und *Peter Krämer*, Paderborn 2000, 248, Can. 373–375, 758 § 3. – Dazu: *Nedungatt, George* (Hrsg.), A Guide to the Eastern Code. A Commentary on the Code of Canons of the Eastern Churches, Rome 2002, 287–303.

Recht hinaus allgemeinkirchliche Bedeutung erlangt haben[20]. Wie Martin Boelens nachgewiesen hat, blieb die Weihe verheirateter Kleriker trotz des Enthaltsamkeitsgebots während des ganzen ersten Jahrtausends in Übung und erlaubt[21]. Voraussetzung war lediglich, dass es sich von beiden Seiten um eine Erstehe handelte. Verboten waren hingegen in Übereinstimmung mit der alt- und der ostkirchlichen Praxis die Eheschließung nach der Weihe sowie die Schließung einer Zweitehe. Anregungen und Gebote zur ehelichen Enthaltsamkeit gingen im frühen Mittelalter nicht mehr wie im 4./5. Jahrhundert vom Papsttum aus, sondern von einzelnen Synoden in den westlichen Teilkirchen. Allerdings ist „ein ernsthafter Versuch, wenigstens die Majoristen zur ehelichen Enthaltsamkeit zu bringen in diesem Zeitabschnitt nicht nachweisbar“[22].

Erst das gregorianische Papsttum, das auch in ekklesiologischer Hinsicht revolutionär gewirkt hat, setzte ab dem 11. Jahrhundert den Pflichtzölibat als rechtlich geforderte Ehelosigkeit von Klerikern in der lateinischen Kirche allgemein durch. Der Sachverhalt lässt sich auch hier nicht monokausal erklären. Den Ausschlag gaben zum einen Ursachen kirchenpolitischer und ökonomischer Natur, genauer das Bestreben der gregorianischen „Reformer“, einen Klerus zu schaffen, der sich durch den Zölibat von den Laien unterschied, sowie das legitime Bedürfnis, das von Klerikern verwaltete Kirchengut wie beispielsweise Gebäude oder Grundbesitz vor Entfremdung, genauer: vor Erbansprüchen von Klerikerkindern zu schützen. Tatsächlich kam es vor, dass kirchliche Amtsträger Kirchengut ihren Nachkommen vererbten und es damit in weltliche Hand gelangte. Zum andern spielten traditionelle Vorstellungen kultischer Reinheit nach wie vor eine wichtige Rolle. Diese verbanden sich in der Zeit des gregorianischen Papsttums – und das war wohl der letztlich entscheidende Grund für die Durchsetzung des Pflichtzölibats – mit der aus dem Mönchtum übernommenen Überzeugung, dass der geistliche Stand ein vollkommener Stand sei, folglich verheiratete Geistliche wie Laien keine höheren kirchlichen Ämter ausüben können. Die theoretische Grundlage hierfür hatte maßgeblich der Eremit Petrus Damiani (1006/07–1072) geliefert, der als Berater mehrerer Päpste fungierte. In seinen Schriften *Liber Gomorrhianus*[23] und *De caeliba-*

[20] *Boelens*, Klerikerehe (s. Anm. 8), 76–115; *Kottje*, Geschichte (s. Anm. 8), 13; *Denzler, Georg*, Das Papsttum und der Amtszölibat, 2 Teilbde. (Päpste und Papsttum 5, I–II), Stuttgart 1973, I 31–50.

[21] *Boelens*, Klerikerehe (s. Anm. 8), 76–115.

[22] Ebd., 114.

[23] *Petrus Damiani*, Liber Gomorrhianus, in: Patrologia Latina 145 (1853) 161–190.

tu sacerdotum[24] zeichnete der entschiedene Vorkämpfer für sexuelle Enthaltsamkeit ein beklemmend düsteres Bild vom angeblichen sittlichen Zustand des Klerus und setzte eheliche und außereheliche Beziehungen unterschiedslos gleich[25]. Nicht von ungefähr bezeichnete die kirchliche Gesetzgebung ab den 1030er Jahren die Ehefrauen der Kleriker zunehmend als Konkubinen – ein Begriff, der ursprünglich zur Bezeichnung eines nichtehelichen Verhältnisses gebraucht, jetzt aber unterschiedslos auf jede Frau angewendet wurde, mit denen ein Kleriker engere Beziehungen unterhielt, auch die eigene Ehefrau[26].

Das Augenmerk lag zunächst auf der Durchsetzung der sexuellen Enthaltsamkeit der Kleriker. Unter Papst Nikolaus II. (1059–1061) erließ die Lateransynode von 1059 Strafmaßnahmen gegen Kleriker, die ihre Konkubinen nicht entließen. Um dem Synodenbeschluss mehr Durchsetzungskraft zu verleihen, wurden die Gläubigen erstmals überhaupt aufgerufen, sich von den Messen eines Priesters, der eine „Konkubine“ hatte oder mit einer anderen Frau zusammenwohnte, fernzuhalten[27]. Nikolaus II. erhob erstmals auch den Anspruch, dass der Synodenbeschluss nicht nur in Rom, sondern in allen Teilkirchen gelten sollte[28]. Nach ihm ging Gregor VII. (1073–1085), nach welchem die Epoche benannt ist, mit rigoroser Strenge gegen verheiratete Kleriker vor. 1074 fasste er auf seiner ersten römischen Synode die Entwicklung seit der Jahrhundertmitte zusammen und bestimmte, „dass es allen Klerikern verboten sei, Gattinnen zu haben oder mit Frauen zusammenzuwohnen“[29], ausgenommen Mutter, Schwester oder Tante. Die Gläubigen wurden wie schon unter Nikolaus II. angewiesen – und das wurde von den betroffenen Priestern als besonders unerhört empfunden, da man darin eine Aufhetzung des Kirchenvolkes gegen seine Pfarrer sah –, die Messen verheirateter Priester zu meiden.

---

[24] *Petrus Damiani*, De caelibatu sacerdotum, in: ebd., 379–388. – In der Schrift *De perfectione monachorum* (ebd., 291–328, 299) verstieg sich Damiani gar zu der Behauptung: „Petrus autem nuptiarum sordes abluit cruore martyrii (II Cor. XI); at Joannes, quia virgo eligitur (Joan. XXI), caeteris omnibus plus amatur.“

[25] Dazu ausführlich: *Denzler*, Papsttum (s. Anm. 19), 58–62.

[26] Vgl. *Boelens*, Klerikerehe (s. Anm. 8), 117–120; *Price*, Zölibat (s. Anm. 12), 727.

[27] Monumenta Germaniae Historica. Constitutiones 1 (1893 [Nachdruck Hannover 1963]) 547f., Nr. 384; gedruckt auch in: *Denzler*, Papsttum (s. Anm. 20), I 163f.

[28] Nikolaus II. teilte die Synodenbeschlüsse in dem Schreiben *Vigilantia universalis* allen Teilkirchen mit. Vgl. *Boelens*, Klerikerehe (s. Anm. 8), 127; *Denzler*, Papsttum (s. Anm. 20), I 57.

[29] Synode von Rom 1074: „[…] interdixit presbyteris, diaconibus omnibusque clericis uxores habere et omnino cum feminis habitare, nisi cum eis quas regula vel Nicena Synodus concessit“, zit. bei *Boelens*, Klerikerehe (s. Anm. 8), 143.

Obschon die Zölibatsforderung überall in Europa auf Widerstand stieß und die zeitgenössische Publizistik darauf hinwies, dass die Priesterehe weder durch die Schrift noch durch die kirchliche Tradition verboten sei[30], führten die gregorianischen „Reformbemühungen“ zu einer Vereinheitlichung der Gesetzgebung auf dem I. Laterankonzil 1123. Es verbot allen Priestern, Diakonen und Subdiakonen das Zusammenleben mit ihren Ehefrauen, Konkubinen oder anderen Frauen und ließ nur die Ausnahme des Konzils von Nizäa (Mutter, Schwester oder Tante) gelten[31]. Die entscheidende Zäsur erfolgte wenige Jahre später auf dem II. Laterankonzil von 1139, das aus Anlass der Beendigung eines Papstschismas einberufen worden war. Es bestimmte in Kanon 6, dass alle, „die vom Subdiakonat an aufwärts heiraten oder im Konkubinat leben“, ihr „Amt und kirchliches Benefizium verlieren“[32]. Da sie „Tempel Gottes, Gefäß des Herrn und Heiligtum des Heiligen Geistes“ seien, sei ein solches Verhalten ihrem Stande unwürdig. Der anschließende Kanon 7 schärfte erneut ein, dass niemand die Messen bei einem Priester hören dürfe, der eine Frau oder Konkubine habe und verbot das Zusammenleben von verheirateten Majoristen mit ihren Ehefrauen. Sodann verfügte er – und das war erstmalig in der Geschichte der Kirche! –, dass die Eheschließung eines Klerikers nach der höheren Weihe nicht nur nicht erlaubt, sondern in jedem Fall ungültig sei[33]. Damit war die Zölibatsgesetzgebung der gregorianischen Zeit abgeschlossen: Die höhere Weihe war zu einem Ehehindernis geworden. War es im ersten Jahrtausend um die sexuelle Enthaltsamkeit innerhalb der Ehe gegangen, so wurde diese durch die Vorschrift der Ehelosigkeit –

---

[30] *Mirbt, Carl*, Die Publizistik im Zeitalter Gregors VII., Leipzig 1894, 274–342; *Kempf, Friedrich*, Der Kampf Gregors VII., in: Handbuch der Kirchengeschichte III/1 (1966) 421–441, 426.

[31] I. Laterankonzil, Kanon 7, in: Dekrete der ökumenischen Konzilien Bd. II: Konzilien des Mittelalters, hrsg. v. *Josef Wohlmuth*, Paderborn 2000, 191.

[32] II. Laterankonzil, Kanon 6, in: ebd., 198: „Decernimus etiam ut ii, qui in ordine subdiaconatus et supra uxores duxerint aut concubinas habuerint, officio atque ecclesiastico beneficio careant. Cum enim ipsi templum Dei, vasa Domini, sacrarium Spiritus sancti debeant esse et dici, indignum est eos cubilibus et immunditis deservire.“

[33] II. Laterankonzil, Kanon 7, ebd.: „Ad haec praedecessorum nostrorum Gregorii VII, Urbani et Paschalis Romanorum pontificum vestigiis inhaerentes, praecipimus ut nullas missas eorum audiat, quos uxores vel concubinas habere cognoverit. Ut autem lex continentiae et Deo placens munditia in ecclesiasticis personis et sacris ordinibus dilatetur, statuimus quatenus episcopi presbyteri diaconi subdiaconi regulares canonici et monachi atque conversi professi, qui sanctum transgredientes propositum uxores sibi copulare praesumpserint, separentur. Huiusmodi namque copulationem, quam contra ecclesiasticam regulam constat esse contractam, matrimonium non esse censemus.“

also eines verpflichtenden Klerikerzölibats – ergänzt. Die Beschlüsse von 1139 wurden von der aufblühenden Kanonistik des 12. Jahrhunderts übernommen und in der lateinischen Kirche zur verbindlichen Norm erklärt[34].

IV. Ideal und Wirklichkeit – Zölibatspraxis zwischen dem II. Laterankonzil und dem II. Vatikanischen Konzil

Eine andere Frage ist, wie Enthaltsamkeitsgebot und Zölibatsgesetz in der Praxis durchgesetzt und wie Verstöße dagegen geahndet werden konnten. Hierüber genaue Aussagen zu treffen, ist aufgrund der Quellenlage kaum möglich. Insbesondere dort, wo die Pfarrer zu ihrem Lebensunterhalt eine Landwirtschaft betreiben mussten, waren sie auf die Unterstützung einer Familie angewiesen und blieb die Durchsetzung des Zölibats unrealistisch. Doch auch in den Städten gab es verheiratete oder im Konkubinat lebende Priester und Bischöfe und dieses Bild hat sich trotz aller Reformbemühungen bis zum Ende des 16. Jahrhunderts nicht grundlegend geändert – ganz abgesehen von den bekannten Skandalfällen aus der Papstgeschichte. Bis ins 16. Jahrhundert hatten die Bischöfe Verstöße gegen das Zölibatsgesetz verschiedentlich als zusätzliche Einnahmequelle erschlossen, indem sie den Priesterkonkubinat mit Geldbußen zwar ahndeten, den Tatbestand als solchen aber tolerierten und damit faktisch legalisierten. Wenn die Buße bezahlt war, konnte alles bleiben wie es war[35]. Herzog Albrecht V. von Bayern (1550–1579) ließ 1562 durch seinen Gesandten auf dem Konzil von Trient vortragen, die Generalvisitation des Jahres 1560 habe bewiesen, „dass unter 100 Geistlichen kaum drei oder vier seien, die nicht im Konkubinat lebten"[36]. „Solange diese Pfarrer ihren

---

[34] Vgl. *Boelens*, Klerikerehe (s. Anm. 8), 164–187; *Denzler*, Papsttum (s. Anm. 20), I 82–86. – Anton Landersdorfer belegt für das Bistum Freising, dass der Priesterkonkubinat anlässlich der Visitation des Jahres 1560 „weitgehend als ‚natürliche Selbstverständlichkeit' empfunden" wurde. *Landersdorfer, Anton*, Das Bistum Freising in der bayerischen Visitation des Jahres 1560 (Münchener Theologische Studien. I. Historische Abteilung 26), St. Ottilien 1986, 103.

[35] *Franzen, August*, Zölibat und Priesterehe in der Auseinandersetzung der Reformationszeit und der katholischen Reform des 16. Jahrhunderts (Katholisches Leben und Kirchenreform im Zeitalter der Glaubensspaltung 29), Münster 1969, 91–93. – Vgl. *Vasella, Oskar*, Reform und Reformation in der Schweiz (Katholisches Leben und Kirchenreform im Zeitalter der Glaubensspaltung 16), Münster 1958 (mit Beispielen); *Kottje*, Geschichte (s. Anm. 8), 16f.

[36] *Staber, Josef*, Kirchengeschichte des Bistums Regensburg, Regensburg 1966, 121. – Eine günstigere Bilanz zeigt das Visitationsprotokoll des Bistums Freisings aus dem Jahr 1560. Vgl. *Landersdorfer*, Freising (s. Anm. 34), 103–105.

Seelsorgepflichten nachkamen – mancher von ihnen erfüllte sie nach der Aussage seiner Pfarrkinder in mustergültiger Weise – nahm das Volk keinen Anstoß daran."[37]

Die Zölibatsverpflichtung war noch nicht durchgesetzt, als sie von der Reformation erneut in Frage gestellt und grundsätzlich abgelehnt wurde[38]. Dagegen nahm Erasmus von Rotterdam (1466/67–1536) eine ausgesprochen differenzierte Haltung ein, indem er zum einen die kirchliche Gesetzgebung gegen die Verletzung durch die Reformatoren verteidigte und zum andern für die Gegenwart nicht einfach die generelle Abschaffung des Zölibats, aber doch seine Freistellung forderte, weil, wie er argumentierte, nur wenige für die zölibatäre Lebensform geeignet seien[39]. Ungeachtet solcher Reformforderungen verteidigte das Konzil von Trient 1563 die Zölibatsverpflichtung mit den traditionellen Argumenten der kultischen Reinheit und der Höherbewertung des ehelosen Lebens, sei der Zölibat doch „besser und seliger"[40] als der Ehestand.

In der nachtridentinischen katholischen Kirche wurde der Priesterzölibat zu einem konfessionsspezifischen Merkmal des Katholischen, umso mehr, als Reformbischöfe und Reformäbte diesen im konfessionellen Zeitalter zumal im deutschsprachigen Raum in bewusster Abgrenzung gegen den Protestantismus nach und nach durchsetzten[41]. Mit der geistesgeschichtlichen Neuorientierung im Zeitalter der Aufklärung geriet der Priesterzölibat innerhalb der katholischen Welt erneut in Argumentationsnot und unter den Druck der öffentlichen Auseinandersetzungen. Ausgehend von Frankreich argumentierten zölibatskritische Autoren, dass er der Natur des Menschen wie den Freiheitsrechten des Individuums (Jean-Jacques Rousseau) widerspreche und mit der modernen Ge-

[37] *Franzen*, Zölibat (s. Anm. 35), 92. – Bezüglich des Pfarrers von Emmering bei Fürstenfeldbruck vermerkt beispielsweise das Visitationsprotokoll des Jahres 1560: „Wirt durch die nachbarschaft seer gelobt seines wandels halber. Hat ain köchin, dabei zwai kindt." Zit. nach *Landersdorfer*, Freising (s. Anm. 34), 103.

[38] *Franzen*, Zölibat (s. Anm. 35), 23–41.

[39] Ebd., 42–46; *Buckwalter, Stephen E.*, Die Priesterehe in Flugschriften der frühen Reformation (Quellen und Forschungen zur Reformationsgeschichte 68), Heidelberg 1998, 43–59; *Burghartz, Susanna*, Das starke Geschlecht und das schwache Fleisch. Erasmus und Zwingli zur Priesterehe, in: *Michael Erbe* u. a. (Hrsg.), Querdenken. Dissens und Toleranz im Wandel der Geschichte. Festschrift zum 65. Geburtstag von Hans R. Guggisberg, Mannheim 1996, 89–106.

[40] Konzil von Trient, 24. Sitzung vom 11. November 1563, Kanones über die Ehe, in: Dekrete der ökumenischen Konzilien Bd. 3: Konzilien der Neuzeit, hrsg. v. *Josef Wohlmuth*, Paderborn 2002, 755: „Si quis dixerit, statum coniugalem antepondendum esse statui virginitatis vel coelibatus, et non esse melius ac beatius, manere in viriginitate aut coelibatu, quam iungi matrimonio: a[nathema] s[it]."

[41] *Franzen*, Zölibat (s. Anm. 35), 89–98.

sellschaftsauffassung (Charles de Montesquieu, Denis Diderot) nicht vereinbar sei. In der Zeit zwischen 1780 und 1850 plädierten auch innerkirchliche Kritiker für eine Revision der kirchlichen Zölibatsgesetzgebung[42], wobei sie sich zur Durchsetzung ihrer Anliegen häufig nicht an die kirchlichen, sondern die staatlichen Instanzen wandten[43]. Verschiedentlich kam es wie in Baden zu eigentlichen „Zölibatsstürmen", die im restaurativen Klima der ersten Hälfte des 19. Jahrhunderts erfolglos blieben[44].

Die Zentralisierung der katholischen Kirche im Kontext der ultramontanen Bewegung des 19. Jahrhunderts mit ihrer Defensive gegenüber der liberalen bürgerlichen Gesellschaft förderte das Festhalten an der Zölibatsverpflichtung, die auch von herausragenden Theologen wie Johann Adam Möhler (1796–1838) entschieden verteidigt wurde[45]. Nach dem I. Vatikanischen Konzil (1869/70) verstummte die innerkirchliche Zölibatsdiskussion weitestgehend, wozu weniger die Kulturkämpfe der Epoche beitrugen, als vielmehr die nach 1870 verschärfte Zentralisierung und die geistige und gesellschaftliche Abschottung des Katholizismus sowie die integralistischen Maßnahmen während der Modernismuskrise. Wenig sagen lässt sich hingegen über die Wirklichkeit gelebter sexueller Enthaltung, da es hiefür bis in die 1960er Jahre kaum Untersuchungen gibt. Exemplarisch hat Irmtraud Götz von Olenhusen in ihrer sozialgeschichtlichen Fallstudie für das Erzbistum Freiburg zeigen können, dass sich in der Zeit zwischen 1801 und 1899 von 3421 Priestern 4,3 Prozent eines nachgewiesenen Sexualvergehens schuldig mach-

---

[42] *Theiner, Johann A., Theiner, Augustin*, Die Einführung der erzwungenen Ehelosigkeit bei den christlichen Geistlichen und ihre Folgen, Altenburg 1828. – Vgl. dagegen die differenzierte Position Johann Baptist Hirschers (1788–1865), der sich anfänglich kritisch zum Zölibat äußerte, nach 1840 aber nicht mehr mit der Aufhebung des Zölibats rechnete und deshalb heiratswilligen Priestern wenigstens die Laisierung ermöglichen wollte. Dazu *Köster, Norbert*, Der Fall Hirscher. Ein „Spätaufklärer" im Konflikt mit Rom? (Römische Inquisition und Indexkongregation 8), Paderborn, München u. a. 2007, 200–203.

[43] Dazu ausführlich: *Picard, Paul*, Zölibatsdiskussion im katholischen Deutschland der Aufklärungszeit. Auseinandersetzung mit der kanonischen Vorschrift im Namen der Vernunft und der Menschenrechte (Moraltheologische Studien. Historische Abteilung 3), Düsseldorf 1975.

[44] *Franzen, August*, Die Zölibatsfrage im 19. Jahrhundert. Der „Badische Zölibatssturm" (1828) und das Problem der Priesterehe im Urteile Johann Adam Möhlers und Johann Baptist Hirschers, in: Historisches Jahrbuch 91 (1971) 245–383; *Leinweber, Wilhelm*, Der Streit um den Zölibat im 19. Jahrhundert (Münsterische Beiträge zur Theologie 44), Münster 1978; *Gatz, Erwin*, Der Zölibat als Spezifikum priesterlicher Lebenskultur, in: *ders.* (Hrsg.), Der Diözesanklerus (Geschichte des kirchlichen Lebens 4), Freiburg, Basel, Wien 1995, 346–362, 346–360.

[45] *Möhler, Johann A.*, Beleuchtung der Denkschrift für die Aufhebung des den katholischen Geistlichen vorgeschriebenen Cölibates, Mainz 1828.

ten[46]. Gleichzeitig vollzog sich im 19. Jahrhundert eine bemerkenswerte Verlagerung in der Begründung des Priesterzölibats. Neben das traditionelle Motiv der kultischen Reinheit traten neue Argumente, wie beispielsweise, dass das Kirchenvolk eine Abschaffung des Priesterzölibats nicht akzeptieren würde und dass das Zölibatsgesetz nicht für einzelne Regionen aufgehoben werden könne. Erstmals überhaupt findet sich auch das von heutigen Zölibatsbefürwortern angeführte Argument, nur der ehelose Priester sei frei, um sich in voller Hingabe der Verkündigung des Evangeliums und dem Dienst der Kirche zu widmen, während die Piuspäpste des 20. Jahrhunderts den Akzent wieder stärker auf das Argument der kultischen Reinheit legten[47].

V. Das II. Vatikanische Konzil und die seitherige Diskussion

Auf dem II. Vatikanischen Konzil (1962–1965) durfte die Frage des Priesterzölibats auf ausdrückliche Weisung Papst Pauls VI. (1963–1978) in der Konzilsaula nicht beraten werden. Während die Konzilsväter die Zölibatsverpflichtung für den Klerus der katholischen Kirche des lateinischen Ritus in mehreren Dokumenten bestätigten, blieben Stellungnahmen gegen den Verpflichtungscharakter des Zölibats und für die Weihe sogenannter „viri probati" unberücksichtigt[48]. Allerdings kam es in der Begründung des Zöli-

---

[46] *Götz von Olenhausen, Irmtraud*, Klerus und abweichendes Verhalten. Zur Sozialgeschichte katholischer Priester im 19. Jahrhundert. Die Erzdiözese Freiburg (Kritische Studien zur Geschichtswissenschaft 106), Freiburg im Breisgau 1994, 207–276, 209 u. 176f.

[47] So Pius XI. in der Enzyklika *Ad Catholici Sacerdotii* vom 20. Dezember 1935, in: *Anton Rohrbasser*, Heilslehre der Kirche. Dokumente von Pius IX. bis Pius XII., Freiburg i.Ue. 1953, 800–847, 820–823: „Da *Gott Geist ist* [Joh 4,24] scheint es angebracht, daß ein jeder, der sich seinem Dienst widmet und weiht, sich auch in gewisser Weise ‚von seinem Leibe freimache'. Schon die alten Römer hatten das Geziemende eines solchen Verhaltens erkannt. Eines ihrer Gesetze, das folgenden Wortlaut hat: ‚Man soll keusch zu den Göttern hintreten' [...] Im Alten Bunde wurde Aaron und seinen Söhnen von Moses im Namen Gottes befohlen, nicht aus dem Zelte zu gehen und somit Enthaltsamkeit zu beobachten in den sieben Tagen bis zur Beendigung der Weihe [Lev 8,33–35]. [...] Wenn jemand ein Amt hat, das in gewisser Hinsicht selbst jenes der reinsten Geister überragt, die vor dem Herrn stehen, ist es dann wohl nicht das Richtige, daß er auch möglichst wie ein reiner Geist leben muß? Wer ganz *in dem sein muß, was des Herrn ist* [vgl. Lk 2,49], muß der dann nicht auch entsprechenderweise von den irdischen Dingen gänzlich losgelöst, muß sein Wandel nicht immer im Himmel sein? Wenn jemand eifrig in der Sorge um das Heil der Seelen das Werk des Erlösers fortführen soll, ist es dann nicht wohl angemessen, daß er sich freihält von den Sorgen um eine eigene Familie, die einen großen Teil seiner Tätigkeit in Anspruch nähme?"

[48] Zur Diskussion des Konzils und zum Eingreifen Pauls VI: *Alberigo, Giuseppe,*

bats zu einem Paradigmenwechsel. „Die traditionelle Behauptung, Ehelosigkeit um des Reiches Gottes willen sei ein höherer Stand als die Ehe, wurde vom Konzil erstmals durch die Vorstellung ersetzt, dass auch der Ehestand eine ‚Berufung' sei, unterschieden vom Zölibat, doch keineswegs geringer als er."[49] Außerdem verzichteten die Konzilsväter in den beiden Konzilsdekreten *Presbyterorum Ordinis*[50] über Leben und Dienst der Priester und *Optatam Totius*[51] über die Ausbildung der Priester stillschweigend auf alte, obsolet gewordene Begründungen, die auf Vorstellungen kultischer Reinheit und – damit zusammenhängend – einer Abwertung des Leibes und der Sexualität beruhten. Im Mittelpunkt der konziliaren Argumentation standen nunmehr die Motive des Zeugnischarakters (OT 10) sowie der Verfügbarkeit und des Dienstes am Menschen (PO 16); der Zölibat wurde als „kostbares Geschenk Gottes" (OT 10) bezeichnet, den die Priester freiwillig auf sich nehmen (OT 10; PO 16). Das Konzil lehrte aber auch, dass die „vollkommene und ständige Enthaltsamkeit um des Himmelsreiches willen [...] nicht vom Wesen des Priestertums selbst gefordert" sei, „wie die Praxis der frühesten Kirche und die Tradition der Ostkirchen zeige", sie in der lateinischen Kirche erst in späteren Zeiten „als Gesetz auferlegt" (PO 16) worden sei. Zudem billigte das Konzil gegen massiven Widerstand eines Teils der Konzilsväter die Wiederzulassung eines ständigen, die Weihe zum Priester ausschließenden Diakonats für verheiratete Männer.

Papst Paul VI. führte 1964 zwar ein vereinfachtes Verfahren zur Laisierung von Priestern ein, beharrte 1967 in seiner Enzyklika *Sacerdotalis Caelibatus*[52] jedoch auf dem Pflichtzölibat der Priester. Er wollte damit die mit theologischen und pastoralen Argumenten geführte Debatte, die während und nach dem II. Vatikanischen Konzil aufgebrochen war, autoritativ beenden und wohl auch die einsetzende Laisierungswelle stoppen. In der Umbruchssituation der Zeit bewirkte die Verlautbarung aber letztlich das Gegenteil[53].

Wassilowsky, Günther (Hrsg.), Geschichte des Zweiten Vatikanischen Konzils, Bd. 5, Ostfildern, Löwen 2008, 270–277.

[49] *Price*, Zölibat (s. Anm. 12), 732.

[50] Lateinisch-deutscher Text in: Lexikon für Theologie und Kirche. Das Zweite Vatikanische Konzil. Konstitutionen, Dekrete und Erklärungen. Kommentare, Bd. II, Freiburg, Basel, Wien 1967, II 146–239.

[51] Ebd., III 314–355.

[52] Acta Apostolicae Sedis 59 (1967) 657–697; dt. Übersetzung: *Papst Paul VI.*, Rundschreiben über den priesterlichen Zölibat (Nachkonziliare Dokumentation 8), Trier 1968.

[53] Vgl. *Denzler*, Papsttum (s. Anm. 20), II 342–370; *Hohmann, Joachim S.*, Der Zölibat. Geschichte und Gegenwart eines umstrittenen Gesetzes. Mit einem Anhang

Die seitherigen kirchlichen Stellungnahmen, wie diejenige der römischen Bischofssynode von 1971 oder die Verlautbarungen Johannes Pauls II. (1978–2005), der die Zölibatsverpflichtung bei zahlreichen Gelegenheiten energisch eingeschärft hat, argumentierten in stets gleichem Duktus, dass die zölibatäre Lebensweise „der Verkündigung der Botschaft vom Himmelreich angemessen ist und deshalb in der westlichen Kirche im Regelfall als Voraussetzung für die Priesterweihe bleiben soll“[54]. Anderseits gewährte der Heilige Stuhl seit den 1950er Jahren vermehrt Ausnahmen für aus anderen Konfessionen konvertierte verheiratete Geistliche (vor allem Lutheraner, Anglikaner), denen bei ihrer Weihe zu katholischen Priestern auch nicht mehr die Verpflichtung auferlegt wurde, enthaltsam zu leben[55]. Trotz der Tabuisierung der Zölibatsfrage unter Johannes Paul II. tritt heute weltweit ein erheblicher, wenn nicht der überwiegende Teil der katholischen Bevölkerung für die Aufhebung des Pflichtzölibats ein – schon angesichts der Tatsache, dass aufgrund des akuten Priestermangels immer mehr Gemeinden ohne sonntägliche Eucharistie auskommen müssen; abgesehen davon stellt sich heute die Frage der Zölibatsverpflichtung auch mit Blick auf die Bedeutung, Akzeptanz, Lebbarkeit und Gefährdungen des Priesterzölibats in der modernen Gesellschaft in einer neuen Weise.

---

wichtiger kirchlicher Quellentexte, Frankfurt a.M. 1993, 74–145. – Zur Situation in Deutschland auch: *Gatz, Erwin*, Entwicklungen seit dem Zweiten Vatikanischen Konzil, in: *ders.*, Diözesanklerus (s. Anm. 44), 218–249.

[54] *Mödl, Ludwig*, Das Dekret über Dienst und Leben der Priester Presbyterorum Ordinis, in: *Bischof, Franz X., Leimgruber, Stephan* (Hrsg.), Vierzig Jahre II. Vatikanum. Zur Wirkungsgeschichte der Konzilstexte, Würzburg ^{2}2005, 297–315, 311.

[55] *Price*, Zölibat (s. Anm. 12), 734f.

Sexualpessimismus im Kontext der Erbsündenlehre

Gedanken im Anschluss an die Ehelehre des Hl. Augustinus

von Hans J. Münk

I. Hinführung zur Thematik

Kaum ein anderes Thema aus dem gewaltigen Schrifttum des Hl. Augustinus dürfte in den zurückliegenden Jahrzehnten derart oft und vernichtend kritisiert worden sein wie die Äußerungen zur sexuellen Begegnung von Mann und Frau in der Ehe.

In einem 2008 in 4. Auflage erschienenen Werk einer deutschen Theologin heißt es z. B., Augustinus sei derjenige gewesen, „der die Lust- und Sexualfeindlichkeit mit dem Christentum zu einer systematischen Einheit verschmolz“[1]. Der Bischof von Hippo Regius gilt ihr als Hauptgewährsmann von einschlägigen päpstlichen Lehrentscheiden bis in unsere Tage hinein: „Von Sexualfeindlichkeit zu reden heißt also von Augustinus zu sprechen.“[2] Und in einer seit kurzem auch in Deutsch vorliegenden Monografie des episkopalkirchlichen US-amerikanischen Theologen Raymond J. Lawrence wird Augustinus vorgeworfen, er habe „das ganze Gewicht seines Genies gegen die sexuelle Lust“ aufgeboten, die „damit für das Abendland für immer mit einem schweren *Makel*“[3] behaftet blieb.

Wer die im Untertitel benannte Thematik aufgreift, muss wissen, dass er sich nicht in einem neutralen, sondern in einem vielfach negativ getönten Raum bewegt. Wer als Theologe zu den Themen

---

[1] *Ranke-Heinemann, Uta*, Eunuchen für das Himmelreich. Katholische Kirche und Sexualität, München 2008, 118. Dieses Buch beeindruckt allerdings mehr durch Emotionalität als durch Wissenschaftlichkeit.

[2] Ebd., 118. Albertus Magnus und selbst Thomas von Aquin werden in noch schwärzeren Farben gezeichnet; vgl. ebd., 264–297. In Bezug auf Letzteren werden zugleich theologische Thomasinterpreten bis zur Gegenwart der schönfärberischen Darstellung bezichtigt.

[3] *Lawrence, Raymond J. Jr.*, Sexualität und Christentum. Geschichte der Irrwege und Ansätze zur Befreiung, Innsbruck, Wien 2010, 94f.

Lust- und Leibfeindlichkeit Stellung beziehen will, kann diese patristischen Deutungen nicht vernachlässigen; denn: „Prägend für die westliche Kirchengeschichte wurde Augustins pessimistische Deutung von Sexualität."[4] Wissenschaftlich betriebene Theologie muss sich mit prägenden Kräften der Tradition auseinandersetzen. Ohne Augustins nachhaltige Wirkung in Zweifel ziehen zu wollen, ist aber doch stets mitzubedenken, dass die Wechselwirkung mit weiteren Einfluss- und Prägefaktoren angezeigt ist.

Dies wird in der soziologischen Bearbeitung der Thematik seit Längerem unter dem Vorzeichen des „Zeitcharakters der Sexualität" verhandelt,[5] die ja als begriffliche Neubildung vom Ende des 18. und Anfang des 19. Jahrhunderts selbst gewissermaßen auch Ausdruck historischer Kontingenz ist. Der uns heute vertraute Bedeutungsgehalt von Sexualität im Sinne des „Gesamtzusammenhangs des menschlichen Geschlechtslebens in seinen biologischen, sozialen und psychischen Aspekten"[6] bildete sich erst in der Moderne heraus, und zwar im Gefolge gesellschaftlicher Individualisierungsprozesse und der zunehmenden Betonung individueller Personalität. Die Biologie der Sexualität zieht nur gewisse Grenzen, legt aber nach kultur- und sozialwissenschaftlichen Studien (vor allem im Zusammenhang der Gender-Forschungen) noch nicht vollständig eine historisch, gesellschaftlich und sozial entwickelte Form fest. Ein Indiz dafür, wie umfassend und tiefgreifend zugleich die hinter uns liegenden Veränderungen waren, zeigt sich schon in der Disposition eines vor eineinhalb Jahrzehnten veröffentlichten, gewichtigen Artikels, der zum Zwecke einer angemessenen Übersicht allein schon vier grosse Konzeptebenen (mit teilweise zahlreichen Unterlinien) unterscheidet.[7]

Eine Problematisierung des Sexualverständnisses früherer Zeiten vollzieht sich unter den Verständnisbedingungen des in den unmittelbar zurückliegenden Jahrhunderten durchlaufenen historischen Prozesses. „Erst für die Moderne ist die Sexualität der Antike zum Gegenstand der Forschung geworden."[8] Diese hermeneutische Einsicht gilt es präsent zu halten.

---

[4] *Schubert, Anselm*, Sexualität III. Kirchengeschichtlich, in: Religion in Geschichte und Gegenwart 8 ([4]2005) 1249.

[5] *Schelsky, Helmut*, Soziologie der Sexualität.Über die Beziehungen zwischen Geschlecht, Moral und Gesellschaft, Reinbek b. Hamburg 1955, 102–133.

[6] Diese Arbeitsdefinition – mehr ist es nicht – findet sich bei *Borck, Cornelius*, Sexualität I. Von der Antike bis zur Etablierung des Terminus ‚Sexualität', in: Historisches Wörterbuch der Philosophie 9 (1995) 725–730.

[7] Vgl. *Schetsche, Michael, Lautmann, Rüdiger*, Sexualität II. Sexualität im Denken der Moderne, in: Historisches Wörterbuch der Philosophie 9 (1995) 730–742.

[8] *Borck*, Sexualität (s. Anm. 6), 726.

Um einen in manchen Beiträgen feststellbaren, anklagenden Tonfall[9] zu vermeiden, der fast schon eine Art „Versündigung“ gegen den heutigen Urteilsstand signalisiert, ist der ungleich andere Zeit- und Lebenskontext der spätrömischen Zeit zu beachten. Es dauerte bekanntlich nach Augustinus noch rund 1400 Jahre bis zur Entdeckung der weiblichen Eizelle[10] und von den Forschungen der neueren Sexualwissenschaft bis hin zur Befassung mit Phänomenen wie Cybersex, die eine Fülle von Einflussfaktoren mit großem Veränderungspotenzial für unser heutiges Verständnis erkennen lassen, trennten einen Autor der ausgehenden Antike nicht nur lange Zeitdistanzen, sondern veritable Epochenumbrüche. Die sexualgeschichtliche Fachliteratur betont z. B. nicht nur eine beginnende und sich verstärkende Ablösung der Sexualität von religiösen Bestimmungen an der Wende zum 19. Jahrhundert, sondern u. a. auch ein Auseinandertreten der Bedeutungen von Liebe, Erotik und Sexualität in der Moderne.[11]

Daraus ist zu folgern, dass der thematische Schwerpunkt ‚Sexualität‘ einen pluriformen, multidisziplinären Zugang verlangt.[12] Diese Einsicht ist zumindest latent präsent zu halten, wenn im Wesentlichen – wie in diesem Beitrag – nur die Perspektive einer Disziplin explizit eingebracht werden kann.

Um Augustins Beitrag dabei möglichst gerecht zu werden, um aber auch teilweise über ihn hinausführende Schlussfolgerungen für die Gegenwart vorzubereiten, ist zunächst eine Rekonstruktion der einschlägigen Äußerungen aus dem gewaltigen Schrifttum des Kirchenvaters zu erarbeiten (II). Daran werden sich einige Reflexionen, Folgerungen und Schlussbemerkungen in Bezug auf den Umgang mit dem Thema Sexualpessimismus unter Berücksichtigung heutiger Verhältnisse und außertheologischer Forschungsergebnisse anschließen (III).

---

[9] Dies ist leider in den in Anm. 1 und 3 genannten Werken immer wieder der Fall.

[10] Entdecker des Säugetiereis (1826) war der Zoologe *Karl Ernst von Baer*.

[11] Vgl. *Schetsche, Lautmann*, Sexualität (s. Anm. 7), 730.

[12] Vgl. *Arntz, Klaus*, Gelingendes Leben in Ehe und Familie. Grundlagen der Sexualmoral, in: *ders., Heimbach-Steins, Marianne, Reiter, Johannes, Schlögel, Herbert*, Orientierung finden. Ethik der Lebensbereiche, Freiburg, Basel, Wien 2008, 61–126.

II. Sexualität im Rahmen der Ehelehre des Hl. Augustinus

1. Bemerkungen zur epistemisch-hermeneutischen Eigenart und zum theologischen Rahmen

„Augustinus hinterliess seine Theologie als Bibliothek."[13] Damit ist angedeutet, dass sein Denk- und Arbeitsstil weniger förderlich war für die Anforderungen einer Gesamtsystematik oder für die Ausarbeitung vollständiger Traktate. Die zentralen, z.T. über lange Zeiträume hinweg immer wieder behandelten Themenkreise bauen auf prägenden existentiellen Grunderfahrungen auf und weisen regelmässig auf die Biografie zurück.[14]

Vom Standort einer modernen Erkenntnistheorie aus ist grundsätzlich zu beachten, dass Augustinus wohl eine Unterscheidung zwischen Vernunft und Glauben, Philosophie und Theologie kennt, nicht aber eine Trennung beider Sphären; sie bleiben in seinen Schriften „in ihrer Verschiedenheit untrennbar aufeinander bezogen"[15].

Augustinus hat zum Sinn bzw. Zweck und zur Ausübung der Sexualität vor allem in seiner Ehelehre Stellung genommen. Die Ehe zwischen Mann und Frau ist Bestandteil der Schöpfung, weshalb auch für das Thema Sexualität der Rahmen der Schöpfungstheologie unerlässlich ist.

Entsprechend der Zuordnung von Glaube und Vernunft setzt diese bei den bekanntesten biblischen Schöpfungstexten des Buches Genesis an; in der vertiefenden Reflexion interpretiert er dieses „vom Glauben inspirierte evidente Wissen um die Geschöpflichkeit der Welt"[16] sodann eingehend mithilfe zentraler neuplatonischer Denkansätze (Plotin, Porphyrius, Marius Victorinus). Um diese enge „Symbiose" zu verdeutlichen, spricht *Medard Kehl* von „biblische[m] Glauben in neuplatonischer Denkform"[17]. Augustinus eignet sich wesentliche Charakteristika des neuplatonischen Gottesbildes und der komplementären Sicht der geistigen Seele des Menschen an.[18]

---

[13] *Mühleberg, Ekkehard*, Augustinus, in: Religion in Geschichte und Gegenwart 1 (^{4}1998) 962.

[14] Vgl. *Kehl, Medard*, Und Gott sah, dass es gut war. Eine Theologie der Schöpfung. Unter Mitwirkung von *Hans-Dieter Mutschler* und *Michael Sievernich*, Freiburg, Basel, Wien 2006, 175.

[15] *Kehl*, Und Gott sah (s. Anm. 14), 177.

[16] Ebd., 178.

[17] Ebd., 179.

[18] Ebd., 180 (mit Hinweis auf Augustins Werk ‚Confessiones', 7. Buch, cap. 10 Abschn. 19).

Auch wenn Augustinus keineswegs sklavisch den Schriften Plotins folgte, so wirkten gleichwohl zentrale Gedanken der Enneaden deutlich auf die Gotteslehre, die Anthropologie und das gesamte Erkenntnis- und Wirklichkeitsverständnis ein. Gott und Seele gehören einer eigenen, rein geistig-intelligiblen Sphäre an, können aber auf die Körperwelt, das Materielle Einfluss nehmen. Nur ohne Körper ist die Seele völlig frei.[19] Plotin verbindet diese Grunddiastase von Sinnlich-Wahrnehmbarem bzw. Materiellem einerseits und Geistig-Intelligiblem andererseits mit der Theorie eines Aufstiegs als eines geistigen Abstraktions-, Verinnerlichungs- und Vervollkommnungsprozesses zur Schau des Einen, Göttlichen; er setzt eine Reinigung im Sinne einer Lösung von den Begierden (epithymiai) voraus, durch welche die Seele an die Körperwelt gebunden bleibt und am Aufstieg gehindert wird. Indem Augustinus sich diesen Ansatz zu eigen macht[20], ist eine Vorentscheidung in Bezug auf die Bewertung des Leiblich-Materiellen – und in diesem Rahmen auch der sinnlich empfundenen Lust – gefallen. Sie ist demnach nicht unmittelbar aus der Hl. Schrift entnommen, sondern verdankt sich einer philosophischen Denkform, mit deren Hilfe der Autor gewisse biblische Vorgaben auf der intellektuellen Höhe seiner Zeit zu formulieren suchte.

Eine weitere, spezifisch theologische ‚Weiche' wird durch die formell auf Augustin zurückgehende Erbsündenlehre gestellt. Im Zusammenhang seiner Gnadendoktrin sowie im Rahmen der pelagianischen Kontroversen entwickelt er die Vorstellung, dass die Folgen der Sünde Adams und zugleich der damit verbundene Schuldzustand auf dem Weg der „concupiscentia carnalis" auf die gesamte nachfolgende Menschheit übergehen.[21] In seiner ersten antipelagianischen Schrift „De peccatorum meritis et remissione et de baptismo parvulorum" (411/12) postuliert Augustin erstmals eine Ursprungssünde („peccatum originale"), die naturhaft (propagatione) auf alle Menschen übertragen wird und die menschliche Natur schwächt.[22]

---

[19] Vgl. *Drecoll, Volker H.*, Abschnitt ‚Neuplatonismus', in: Augustin-Handbuch (2007) 72–85, 73; vgl. auch *Kehl*, Und Gott sah (s. Anm. 14.), 182f.

[20] Vgl. *Drecoll*, Neuplatonismus (s. Anm. 19), 72–85.

[21] Vgl. *Hoping, Helmut*, Erbsünde II. Historisch-theologisch, in: Lexikon für Theolgie und Kirche 3 (^{3}1995) 744–746, 745.

[22] Augustinus schreibt dies primär im Blick auf die Unerlässlichkeit der Kindertaufe, die er gegen die Pelagianer verteidigt; vgl. *Sievernich, Michael*, Die gute Schöpfung und die Macht der Sünde. Zur Erbsündenlehre, in: *Kehl*, Und Gott sah (s. Anm. 14), 279–300, 282f.

2. *Sexualität im Rahmen der Ehe*

2.1 Zur Ehelehre

Die wirkungsreiche Ehelehre Augustins bildet einen besonders sensiblen Kreuzungspunkt spannungsreicher Beziehungen, die nicht selten auch einen biografischen Bezug haben. Gegen die gnostische Irrlehre des Manichäismus, der er selbst fast ein Jahrzehnt angehangen hatte, verteidigt er später die göttliche Erschaffung von Sexualität und Ehe, die deshalb auch an der grundlegenden Güte der Schöpfung partizipieren.[23] In der komplexen, spannungsreichen bonum-Lehre sind philosophische und theologische (z. B. Gen 1,31) Motive verbunden; sie umfasst gnoseologische, ontologische und ethische Perspektiven und gipfelt im ‚finis boni', in Gott als dem „verum ac summum bonum"[24]. Die darauf gerichtete vollkommene Glückseligkeit bezieht sich auf alle Güter, also auch auf körperliche.[25]

Die Ehe als „coniugium masculi ac feminae"[26] wird als ganze – einschließlich der sexuellen Beziehungen – von Augustinus nachdrücklich als Gut („bonum nuptiarum") verteidigt, das er sodann in mehrere Güter differenziert.[27] Zu deren sachgerechten Einordnung ist eine dreifache Einteilung zu beachten: 1. der objektive Ehezweck: die Zeugung von Kindern; 2. Effekt des Sexualverkehrs: Befriedigung des Geschlechtstriebs; 3. die Trias der Ehegüter.[28]

Zu diesen letzteren nun formulierte Augustinus in einer für die lateinische Theologie klassisch gewordenen Form: „haec omnia bona sunt, propter quae nuptiae bonum sunt: proles, fides, sacramentum"[29]. Diese Reihenfolge versteht sich auch als Rangfolge.

---

23 Zu Augustins manichäischer Zeit vgl. *Wurst, Gregor*, Augustin als ‚Manichäer', in: Augustin-Handbuch (2007) 148–153.

24 *Augustinus*, De Civitate Dei, 19. Buch, cap. 1.

25 Vgl. *Fischer, Norbert*, Bonum, in: Augustinus-Lexikon 1 (1986–1994) 671–681.

26 *Augustinus*, De bono coniugali, 3.

27 Ebd., 3. Äquivalente Formulierungen zu „bonum nuptiarum" finden sich bei *Berrouard, Marie-Francois*, Bono coniugali, in: Augustinus-Lexikon 1 (1986–1994) 658–666 (hier insbesondere im Abschnitt „Le bien et les biens du marriage", ebd., 661). Vgl. ferner De bono coniugali 3,8 u. 9,22.24.32.

28 Hier folge ich *Müller, Michael*, Die Lehre des hl. Augustinus von der Paradiesesehe und ihre Auswirkung in der Sexualethik des 12. und 13. Jahrhunderts bis Thomas von Aquin, Regensburg 1954, 29. Eine etwas andere Einteilung, die wegen des Einflusses Augustins auf die Frühscholastik hier von Interesse ist, findet sich bei *Zeimentz, Hans*, Ehe nach der Lehre der Frühscholastik. Eine moralgeschichtliche Untersuchung zur Anthropologie und Theologie der Ehe in der Schule Anselms von Laon und Wilhelms von Champeaux, bei Hugo von St. Viktor, Walter von Mortagne und Petrus Lombardus, Düsseldorf 1973, 141–203, bes. 166–195.

29 *Augustinus*, De bono coniugali, 32.

In der zeitlich nahe gelegenen Schrift „De genesi ad litteram“[30] erklärt er fides als „Treue, die nicht zulässt, dass außerhalb der Ehe Geschlechtsverkehr stattfindet“[31]; das „Gut der Nachkommenschaft bewirkt, dass die Kinder mit Liebe angenommen, gütig ernährt und gewissenhaft erzogen werden; das Sakrament, dass die Ehe nicht geschieden wird und ein Entlassener oder eine Entlassene sich nicht von neuem verheiratet“[32]. Augustinus sieht sich hier zwischen zwei Fronten gestellt: Einerseits wendet er sich gegen das dualistisch-leibfeindliche und eheabwertende Verdikt des Manichäismus, der in der Ehe nur ein Übel zu sehen vermag. Andererseits aber gehen ihm die Anhänger des lange in Rom wirkenden, erbsündeskeptischen Briten Pelagius († vor 431) mit ihrer Behauptung einer – auch in der Ehe zum Ausdruck kommenden – ungebrochenen Güte der menschlichen Natur zu weit, weil diese die mit der Ursünde eingetretene Verschlechterung der menschlichen Lebenssituation nicht berücksichtigen kann.[33]

2.2 Theologische Anthropologie als „Ort“ der Auseinandersetzung

Gerade diese letztere Stoßrichtung präzisiert die Lokaliserung unserer Problemstellung in der theologischen Anthropologie. Eben hier – wenn überhaupt – kommt es zur „eigentlichen theologischen Grundlegung des Sexualpessimismus, und dementsprechend wurden seine (sc. des Hl. Augustinus) Darlegungen richtunggebend für ein ganzes Jahrtausend und darüber hinaus“[34]. Es bleibt jedoch genau zu analysieren, was von Augustinus an der Sexualität eigentlich als „pessimistisch“ beurteilt wird. Zunächst ist festzuhalten, dass er die auf Fortpflanzung ausgerichtete sexuelle Vereinigung von Mann und Frau eindeutig als positives Grundelement innerhalb einer Ehe betrachtet.[35] Er schließt dies selbst für das Leben im Pa-

---

[30] „Über [das Buch] Genesis dem Wortlaut nach“; in dieser Schrift hatte er freilich noch das „bonum fidei“ an erster Stelle genannt (vgl. ebd., 9. Buch, cap. 7 Abschn. 12). Vgl. ferner „De nuptiis et concupiscentia“, 1. Buch, cap. 12 (19); hier steht die gleiche Reihenfolge: proles, fides, sacramentum. Vgl. *Teske, Roland*, ‚Genes ad litteram‘, in: Augustinus-Lexikon 3 (2004) 113–126, 121. Einige Schwankungen in der über Jahrzehnte währenden Ausarbeitung der Ehelehre können hier nicht im Einzelnen nachgezeichnet werden; vgl. dazu *Müller*, Paradiesesehe (s. Anm. 28), 19–32.

[31] *Augustinus*, De genesi ad litteram, 9. Buch, cap. 7.

[32] Ebd. Zum Verständnis von sacramentum vgl. *Berrouard*, Bono coniugali (s. Anm. 27), 663. Instruktive Ausführungen zur Bedeutung von sacramentum bei *Zeimentz*, Ehe (s. Anm. 28), 177ff.

[33] Zu den bekämpften Pelagianern vgl. *Drecoll, Volker, Löhr, Winrich, Lössl, Josef*, Der Pelagianische Streit, in: Augustin-Handbuch (2007) 179–203.

[34] *Klomps, Heinrich*, Ehemoral und Jansenismus. Ein Beitrag zur Überwindung des sexualethischen Rigorismus, Köln 1964, 24.

[35] In seiner Erklärung von „De bono coniugali“ betont Berrouard ohne jegliche Ab-

radieseszustand nicht aus. An diesen Stellen wird auch die natürlicherweise auftretende sexuelle Lustempfindung im Sinne einer nicht zu beanstandenden „Draufgabe" akzeptiert.[36] Augustinus bleibt somit konsequent auf der Linie seiner normativen Finalisierung der Ehe.[37] Grundsätzlich kritischer wird bei Augustinus die Argumentation dort, wo über das zur Prokreation strikt Notwendige hinausgegangen wird, weil dann – wie er unter Hinweis auf 1 Kor 7,6 ausführt – nicht der Vernunft, sondern dem Lustimpetus gehorcht werde. Er plädiert in diesem Fall für Nachsicht im Sinne einer lässlichen Sünde.[38] Wenn ein Ehepartner in sexuellen Kontakt einwilligt, um beim anderen Partner schwerwiegenderem Versagen (vor allem Ehebruch) zuvorzukommen, spricht er von einem Akt ehelicher Liebe, die der von Eheleuten geschuldeten „fides" entspreche.[39] Der ab der Frühscholastik stärker betonte „Heilmittelcharakter" der Ehe findet hier einen Ansatzpunkt. Die Forderung und Einlösung der „ehelichen Pflicht" ist nur im Hinblick auf dieses Ehegut lediglich lässlich sündhaft. An dieser wie an vielen weiteren Stellen tritt die entschuldigende bzw. schuldreduzierende Wirkung der Ehegüter zutage. „Im Hintergrund dieser Anschauung steht der stoische Grundsatz: Nichts um der Lust willen tun!"[40] Gleichwohl ist dies nicht gleichbedeutend damit, dass er Sexualität in sich verurteilt. Eine solche Schlussfolgerung ist auch dann nicht gerechtfertigt, wenn man berücksichtigt, dass er Enthaltsamkeit und Jungfräulichkeit im Hinblick auf persönliche Heiligung höher einstuft. Augustins positive Äußerungen zur Ehe sind insgesamt zu gewichtig, um eine negativere Schlussfolgerung zu rechtfertigen.[41]

---

schwächung: „L'union sexuelle de l'epoux et de l'epouse ordonnée à la procréation des enfants relève de l'état conjugal et échappe dès lors à toute faute" (*Berrouard*, Bono coniugali [s. Anm. 27], 663).

36 Über die Frage des sexuellen Lusterlebens im Paradies gibt es bei Augustinus freilich eine gewisse Entwicklung und nicht immer einhellige Aussagen; vgl. dazu *Müller*, Paradiesesehe (s. Anm. 28) 19ff.

37 Inwieweit die strikte Koppelung von Sexualität und Prokreation in bestimmten Situationen konsistent durchzuhalten ist (z. B. bei älteren Eheleuten), sei hier dahingestellt; vgl. dazu auch *Müller*, Paradiesesehe (s. Anm. 28), 19–32.

38 Zum „peccatum veniale" (und insgesamt zur allerdings erst wesentlich später fest etablierten Einteilung der Sündenkategorien) vgl. *Kleber, Karl-Heinz*, De parvitate materiae in sexto. Ein Beitrag zur Geschichte der katholischen Moraltheologie, Regensburg 1971.

39 Vgl *Augustinus*, De bono coniugali, 6.

40 *Gruber, Hans G.*, Christliches Eheverständnis im 15. Jahrhundert. Eine moralgeschichtliche Untersuchung zur Ehelehre Dionysius' des Kartäusers, Regensburg 1989,129.

41 Vgl. z. B. *Augustinus*, De bono coniugali, 18: „[…] quod enim est cibus ad salutem hominis, hoc est concubitus ad salutem generis, et utrumque non est sine delectatione

2.3 Konkupiszenz als Kernelement der Problematik

Die Rede von lässlicher Sünde im Zusammenhang mit der Suche nach Befriedigung leiblicher Lust führt in den Kern der Problematik hinein. Solche libido – Augustinus nennt sie auch bisweilen spezifischer „libido carnis" – wird des Öfteren auch als „pudenda" bezeichnet und an zahlreichen Stellen mit „concupiscentia carnis" gleichgesetzt.[42] Ein ausschließlich auf diesen Sachverhalt eingeengtes Verständnis beider Begriffe würde indes dem wesentlich weiteren, und durchaus auch positiven Gebrauch bei Augustinus nicht gerecht.[43]

In der Auslegung biblischer Referenzstellen zur negativ gefärbten concupiscentia (vgl. z. B. Ex 20,17; Mt 5,28) folgt Augustinus der „afrikanischen Tradition"[44]. In seinen späteren Schriften[45] betont er entschieden, dass die körperliche Vereinigung von Mann und Frau eine Notwendigkeit zur Erfüllung des göttlichen Vermehrungssegens (vgl. Gen 1,28) und also schöpfungsmäßig grundgelegt und auch für den Paradiesesstatus anzunehmen sei: Allerdings stellt er sich den entsprechenden Geschlechtsverkehr ohne Erregung leiblich-sexueller Lust, allein durch Einsatz der willentlichen Geisteskraft, vor.[46] Die dem Sündenfall der Stammeltern als Akt des Ungehorsams folgende Strafe trifft gerade die Sexualität,[47] die nun unter den Einfluss der negativen Begierde gerät, „über die man erröten muss" und die nicht „in dem Leib jenes Lebens, das in dem Paradies vor dem Sündenfall [war], sondern erst im Leib dieses Todes (Röm 7,24) zu sein anfing [und zwar] als ein dem Ungehorsam zurückgezahlter Ungehorsam […]"[48] Ausdruck dieser Verschlechterung sind sowohl die Beschämung Adams und Evas über ihre Nacktheit (vgl. Gen 3,7–10) wie auch das verbreitete Schamgefühl, das bei sexuellen Aktivitäten nach dem intimen Schutzraum der Privatsphäre verlange.[49]

---

carnali […]"; vgl. ebd., 13: „[…] sancta sunt ergo etiam corpora coniugatorum fidem sibi et domino servantium"; ferner vgl. ebd., 32.

[42] Vgl. z. B. *Augustinus*, De nuptiis et concupiscentia, 2. Buch, cap. 7 Abschn. 17: „[…] libidinem vel concupiscentiam carnis […]"; im gleichen Werk ist im 2. Buch, cap. 30 Abschn. 52 von „concupiscentia pudenda" (beschämende Begierlichkeit) die Rede.

[43] Vgl. *Bonner, Gerald*, concupiscentia, in: Augustinus-Lexikon 1 (1986–1994) 1113–1122. Auch die negative concupiscentia umfasst – wie Augustinus am Beispiel von 1 Joh 2,16 aufzeigt – physische, psychische, intellektuelle und spirituelle Dimensionen.

[44] *Bonner*, concupiscentia (s. Anm. 43), 1115 mit Verweisen auf Tertullian und Cyprian.

[45] Ausführlich z. B. im 14. Buch von „De civitate Dei".

[46] Vgl. *Augustinus*, De civitate Dei, 14. Buch, cap. 16 u. 21.

[47] Vgl. ebd., 14. Buch, cap. 17, 19, 20 u. 24.

[48] *Augustinus*, De nuptiis et concupiscentia, 2. Buch, cap. 13, 26.

[49] Vgl. De civitate Dei, 14. Buch, cap. 17. Augustinus hat in solchen Fragen die ge-

Insgesamt gesehen hinterlässt die Ehelehre des Hl. Augustinus in Bezug auf die involvierte Sicht menschlicher Sexualität allgemein und der sexuellen Lustempfindung im Besonderen einen etwas zwiespältigen Eindruck. Die schöpfungstheologisch und heilsgeschichtlich verankerte Ehegüterlehre verleiht ihr einerseits ein theologisches Gütesiegel. Andererseits haftet der mit sexueller Aktivität verbundenen Geschlechtslust ein erbsündlicher Makel, ein Übel, an, das nach Entschuldigung verlangt. „Damit war der Sexualpessimismus fortan auch theologisch grundgelegt.“[50] Pessimismus ist hier allerdings nicht im Sinne einer ausgearbeiteten philosophischen Lehre zu verstehen. Vielmehr wird an den Sprachgebrauch angeknüpft, der die „Abwertung der leiblichen Existenz als Symptom des Pessimismus“[51] begreift.

III. Schlussbemerkungen

Nach dem Stand der historisch-wissenschaftlichen Bearbeitung wird man dem Hl. Augustinus mit der eingangs zitierten Kritik nicht gerecht. Einschlägige wissenschaftliche Kenntnisse, die heute zum Standard gehören, standen im 4./5. Jahrhundert nur in höchst geringem Maß zur Verfügung. Manche damals akzeptierte naturwissenschaftlich relevante Annahme erwies sich später auch als irrig. Völlig zu Recht beurteilt eine neuere Studie die schwerpunktmäßig skizzierten Elemente aus den Schriften des Kirchenvaters als für seine Zeit „geradezu gemäßigt“[52]. Lutterbach spricht von einem „zunehmend askesefreundlichen Klima ab dem 4. Jahrhundert“, das „zu einer Höherbewertung der ehelosen Lebensform (Aufwertung des Witwen- und Jungfrauenstandes ...) [führte]“.[53] „Die Kirchenväter stimmten weitgehend darin überein, dass sich Christen am stoischen Ideal des lustfreien Ehelebens, besser noch am Ideal der Ehelosigkeit zu orientieren hätten.“[54]

---

samte Menschheit im Blick, auch wenn dies nur gelegentlich explizit gesagt wird, z. B. in: De bono coniugali, 32.

[50] *Gruber*, Christliches Eheverständnis (s. Anm. 40), 93.

[51] *Gerhardt, Volker*, Pessimismus, in: Historisches Wörterbuch der Philosophie 7 (1989) 386–395, 392. Als Beispiel für eine pessimistische philosophische Lehre gilt Schopenhauer.

[52] *Gruber*, Christliches Eheverständnis (s. Anm. 40), 129.

[53] *Lutterbach, Hubertus*, Sexualität III. Historisch-theologisch, in: Lexikon für Theologie und Kirche 9 (^{3}2000) 516.

[54] Ebd. Für die intellektuellen Schichten des westlichen Teils des Imperium Romanum macht *Katharina Greschat* allerdings auch kritische Stimmen geltend; vgl. *dies.*, Askese im Westen des Imperium Romanum im 4. Jahrhundert, in: Augustin-Hand-

Das Problem der sexuellen Lust war über Jahrhunderte hinweg ein „heißes Eisen“. Augustinus blieb ein wichtiger Gewährsmann, und zwar interessanterweise sowohl für eher mildere Positionen wie bei Gratian und Petrus Lombardus im 12. Jahrhundert wie auch für Strömungen, die als besonders rigoristisch in die Theologiegeschichte eingingen.[55] Ein eigenes Kapitel stellen die Bußbücher dar.[56]

Von einzelnen Autoren des Mittelalters sind indes auch wesentlich positivere Aussagen überliefert.[57] Neue Wege beschritten im Kontext der Aristoteles-Rezeption Albertus Magnus und Thomas von Aquin, auf die hier allerdings nicht näher eingegangen werden kann.[58]

Nicht zu unterschätzen ist auch die Verstärkerwirkung, die von hinzukommenden Entwicklungen ausging; insbesondere ist hier das „Paradigma der kultischen Reinheit“ zu nennen, das in der frühen Neuzeit „in zuvor unbekanntem Maß die Alltagspraxis [bestimmte]“.[59] Wie stark die Theologie Augustins sich schließlich auch in den jansenistischen Auseinandersetzungen des 17. und 18. Jahrhunderts auswirkte, ist eindrücklich herausgearbeitet worden.[60]

Einschneidende Veränderungen, die auf die Umbrüche der Moderne zu antworten suchten, kamen schließlich mit der Ehelehre des II. Vatikanischen Konzils und mit einigen nachfolgenden lehramtlichen Stellungnahmen, die an dieser Stelle ebenfalls nicht näher thematisiert werden können.[61]

Die katholische Theologie hat sich – wie sich aus den zitierten theologiegeschichtlichen Werken entnehmen lässt – bei der Aufarbeitung der eigenen Tradition erhebliche Verdienste erworben. Neuere deutschsprachige Beiträge zu sexualethischen Themen zeigen im Allgemeinen eine ausgeprägte Sensibilität für die – auf's Ganze gesehen – nicht-dualistisch orientierte biblische Anthropologie mit ihrer „positiven Bewertung der Sexualität als Teil der Schöpfungsordnung“[62]. Die Entwicklung der Bibelwissenschaften in der Moderne hat diese Fortschritte zweifellos mit ermöglicht

---

buch (2007) 104–107. Greschat beurteilt die Ehelehre des Hl. Augustinus im zeitgeschichtlichen Kontext als „sehr geschickt“ (ebd., 109).

[55] Vgl. *Gruber*, Christliches Eheverständis (s. Anm. 40), 131ff.

[56] Vgl. dazu *Salzmann, Todd A., Lawler, Michael G.*, The Sexual Person. Toward a Renewed Catholic Anthropology, Washington D.C. 2008, 32–35.

[57] So z. B. bei Wilhelm von Auxerre und Abaelard; vgl. *Gruber*, Christliches Eheverständnis (s. Anm. 40) 132ff.

[58] Vgl. *Salzmann, Lawler*, The Sexual Person (s. Anm. 56), 35–37.

[59] *Lutterbach*, Sexualität (s. Anm. 53), 517.

[60] Vgl. *Klomps*, Ehemoral und Jansenismus (s. Anm. 34).

[61] Vgl. dazu *Arntz*, Gelingendes Leben (s. Anm. 12), 82–94.

[62] *Reiser, Marius*, Sexualität II. Biblisch-theologisch, 2. NT, in: Lexikon für Theologie

und verstärkt. Eine weiterentwickelte, verfeinerte Erbsünden- und Konkupiszenztheorie stellten wichtige neue Konzeptgrundlagen bereit.[63] Eine bleibende Bedeutung des Konkupiszenzgedankens – und insofern auch ein Wahrheitsmoment der Erbsündelehre Augustins – liegt in der Mahnung zur Achtsamkeit in Bezug auf entfremdende Gestalten der Sexualität.

Weiterhin dürfte die vertiefte Kenntnisnahme außertheologischer Forschungen bei einer Reihe von AutorInnen (nicht unbedingt bei allen!) viel dazu beigetragen haben, dass man in den in einen beziehungsethischen Kontext integrierten normativen Kriterienentwürfen keine Elemente antrifft, die den Vorwurf des Sexualpessimismus rechtfertigen könnten.[64] Leitvorstellung ist Sexualität als Medium der Kommunikation leiblich verfasster Personen unter dem Vorzeichen der Liebe (gedacht als Verbindung von Eros und Agape).

Die sexualethischen Herausforderungen werden für die Theologische Ethik voraussichtlich noch ansteigen. Nur einige wenige Gesichtspunkte können abschließend kurz angesprochen werden.[65] So stehen innerhalb der christlichen Ökumene Aufgaben einer vertieften Verständigung angesichts einiger deutlich verschiedener Positionen an.[66] Sodann dürften die Anforderungen des interreligiösen Austauschs zunehmen. Sowohl sehr positive Bewertungen sexueller Lust als auch stark pessimistische Akzente spielen in den Traditionen anderer Weltreligionen eine Rolle, über die ein Dialog zu führen sein wird.[67] Die möglicherweise abgründigste Herausforderung könnte indes die Auseinandersetzung mit Entwicklungen werden, die – meist verknüpft mit Gender-Diskursen – tendenziell die Distinktion von Hetero- und Homosexualität zu unterlaufen und damit dominante sexuelle Identitäten zu „verflüssigen" scheinen, wie sich aus neueren kultur- und sozialwissenschaftlichen Forschungen folgern lässt: „Die bislang als natürlich betrachtete Binarität von Männlich und Weiblich ist in der theo-

---

und Kirche 9 (^{3}2000) 515f. Vgl. ebd. auch den unmittelbar vorangehenden, von Frank-Lothar Hossfeld verfassten Teilartikel zum AT.

[63] Vgl. z. B. *Schockenhoff, Eberhard*, Konkupiszenz, in: Lexikon für Theologie und Kirche 6 (^{3}1997) 271–274.

[64] Vgl. z. B. *Hilpert, Konrad*, Zentrale Fragen christlicher Ethik. Für Schule und Erwachsenenbildung, Regensburg 2009, 132–148.

[65] Weitere Aspekte (z. B. Anfrage an den Stellenwert der Fortpflanzung) finden sich u. a. bei *Arntz*, Gelingendes Leben (s. Anm. 12), 80–82 u. 96–102.

[66] Vgl. z. B. die Hinweise bei *Körtner, Ulrich H.-J.*, Sexualität IV. Ethisch, in: Religion in Geschichte und Gegenwart 7 (^{4}2004) 1250–1253, bes. 1252.

[67] Vgl. *Heller, Birgit*, Sexualität I. Religionswissenschaftlich, in: Religion in Geschichte und Gegenwart 7 (2004) 1246.

retischen Trennung von sex und gender, von Geschlechtskörper und Geschlechtsidentität, auseinandergetreten."[68] Besteht überhaupt eine Möglichkeit, den biblischen „Dimorphismus" („als Mann und Frau schuf er sie") mit einem solchen „Polymorphismus" in eine argumentativ sinnvolle Beziehung zu setzen, ohne gleich mit Pathologisierungen zu kommen? Selbstverständlich sind empirisch erhobene Veränderungen und Trends nicht in sich normativ. Damit wird aber andererseits nur die Hauptlast einer normativen Disziplin indirekt hervorgehoben. Wiederum steht das Verhältnis von Natur und Personalität unter dem Vorzeichen des Begehrens an, wie man vorliegenden Studien entnehmen kann. Die konkreten empirischen Konstellationen mögen historisch weithin neu sein; der involvierte theologisch-anthropologische Grundkonflikt ist es nicht, wie das Beispiel des Hl. Augustinus zeigt.

---

[68] *Braun, Karl*, Sexualität V. Kulturwissenschaftlich, in: Religion in Geschichte und Gegenwart 7 (2004) 1253–1255, 1255.

2.
Grundlegende Aspekte

Liebe und Sexualität

von Klaus Arntz

„Das Schweigen der Kirche lässt indessen den Trugschluss zu, als hätte sie der heutigen Jugend keine hilfreiche Orientierung in diesem anspruchsvollen Lebensbereich mehr zu geben.“[1] Mit diesen und anderen Worten kritisiert der Münchner Religionspädagoge Stephan Leimgruber das kirchenamtliche Schweigen zu Fragen der Sexualmoral und der Sexualpädagogik – der offene Brief der Jugendkommission der Deutschen Bischofskonferenz an die Verantwortlichen der kirchlichen Jugendarbeit zu einigen Fragen der Sexualität und der Sexualpädagogik stammt aus dem Jahre 1999.[2]

Ob dieses vermeintliche Schweigen tatsächlich zu bedauern oder nicht vielmehr zu begrüßen ist, darüber könnte man grundsätzlich diskutieren. Unbestreitbar ist die Tatsache, dass es während des Pontifikats von Papst Johannes Paul II. zu einer dichten Abfolge gewichtiger kirchenamtlich-vatikanischer Verlautbarungen gekommen ist. Zu nennen sind in chronologischer Abfolge das nachsynodale Schreiben „Familiaris consortio“ (22.11.1981)[3], die Instruktion „Donum vitae“ (1987)[4], der Katechismus der Katholischen Kirche (1992), die Enzykliken „Veritatis splendor“ (6.8.1993) sowie „Evangelium vitae“ (25.3.1995).[5] In allen genann-

---

[1] *Leimgruber, Stephan*, Sexualität gestalten lernen. Neue religionspädagogische Akzente, in: Stimmen der Zeit 228 (2010) 47–56, 50.

[2] *Sekretariat der Deutschen Bischofskonferenz* (Hrsg.), Brief der Jugendkommission der Deutschen Bischofskonferenz an die Verantwortlichen in der kirchlichen Jugendarbeit zu einigen Fragen der Sexualität und der Sexualpädagogik (= Arbeitshilfen 148), Bonn 1999.

[3] *Papst Johannes Paul II.*, Apostolisches Schreiben „Familiaris consortio“ (22.11.1981), in: Acta Apostolicae Sedis (= AAS) 74 (1982) 81–191, abrufbar unter http://www.dbk.de/fileadmin/redaktion/veroeffentlichungen/verlautbarungen/VE_033.pdf, Stand: 1.2.2011.

[4] *Kongregation für die Glaubenslehre*, Instruktion „Donum vitae“ über die Achtung vor dem beginnenden menschlichen Leben und die Würde der Fortpflanzung (10.3.1987), in: AAS 80 (1988) 94, abrufbar unter http://www.vatican.va/roman_curia/congregations/cfaith/documents/rc_con_cfaith_doc_19870222_respect-for%20human-life_ge.html, Stand: 19.12.2010.

[5] Eine Übersicht bietet: *Götz, Christoph*, Medizinische Ethik und katholische Kirche. Die Aussagen des päpstlichen Lehramtes zu Fragen der medizinischen Ethik seit dem Zweiten Vatikanum (Studien der Moraltheologie 15), Münster 2000.

ten Dokumenten wurde das traditionelle Verständnis der kirchlichen Sexualethik bestätigt und in seiner normativen Relevanz für unterschiedliche Themenfelder – bis hin zur Ethik der modernen Biomedizin – verdeutlicht.

Immer wieder wird in diesen Verlautbarungen an den unlösbaren, inneren Sinnzusammenhang von Sexualität und Fortpflanzung erinnert – ein seit der Enzyklika „Humanae vitae" ebenso vertrauter wie umstrittener Topos kirchlicher Lehrverkündigung. Andere mögliche Akzentsetzungen der kirchlichen Sexuallehre treten gegenüber der traditionell naturrechtlich begründeten Position in den Hintergrund. Eine erste argumentative Horizonterweiterung findet unter dem Pontifikat von Johannes Paul II. statt. Dabei wird der Versuch unternommen, die traditionelle Lehre auf Basis einer realistischen Phänomenologie vertieft zu begründen und den besonderen Zusammenhang zwischen Liebe und Sexualität herauszustellen.[6]

I. Die personalistische Norm

Unter dem Stichwort *personalistische Norm* wurde dieser Gedankengang von Karol Wojtyla, dem späteren Johannes Paul II., in seiner Zeit als Lehrer für philosophische Ethik an der Universität von Lublin in dem Buch „Liebe und Verantwortung"[7] profiliert.

Die klassische Ehelehre wird in diesem Konzept im Horizont einer personalistischen Anthropologie und Ethik entfaltet. Als Ethiker rekurriert Karol Wojtyla auf eine bei Augustinus zu findende Unterscheidung und wendet diese auf die Interpretation des ehelichen Aktes an: „Er [resp. Augustinus] unterscheidet zwei Haltungen. Die eine besteht darin, dass man nach dem Vergnügen allein strebt, ohne das Objekt zu berücksichtigen – dies ist das uti; die andere ist das frui, das die Freude daran findet, sich dem Objekt ganz zuzuwenden."[8]

Die Vertiefung des traditionellen Denkansatzes durch eine Horizonterweiterung auf Basis der – in Anlehnung an Max Scheler – gewonnenen Erkenntnisse aus der realistischen Phänomenologie

---

[6] Vgl. dazu *Böckle, Franz*, Person und Natur im Blick auf die Sexualethik 1. Der anthropologische Ansatz von Karol Wojtyla, in: *ders.* (Hrsg.), Der umstrittene Naturbegriff. Person – Natur – Sexualität in der kirchlichen Morallehre (Schriften der Katholischen Akademie in Bayern 124), Düsseldorf 1987, 58–66.

[7] *Wojtyla, Karol*, Liebe und Verantwortung, München ^{2}1981.

[8] Ebd., 40.

hat Franz Böckle 1987 in einem ausführlichen Beitrag gewürdigt.[9] Zugleich macht er auf die methodologischen Grenzen dieses Ansatzes aufmerksam, wenn versucht werde, auf diesem Weg „die Person und ihre Verwirklichung umfassend ontologisch fest[zu]legen“[10]. Franz Böckle führt aus: „Die personalistische Norm hat im ethischen Denken Karol Wojtylas den Rang eines obersten Grundsatzes, an dem sich der sittliche Wert einer jeden Handlung messen muss.“[11]

Eine fundierte Personkonzeption bedürfe jedoch einer ergänzenden normativen Begründung, weil allein der Rekurs auf die Achtung der Menschenwürde nicht schon erklären könne, welche sittlichen Handlungen geboten oder verboten seien. In diesem Zusammenhang äußert Franz Böckle die Vermutung, die realistische Phänomenologie löse „das Verhältnis von Person und Natur letztlich unter der Priorität der Natur“[12].

Die vom theologisch-ethischen Denkansatz Karol Wojtylas mögliche Neujustierung der kirchlichen Sexualethik im Horizont der Verbindung von Sexualität und Liebe folgt jedoch einem zuvor klar definierten Erkenntnisinteresse. Die kirchliche Lehre zu den ethisch legitimen Wegen verantwortlicher Elternschaft soll in ihrer bleibenden Bedeutung unterstrichen und festgeschrieben werden. So wird eine durch die menschliche Sexualität gegebene biologische Möglichkeit auf Fortpflanzung letztlich zu einer entscheidenden ethisch-normativen Notwendigkeit. Vom Primat der Liebe kann nur noch eingeschränkt die Rede sein, weil das Verhältnis zwischen Sexualität und Liebe letztendlich unter den Gesetzen der Natur steht.

Insofern verändert sich die theologische Begründung für das ausnahmslose Verbot jeder Form künstlicher Kontrazeption und nicht das normative Ergebnis der moraltheologischen Reflexion. Mehr noch: Durch ein Abweichen von den kirchlichen Vorgaben wird aus der geschlechtlichen Begegnung von Mann und Frau sogar ein liebes- und lebensfeindlicher Akt. Der Vorwurf vom *Egoismus zu zweit* macht in diesem Zusammenhang die Runde. Die Befolgung der ethischen Norm von „Humanae vitae“ wird in der Folge zu einer Entscheidung für oder gegen die göttliche Schöpfungsordnung aufgerüstet.[13]

---

[9] *Böckle, Franz*, Was bedeutet „Natur“ in der Moraltheologie?, in: *ders.* (Hrsg.), Naturbegriff (s. Anm. 6), 45–68.

[10] Ebd., 60.

[11] Ebd., 62.

[12] Ebd., 66.

[13] Kontrazeption als Negation der Schöpfungs- und Schöpferwirklichkeit. Das war der Ausgangspunkt für die heftigen Kontroversen, die im November 1988 – im An-

Aus einer moraltheologischen Streitfrage wurde eine Glaubensfrage – mehr noch: ein Lackmustest für die Orthodoxie. Zunehmende Brisanz gewann die Thematik aus kirchenpolitischer Sicht aufgrund der Tatsache, dass Johannes Paul II. keine Gelegenheit ausgelassen hat, diese Lehre immer wieder in Erinnerung zu rufen.

II. Eine theologisch-ethische Akzentverschiebung

Vor diesem Hintergrund wurde die vornehme Zurückhaltung von Benedikt XVI. zu ethischen – präziser gefasst zu sexualethischen – Themen bereits als beredtes Schweigen interpretiert und von Beobachtern als wohltuend notwendige theologische Akzentverschiebung in der päpstlichen Verkündigung wahrgenommen.[14]

Der 40. Jahrestag der Publikation der Enzyklika „Humanae vitae" (25.7.1968)[15] bot für Benedikt XVI. die mehr oder weniger willkommene Gelegenheit über die mögliche oder tatsächliche Relevanz der kirchlichen Ehe- und Sexualmoral zu diskutieren. In einer Ansprache an die Teilnehmer des Internationalen Kongresses der Päpstlichen Lateran-Universität anlässlich des 40. Jahrestages der Enzyklika „Humanae vitae" (10.5.2008)[16] hat der Papst auf die bleibende Aktualität des Rundschreibens verwiesen und Verbindungslinien zwischen den dort dargelegten Grundsätzen der kirchlichen Ehelehre und seiner ersten Enzyklika „Deus caritas est" (25.12.2005) gezogen.

---

schluss an die päpstliche Ansprache – der damalige Leiter des römischen Instituts für Ehe und Familie an der Lateranuniversität entfachte: vgl. *Caffarra, Carlo*, Humanae vitae: vent anni dopo, in: *Pontificio Istituto Giovanni Paolo II per Studi su Matrimonio e Famiglia Università Lateranense* (Hrsg.), Humanae vitae: vent anni dopo. Atti del II. Congresso Internazionale di Teologia Morale (Roma 9–12. novembre 1988), Milano 1989, 183–198.

[14] Eine öffentlichkeitswirksame Möglichkeit zum Thema zu sprechen bot sich im Rahmen des V. Welttreffens der Familien in Valencia (9. Juli 2006). In seiner Predigt spricht der Papst über die Würde von Ehe und Familie, ohne auf das Thema der Empfängnisregelung einzugehen. Zitiert werden „Lumen gentium" und „Familiaris consortio". Abrufbar unter http://www.vatican.va/holy_father/benedict_xvi/homilies/2006/documents/hf_ben-xvi_hom_20060709_valencia_ge.html, Stand: 19.12.2010.

[15] Ein umfangreiches Dossier zu den zahlreichen Stellungnahmen zu diesem Jahrestag findet sich online unter http://www.muenster.de/~angergun/humanaevitae.html, Stand: 19.12.2010.

[16] *Benedikt XVI.*, Ansprache an die Teilnehmer am Internationalen Kongress der Päpstlichen Lateranuniversität anlässlich des 40. Jahrestages der Enzyklika „Humanae vitae" (10. Mai 2008), abrufbar unter http://www.vatican.va/holy_father/benedict_xvi/speeches/2008/may/documents/hf_ben-xvi_spe_20080510_humanae-vitae_ge.html, Stand: 19.12.2010.

Trotz des ausdrücklichen Bemühens um lehramtliche Kontinuität findet sich in den Ausführungen ein vorsichtiger Perspektivenwechsel angedeutet, der in einer neuen Aufmerksamkeit für den Zusammenhang zwischen Liebe und Sexualität besteht. Demgegenüber tritt die Verbindung zwischen Sexualität und Fortpflanzung in den Hintergrund.

> „Das Lehramt der Kirche kann sich nicht seiner Pflicht entziehen, auf immer neue und tiefere Weise über die Grundprinzipien nachzudenken, die Ehe und Fortpflanzung betreffen. Was gestern wahr gewesen ist, bleibt auch heute wahr. Die Wahrheit, die in der Enzyklika Humanae vitae zum Ausdruck gebracht wird, ändert sich nicht. Im Gegenteil, gerade im Licht der neuen wissenschaftlichen Errungenschaften wird ihre Lehre immer aktueller und fordert dazu heraus, über den ihr innewohnenden Wert nachzudenken. Der Schlüssel, der einen konsequenten Zugang zu ihren Inhalten verschafft, ist und bleibt die Liebe."[17]

Die Fokussierung der Gesamtthematik im Horizont der grundlegenden Frage nach der theologisch-ethischen Bedeutung der Gottes- und Nächstenliebe für die Ehemoral könnte dazu beitragen, Engführungen in der Diskussion zu diesem Thema zu überwinden.

Es ist letztlich der innere Sinnzusammenhang von Liebe und Sexualität, der theologisch-ethisch die enge Verbindung von Sexualität und Fruchtbarkeit begründen und erklären kann, ohne damit zugleich eine definitive Aussage in normativer Hinsicht über die Art und Weise machen zu müssen, wie dieser Verbindung im konkreten Ehealltag Rechnung zu tragen ist. Wenn der hermeneutische Schlüssel für die Ehemoral in der anthropologisch-theologischen Begründung der zwischenmenschlichen Liebe besteht, dann tritt das traditionell naturrechtliche Argumentationsmuster zugunsten der Fortpflanzung in den Hintergrund, ohne preisgegeben zu werden. Aus seiner Monopolstellung für die normative Ehelehre kann diese Denkform jedoch – aus guten Gründen – entlassen werden.

Die päpstlichen Andeutungen knüpfen deutlich an die zentralen Leitlinien zur Ehelehre des Zweiten Vatikanischen Konzils an. Dort hatten die Konzilsväter bereits die klassischen – aus der augustinischen Tradition gewonnenen – Prioritäten neu geordnet. In den einschlägigen Dokumenten wird von der Ehe als einem „fruchtbaren Liebesbund" gesprochen.

[17] Ebd.

„Die innige Gemeinschaft des Lebens und der Liebe in der Ehe, vom Schöpfer begründet und mit eigenen Gesetzen geschützt, wird durch den Ehebund, d. h. durch ein unwiderrufliches personales Einverständnis gestiftet. So entsteht durch den personal freien Akt, in dem sich die Eheleute gegenseitig schenken und annehmen, eine nach göttlicher Ordnung feste Institution, und zwar auch gegenüber der Gesellschaft [...]. Durch ihre natürliche Eigenart sind die Institutionen der Ehe und die eheliche Liebe auf die Zeugung von Nachkommenschaft hin geordnet und finden darin gleichsam ihre Krönung. Darum gewähren sich Mann und Frau, die im Ehebund nicht mehr zwei sind, sondern ein Fleisch (Mt. 19,6), in inniger Verbundenheit ihrer Personen und ihres Tuns gegenseitige Hilfe und gegenseitigen Dienst und erfahren und vollziehen daher immer mehr und voller das eigentliche Wesen ihrer Einheit.“ (Gaudium et spes 48)

Aus diesen Ausführungen lassen sich erste Schlussfolgerungen für einen vorsichtigen Wandel im traditionellen Selbstverständnis von Ehe und Familie herauslesen. An erster Stelle ist die Priorität des Personprinzips, eines der Grundprinzipien in der kirchlichen Soziallehre, zu nennen. Im Kontext des Konzilsdokumentes dient es dazu, ein personales Eheverständnis zu profilieren. Die Konzilsväter bestimmen die Ehe als Lebensgemeinschaft zweier verschiedengeschlechtlicher Personen. Zur Verdeutlichung wird der Bundesgedanke eingefügt, der aus der biblischen Tradition in die Ehetheologie übertragen wird. Durch die Zentralität des Bundesbegriffs gelingt die kritische Absetzung vom bislang in der Ehetheologie dominierenden juridischen Eheverständnis, das die Ehe primär als einen Vertrag mit gegenseitigen Rechten und Pflichten verstand. Schließlich wird die entschiedene Fokussierung auf die eheliche Liebe deutlich, indem die hervorragende Bedeutung der ehelichen Liebe herausgestellt wird.

Bernhard Häring, der maßgeblich an der Formulierung der genannten Artikel mitgewirkt hat, spricht in diesem Zusammenhang von einem Paradigmenwechsel, da der Ehekonsens in seinem objektiven Sinn auch als ein Ja zur Ehe als Liebesgemeinschaft zu verstehen sei.

Ein zweiter zentraler Aspekt betrifft die Ehe als Liebesgemeinschaft. Auch hier formuliert der Konzilstext mit einer bis dahin nicht so gekannten Klarheit und Terminologie:

„Auch in unserer Zeit hat die wahre Liebe zwischen Mann und Frau in der Ehe, wie sie sich in verschiedener Weise je nach Volk und Zeit geziemend äußert, als hoher Wert Geltung. Diese eigentümliche Liebe geht in frei bejahter Neigung von Person zu Person, umgreift das Wohl der ganzen Person, vermag so den leibseelischen Ausdrucksmöglichkeiten eine eigene Würde zu verleihen und sie als Elemente und besondere Zeichen der ehelichen Freundschaft zu adeln." (Gaudium et spes 49)

Dadurch gelangen die Eheleute immer mehr „zu ihrer eigenen Vervollkommnung, zur gegenseitigen Heiligung und so gemeinsam zur Verherrlichung Gottes". (Gaudium et spes 48)

Der entscheidende moraltheologische Paradigmenwechsel kann in den Artikeln 48 und 49 verortet werden, da die alte Ehezweckordnung faktisch fallengelassen wird. Die neuen Akzente werden anders gesetzt: Die Ehe wird theologisch konzipiert als fundamental auf die Liebe gegründet, und zwar auf eine ganzheitliche, personale und in ihrer unbedingten Hingabe selbstlose Liebe. Damit geht eine grundlegende Aufwertung der Sexualität einher. Erstmals in einem kirchenamtlichen Dokument wird den sexuellen Ausdrucksformen dieser personalen Liebe wie auch dem ehelichen Verkehr selbst, explizit und unabhängig von der Zeugungsabsicht, ein hoher und positiver Wert zuerkannt.

Nicht wenige Moraltheologen sehen in den Abschnitten aus der Pastoralkonstitution einen theologischen Einschnitt in der katholischen Ehelehre, da die Ehe – erstmals in dieser Deutlichkeit – primär als personale Liebesgemeinschaft verstanden wird. Unbeschadet dieser – für die kirchliche Tradition – innovativen Akzentuierung bleiben die traditionellen Interpretationsmuster weiterhin gültig, wenngleich ihr Stellenwert anders ausfällt.

Das Liebesgebot zum entscheidenden Interpretationsschlüssel der Ehelehre zu machen, wie dies Benedikt XVI. vorschlägt, rückt die Leitlinien der Konzilsaussagen wieder ins Zentrum der Aufmerksamkeit. Es ist vor allem die eheliche Liebe zwischen Mann und Frau, welche – zunächst unabhängig vom hohen Gut der Fruchtbarkeit – dieser Partnerschaft besondere Würde verleiht. Die Fruchtbarkeit als biologische Möglichkeit menschlicher Sexualität hat nicht per se – auf der Basis naturrechtlicher Überlegungen – eine besondere ethische Dignität, sondern gewinnt diese nur dadurch, dass die Kinder, die in einer Ehe geboren werden, der sichtbare Ausdruck der personalen Hingabe der Partner sind.

Die vorgetragenen Überlegungen verdeutlichen, dass der theologisch-ethische Primat des Liebesgebotes eine wichtige Akzentverschiebung in der Interpretation der kirchlichen Ehelehre ermöglicht. Einige kritische Themenfelder erscheinen in einem anderen Licht.

Die latent vorhandene ethische Diskriminierung jener Ehepaare, denen die Realisierung des Kinderwunsches versagt bleibt, kann überwunden werden, weil deren Liebe nicht länger einseitig im Blick auf die Fortpflanzung betrachtet wird. Ausgehend vom unbedingten Primat der Liebe werden in einem ersten Schritt zunächst alle menschlichen Liebesbeziehungen von diesem inneren Kern her beleuchtet und gewürdigt. In einem zweiten Schritt wird sodann nach deren tatsächlicher Nähe oder Offenheit im Blick auf die Institution Ehe zu fragen sein. In der ethischen Bewertung erscheinen dann die vielen nicht-ehelichen Lebensgemeinschaften, deren Zunahme unübersehbar ist, in einem neuen Licht.

III. Die gesellschaftliche Wirklichkeit

Der theologisch-ethische Primat der Liebe gegenüber anderen normativ-ethischen Überlegungen bietet darüber hinaus eine hohe argumentative Anschlussfähigkeit der moraltheologischen Argumentation an den gesamtgesellschaftlichen Diskurs.

Aufschlussreich ist in diesem Zusammenhang zunächst die aus dem Jahre 2003 stammende und von Gunther Schmidt verantwortete Studie *Beziehungsbiographien im sozialen Wandel*[18]. Grundlage des Forschungsprojektes waren 776 Interviews mit 30-, 45- und 60-jährigen Männern und Frauen aus Hamburg und Leipzig.

Als erstes Ergebnis wird festgehalten: Die Ehe hat ihre Monopolstellung im Blick auf die Rechtfertigung gelebter Sexualität verloren. Diente sie früher dazu, Beziehungen und Familien zu definieren und zu legitimieren, so ist dieser Aspekt weitgehend verloren gegangen. Die Pluralisierung der Lebensformen verdeutlicht, wie sehr die Formen des Zusammenlebens inzwischen variieren (z. B. „Patchwork“-Familien, Single-Eltern etc.). Die Zahlen belegen diesen Wandel. Die Wahrscheinlichkeit eines jungen Erwachsenen, mindestens einmal in seinem Leben zu heiraten, beträgt heute 60 Prozent im Gegensatz zu 90 Prozent in den 60er Jahren.

Diese Ausführungen dokumentieren zunächst den real existierenden Abstand zwischen den faktisch gelebten Überzeugungen vieler Menschen und der Lehre der Kirche, wonach jede praktizierte Form menschlicher Geschlechtlichkeit im institutionellen Schutzraum der Ehe stattfinden muss. Dieser ethische Zusammenhang ist gesamtgesellschaftlich nur noch schwer vermittelbar.

---

[18] Eine Studie zur Sexualforschung an der Universität Hamburg, abrufbar unter http://www.beziehungsbiographien.de, Stand: 19.12.2010.

Das zweite Ergebnis ist im Blick auf die Verbindung von Sexualität und Liebe aufschlussreich. Das Thema Treue betreffend kann festgestellt werden: Sexuelle Untreue ist wesentlich seltener als gemeinhin vermutet. Die Studie kann aufzeigen: „In festen Beziehungen bleibt sexuelle Untreue, sofern sie überhaupt auftritt, meistens sporadisch […]. Die Sexualität ist fest im Griff der festen Partnerschaft."[19] Offensichtlich ist die sexuelle Treue in den Augen vieler Menschen nach wie vor ein hohes Gut, obwohl sich das Verständnis von Treue stark gewandelt hat. Die Autoren erklären: „Treue ist nicht mehr an eine Institution, wie die Ehe, oder per se an eine Person gebunden, sondern an das Gefühl zu dieser Person."[20] Insofern wird die Treueforderung und -verpflichtung so lange als gültig und verbindlich angesehen, wie die Beziehung als intakt und emotional befriedigend erlebt wird.

Sexualität und Liebe stehen in einem engen, zugleich aber auch prekären Verhältnis zueinander. Und daraus resultiert eine eigentümliche Ambivalenz, die fast paradox erscheint: Obwohl die zeitliche Dauer von Beziehungen heute immer mehr abnimmt und die Zahl der Trennungen steigt, ist der Wunsch nach einer dauerhaften, ja lebenslangen Beziehung mit einem Partner vorhanden. Dieses erhoffte Ideal ist jedoch vielfältigen Risiken ausgesetzt. Die faktische Instabilität vieler Beziehungen ist nicht so sehr eine Folge von Bindungslosigkeit oder Beziehungsunfähigkeit. Sie ist vielmehr die Konsequenz des hohen Stellenwertes, der dem persönlichen Glück innerhalb der Beziehungen zugeschrieben wird. Die hohen Qualitätsansprüche an eine partnerschaftliche Beziehung erhöhen zugleich die Trennungsbereitschaft, wenn diese Erwartungen längerfristig enttäuscht werden.

Aus der Perspektive der kirchlichen Sexualmoral hinterlassen die Ergebnisse der Studie einen zwiespältigen Eindruck. Das Treueverständnis erscheint defizitär, denn es erreicht nicht das geforderte Niveau einer lebenslangen Treue, sondern wird gefährdet durch eine erhöhte Trennungsbereitschaft. Positiv zu sehen ist jedoch die Tatsache, dass die gelebte Sexualität für junge Menschen an die liebevolle Zuneigung zu einem Partner gebunden und keinesfalls davon unabhängig ist.

Dieser Befund wird auch durch die von der Bundeszentrale für gesundheitliche Aufklärung (BzgA) herausgegebene *Studie zur Jugendsexualität 2010*[21] untermauert. Deren Ergebnisse verdeutli-

---

19 Ebd.

20 Ebd.

21 Vgl. den Bericht zur Jugendsexualität 2010, abrufbar unter http://www.forschung.se-

chen zur Überraschung vieler Beobachter, dass Jugendliche „heute später sexuell aktiv werden als noch vor 20 Jahren. Sie gehen mehr feste Beziehungen ein und sie verhüten besser.“[22] Der erste Geschlechtsverkehr von Jugendlichen findet – in der Regel – in einer festen Beziehung statt:

> „So haben heute weniger 14-jährige Mädchen Erfahrungen mit Geschlechtsverkehr als noch im Jahr 2005. Ihr Anteil sank deutlich von zwölf auf sieben Prozent. Bei den gleichaltrigen Jungen sank er sogar von zehn auf vier Prozent. Ähnlich auch bei den 17-Jährigen: Bei den Mädchen sank der Anteil von 73 auf 66 Prozent. Bei den Jungen blieb er mit 65 Prozent fast konstant. Demnach haben ein Drittel der Jugendlichen bis zum Alter von 17 Jahren noch keinen Geschlechtsverkehr.“[23]

Auch hier ist zunächst die Diskrepanz dieser Praxis zur kirchlichen Lehrverkündigung unübersehbar. Dennoch dokumentiert auch diese Umfrage die Bedeutung, die Jugendlichen im Blick auf ihr Sexualleben der Verbindung von Sexualität und Liebe zumessen. Geschlechtliche Beziehungen zu einem Partner/einer Partnerin erfolgen im Kontext einer gefestigten Beziehung und starker emotionaler Bindungen.

Wenn die kirchliche Sexualmoral stärker als Beziehungsethik profiliert würde, dann könnte auf diesem Weg der Anschluss an die gesellschaftlichen Diskussionen zum Thema wieder gelingen und die vermutete Sprachlosigkeit in diesem wichtigen Themenbereich überwunden werden. Dazu wäre jedoch eine deutliche Akzentverschiebung in Richtung auf das Thema Sexualität und Liebe notwendig.

Auch die *16. Shell-Jugendstudie (2010)* kann in diesem Sinn gedeutet werden. Im Blick auf die Wertorientierungen der Jugendlichen wird zunächst die große Bedeutung der mikrosozialen Beziehungen für die junge Generation deutlich. Die entsprechenden Parameter, die sich schon seit Jahren auf hohem Niveau befinden, haben in der jüngsten Umfrage nochmals eine deutliche Steigerung erfahren. Freundschaft – Partnerschaft – Familie: Das ist der Dreiklang der Spitzenpositionen in der jugendlichen Wertorientierung. Die Wertschätzung der Freundschaft („Gute Freunde haben, die ei-

---

xualaufklaerung.de/3822.html?&cHash=85be8c29ee&tx_prbooks_pi2[curContent]=20094&tx_prbooks_pi2[originalPid]=3822&tx_prbooks_pi2[showUid]=384, Stand: 19.12.2010.

[22] Ebd.

[23] http://www.bundesregierung.de/Content/DE/Artikel/2010/09/2010-09-02-jugend-sexualitaet.html, Stand: 19.12.2010.

nen anerkennen") steigerte sich von 87 % auf nunmehr 94 %. Ähnliche Ergebnisse lassen sich für die Bedeutung einer „vertrauensvollen Partnerschaft" (Steigerung von 82 % auf 90 %) und eines „guten Familienlebens" (Erhöhung von 67 % auf 77 %) beobachten. Mit einer Steigerung von immerhin 10 % hat bei der Befragung das Familienleben den höchsten Zuwachs zu verzeichnen.

Damit wird deutlich: Die Familienorientierung hat unter den heutigen Jugendlichen nochmals zugenommen: „Mehr als drei Viertel der Jugendlichen (76 %) stellen für sich fest, dass man eine Familie braucht, um glücklich leben zu können […]."[24] Bemerkenswert sind auch die Aussagen zum Kinderwunsch: Immerhin 73 % der jungen Frauen und 65 % der jungen Männer wünschen sich eigene Kinder. Unter sozialpolitischer Hinsicht verdeutlichen diese Ergebnisse: Der Verzicht auf eigene Kinder wäre in der jungen Generation also keine freiwillige Entscheidung, sondern eine Einschränkung der persönlichen Entfaltungsmöglichkeiten. Die Studie kommt zu dem Schluss: „Es bleibt daher eine gesellschaftliche Aufgabe, mit geeigneten Rahmenbedingungen Familiengründung in Deutschland zu unterstützen."[25]

Für die moraltheologische Deutung ergeben sich aus den Daten, die immerhin seit Jahren eine hohe Stabilität aufweisen, wichtige Rückschlüsse. Obwohl die konkreten normativen Vorgaben der kirchlichen Sexuallehre bei den Jugendlichen offensichtlich auf taube Ohren stoßen, gibt es dennoch markante inhaltliche Übereinstimmungen zwischen den zentralen Leitlinien der kirchlichen Ehelehre und den Wertorientierungen der jungen Generation.

Das Paradigma vom *fruchtbaren Liebesbund* – vom Zweiten Vatikanischen Konzil als Modell christlicher Ehe profiliert – wäre durchaus in der Lage, die Wünsche, Hoffnungen und Erwartungen, die junge Menschen heute an Freundschaft und Partnerschaft haben, zum Ausdruck zu bringen. Dieses ethische Leitmotiv ist also alles andere als eine weltfremde theologische Konstruktion. Vielmehr korreliert es hintergründig mit den jugendlichen Wertorientierungen. Es käme also vor allem darauf an, diese Verbindungslinien stärker und besser als bisher zu verdeutlichen. Erste richtige Schritte sind auf diesem Weg längst unternommen worden und bedürfen der Fortsetzung.

Die Deutschen Bischöfe beispielsweise haben mit ihrem Hirtenwort „Ehe und Familie – in guter Gesellschaft" (1999) dazu ei-

---

[24] 16. Shell Jugendstudie „Jugend 2010" (hg. v. Mathias Albert u. a.), Frankfurt a. M. 2010, 17.
[25] Ebd., 18.

nen wichtigen Beitrag geleistet. Das Dokument geht von einer *anthropologischen Prämisse* aus, die aus dem christlichen Menschenbild entwickelt worden ist. Sie gipfelt in der These, „[...] dass Ehe und Familie dem Menschen entsprechen und seinen Bedingungen und Sehnsüchten entgegenkommen." Zugleich wird daran eine *moralische Prämisse* geknüpft, indem zwischen der Zielgestalt und der Wirklichkeit der christlichen Ehe unterschieden wird.

IV. Ethische Horizonterweiterung durch das Gesetz der Gradualität

In seinem Buch „Licht der Welt"[26] hat Benedikt XVI. die prinzipielle Richtigkeit der kirchlichen Sexuallehre betont und doch zugleich auf die Notwendigkeit hingewiesen „Wege der Lebbarkeit zu finden"[27]. Dieser Gedanke lädt ein, das Gesetz der Gradualität[28] in Erinnerung zu rufen. Es erinnert an die Notwendigkeit der Vermittlung unterschiedlicher Prinzipien und die Bedeutung der Güterabwägung. Im postsynodalen Rundschreiben „Familiaris consortio" (1981) ist zu diesem Thema zu lesen:

> „Auch die Eheleute sind im Bereich ihres sittlichen Lebens auf einen solchen Weg gerufen, getragen vom aufrichtig suchenden Verlangen, die Werte, die das göttliche Gesetz schützt und fördert, immer besser zu erkennen, sowie vom ehrlichen und bereiten Willen, diese in ihren konkreten Entscheidungen zu verwirklichen."[29]

Zugleich wird jedoch nachdrücklich gewarnt:

> „Jedoch können sie das Gesetz nicht als ein reines Ideal auffassen, das es in Zukunft einmal zu erreichen gelte, sondern sie müssen es betrachten als ein Gebot Christi, die Schwierigkeiten mit aller Kraft zu überwinden [...]. Daher kann das sogenannte ‚Gesetz der Gradualität' oder des stufenweisen Weges nicht mit einer ‚Gradualität des Gesetzes' selbst gleichgesetzt werden, als ob es verschiedene Grade und Arten von Gebot im göttlichen Gesetz gäbe, je nach Menschen und Situationen verschieden. Alle Eheleute sind nach dem göttlichen Plan in der Ehe zur

---

[26] *Benedikt XVI.*, Licht der Welt. Ein Gespräch mit Peter Seewald, Freiburg i.Br. 2010.

[27] Ebd., 175.

[28] *Tre Re, Giampiero*, Legge della gradualità 2. La legge della gradualità dall'Humanae vitae alla Familiaris Consortio, in: Dizionario di Bioetica (1994), 530–533, bes. 531–533.

[29] *Johannes Paul II.*, Apostolisches Schreiben „Familiaris consortio", Nr. 34.

Heiligkeit berufen, und diese hehre Berufung verwirklicht sich in dem Maße, wie die menschliche Person fähig ist, auf das göttliche Gebot ruhigen Sinnes im Vertrauen auf die Gnade Gottes und auf den eigenen Willen zu antworten […].“[30]

Ein vorsichtiges Votum für die Bedeutung, die das Gesetz der Gradualität im Kontext der pastoralen Interpretation von „Humanae vitae“ hat, könnte man in einem Satz aus der Oktober-Botschaft von Benedikt XVI. finden. Dort wird zugestanden, dass die Befolgung der Lehre von „Humanae vitae“ eine Reife in der Liebe voraussetze, die nicht sofort gegeben sei, sondern den Dialog und das aufeinander Hören voraussetze und auf einen Weg des Wachstums in der Tugend führe.[31]

Zwischen der Zielgestalt der christlichen Ehe und der konkreten Lebenswirklichkeit liebender Menschen kann auf diese Weise eine Brücke gebaut werden. Das hohe Ideal der christlichen Ehe und der damit verbundenen Ethik wirkt dann nicht länger entmutigend, sondern ermutigend für alle, die in Liebesbeziehungen unterwegs sind. Zugleich wird deutlich, dass es ein Wachstum in der Tugend gibt.

Auch die weltweit beachteten Aussagen des Papstes zur Frage nach der Anwendung von Kondomen im Kontext von Krankheitsprävention erscheinen vor diesem Hintergrund in einem neuen Licht. Ausdrücklich wird dieser Weg als „ein erster Schritt zu einer Moralisierung […], ein erstes Stück Verantwortung“[32] verstanden, dessen Ziel in der „Vermenschlichung der Sexualität“[33] liegt.[34]

Unbeschadet anderslautender Überlegungen verweisen die Ausführungen des Papstes auf die Notwendigkeit, über Fragen der Güterabwägung auch für die konkreten Fragen der Sexualmoral nachzudenken. Dieser seit vielen Jahren von moraltheologischer Seite befürwortete Interpretationsspielraum muss für die kirchliche Sexualmoral fruchtbar gemacht werden. Das päpstliche Interview kann –

---

[30] Ebd.

[31] *Benedikt XVI.*, Botschaft an den Internationalen Kongress zum Thema „Humanae vitae: Aktualität und Prophetie einer Enzyklika“ (Rom 3./4.10.2008). Abrufbar online unter http://www.vatican.va/holy_father/benedict_xvi/messages/pont-messages/2008/documents/hf_ben-xvi_mes_20081002_isi_ge.html, Stand: 19.04.2011.

[32] *Benedikt XVI.*, Licht der Welt (s. Anm. 26), 146.

[33] Ebd., 147.

[34] Bemerkenswert in diesem Zusammenhang: *Kongregation für die Glaubenslehre*, Note der Kongregation für die Glaubenslehre über die Banalisierung der Sexualität im Hinblick auf einige Textstellen aus „Licht der Welt“, abrufbar unter http://www.vatican.va/roman_curia/congregations/cfaith/documents/rc_con_cfaith_doc_20101221_luce-del-mondo_ge.html, Stand: 6.1.2011. Hier werden die Interpretationsspielräume eng gezogen und der „Proportionalismus“ und damit verbunden Überlegungen zur Güterabwägung – im Rekurs auf die Enzyklika „Veritatis splendor“ (1993) – zurückgewiesen.

gewollt oder ungewollt – als Impuls dienen, um die innerkirchliche Diskussion zum Verständnis von Sexualität neu zu beleben.

Die theologisch-ethische Weiterentwicklung des „Gesetzes der Gradualität“ – im Horizont eines lebensgeschichtlich und vom Gedanken der unwiderruflichen Lebensentscheidung inspirierten Denkansatzes[35] – böte möglicherweise eine pastoraltheologisch verantwortbare Perspektive für die zukünftigen Herausforderungen in der kirchlichen Sexualmoral.

V. Zukünftige Herausforderungen

An verschiedenen Stellen hat Benedikt XVI. vor dem Missverständnis gewarnt, die kirchliche Lehre auf ein Moralsystem zu reduzieren.[36] Damit ist der Arbeitsauftrag für Theologie und Kirche klar benannt. Dazu ist nicht nur eine Akzentverschiebung, sondern ein Perspektivenwechsel in der kirchlichen Verkündigung und der theologischen Argumentation notwendig.

Als Ermunterung, diesen Weg zu beschreiten, dürfen die Hinweise verstanden werden, die der Papst in einem Interview vor seinem Besuch in Bayern (2006) gegeben hat. Der Papst hebt hervor:

> „[...] Und das Christentum, der Katholizismus ist nicht eine Ansammlung von Verboten, sondern eine positive Option. Und die wieder sehen ist ganz wichtig, weil die fast ganz aus dem Blickfeld verschwunden ist. Man hat so viel gehört, was man nicht darf, dass man jetzt hingegen sagen muss: Wir haben aber eine positive Idee, dass Mann und Frau zueinander geschaffen sind, dass sozusagen es die Skala Sexualität, Eros, Agape, die Dimensionen der Liebe gibt und dass auf die Weise dann zunächst Ehe als beglücktes Ineinander von Mann und Frau und dann als Familie wächst. Dass Kontinuität der Generationen geschieht, in der die Versöhnung der Generationen erfolgt und in der dann auch die Kulturen sich begegnen können. Zunächst einmal also herausstellen, was wir wollen, ist einfach wichtig. Dann kann man auch sehen, warum wir irgendetwas nicht wollen [...].“[37]

---

[35] Vgl. *Demmer, Klaus*, Voreheliche Geschlechtlichkeit im Blick auf Ehe und Familie, in: *ders.* (Hrsg.), Gott denken – sittlich handeln (Studien zur theologischen Ethik 120), Freiburg i.Ue. 2008, 153–198.

[36] *Benedikt XVI.*, Licht der Welt (s. Anm. 26), 205: „Die Kirche legt den Menschen nicht irgendetwas auf und bietet nicht irgendein Moralsystem dar.“

[37] Interview mit Benedikt XVI. in Castelgandolfo am 5.8.2006, abrufbar unter http://www.vatican.va/holy_father/benedict_xvi/speeches/2006/august/documents/hf_ben-xvi_spe_20060805_intervista_ge.html, Stand: 19.12.2010.

Schon vor Jahren hatten die Deutschen Bischöfe auf fragwürdige Engführungen im Bereich der Moraltheologie hingewiesen. Der Katholische Erwachsenen-Katechismus beklagt nicht von ungefähr, dass die viel zitierte Krise der Moral – insbesondere der kirchlichen Sexualmoral – auch hausgemachte Ursachen hat:

> „Manche Ablehnung der kirchlichen Morallehre ist auch auf die frühere Überbetonung des sechsten Gebotes, auf zu große Enge in der Sexualerziehung und auf eine zu rigorose Beichtpraxis zurückzuführen […]. Oft war wenig vom Geist der Liebe und Barmherzigkeit zu spüren."[38]

Der Wandel von einer Verbots- zu einer Vorbild- und Leitbildethik reagiert auf die neuen Herausforderungen für die gegenwärtige kirchenamtliche Verkündigung.

Erkennbar ist das deutliche Bemühen, in den Fragen der katholischen Sexualmoral eine doppelte Entdramatisierung zu bewirken: sprachlich und inhaltlich. Die Deutsche Bischofskonferenz hat im Jahr 1999 durch zwei Publikationen einen Neuansatz gewagt. Zu nennen ist in diesem Zusammenhang der „Brief der Jugendkommission der Deutschen Bischofskonferenz an die Verantwortlichen in der kirchlichen Jugendarbeit zu einigen Fragen der Sexualität und der Sexualpädagogik" sowie die Erklärung der Deutschen Bischöfe mit dem Titel „Ehe und Familie – in guter Gesellschaft".[39]

Ohne inhaltliche Positionen der kirchlichen Lehre aufzugeben oder zur Disposition zu stellen, wird der Versuch unternommen, in einer einladenden und werbenden Sprache die bleibenden Anliegen der kirchlichen Ehe- und Sexualmoral vorzutragen. Entscheidend ist in diesem Zusammenhang das Bemühen von einer reinen Gebots- oder Verbotsmoral in diesem Bereich wegzukommen und hingegen eine positive Leitbildethik anzubieten.

Ein solches Bemühen vollzieht einen theologisch-ethisch motivierten Paradigmenwechsel. Die Leitlinien der katholischen Sexualmoral sollen und wollen einen Beitrag leisten zum umfassend gelingenden Leben in Ehe und Familie. Die menschliche Sexualität ist integraler Bestandteil einer gelungenen Persönlichkeitsentwicklung. Die gesamtmenschliche und personale Integration die-

---

[38] Katholische Erwachsenenkatechismus Bd. 2: Leben aus dem Glauben, hrsg. v. der Deutschen Bischofskonferenz, Freiburg, Basel, Wien, Kevelaer 1995, 343.

[39] *Sekretariat der Deutschen Bischofskonferenz* (Hrsg.), Brief der Jugendkommission der Deutschen Bischofskonferenz (s. Anm. 2); *Sekretariat der Deutschen Bischofskonferenz* (Hrsg.), Wort der Deutschen Bischöfe „Ehe und Familie – in guter Gesellschaft" (Hirtenschreiben/ Erklärungen 61), Bonn 1999.

ser zentralen leiblichen Dimension in eine gleichberechtigte Partnerbeziehung ist nicht nur aus individualethischer, sondern auch aus sozialethischer Sicht von großer Bedeutung.

Die Moraltheologie ist herausgefordert, in der Ehe-, Familien- und Sexualmoral eine ethische Orientierung vorzulegen, die dem Anliegen Rechnung trägt, die christliche Moral als eine zutiefst menschliche Moral zu profilieren, die einen substantiellen Beitrag zu einem umfassend gelingenden Leben in Ehe und Familie ermöglicht. Eine grundsätzliche Trennung von Sexualität und Fortpflanzung ist ebenso fragwürdig wie deren unauflösliche Verbindung problematisch ist. Die vielfältigen Dimensionen menschlicher Sexualität werden verkürzt, wenn eine variable biologische Möglichkeit zu einer ausnahmslosen ethischen Notwendigkeit gemacht wird. Die normative Leitidee aus der Enzyklika „Humanae vitae", welche den unbedingten Zusammenhang von geschlechtlicher Vereinigung der Partner und deren Offenheit auf Zeugung neuen Lebens behauptet und einfordert, eignet sich nicht als ethischer Passepartout für alle Fragen der Sexualmoral und der modernen Biomedizin.

Hatte „Humanae vitae" (1968) die Trennung der Sexualität von der Fortpflanzung abgelehnt, so wendete sich „Donum vitae" (1987) gegen die Trennung der Fortpflanzung von der Sexualität.[40] Dabei sollten die sexualethischen Überlegungen vielleicht noch grundlegender ansetzen und die Trennung der Sexualität von der Liebe aus dem Geist des christlichen Menschenbildes kritisieren.

Hier gäbe es interessante Perspektiven und überraschende Koalitionspartner. Genannt sei der 1971 geborene Autor Sven Hillenkamp. Mit seinem Buch „Das Ende der Liebe. Gefühle im Zeitalter unendlicher Freiheit"[41], das bereits in seinem Erscheinungsjahr 2009 in dritter Auflage vorliegt, hat er – wie Ulrich Beck anerkennend meint – „ein großartiges, brillantes Buch über die Unvereinbarkeit von Freiheit und Liebe" geschrieben.

Dort ist zu lesen:

> „Wie die Liebe sich einst befreit hat von den Zwecken, die ihr übergeordnet waren, hat die Sexualität sich jetzt befreit von der

---

[40] Vgl. in der Zeitschrift des Pontificium Consilium pro Familia: *Di Pietro, Maria L.*, La dimensione antropologica della sessualità umana, in: Familia et vita 15 (2010) 213–221. Kritisch zum Thema: *Hilpert, Konrad*, Nach dem Erscheinen der Instruktion „Dignitatis personae". Zehn Merkmale einer künftigen Moralverkündigung im Geiste der Ermutigung und des Vertrauens, in: Stimmer der Zeit 227 (2009) 321–335, bes. 326f.

[41] *Hillenkamp, Sven*, Das Ende der Liebe. Gefühle im Zeitalter unendlicher Freiheit, Stuttgart ^{3}2009, 189.

ihr übergeordneten Liebe […]. Zwar war die Sexualität nie eins mit der Liebe, doch jetzt bedroht sie sie nicht mehr nur als tierischer Trieb […], sondern als gleichberechtigter Weg zum Glück."[42]

Die christliche Ethik könnte zeigen, dass Freiheit und Liebe keine unüberwindlichen Gegensätze sind, dass Liebe und Verantwortung im Horizont der theologischen Anthropologie und im Kontext des christlichen Eheverständnisses eine große Koalition im Dienst des umfassend gelingenden menschlichen Lebens bilden können.

In den „Jerusalemer Nachtgesprächen" zeigt sich Kardinal Carlo Maria Martini jedenfalls zuversichtlich, die Kirche werde in der Lage sein, in Zukunft „einen besseren Weg [zu] zeigen […] als es der Enzyklika Humanae vitae gelungen ist"[43]. Voraussetzung dafür sei es jedoch, dass Fragen der Sexualität und Liebe so behandelt werden, „dass die Verantwortung der Liebenden eine tragende und entscheidende Rolle spielt"[44].

---

42 Ebd., 189.

43 *Martini, Carlo M., Sporschill, Georg*, Jerusalemer Nachtgespräche, Freiburg i.Br. 2008, 108.

44 Ebd., 109. Vgl. auch *Ratzinger, Joseph/Benedikt XVI.*, Jesus von Nazareth, Freiburg i.Br. 2007, 130: „Mit einem Wort: die wahre ‚Moral' des Christentums ist die Liebe."

Die Polarität von Nähe und Distanz als Entwicklungs- und Beziehungsaufgabe

von Wunibald Müller

Zunächst sperrt sich etwas in mir, von der Polarität von Nähe und Distanz zu sprechen. Ich sehe dann zwei Pole vor mir, *da* die Nähe, *dort* die Distanz, die sich gegenüberstehen. Und, was dann? frage ich mich. Erst wenn ich einen Augenblick verweile und das auf mich wirken lasse, spüre ich regelrecht die Spannung, die sich zwischen diesen beiden Polen aufbaut. Jetzt kann ich mich eher darauf einlassen, denn diese Polarität erweist sich in unserer Entwicklung und in unseren vielfältigen Formen von Beziehungen als eine sich ständig in Bewegung befindliche Dynamik, die unser Leben in Spannung hält und, lassen wir uns darauf ein, dazu beiträgt, dass unser Leben spannend bleibt.

I. Die Befähigung zur Intimität

1. Was versteht man unter Befähigung zur Intimität?

Damit das Leben zwar spannend bleibt, uns dabei aber nicht aus dem Ruder gerät, bedarf es der Fähigkeit zur Intimität, der entwicklungspsychologisch und gesamtmenschlich eine große Bedeutung zukommt.

Die Fähigkeit zur Intimität ist für jeden Menschen wichtig, der beziehungsfähig sein möchte. Es ist die Geburtsstunde der Empathie, der Fähigkeit, sich in einen anderen Menschen einfühlen zu können, sich in die Welt eines anderen Menschen versetzen zu können und einen anderen Menschen an der eigenen Innenseite teilhaben zu lassen. Es meint weiter, fähig zu sein, anderen emotionale, geistliche und gegebenenfalls auch körperliche Nähe schenken zu können und sich eine solche Nähe auch von anderen schenken zu lassen.

Die Fähigkeit zur Intimität meint aber auch, – und das ist ein Aspekt von Intimitätsbefähigung, der oft übersehen wird – fähig zu sein, sich abgrenzen zu können, wenn die eigene Intimsphäre bedroht ist, jemand in meine Intimsphäre eintreten möchte, ohne dass ich das will. Es meint darüber hinaus die Fähigkeit, mich kontrollieren zu können, wenn ich Gefahr laufe, die Intimsphäre eines anderen Menschen zu betreten, ohne dass dieser das will. Hinter dieser Fähigkeit zur Distanz steht dann nicht eine negative Einstellung zur Intimität oder Nähe, sondern eine Sensibilität, ein Gespür dafür, was es heißt, ungefragt in die Intimsphäre eines anderen Menschen einzutreten. Weiter steht hinter dieser Fähigkeit zur Distanz eine Persönlichkeit, die Konturen hat, die „nein“ zu etwas sagt und sich an dieses „Nein“ dann auch hält, wenn ihr Verhalten dazu führen würde, die Intimsphäre einer anderen Person zu verletzen oder dem eigenen Selbstverständnis nicht gerecht zu werden.

Diese Fähigkeit zur Intimität wird uns nicht in den Schoß gelegt. Daran müssen wir arbeiten, damit müssen wir uns ein Leben lang auseinandersetzen. Je klarer für uns ist, wer wir sind und was wir wollen und je mehr wir die Erfahrung machen, dass wir das, was wir wollen oder nicht wollen auch durchführen und durchsetzen können, desto weniger Angst – zum Beispiel die Angst, uns in intimen Beziehungen zu verlieren oder von der anderen Person ganz in Beschlag genommen zu werden – müssen wir haben, uns auf innige Beziehungen einzulassen.

Um angemessen mit Intimität umgehen zu können, ist es weiter wichtig, dass wir uns zunehmend kennen. Wir müssen wissen, wie viel Nähe wir brauchen, wie wir mit unserem Bedürfnis nach Nähe verantwortungsvoll umgehen können. Wir müssen wissen, welche Situationen es uns schwer machen, mit dem Wunsch nach Nähe angemessen umzugehen und wie sehr wir uns darauf verlassen können, Situationen richtig einzuschätzen. Je mehr wir uns kennen und uns dabei nichts vormachen, umso selbstverständlicher und souveräner können wir in den ganz unterschiedlichen Situationen unseres Lebens mit Nähe und Distanz umgehen.

2. Ich und Du

Um angemessen mit Nähe und Distanz in Beziehungen zu anderen umgehen zu können, müssen wir in der Lage sein, zu uns selbst eine innige Beziehung aufnehmen zu können. Wie ich für die andere Person anwesend bin, muss ich immer wieder auch für mich selbst anwesend sein. Das schließt ein, dass ich in Beziehung trete zu mir selbst, zu meinem Selbst. Die Beziehungsaufnahme zu mir selbst, zu meinem Selbst, ist der Dreh- und Angelpunkt aller weiteren Beziehungsbildungen nach außen. Wenn ich nicht in Kontakt bin mit mir selbst, wenn ich nicht anwesend bin, mir selbst gegenüber nicht intim bin, bin ich auch nicht in der Lage, in der

Beziehung zu anderen anwesend, intim zu sein, sei es in meinen persönlichen, privaten Beziehung, sei es in meinen beruflichen, professionellen Beziehungen. Dann bin nicht *Ich* es, der in Beziehung zu anderen tritt, sondern ein *Es*.

Was aber geschieht mit einem *Es*, das in Beziehung zu einer anderen Person tritt? Nehmen wir einen extremen Fall: Ein *Es*, das in der Funktion des professionellen Helfers für eine andere Person da ist. Dieses *Es* ist zum Beispiel süchtig nach Beziehungen oder nach Sex oder nach romantischen Beziehungen. Unser *Es* ahnt das vielleicht, aber letztlich „weiß" *Es* das nicht, weil es sich nicht kennt, sich nicht wirklich mit sich auseinandergesetzt hat. Das aber heißt: trifft *Es* in einer Beziehungssituation auf eine entsprechende Konstellation, läuft *Es* Gefahr, zum Opfer seiner Sucht zu werden. Es werden ihm tausend Erklärungen und Beschönigungen einfallen, um das vor sich selbst, der anderen Person und anderen Menschen seines Berufs- und Lebensumfeldes zu rechtfertigen und anders erscheinen zu lassen. Erst wenn das ganze Gestrüpp von Abwehr, Verneinung, Beschönigung, Unwahrhaftigkeit usw. beseitigt worden ist, kommt die bittere Wahrheit zum Vorschein. Das könnte der Beginn der Veränderung und der Verwandlung sein. Es könnte zugleich der Beginn sein, bei dem aus dem *Es*, das sich nicht kennt, immer mehr ein *Ich* wird, das um sich weiß und zunehmend Verantwortung für sich übernimmt.

Als *Ich* sehe ich aber auch in der anderen Person nicht länger ein *Es*. Ich sehe dann in der anderen Person ein *Du*. Das ist die Geburtsstunde der Empathie und der Fähigkeit zur Innigkeit, zur Intimität. Dem *Du* begegne ich als *Ich* mit Respekt. Wenn ich als *Ich Dich* wirklich als *Du* sehe und nicht länger als *Es*, schaue ich noch einmal hin. Das aber meint Respekt (von *re-spicere*, noch einmal hinschauen). Wenn ich aber noch einmal hinschaue, dann bist du mir zu schade dazu, dass ich dich missbrauche für meine eigenen unerlösten Strebungen, Bedürfnisse und Wünsche. Ich sehe *Dich*, weiß, was das für *Dich* heißen würde, was ich *Dir* damit antun würde. Mein sorgfältig und raffiniert aufgebautes System aus Beschönigungen, Rationalisierungen und Halbwahrheiten fällt in sich zusammen, da es vor dem *Ich* und dem *Du* nicht bestehen kann.

Dieses ganze System von Verleugnung, Abwehr und Beschönigungen verhindert echte Intimität. Es lässt eine echte Begegnung nicht zu, bei der Liebe erst möglich ist und fließen kann. Was zwischen mir und der anderen Person geschieht, muss aber vor dieser „Liebe" Bestand haben, eine Liebe, die mit einer Romanze oder gar Sex nichts zu tun hat. Es ist dieses so einfache und anscheinend doch immer wieder so schwer zu vermittelnde: du bedeutest mir etwas. Ich bin für dich da, wegen dir. Für dich. Weil ich dir gut will. Selbst-los, im Sinne von: Ohne etwas von dir zu wollen. Als eine Person, die um ihr Selbst weiß, die für sich selbst Sorge trägt, die für sich selbst da sein kann und auch sich selbst liebt. Im Unterschied zu jenem, der sich wie ein Objekt behandelt, ein *Es*, begegne ich *Dir*, wie ich meinem eigenen *Du* begegne. Der Respekt, den ich mir entgegenbringe, ist der gleiche Respekt, den ich dir entgegenbringe. In unserer Beziehung entsteht dadurch eine Atmosphäre, die getragen und geprägt ist von *uns*. Es ist ein heiliges Geschehen, für das jede Form von Eigennutz, Missbrauch, Falschheit, ein Gräuel ist.

II. Grenzüberschreitungen

1. Nähe und Distanz

Was ich hier über die *Ich-Du* Beziehung sage, gilt für jede echte Beziehung, sei es die einer Partnerschaft, einer Freundschaft oder eine so genannte professionelle Beziehung im Rahmen einer seelsorglichen Beratung oder Psychotherapie. Bei einer seelsorglichen Beratung und noch mehr bei einer Psychotherapie treffen sich zwei Menschen in einem geschützten Raum, der es ermöglichen soll, dass der Ratsuchende sich alles von der Seele sprechen kann. Dabei kann und soll auch eine große Dichte entstehen, bis hin zu einer Dynamik, die sowohl bei der Rat suchenden Person als auch dem Begleiter erotische Gefühle für den anderen hervorrufen kann. Das ist aus psychologischer Sicht gesehen etwas ganz Normales. Der Begleiter muss in seiner Ausbildung auf solche Situationen vorbereitet werden, auch um in der Lage zu sein, solche erotischen Spannungen für den beraterischen Prozess fruchtbar zu machen. Das setzt natürlich voraus, dass solche Spannungen den Begleiter nicht überfordern. Er muss immer mit solchen auch erotischen Spannungen rechnen und wie durch ein unsichtbares Seil mit seinem Pol als Begleiter in Verbindung bleiben, um sich, bevor er entzündet wird in einer Weise, die es ihnen nicht mehr möglich macht, zurückzugehen, zurückzuziehen. Das macht die Kunst des Beratens aus, Nähe zuzulassen und zugleich die notwendige Distanz einhalten zu können. Sie setzt voraus, dass ich mich kenne, ich mich mit mir auseinandergesetzt habe, ich zu meiner Identität gefunden habe, ich intimitätsfähig bin, das heißt auf der einen Seite Nähe zulassen kann, mich auf der anderen Seite aber auch von Einflüssen distanzieren kann, die mir oder einem anderen schaden würden.

2. Äußerer Rahmen – Innere Gewissheit

Um zu verhindern, dass Grenzüberschreitungen, Missbrauch geschieht, muss ich mich kennen, muss ich für mich immer mehr herausfinden, auf was ich mich verlassen kann, was mir zur Grenzziehung hilft. Kann ich mich auf meine Intuition verlassen? Ist der ethische Rahmen, den ich in mir verinnerlicht habe, stark genug, wenn andere Seiten sich in mir melden? Gibt es mitunter eine ganz dunkle Seite in mir, die sich in bestimmten Situationen selbständig macht? Bin ich bereit, mit anderen darüber zu sprechen, andere diesbezüglich einzuweihen? Kenne ich gar ein abhängiges, ein süchtiges Verhalten bei mir, ein Verhalten, bei dem ich spüre, dass ich gar nicht anders kann als in bestimmten Situationen meinem Verlangen nach Berührung, nach sexueller Nähe nachzukommen? Mache ich mir etwas vor, wenn ich so tue, als wäre das nicht so?

Friedrich Dürrenmatt sagt von der Ehe im Unterschied zu einem Zusammenleben ohne Ehe:

> „Zusammen leben kann jeder [...] Ehe ist immer ein Kunstwerk, wie eine Staatsgründung. Zunächst ist die Ehe ein kreativer Akt. Man versucht etwas zu schaffen, einzuhalten. Zusammen leben, da hast du immer eine Hintertür [...] Ehe ist ein Rahmen, in dem ungeheuer viel Kreatives möglich ist".[1]

Ein äußerer Rahmen kann mir helfen bei einem angemessenen Umgang von Nähe und Distanz. Er soll das unterstützen, wofür ich *innerlich* stehe. Wie zum Beispiel die Klausur in einem Kloster das unterstützen soll, wofür ich mich innerlich entschieden habe. Ein äußerer Rahmen hilft aber wenig, wenn dieser äußere Rahmen nicht auch abgedeckt ist durch meine innere Bereitschaft und Fähigkeit, das, was der Rahmen schützen und pflegen möchte, auch von mir her zu schützen und zu pflegen.

3. Den Reißverschluss von innen her betätigen können

Die Familientherapeutin Marilyn Mason vergleicht die Fähigkeit, sich gegenüber einem anderen Menschen abgrenzen zu können, mit einem Reißverschluss. Patrick Carnes meint dazu:

> „Die meisten Menschen können den Reißverschluss von innen kontrollieren. Sie bestimmen, wie weit andere Menschen Zugang zu ihnen haben. Wenn jemand etwas von ihnen will, können sie

[1] *Kerr, Charlotte*, Die Frau im roten Mantel, München 1992, 157f.

nein sagen und Missbilligung riskieren. Menschen, die sich nicht abgrenzen können, die ein poröses Ich haben, tragen ihren Reißverschluss nach außen, wo jeder ihn betätigen kann."[2]

Menschen, die sich nicht abgrenzen können, deren Reißverschluss leicht von außen betätigt werden kann, sind in besonderer Weise anfällig für Übergriffe und Missbrauch. Es sind zum Beispiel Minderjährige, die noch zu keinem eigenen Ich gefunden haben und deren Vertrauen missbraucht wird, oder es sind Menschen, deren Identitätsfindung und Fähigkeit zur Intimität aufgrund ungünstig verlaufener persönlicher Entwicklungen und negativer Erfahrungen beeinträchtigt worden sind. Es sind weiter Personen, deren innere Schutzvorrichtungen im Rahmen des seelsorglichen Gespräches, der geistlichen Begleitung oder Therapie gelockert worden sind, die sich geöffnet haben und sich damit einem anderen Menschen ausgesetzt haben. In all diesen Fällen bedarf es eines Gegenübers, das diesem Menschen behutsam und mit Respekt begegnet. Sie müssen den Schutz, den jene noch nicht oder augenblicklich nicht für sich selbst übernehmen können, stellvertretend für sie übernehmen. Sie müssen sich des Vertrauens, das ihnen entgegengebracht wird bzw. von ihnen erwartet wird, würdig erweisen.

Diese Menschen verfügen noch nicht – als Kinder oder Jugendliche können sie es noch gar nicht – über jene Konturen und jene Strukturen, von denen her sie in der Lage wären, ihren inneren Bereich, ihr Persönliches, ihre Privatsphäre, zu schützen. In der Beratung und Therapie sind ihre diesbezüglich möglichen Fähigkeiten mitunter eingeschränkt. Es ist offensichtlich, dass in einer solchen Situation jener leichtes Spiel hat, der in den inneren Bereich einer Person eindringen will, ihre Nähe, gar sexuellen Kontakt, sucht.

Jene Menschen, die aus den verschiedensten Gründen heraus nicht in der Lage sind, ihren Intimbereich zu schützen, können jener Person, die ungefragt oder gar ungewollt ihren Intimbereich betritt, letztlich keine Intimität schenken, da sie nicht hinter der Intimität stehen, die ein anderer erzeugen oder sich erschleichen will. Sie werden gebraucht, missbraucht. Es wird etwas mit ihnen gemacht. Sie sind ein „williges" Gefäß in den Händen der anderen Person. Sie sind ihr ausgeliefert. Sie sind in dieser Situation kein eigenständiges, erwachsenes Gegenüber, das dem anderen aus freien Stücken etwas von sich gibt.

---

[2] *Carnes, Patrick*, Wenn Sex zur Sucht wird, München 1992, 116.

4. Die Intimsphäre des Anderen nicht respektieren können

Wie steht es um die Intimitätsfähigkeit jener Personen, die die Tatsache, dass ein anderer sich nicht zu schützen vermag, ausnutzen? Auch sie können sich nicht abgrenzen. Sie sind nicht in der Lage, ihr Verlangen der Situation entsprechend angemessen zu zügeln. Ihnen gehen die Kräfte und Konturen ab, derer es bedarf, um das von sich abzuhalten, was einem selbst oder einem anderen Menschen zum Schaden gereichen kann. Ihnen fehlt die Fähigkeit, zu dem in Distanz zu treten, was dem Intimbereich eines anderen Menschen schaden könnte. Zugleich fehlt bei ihnen ein weiteres entscheidendes Kennzeichen eines Menschen, der beziehungs- und intimitätsfähig ist: die Fähigkeit, sich in einen anderen Menschen einfühlen zu können.

Es bedarf des Einfühlungsvermögens, um spüren und fühlen zu können, was mein Verhalten bei einem anderen Menschen bewirkt. Es bedarf der Fähigkeit, behutsam, achtsam mich auf einen anderen Menschen einstellen zu können, mich ihm vorsichtig vortastend zu nähern, immer bereit zu stoppen, wenn ich spüre, dass der andere nicht „mitgeht" oder ich dabei bin, zu weit zu gehen. Es bedarf weiter der Klarheit und Bestimmtheit, Grenzen zu setzen, wenn Kräfte versuchen die Oberhand zu gewinnen, die die Sphäre, die für Intimität kennzeichnend ist, nicht länger beachten.

5. Wenn Grenzen nicht eingehalten werden

Kommt es zu Grenzüberschreitungen, bei denen die Intimsphäre des anderen nicht beachtet wird, ist es wichtig, immer wieder auch den jeweiligen Kontext genau anzuschauen. Dabei gilt es vor allem hinzuschauen: In welchem Verhältnis stehe ich zur anderen Person, inwieweit ist diese andere Person dazu bereit, dass ich in ihre Intimsphäre, in ihren Intimbereich eintrete.

Wenn sich an einem Arbeitsplatz zwei Mitarbeiter kennenlernen, sich ineinander verlieben und eine auch sexuelle Beziehung eingehen, dann ist das zunächst ihre Angelegenheit. Handelt es sich aber beispielsweise bei dem einen um den Chef und bei der anderen um die Sekretärin und wird deutlich, dass der Chef seine Stellung, seine Rolle, seine Autorität dazu missbraucht hat, um eine körperliche Nähe zu seiner Sekretärin herzustellen, dann liegt hier ein Gefälle bezogen auf die Ebenbürtigkeit der beiden vor, die es bei der Beurteilung einer solchen Situation zu berücksichtigen gilt. Das gleiche gilt, wenn der Ausbildungsleiter z. B. ein Verhältnis mit einem Auszubildenden eingeht oder ein Novizenmeister mit einem Novizen.

Es ist wichtig hinzuschauen, ob jemand seine Macht, seine Stellung, seine Autorität gebraucht, gegebenenfalls missbraucht, um für sich einen Vorteil zu erzielen. Das gleiche gilt auch für die seelsorgliche und beraterische Situation, wenn im Kontext der Seelsorge, in der jemand ausgestattet mit dem Amt des Seelsorgers und der Stellung und der Macht und dem Einfluss, die damit verbunden sind, eine Grenzüberschreitung, z. B. eine körperliche Annäherung, ein ungewünschtes Berühren bis hin zum Geschlechtsverkehr, vornimmt. Handelt es sich in dieser Situation um einen Ordensmann oder um einen Priester, der zölibatär lebt, dann findet in einer solchen Situation auch eine Zölibatsverletzung statt. Das Entscheidende ist aber, dass darüber hinaus eine Missbrauchssituation entsteht, da jemand seinen Einfluss, seine Autorität, seine Macht missbraucht, um erotische bzw. sexuelle Befriedigung dadurch zu erreichen. Die Verantwortung liegt bei ihm, auch dann, wenn angeblich die Rat suchende Person eine solche Nähe suchte, da man in einer so abhängigen Situation immer davon ausgehen kann, dass die freie Entscheidungsfähigkeit, sich auf eine solche Nähe einzulassen, von Seiten der Rat suchenden Person eingeschränkt ist.

6. Eine lebenslange Entwicklungs- und Beziehungsaufgabe

Ich habe zu Beginn davon gesprochen, dass die Polarität von Nähe und Distanz Spannung erzeugt, mein Leben in Spannung hält und dazu beiträgt, dass, lasse ich mich darauf ein, mein Leben spannend bleibt. Und das ein Leben lang. So gilt es in unseren Beziehungen immer wieder auszuloten, wie viel Nähe und Distanz wir brauchen, aushalten können, für angemessen erachten. Je besser wir uns kennen, wissen, was wir wollen und das, was wir wollen, umsetzen können, was wir nicht wollen, verhindern können, desto leichter gelingt es uns, das stimmige Maß an Nähe und Distanz auszuloten und bestimmen zu können. Etwa in unseren partnerschaftlichen Beziehungen, in denen wir entsprechend unserer Lebensumstände – etwa, wenn die Kinder aus dem Hause sind, der Partner arbeitslos wird und die meiste Zeit zu Hause ist, die Zeit des Ruhestandes gekommen ist, Krankheit, Pflege neue Verhältnisse schafft – nachsteuern müssen, um ein meiner Situation gerecht werdendes Verhältnis von Nähe und Distanz zu schaffen. Dabei ist es wichtig, dafür Sorge zu tragen, dass die Spannung, die aus der Polarität von Nähe und Distanz entsteht, aufrecht erhalten bleibt, damit es eben spannend bleibt.

Freilich muss man auch damit rechnen, dass es Erfahrungen und Situationen gibt, die uns so sehr aus der Bahn bringen können, dass unsere Kompetenz, angemessen und verantwortlich mit Nähe und Distanz umgehen zu können, erheblich beeinträchtigt wird. Da fühlt sich der 60-Jährige von der 25-jährigen jungen Frau in Bann geschlagen. Er wäre in diesem Moment bereit, alles hinter sich zu lassen und aufzugeben, was ihm bisher wichtig war, um die Nähe dieser jungen Frau zu erfahren und auszukosten. Mancher hat in dieser Situation alles hinter sich gelassen, in der Erwartung dafür zu bekommen, wonach er sich im Tiefsten sehnt, freilich um am Ende auch die Erfahrung zu machen, dass er einer Illusion aufgesessen ist.

Die Fähigkeit, in einer angemessenen Weise Nähe und Distanz zuzulassen und zu ermöglichen, ist und bleibt eine Lebensaufgabe. Unterschiedliche Rollen, die wir wahrnehmen und äußere Rahmenbedingungen können helfen bei dem Bemühen, angemessene Nähe und Distanz zu ermöglichen. Sie können diese Fähigkeit dazu aber nicht ersetzen. Es bedarf einer inneren Richtschnur und einer inneren Autorität, die uns in die Lage versetzen, auf eine lebendige Weise in unseren unterschiedlichen Bezügen und Beziehungen angemessen Nähe und Distanz zu gewährleisten.

III. Literatur

Carnes, Patrick, Wenn Sex zur Sucht wird, München 1992.

Erikson, Erik, Der vollständige Lebenszyklus, Frankfurt a.M. 1988.

Müller, Wunibald, Lieben hat Grenzen. Nähe und Distanz in der Seelsorge, Mainz 1998.

Müller, Wunibald, Verschwiegene Wunden. Sexuellen Missbrauch in der Kirche erkennen und verhindern, München 2010.

Sexualität und Identität

Theologisch-ethische und moralanthropologische Reflexionen

von Jochen Sautermeister

I. Die sexualethische Relevanz der Identitätskategorie

Die Bedeutung der Identität eines Menschen als normativer Bezugsgröße für die sexualethische Reflexion befindet sich in argumentationslogischer Kontinuität mit neuscholastisch-naturrechtlichen und naturrechtlich-personalen Normierungskonzepten.[1] Dabei gilt es zu berücksichtigen, dass es sich bei den Begriffen „Sexualität“[2] und „Identität“[3] in einem weiteren sozialpsychologischen Sinne um neuzeitliche Kategorien handelt, die sich trotz aller empirischen Fundierungsbemühungen einer völlig objektivierbaren Zugänglichkeit verschließen. Darin unterscheiden sie sich nicht grundlegend von den Kategorien des Natürlichen und des Personalen, wenngleich mit letzteren die Intention verbunden wurde, die ethisch relevante „Substanz“ für sexualmoralische Normierungen greifbar zu machen.

Solange mit der Kategorie des Natürlichen das Strukturmoment allgemeiner und objektiver natural unbeliebiger Bedingtheit menschlicher Handlungsvollzüge[4] verbunden und mit der eigent-

---

[1] S. *Salzman, Todd A., Lawler, Michael G.*, The sexual person. Toward a renewed Catholic anthropology, Washington D.C. 2008.

[2] Der Begriff „Sexualität“ wurde 1820 von dem Botaniker August Henschel eingeführt, vgl. *Fiedler, Peter*, Sexualität, Stuttgart 2010, 8. S. auch *Foucault, Michel*, Der Wille zum Wissen (Sexualität und Wahrheit 1), Frankfurt a.M. 1983; *Sigusch, Volkmar*, Praktische Sexualmedizin. Eine Einführung, Köln 2005, 149f.

[3] S. *Henrich, Dieter*, Identität – Begriffe, Probleme, Grenzen, in: *Odo Marquard, Karlheinz Stierle* (Hrsg.), Identität, München 1979, 133–186, bes. 134–137; *Luckmann, Thomas*, Persönliche Identität, soziale Rolle und Rollendistanz, in: *Marquard, Stierle* (Hrsg.), Identität (s. Anm. 3), 293–313, 293; *Straub, Jürgen*, Personale und kollektive Identität. Zur Analyse eines theoretischen Begriffs, in: *Aleida Assmann, Heidrun Friese* (Hrsg.), Identitäten (Erinnerung, Geschichte, Identität 3), Frankfurt a.M. 1998, 73–104, 73; *Kaufmann, Jean-Claude*, Die Erfindung des Ich. Eine Theorie der Identität, Konstanz 2005, 17–89.

[4] Vgl. *Korff, Wilhelm*, Die naturale und geschichtliche Unbeliebigkeit menschlicher Normativität, in: *Anselm Hertz, Wilhelm Korff, Trutz Rendtorff, Hermann Ringeling* (Hrsg.), Handbuch der christlichen Ethik Bd. 1, Freiburg, Basel, Wien (aktualisierte

lichkeitsbezogenen, unstrukturierten Kategorie des Personalen die sittliche Unbedingtheit und Maßgeblichkeit subjektiv vermittelter recta ratio begriffen wurde, musste dieser kategorialen Dichotomie[5] eine theoretisch wie praktisch unbefriedigende moraltheologische Dichotomie sexualmoralischer Normierungsbemühungen folgen. Durch die Einführung der anthropologisch-sozialpsychologisch entfalteten Identitätskategorie in die theologisch-ethische Reflexion ist es jedoch möglich, diese begriffliche Aufspaltung zu überwinden und in eine empirisch fundierte, sozial wie personal konturierte Kategorie zu überführen.[6] Dies ist nicht nur generell für ein angemessenes Verständnis des Individuums als Person und Handlungssubjekt erforderlich, sondern auch speziell hinsichtlich der mehrdimensionalen Funktionalität und Konstituierung von Sexualität,[7] wie sie dem derzeitigen humanwissenschaftlichen Einsichtsstand entspricht:[8] „Jede sexuelle Funktion und jede sexuelle Beziehung beinhaltet biologische (Körperlichkeit), psychologische (Persönlichkeit) und soziale (Partnerbezogenheit) bzw. soziologische (Normen) Ebenen, die nicht getrennt voneinander gesehen werden können“[9], weil diese Dimensionen faktisch in tiefgreifender Wechselwirkung miteinander stehen.[10] Die sexuelle Entwicklung eines Menschen kann gemäß einer integrativen Sichtweise jenseits der Polarität zwischen somatischen und psychosozialen Faktoren mithilfe einer „Matrix von Entwicklungslinien“[11] differenziert werden. Sie bestimmen nicht nur die Phänomenologie des Sexuellen, sondern sind auch als Entwicklungskonstituenten des Identitätsbildungsprozesses eines Menschen zu beachten. Se-

---

Neuausgabe) 1993, 147–164, bes. 152–158; *Korff, Wilhelm*, Norm und Sittlichkeit. Untersuchungen zur Logik der normativen Vernunft, Freiburg, München ^{2}1985, 76–112.

[5] Vgl. *Hunold, Gerfried W.*, Ethik im Bannkreis der Sozialontologie. Eine theologisch-moralanthropologische Kritik des Personalismus, Bern, Frankfurt a.M. 1974, 107–111.

[6] Vgl. *Hunold, Gerfried W.*, Identität, in: *Jean-Pierre Wils, Dietmar Mieth* (Hrsg.), Grundbegriffe der christlichen Ethik, Paderborn, München, Wien, Zürich 1992, 31–44, 31f.; *Hunold, Gerfried W.*, Die sittliche Struktur des Individuellen im Sozialen, in: *Hertz, Korff, Rendtorff, Ringeling* (Hrsg.), Handbuch der christlichen Ethik Bd. 1 (s. Anm. 4), 177–195.

[7] Vgl. *Hunold, Gerfried W.*, Sexuelle Deviation/Paraphilie. 2. Ethisch, in: Lexikon der Bioethik 3 (2000) 344–346.

[8] Vgl. *Bosinski, Hartmut A. G.*, Diagnostik und Therapie sexueller Störungen. Eine interdisziplinäre Herausforderung, in: Der Urologe 42 (2004) 279–284, 280f.

[9] *Beier, Klaus M.*, Biopsychosoziales Verständnis menschlicher Geschlechtlichkeit. Voraussetzung für sexualmedizinische Diagnostik und Therapie, in: Der Urologe 45 (2006) 953–956, 953.

[10] Vgl. *Bosinski*, Diagnostik und Therapie sexueller Störungen (s. Anm. 8), 280.

[11] *Senf, Wolfgang, Strauß, Bernhard*, Geschlechtsidentität, in: Psychotherapie im Dialog 10 (2009) 3–11, 5.

xualität in ihren unterschiedlichen Komponenten ist also nicht nur ein körperlich-sinnlicher Ausdruck der geschlechtlich geprägten Identität eines Menschen, sondern stellt auch umgekehrt einen wichtigen identitätsbestimmenden Einflussfaktor dar.[12] „Die jeweilige Reife der Persönlichkeit entspricht damit den Reifungsgraden des Sexualverhaltens und gibt sich darin als ein konstitutives Grundkriterium menschlicher Identität zu erkennen."[13]

Sensibilisiert durch Genderdebatte[14] und cultural studies, durch biologische und neurobiologische wie auch durch psychologische, sozialpsychologische und soziologische Erkenntnisse, ist das lebensweltlich zu allermeist selbstverständliche Phänomen Geschlechtlichkeit in drei Dimensionen zu differenzieren:[15] (1) Geschlecht im Sinne von *biologischer Voraussetzung*, (2) *Geschlechtsidentität* im Sinne der subjektiv erlebten Identität und (3) *Geschlechtsrolle* im Sinne der öffentlich präsentierten sozialen Rolle.[16] Entsprechend dieser Dreiteilung lassen sich neben „sex" zwei Gender-Perspektiven unterscheiden, Geschlechtsidentität und Geschlechtsrollenpräsentation, die „für ein Verständnis der sexuellen Interessen und Vorlieben des Menschen und – in noch stärkerem Ausmaß – für ein Verständnis der Störungen der Geschlechtsidentität bedeutsam"[17] sind. Eine theologisch-ethische Reflexion auf das Verhältnis von Sexualität und Identität erschöpft sich daher nicht in der Thematisierung von Geschlechtsidentität oder sexueller Identität und sogenannten Geschlechtsidentitätsstörungen,[18] die von sexuellen Funktionsstörungen und Störungen der Sexualpräferenz zu unter-

---

[12] Vgl. *Ammicht Quinn, Regina*, Körper – Religion – Sexualität. Theologische Reflexionen zur Ethik der Geschlechter, Mainz 1999, 355.

[13] *Hunold*, Sexuelle Deviation/Paraphilie (s. Anm. 7), 345.

[14] S. *Ammicht Quinn*, Körper – Religion – Sexualität (s. Anm. 12), 63–66.

[15] S. *Money, John*, Zur Geschichte des Konzepts Gender Identity Disorder, in: Zeitschrift für Sexualforschung 7 (1994) 20–34.

[16] Vgl. *Fiedler, Peter*, Sexuelle Orientierung und sexuelle Abweichung. Heterosexualität – Homosexualität – Transgenderismus und Paraphilien – sexueller Missbrauch – sexuelle Gewalt, Weinheim, Basel 2004, 53–61.

[17] *Fiedler*, Sexualität (s. Anm. 2), 65. Im Normalfall stellt sich im Prozess der Geschlechtsidentitätsentwicklung eine „Kongruenz von biologischem Geschlecht und subjektiver Geschlechtsidentität" (*Senf, Strauß*, Geschlechtsidentität [s. Anm. 11], 4) ein.

[18] Innerhalb der empirischen Sexualwissenschaften hat sich mittlerweile die Erkenntnis durchgesetzt, dass die Geschlechtsidentität einer Person ein komplexes biopsychosoziales Bedingungsgefüge darstellt, das zeitabhängig determiniert ist; vgl. *Bosinski, Hartmut A. G.*, Determinanten der Geschlechtsidentität. Neue Befunde zu einem alten Streit, in: Sexuologie 7 (2000) 96–140. S. auch *Pfäfflin, Friedemann*, Anmerkungen zum Begriff der Geschlechtsidentität, in: Die Psychodynamische Psychotherapie 2 (2003) 141–153; *Fiedler*, Sexuelle Orientierung und sexuelle Abweichung (s. Anm. 16), 137–171; *Senf, Strauß*, Geschlechtsidentität (s. Anm. 11); *Meyenburg, Bernd*, Geschlechtsidentitätsstörungen im Kindes- und Jugendalter, in: *Volkmar Si-*

scheiden sind.[19] Vielmehr geht es um eine moralanthropologische Reflexion auf menschliche Sexualität als spezifische körperliche Erlebens- und Ausdrucksform wie auch als spezifisches Gestaltungsfeld menschlicher Existenz.[20]

Angesichts der Vielzahl und Heterogenität von Identitätsbegriffen, die nicht nur auf verschiedene wissenschaftliche Zugänge, sondern auch auf diverse Funktionen als Theoriekonstrukte zurückzuführen sind,[21] vermag der Rückgriff auf die Identitätskategorie in der theologisch-ethischen Reflexion der Komplexität des Menschen als individuelles Handlungssubjekt in einem sozio-kulturellen Kontext gerecht zu werden, ohne einerseits in einen ungeschichtlichen bzw. biografievergessenen Essentialismus abzugleiten oder andererseits dem Trugbild einer völlig flexibel konstruierbaren Identität zu unterliegen, das die Bedeutung der faktischen biopsychischen Struktur eines Menschen für seine Identitätsarbeit unterschätzt.[22] Als „hermeneutischer und praktischer Schnittpunkt von individuellen Selbstkonzepten auf der einen und sozialen Erwartun-

---

gusch (Hrsg.), Sexuelle Störungen und ihre Behandlung, Stuttgart, New York [4]2007, 337–345.

[19] S. *Weig, Wolfgang*, Sexuelle Störungen – Erscheinungsformen, Ursachen, Behandlungsangebote, in: Psychotherapie im Dialog 2 (2001) 246–251; *Strauß, Bernhard* (Hrsg.), Psychotherapie der Sexualstörungen. Krankheitsmodelle und Therapiepraxis – störungsspezifisch und schulenübergreifend, Stuttgart, New York [2]2004; *Richter-Appelt, Hertha*, Störungen der Sexualität, in: *Christian Reimer, Ulrich Rüger* (Hrsg.), Psychodynamische Psychotherapien, Berlin, Heidelberg, New York [3]2006, 341–355; *Ahlers, Christof, Schaefer, Gerard A., Beier, Klaus M.*, Das Spektrum der Sexualstörungen und ihre Klassifizierbarkeit im ICD-10 und DSM-IV, in: Sexuologie 12 (2006) 120–152; *Kockott, Götz*, Psychotherapie sexueller Funktions- und Erlebensstörungen, in: Bundesgesundheitsblatt – Gesundheitsforschung – Gesundheitsschutz 50 (2007) 11–18; *Sigusch, Volkmar*, Was heißt sexuelle Störung?, in: *ders.* (Hrsg.), Sexuelle Störungen und ihre Behandlung, Stuttgart, New York [4]2007, 3–7; *Pfäfflin, Friedemann*, Sexualstörungen, in: *Hans-Jürgen Möller, Gerd Laux, Hans-Peter Kapfhammer* (Hrsg.), Psychiatrie und Psychotherapie Bd. 2: Spezielle Psychiatrie, Berlin, Heidelberg [3]2008, 1008–1030.

[20] Die Körperlichkeit von Sexualität ist auch bei den neuen Formen virtueller Sexualität gegeben, weil sexuelle Erregung in allen virtuellen Vorstellungswelten immer körperlich erlebt wird, auch wenn sie nicht durch den Austausch körperlicher Kommunikation hervorgerufen werden; vgl. *Beier, Klaus M., Bosinski, Hartmut, Loewit, Kurt*, Sexualmedizin, München [2]2005, 705–724; s. auch die empirische Studie von *Leidlmair, Karl*, Sexualität im Netz – Wenn die Schrift zur Stimme wird, in: Sexuologie 8 (2001) 119–144.

[21] Vgl. *Zirfas, Jörg*, Identität in der Moderne. Eine Einleitung, in: *Benjamin Jörissen, ders.* (Hrsg.), Schlüsselwerke der Identitätsforschung, Wiesbaden 2010, 9–17, bes. 12–14; *Keupp, Heiner*, Diskursarena Identität: Lernprozesse in der Identitätsforschung, in: *ders., Renate Höfer* (Hrsg.), Identitätsarbeit heute. Klassische und aktuelle Perspektiven der Identitätsforschung, Frankfurt a.M. 1997, 11–39.

[22] S. den Ansatz einer theologisch-ethischen Handlungstheorie, die Handlung als Geschichte begreift, von *Maurer, Alfons*, Handlungstheoretische Untersuchungen zum

gen und Erfordernissen auf der anderen Seite“[23] gibt Identität vereinfacht gesagt eine Antwort auf die auf (Selbst-)Verständigung abzielenden Fragen: „Wer bin ich?“ und „Wie will ich von anderen gesehen werden?“. Identität stellt einen Vermittlungsbegriff dar, der sowohl intersubjektive und soziale als auch intrapsychische und biophysisch basierte Regulationsweisen umfasst sowie gleichermaßen die integrative, synthetisierende Leistung von Selbstvergewisserung und Selbstdarstellung einer Person einerseits und von Erkannt- und Anerkanntwerden dieser Person durch Andere andererseits beinhaltet.[24] Darüber hinaus – so die zunehmende Fokussierung seit Ende des 20. Jahrhunderts – ist die Identitätskategorie auch als ein Differenzierungsbegriff zu sehen, der auf die subjektinternen Differenzen sowie externen Unterschiede zwischen sich selbst und anderen abhebt.[25] Mit ihr wird die prozessual-dynamische, stets unabgeschlossene Integrationsleistung einer Person angesichts eines unauflösbaren Differenzbewusstseins erfasst, in welcher der Einzelne „die Verarbeitung der verschiedenen Rollen, Lebensformen und Sinnelemente zu einem Sinnganzen als permanente Eigenleistung und Konstruktionsaufgabe“[26] vollzieht. Identität ist damit als stets zu leistende Synthese- und Differenzierungsaufgabe und nicht als endgültig erworbener und fertiger Besitz einer Übereinstimmung mit sich selbst zu verstehen. Als solche stellt Identität eine Reflexionsgröße dar, die aus der Innensicht des Individuums wie auch aus der Außenperspektive nur partiell in ihren biologischen, psychischen, psychosozialen und soziokulturellen Einflussgrößen transparent und einsichtig ist. Als Identitätsgefühl wird sie entsprechend dem faktischen Erleben von Kohärenz, Kontinuität, Integrität und Sinnhaftigkeit subjektiv mehr oder weniger spürbar. Identi-

---

theologisch-ethischen Verständnis des Sittlichen, Frankfurt a.M., Berlin, Bern u. a. 1994.

23 *Zirfas*, Identität in der Moderne (s. Anm. 21), 11.

24 Vgl. *Eickelpasch, Rolf, Rademacher, Claudia*, Identität, Bielefeld 2004, 7; *Hunold*, Identität (s. Anm. 6), 31f. u. 36.

25 Vgl. *Breitsameter, Christof*, Identität und Moral in der modernen Gesellschaft. Theologische Ethik und Sozialwissenschaften im interdisziplinären Gespräch, Paderborn, München u. a. 2003, 17–71; s. auch *Straub*, Personale und kollektive Identität (s. Anm. 3), 94f.; *Fuchs, Martin*, Erkenntnispraxis und die Repräsentation von Differenz, in: *Assmann, Friese* (Hrsg.), Identitäten (s. Anm. 3), 105–137, bes. 128–137; *Reckwitz, Andreas*, Subjekt/Identität. Die Produktion und Subversion des Individuums, in: *ders., Stephan Moebius* (Hrsg.), Poststrukturalistische Sozialwissenschaften, Frankfurt a.M. 2008, 75–92.

26 *Eickelpasch, Rademacher*, Identität (s. Anm. 24), 7; vgl. *Keupp, Heiner, Ahbe, Thomas, Gmür, Wolfgang, Höfer, Renate, Mitzscherlich, Beate, Kraus, Wolfgang, Straus, Florian*, Identitätskonstruktionen. Das Patchwork der Identitäten in der Spätmoderne, Reinbek bei Hamburg ^{3}2006.

tät wird damit zur Gestaltungsaufgabe eines jeden Menschen, die allerdings nicht beliebig formbar ist, sondern grundsätzlich den physischen, bio-psychischen, sozio-psychischen und sozio-kulturellen Determinationen und im Besonderen den konkreten psychischen, sozialen und materiellen Ressourcen unterliegt, die einer Person zur Verfügung stehen.[27] Angesichts dieser Bedingungsfaktoren lässt sich Identitätsarbeit als subjektiv mehr oder weniger bewusstes Bemühen um eine biografische Gestalt begreifen, die sich durch die Strukturmomente Kohärenz, Kontinuität, Integrität und Sinnhaftigkeit[28] auszeichnet und den faktisch je individuell möglichen Wahrnehmungs-, Reflexions-, Entscheidungs- und Handlungsspielraum einer Person formiert. „Identitätsfragen geraten damit zu Bedingungsfragen eingelöster menschlicher Freiheit oder ihrer Verweigerung.“[29]

II. Sexualität als Erlebens- und Ausdrucksform von Identität

Das Verständnis von Sexualität als eine besondere Erlebens- und Ausdrucksform wie auch als konstitutiver Faktor von Identität[30] und damit als ein Gestaltungsfeld menschlicher Existenz bis ins hohe Alter[31] erlaubt es, die Vielgestaltigkeit (Plastizität) und Bedeutungsvielfalt (Multifunktionalität) von Sexualität als eine Spezifikation der Mehrdimensionalität der Identität eines Menschen zu begreifen.[32] Entgegen naturalistischer (triebpsychologisch, evolutionsbiologisch oder soziobiologisch), ästhetizistisch oder spiritualistisch überhöhter Tendenzen ist vielmehr ein integratives Verstehensmodell von Sexualität zu entwickeln.[33] Dieser Zugang

[27] Vgl. *Keupp, Heiner*, Identitätsarbeit als Lebenskunst. Eine Perspektive für die psychosoziale Beratung, in: *Frank Nestmann, Frank Engel* (Hrsg.), Die Zukunft der Beratung, Tübingen 2002, 51–78.

[28] S. auch *Antonovsky, Anton*, Salutogenese. Zur Entmystifizierung der Gesundheit, Tübingen 1997.

[29] *Hunold*, Identität (s. Anm. 6), 31.

[30] Vgl. *Hilpert, Konrad*, Sexualethik, in: *Peter Eicher* (Hrsg.), Neues Handbuch theologischer Grundbegriffe Bd. 4, München 2005, 139–152, 139.

[31] S. hierzu *Zank, Susanne*, Sexualität im Alter, in: Sexuologie 6 (1999) 65–87; *Brandenburg, Ulrike, Kersting, Heinz J.*, Das Begehren der Alten, in: Blickpunkt EFL-Beratung (2007) Heft 1, 38–49.

[32] Vgl. *Hunold*, Sexuelle Deviation/Paraphilie (s. Anm. 7), 344.

[33] Damit ist die Fixierung auf die körperliche Dimension von Sexualität obsolet. Denn „ein solcher Primat der Genitalsexualität verstellt notwendigerweise den Blick für die multifunktionale Gestalt der Geschlechterbeziehung und ihre metabiologischen Komponenten“ (*Hunold, Gerfried W.*, Sind Behinderte asexuell?, in: Theologische Quartalschrift 163 [1983] 150f., 151). Diese Erweiterung der Perspektive auf die

vermag die spezifischen Erlebensweisen und Ausdrucksformen von Sexualität – zwischen Spontaneität und Planbarkeit, zwischen Ausgeliefertsein und Kontrollierbarkeit, zwischen Vitalität und Gehemmtheit, zwischen Erregung und Entspannung, zwischen Lust und Unlust, zwischen Leidenschaft und Zärtlichkeit, zwischen Freude und Angst bzw. Bedrohung, zwischen Begehren und Begehrtwerden, zwischen Geben und Nehmen, zwischen Heilen und Verletzen, zwischen Selbstbezüglichkeit und Selbstüberschreitung, zwischen Kommunikationsverweigerung und Kommunikationsförderung, zwischen Autonomie und Bezogenheit, zwischen Trennung/Isolation und Vereinigung, zwischen Intimität und Grenzüberschreitung, zwischen Generativität und geschlossener Symbiose, zwischen individueller Ästhetik und sozialer Normierung, zwischen Banalität und spiritueller Erhebung u. a. m. – ebenso aufzugreifen wie kulturell divergierende Leitvorstellungen, etwa die Triebmetapher (S. Freud)[34] oder das rationale Modell folgenabgeschätzter Sexualität (G. Schmidt)[35], verstehbar zu machen, indem diese sich vorrangig auf eine bestimmte Dimension von Sexualität fokussieren.

Vor dem Hintergrund des derzeitigen sexualwissenschaftlichen Erkenntnisstandes lassen sich drei Ebenen der menschlichen Sexualität bestimmen: die somatisch-biologische, die psychische und die interpersonale. Diese sind in einen bestimmten sozio-kulturellen, geschichtlichen und religiös-spirituellen Kontext eingebettet.[36] Dieser ist in seiner hermeneutischen und normativen Ausgestaltung nicht nur ein maßgeblicher Bestimmungsfaktor für die Iden-

---

psychosoziale, beziehungsorientierte Dimension von Sexualität ist mittlerweile auch in die Sexualmedizin eingegangen; s. *Loewit, Kurt*, Kommunikationszentrierte Sexualtherapie: Theorie und Umsetzung, in: Sexuologie 1 (1994) 101–113; *Vogt, Herrmann-Josef, Loewit, Kurt, Wille, Reinhard u. a.*, Zusatzbezeichnung „Sexualmedizin", in: Sexuologie 2 (1995) 65–89, 67; *Beier, Klaus M., Loewit, Kurt*, Syndyastische Sexualtherapie als fächerübergreifendes Konzept der Sexualmedizin, in: Sexuologie 10 (2003) 114–127; *Beier, Klaus M., Loewit, Kurt*, Lust in Beziehungen. Eine Einführung in die syndyastische Sexualtherapie, Berlin, Heidelberg 2004; *Berberich, Hermann J., Rösing, Dirk, Neutze, Janina*, Salutogenese und Sexualmedizin, in: Der Urologe 45 (2006) 960–966, bes. 961f. Zu den Anfängen in der Sexualmedizin s. auch *Loewit, Kurt*, Der kommunikative Aspekt der Sexualität. Erfahrungen aus einer sexualmedizinischen Einführungsvorlesung II, in: Sexualmedizin 7 (1978) 971–975.

[34] S. *Freud, Sigmund*, Drei Abhandlungen zu Sexualtheorie, Frankfurt a.M. 2009.

[35] Vgl. *Schmidt, Gunter*, Das neue Der Die Das. Über die Modernisierung des Sexuellen, Gießen 2005. Zum kulturellen Phänomen der Diversifikation der sexuellen Beziehungen s. auch *Sigusch, Volkmar*, Kultureller Wandel der Sexualität, in: *ders.* (Hrsg.), Sexuelle Störungen und ihre Behandlung, Stuttgart, New York [4]2007, 8–26, bes. 16–19.

[36] Vgl. *Beier*, Biopsychosoziales Verständnis menschlicher Geschlechtlichkeit (s. Anm. 9), 953f.

tität einer Person, sondern auch für das konkrete Verständnis von Sexualität und ihrer jeweiligen Erlebens- und Ausdrucksweise. Diese Kontextualität ist in den nachfolgenden Ausführungen zur sexuellen Entwicklung und zu den bio-psycho-sozialen Konstituenten von Sexualität als bedingende Hintergrundfolie stets mitzudenken.[37]

Es lassen sich drei elementare Dimensionen von Sexualität unterscheiden, die miteinander verwoben sind, aber jeweils nicht gleichermaßen im Fokus der bewussten Gestaltung von sexuellem Erleben und Verhalten einer Person stehen müssen. In der Sexualwissenschaft und Sexualmedizin unterscheidet man zwischen der

> „Lustdimension der Sexualität, also alle Aspekte, die mit sexueller Stimulation, Erregung und Orgasmus zu tun haben, der Fortpflanzungsdimension der Sexualität, also alle Aspekte, die mit Empfängnis, Zeugung, Schwangerschaft, Geburt und Nachwuchsaufzucht zu tun haben und vor allem der Beziehungsdimension der Sexualität, nämlich der Möglichkeit zur Erfüllung biopsychosozialer Grundbedürfnisse nach Angenommenheit, Geborgenheit und Nähe durch sexuelle Körperkommunikation“[38].

Eine einfache und eindeutige Zuordnung der somatisch-biologischen, psychischen, interpersonalen und sozialen Ebene zu jeweils einer der drei genannten Dimensionen von Sexualität im Sinne einer essentiellen und zugleich normativen Funktionalität würde jedoch die humanwissenschaftliche Einsicht in die wechselseitige Durchdringung der Dimensionen wie auch der Ebenen als aspektive Differenzierung eines Individuums unterlaufen und zugleich einen normativen Fehlschluss bedeuten.[39] So hat etwa die sexuelle Lust eine primär motivationale Bedeutung im sexuellen Handeln, deren konkretes psychisches Erleben wie auch deren somatisches Korrelat durch ein Zusammenspiel von neurobiologischen, psy-

---

[37] S. auch die Ausführungen zu den stammes-, kultur- und individualgeschichtlichen Voraussetzungen von Sexualität in einem biopsychosozialen Modell von *Beier, Bosinski, Loewit*, Sexualmedizin (s. Anm. 20), 33–128; *Beier, Loewit*, Lust in Beziehungen (s. Anm. 33), 22–39. Zum gegenwärtigen kulturellen Wandel s. auch *Sigusch, Volkmar*, Neosexualitäten. Über den kulturellen Wandel von Liebe und Perversion, Frankfurt, New York 2005.

[38] *Beier*, Biopsychosoziales Verständnis menschlicher Geschlechtlichkeit (s. Anm. 9), 953.

[39] Vgl. *Arntz, Klaus*, Gelingendes Leben in Ehe und Familie. Grundlagen der Sexualmoral, in: *ders., Heimbach-Steins, Marianne, Reiter, Johannes, Schlögel, Herbert*, Orientierung finden. Ethik der Lebensbereiche, Freiburg i.Br., Basel, Wien 2008, 61–126, 70.

chophysischen und psychosozialen Faktoren bestimmt wird.[40] Während sich diese *hedonistische* Dimension der ersten anthropologischen Hauptmotivation der sinnlichen Stimulation, der Exploration und Autonomie eines Individuums zuordnen lässt,[41] ist die Beziehungsdimension, die *syndyastische* Dimension,[42] zudem durch das psychosoziale Grundbedürfnis nach Akzeptanzerfahrung, Bindung, Sicherheit, Wärme und Nähe motiviert, dem zweiten anthropologischen Hauptmotiv. Dazu ist man auf sexuelle Körperkommunikation mit einem anderen Menschen angewiesen, wobei der reale Kontakt mitunter auch symbolisch, imaginativ oder virtuell ersetzt werden kann. Inwieweit dieses Grundbedürfnis durch sexuelles Verhalten befriedigt wird, hängt konstitutiv von biopsychosozialen Faktoren ab. Die *reproduktive* Dimension schließlich lässt sich nur in einem psychosozialen Umfeld erfolgreich realisieren und wird als psychoanalytisch-psychosoziale Entwicklungsaufgabe des Erwachsenenalters von Erik H. Erikson unter dem Begriff der Generativität aufgenommen.[43]

Somatisch-biologische Ebene

In somatisch-biologischer Perspektive kommt Sexualität primär in der Dichotomie der Geschlechtlichkeit[44] und darin in ihrer reproduktiven Funktion in den Blick. Ein biopsychosoziales Verstehensmodell von Sexualität ermöglicht es, die wechselseitige Durchdringung der reproduktiven, hedonistischen und syndyastischen Dimension bis herab auf die neurobiologische und endokrinologische Ebene zu erfassen. So zeigen etwa psychoneuroendokrinologische Befunde[45], dass das Hormon Oxytozin sowohl bei erotischer

---

[40] Vgl. *Hartmann, Uwe*, Gegenwart und Zukunft der Lust. Ein Beitrag zu biopsychologischen und klinischen Aspekten sexueller Motivation, in: Sexuologie 8 (2001) 191–204, bes. 193–201.

[41] Vgl. *Hartmann*, Gegenwart und Zukunft der Lust (s. Anm. 40), 191.

[42] S. *Beier*, Biopsychosoziales Verständnis menschlicher Geschlechtlichkeit (s. Anm. 9), 954. Zur theoretischen Grundlegung der syndyastischen Dimension s. auch *Beier, Loewit*, Lust in Beziehungen (s. Anm. 33), 2f.

[43] Vgl. *Erik H. Erikson*, Identität und Lebenszyklus. Drei Aufsätze, Frankfurt a.M. 1973, 148–152; *ders.*, Der vollständige Lebenszyklus, Frankfurt a.M. 1988, 67–69.

[44] Im Prozess der sexuellen Entwicklung bildet sich die Geschlechtlichkeit des Menschen, sofern keine Störungen in der embryonalen Sexualdifferenzierung auf somatischer Ebene auftreten, im chromosomalen, genetischen, genitalen und neuronalen Geschlecht ab; vgl. *Senf, Strauß*, Geschlechtsidentität (s. Anm. 11), 4.

[45] Vgl. *Weig*, Sexuelle Störungen (s. Anm. 19), 247; *Heim, Christine, Meinlschmidt, Gunther*, Biologische Grundlagen, in: *Ulrike Ehlert* (Hrsg.), Verhaltensmedizin, Berlin, Heidelberg, New York u. a. 2003, 17–93, 54 u. 77; *Heinrichs, Markus, Kaiser, Jochen*, Messmethoden der Verhaltensmedizin – Diagnostik und Evaluation anhand

wie auch sexueller Erregung und Entladung (Lust), bei der Auslösung von Geburten, der Förderung des mütterlichen Milchflusses und des elterlichen Pflegeverhaltens (Fortpflanzung) und bei der Festigung zwischenmenschlicher Bindungen, des Treueverhaltens und der Stärkung des Sozialverhaltens (Beziehungsorientierung) eine bedeutsame Rolle spielt.[46] Die angstlösende, stressreduzierende und bindungsfördernde Wirkung dieses Neuropeptids hat darüber hinaus positive Auswirkungen auf die physische und psychische Befindlichkeit und Gesundheit einer Person, wie psychoimmunologische Befunde nahe legen. Denn psychosoziale Belastungen und Stressoren können das Immunsystem schwächen und dadurch krank machen, während psychisches Wohlbefinden – also auch eine zufrieden stellende Sexualität[47] – einen positiven Einfluss auf das Immunsystem und damit präventive oder kurative Wirkung hat.[48]

---

psychologischer und biologischer Parameter, in: *Ehlert* (Hrsg.), Verhaltensmedizin (s. Anm. 45), 133–154, 147f.; *Netter, Petra*, Endokrine Systeme und Persönlichkeit, in: *dies., Jürgen Hennig* (Hrsg.), Biopsychologische Grundlagen der Persönlichkeit, München 2005, 291–395, 314f. u. 379–384; *Carter, C. Sue*, Neurobiologie sozialer Bindungsbeziehungen, in: *Andreas Remmel, Otto F. Kernberg, Wolfgang Vollmoeller, Bernhard Strauß* (Hrsg.), Handbuch Körper und Persönlichkeit. Entwicklungspsychologie, Neurobiologie und Therapie von Persönlichkeitsstörungen, Stuttgart, New York 2006, 167–172; *Lux, Michael*, Der Personenzentrierte Ansatz und die Neurowissenschaften, München 2007, 140f.; *Fuchs, Thomas*, Das Gehirn – ein Beziehungsorgan. Eine phänomenologisch-ökologische Konzeption, Stuttgart 2008, 190–195; *Frick, Eckhard*, Psychosomatische Anthropologie. Ein Lehr- und Arbeitsbuch für Unterricht und Studium unter Mitarbeit von Harald Gündel, Stuttgart 2009, bes. 15–35; *Kleine, Bernhard, Rossmanith, Winfried G.*, Hormone und Hormonsystem. Lehrbuch der Endokrinologie, Berlin, Heidelberg ²2010, 70f.; *Rüegg, Johann C.*, Gehirn, Psyche und Körper. Neurobiologie und Psychosomatik, Stuttgart ⁵2011, 91f.; *Ditzen, Beate, Beinder, Ernst*, Interfilität und Schwangerschaftskomplikationen, in: *Ulrike Ehlert, Roland von Känel* (Hrsg.), Psychoendokrinologie und Psychoimmunologie, Berlin, Heidelberg, New York 2011, 341–363, 360.

[46] Die Spezifikation der begünstigenden Funktion von Oxytozin hängt nicht nur vom hypothalamisch-hypophysären Synthetisierungsort ab, sondern auch von der Kombination mit Androgenen und Opioiden; vgl. *Birbaumer, Nils, Schmidt, Robert F.*, Motivation und Emotion, in: *Robert F. Schmidt, Hans-Georg Schaible* (Hrsg.), Neuro- und Sinnesphysiologie, Heidelberg ⁵2006, 424–448, 434; *Bartels, Andreas*, Neurobiologische Grundlagen der Partnerwahl und Liebe, in: Sexuologie 13 (2006) 118–129, bes. 121–126.

[47] Zum krankmachenden wie heilenden oder gesundheitserhaltenden Potenzial von Sexualität als körpersprachlicher Kommunikationsmöglichkeit s. auch *Loewit, Kurt, Beier, Klaus M.*, Standortbestimmung der Sexualmedizin, in: Sexuologie 5 (1998) 49–64.

[48] Vgl. *Schubert, Christian, Schiepek, Günter*, Psychoneuroimmunologie und Psychotherapie: psychosozial induzierte Veränderungen der dynamischen Komplexität von Immunprozessen, in: *Günter Schiepek* (Hrsg.), Neurobiologie der Psychotherapie, Stuttgart 2003, 485–508, 487. Zum aktuellen Forschungsstand bezüglich des Wechselverhältnisses von Psychoendokrinologie und Psychoimmunologie s. *Ehlert, von Känel* (Hrsg.), Psychoendokrinologie und Psychoimmunologie (s. Anm. 45).

Psychische Ebene

In psychischer Hinsicht sind verschiedene Entwicklungskonstituenten zu unterscheiden. Neben der Ausdifferenzierung sexueller Bedürfnisse und Motive, wie sie vor allem in psychoanalytischen Entwicklungstheorien zu verstehen gesucht werden,[49] sind ebenso die Erkenntnisse der Selbstpsychologie über die Bedeutung des Selbstsystems für die Sexualität relevant:

> „Der *Narzissmus*, also das Ausmaß positiver Gefühle, die mit der Erfahrung des Selbst verbunden sind und die einen wesentlichen Bestandteil späterer Selbstrepräsentanzen darstellen, kann als eine wesentliche Grundvoraussetzung für sexuelle Befriedigung gesehen werden."[50]

Interaktionelle Entwicklungsmodelle, ausgehend von der Säuglingsforschung über die Adoleszenz bis in das hohe Erwachsenenalter, zeigen auf, dass intrapsychische Strukturen nicht einfach die interaktive frühkindliche Entwicklung im symbiotischen Geflecht mit der Mutter ablösen, sobald sich die Individualität des Kindes ausgebildet hat. Vielmehr bleibt „das interaktive Modell der Entwicklung das ganze Leben hindurch wirksam"[51]. Denn auch spätere Beziehungserfahrungen mit bedeutsamen („signifikanten") Personen, die nicht sexueller Art sein müssen, sind für die Ausprägung sexueller Erlebens- und Interaktionsmuster relevant. So zeigen schulenübergreifende interpersonale Persönlichkeitsmodelle auf, dass frühe wie spätere Beziehungserfahrungen sowohl affektmoto-

[49] S. *Mertens, Wolfgang*, Entwicklung der Psychosexualität und der Geschlechtsidentität Bd. 1: Geburt bis 4. Lebensjahr, Stuttgart u. a. ^{3}1997; *ders.*, Entwicklung der Psychosexualität und der Geschlechtsidentität Bd. 2: Kindheit und Adoleszenz, Stuttgart u. a. ^{2}1996; für den Dialog mit der theologischen Ethik s. *Rauchfleisch, Udo*, Psychoanalyse und theologische Ethik. Neue Impulse zum Dialog, Freiburg i.Ue., Freiburg i. Br., Wien ^{2}1994, 15–26.

[50] *Strauß, Bernhard, Kirchmann, Helmut, Schwark, Barbara, Thomas, Andrea*, Bindung, Sexualität und Persönlichkeitsentwicklung. Zum Verständnis sexueller Störungen aus der Sicht interpersonaler Theorien, Stuttgart 2010, 16. Die Bedeutung von Versehrungen des Selbst und von Persönlichkeitsstörungen für das sexuelle Erleben und Verhalten einer Person wird auch im Zusammenhang mit den Delikten sexuellen Missbrauchs deutlich, vgl. *Berner, Wolfgang, Kleber, Reinhard, Lohse, Hartwig*, Psychotherapie bei sexueller Delinquenz, in: *Bernhard Strauß* (Hrsg.), Psychotherapie der Sexualstörungen. Krankheitsmodelle und Therapiepraxis – störungsspezifisch und schulenübergreifend, Stuttgart, New York 2004, 135–154, 149; *Heyden, Saskia, Jarosch, Kerstin*, Missbrauchstäter. Phänomenologie – Psychodynamik – Therapie, Stuttgart, New York 2010, 70.

[51] *Bohleber, Werner*, Identität und Selbst. Die Bedeutung der neueren Entwicklungsforschung für die psychoanalytische Theorie des Selbst, in: *ders.* (Hrsg.), Adoleszenz und Identität, Stuttgart 1996, 268–302, 280f.

rische Schemata[52] sowie intrapsychische Selbst- und Objektrepräsentationsmodelle bilden und ausformen als auch interpersonale Motive bedingen.[53] Durch die zirkuläre, wechselseitige Beeinflussung von zwei miteinander agierenden Personen bilden sich reziproke Verhaltensmuster heraus, die auf eine gegenseitige interpersonale Bedürfnisbefriedigung abzielen. Wie das Ziel, Angstfreiheit, Sicherheit oder Wohlbefinden in einer Interaktion herzustellen ist, und bei anderen Personen erlangt werden kann, wird durch frühkindliche Lernerfahrungen mit den primären Bezugspersonen gelernt und über das Selbstsystem in Verhaltensschemata verfestigt. Über das Selbstsystem, das als Steuerungsinstanz für Kommunikation und Handlung einer Person fungiert, fließen solche frühen Erfahrungen in spätere, aktuelle Beziehungsgestaltungen ein; so können auch Beziehungs- und Konfliktbewältigungsmuster intergenerationell weitergegeben werden.[54] Aufgrund unterschiedlicher biografischer Erfahrungen der Interaktionspartner ist eine komplementäre Bedürfnisbefriedigung nicht gewährleistet. Fehlende Passung wird vor allem in der Kindheit als frustrierend, verunsichernd und bedrohlich erlebt und führt zu Angstvermeidungs- bzw. Angstreduktionsprozessen im Sinne intrapsychischer Kontrollmechanismen, die sich dann auch auf spätere Interaktionen auswirken. Denn „die Kontrollmechanismen des Selbstsystems führen [...] zu einer verzerrten, inkongruenten Wahrnehmung der Umwelt und des Selbst und können, je nach Ausmaß der Wahrnehmungsverzerrung, unangemessenes Verhalten bewirken“[55]. Anhand der konkreten biografischen Erfahrungen, wie zuverlässig und verfügbar die Bindungspersonen sind, bilden sich innere Arbeitsmodelle aus, die

---

[52] Hierbei handelt es sich um sensomotorische Verhaltensmuster, die mit bestimmten affektiven Färbungen und kognitiven Einschätzungen verbunden sind; vgl. *Wehowsky, Andreas*, Affektmotorische Schemata, in: *Gustl Marlock, Halko Weiss* (Hrsg.), Handbuch der Körperpsychotherapie, Stuttgart, New York 2006, 369–382; *Downing, George*, Frühkindlicher Affektaustausch und dessen Beziehung zum Körper, in: *Marlock, Weiss* (Hrsg.), Handbuch der Körperpsychotherapie (s. Anm. 52), 333–350.

[53] Vgl. *Senf, Strauß*, Geschlechtsidentität (s. Anm. 11), 5. Einen guten Überblick bieten *Strauß, Kirchmann, Schwark, Thomas*, Bindung, Sexualität und Persönlichkeitsentwicklung (s. Anm. 50), 82–147.

[54] S. *Massing, Almuth, Reich, Günter*, Psychoanalytische Paartherapie nach dem Mehrgenerationen-Ansatz, in: Psychotherapie im Dialog 1 (2000), 8–14; *Fonagy, Peter*, Die Bedeutung der Entwicklung metakognitiver Kontrolle der mentalen Repräsentanzen für die Betreuung und das Wachstum des Kindes, in: *ders., Mary Target* (Hrsg.), Frühe Bindung und psychische Entwicklung. Beiträge aus Psychoanalyse und Bindungsforschung, Gießen 2003, 49–69; *Stierlin, Helm*, Gerechtigkeit in nahen Beziehungen. Systemisch-therapeutische Perspektiven, Heidelberg 2005.

[55] *Strauß, Kirchmann, Schwark, Thomas*, Bindung, Sexualität und Persönlichkeitsentwicklung (s. Anm. 50), 85.

maßgeblich das Interaktionsverhalten einer Person, auch in sexueller Hinsicht, beeinflussen.[56] Dies wird durch empirische Befunde der Bindungstheorie gestützt, die ein entwicklungspsychologisches Modell für die „Entwicklung von Beziehungen und innerer Repräsentanzen des Selbst und anderer Personen“[57] bereitstellt. Wird die Gegenwart einer primären Bindungsperson in der frühen Kindheit erfahren, dann wirkt sich dies angstmindernd aus; durch Trennung von dieser Person, aber auch durch Bedrohung, Krankheit oder Erschöpfung wird das Bindungssystem (primäres, angeborenes Motivationssystem für Nähe und Körperkontakt suchendes Verhalten) aktiviert, was gleichzeitig zu einer Hemmung oder Blockade des Explorationssystems (primäres, angeborenes Motivationssystem für neugieriges, erkundendes, unternehmungslustiges Verhalten) als antagonistisches System führt. Bindung stellt eine „besondere Art einer sozialen Beziehung zwischen dem Kind und seinem Fürsorger, welche sich primär in den ersten Lebensjahren entwickelt“[58], dar, die aber auch im Sinne einer imaginären Repräsentanz über einen raum-zeitlichen Abstand hinweg erhalten werden[59] und sich auch in späteren Beziehungs- und Partnerschaftsrepräsentationen niederschlagen kann[60]. Solche Erwartungen über die Verfügbarkeit formieren sich in der frühen Kindheit zu lebenslang relativ stabilen internen Arbeitsmodellen aus, die sowohl das eigene Bindungsverhaltenssystem bestimmen als auch mentale Vorstellungen und Perspektiven anderer Personen beinhalten.[61] Sie stellen adaptive Stra-

---

[56] Das Konstrukt des internen Arbeitsmodells findet sich in allen maßgeblichen Therapietheorien, wenngleich unter anderer Terminologie: zum Beispiel als „Skript“ oder „Konzept“ in humanistischen, als „Schema“ in kognitiven oder als „Repräsentanz“ in psychoanalytischen Theorien; vgl. *Strauß, Bernhard*, Sexualität und Persönlichkeit, in: *Wulf Bertram, Peter Buchheim, Michael Zaudig* (Hrsg.), Persönlichkeitsstörungen – Theorie und Therapie. Sonderband: Träume, Gewalt, Sexualität, Stuttgart, New York 2001, 53–62, 57.

[57] *Senf, Strauß*, Geschlechtsidentität (s. Anm. 11), 5.

[58] *Strauß, Kirchmann, Schwark, Thomas*, Bindung, Sexualität und Persönlichkeitsentwicklung (s. Anm. 50), 42.

[59] S. *Grossmann, Klaus E., Grossmann, Karin*, Bindung und menschliche Entwicklung. John Bowlby, Mary Ainsworth und die Grundlagen der Bindungstheorie, Stuttgart 2003; *dies.*, Bindung – das Gefüge psychischer Sicherheit, Stuttgart 2004.

[60] Vgl. *Brisch, Karl-Heinz*, Bindungsentwicklung und ihre Bedeutung für die Diagnostik und Behandlung von Störungen in der Partnerschaft, in: Blickpunkt EFL-Beratung (2004) Heft 10, 34–42; *Grossmann, Klaus E., Grossmann, Karin, Winter, Monika, Zimmermann, Peter*, Bindungsbeziehungen und Bewertung von Partnerschaft. Von früher Erfahrung feinfühliger Unterstützung zu späterer Partnerschaftsrepräsentation, in: *Karl-Heinz Brisch, Klaus E. Grossmann, Karin Grossmann, Lothar Köhler* (Hrsg.), Bindung und seelische Entwicklungswege. Grundlagen, Prävention und klinische Praxis, Stuttgart 2006, 125–164.

[61] Vgl. *Bretherton, Inge*, Konstrukt des inneren Arbeitsmodells. Bindungsbeziehun-

tegien dar, die sich weitgehend an realen Erlebnissen anlehnen. Je nach Bindungserfahrung lassen sich unterschiedliche typische Bindungsstile – sicher, unsicher-vermeidend, unsicher-ambivalent und desorganisiert[62] – ausmachen, die auch Einfluss auf sexuelles Erleben und Verhalten einer Person haben. Befunde empirischer Studien geben typisierend Hinweise, dass

> „sichere Bindung eher einhergeht mit einer vergleichsweise geringeren Präferenz für Sex außerhalb der Beziehung sowie einer größeren Bedeutung von Gegenseitigkeit und körperlichem Kontakt in sexuellen Beziehungen. Für Personen mit ambivalenter Bindung scheinen sexuelle Praktiken weniger Bedeutung zu haben als die Erfahrung von Zärtlichkeit und ‚Gehaltenwerden'. Personen mit abweisender [sc. vermeidender; J.S.] Bindung sollen eher eine positivere Einstellung zu Gelegenheitssex und ‚Sexualität ohne Liebe' zeigen und weniger Intimitätsempfinden"[63]

haben.

Entsprechend der schulenübergreifenden Einsicht in die Kontinuität früher und späterer sozialer Beziehungsgestaltung und -erfahrung, die über interne Arbeitsmodelle vermittelt werden, wird deutlich, wie die biopsychosoziale Identität einer Person sich in sexuelle Interaktionen und in den sexuellen Selbstumgang einschreibt und sexuelle Skripte[64] bis auf präverbale Zeiten in der Individualentwicklung eines Menschen zurückgehen. Umgekehrt kann Sexualität „vielfältige Funktionen für die psychische Organisation des Menschen"[65] übernehmen. In der Funktion für Angstabwehr und

---

gen und Bindungsrepräsentationen in der frühen Kindheit und im Vorschulalter, in: *Brisch, Grossmann, Grossmann, Köhler* (Hrsg.), Bindung und seelische Entwicklungswege (s. Anm. 60), 13–46.

[62] Vgl. *Grossmann, Grossmann*, Bindung – das Gefüge psychischer Sicherheit (s. Anm. 59), 132–160; *Strauß, Bernhard*, Bindung und Persönlichkeitsentwicklung – Ergebnisse klinischer Bindungsforschung, in: *Remmel, Kernberg, Vollmoeller, ders.* (Hrsg.), Handbuch Körper und Persönlichkeit (s. Anm. 45), 45–63, 45–55.

[63] *Senf, Strauß*, Geschlechtsidentität (s. Anm. 11), 6; s. auch *Keller, Heidi*, Partnerwahl und Sexualverhalten, in: Sexuologie 6 (1999) 146–157, 154f.; *Benk, Katja*, Bindung und Sexualität. Zum Zusammenhang zwischen Bindung im Erwachsenenalter und sexuellen Einstellungs- und Verhaltensweisen, Marburg 2005, 119f.; *Asendorpf, Jens B.*, Bindungsstil und Sexualität, in: Sexuologie 13 (2006) 130–138. Zum Verhältnis von Bindung und Sexualität s. auch *Diamond, Diana, Blatt, Sidney J., Lichtenberg, Joseph D.* (Hrsg.), Attachment and sexuality, New York, London 2007.

[64] Vgl. *Gagnon, John*, Theorizing risky sex, in: *John Bancroft* (Hrsg.), The role of theory in sex research, Bloomington 2000, 149–176.

[65] *Becker, Nikolaus*, Sexualität, in: *Wolfgang Mertens, Bruno Waldvogel* (Hrsg.), Handbuch psychoanalytischer Grundbegriffe, Stuttgart (3., überarbeitete und erweiterte Auflage) 2008, 696–700, 698.

Konfliktlösung kann sie als psychischer Bewältigungsmechanismus und als psychodynamischer Regulator von Anspannung und Entspannung dienen, aber auch explorativ im Sinne des Selbsterlebens, der Selbsterweiterung oder der Selbstüberschreitung. Die spezifischen Fähigkeiten für gelingende zwischenmenschliche Sexualität, sogenannte Intimitätsfähigkeiten, wie die Kompetenzen, Nähe und Distanz regulieren und damit Grenzen setzen, einer anderen Person Zugang zum eigenen Körper geben und sich in der Interaktion mit einer anderen Person in ein intensives Gefühl steigern zu können,[66] sind also nicht erst ab der (Vor-)Pubertät zu erwerben, sondern werden bereits in der frühen Säuglingsentwicklung grundgelegt.

Interpersonale und soziale Ebene

Auf interpersonaler und sozialer Ebene legen Befunde der Beziehungspsychologie wie auch der Soziobiologie nahe, dass Sexualität „wichtige Funktionen für das Zusammenleben in der sozialen Einheit"[67] übernimmt. Sie kann einerseits der Festigung sozialer Bindungen und als Kontinuitätsritual dienen und körperkommunikativer Ausdruck partnerschaftlicher, sinnlich-affirmativer Zuwendung sein;[68] andererseits kann sie auch im Dienste von persönlicher Autonomie, Explorationsverhalten, Selbstrepräsentation und zwischenmenschlicher Differenzierung stehen, die bis hin zur „Sprengung sozialer Bindungen und Ordnungen"[69] oder zur Dominanz über andere bzw. Unterwerfung unter andere reicht. Auf interpersonaler Ebene kann Sexualität damit sowohl als der Selbstbestätigung und dem Explorationsbedürfnis dienenden Ausdrucksform persönlicher Lust und Selbstrealisation fungieren, die gar nicht oder weniger partnerbezogen ist, wie auch als beziehungsorientierte Ausdruckform von Nähe, Bindung und Zusammengehörigkeit, die stark part-

---

[66] Vgl. *Meyer, Viktor*, Körperorientierte Psychotherapie und die frühkindliche Basis sexuellen Erlebens, in: Psychotherapie im Dialog 2 (2001) 277–283, 278; *Downing, George*, Gedanken zur Sexualität, in: *Thomas P. Ehrensperger* (Hrsg.), Bioenergetik im Spannungsfeld der Geschlechter. Liebe, Erotik, Sexualität in der Körperpsychotherapie, Basel 2000, 29–49.

[67] *Becker*, Sexualität (s. Anm. 65), 699.

[68] Die Einsicht der modernen Verhaltensforschung zur Bedeutung von Sexualität in einer spezifischen „Funktion als sekundärem ‚Bandverstärker'" (*Korff, Wilhelm*, Wie kann der Mensch glücken? Perspektiven der Ethik, München, Zürich 1985, 129), ohne von sich aus bereits eine besondere Bindung zwischen Menschen zu stiften, lässt sich, wie gezeigt, durch die Befunde der Psychoneuroendokrinologie besser verstehen, welche die Wechselwirkung zwischen Erleben, Verhalten und endokrinen Funktionen untersucht.

[69] *Willi, Jürg*, Psychologie der Liebe. Persönliche Entwicklung durch Partnerbeziehungen, Reinbek bei Hamburg 2004, 94.

nerbezogen ausgerichtet ist. In diesem Spannungsfeld von Autonomie und Bezogenheit, von riskanter Exploration und Bindung, von sexueller Selbstverwirklichung und Beziehungssicherheit, von Balance und Entwicklung sind das sexuelle Erleben und Verhalten von Personen eingebettet.[70] Vor diesem Hintergrund bedeutet Intimität nicht Preisgabe der Individualität der Partner, sondern eine offene Begegnung zweier Personen. Dies setzt einerseits eine gereifte Autonomie und Ich-Stabilität voraus, um bei fehlender Anerkennung oder Unterstützung durch den anderen mit Verlassenheitsängsten und Enttäuschungen umgehen zu können wie auch bei Angst, Frustration oder der spezifischen Reaktionsbereitschaft der anderen Person weder überreagieren noch gleichgültig bleiben zu müssen;[71] andererseits bedarf es der Fähigkeit zur Empathie, die nicht mit emotionaler Identifikation mit dem Partner verwechselt werden darf, der Fähigkeit, für sich selbst Sorge, Hilfe und Zuwendung durch den anderen zulassen zu können, sowie der Ambiguitätstoleranz.[72] In der unauflösbaren inhärenten Ambivalenz von Sexualität spiegelt sich somit die grundsätzliche menschliche Bedürfnisspannung zwischen Autonomie und Bezogenheit wieder.[73] Ausgestaltung und Balancierung dieser Polaritäten hängen nicht nur von den Identitäten der Partner ab, sondern bilden sich zugleich als ein spezifisch kybernetisches Zusammenspiel zweier Personen,

---

[70] Vgl. *Clement, Ulrich*, Systemische Sexualtherapie, Stuttgart 2004, 111–125; *ders.*, Erotik – eine Frage der Entscheidung, in: Blickpunkt EFL-Beratung (2007) Heft 1, 18–21.

[71] Vgl. *Schnarch, David*, Die leidenschaftliche Ehe. Die Rolle der Liebe in der Paartherapie, in: *Jürg Willi, Bernhard Limacher* (Hrsg.), Wenn die Liebe schwindet. Möglichkeiten und Grenzen der Paartherapie, Stuttgart 2005, 184–211, 190f.; s. auch *Schnarch, David*, Der Weg zur Intimität. „Sexual crucible" – Im Schmelztiegel der Sexualität, in: Familiendynamik 29 (2004) 101–120; *ders.*, Die Psychologie sexueller Leidenschaft, München 2009, 63–89.

[72] Vgl. *Kuttenreiter, Verena, Thomanetz, Andrea*, „Warum siehst du nicht, wie ich wirklich bin?" – Identität und Paarbeziehung, in: *Andrea Brandl-Nebehay, Joachim Hinsch* (Hrsg.), Paartherapie und Identität. Denkansätze für die Praxis, Heidelberg 2010, 19–47, 40.

[73] S. *Stierlin, Helm*, Das Tun des Einen ist das Tun des Anderen. Eine Dynamik menschlicher Beziehungen, Frankfurt a.M. 1976, 11; *Hinsch, Katharina, Hinsch, Joachim*, Vom Pendeln zwischen Autonomie und Bezogensein, in: *Brandl-Nebehay, Hinsch* (Hrsg.), Paartherapie und Identität (s. Anm. 72), 49–77. Sexuelle Probleme in Partnerschaften im Sinne von zirkulären Kollusionen (vgl. *Clement, Ulrich*, Sexualtherapie als Paartherapie des Begehrens, in: Psychotherapie im Dialog 1 [2000] 45–50), die sich in sexueller Lustlosigkeit oder Blockaden zeigen, lassen sich, vereinfacht gesagt, oft entweder auf eine mangelnde Differenzierung des Paares, Zuviel an Gemeinsamkeit, oder auf eine übermäßige Betonung der Verschiedenheit, Zuwenig an Gemeinsamkeit, zurückführen. Dieses Spannungsfeld ist entgegen verschiedener Tendenzen aufrechtzuerhalten, die den Autonomie-Pol gegenüber dem Beziehungspol überbewerten und damit in die Individualisierungsfalle zu geraten drohen; vgl. *Kuttenreiter, Thomanetz*, „Warum siehst du nicht, wie ich wirklich bin?" (s. Anm. 72), 47.

wie es die Einsicht in die Koevolution von Menschen in Beziehungen[74] und in die Zirkularität zwischenmenschlicher Erlebens- und Verhaltensweisen in Partnerschaften offenlegt.[75] Dabei zeigen die Ergebnisse der empirischen Sozialforschung zur Sexualität, dass aufgrund der soziokulturellen Kontextualität sexueller Verhaltensweisen eine globale Definition „normaler Sexualität" problematisch ist.[76]

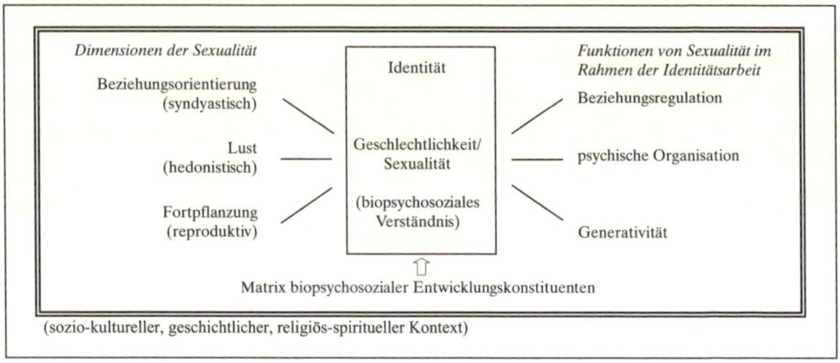

Abb.: Mehrdimensionalität und Multifunktionalität von Sexualität

Betrachtet man das Verhältnis von Sexualität und Identität unter einer praktischen Perspektive, so kommen der Sexualität drei Funktionen im Rahmen der Identitätsarbeit zu, die trotz gewisser Parallelitäten nicht mit den drei Dimensionen von Sexualität (reproduktiv, hedonistisch, syndyastisch) deckungsgleich sind. Denn im Rahmen der Lebensführung kann Sexualität eine komplexere Bedeutung erhalten, indem sie als eine Komponente der Identität eines Menschen in das konkrete, mehr oder weniger bewusste Gestaltungsfeld seiner Existenz eingeschrieben ist. Sexualität kann, generell betrachtet, erstens in *generativer* Hinsicht der Fortpflanzung und Nachkommenschaft dienen, zweitens verschiedene Aufgaben im Funktionsbereich der *psychischen Organisation* übernehmen, etwa zur Selbstbestätigung, zur Selbstrealisation als Mann bzw. als Frau, als intrapsychischer Bewältigungsmechanismus zur Angstabwehr und zur Lösung psychodynamischer Konflikte wie auch zur Spannungsregulation, und drittens in der Funktion der

---

[74] S. *Willi, Jürg*, Ko-Evolution. Die Kunst gemeinsamen Wachsens, Reinbek bei Hamburg 1985; *ders.*, Was hält Paare zusammen? Der Prozeß des Zusammenlebens in psycho-ökologischer Sicht, Reinbek bei Hamburg 1991; *ders.*, Koevolutive Aspekte der Paartherapie, in: Psychotherapie im Dialog 1 (2000) 29–36.

[75] Vgl. *von Schlippe, Arist, Schweitzer, Jochen*, Lehrbuch der systemischen Therapie und Beratung, Göttingen [9]2003, 90–93 u. 118.

[76] Vgl. *Weig*, Sexuelle Störungen (s. Anm. 19), 248.

Beziehungsregulation im Spannungsfeld der beiden Grundmotive von Autonomie, Handlungsmächtigkeit, Exploration und Bezogenheit, Bindung, Angenommensein, Gemeinschaft zum Tragen kommen.[77] (Die Funktion, die Sexualität dann in der Identitätsgestaltung übernimmt, kann im Rahmen der Beziehungsregulation zum Beispiel nicht nur der Befriedigung des Bindungsbedürfnisses dienen, sondern auch der Regulierung von Nähe und Distanz, Macht und Ohnmacht, Führen und Folgen, Dominanz und Unterwerfung innerhalb der Beziehung mit einem anderen Menschen, aber auch Ausdruck von Liebe und Zuwendung oder Kontinuitätsritual für die Partnerschaft[78] sein. Ebenso kann gelebte Sexualität im Rahmen der psychischen Regulation nicht etwa primär der Lustempfindung dienen, sondern die Funktion haben, Einsamkeits- oder Selbstunwertgefühle abzuwehren.)

„Jede Form des Sexualverhaltens steht [...] in innerer Korrespondenz zur jeweiligen Genese der Gesamtpersönlichkeit eines Menschen und ihren lebensgeschichtlichen Erfahrungseinflüssen."[79] Die sexuellen Erlebens- und Verhaltensweisen sind tiefgreifend in der Identität einer Person verwurzelt, dabei in gewissen Maßen entwicklungs- und gestaltungsoffen, aber nicht unbeliebig veränderbar.[80] Da Geschlechtlichkeit in ihrer Genese fragil und störanfällig ist und Menschen in ihrer Sexualität verletzbar und missbrauchbar sind, stellen Geschlechtlichkeit und Sexualität ein sensibles Gestaltungsfeld menschlicher Verantwortung dar.[81]

III. Sexualität als Gestaltungsfeld menschlicher Verantwortung

Die verschiedenen Entwicklungskonstituenten von Sexualität weisen diese als biopsychosoziales Phänomen aus. In seiner Bildung und Ausformung reicht dieses bis in die früheste Zeit der Ontoge-

---

[77] S. hierzu auch *Sautermeister, Jochen*, Persönlichkeit und Partnerschaft. Liebe zwischen Selbst- und Fürsorge, in: Religionsunterricht an höheren Schulen 48 (2005) 267–276.

[78] Vgl. *Clement, Ulrich*, Erotische Entwicklung in langjährigen Partnerschaften, in: *Willi, Limacher* (Hrsg.), Wenn die Liebe schwindet (s. Anm. 71), 170–183, 172–176.

[79] *Hunold*, Sexuelle Deviation/Paraphilie (s. Anm. 7), 344.

[80] Differenzierter zu betrachten sind Geschlechtsidentität und sexuelle Orientierung als solche, Heterosexualität, Homosexualität, Bisexualität, Transsexualität, Intersexualität und Asexualität, s. *Fiedler*, Sexuelle Orientierung und sexuelle Abweichung (s. Anm. 16), 69–171; *Sigusch, Volkmar*, Transsexuelle Entwicklung, in: *ders.* (Hrsg.), Sexuelle Störungen und ihre Behandlung, Stuttgart, New York ^{4}2007, 346–361; *Fiedler*, Sexualität (s. Anm. 2), 65–97.

[81] Vgl. *Hilpert, Konrad*, Gestaltungen von Beziehungen, in: *ders.*, Zentrale Fragen christlicher Ethik. Für Schule und Erwachsenenbildung, Regensburg 2009, 132–148, 135f.

nese zurück und kann nur als spezifische, meist intensive emotional-affektiv gefärbte und körperkommunikative Erlebens- und Ausdrucksform der Identität eines Menschen in interpersonalen Bezügen in einem bestimmten sozio-kulturellen Kontext adäquat verstanden werden. Diese Mehrschichtigkeit korrespondiert mit einer Multifunktionalität für die Identitätsarbeit im Gestaltungsfeld menschlicher Verantwortung, die sich moralanthropologisch folgendermaßen bestimmen lässt: Der biologischen Ebene entspricht die Funktion der Generativität, der psychologischen Ebene die der psychischen Organisation und der interpersonal-sozialen Ebene die der Beziehungsregulation.[82] Zudem ist in Erinnerung zu rufen, dass menschliche Sexualität zum einen in die mehrschichtige Struktur der sozialen Natur des Menschen eingeschrieben ist, die „gleichermaßen auf Bedürfniserfüllung, Selbstbehauptung und Fürsorgebereitschaft hin ausgerichtet ist"[83] und als „soziale Perichorese"[84] im Sinne einer natural-sozialen Metanorm begriffen werden kann.[85] Zum anderen stellt sie eine spezifische, nämlich sexuelle Ausgestaltung der „inneren Gestaltungskräfte der Affirmierung, Arrangierung und Instrumentalisierung"[86] eines Menschen als fundamentale Ich-Regeln des Selbstumgangs dar, die zugleich als psycho-anthropologische Regelkreise für den Umgang mit anderen, wie sie etwa in der Goldenen Regel ihren normativen Ausdruck finden, ausgelegt werden können.[87]

Das Bedingungsgefüge sexualer Wirkfaktoren, die Interdependenz der somatisch-biologischen, psychischen und interpersonalen Konstituenten, kann als *triadische Korrespondenz der sexualen Antriebsfelder und Erfahrungsebenen* begriffen werden. Sie dient als abstrakt-formaler Bezugsrahmen dem Verständnis und der Bewertung konkreter sexueller Erlebens- und Verhaltensweisen vor dem Hintergrund spezifischer soziokultureller, geschichtlicher wie auch religiös-spiritueller Kontexte. Nur sexuelles Handeln, das sich verantwortlich innerhalb dieser wechselseitig verschränkten Bezugskomponenten entfaltet, kann von seiner Natur und deren biopsychosozialem Eigensinn[88] her als human vernünftig gel-

[82] S. hierzu auch *Bancroft, John*, Human Sexuality and its Problems, Edinburgh ^{2}1989.
[83] *Korff*, Norm und Sittlichkeit (s. Anm. 4), 97.
[84] *Korff*, Norm und Sittlichkeit (s. Anm. 4), 12.
[85] Vgl. *Korff*, Norm und Sittlichkeit (s. Anm. 4), 76–101.
[86] *Hunold*, Die sittliche Struktur des Individuellen im Sozialen (s. Anm. 6), 193.
[87] Vgl. *Hunold*, Die sittliche Struktur des Individuellen im Sozialen (s. Anm. 6), 191–195.
[88] Vgl. *Ammicht Quinn, Regina*, Sexualität und Sünde. Moralische Körper-Fragen, in: *Stefan Orth* (Hrsg.), Eros – Körper – Christentum. Provokation für den Glauben, Freiburg i.Br. 2009, 64–81, 75.

ten.[89] Sexuelle Praktiken und Einstellungen sowie sexualmoralische Regulierungen, die gleichsam monomane Einseitigkeiten oder Verkürzungen verkörpern, unterlaufen damit den Anspruch des Ethischen im Sexuellen.[90] Denn die *triadische Korrespondenz der sexualen Antriebsfelder und Erfahrungsebenen* stellt das Bedingungsfeld verantwortlich gelebter Sexualität dar. Sie fungiert als Metanorm für die konkrete Normativität von sexuellem Handeln wie auch für die sexualethische Reflexion. Auf somatisch-biologischer Ebene betrifft es die Aspekte der verantwortlichen Zeugung und der Gesundheitserhaltung, auf psychischer Ebene die Aspekte der Identitätsentwicklung und psychosexuellen Reifung bzw. eines verantwortlichen Selbstumgangs[91] und auf sozial-interpersonaler Ebene die Aspekte eines verantwortlichen sexuellen Umgangs mit anderen Menschen. Auf allen drei Ebenen können moralisch problematische oder verwerfliche Verhaltensweisen wie Grenzüberschreitung, Missbrauch, Ansteckung, Gewalt oder Demütigung eine Verletzung der körperlichen bzw. seelischen Integrität von Menschen entweder selbstbezüglich, bezüglich der Interaktionspartner oder auch gegenüber Dritten, den durch einen sexuellen Akt gezeugten Menschen eingeschlossen, oder einer Gemeinschaft zur Folge haben. Damit sind, grob umrissen, die ethischen Verantwortungsfelder markiert, die in einer sexualethischen Reflexion näher zu entfaltet sind. „Nur in der kreativen und aktiven Gestaltung der eigenen Möglichkeiten eines jeden Paares und eines jeden einzelnen kann die Integration der geschlechtlichen Grunddynamik in den verantworteten Selbstvollzug gelingen."[92] Eine Sexualethik, die lediglich dichotom auf die reproduktive und beziehungsorientierte Funktion von Sexualität als moralisch wertvolle Dimensionen ausgerichtet ist, vermag daher auch nicht wirklich eine Ethik gelingender Sexualität zu entwerfen und lässt damit die Perspektive des guten Lebens außer Acht, weil sie letztlich identitätsvergessen agiert.

---

[89] Vgl. *Hunold*, Sexuelle Deviation/Paraphilie (s. Anm. 7), 344; *Schockenhoff, Eberhard*, Grundlegung der Ethik. Ein theologischer Entwurf, Freiburg i.Br., Basel, Wien 2007, 438.

[90] S. bereits *Görres, Albert*, Pathologie des katholischen Christentums, in: *Franz X. Arnold, Karl Rahner, Viktor Schurr, Leonhard M. Weber* (Hrsg.), Handbuch der Pastoraltheologie. Praktische Theologie der Kirche in der Gegenwart Bd. II/1, Freiburg i. Br., Basel, Wien 1966, 277–343, 332–336.

[91] Auf die Gefahr, durch exzessive und grenzenlose Selbstexperimente die psychosozialen Fähigkeiten einer gelingenden Identitätsregulation zu beeinträchtigen, weist Magnus Striet hin, vgl. *Striet, Magnus*, Moderne Körperlust. Ein theologischer Versuch zu bizarren Phänomenen, in: *Orth* (Hrsg.), Eros – Körper – Christentum (s. Anm. 88), 128–141, 137.

[92] *Fraling, Bernhard*, Sexualethik. Ein Versuch aus christlicher Sicht, Paderborn u. a. 1995, 253.

In der biopsychosozialen Dimensionierung menschlicher Sexualität ist in der ihr inhärenten spannungsreichen Vitalität zwischen Autonomie und Bezogenheit, zwischen Risiko und Sicherheit, zwischen Erregung und Entspannung eine entwicklungsoffene Dynamik für die Identitätsgestaltung grundgelegt, welche die Möglichkeit der Selbstverwirklichung, der Selbsterweiterung und der Selbstüberschreitung in intrapsychischer, interpersonaler und generativer Hinsicht beinhaltet, wenn die nötigen Ressourcen vorhanden sind und genutzt werden.[93] In der persönlichen und partnerschaftlichen Aufgeschlossenheit für menschliches Leben (biologisch), in der Arbeit an der eigenen Identität hin zu einer psychisch integrierten und integren Persönlichkeit, welche die Fähigkeit zur realistischen Selbstwahrnehmung und Empathie wie auch zur realistischen Selbstwirksamkeitseinschätzung und Handlungsfähigkeit in sexueller Hinsicht erworben hat,[94] in der Reifung der persönlichen Intimitätsfähigkeit für ein balanciertes, respektvolles partnerschaftliches Miteinander (psychisch) sowie in der partnerorientierten Bezogenheit und in einer reifen und verantwortlichen Beziehungsregulation (interpersonal) lassen sich solche ästhetischen, entwicklungssensiblen sexualpädagogischen und mitunter therapeutischen Gestaltungsfelder markieren. Sie umreißen das Feld sexualethisch relevanter Entwicklungsaufgaben und formieren das Spektrum einer systematisch an der *triadischen Korrespondenz der sexualen Antriebsfelder und Erfahrungsebenen* ausgerichteten Sexualpädagogik: (1) Gesundheitsprävention, um zum einen verantwortlich mit der reproduktiven Potenzialität von Sexualität umgehen zu können und zum anderen Sexualstörungen wie auch Ansteckung und Übertragung von Krankheiten vorzubeugen, (2) psychosoziale Prävention, um möglichst angemessen bei unerwünschten, die Autonomie und Integrität der Betroffenen nicht respektierenden und unrechtmäßigen versuchten oder begangenen Grenzverletzungen und Grenzüberschreitungen bei sich selbst und bei anderen, etwa bei sexueller Gewalt, agieren zu können, (3) sexualethische Werte- und Haltungsbildung im

[93] Durch den Bedeutungsverlust von „stützenden, identitätsstiftenden sozialen Kollektiven in einer komplexer werdenden Umwelt" (*Kuttenreiter, Thomanetz*, „Warum siehst du nicht, wie ich wirklich bin?" [s. Anm. 72], 35) steigt das Potenzial für Selbstzweifel und Selbstunsicherheit. Intimbeziehungen werden dann oft mit der teilweise überfordernden Erwartung an den Partner verbunden, diese Unsicherheit zu lösen und die eigene Selbstdarstellung zu validieren, vgl. *Luhmann, Niklas*, Liebe als Passion. Zur Codierung von Intimität, Frankfurt a.M. ^{5}1999, 208; *Beck, Ulrich, Beck-Gernsheim, Elisabeth*, Das ganz normale Chaos der Liebe, Frankfurt a.M. 1990, 9f.

[94] S. *Sautermeister, Jochen*, Selbstwahrnehmung und Empathie. Konturen einer Perspektiven-bewussten Ethik, in: *Gerhard Droesser, Ralf Lutz, ders.* (Hrsg.), Konkrete Identität. Vergewisserungen über das Individuelle Selbst, Frankfurt a.M. u. a. 2009, 47–81, 78f.

Dienste einer Persönlichkeitsentwicklung, um eine personale Integration der Sexualität, eine identitätsförderliche und beziehungsorientierte Gestaltung von sexuellem Erleben und Verhalten fördern zu können.[95]

In ihrer entwicklungsoffenen und identitätserweiternden potenziellen Dynamik, in ihrer erlebbaren, ekstatischen Energiemächtigkeit und in ihrer reproduktiven Kraft, also in der selbsttranszendierenden Potenzialität von Sexualität, ist schließlich auch die Offenheit von sexuellem Erleben und sexueller Praktiken für religiös-spirituelle Bedeutungsschichten grundgelegt.[96]

Die moralanthropologische Reflexion auf das Wechselverhältnis von Identität und Sexualität zeigt also auf, dass das Verständnis konkret gelebter Sexualität immer eine Sensibilität für den biografisch-sozialen Kontext erfordert. Die Entwicklungslinien der sexualen Matrix reichen bis in die früheste Phase der Ontogenese zurück. Dieser Sacheinsicht ist zum einen im Aufbau und Vorgehen der theologischen Ethik dadurch Rechnung zu tragen, dass sexualmoralische Reflexionen im Rahmen einer Beziehungs- und Persönlichkeitsethik zu verorten und hieraus systematisch zu entfalten sind.[97] Zum anderen ist die *triadische Korrespondenz der sexualen Antriebsfelder und Erfahrungsebenen* in einer theologisch-ethischen Konzeption von Sexualität als Ausdrucksform von Liebe unumgänglich zu berücksichtigen, wenn diese den Anspruch auf Lebbarkeit einlösen möchte. Die theologisch-ethischen Ausarbeitungen zu einer solchermaßen anthropologisch-identitätstheoretisch fundierten Sexualethik, welche die personale Integration von Sexualität nicht nur als Ort personaler Begegnung und eines verantwortlichen Zeugungswillens versteht, sondern auch in ihrem Eigensinn als körperlich-ästhetischem Selbstentfaltungspotenzial begreift,[98] stehen noch in den Anfängen.

---

[95] Eine Konturierung einer Ethik sexueller Kommunikation hat *Hilpert*, Sexualethik (s. Anm. 30), 148–151 vorgelegt, die auch in ethischer Hinsicht die sexualpädagogischen Ausführungen von *Leimgruber, Stephan*, Sexualität gestalten lernen. Neue religionspädagogische Ansätze, in: Stimmen der Zeit 135 (2010) 47–56 und *Illa, Andreas, Leimgruber, Stephan*, Von der Kirche im Stich gelassen? Aspekte einer neuen Sexualpädagogik, Kevelaer 2010, perspektivieren.

[96] Zum Verhältnis von Religion und Sexualität s. auch *Hilpert*, Sexualethik (s. Anm. 30), 141f.

[97] S. *Hilpert, Konrad*, Verantwortlich gelebte Sexualität. Lagebericht zu einer schwierigen theologischen Baustelle, in: Herder-Korrespondenz 62 (2008) 335–340, 336f.

[98] S. *Hunold*, Sexuelle Deviation/Paraphilie (s. Anm. 7); *Korff*, Wie kann der Mensch glücken? (s. Anm. 68), 135 u. 168f.; *Molinski, Waldemar*, Sexualethik, in: Lexikon der Bioethik Bd. 3 (2000) 310–325, 324.

Lebensentscheidungen als Teil der Biografie. Zeilen aus einer theologisch vernachlässigten Anthropologie

Ein Zwischenruf

von Gerfried W. Hunold

Viele wähnen den Begriff schon scheinbar auf dem Altenteil des Selbstverständlichen geraten zu sein. Wir haben sie und sie gehört zu uns: die Lebensgeschichte. Doch bestimmen je neu zwei Elemente die innere Dynamik der menschlichen Existenz, die der Begriff beschreibend festhält.

Das Leben: Ausgespannt zwischen Anfang und Ende entbirgt sich darin etwas Gegebenes, das uns zur Gestaltung in die Hand gelegt ist. Es pulst in uns; wir haben es, solange wir atmen; wir mühen uns ab und wir behaupten seine erhoffte Kontinuität, die Gewohntes und Eingespieltes für uns überschaubar macht.

Dann das zweite Aussagesegment über die menschliche Existenzausstattung, die uns weiterhin unentrinnbar im Griff hat: die Geschichte. Alles Beharren, alle Treue zu sich selbst unterliegt den Bedingungen des Vorausgehenden, das nicht einfachhin planvoll-folgernde Schlüsse für das Kommende zulässt, das vielmehr mit Widerfahrnissen des Unerwarteten einhergeht und damit mit dem nicht Kalkulierbaren des je neuen und anderen an Erfahrungen – seien diese nun ermutigend oder von Versehrungen gezeichnet –, die uns um der Authentizität der inneren Wahrheit des Lebens willen auf Wagnisse, ein Umdenken und eben auf neue Anfänge einschwört.

„[B]ehaupten und wandeln" nennt Thure von Uexküll die Dialektik des menschlichen Geschicks.[1] Es ist die mitlaufende Trennlinie, die alle menschliche Biografie durchzieht. Der Schriftsteller Thomas Brasch hat es auf den Punkt gebracht:

> „Was ich habe, will ich nicht verlieren, aber / wo ich bin, will ich nicht bleiben, aber / die ich liebe, will ich nicht verlassen, aber /

[1] *Von Uexküll, Thure*, Lebensgeschichte und Krankheit, in: *Friedemann Maurer* (Hrsg.), Lebensgeschichte und Identität. Beiträge zu einer biographischen Anthropologie, Frankfurt a.M. 1981, 150–167, 151.

die ich kenne, will ich nicht mehr sehen, aber / wo ich lebe, da will ich nicht sterben, aber / wo ich sterbe, da will ich nicht hin: / Bleiben will ich, wo ich nie gewesen bin."[2]

Kein Zweifel, wir reiben uns an der ungenügenden Wirklichkeit unseres Alltags mit seinen vielfältigen, oftmals verfestigten Strukturen in Politik, Gesellschaft und Kirche wund. Das hoffend-schwankende ‚Aber' des Gedichts dominiert eine offene, ungesicherte Existenz, die nach dem bleibenden Gelingen des Lebens fragt. Diese umtriebige Suche nach unserem eigenen Bestand entlarvt sich letztlich als schleichende Angst vor dem Verlust des Lebenssinns, der es nicht mehr zulässt, das Fragmentarische unseres Tuns, die Teilwelten des Erlebten und Erfahrenen innerlich zu einem stimmigen Ganzen zu einen. Sind wir nur noch Treibsatz der Zeit, der den Wert aller Verbindlichkeit verflüssigt? Das Einspruch erhebende ‚Aber', das sich in den gereimten Zeilen den Verängstigungen entgegenwirft, gehorcht keineswegs der Kultur resignierender Beliebigkeit, sondern ist vielmehr vom Einklagen menschlicher Selbstbefreiung von allen uns einengenden Bevormundungen diktiert, das die Grammatik des Lebens mit seinen unerlösten Sehnsüchten ahnen lässt, die man für sich persönlich hegt.

I.

Lebensgeschichte und die Suche nach der eigenen Identität halten uns Menschen in ständiger und nicht enden wollender Auseinandersetzung mit den nicht überspielbaren Bedingungen und Voraussetzungen des Lebens. Sie korrespondieren miteinander und eine Vielzahl von Begriffsvarianten begleiten sie und legen sich ergänzend ineinander aus: Individualität, Lebensskript, Selbstkonzept, Selbstwahrnehmung, Selbstbild, Selbstbewertung, Selbstverpflichtung, Selbstfindung, Selbstwertgefühl, Selbstverantwortung, Selbstbindung etc. – kurz: Deklinationen, die die Freiheit des Subjektes zum Thema haben. Lebensgeschichte und Identität sind als Stichworte einer biografischen Anthropologie relativ jung, ohne in Abrede zu stellen, dass vor ihrer systematischen-empirischen Forschungsetablierung es immer schon Geschichten von Menschen gab, sei es als confessiones, Bekenntnisschriften, Hagiografien oder sei es in anderen Lebensschilderungen, die erst im Nachhinein – gleichsam retro-

---

[2] *Brasch, Thomas*, Drei Wünsche, sagte der Golem. Gedichte, Stücke, Prosa, Leipzig 1990, 21.

spektiv erhellend – analytisch erschlossen werden. Vergangenheit läuft auch hier durch den Filter gegenwärtiger empirischer Erkenntnisse und Bewertungen.

Wir stehen noch davor. Es ist eine ständige Deutungsarbeit zu leisten, in die jeweiligen Bedingungsgeschichten unseres Lebens, „in die Geschichte unseres Geschlechts, unseres Leibes, unserer Glaubensüberzeugungen [...] in die Geschichten von Liebe und Hass, Schuld und Erlösung, Erkenntnis und Irrtum [...]“[3], in der wir kritisch zeitgegeben unsere Existenz zu hinterfragen haben. Identität meint keinen einmal gewonnenen Status quo, sondern Kontinuität im Wandel der Einlösung der je eigenen lebbaren Sinnwahrheit des Lebens. Wir müssen sie immer wieder neu herstellen in der Lebensbalance unserer eigenen Biografie und den Einforderungen, die wir in unserer sozialen Umwelt erfahren. Diese Identität erträgt kein Plagiat von Vorbildern, von äußeren Rollenvorgaben gesellschaftlicher Erwartungen in den systemischen Einbindungen unserer Lebensvoraussetzungen. Die Wahrheit eines Menschen ist auch kein Baustein einer naturrechtlichen Argumentation, zumal dieses Argument in seiner wechselhaften Auslegungsgeschichte höchstens das Recht des individuellen Subjekts auf Achtung und Würde sichert und nicht mehr. Der erschließende Schritt auf diese Wahrheit hin zielt vielmehr auf den unbedingten Willen des unverwechselbaren Selbst eines Menschen, seinem Wollen und Können, in der untrüglichen Geschichte als Individuum frei und sinnvoll agieren zu dürfen. Geschichte begleitet unsere eigene Selbstwerdung; sie ist gleichsam das moralische Individuationsprinzip unseres eigenen Lebens. In der Kontingenz unserer Biografie vollzieht sich so der Ausgriff auf das übersteigende Entscheiden und Gestalten von allem Bedingten. Unbedingtes wird damit möglich im Wagnis der eigenen Geschichte und ihrer nicht beeinflussbaren Verlaufsprozesse.

Entschiedene Sinnverwirklichung inkarniert sich somit im Medium der Zeit. Sie ist bewusst gesetzte Wahl; sie bewegt sich stets zwischen Möglichkeiten und Bedingungen unserer Lebenspraxis und auch eingegangene Lebensentscheidungen, die sich auf die Verbindlichkeit des Unbedingten eingelassen haben, tragen in dieser sittlichen Herausforderung des menschlichen Wollens nichts anderes als das geschichtliche Kleid. Die bleibende Selbstbeanspruchung des Menschen!

---

[3] *Maurer, Friedemann*, Vorwort, in: *ders.* (Hrsg.), Lebensgeschichte und Identität (s. Anm. 1), 7–9, 9.

Wenngleich das ‚Selbst‘ des Menschen sich nicht als eine abgeschlossene Größe zu erkennen gibt, wird zweifelsfrei eine Erfahrungsdimension sichtbar, die jene asymptotisch erreichbare Mitte und Einheit personal-geistiger Eigenverantwortung ebenso symbolisiert wie die leib-seelische Eigengesetzlichkeit des Handelns, in der Vernunft und Wille ihre emotionale Vermittlung für den menschlichen Entscheidungsprozess erfahren. Eine Klärung dieser sittlichen Kraft ist nicht mehr einfach über eine lineare Deutung der praktischen Vernunft zu haben, sondern sie beschließt letztlich eine Vielzahl von unterschiedlichen Zuständigkeiten in sich, die den Bereich des Beurteilens und des gezielten Handelns gleichermaßen betreffen, wie den Bereich des Wahrnehmens und des zwischenmenschlichen Kommunizierens. Gerade zum Anspruchsfeld moralischer Souveränität gehört primär und unverzichtbar die reifende und zeitliche mitwachsende kritische Fähigkeit zur vorbehaltlosen Selbstwahrnehmung. Nicht nur Handlungs- und Entscheidungssituationen gewinnen dabei ein Gewicht, sondern auch die Rekonstruktion von Problemzusammenhängen im Bereich der vermittelten Wahrnehmung: Informationsverarbeitungen je unmittelbar in Beziehung gesetzt mit persönlichen und fremden Erwartungen, mit entwicklungsbedingt zugänglichem Wissen, mit gespeicherten Erfahrungen und bisher gewonnenen Sinndeutungen. Es gilt ständig diese komplexe Urteils- und Entscheidungsfindung auch retrospektiv auszuschreiten. Im analytischen Zugriff das biopsychische Zusammenspiel von unbewusster Selbsterfahrung, bewussten Handeln und prägenden Außeneinfluss der moralischen Vorstellungen zu entwirren und eine Vorgestalt des Selbst zu entwerfen und durchzutragen, das die moralische Beanspruchung des Menschen durchwirkt, steht dabei auf der Tagesordnung.

Trotz dieser in der Aufklärung vollzogenen Kehre zum Subjekt und dem Erfassen der dispositionellen Faktoren menschlichen Gelingens, die dabei die ethische Kategorie der Selbstbestimmung benennt, erscheint dieses Selbst durchaus noch im Fluss der fortlaufenden Erkenntnisse in der Rolle eines ‚Neureichen‘ gefangen, der noch die Erfahrung machen muss, dass er entgegen seinem inzwischen erworbenen Reichtum an Perspektiven und Bedeutungen doch nicht alles kaufen kann, was in seiner Vorstellung liegt. Nicht nur das in der Außenwelt verobjektivierte Selbst in den zwischenmenschlichen Beziehungen, sondern ebenso das geglaubte ‚Spiegel-Selbst‘ ist leitend in den Entscheidungsprozessen; vorrangig ist dabei die alles bewegende Frage, wie es überhaupt zu einer Profilierung des Selbst kommt und welche Faktoren seine Entwicklungsgeschichte beeinflussen.[4] Das Ringen um Authentizität einer gewählten Entscheidung als integriertes Ganze unserer Person umschließt alles, was sie selbst im Spiegel lebensgeschichtlicher Zeit wahrnimmt: „äußere Erscheinung, Gefühle, internalisierte Werte und Regeln" sowie die Tatsache, verantwortlicher Träger von Handlungen und ihren Folgen zu sein.[5] Wir selbst haben unsere eigene Geschichte in der Geschichte zu betreiben. Eine Art innere ‚Selbsttheorie', die wir im Laufe von Erfahrungen in unserer Lebensgeschichte unwissentlich über uns selbst entwickeln.[6] Grundlegend bleibt: Wie Menschen je mit sich selber umgehen, was für sie erfahrungsmäßig lebenswendend und -entscheidend ist, welchen Zumutungen sie sich auszusetzen bereit sind, ist abhängig vom Intensitätsgrad der Wichtigkeit, mit der im jeweiligen Lebensumfeld Ideen, Sachverhalte, Personen und Beziehungen belegt werden. Mit dem subjektbezogenen Tatsachenurteil wird aber gleichzeitig die rein kognitive Ebene des Erkennens und Urteilens verlassen und der Bereich der emotionalen Kompetenz betreten. Was einen Menschen gefühlsmäßig nicht berührt, hat für ihn auch kein identitätsbedeutsames Gewicht. Das bestimmt Entscheidungsprozesse und den Bestand ihrer Dauer. Die Strukturgesetzlichkeiten der Selbstwahrnehmung greifen. Sie beeinflussen sie in der normativen Beanspruchung und signalisieren zugleich die kognitive Verarbeitung der je augenblicklichen Erfahrung des eigenen Verhaltens mit den gespeicherten Erfahrungen der Fremdeinschätzung unseres Selbst. Außenbeurteilung und Innenbeurteilung mischen sich rückerinnernd vor dem Forum eines sensitiv qualifizierten Fühlens. Damit wird ethisch bedeutsam: Wie verarbeiten wir lebenslang unsere gemachten Erfahrungen? Auf welche Weise geben wir eine Art ‚Selbstbericht' ab, in der wir Situationen sowie Entscheidungs- und Handlungszusammenhänge auch in ihren Folgen persönlich für uns bewerten? Greifbar wird diese stets emotional ich-bezogene Rechenschaft in der intentionalen Offenlegung von Ursache, Zweck und Ziel allen Entscheidens und Handelns, die dieses bewusst oder unbewusst begleitet. In solch selbstkonzentrierter Aufmerksamkeit und Rechenschaft erspüren wir die negativen Abweichungen von dem postulierten Selbstbild und den objektiv an uns herangetragenen

[4] Vgl. *Cooley, Charles H.*, Human Nature and Social Order, New York 1902.

[5] Zum Ganzen s. *Wicklund, Robert A.*, Selbstzentrierte Aufmerksamkeit, Selbstkonsistenz und Moralität, in: *Leo Montada* (Hrsg.), Brennpunkte der Entwicklungspsychologie, Stuttgart 1979, 399–407.

[6] Vgl. *Pervin, Lawrence A.*, Persönlichkeitspsychologie in Kontroversen, München 1981.

Außenerwartungen. Dies bleibt nicht ohne Konsequenzen. Je öfter wir in den Diskrepanzerfahrungen zwischen unserem tatsächlichen und unserem normativ angestrebten Selbstbild geraten, desto stärker setzen wir auf Vermeidungsstrategien. Wir vermeiden in unserem jeweiligen Entscheidungs- und Handlungsentwurf alles, was unser Selbstbild von außen zerstören könnte. Generell gesprochen: Der Mensch schätzt diejenige Entscheidungs- und Handlungsweise für sich als bindend ein, bei der er überzeugt ist, richtig zu handeln. Vorbedingung für dieses innere Gefühl solcher Richtigkeit ist allerdings die Freiwilligkeit unseres Entscheidens und Handelns.

Dieses freie Entscheiden und Handeln, seine Wertbildungen und Wertbindungen geht einher mit dem jeweiligen individuell gewachsenen Selbstbild, seinen voneinander analytisch abhebbaren Schichten und Prägungen, berührt aber auch die lebensbegleitende Summe unserer Selbsteinschätzungen im Sinne des Selbstwertgefühls, das sich im Verlauf der Lebensgeschichte herausbildet. Das Erinnern positiver Handlungserlebnisse stabilisiert unser Verhalten und kompensiert aktuell auftretende Schwächen. Umgekehrt gilt: Je niedriger unser Selbstwertgefühl ausgeprägt ist, desto mehr Außeninformationen werden übernommen und damit Halt gebende Orientierungsmuster gesucht, ganz gleich ob diese nun sozialer oder moralischer Natur sind.

Diese Kontrollauslegung, wie sie auf der Ebene des personalen Zuschnitts des Selbstwertgeschehens abläuft und präsent ist, ähnelt dem Prozess eines in die Vergangenheit gewandten Selbstaufarbeitens des Verhaltens und vergangener Entscheidungen. Dies bedingt, dass wir im Verlauf unserer Lebensgeschichte auf sehr unterschiedliche Schwellen der Erklärungsbedürftigkeit unseres Handelns und Verhaltens stoßen. Wir verarbeiten und generalisieren dies übersituativ auf das Verhaltens- und Lebensfeld hin, in dem wir uns gegenwärtig bewegen. Damit betreiben wir unbewusst eine Auseinandersetzung mit den inneren je eigenen Gefühlen, Überzeugungen und normativen Grundeinstellungen und -entscheidungen. Gleichzeitig ist der empirische Ort abgesteckt, an dem auch die sittlichen Prinzipien wirksam werden, die unser Handeln und Entscheiden verbindlich leiten, ihm eine innere Formation geben. Erst in einer personalen Integration, in der das Erfahrungspotenzial verarbeitet wird, wird dann jenes sittliche Engagement freigesetzt, das alles bloß Faktische transzendiert und sich darin als jenes Anspruchsmoment zu erkennen gibt, das die unbedingte Selbstverpflichtung des Menschen charakterisiert.

II.

Solche Einlassungen auf die biografische Anthropologie und Identitätsforschung, wie sie vorab grob und auswahlweise kurz angesprochen wurden, beanspruchen in den fortschreitenden Erkenntnissen und Feststellungen keinen ethischen Passepartout für sich. Das Ausschreiten empirischer Sachzusammenhänge gehorcht keineswegs der Wesensfrage, sondern bescheidet sich damit, Funktionen und Bedingungen zu nennen, die als tragende Strukturgesetzlichkeiten das jeweilige Entscheiden des Menschen durchwirken. Des Weiteren bewegt sich die Erhellung der Bestimmungsfaktoren der normativen Selbstbeanspruchung des Menschen lediglich im Bereich des ethisch Bedeutsamen und bedarf somit stets noch der Integration in eine spezifisch-ethische Reflexion. Aber die Beachtung des ethisch Bedeutsamen ist schon wichtig genug für das Verstehen der Problemzusammenhänge. Es steht der Theologie schon gut an, solche Erkenntnisse nicht einfach außen vor zu lassen und sich auf die eigenen Denkwege zu verlassen. Das gilt auch für die Kirche insgesamt.

III.

Unbedingte Lebensentscheidung – den Romantikern der Ausnahmesituation steigt Glanz in die Augen, weil sie die Ausnahme gleichsam als Grundbegriff ihres Denkens und Handelns empfehlen. Ausnahmezustände sind gegeben, wenn wir innerhalb unserer bisherigen Lebensgeschichte keine Orientierung an herkömmlich Gewohntem, an Regeln finden und versuchen mit ungewöhnlichen Mitteln einen Zustand herzustellen, dessen Ordnung dann neue Verbindlichkeiten schafft. Es ist nicht von ungefähr, dass die Begriffe „Norm“ und „Ausnahme“ immer aufeinander bezogen sind, wenn wir alltagssprachlich von Entscheidung sprechen. Aber ist Entscheidung wirklich immer ein Ausnahmefall? Oder geht es nicht einfach darum, dass wir versuchen, Wahlmöglichkeiten, die miteinander im Streit liegen, zu versöhnen, weil sie nicht zugleich zu treffen sind? Entscheidungen sind immer gegen anders lautende auszuspielen. Dabei sind viele Entscheidungen nicht einfach kataraktisch nebeneinander unversöhnt festgeschrieben, sondern die vielen Einzelentscheidungen in unserem Leben sind gleichsam die Ratifizierung für eine grundsätzliche Sinnentscheidung. Anders gesagt, sie sind je neu die Bestätigung der persönlichen Sinngeschichte. Die Grundentscheidung, die den Grundsinn unseres

Lebens und Handelns leitet, ist zwar geschichtlich gefasst und getroffen, weist aber einen hohen Grad an Stetigkeit auf. Das gilt in genere gesprochen auch für die sogenannte unwiderrufliche Lebensentscheidung. Sie ist gleichsam eine Verleiblichung unserer Sinnsuche und Sinnüberzeugung und stellt uns mit dem Anspruch an uns selbst mit unseren persönlichen Überzeugungen in die Wirkgeschichte unseres Lebens hinein, der wir nicht entfliehen können. Auch Lebensentscheidungen sind Bezugsrahmen innerhalb dessen, wie wir jeweils unsere eigene Identität und damit unsere eigene menschlich-lebbare Lebenserfüllung suchen müssen. Nur haben wir uns auf der Lebensebene der entschiedenen Wahl auch darin wiederzuerkennen. Ob eine Lebensentscheidung im Rahmen einer Partnerschaft mit dem Zielpunkt einer unverbrüchlichen Ehe oder bewusst verzichtend darauf die Lebensform der Ehelosigkeit im Sinne eines zeichenhaften religiös motivierten Zielwerts getroffen wird, all dies steht dann in der zu entfaltenden Sorge um das Gelingen einer Lebensgeschichte, insofern dieser Entscheid stellvertretend für die sinnerfüllte Übernahme der je eigenen Identität – auch in ihrer sexuellen Ausgestaltung – uns aufbrechen lässt in die eigene noch offene Zukunft.

Nicht alle Entscheidungen im Leben sind von gleicher Unwiderruflichkeit. Wir ertappen uns dabei, dass wir Möglichkeiten auswechseln, nicht nur aus Willkür und Laune heraus, sondern weil wir einen neuen übergreifenden Sinn entdecken, der bisher geschichtlich von uns noch nicht erfahren wurde. Wir versuchen, solche getroffenen Entscheide immer wieder neu in ihrer Inhaltlichkeit freizulegen und entsprechend des neuen Erkenntnis- und Sinnzuwachses zu modifizieren oder gar ihn zu revidieren. Vieles begegnet uns in unserer Lebensgeschichte, was in seiner Kontingenz partikular und austauschbar ist. Aber ethisch entscheidend ist, dass wir auf der Suche nach unserer eigenen Wahrheit handeln und etwas in unser Leben hinein holen, das uns letztlich verweist – auch theologisch – auf das sinnverbürgende Gut des gelingenden Lebens überhaupt.

Gehorchen diesen korrigierenden Austauschgesetzlichkeiten auch die unwiderruflichen Lebensentscheidungen? Viele Zeitgenossen in der Not ihrer Bindungsängste empfinden es als illegitim, überhaupt von ‚unwiderruflich‘ zu sprechen. Das ist verständlich. Allzu leichthändig wurde in der Vergangenheit mit dem Begriff operiert und zu wenig die Bedingungen und Bedeutung seiner theologischen und anthropologischen Voraussetzungen bedacht. Was macht überhaupt eine verbindliche Lebensentscheidung im Geflecht menschlicher Festlegungen aus? Können Leitwerte einer

Lebensentscheidung, die sie zu verwirklichen sucht, so eindeutig vorwegbestimmt werden? Ist uns ihre Einmaligkeit im Verlauf unseres Lebens stets so bewusst? Vermag der einzelne Mensch sich über seine eigene Geschichte zu erheben, dass er sich verbindlich festlegen kann, ohne Gefahr zu laufen, an den eigenen individuellen Möglichkeiten und seiner persönlichen Wahrheit vorbeizuleben? Wesentlich bleibt auch hier, dass die Lebensentscheidung einem zunächst gewachsenen Einsichtsstand folgt und sie bleibt auch offen für weitere Einsichten. Unwiderruflichkeit der Wahl meint sonach keinen geschichtslosen Standpunkt im Gedränge der Zeit, sondern meint, dass der sich so Entschiedene mit der Einsicht und Erfahrung zum Zeitpunkt seiner Wahl auf den Weg in die Endgültigkeit begibt.

Alles Entscheiden folgt der geschichtlich zugewachsenen Selbsteinsicht. Wir treffen die Lebenswahl aus einer lebensgeschichtlichen Zurüstung. Aber jede Wahl im Leben erfolgt in der Weise der Scheidung: Wir wählen aus Möglichkeiten und Perspektiven das für uns Angemessenste und verzichten gleichzeitig auf Möglichkeiten, die wir haben und nicht realisieren. Es ist also die frei eingesehene Selbstbestimmung, aus den bisherigen Erfahrungen heraus, das Geschick seiner Zukunft in die Hand zu nehmen. Lebensentscheidung ist eine ‚Vorentscheidung' für all das, was daraus folgt; ihre Konsequenzen und Tragweite werden im konkreten Alltag eingelöst.

Ein weiteres Problemfeld rückt damit in den Blick. Entscheiden vollzieht sich nicht nur im Medium der Zeit, sondern auch im Medium des sozialen Miteinanders, sozial geronnene Erfahrung als geschichtlich gewachsene Rahmenbedingung, in denen sich menschlich-persönliche Erfahrungen einspuren: die Institution. Ob dies nun die Institution Partnerschaft und Ehe, die Institution Priestertum mit seinem Zölibatsgesetz oder die Institution des frei gewollten Verzichts der Ehelosigkeit ist. Diese institutionellen Einbettungen unserer Lebensentscheidung stellen einerseits Strukturen bereit, die helfen, das, was wir an Grundüberzeugungen mitbringen, auch tragfähig für unser Leben zu halten. Sie haben eine gewisse Halte- und Stützfunktion. Aber ethisch viel dringlicher sind die negativen Erfahrungen, die institutionell bedingt den Menschen erreichen. Erich Fromm als scharf diagnostizierender Sozialpsychologe hat mit Recht von der Not der Freiheit gesprochen, die den Menschen begleitet und auf sein Leben zurückfällt. Strukturen, in denen wir uns mit unseren Entscheidungen einlassen und bewegen, werden von uns lähmend und einengend erfahren. Die frei eingegangene Verbindlichkeit wird dann oftmals in den institutionellen Regelungen und Vorgaben im Laufe eines Lebens als etwas wahrgenommen, das mit dem eigenen Lebenssinn, den man gesucht und gewollt hat, nicht mehr übereinstimmt. Man fühlt sich in seinem Ursprungselan stillgestellt, selbstentfremdet, als einer, der gleichsam der Freiheit seines Wollens, sich nicht mehr erkennend hinterher blickt. Institutionelle Bindung unserer Entscheidung schaffen äußerliche Erwartungshaltungen, die uns zwingen, was uns innerlich bewegt, nach außen verobjektivieren zu müssen. Das heißt in der Konsequenz, wir tasten moralisch nach dem Kompromiss, was wir persönlich wollen und dem, wie wir es überhaupt leben können. Die Schwerkraft institutioneller Strukturen zeigt für viele jeden Tag neu die Ambivalenz dieser Vorgaben, die eine authentische Entscheidung überfremden können. Dies ist der Grund dafür, dass Menschen ihre eigene Lebensentscheidung hinterfragen, nicht etwa aus einer Beliebigkeit des Wechselmutes heraus, sondern vielfach aus der Not geboren, dass sie sich von außen in der Institution in ihrer Grundüberzeugung nicht mehr wiedererblicken.

Diese Tatsache wirft auch ein Licht auf die kritische Infragestellung des Entscheids, seine Sinnhaftigkeit und innere vernünftige Richtigkeit des Lebensentwurfs in der weiterlaufenden Lebens- und Einsichtsgeschichte eines Menschen. Es ist zunächst die Not des Nachreifens oder, anders gewendet, eine Krise der getroffenen Wahl. Haben wir falsche Erwartungen an das Leben gehabt, an unsere Ziele und Sinnideale? Wie gehen wir mit dem Haushalt unserer Wünsche und Bedürfnisse, unseres Könnens und Wollens um? Eine solche Anfrage verhilft zum Einüben einer kritischen Haltung sich selbst gegenüber. Es gilt dabei die ganze Bandbreite unseres Lebens einzuholen und nichts zu unterschlagen. Der Lebensweg will begangen werden, Schritt für Schritt. Ereignisse, die ein Leben ändern, sind dabei nicht ausgeschlossen. Um in der Welt des Sprachbildes zu bleiben: Wir können uns im wahrsten Sinne des Wortes verrennen; wir können uns verirren, hinfallen und mit neuer Kraft weitergehen. Man kann aber auch auf dem Weg des Lebens sesshaft werden, verlassen sein, einsam. Das Wahrnehmen der eigenen Möglichkeiten und das jeweilige Einlösen bleiben uns nicht erspart. Nicht von ungefähr bezeichnet die daseinsanalytische Lebensauslegung das nicht genügende Wahrnehmen von Möglichkeiten als eine elementare Schulderfahrung. Wir spüren zwar die Ohnmacht unserer Freiheit, aber begnügen uns oft mit der eigenen Brüchigkeit unserer Pläne und Ziele, mit dem Überfordertsein aufgrund innerer Ermüdung oder äußerer soziokultureller Faktoren. Die Formen einer unbedingten Lebenswahl-Festlegung sind davon nicht ausgenommen. Menschen können zerbrechen an den äußeren und inneren Möglichkeiten ihrer Wahl.

Aber was bedeutet Lebenskorrektur im Hinblick auf eine solche Grundentscheidung? Nehmen wir beispielhaft den unbedingten Bindungswillen, mit dem zwei Menschen eine Ehe eingehen. Mit ihr treffen zwei unterschiedliche Lebensgeschichten aufeinander, die auch in der gewollten Gemeinsamkeit bei allem Einklang zwei Lebensgeschichten bleiben. Auch die Treue zueinander kann nicht verhindern, dass jeder der Partner unterschiedliche Entwicklungen, Reifestufen, Krisen und eingegangene Kompromisse für sich durchläuft und trotz der gemeinsam angefangenen Geschichte ihrer Ehe, das unter den Händen zerbricht, was im Grundentscheid einmal als verstehende Versöhnung beider Lebensgeschichten begonnen hat. Was ist hier das kleinere Übel? Festhalten am Bestehenden oder Neuanfang? Vielleicht sind Kinder da, die eine Entscheidung so oder so verhindern. Der eine will vielleicht eine Lebenskorrektur, der andere Partner hält das, was anfangs gesetzt war, für unaufgebbar. Er will die Irrtümlichkeit der gemeinsamen Grundentscheidung nicht anerkennen, vielleicht aus Treue zu sich selbst oder aus einer bestimmten Form von Liebe, vielleicht auch aus Angst, wenn der Partner geht, könnte er selbst an einer solchen Lebenskorrektur zerbrechen.

Das Beispiel soll sensibel darauf aufmerksam machen, dass Lebensentscheidungen immer im Verhältnis der Gegenseitigkeit stehen als Bedingung gemeinsamer Existenz. Die Frage nach der möglichen Lebenskorrektur betrifft immer den Konsens mehrerer Menschen. Bindungen an Entscheidungen beruhen auf einem Ermessensurteil. Dieses ist aber nicht einfach abzukoppeln von der Verantwortung den anderen Menschen gegenüber, die von einer solchen Korrektur betroffen sind. Das heißt in der logischen Konsequenz des ethischen Fragens, dass die anstehende Versöhnung zwischen Wandelbarkeit und Endgültigkeit für uns alle ansteht, ganz gleich welche Lebenswahl wir persönlich auch getroffen haben.

Und woher nehmen wir die Kraft dazu? Theologisch gesprochen weiß sich unser Mühen eingebettet in die aufrichtende, befreiende Versöhnungstat Gottes durch Jesus, den Christus. Er bietet eine Gemeinschaft an, die es möglich macht, nicht in den Strukturen des Versagens stecken zu bleiben. Sie unterstellt die menschliche Praxis einem kritischen Anspruch. Gottes befreiende Tat duldet keine Aufrichtung von Schranken, duldet keine Ausgrenzung und neue Konfessionalisierungen des Verhaltens; vielmehr baut Jesus soziale und religiöse Schranken im menschlichen Leben ab, die sein Gelingen behindern. Dies gilt sogar für Zöllner und Sünder. Diese werden nicht geächtet, sondern – das ist das zu wenig beachtete Neue – als Partner angenommen, sie werden lebensfähig gemacht. Gewiss, wir erringen keine Vollkommenheit des Lebens. Es gibt weiterhin Wagnisse und wer auf dem Weg des Lebens stecken bleibt, kann sich erheben zu neuer Erkenntnis, zu neuer Erfahrung, zu neuem Ausschreiten. Endgültiges – und das ist die Not unserer Kontingenz – erreichen wir nicht. Wir können aber dem Leben Form, je neue Gestalt und neuen Sinn geben als angestrebtes Ziel unseres Gelingens. Dann bedeutet Lebensentscheidung des Menschen, auch diejenige, die sich unter einen unbedingten Anspruch stellt, sich auf den Lernprozess der eigenen Sinnfindung einzulassen, ohne dabei zu resignieren. Die Freiheitsgeschichte ist unumkehrbar.

Heiligkeit und Sündigkeit der Kirche

von Christoph Böttigheimer

Papst Benedikt XVI. zitierte in seinem Schreiben zum Beginn des Priesterjahres den Pfarrer von Ars mit den Worten: „Nach Gott ist der Priester alles!“[1] Doch statt dass dem kirchlichen Amt im „Jahr des Priesters“ eine neue Wertschätzung entgegengebracht worden wäre, wurde es aufgrund der von Bischöfen, Priestern und Ordensleuten an Kindern und Jugendlichen verübten sexuellen und körperlichen Gewalt mit Misstrauen, Verdächtigungen und Argwohn überzogen.

Mehr als je zuvor in der Neuzeit wurde die katholische Kirche mit der ihr eigentümlichen Spannung konfrontiert, sich einerseits als „heilig“ zu verstehen, andererseits aber die Sünde aus den eigenen Reihen nicht ausschließen zu können. Wie ist dieser Konflikt theologisch zu interpretieren? Inwiefern darf sich die Kirche als „heilig“ bezeichnen und inwiefern kann, ja muss sie sündig genannt werden? Betrifft die Sündigkeit nur die Gläubigen, nicht aber die Kirche selbst und wenn doch, kann sie am Ende ihre Heiligkeit gar wieder aufheben? Um diesen Fragenkomplex soll es nachfolgend gehen, indem zunächst die Heiligkeit der Kirche reflektiert wird, sodann ihre Sündigkeit und in einem dritten Schritt schließlich nach dem Verhältnis beider Momente gefragt wird.

I. Heiligkeit der Kirche

1. Heiligkeit als göttliche Gabe

Alle christlichen Konfessionen stimmen im Nicäno-Konstantinopolitanum überein und bekennen sich zur sancta ecclesia. Ganz offensichtlich ist das Attribut „heilig“ das älteste, das der Kirche zuerkannt wurde. Die ersten Christen werden in der Heiligen Schrift

[1] *Papst Benedikt XVI.*, Schreiben zum Beginn des Priesterjahres anlässlich des 150. Jahrestages des „Dies Natalis“ von Johannes Maria Vianney, abrufbar unter http://www.vatican.va/holy_father/benedict_xvi/letters/2009/documents/hf_ben-xvi_let_ 20090616_anno-sacerdotale_ge.html, Stand: 20.4.2011.

als „die Heiligen“ bezeichnet (Apg 9,13.32.41), in enger Beziehung zum „heiligen Volk“ (Ex 19,6) und zu Jesus Christus, dem „Heiligen Gottes“ (Mk 1,24; Lk 4,34; Joh 6,69 u. ö.). Insofern die Glaubenden in Jesus Christus „geheiligt“ sind (1 Kor 1,2; 6,11), spricht auch Paulus von ihnen als den „Heiligen“ (Röm 1,7; 1 Kor 6,1; 2 Kor 1,1 u. ö.).

Ursprung der Kirche ist das dreifaltige Leben Gottes (LG = Lumen gentium 2–4), der allein wesenhaft heilig ist (Jes 6,3; Num 16,5; Ijob 6,10; Hab 3,3) und dessen „Glanz“ auf alles fällt, was mit ihm auf gnadenhafte Weise in Berührung kommt. Auf diese Weise wird es vom Profanen und Unreinen abgesondert (1 Sam 21,5; Ez 22,26). Hierin wurzelt auch die Heiligkeit der Kirche: Ihr Mysterium ist die Teilhabe am dreifaltigen Leben Gottes selbst. Sie ist heilig, insofern sie sich als Gottes „Eigentumsvolk“ versteht (Apg 20,28; Gal 6,16; Röm 9,6), sich also von ihm erwählt und von ihm geheiligt weiß (1 Petr 2,9). Gott schenkt ihr Anteil an seiner doxa, sowohl an Jesus Christus, der „die Kirche geliebt und sich für sie hingegeben hat, um sie im Wasser und durch das Wort rein und heilig zu machen“ (Eph 5,25f.), als auch am Heiligen Geist, dessen „Tempel“ die Kirche ist (1 Kor 3,17). Aufgrund ihrer Heiligkeit unterscheidet sich die Kirche von allen anderen Völkern. Was Heiligkeit im Sinne von „Aussonderung“, „Trennung“ von allem Weltlichen und Unreinen aufgrund der Zugehörigkeit zu Gott bedeutet, bringt u. a. der 1. Petrusbrief hymnenartig zum Ausdruck: „Ihr aber seid ein auserwähltes Geschlecht, eine königliche Priesterschaft, ein heiliger Stamm, ein Volk, das Gottes besonderes Eigentum wurde“ (1 Petr 2,9). Aufgrund dessen leben Christen zwar in der Welt, ohne aber aus der Welt zu sein (Joh 17,11.14f.).

Die Heiligkeit der Kirche rührt ausschließlich von der Heiligkeit Gottes her und basiert nicht auf der moralisch-religiösen Leistung ihrer Glieder. Das Bekenntnis zur Heiligkeit der Kirche stellt daher weder ein faktisches Geschichtsurteil dar, noch eine Aussage über die moralische Integrität ihrer Mitglieder, sondern eine Glaubensaussage, die sich primär auf die Herkünftigkeit der Kirche, auf das Tun des heiligen Gottes bezieht. Weil die Kirche von Gott her getragen ist, um seine Gnade und Wahrheit zeichenhaft in der Welt präsent zu machen, darum ist sie heilig und von allem Profanen grundsätzlich unterschieden – „Heilig ist nur, was von Gott ausgesondert ist.“[2]

[2] *Küng, Hans*, Die Kirche, Freiburg i.Br. u. a. 1967, 384.

2. *Heiligkeit als menschliche Aufgabe*

Die Teilhabe an der Heiligkeit Gottes ist für die Gläubigen Gabe und Aufgabe zugleich. Schon im Alten Testament erhebt Gott die Forderung: „Ihr sollt heilig sein, weil ich heilig bin“ (Lev 11,44; vgl. 45; 1 Petr 1,16; 1 Joh 3,3). Auch die Christen bzw. die Kirche sind angehalten, allein von Gott her und auf ihn hin zu leben, allein aus seinem Wort, seinem Trost und seiner Verheißung, mit anderen Worten: selbst heilig zu werden. „Das ist es, was Gott will: eure Heiligung“ (1 Thess 4,3.1–10; Röm 6,19.22; 1 Tim 2,15; Hebr 12,14; Offb 22,11 u. ö.). Der Glanz Gottes soll sich im Leben der Auserwählten widerspiegeln: „Wie er, der euch berufen hat, heilig ist, so soll auch euer ganzes Leben heilig werden. Denn es heißt in der Schrift: Seid heilig, denn ich bin heilig“ (1 Petr 1,15f.; Röm 6,6–14; 8,2–17; Eph 1,4 u. ö.). In der Verwirklichung der Gottes- und Nächstenliebe (Mk 12,30f., Joh 13,34; 15,12; 1 Kor 13) kann das gesamte Leben zu einem Gottesdienst in Form der Hingabe und Selbstübereignung an Gott werden (Röm 12,1f.). Gelingt der Dienst für Gott und die Menschen, handelt es sich um keine pure menschliche Leistung, sondern um eine Geistgabe (1 Thess 5,23; 1 Kor 1,30; 6,11). Das bedeutet, die Heiligung ist letzten Endes ebenfalls Gottes Tat (1 Thess 2,13; Eph 1,4).[3]

Möchte die Kirche darstellend zum Ausdruck bringen, was es heißt, abgesondert von der Welt am Anderssein Gottes Anteil zu haben und ihm die Ehre zu geben, ist sie gezwungen, die Geister zu unterscheiden (1 Kor 12,10; 1 Joh 4,1) und die Götzen zu bekämpfen – nicht nur in den eigenen Reihen, sondern ebenso in ihrem gesellschaftlichen Umfeld. Demnach hat sie immer auch quer zur Zeit zu stehen, in kritische Distanz zu allem zu gehen, was nicht heilig, also Gott ungemäß ist. „Gleicht euch nicht dieser Welt an, sondern wandelt euch und erneuert euer Denken, damit ihr prüfen und erkennen könnt, was der Wille Gottes ist: was ihm gefällt, was gut und vollkommen ist.“ (Röm 12,2; Eph 4,20–24; Kol 3,10) Die Kirche muss Salz der Erde, Kontrast zur Gesellschaft und gerade darin ein Zeichen der Hoffung sein. „Heiligkeit ist, wo sie konkret wird, gefährlich; sie zu leben, verlangt Risikobereitschaft auch innerhalb der Kirche und in Gesellschaften, die sich auf die christliche Botschaft berufen. Es ist kein Zufall, daß in

[3] LG 40: „Die Anhänger Christi sind von Gott nicht kraft ihrer Werke, sondern aufgrund seines gnädigen Ratschlusses berufen und in Jesus dem Herrn gerechtfertigt, in der Taufe des Glaubens wahrhaft Kinder Gottes und der göttlichen Natur teilhaftig und so wirklich heilig geworden.“

der Geschichte der Kirche der Heiligenkult mit der Verehrung der Blutzeugen begonnen hat."[4] Nichtsdestotrotz sind die Gläubigen zum Glaubenszeugnis in der Welt aufgerufen. Das Zeugnis als ein Zeichen, welches Glaubwürdigkeit bewirkt, ist ein Leitmotiv der Texte des Zweiten Vatikanischen Konzils (Gravissimum educationis 2; LG 39–42). Noch vor dem Zeugnis des Wortes wird das Zeugnis des Lebens seiner Zeichenhaftigkeit wegen hervorgehoben. Die Heiligkeit, die die Christen zu leben berufen sind, ist gemäß Mt 5,48 die Heiligkeit des Vaters selbst und sie soll auf alle Menschen ausstrahlen (LG 40; Ad gentes 11).

3. Heiligkeit der konkreten Kirche

Die Heiligkeit der Kirche wäre missverstanden, würde im Zuge eines ekklesiologischen Triumphalismus verkannt, dass sie nirgends anders existiert als in der konkreten Gemeinschaft der Gläubigen. Weil die Kirche nicht unabhängig von ihren Gliedern existieren kann, bezieht sich die Heiligkeit als ecclesiae nota nicht auf eine hypostasierte, den Gläubigen auf ihrer Pilgerschaft überhöht gegenüberstehende Kirche, sondern ganz konkret auf jene Menschen, die sich aufgrund ihres Getauftseins als von Gott berührt, geheiligt bzw. „Heilige" verstehen dürfen.

Im Kontext der Heiligkeit der Kirche ist im Credo von der „communio sanctorum" die Rede, die, wie die Väterzeit bezeugt, auf zweierlei Weise verstanden und gedeutet werden kann: entweder als Teilhabe an den heiligen Dingen, insbesondere an der Eucharistie – „*sanctorum*" als Neutrum Plural von „*sancta*" –, oder aber als Gemeinschaft der „Heiligen" – „*sanctorum*" als Maskulinum Plural von „*sanctus*". Letzteres lässt eine doppelte Bedeutung zu: als Einheit aller von Gott Gerechtfertigten und Geheiligten auf Erden, wobei die Formel in die Nähe der Rede vom Leib Christi, von Kirche überhaupt rückt, oder aber als Einheit aller „Heiligen" im Himmel und auf Erden unter besonderer Betonung der Gemeinschaft der Heiligen im Himmel. Während im Bekenntnis zur communio sanctorum im heutigen Glaubensbewusstsein primär an die Heiligen im Himmel als die Heiligen im engeren Sinn des Wortes gedacht wird, bezog es sich ursprünglich wohl mehr auf die Gemeinschaft der heiligen Elemente.

---

[4] *Neuner, Peter*, Ekklesiologie. Die Lehre von der Kirche, in: Glaubenszugänge. Lehrbuch der Katholischen Dogmatik, hrsg. v. *Wolfgang Beinert*, Bd. 2, Paderborn u. a. 1995, 399–578, 494.

II. Sündigkeit der Kirche

1. Kirche von Sündern

Wird die Heiligkeit der Kirche als göttliches Geschenk betrachtet und als bleibende Aufgabe der Gläubigen gedeutet, muss unumwunden eingeräumt werden, dass diese hinter ihrer Berufung, der Heiligung, stets zurückbleiben. „Wenn wir sagen, dass wir keine Sünde haben, führen wir uns selbst in die Irre und die Wahrheit ist nicht in uns." (1 Joh 1,8) Der Gläubige ist immer Gerechtfertigter und Sünder zugleich (iustus et peccator). „Denn wir alle verfehlen uns in vielen Dingen." (Jak 3,2) Insofern die Kirche stets verworfen hat, dass der getaufte Sünder nicht zur ihr gehöre[5], ist die Kirche sowohl communio fidelium als auch communio peccatorum. Als solche hat sie unaufhörlich mit der Sünde in ihren eigenen Reihen zu kämpfen und kann dementsprechend auch „Kirche von Sündern" genannt werden. Von Gott her betrachtet ist die Kirche als heilig, doch im Blick auf den Menschen immer auch als sündig zu bezeichnen.

Besonders in der frühen und mittelalterlichen Theologie wurde die Kirche in Anlehnung an Offb 19,7; 21,2.9; 22,17 als „Braut" des „Bräutigams" Christi bezeichnet, die, insofern sie sich als untreu erweist, zur „keuschen Hure" („casta meretrix") wird.[6] Der Konflikt zwischen Heiligkeit und Sündigkeit der Kirche konnte nicht anders als durch die Zuhilfenahme paradoxer Stilmittel (Braut – Hure; Christ – Antichrist; Jerusalem – Babylon) gelöst werden. Auch der Pariser Bischof Wilhelm von Auvergne[7] konnte im hohen Mittelalter nur kontradiktorisch feststellen, dass aus der Kirche als der Braut Christi „ein Untier von furchtbarer Ungestalt und Wildheit"[8] geworden sei. Dabei wurde allerdings stets betont, dass die Kirche trotz ihrer Untreue ihre Heiligkeit nicht verlieren könne, da ihr diese von Christus her zukomme.

Im Laufe der Kirchengeschichte wurden immer wieder Bewegungen initiiert, die „alle […] eine ‚heilige' anstelle der unheiligen Kirche ihrer Zeit" wollten, wie beispielsweise die Montanisten, Novatianer, Donatisten oder die Erweckungsbewegungen des Mit-

---

[5] DH 1203; 1205.

[6] *Balthasar, Hans Urs von*, Casta Meretrix, in: *ders.*, Sponsa Verbi (Skizzen zur Theologie 2), Einsiedeln 1961, 203–305.

[7] *Riedlinger, Helmut*, Die Makellosigkeit der Kirche in den lateinischen Hohenliedkommentaren des Mittelalters, Münster 1958, 242–254.

[8] Zit. bei *Ratzinger, Joseph*, Das neue Volk Gottes. Entwürfe zur Ekklesiologie, Düsseldorf 1969, 260.

telalters: die Katharer (die „Reinen") bzw. Albigenser, Spiritualen, Fraticelli oder in der Neuzeit die Hussiten oder der Jansenismus,

> „[u]nd selbst die Reformatoren des 16. Jahrhunderts, die doch so eindringlich die Sündhaftigkeit und Verderbtheit des Menschen lehrten, bestritten ein gut Teil ihres Kampfes gegen die katholische Kirche mit den Anklagen gegen das verderbte Papsttum und die Unheiligkeit der Kirche ganz allgemein."[9]

Doch die Kirche verwahrte sich gegenüber solchen rigoristischen Strömungen und weigerte sich beharrlich, die Sünder aus ihrer Mitte zu verbannen, schon jetzt das Unkraut vom Weizen zu scheiden (Mt 13,24–30) und die Kirche der Sünder durch eine Kirche der Reinen und Makellosen, eine „heilige Kirche" durch eine Kirche der „Heiligen" zu ersetzen. Die Kirche ließ in ihren dogmatischen Erklärungen keinen Zweifel daran, dass auch die Sünder zu ihr gehören.[10] Erst am Ende der Zeit werde die Kirche vollkommen werden[11] als eine Kirche „ohne Flecken, Falten oder andere Fehler; heilig soll sie sein und makellos" (Eph 5,27).

Ganz bewusst hat das Zweite Vatikanische Konzil nicht nur von der Heiligkeit, sondern ebenso – in Abwendung von einer triumphalistischen Ekklesiologie – von der Sünde in der Kirche gesprochen[12], wenn auch nicht mit der nötigen Deutlichkeit und Ausführlichkeit.[13] Im Kontext einer Analogie zwischen Christus und der Kirche wird antithetisch eingeräumt: „Während [...] Christus heilig, schuldlos, unbefleckt war (Hebr 7,26) und Sünde nicht kannte (2 Kor 5,21), sondern allein die Sünden des Volkes zu sühnen gekommen ist (vgl. Hebr 2,17), umfaßt die Kirche Sünder in ihrem eigenen Schoße." (LG 8) Die Kirche ist ausgespannt zwischen Heiligkeit und Unheiligkeit:

> „Auf ihrem Weg durch Prüfungen und Trübsal wird die Kirche durch die Kraft der ihr vom Herrn verheißenen Gnade Gottes gestärkt, damit sie in der Schwachheit des Fleisches nicht abfalle von der vollkommenen Treue, sondern die würdige Braut ihres

---

[9] *Rahner, Karl*, Kirche der Sünder, in: *ders.*, Schriften zur Theologie, Bd. 4, Einsiedeln 1965, 301–320, 302.

[10] *Peter Neuner* (Bearb.), Ekklesiologie Bd. 2: Von der Reformation bis zur Gegenwart (Texte zur Theologie/ Dogmatik 5), Graz 1995, Nr. 35, 55, 58.

[11] *Augustinus*, Retractationes, II, 18 (PL 32, 637F); *Thomas v. Aquin*, Summa theologiae III, q. 8, a. 3 ad 2.

[12] *Becht, Michale*, Ecclesia semper purificanda. Die Sündigkeit der Kirche als Thema des II. Vatikanischen Konzils, Teil I und II in: Catholica. Vierteljahresschrift für ökumenische Theologie 49 (1995) 218–237 u. 239–260.

[13] *Rahner, Karl*, Sündige Kirche nach den Dekreten des Zweiten Vatikanischen Konzils, in: ders, Schriften (s. Anm. 9), 321–347, 330–333.

Herrn verbleibe und unter der Wirksamkeit des Heiligen Geistes nicht aufhöre, sich selbst zu erneuern, bis sie durch das Kreuz zum Lichte gelangt, das keinen Untergang kennt." (LG 9)

Obgleich das Konzil keine systematische Theologie der Sündigkeit der Kirche ausarbeitete, stellt Yves Congar im Blick auf die einschlägigen Konzilstexte dennoch fest, dass die Kirche „[w]ohl noch nie […] so offizielle und feierliche Schuldbekenntnisse vorgetragen" habe.[14]

Wie ernst die Väter des Zweiten Vatikanischen Konzils die Sünde in der Kirche nahmen, wird u. a. in der Wiederaufnahme des Sakramentsbegriffs für die Kirche deutlich. Hier sahen sie die Möglichkeit, der Etablierung einer sündlosen, glorreichen Kirche, die von der konkreten Sündigkeit ihrer Mitglieder isoliert ist, entgegenzuwirken. In der romantischen Theologie des 19. Jahrhunderts war es nämlich zur Identifizierung von Kirche und Christus gekommen, wodurch jegliche Kirchenkritik unmöglich und die Kirche in den Bereich schweigender und lobpreisender Verehrung entrückt worden war. Mit Hilfe des Gedankens „corpus Christi" wurde die Kirche im Sinne einer Fortsetzung der Inkarnation Jesu Christi („incarnatio continua") oder als dessen verlängerter Arm („Christus prolongatus") gedeutet[15] und zugunsten ihrer Heiligkeit ihr tatsächliches Versagen verschwiegen.

2. Kirche als sakramentales Zeichen

Die Terminologie „Kirche als Sakrament" geht auf den paulinischen Ausdruck „Mysterium" zurück. Er bezeichnet den durch den Kreuzestod Christi verwirklichten göttlichen Heilsplan (1 Kor 1,23) und wird vom Verfasser des Epheserbriefes explizit auf das liebevolle Verhältnis Christi zu seiner Kirche bezogen (Eph 5,32). Demnach ist die Kirche Teil der göttlichen Heilsökonomie, die das Neue Testament allgemein „Mysterium" nennt (Kol 1,27; 2,2). Mit dem Sakramentsbegriff wird somit die Zuvorkommenheit Gottes ausgedrückt: Kirche verdankt sich primär der unverschuldeten Zuwendung Gottes zum Menschen; sie lebt aus der Gnade Gottes, die allen menschlichen Aktivitäten zuvorkommt.

---

[14] *Congar, Yves*, Kommentar zum vierten Kapitel des ersten Teils von Lumen Gentium, in: Lexikon für Theologie und Kirche, Ergzbd. 3 (1968) 397–422, 416.

[15] So beschrieb beispielsweise Johann Adam Möhler die Kirche als „der unter den Menschen in menschlicher Form fortwährend erscheinende, stets sich erneuernde, ewig sich verjüngende Sohn Gottes, die andauernde Fleischwerdung desselben" (*Neuner* [Bearb.], Ekklesiologie [s. Anm. 10], 105).

Der Sakramentsbegriff eröffnet zudem die Möglichkeit, in einer kritischen Selbstreflexion die Identifizierung der Kirche mit Christus aufzuheben. Als Realsymbol des wirkenden Geistes Gottes ist die Kirche nur wirksames Zeichen und Werkzeug für das Heilshandeln Gottes, nicht aber dieses selbst. Nicht sie, sondern „Christus ist das Licht der Völker", das „auf dem Antlitz der Kirche [lediglich] widerscheint" (LG 1). Die sichtbare Kirche ist nicht der mystische Leib Christi in seiner real-irdischen Existenz, sondern nur ein sakramentales Zeichen („corpus christi reale") des verborgenen Leibes Christi („corpus Christi mysticum"); die irdische Kirche ist „ein Abbild der himmlischen Kirche"[16].

Als Sakrament setzt sich die Kirche aus göttlichen und menschlichen Elementen zusammen. Sie ist einerseits göttliche Stiftung und andererseits menschliche Institution. Aus diesem Grunde ist zwischen der geglaubten, verborgenen Kirche und der sichtbaren, irdisch verfassten Kirche zu differenzieren. Schon Augustinus kannte eine Aufteilung des einen Mysteriums Kirche in eine sichtbare und verborgene Kirche[17] und auch das Zweite Vatikanische Konzil lehrt, dass „die sichtbare Versammlung und die geistliche Gemeinschaft, die irdische Kirche und die mit himmlischen Gaben beschenkte Kirche [...] eine einzige komplexe Wirklichkeit [bilden], die aus menschlichem und göttlichem Element zusammenwächst" (LG 8). Die sichtbare Gemeinschaft von pilgernden Gläubigen und die Kirche als Sakrament sind zu unterscheiden, sie dürfen aber nicht getrennt werden. Die beiden Dimensionen der Kirche, geistlicher Kern und äußere Gestalt, werden von den Konzilsvätern inkarnationstheologisch miteinander verknüpft: Die institutionelle Kirche und die Kirche des Mysteriums sind eins und doch unvermischt[18]; es besteht zwischen beiden eine unaufhebbare Verbindung.[19]

---

[16] *Clemens von Alexandrien*, Stromateis IV, 8, § 66.

[17] Nach Augustinus meint „communio sanctorum" nicht einfach die Gemeinschaft der Heiligen im Himmel, sondern alle Gerechtfertigten (ecclesia iustificatorum; ecclesia ab Abel), während die „communio sacramentorum" die sichtbare Kirche als Institution meint, mit ihren Sakramenten etc. Sie umfasst auch Sünder und sündhafte Strukturen und ist darum „in" der communio sanctorum und doch nicht eins mit ihr (*Augustinus*, CSEL = Corpus scriptorum ecclesiasticorum latinorum 52 p. 372; p. 110; p. 161; p. 199; 53 p. 24 u. ö.).

[18] LG 8: Die Kirche ist „in einer nicht unbedeutenden Analogie dem Mysterium des fleischgewordenen Wortes ähnlich. Wie nämlich die angenommene Natur dem göttlichen Wort als lebendiges, ihm unlöslich geeintes Heilsorgan dient, so dient auf eine ganz ähnliche Weise das gesellschaftliche Gefüge der Kirche dem Geist Christi, der es belebt, zum Wachstum seines Leibes (vgl. Eph 4,16)."

[19] Nach Rahner ist zweierlei „mit gleicher Sorgfalt" zu vermeiden: „einmal, daß die Kirche als Gemeinschaft vieler substantieller Wesen selbst hypostasiert wird, als ob sie selbst ein substantielles Seiendes wäre, und zum anderen, daß diese Einheit der

Aufgrund ihrer menschlichen Elemente gehören zur Kirche immer auch Mängel und Deformationen, Sünde und Versagen. Denn dadurch, dass der Getaufte auch als Sünder Glied der Kirche bleibt und damit zur äußeren Zeichenhaftigkeit der Kirche gehört, pervertiert er deren wirksame, fruchtbare Zeichenhaftigkeit. Er

> „hat gewissermaßen dieses Zeichen zur Lüge gemacht [...]; denn er hat diese bleibende Zugehörigkeit zur Kirche des Sinnes und der Wirkung beraubt, auf die sie ihrer ganzen Natur nach eindeutig hingeordnet ist: der inneren, lebendigen Verbundenheit der Menschen mit Gott und untereinander im Heiligen Geist."[20]

Die Sünde tangiert die Kirche daher nicht nur peripher, sondern unmittelbar.

Die Geschichte der Kirche enthält unzählig viele Beispiele für ihr Affiziertsein durch die Sünde wie z. B. Machtstreben, Totalitarismus, Überheblichkeit, Inhumanität, Kleinglaube, geistlose Erstarrung, Freiheitsmissbrauch, Gewaltausbrüche, Neid, sexuelle Übergriffe etc. Durch die Verwendung des Sakramentsbegriffs wurden wieder eine kritische Selbstreflexion und das Bekenntnis eigener Sündhaftigkeit möglich. Infolgedessen bekannte das konziliare Lehramt auf dem Zweiten Vatikanum, dass die Kirche von der Sünde selbst durchdrungen würde. Die Kirche sei „das sichtbare Heilszeichen" nur „in der Schwachheit des Fleisches" (LG 9) und ihr Antlitz sei „nicht ohne Makel und Runzeln" (UR = Unitatis redintegratio 4), so dass es den Menschen „nicht recht aufleuchtet und das Wachstum des Reiches Gottes verzögert wird" (UR 4). Aufgrund ihrer menschlichen Elemente umfasse sie „Sünder in ihrem eigenen Schoße" (LG 8). So sei sie „heilig und [zugleich] stets der Reinigung bedürftig" und hätte „immerfort den Weg der Buße und der Erneuerung" zu gehen (LG 8). Als „menschliche und irdische Einrichtung" sei die Kirche zur „dauernden Reform gerufen" (UR 6), und darum müssten „wir alle täglich beten: ‚Vergib uns unsere Schuld' (Mt 6,12)" (LG 40), nur so könne „das Zeichen Christi auf dem Antlitz der Kirche klarer erstrahle[n]" (LG 15) – „die Heiligkeit der Kirche [besteht] immer nur aus Vergebung"[21]. Die pilgernde Kirche muss sich demnach stets auf die ihr von Gott

---

Kirche und ihrer Glieder geringgeschätzt wird, als ob diese eine Kirche keine wirklich Realität wäre, sondern eine bloße Fiktion" (*Rahner, Karl*, Thesen über das Gebet „im Namen der Kirche", in: *ders.*, Schriften [s. Anm. 9], Einsiedeln ^{2}1964, 471–493, 481).

[20] *Rahner*, Kirche der Sünder (s. Anm. 9), 308.

[21] *Pesch, Otto H.*, Katholische Dogmatik aus ökumenischer Erfahrung, Bd. 2, Ostfildern 2010, 119.

her zugesagte und zugedachte Heiligkeit hin ausstrecken, indem sie sich beständig für Kritik an ihrer jeweils konkreten Gestalt offen hält; sie muss sich dauernd vom Maßstab des Gottesreiches her hinterfragen und notfalls korrigieren bzw. reformieren lassen. In der Abwendung von ihrer Vergangenheit hat sie dank der vergebenden Gnade Gottes auf jene Zukunft hin zu leben, die ihr von Gott unverbrüchlich geschenkt ist.

Wenn ein sakramentales Kirchenverständnis einen ekklesiologischen Triumphalismus unterbindet und statt dessen ein Sündenbekenntnis der Kirche und ihre Bitte um Vergebung ermöglicht, dann besteht in Bezug auf das Kirchenattribut „Heiligkeit" kein ökumenischer Dissens mehr[22] – unabhängig davon, wie Sündhaftigkeit und Heiligkeit der Kirche in den einzelnen Konfessionen konkret zusammengedacht werden.[23]

3. Sündige Kirche

Die Konzilsväter räumten zwar ein, dass die Kirche auch Sünder „in ihrem eigenen Schoße umfasst" (LG 8), vermieden es aber, explizit von der „sündigen Kirche" oder von „Sünden der Kirche" zu sprechen, was vor allem von vielen protestantischen Theologen bedauert wurde.[24] Dies womöglich deshalb, da, wie Papst Johannes Paul II. es einmal ausdrückte, „eine Institution, eine Struktur, eine Gesellschaft [...] an sich kein Subjekt moralischer Akte" sein kann und stattdessen „[d]ie wirkliche Verantwortung [...] bei den Personen" liege.[25] Verantwortung ist demnach immer konkret und kann demzufolge auf keine abstrakte Institution abgeschoben werden. Missverständlich könnte es darum sein, von der Kirche als Subjekt moralischer Vergehen zu sprechen. Umgekehrt aber sind es die Gläubigen, die in ihrer Gemeinschaft die Kirche darstellen; Kirche gibt es nie an sich, unabhängig von den Mitgliedern, weshalb ihre Verfehlungen – sowohl der Laien als auch der Kleriker

---

[22] *Mayer, Harding*, Sündige Kirche? Bemerkungen zum ekklesiologischen Aspekt der Debatte um eine katholisch/evangelische „Grunddifferenz", in: Ökumenische Rundschau 38 (1989) 397–410; *Jüngel, Eberhard*, Wertlose Wahrheit. Zur Identität und Relevanz des christlichen Glaubens (Theologische Erörterungen 3), München 1990, 311–334.

[23] *Neuner, Peter*, Die Kirche als Gemeinschaft der heiligen Sünder oder der sündigen Heiligen?, in: Una Sancta. Zeitschrift für ökumenische Begegnung 40 (1985) 93–103.

[24] *Jüngel, Eberhard*, Kirche als Sakrament?, in: Zeitschrift für Theologie und Kirche 80 (1983) 432–457, 453f.

[25] *Johannes Paul II.*, Apostolisches Schreiben im Anschluß an die Bischofssynode. Reconciliatio et Paenitentia (2.12.1984) (Verlautbarungen des Apostolischen Stuhls 60), Nr. 16.

bis hinein in das kirchenamtliche Tun – Sünden der Kirche selbst sind (LG 11). „[D]ie Sünde ihrer Kinder [ist] der Makel und Befleckung des heiligen, geheimnisvollen Leibes Christi selbst. Die Kirche ist eine sündige Kirche – das ist eine Glaubenswahrheit, nicht eine primitive Erfahrungstatsache."[26] Nach Karl Rahner muss die Sünde in der Kirche in dem Sinne ernst genommen werden, dass sie das Wesen der Kirche wirklich betrifft. Das Verhältnis von Sünde und Heiligkeit darf nicht als „das bloß äußerlich dialektische Verhältnis des Nebeneinanderbestehens von Sünde und Heiligkeit [...] (verteilt auf verschiedene Glieder)" begriffen werden.[27]

Die Sünden der Menschen tangieren in ihren Konsequenzen auch die Strukturen und Systeme, in denen sie selbst leben. Insofern der Sünde immer auch eine überindividuelle Dimension zukommt, spricht Papst Johannes Paul II. dann auch in Anlehnung an die Befreiungstheologie von „*sozialen* Sünden" bzw. „*Situationen* der Sünde"[28] und sogar von „Strukturen der Sünde"[29]. Obgleich die moralische Verantwortung allein handelnden Personen zukommt, könne eine „Anhäufung und Zusammenballung vieler *personaler Sünden*" zu „bestimmte[n] Verhältnisse[n]" und „gewisse[n] kollektive[n] Verhaltensweisen von mehr oder weniger breiten sozialen Gruppen" führen.[30] Das bedeutet, dass persönliche Verfehlungen Kreise ziehen; einmal vorhanden, „verstärken und verbreiten sie sich und werden zur Quelle weiterer Sünden, indem sie das Verhalten der Menschen negativ beeinflussen". Sünden können sich dynamisch auswirken, auch innerhalb der Kirche, in all ihren Bereichen: der Martyria, Diakonia, Leiturgia und Koinonia, besonders dann, wenn es sich um Verfehlungen von Amtsträgern handelt. In diesem Fall verwundert es nicht, „daß die Krankheit sich vom Haupt auf die Glieder, von den Päpsten auf die Prälaten verpflanzt"[31].

Vor der Sünde ist niemand in der Kirche gefeit, nicht einmal die Hierarchie (LG 27) und damit auch nicht das Tun der Kirche. Ver-

---

26 *Rahner*, Kirche der Sünder (s. Anm. 9), 309.

27 *Ders.*, Sündige Kirche (s. Anm. 13), 342.

28 *Johannes Paul II.*, Reconciliatio et Paenitentia (s. Anm. 25), Nr. 16.

29 *Ders.*, Enzyklika Sollicitudo rei socialis. Zwanzig Jahre nach der Enzyklika Populorum Progressio (30.12.1987) (Verlautbarungen des Apostolischen Stuhls 82), hrsg. v. Sekretariat der Deutschen Bischofskonferenz, Bonn 1987, Nr. 36–40; *ders.*, Enzyklika Ut unum sint. Über den Einsatz für die Ökumene (25.5.1995) (Verlautbarungen des Apostolischen Stuhls 121), hrg. v. Sekretariat der Deutschen Bischofskonferenz, Bonn 1995, Nr. 34.

30 *Ders.*, Reconciliatio et Paenitentia (s. Anm. 25), Nr. 16.

31 *Mirbt, Carl*, Quellen zur Geschichte des Papsttums und des römischen Katholizismus, Tübingen [4]1924, 261.

fehlungen haften nicht nur dem Handeln und Verhalten der Gläubigen an, sondern wirken sich ebenso auf das kirchenamtliche Tun selbst aus, wenngleich das Zweite Vatikanische Konzil diese Schlussfolgerung selbst nicht gezogen hat (LG 27).[32] Unbehandelt blieb nämlich die Frage, „ob und in welchem Sinne man nicht nur von einer Kirche der Sünder [...] sprechen dürfe [...], sondern ob man in der Tat auch von einer *sündigen Kirche* sprechen dürfe, ja müsse, d. h. ob man das *explizit* sagen dürfe und müsse."[33]

Indem das Tun der Kirche durch die Sünde kirchlich Verantwortlicher korrumpiert werden kann, kann die Kirche objektiv sündig werden und das in all ihren Grunddimensionen.[34] So wird beispielsweise infolge mangelnder Integrationskompetenz von Amtsträgern die kirchliche *koinonia* gefährdet, durch narzisstische Neigungen die *leiturgia* missbraucht, aufgrund eigennützigen Tuns die *diakonia* instrumentalisiert und durch mangelnde theologische Bildung und Reflexion die *martyria* verfälscht. Hat nicht die Kirche insgesamt infolge lehramtlicher Irrtümer etwa in Fragen der Gewissens- und Religionsfreiheit, der ökumenischen Bewegung, der heilsmittlerischen Funktion anderer Religionen etc. unzähligen Menschen Unrecht zugefügt?

Die Kirche umfasst nicht bloß Sünder in ihren eigenen Reihen; sie ist nicht bloß eine Kirche der Sünder. Weil die Sünde die Zeichenhaftigkeit der konkreten Kirche beeinträchtigt, ja sogar eine strukturelle Qualität annehmen kann, kann mit Recht von einer „sündigen Kirche" oder von „Sünden der Kirche" gesprochen werden, auch wenn das Zweite Vatikanische Konzil diesen Schritt selbst nicht vollzogen hat. Mit der Rede von einer „sündigen Kirche" wird nicht das gesamte Handeln der Kirche als sündig qualifiziert, sondern darauf hingewiesen, dass die Sündigkeit ihrer Glieder die Kirche selbst tangiert und schuldhaftes Handeln von Gläubigen und Klerikern negative Auswirkungen nach sich ziehen, die durchaus soziale oder strukturelle Dimensionen annehmen können. Dementsprechend muss die Kirche „dauernd neu von ihrer immer neuen Schuld zur reinen, immer neu aktuell sich

---

[32] Nach Rahner und Vorgrimler haben es die Väter des Zweiten Vatikanischen Konzils versäumt, im Kontext der Kirchenspaltung neben dem Eingeständnis der Mitschuld der Katholiken (UR 3) auch „ausdrücklich zuzugeben, daß auch eine Schuld der Kirche als solcher beim direkten und konkreten Vorgang der Trennung vorliegen kann, wenn und sofern dabei nämlich Organe der Kirche, die legitim im Namen der Kirche handeln, im Namen der Kirche eine Trennung mitbegründeten" (*Rahner, Karl, Vorgrimler, Herbert*, Kleines Konzilskompendium. Sämtliche Texte des Zweiten Vatikanums, Freiburg i.Br. [24]1993, 219).

[33] *Rahner*, Sündige Kirche (s. Anm. 13), 332.

[34] *Ders.*, Kirche der Sünder (s. Anm. 9), 310.

ereignenden Gnade Gottes fliehen, damit sie sich nicht ihrer Heiligkeit rühme, sondern ihre Schuld bekenne und *darin* allein ‚heilig' sei."[35] Das Bekenntnis zur Sündigkeit verpflichtet zur ständigen Reform – strukturelle Sünde nötigt zur strukturellen Reform.

4. Heiligkeit vor Sündigkeit

Die vorkonziliare Schultheologie versuchte die Spannung zwischen der Heiligkeit und Sündigkeit der konkreten Kirche für gewöhnlich durch die Differenzierung zwischen „subjektiver" und „objektiver" Heiligkeit aufzulösen. Während sich die subjektive Heiligkeit auf die „mehr oder weniger ausgeprägte [...] Heiligkeit des Volkes Gottes" bezog, bezeichnete die objektive Heiligkeit „die Heiligkeit der Kirche in Wort, Sakrament und Hierarchie".[36] So konnte das Erste Vatikanische Konzil noch festhalten, dass die Kirche „durch sich selbst [...] ein großer und steter Beweggrund der Glaubwürdigkeit" sei, u. a. aufgrund „ihrer hervorragenden Heiligkeit" (DH 3013).

Indem die Frage nach den Auswirkungen der Sünde auf die objektive Heiligkeit, d. h. auf die Institutionen und amtlichen Handlungen der Kirche selbst, nicht gestellt wurde, war kein wirkliches Problembewusstsein für die Vereinbarkeit der Sündigkeit der Kirche mit ihrer Heiligkeit gegeben. Doch nach Karl Rahner ist die Frage, „wie weit wir die pilgerschaftliche Existenz der sündigen ecclesia crucis beim Bekenntnis der heiligen ecclesia gloriae in der Lehre respektieren und im kirchlichen Leben ernst nehmen, [...] eine ernste Frage protestantischer Theologie an uns"[37]. Sie wurde auf dem Zweiten Vatikanischen Konzil aufgegriffen, das sich dem Grundanliegen protestantischer Ekklesiologie annäherte. Zudem musste auf die bedrängende Erfahrung reagiert werden, „daß die Kirche in ihrer konkreten Gestalt vielfach eher als Glaubenshindernis erfahren wird, denn als überzeugendes und unmittelbar einleuchtendes Zeichen Gottes unter den Völkern"[38].

Die Sündigkeit der Kirche widerstreitet der Heiligkeit der Kirche; sie erschwert den Widerschein des Lichtes Jesu Christi für die Völker (LG 1), ja verbirgt Jesus Christus vor der Welt. Doch wie die Sünde nicht das Gerechtfertigtsein des Getauften infrage stellt, so hebt die Sünde ebenso wenig die Heiligkeit der Kirche auf wie

[35] *Ders.*, Protest des Gewinns – zum Reformationsjubiläum, in: *ders.*, Kritisches Wort. Aktuelle Probleme in Kirche und Welt, Freiburg i.Br. 1970, 72.

[36] *Becht*, Ecclesia (s. Anm. 12), 222.

[37] Ebd., 330.

[38] *Wagner, Harald*, Einführung in die Fundamentaltheologie, Darmstadt ^{2}1996, 23.

auch ihr Bleiben in der Wahrheit. Denn sowohl Christus als auch der Heilige Geist sind mit der Kirche immerfort unvermischt und ungetrennt verbunden (Mt 28,20; Joh 14,26; 16,7–9), so dass diese von Gott her fortwährend geheiligt wird, d. h. seine Wahrheit und Gnade unzerstörbar in der Welt vergegenwärtigt. Insofern die Kirche nicht aufgrund menschlicher Leistung, sondern dank Gottes Gnade durch keine menschliche Sünde aus der Wahrheit des Glaubens jemals ganz herausfallen kann, ist sie indefektibel (Mt 16,18) und infallibel (Joh 14,16f.). Die Gesamtheit der Gläubigen, so sagen es die Väter des letzten Konzils, kann dank der Geistgabe des „sensus fidelium" „im Glauben nicht irren", und die Kirche ist „in der Kraft des Heiligen Geistes die treue Braut des Herrn geblieben [...] und [hat] niemals aufgehört [...], das Zeichen des Heils in der Welt zu sein" (Gaudium et spes 43). Selbst die heiligende Wirkung der Sakramente wird durch die Sünde nicht affiziert, kommt diese doch allein durch den Vollzug zustande (ex opere operato/opus operatum).

Vor dem Hintergrund, dass die Sündigkeit der Kirche ihren Gliedern anzulasten ist, sich ihre wesenhafte Heiligkeit aber dem gnadenhaften Tun Gottes verdankt, vermag die Sündigkeit ihre Heiligkeit nicht prinzipiell aufzuheben. Infolgedessen ist die Kirche nicht heilig und sündig in ein und demselben Sinn; die Heiligkeit dominiert in einem gewissen Sinne über der Sündigkeit. Weil Gottes Treue nicht an der Untreue des Menschen zerbricht und darum die Sündigkeit im Gegensatz zur Heiligkeit nicht zum Wesen der Kirche gehört, sondern dieses verdunkelt und entstellt, ist es „Gegenstand des Glaubens, daß die Kirche [...] unzerstörbar heilig ist" (LG 39). Zwar gehört die Sünde unausweichlich zur konkreten Kirche, insofern sich diese aus göttlichen und eben auch aus menschlichen Elementen zusammensetzt, doch ist ihr Wesen immerfort durch die Gnade Gottes bestimmt, weshalb sie indefektibel heilig ist. „Nicht aus dem Wesen der Kirche geht die Sünde hervor, sondern sie bricht in sie ein. Und deshalb gehört sie als ein dunkles Paradox nicht zum Wesen der Kirche, sondern muß ihrem Unwesen zugerechnet werden."[39]

[39] *Küng*, Die Kirche (s. Anm. 2), 389.

III. Ausblick

Papst Benedikt XVI. bat bei der Messe zum Abschluss des „Jahres der Priester“ die Opfer um Vergebung, ohne allerdings die Schuld der Kirche mit einzuräumen:

> „Auch wir bitten Gott und die betroffenen Menschen inständig um Vergebung und versprechen zugleich, daß wir alles tun wollen, um solchen Mißbrauch nicht wieder vorkommen zu lassen; daß wir bei der Zulassung zum priesterlichen Dienst und bei der Formung auf dem Weg dahin alles tun werden, was wir können, um die Rechtheit der Berufung zu prüfen, und daß wir die Priester mehr noch auf ihrem Weg begleiten wollen, damit der Herr sie in Bedrängnissen und Gefahren des Lebens schütze und behüte.“[40]

Im Fokus der Ansprache stand der einzelne Geistliche, der schuldig geworden war und mithin Versäumnisse in der Priesterausbildung und -begleitung. Es entsteht der Eindruck, es gehe lediglich um die „Untreue einiger ihrer Diener“[41], nicht aber um das Schuldigwerden der gesamten Kirche an den Opfern. Die Frage nach kirchlichen Strukturen und Positionen, die den weltweiten sexuellen Missbrauch von Kindern und Jugendlichen durch römisch-katholische Priester (Irland, USA, Australien, Österreich, Belgien, Frankreich, England, Deutschland etc.) möglicherweise begünstigt haben, wie etwa das kirchliche Amtsverständnis, eine christonomistisch verengte communio-Ekklesiologie, der Umgang mit Macht, die theologische Sexualethik etc., wurde vom Papst nicht thematisiert. Wenn aber die Kirche die Skandale als „Auftrag zur Reinigung, der uns in die Zukunft begleitet“[42], verstehen will, kann sie die weitreichende Frage nach dem Warum nicht einfach übergehen. Warum fiel es den Opfern jahrzehntelang so schwer, sich innerkirchlich Gehör zu verschaffen?[43] Welches Gefüge der Abhängigkeit, des systematischen Wegschauens, Verschweigens, Vertuschens etc. ermöglichte es, dass Priester über Jahrzehnte hinweg in der Kirche Kinder und Jugendliche misshandeln und missbrauchen konnten? Warum haben die Missbrauchsfälle in den USA in den 80er Jahren

---

[40] *Papst Benedikt XVI.*, Predigt zur Hl. Messe zum Abschluss des Priesterjahres (11.6.2010), in: http://www.vatican.va/holy_father/benedict_xvi/homilies/2010/documents/hf_ben-xvi_hom_20100611_concl-anno-sac_ge.html, Stand: 4.2.2011.

[41] *Ders.*, Schreiben zum Beginn des Priesterjahres (s. Anm. 1), 7.

[42] *Ders.*, Predigt (s. Anm. 40).

[43] *Collins, Marie L.*, Das Schweigen brechen: Die Opfer, in: Concilium. Internationale Zeitschrift für Theologie 40 (2004) 251–258.

des letzten Jahrhunderts nicht die gesamte Weltkirche zu systematischen und selbstkritischen Reflexionen veranlasst? Bestehen „zwischen den Missbrauchsfällen und der traditionellen kirchlichen Lehre über die Sexualität sowie der Lebensform des Zölibats" nicht sehr wohl „indirekte systemische Zusammenhänge"[44]? Solche Fragen können mit dem Verweis auf „Einzelfälle" nicht zurückgewiesen werden, zumal wenn diese tausendfach auftreten.

Die sündige Kirche kann ihrer Berufung zur Heiligkeit nur nachkommen, wenn sie immer wieder umkehrt und selbstkritisch den Ursachen ihrer Verfehlungen, Schwächen und Fehlern auf den Grund geht.

> „Willst du Ihm [Christus] gefallen? Nicht kannst du es, solange du mißgestaltet bist. Was wirst du tun, damit du schön seiest? Zuerst mißfalle dir deine Mißgestalt, und dann wirst du von Ihm selbst, dem du schön gefallen willst, Schönheit erlangen. Denn der wird dein Neugestalter sein, der dein Gestalter war."[45]

Freilich wird die Kirche weder die Sünde Einzelner noch ihre strukturellen Sünden je ganz aus ihrer Mitte verbannen können. Die kirchliche Wirklichkeit bleibt ambivalent, doch das freimütige und transparente Eingeständnis ihrer Sündhaftigkeit ist ein erster wichtiger Schritt, um aus eigenem Scheitern entsprechende Konsequenzen zu ziehen und von Gott her neu gestaltetet werden zu können. „Die Kirche als ganze sagt: Vergib uns unsere Sünden! Sie besitzt also Makeln und Runzeln. Aber durch Bekenntnis wird die Runzel geglättet, durch Bekenntnis die Makel abgewaschen."[46]

---

[44] Erklärung der deutschen Moraltheologen zu den Fällen von sexuellem Missbrauch in kirchlichen Einrichtungen, in: Imprimatur 43 (2010), http://imprimatur-trier.de/2010/imp100302.html, Stand: 4.2.2011.

[45] *Augustinus*, Enarrationes in Psalmos CIII, s I 4 (CC = Corpus Christianorum XL, 1476), zit. n. *Küng, Hans*, Konzil und Wiedervereinigung. Erneuerung als Ruf in die Einheit, Freiburg ^{7}1964, 50.

[46] *Augustinus*, Sermo 181, 5, 7 (PL 38, 982), zit. n. *Wiedenhofer, Siegfried*, Das katholische Kirchenverständnis. Ein Lehrbuch der Ekklesiologie, Graz, Wien, Köln 1992, 263.

Argumentationsmodelle in der theologischen Sexual- und Beziehungsethik

von Stephan Ernst

Die lehramtlichen Aussagen zur Sexual- und Beziehungsethik werden spätestens seit der Enzyklika „Humanae vitae“ und den zeitgleichen Umbrüchen der 1960/70er Jahren mit ihren Auswirkungen auf die Sexualmoral der westlichen Gesellschaften in der Öffentlichkeit als problematisch wahrgenommen und sind auch innerhalb der Katholischen Kirche selbst umstritten[1]. Im Mittelpunkt steht dabei vor allem die Position des kirchlichen Lehramts zur „künstlichen“ Empfängnisverhütung, zur vorehelichen Sexualität sowie zur Homosexualität. Wenn aber um bestimmte sexualethische Einzelnormen ein solcher Dauerkonflikt[2] besteht und auch nach dem Austausch aller wesentlichen Argumente kein Konsens gefunden wird, so liegt dies im besten Fall daran, dass unterschiedliche Ansätze der Ethik und unterschiedliche Normbegründungsverfahren angewendet werden. In solchen Fällen scheint es sinnvoll und ratsam, sich nicht in einer Wiederholung der Argumente zu verlieren, sondern die Diskussion zu unterbrechen und die jeweiligen Normbegründungsverfahren selbst in den Blick zu nehmen, um auf diese Weise die Grundlage zu schaffen, sie auf ihre Angemessenheit und Tragfähigkeit hin zu überprüfen und zu diskutieren. Im Folgenden sollen im Sinne einer solchen Rückbesinnung auf die Begründungsmethoden – holzschnittartig typisierend – drei Argumentationsmodelle der katholischen Sexual- und Beziehungsethik herausgearbeitet werden.

---

[1] Vgl. *Böckle, Franz* (Hrsg.), Der umstrittene Naturbegriff. Person – Natur – Sexualität in der kirchlichen Morallehre (Schriften der Katholischen Akademie in Bayern 124), Düsseldorf 1987; *Hünermann, Peter* (Hrsg.), Lehramt und Sexualmoral, Düsseldorf 1990; *Pfürtner, Stephan H.*, Sexualfeindschaft und Macht. Eine Streitschrift für verantwortete Freiheit in der Kirche, Mainz 1992.

[2] Vgl. dazu *Böckle, Franz* (Hrsg.), Menschliche Sexualität und kirchliche Sexualmoral. Ein Dauerkonflikt?, Düsseldorf 1977.

Ein erstes, die moraltheologische Tradition und Lehrverkündigung der katholischen Kirche mindestens bis zum Zweiten Vatikanum dominierendes Argumentationsmodell orientiert sich in der Begründung dafür, welches sexuelle Handeln ethisch erlaubt und welches unerlaubt ist, an der Natur und ihrer inneren Zielausrichtung. Auf dieser Basis gilt nur der innerhalb der Ehe vollzogene und auf Zeugung und Erziehung von Nachkommenschaft hingeordnete Geschlechtsverkehr als ethisch einwandfrei, während der Verkehr vor und außer der Ehe ebenso wie sexuelle Handlungen ohne Ausrichtung auf Zeugung – also vor allem Selbstbefriedigung, Homosexualität und absichtlich unfruchtbar gemachter Verkehr – als unnatürlich oder widernatürlich und damit als ethisch unerlaubt und als schwer sündhaft gelten.[3]

1. In diesem Argumentationsmodell wird zunächst – paradigmatisch vorliegend bei Augustinus[4] – davon ausgegangen, dass durch den Sündenfall die ursprüngliche Natur des Menschen in Unordnung geraten und desintegriert ist. Das Begehren ist nicht mehr dem freien Willen unterworfen, die Kontrolle der Vernunft und des Willens über die Triebe des Menschen ist geschwächt. Das nun gegenüber der ursprünglichen Natur unkontrollierte Begehren des Menschen – die „Konkupiszenz" – zeigt sich exemplarisch und am deutlichsten im Sexualtrieb. Von daher gilt gerade das Moment des Begehrens und des Lustvollen an der Sexualität als ungeordnet, unnatürlich und damit als moralisch verwerflich. Neben der Enthaltsamkeit als dem eigentlichen Weg, den ursprünglichen Zustand des Menschen wiederherzustellen, gilt die Ehe als die von Gott eingesetzte Institution, in der die Sexualität ohne Sünde oder doch zumindest ohne schwere Sünde vollzogen werden kann. Mit der Ehe nämlich sind drei Güter gegeben, die das mit dem Sexualverkehr verbundene Übel der Lustempfindung entschuldigen und in Kauf nehmen lassen können, nämlich das Gut der Zeugung von

[3] Bereits Clemens von Alexandrien formuliert diese Position in aller Klarheit, wenn er sagt, dass der einzig legitime Zweck des ehelichen Verkehrs, der diesen ethisch rechtfertigen kann, die Zeugung von Kindern sei. Ohne die Bezogenheit auf diesen Zweck dagegen sei sexuelles Handeln Unrecht gegen die Natur und deshalb ethisch unerlaubt und verwerflich. Vgl. *Clemens von Alexandrien*, Der Erzieher, Buch II, Kapitel 10, vor allem 83,1 und 95,3 (Bibliothek der Kirchenväter 8, 2. Reihe), München 1934, 91; 102. – Zur ganzen geschichtlichen Entwicklung vgl. auch *Denzler, Georg*, Die verbotene Lust. 2000 Jahre christliche Sexualmoral, München, Zürich 1988, 25–103.

[4] Vgl. dazu die Darstellung bei *Arntz, Klaus*, Gelingendes Leben in Ehe und Familie. Grundlagen der Sexualmoral, in: *ders., Heimbach-Steins, Marianne u. a.* (Hrsg.), Orientierung finden. Ethik der Lebensbereiche, Freiburg, Basel, Wien 2008, 74–80.

Nachkommenschaft (bonum prolis) als erstes und grundlegendes Gut der Ehe, das Gut der Treue (bonum fidei) und das Gut der Unauflöslichkeit der Ehe (bonum sacramenti).[5]

2. Dieses Argumentationsmodell des Augustinus gewann nachhaltig Einfluss auf die kirchliche Bewertung menschlicher Sexualität und wurde auch für die mittelalterliche Theologie leitend. Andererseits etablierte sich parallel dazu die Auffassung, dass das sexuelle Begehren des Menschen nicht bereits in sich als denaturiert und moralisch verwerflich gelten kann, sondern dass es etwas Natürliches und damit moralisch Neutrales ist.[6] Auch für Thomas von Aquin ist das sexuelle Begehren nicht als solches moralisch schlecht, sondern – ganz im Sinne des Aristoteles – eine naturgemäße Erscheinung, die mit der natürlichen Neigung (inclinatio naturalis) des Menschen zur Arterhaltung verbunden ist.[7] Die natürlichen Neigungen verweisen den Menschen auf seine ihm von Natur aus vorgegebenen wesentlichen Güter, die aber noch durch die Vernunft zu überformen und konkret auszugestalten sind. Entsprechend führt Thomas in seiner Lehre von den Gütern der Ehe diese nicht mehr als Gründe an, die das Übel der sexuellen Lust entschuldigen, sondern versteht sie als Güter des Menschen, auf die der Mensch basal durch das sexuelle Begehren hingewiesen wird und die er zu einem Ganzen integrieren muss, damit der eheliche Akt gerechtfertigt ist.[8] Er kommt zu einer stufenartigen Deutung der

---

[5] Vgl. *Augustinus*, De bono coniugali, vor allem n. 32 (Ed.: Augustine, De bono coniugali, De sancta uirginitate, ed. and transl. by *P. G. Walsh*, Oxford 2001, 56–58).

[6] So ist etwa Peter Abaelard der Ansicht, dass die Empfindung der Geschlechtslust als solche weder ein Übel noch eine Sünde, sondern eine naturgegebene Tatsache ist. Erst wenn man diesem Begehren, sofern es auf eine unerlaubte Handlung zielt, zustimmt, komme es zur Sünde, die eigentlich in der Verachtung Gottes und nicht in dem sexuellen Begehren selbst besteht. – Vgl. *Peter Abaelard*, Ethica „Scito te ipsum" (Übersetzung von *Schroeter-Reinhard, Alexander,* Die Ethica des Peter Abaelard. Übersetzung, Hinführung und Deutung, Freiburg i.Ue. 1999, 400): „Was nämlich verboten werden sollte, ist nicht jenes Begehren, das wir nicht vermeiden können oder worin wir, wie gesagt, gar nicht sündigen, sondern, wenn wir [dem Begehren] zustimmen." – Abaelard sieht den Wert des ehelichen Aktes auch nicht nur durch die Zeugungsabsicht bestimmt, sondern dadurch, ob ihm das Motiv der Gottesliebe zugrunde liegt oder nicht. – Vgl. dazu die Darstellung bei *Müller, Michael*, Die Lehre des hl. Augustinus von der Paradiesesehe und ihre Auswirkungen in der Sexualethik des 12. und 13. Jahrhunderts bis Thomas von Aquin, Regensburg 1954, 66–75.

[7] Deutlich wird diese Distanzierung des hl. Thomas von Augustinus herausgearbeitet von *Fuchs, Josef*, Die Sexualethik des heiligen Thomas von Aquin, Köln 1949.

[8] Vgl. ebd., 70: „Thomas trägt die Ehegüterlehre ebensogut irgendwie weiter, wie jene Überbetonung der Schattenseiten des Geschlechtlichen. Aber wie er diese durch Hervorhebung der naturhaften Gutheit des Geschlechtlichen mit seiner Begierde und Lust möglichst zu entkräften sich bemüht, so sucht er auch von der Lehre entschuldigender Ehegüter zu einer Auffassung von rechtfertigenden Bedingungen des Geschlechtslebens hinüberzuwechseln."

Sexualität, nach der der erste Zweck (finis principalis), den die menschliche Sexualität mit allen Lebewesen gemeinsam hat, die Arterhaltung, der zweite – nun spezifisch menschliche – Zweck (finis secundarius) die gegenseitige Treue der Ehepartner und der dritte Zweck (tertius finis), der dem getauften und von Gottes Gnade angenommenen Menschen entspricht, die Sakramentalität, also die Unauflöslichkeit der Ehe und ihre symbolische Verdeutlichung der unbedingten Liebe Gottes zum Menschen ist.[9] Mit dieser Konzeption sieht Thomas die Ehe und die Zeugung von Nachkommen nicht mehr als Ausgleichsgut zur Entschuldigung der durch die verdorbene Natur entfesselten sexuellen Lust, sondern versteht Sexualität als Grundlage und Ermöglichung der mit der Ehe verbundenen Güter. Die Natur wird zur Grundlage und zum Träger des ethisch angemessenen und humanen Handelns.[10] Es gibt für ihn kein Eheethos gegen die Natur des Menschen, vielmehr baut das Eheethos auf dem Naturtrieb auf.[11] Es geht nicht darum, den Trieb einer aus den Fugen geratenen Natur zu legitimieren, sondern darum, die grundsätzlich als positiv gewertete natürliche Antriebsstruktur im Menschen human zu gestalten und zu überformen und so zu ihrer von der Natur angezielten Vollendungsgestalt zu bringen.

Trotz dieser Korrektur an der augustinischen Konzeption bleibt Thomas im Rahmen einer Argumentation, die sich an der Natur des Menschen und ihrer inneren Teleologie orientiert. Entsprechend zählt er im Bereich der Sexualität eine Reihe von Handlungen auf, die „contra naturam“ seien, weil sie gegen die Natur und ihre innere Zielausrichtung, wie sie sich in der „inclinatio naturalis“ auf Zeugung und Erziehung von Nachkommenschaft zeigt, verstoßen und die deshalb immer als „peccatum gravissimum“ einzustufen seien.[12] So widerspreche die Unzucht (nicht-ehelicher Geschlechtsverkehr) nicht nur der richtigen Vernunft, sondern zugleich auch der natürlichen Ordnung des sexuellen Aktes, die der menschlichen Art zukommt (vitium contra naturam). Ferner gelte dies für „mollities“ (Hervorrufung des Samenergusses allein zum Vergnügen ohne Beiwohnung), die „bestialitas“ (Verkehr mit nicht-menschlichen Wesen), die „Sodomie“, also die Homosexualität (sic!), und für die Nichteinhaltung der „natürlichen“ Weise des Geschlechtsverkehrs.

---

[9] Vgl. *Thomas von Aquin*, Summa theologiae, Suppl. q. 65, a. 1.

[10] Vgl. *Schmitz, Philipp*, Der christliche Beitrag zu einer Sexualmoral, Mainz 1972, 37.

[11] Vgl. ebd., 35–39.

[12] Vgl. *Thomas von Aquin*, Summa theologiae II–II, q. 154, a. 11. – In q. 154, a. 12 wird solches Handeln *contra naturam* zugleich als peccatum gravissimum bezeichnet.

3. Diese Ansätze der konkreten Ausformulierung von naturrechtlich begründeten Einzelnormen im Bereich der Sexual- und Beziehungsethik werden im Rahmen der Barockscholastik weiter ausgearbeitet und perfektioniert. Hinzu kommt, dass es im 17. Jahrhundert durch den Jansenismus und dessen Rückgriff auf Augustinus wieder verstärkt zu einer Deutung der Sexualität als Bedrohung des Menschen durch die geschlechtliche Begierde kommt.[13] Seinen Ausdruck findet diese ganze Entwicklung in einer ausgeprägten Aktmoral, die den Hauptakzent der Beurteilung nicht auf die jeweilige Absicht – etwa die Bekundung der gegenseitigen Liebe durch die Handelnden –, sondern vor allem auf die physiologische Struktur des einzelnen sexuellen Aktes legt und dabei unterscheidet zwischen Sünden *innerhalb der Natur* (intra naturam), die zwar den Zeugungszweck wahren, aber außerhalb der Ehe stattfinden, und Sünden *gegen die Natur* (contra naturam), bei denen der Zeugungszweck nicht gewahrt bzw. ausgeschlossen wird.[14] Zugleich gewinnt die Lehre von der „materia gravis in sexto" an Gewicht, nach der es im Bereich des sechsten Gebots, jedenfalls was die Sünden der Unkeuschheit – nicht die Sünden der Unschamhaftigkeit – angeht[15], bereits aufgrund des Gegenstandes der Handlung nur schwere Sünde geben könne, gleichgültig mit welcher Absicht etwas getan werde. Diese Maßgaben bestimmten die neuscholastischen Handbücher der Moraltheologie, in denen peinlich genau alle Einzelheiten des Sexuallebens erfasst, beschrieben und nach ihrer Sündhaftigkeit eingeordnet und bewertet wurden, und ist teilweise bis heute in Begründungen sexualethischer Normen durch die katholische Kirche immer noch mehr oder weniger latent leitend. Als Beispiel aus jüngster Zeit kann auf die Äußerung eines Bischofs verwiesen werden, der in der Talkshow „Anne Will" nicht nur seine Gesprächsteilnehmer daran erinnerte, dass Homosexualität Sünde sei, sondern dies auch damit begründete, dass Homosexualität „der Natur von Mann und Frau" widerspreche.[16]

---

[13] Vgl. dazu die eigehende Untersuchung von *Klomps, Heinrich*, Ehemoral und Jansenismus. Ein Beitrag zur Überwindung des sexualethischen Rigorismus, Köln 1964.

[14] Vgl. etwa *Gründel, Johannes*, Die eindimensionale Wertung der menschlichen Sexualität. Zur Geschichte der christlich-abendländischen Sexualmoral, in: *Böckle* (Hrsg.), Menschliche Sexualität (s. Anm. 2), 93–96.

[15] Zur Diskussion um die Möglichkeit der „parvitas materiae" (= Geringfügigkeit des Gegenstands der Handlung) in der Geschichte der Moraltheologie vgl. *Kleber, Karl-Heinz*, De parvitate materiae in sexto. Ein Beitrag zur Geschichte der katholischen Moraltheologie, Regensburg 1971.

[16] Vgl. dazu ebenso Katechismus der Katholischen Kirche, Nr. 2357.

4. Diese Entwicklung, an deren Ende eine juridische Reglementierung des gesamten Sexuallebens stand[17], führte zunehmend zur Kritik an diesem Argumentationsmodell.

- Die überzogene Akt- und Verbotsmoral führte – wie Zeugnisse aus der Beichtpraxis, aber auch aus der Psychotherapie zeigen[18] – zu einem verklemmten, skrupulösen und neurotisch machenden Umgang mit Sexualität.
- Dass die Bedeutung der Absicht der gegenseitigen Liebe der Partner für die ethische Bewertung sexuellen Handelns hinter die Beurteilung der äußeren Handlung zurückgetreten war, wurde in der Moraltheologie zunehmend als Defizit empfunden.
- Vor allem aber wird die Voraussetzung einer eindeutigen und klar erkennbaren inneren Teleologie der Natur, die ethisch maßgeblich und normierend ist, in Frage gestellt. So erscheint es zum einen schwierig, allgemein nachvollziehbar die Zeugung von Nachkommen als den einzig naturgegebenen und damit legitimen Zweck der Sexualität aufzuweisen. Sexualität scheint vielmehr mehrere natürliche Sinndimensionen zu haben, zu denen auch die Lusterfahrung gehört. Wenn dennoch das Zeugungsziel als einziges gelten gelassen wird, stellt sich die Frage nach dem Grund dafür. Nicht selten wird dahinter eine Ideologisierung gesehen, die die eigenen Interessen in die Natur hineinliest, ein Eindruck, den Alf Ross auf den Punkt bringt: „Like a harlot, natural law is at disposal of everyone. The ideology does not exist that cannot be defended by an appeal to the law of nature."[19] Zweitens ist es, selbst wenn sich eine solche Teleologie zeigen ließe, problematisch, dies als Kriterium des ethisch Erlaubten und Unerlaubten in Anschlag zu bringen.[20] Der Schluss „unerlaubt, weil naturwidrig"[21] ist ein naturalistischer Fehlschluss.

[17] Vgl. dazu exemplarisch das auch nach dem Zweiten Vatikanum noch aufgelegte Handbuch: *Jone, Heribert*, Katholische Moraltheologie, Paderborn [18]1961.

[18] Vgl. dazu exemplarisch *Picker, Richard*, Krank durch die Kirche? Katholische Sexualmoral und psychische Störungen, Wien, Köln, Weimar 1998. – Weiterhin: *Bartholomäus, Wolfgang*, Glut der Begierde – Sprache der Liebe. Unterwegs zur ganzen Sexualität, München 1987, 49–58.

[19] *Ross, Alf*, On Law and Justice, London 1958, 261.

[20] Vgl. dazu repräsentativ von philosophisch-ethischer Seite *Birnbacher, Dieter*, Analytische Einführung in die Ethik, Berlin 2003, 374–381; ebenso *Hoerster, Norbert*, Ethik und Interesse, Stuttgart 2003, 86–90.

[21] Vgl. *Schüller, Bruno*, Die Begründung sittlicher Urteile. Typen ethischer Argumentation in der Moraltheologie, Düsseldorf [2]1980, 216–235.

II. Das personalistische Argumentationsmodell

1. Spätestens seit dem Zweiten Vatikanum ist es in den lehramtlichen Äußerungen zur Sexual- und Beziehungsethik zu einem deutlichen Wandel in der Begründung sexualethischer Normen gekommen. Über die Orientierung des Handelns an der Natur und ihrer inneren Teleologie hinausgehend wird nun das Kriterium für ethisch erlaubtes und unerlaubtes sexuelles Handeln in der Integration oder Nicht-Integration dieses Handelns in die Beziehung der personalen Liebe gesehen. Sexualität wird nur dann human und verantwortlich vollzogen, wenn sie in die vorbehaltlose Liebe, in der sich die Eheleute gegenseitig ganz als Personen achten, annehmen und sich selbst dem jeweils anderen schenken, integriert ist und dabei als Ausdrucksform dieser personalen Liebe zur Entfaltung kommt.[22] In grundlegender Weise ist dieser Gedanke in „Gaudium et spes“, Nr. 49 formuliert:

> „Auch in unserer Zeit hat die wahre Liebe zwischen Mann und Frau in der Ehe [...] als hoher Wert Geltung. Diese eigentümliche menschliche Liebe geht in frei bejahter Neigung von Person zu Person, umgreift das Wohl der ganzen Person, vermag so den leib-seelischen Ausdrucksmöglichkeiten eine eigene Würde zu verleihen und sie als Elemente und besondere Zeichen der ehelichen Freundschaft zu adeln. [...] Diese Liebe wird durch den eigentlichen Vollzug der Ehe in besonderer Weise ausgedrückt und verwirklicht. Jene Akte also, durch die die Eheleute innigst und lauter eins werden, sind von sittlicher Würde; sie bringen, wenn sie human vollzogen werden, jenes gegenseitige Übereignetsein zum Ausdruck und vertiefen es, durch das sich die Gatten gegenseitig in Freude und Dankbarkeit reich machen.“

In der Folge erfuhr dieser Neuansatz weitere Präzisierungen. So wird in dem Apostolischen Schreiben „Familiaris consortio“ der Gedanke der menschlichen Sexualität als Ausdrucksmedium der personalen Liebe aufgegriffen und anthropologisch näher begründet. Als Geist im Fleisch, als Seele, die sich im Leib ausdrückt, und als Leib, der vom Geist durchlebt wird, schließe auch die Liebe den Leib mit ein, sei die Sexualität nicht bloß als etwas Biologisches zu verstehen, sondern betreffe den innersten Kern der

---

[22] Als symptomatisch dafür kann auch angesehen werden, dass im CIC von 1983 (can. 1055) nicht mehr – wie in der vorhergehenden Ausgabe von 1917 (can. 1013) – die Fortpflanzung als erster und die Gemeinschaft der Ehegatten als zweiter Ehezweck genannt werden, sondern die Reihenfolge umgedreht ist.

menschlichen Person. Deshalb werde sie auf menschliche Weise nur vollzogen, wenn sie in die personale Liebe integriert ist, mit der Mann und Frau sich bis zum Tod vorbehaltlos einander verpflichten.[23] Und die Verlautbarung „Menschliche Sexualität: Wahrheit und Bedeutung“ fügt noch hinzu, dass es außerhalb dieser personalen Beziehung der Liebe, wenn also der Sinn der Sexualität verlorengehe und von Personen wie von Dingen Gebrauch gemacht werde, zu einer „Zivilisation der Dinge“ komme.[24]

2. Ausgehend von diesem Ansatz ergeben sich für die Bewertung des konkreten sexuellen Handelns folgende normativen Aussagen:

- Nur bei *personaler* Ganzhingabe, wie sie allein in der ehelichen, vorbehaltlosen und treuen Liebe verwirklicht ist, ist die *leibliche* Ganzhingabe angemessener Ausdruck der zugrundeliegenden personalen Beziehung und damit moralisch einwandfrei. Ist dagegen diese personale Ganzhingabe nicht gegeben, wird durch die geschlechtliche Vereinigung etwas ausgedrückt, was nicht besteht. Der Ausdruck wird damit zur Lüge.[25] Weiter wird argumentiert, dass eine solche Ganzhingabe nur innerhalb der Institution Ehe möglich und gerechtfertigt ist, die durch ihre Stabilität diese Liebe schützen kann.[26] Jeder außerhalb der Ehe

---

[23] Vgl. *Johannes Paul II.*, Apostolisches Schreiben „Familiaris Consortio“ an die Bischöfe, die Priester und die Gläubigen der ganzen Kirche über die Aufgaben der christlichen Familie in der Welt von heute (22. November 1981) (Verlautbarungen des Apostolischen Stuhls 33), hrsg. v. Sekretariat der Deutschen Bischofskonferenz, Bonn [5]1994, Nr. 11.

[24] Vgl. Verlautbarung des Päpstlichen Rates für die Familie „Menschliche Sexualität: Wahrheit und Bedeutung. Orientierungshilfen für die Erziehung in der Familie“ (8. Dezember 1995) (Verlautbarungen des Apostolischen Stuhls 127), hrsg. v. Sekretariat der Deutschen Bischofskonferenz, Bonn 1996, v. a. Nr. 10 und 11.

[25] Vgl. dazu „Familiaris consortio“ (s. Anm. 23), Nr. 11: „Die leibliche Ganzhingabe wäre ein Lüge, wenn sie nicht Zeichen und Frucht personaler Ganzhingabe wäre, welche die ganze Person, auch in ihrer zeitlichen Dimension, miteinschließt. Wenn die Person sich etwas vorbehielte, zum Beispiel die Möglichkeit, in Zukunft anders zu entscheiden, so wäre schon dadurch ihre Hingabe nicht umfassend.“

[26] Vgl. ebd.; vgl. weiterhin Erklärung der Kongregation für die Glaubenslehre zu einigen Fragen der Sexualethik „Persona humana“ (29. Dezember 1975) (Verlautbarungen des Apostolischen Stuhls 1), hrsg. v. Sekretariat der Deutschen Bischofskonferenz, Bonn 1975, Nr. 7. In ähnlicher Weise schrieben auch die Deutschen Bischöfe 1979 in ihrer Erklärung „Zur Sexualerziehung in Elternhaus und Schule“ (30. April 1979) (Die Deutschen Bischöfe, Hirtenschreiben, Erklärungen 23), hrsg. v. Sekretariat der Deutschen Bischofskonferenz, Bonn 1979, 8: „In dieser innigsten zwischenmenschlichen Begegnung geschieht Selbsterschließung und unauslöschliche Erkenntnis des anderen. Diese Hingabe und Annahme ist ihrem Wesen nach von solcher Eindringlichkeit und Endgültigkeit, dass sie nur als Besiegelung unwiderruflicher, d. h. ehelicher Gemeinschaft gerechtfertigt ist. Das ‚Ein-Fleisch-Werden‘ bedeutet diese totale und unwiderrufliche Einheit beider, die sogar die vorgegebenen Bluts- und Familienbande überschreitet.“

vollzogene, also auch jeder voreheliche Geschlechtsverkehr ist damit grundsätzlich als unerlaubt und ethisch nicht gerechtfertigt zurückgewiesen.

- Jede künstliche Trennung der beiden Sinngehalte des ehelichen Aktes, nämlich der liebenden Vereinigung und der prokreativen Dimension, wie dies etwa bei der künstlichen Empfängnisverhütung der Fall ist, führt dazu, dass die geschlechtliche Vereinigung objektiv nicht mehr Ausdruck der Ganzhingabe ist, sondern zu einer widersprüchlichen Gebärde wird. Entsprechend heißt es in „Familiaris consortio", Nr. 32:

> „Wenn die Ehegatten durch Empfängnisverhütung diese beiden Sinngehalte, die der Schöpfergott dem Wesen von Mann und Frau und der Dynamik ihrer sexuellen Vereinigung eingeschrieben hat, auseinanderreißen, liefern sie den Plan Gottes ihrer Willkür aus; sie ‚manipulieren' und erniedrigen die menschliche Sexualität – und damit sich und den Ehepartner –, weil sie ihr den Charakter der *Ganz*hingabe nehmen. Während die geschlechtliche Vereinigung ihrer ganzen Natur nach ein vorbehaltloses gegenseitiges Sichschenken der Gatten zum Ausdruck bringt, wird sie durch Empfängnisverhütung zu einer objektiv widersprüchlichen Gebärde, zu einem Sich-nicht-ganz-Schenken. So kommt zur aktiven Zurückweisung der Offenbarung für das Leben auch eine Verfälschung der inneren Wahrheit ehelicher Liebe, die ja zur Hingabe in personaler Ganzheit berufen ist."

Johannes Paul II. beruft sich dabei auf die Enzyklika „Humanae vitae" (HV), in der Paul VI. betonte, dass die Lehre der Kirche auf der untrennbaren Verbindung der zweifachen Bedeutung des ehelichen Aktes beruht, die von Gott gewollt ist und die der Mensch nicht eigenmächtig aufheben kann, nämlich die liebende Vereinigung und die Fortpflanzung, und dass jede Handlung als in sich unerlaubt auszuschließen ist, die sich die Verhinderung der Fortpflanzung zum Ziel oder Mittel zum Ziel setzt. Während in „Humanae vitae" als Grund für die Zusammengehörigkeit der beiden Sinngehalte noch die Bestimmung Gottes (HV 12) bzw. Gottes Plan und heiliger Wille (HV 13) angeführt werden, wird in der Instruktion „Donum vitae" davon gesprochen, dass der Grund für die Einheit der beiden Sinngehalte des ehelichen Aktes die Einheit des Leibes und der Geistseele sei.[27] Damit aber ist nicht

[27] Vgl. Kongregation für die Glaubenslehre, Instruktion „Donum vitae" über die Achtung vor dem beginnenden menschlichen Leben und die Würde der Fortpflan-

nur die künstliche Empfängnisverhütung als *in sich schlechte Handlung* gekennzeichnet, die durch keinen noch so guten Zweck gerechtfertigt werden kann, vielmehr sind zugleich auch alle anderen sexuellen Praktiken, in denen die prokreative Dimension ausgeschlossen ist, etwa Selbstbefriedigung und Homosexualität, als ethisch unerlaubt und verwerflich zurückgewiesen.

3. Aufgrund dieser normativen Aussagen lässt sich nun das zweite Argumentationsmodell noch etwas genauer charakterisieren. Es wird nämlich deutlich, dass die Integration sexuellen Handelns in die Beziehung personaler Liebe, die in diesem Modell als Kriterium der ethischen Bewertung angegeben wird, anthropologisch im Sinn einer solchen Einheit von Person und Handeln verstanden wird, dass daraus eine objektive und unbeliebige Zuordnung von sexuellem Handeln und personaler Liebe resultiert.[28] Während beim vorehelichen Verkehr der äußere Ausdruck objektiv mehr sagt als auf personaler Ebene gegeben ist, ist der absichtlich unfruchtbar gemachte Verkehr Zeichen einer objektiv nicht mehr vorbehaltlos sich dem anderen schenkenden Liebe. Trotz der Neuorientierung an der personalen Liebe bleibt also auf der normativen Ebene alles so wie im Rahmen des naturrechtlichen Argumentationsmodells.[29]

Diese Art der Argumentation wurde im Verlauf der Diskussion, die nach „Humanae vitae“ über das Verbot künstlicher Empfängnisregelung geführt wurde, noch vertiefend weiter interpretiert. Angesichts der von moraltheologischer[30], aber auch von naturwissenschaftlicher[31] und medizinischer Seite[32] erhobenen Einwände,

---

zung (10. März 1987) (Verlautbarungen des Apostolischen Stuhls 74), hrsg. v. Sekretariat der Deutschen Bischofskonferenz, Bonn 1987, 24.

[28] Für den philosophisch-anthropologischen Hintergrund dieser Auffassung vgl. *Wojtyla, Karol*, Person und Tat, Freiburg i.Br. 1981.

[29] *Ell, Ernst*, Dynamische Sexualmoral, Zürich, Einsiedeln, Köln 1972, 51, spricht deshalb im Blick auf das zweite Argumentationsmodell treffend von einer „neutraditionellen Moral“.

[30] Vgl. dazu exemplarisch *Schüller, Bruno*, Typen ethischer Argumentation in der katholischen Moraltheologie, in: Theologie und Philosophie. Vierteljahresschrift 45 (1970) 526–550; *Böckle, Franz*, Was bedeutet „Natur“ in der Moraltheologie?, in: *ders.* (Hrsg.), Naturbegriff (s. Anm. 1), 45–68; *ders.*, Die moraltheologische Problematik der Empfängnisregelung, in: *Hünermann* (Hrsg.), Lehramt und Sexualmoral (s. Anm. 1), 48–63; *ders.*, Humanae vitae als Prüfstein des wahren Glaubens? Zur kirchenpolitischen Dimension moraltheologischer Fragen, in: Stimmen der Zeit 208 (1990) 3–16; *Knauer, Peter*, Überlegungen zur moraltheologischen Prinzipienlehre der Enzyklika „Humanae vitae“, in: Theologie und Philosophie. Vierteljahresschrift 45 (1970) 60–74; *Mieth, Dietmar*, Geburtenregelung. Ein Konflikt in der katholischen Kirche, Mainz 1990.

[31] Vgl. dazu etwa *Wickler, Wolfgang*, Das Mißverständnis der Natur des ehelichen Aktes in der Moraltheologie, in: *ders.*, Antworten der Verhaltensforschung, München 1970, 195–215; *ders.*, Sind wir Sünder? Naturgesetz der Ehe, München, Zürich 1969,

die in der Begründung von „Humanae vitae“ einen naturalistischen Fehlschluss sahen, wurde nicht nur von Papst Johannes Paul II. die Diskussion über die kirchliche Position zur Empfängnisregelung untersagt[33], sondern auch versucht, die eigentliche diesbezügliche Begründung im Rahmen einer personalistischen Sexualethik näher zu erläutern.[34] In verschiedenen Ansätzen wurde deutlich gemacht, dass die eigentlich ethisch relevante Differenz nicht zwischen künstlich und *natürlich* besteht, sondern zwischen künstlich und *willentlich*.

- Im Rahmen der „New natural law theory“[35] wird dazu vom Gedanken der „basic goods“ ausgegangen, zu denen auch das Gut der Fortpflanzung gehört. Bei diesen Grundgütern handle es sich nicht um Güter im nicht-sittlichen Sinne, die der Mensch wie Rohmaterial nach seinen Zwecksetzungen verwenden und in Abwägungsüberlegungen einbeziehen könne, sondern um solche Güter, deren Verwirklichung die grundlegende Bedingung für die Erfüllung des Menschen und seines Selbstvollzugs als Person darstellen und die daher unbedingte Achtung verlangen.[36] Jeder willentliche und absichtliche Verstoß gegen die Verwirklichung dieser Grundgüter sei ethisch verwerflich. In dieser

23–26. – Wickler machte deutlich, dass bereits von der Biologie her zu sagen ist, dass der Akt sexueller Vereinigung auch eine eigene Sinngebung in der Erleichterung der persönlichen Bindung der Partner aneinander hat.

[32] Vgl. *Eiff, August Wilhelm von*, Dialog Medizin-Theologie eine Utopie?, in: *Hünermann* (Hrsg.), Lehramt und Sexualmoral (s. Anm. 1), 64–79, der darauf hinweist, dass gerade die Zeitenwahl das Unnatürliche ist. – Vgl. weiterhin: *Hepp, Hermann*, Empfängnisregelung aus ärztlicher Sicht, in: *Hünermann* (Hrsg.), Lehramt und Sexualmoral (s. Anm. 1), 80–94, der angesichts der Individualität jeder Frau hinsichtlich Lebensauffassung, Geschlechtlichkeit und Erlebnisfähigkeit auch in der Frage der Methodenwahl zur Empfängnisregelung aus ärztlicher Sicht eine individuelle Einzelentscheidung anrät.

[33] Vgl. dazu: Widerspricht Kontrazeption Gottes Heiligkeit? Die Papstansprache an die Teilnehmer des Moraltheologenkongresses vom 12. November 1988, in: Herder-Korrespondenz. Monatshefte für Gesellschaft und Religion 43 (1989) 125–127.

[34] Andreas Laun geht freilich in seinen Darstellungen nicht über die lehramtliche Argumentation selbst hinaus. Vgl. etwa *Laun, Andreas*, Aktuelle Probleme der Moraltheologie, Wien 1991, 79–118. – In *Laun, Andreas*, Liebe und Partnerschaft aus katholischer Sicht, Eichstätt ^{7}2001, wird dagegen nur noch mit moralisch aufgeladener Wortwahl und Sprache operiert – auch dies ein mögliches „Argumentations“-modell im Rahmen theologischer Sexual- und Beziehungsethik(?).

[35] Vgl. dazu die Darstellung und Kritik bei *Schockenhoff, Eberhard*, Grundlegung der Ethik. Ein theologischer Entwurf, Freiburg, Basel, Wien 2007, 415–418; ebenso bei *Arntz*, Gelingendes Leben (s. Anm. 4), 103f.

[36] Vgl. *Grisez, Germain, Boyle, Joseph, Finnis, John*, Practical Principles, Moral Truth, and Ultimate Ends, in: The American Journal of Jurisprudence 32 (1987) 114: „The basic goods are basic reasons for acting because they are aspects of the fulfillment of persons, whose action is rationally motivated by these reasons.“

Sicht aber erscheint künstliche Empfängnisverhütung als Entscheidung gegen das Grundgut der Fortpflanzung und des Lebens.[37] Nur die willentliche Enthaltsamkeit während der fruchtbaren Zeiten und eine Ausnutzung der unfruchtbaren Zeiten stelle keinen Verstoß gegen die Grundgüter der Person dar, so dass der eigentliche Gegensatz nicht der zwischen künstlich und natürlich, sondern der zwischen künstlich und willentlich sei. Das Verwerfliche an der künstlichen Kontrazeption sei nicht der Eingriff in einen natürlichen Ablauf, sondern die *mangelnde Achtung der inneren Sinnstruktur personal vollzogener Liebe*, nämlich der Zusammengehörigkeit von unitiver und prokreativer Dimension des ehelichen Aktes. Das eigentlich Verwerfliche sei die absichtliche und willentliche Entscheidung gegen das Grundgut Leben. Künstliche Empfängnisverhütung sei in diesem Sinne ein lebensfeindlicher Akt.

– Eine ähnliche Argumentation hat Martin Rhonheimer vorgetragen. Er geht davon aus, dass Sexualität auf menschliche Weise nur im Rahmen personaler Liebe vollzogen werden kann. Allerdings kann für ihn der entsprechende Akt nicht nur durch den Mangel an personaler Hingabe zerstört werden, sondern auch dadurch, dass der Sexualakt selbst durch künstliche Mittel unfruchtbar gemacht wird. Auch in seiner Argumentation ist es entscheidend, dass er den ethisch relevanten Unterschied in den Methoden der Empfängnisregelung nicht mehr zwischen künstlich und natürlich sieht, sondern zwischen künstlich und willentlich.[38] Die Alternative lautet entweder „Ausübung prokreativer Verantwortung durch willentliche Regelung und Beherrschung des menschlichen Sexualtriebs“ oder „Ausübung prokreativer Verantwortung durch technisch-künstliche Kontrolle der Fruchtbarkeit menschlicher Sexualität anstatt solcher willentlicher Regelung und Beherrschung“. Das moralische Problem in der künstlichen Empfängnisregelung sieht Rhonheimer darin, dass der Sexualakt nicht mehr durch willentliche Enthaltsamkeit, also durch sittliche Tugend, folgenlos bleibt, sondern darin, *dass die Kontrolle durch Vernunft und Wille selbst vorsätzlich überflüssig und so eine verantwortliche und menschliche Gestaltung des ehelichen Aktes überhaupt un-*

[37] Vgl. *Finnis, John*, Moral Absolutes. Tradition, Revision, and Truth, Washington 1991, 86: „Choosing to contracept is simple contralife, whatever else may then be said, and rightly said, about the morally significant features of the sexual act performed as contracepted.“

[38] Vgl. *Rhonheimer, Martin*, Natur als Grundlage der Moral. Eine Auseinandersetzung mit autonomer und teleologischer Ethik, Innsbruck, Wien 1987, 119.

möglich gemacht wird.[39] Durch das Überflüssigwerden der Tugend der Enthaltsamkeit als Ausübung prokreativer Verantwortung durch willentliche Beherrschung kommt es zur Zerstörung des „ordo rationis in radice" und damit zu einer Zerstörung der ehelichen bzw. personalen Liebe in ihrer menschlichen Eigenart.[40] Der eheliche Akt kann gar nicht mehr in personaler und damit verantwortlicher Weise vollzogen werden.[41] Rhonheimer bezeichnet dies auch als Empfängnis*verhütung*, die immer schlecht ist, im Unterschied zur Ausnutzung der empfängnisfreien Zeiten, die den personal vollzogenen ehelichen Akt nicht bereits von vornherein unmöglich macht und die er deshalb als Empfängnis*vermeidung* bezeichnet.

4. Mit diesen skizzierten weiterführenden Auslegungen gewinnt das zweite Argumentationsmodell noch weiter an Kontur und logischer Konsistenz. Dennoch lassen sich eine Reihe von Anfragen gegen dieses Modell formulieren:

- Im Blick auf die Argumentation der New natural law theory lässt sich fragen, ob der willentliche Ausschluss eines *möglichen* Gutes tatsächlich der Vernichtung eines bereits *bestehenden* Gutes gleichgesetzt werden kann. Auch innerhalb des Grundgutes „Leben" kann es „kollidierende Teilgüter geben [...], wie es etwa der Fall ist, wenn zwischen der möglichen Zeugung eines weiteren Kindes und dem Wohl der Ehegatten und der bereits geborenen Kinder ein verantwortungsvoller Ausgleich gesucht werden muss".[42]

---

[39] Vgl. ebd., 121: „Die Tugend der Keuschheit und die auf sie hingeordnete willentliche Beherrschung des Sexualtriebs durch periodische Enthaltsamkeit bilden die einzige, dem menschlichen Handeln adäquate Grundlage für eine verantwortliche, vernünftige Regelung der menschlichen Fortpflanzungskraft und der diese antreibenden sinnlichen Strebungen, die einzige Grundlage auch dafür, die Integration der entsprechenden ‚inclinatio naturalis' im Kontext personalen Handelns zu wahren; die Grundlage also für eine Bewahrung der personalen Integrität menschlicher Sexualität und für eine ständige Vertiefung und Bestärkung der ehelichen Liebe als prokreativ verantwortliche und damit menschliche Liebe."

[40] Vgl. ebd., 119f.

[41] Vgl. ebd., 122: „Da in diesem Falle nicht mehr Vernunft und Wille die Kontrolle über die Folgen auszuüben haben, weil der Akt ja folgenlos ist, bzw. gemacht wurde, *ist in Bezug auf ihn, als Einzelakt, ein prokreativ verantwortliches, vernünftiges und der Herrschaft des Willens unterliegendes Verhalten gar nicht mehr notwendig.* Dann aber *kann* er auch gar nicht mehr Ausdruck ehelicher Liebe, Einheit und Verbindung zu einer gemeinsamen, in Verantwortung getragenen Aufgabe sein, *denn er ist als Handlung aus dem Kontext herausgelöst worden, in dem sich die ‚inclinatio naturalis ad coniunctionem maris et feminae' in ihrer prokreativen Dimension als spezifisch menschliche und eheliche Liebe konstituiert.*"

[42] Vgl. *Schockenhoff*, Grundlegung (s. Anm. 35), 417; ebenso: *Arntz*, Gelingendes Leben (s. Anm. 4), 103f.

- Zur Argumentation von M. Rhonheimer lässt sich fragen, ob sich die Verwendung künstlicher Kontrazeptiva nicht auch anders deuten lässt als er es tut. Kann man sie nicht auch in dem Sinne verstehen, dass die bereits auch von Natur aus gegebenen empfängnisfreien Zeiten durch medikamentöse oder physikalische Mittel ausgedehnt werden? Dies könnte etwa deshalb geschehen, weil ein Kind unter den sozialen Bedingungen, unter denen das Paar gegenwärtig lebt, nicht verantwortbar ist und der Beziehung selbst abträglich wäre. Wollte man dies von vornherein für unerlaubt erklären, würde doch wieder – was Rhonheimer gerade vermeiden will – die Natur in ihrer biologischen Faktizität unmittelbar zum Kriterium des ethisch Erlaubten und Unerlaubten erhoben und damit ein naturalistischer Fehlschluss begangen. Versteht man aber die Verwendung künstlicher Kontrazeptiva als Ausdehnung der natürlichen empfängnisfreien Zeit aus ethischen Gründen, dann scheint nichts dagegen zu sprechen, dass man, so wie man auch in Rhonheimers Sicht die von Natur aus empfängnisfreien Zeiten ausnutzen darf, auch die künstlich empfängnisfrei gemachten Zeiten erlaubterweise ausnutzen kann. Es bedarf dann – genauso wenig wie bei der Ausnutzung der natürlichen empfängnisfreien Zeiten – nicht mehr der Tugend der Enthaltsamkeit, um eine (zulässige) Empfängnis*vermeidung* zu gewährleisten.
- Im Blick auf die zu Grunde liegende Anthropologie lässt sich fragen, ob hier die Einheit von Person und Leib nicht überbetont wird.[43] Gewiss hat die phänomenologisch arbeitende Anthropologie darauf hingewiesen, dass die Person nicht nur einen Körper *hat*, sondern dass sie *leiblich existiert*. Andererseits hat sie aber auch der Erfahrung Rechnung getragen, dass Person und Leib nicht einfach identisch sind, sondern dass man sich zu seinem Leib auch reflexiv verhalten und ihn objektivieren kann und dies in vielen Situationen gerade um des verantwortlichen Handelns willen auch tun muss.[44] Dies ist keineswegs sofort gleichbedeutend damit, dass man den Körper als „Rohmate-

---

[43] Franz Böckle hat seine diesbezügliche Kritik an der Anthropologie Karol Woitylas mehrfach vorgetragen: *Böckle, Franz*, „Humanae vitae" und die philosophische Anthropologie Karol Wojtylas, in: Herder-Korrespondenz 43 (1989) 374–380; *ders.*, Die moraltheologische Problematik der Empfängnisregelung, in: *Hünermann* (Hrsg.), Lehramt und Sexualmoral (s. Anm. 1), 48–63.

[44] Vgl. *Plessner, Helmuth*, Philosophische Anthropologie: Lachen und Weinen, Das Lächeln, Anthropologie der Sinne, Frankfurt a.M. 1970, 31–55 (Das Verhältnis des Menschen zu seinem Körper).

rial" behandelt und willkürlich eigenen selbst gesetzten Zwecken und Interessen unterwirft.

- Schließlich lässt sich bezüglich der normativen Aussage, dass volle Sexualität allein und ausschließlich angemessener Ausdruck der vollen, vorbehaltlosen personalen Ganzhingabe im Rahmen ehelicher Liebe sein könne und andernfalls eine ethisch verwerfliche Lüge und eine schwere Sünde darstelle, fragen, wie diese strikte und ein-eindeutige Korrelation begründet wird. Unbestritten ist, dass volle sexuelle Gemeinschaft – wie schon Zärtlichkeit im Vorfeld – immer auch die Person berührt. Warum aber soll es a priori und grundsätzlich ausgeschlossen sein, dass ein Geschlechtsverkehr angemessener Ausdruck auch für eine noch nicht völlig vorbehaltlose und endgültig wechselseitige Liebesbeziehung ist, sondern ein Element des Weges darstellt, auf dem ein Paar in ihrer Beziehung zusammenwächst und in der Liebe zunimmt? Beruht die Annahme der strikten Korrelation lediglich auf Evidenz aufgrund der Parallelität der Formulierungen (volle Sexualität verlangt volle Liebe bzw. leibliche Ganzhingabe verlangt personale Ganzhingabe) oder lassen sich dafür auch humanwissenschaftliche Gründe namhaft machen? Und: Müsste man unter Voraussetzung dieser normativen Aussage nicht annehmen, dass wohl in den allermeisten Fällen auch des ehelichen Verkehrs die betreffende Handlung eine Lüge ist, weil die Vorbehaltlosigkeit personaler Ganzhingabe ein so hohes Ideal darstellt, dass es in der Realität nur in sehr seltenen Fällen verwirklicht sein dürfte?

III. Das humanwissenschaftlich-hermeneutische Argumentationsmodell

Innerhalb der Moraltheologie hat sich deshalb nach dem Zweiten Vatikanum – parallel zum zweiten Typ der Begründung sexualethischer Normen – ein weiteres, drittes Argumentationsmodell etabliert. Auch dieses Argumentationsmodell geht davon aus, dass menschliche Sexualität, um human vollzogen zu werden, in die Beziehung personaler Liebe integriert werden muss. Es kann nicht darum gehen, den anderen egoistisch als Objekt oder Gelegenheit zur Befriedigung der eigenen sexuellen Bedürfnisse zu gebrauchen. Aber in diesem Argumentationsmodell werden die sexualethischen Aussagen nicht einfach aus einer spezifischen Deutung der Einheit von Person und Handlung unmittelbar abgeleitet. Vielmehr wird im Blick auf das Ziel einer geglückten Partnerschaft, in der sich die Partner unbedingt lieben und sich gegenseitig in ihrem Personsein und in ihrer Gemeinschaft bejahen, gefragt, welche Handlungsweisen diesem Ziel tatsächlich förderlich und welche ihm abträglich sind. Dazu aber wird auf die humanwissenschaftlichen Erkenntnisse über die menschliche Sexualität zurückgegriffen. Welches sexuelle Handeln der personalen Beziehung förderlich ist oder ihr widerspricht, wird also nicht aus einer anthropologischen Grundannahme deduziert, sondern induktiv über den Weg der Erfahrung begründet. Auch auf diesem Weg der Begründung lassen sich zentrale Normen der Sexualethik einsichtig machen. Dass etwa Sexualverkehr ohne den beiderseitigen Wunsch, für immer zusammenzubleiben, oder gar gegen den Willen der oder des anderen dem Ziel einer geglückten Partnerschaft und erfüllender Sexualität nicht zuträglich ist, kann durch Erfahrung bestätigt werden.[45] Allerdings kann diese Weise der Begründung von Sexualnormen auch zu einer differenzierten Bewertung einzelner Handlungen und Handlungsweisen führen.

1. Ansatzweise macht sich eine solche Einbeziehung humanwissenschaftlicher Einsichten bereits in der Anerkennung einer Vielfalt von Sinndimensionen menschlicher Sexualität bemerkbar, wie sie im Arbeitspapier „Sinn und Gestaltung menschlicher Sexualität" der Würzburger Synode zu finden ist.[46] Über die in der Tradition genannten beiden Sinnaspekte (a) der Gemeinschaft sowie (b) der Zeugung und Erziehung von Nachkommen hinausgehend werden hier als weitere Sinnbestimmungen (c) die eigenständige und wertvolle Bedeutung der Lusterfahrung sowie (d) die Identität fördernde Bedeutung genannt (3.1.2.2), wobei diese vier Aspekte nicht immer gleichzeitig zur Geltung kommen und verwirklicht sein müssen (3.1.5). Zur vorehelichen Sexualität wird eine differenzierte Beurteilung je nach Intensität der Beziehung versucht, in der von einer „Stufenleiter der Zärtlichkeit" die Rede ist (4.2.3). Der wahllose Geschlechtsverkehr mit beliebigen Partnern sei anders zu bewerten als die intime Beziehung zwischen Partnern, die einander lieben und zu einer Dauerbeziehung entschlossen sind, sich aber an der Eheschließung noch gehindert sehen. Zur Selbstbefriedigung heißt es, dass sie als reifungsbedingte Übergangsform vor der Eheschließung im wesentlichen überwun-

---

[45] Vgl. etwa *Mieth, Dietmar*, Ehe als Entwurf. Zur Lebensform der Liebe, Mainz 1984.

[46] Vgl. Arbeitspapier „Sinn und Gestaltung menschlicher Sexualität", in: Gemeinsame Synode der Bistümer in der Bundesrepublik Deutschland, Ergzbd.: Arbeitspapiere der Sachkommissionen, Freiburg, Basel, Wien 1977, 163–183. Ausdrücklich wird hier in Nr. 2 auf biologische und sozio-kulturelle Aspekte Bezug genommen.

den sein muss und eine Fixierung auf Selbstbefriedigung die Partnerschaft tiefgreifend stören kann (4.2.7). Im Blick auf Homosexualität wird ebenfalls eine differenzierte Beurteilung versucht, in der es vor allem darum geht, beliebige Promiskuität zu vermeiden und zu einer Personalisierung der gleichgeschlechtlichen Zuneigung zu kommen (4.4.5.2).

Die normative Öffnung, die sich in diesem Arbeitspapier andeutet, wird freilich in dem offiziellen Beschluss der Würzburger Synode „Christlich gelebte Ehe und Familie" wieder zurückgenommen. Zwar werden auch hier die vier Sinnaspekte der Sexualität genannt.[47] Aber im Blick auf die in 3.1.3.3 zur Sprache kommende „Stufenleiter der Zärtlichkeit" wird zugleich deutlich gemacht, dass voreheliche sexuelle Beziehungen nur als gut und richtig gelten können, solange sie Ausdruck der Vorläufigkeit sind und nicht intensiver gestaltet werden als es dem Grad der personalen Bindung entspricht; volle geschlechtliche Beziehungen jedoch hätten ihren Ort allein in der Ehe. Auch „Praktiken, bei denen im gegenseitigen Einvernehmen der Orgasmus gesucht, aber nur der letzte leibliche Kontakt nicht vollzogen wird", gehörten nicht in den vorehelichen Raum (3.1.3.3).[48]

2. Die Einsicht in den vierfachen Sinnaspekt menschlicher Sexualität hat vor allem Wolfgang Bartholomäus in seiner Auslegung der Sexualität als Sprache der Liebe aufgegriffen und – im Anschluss an Ernst Ell[49] – im Sinne einer dynamischen Verwirklichung der einzelnen Sinndimensionen weitergeführt, die an den unterschiedlichen Lebensphasen des Menschen orientiert

---

[47] Vgl. Beschluss „Christliche gelebte Ehe und Familie", in: Gemeinsame Synode der Bistümer in der Bundesrepublik Deutschland, Beschlüsse der Vollversammlung, Freiburg, Basel, Wien 1976, Nr. 2.2.1.1. – Die vier Sinndimensionen werden auch genannt in der Erklärung der deutschen Bischöfe „Zur Sexualerziehung in Elternhaus und Schule" (s. Anm. 26), 8.

[48] Die Erklärung der Kongregation für die Glaubenslehre zu einigen Fragen der Sexualethik (s. Anm. 26), Nr. 3, stellt mit ihren klaren, aber auch nicht mehr so differenzierten normativen Aussagen gegenüber dem Arbeitspapier „Sinn und Gestaltung menschlicher Sexualität" und auch gegenüber dem Beschluss „Christlich gelebte Ehe und Familie" der Würzburger Synode einen Rückfall in das erste bzw. zweite Argumentationsmodell dar, in dem sie festhält, dass die sexualethischen Normen in der wesentlichen Ordnung „(der menschlichen) Natur" gründen sowie in den „konstitutiven Elementen und den wesentlichen Beziehungen der menschlichen Person". – Zur Einordnung vgl. Zweierlei Sexualethik. Kritische Bemerkungen zur „Erklärung" der römischen Glaubenskongregation „Zu einigen Fragen der Sexualethik", in: Theologische Quartalschrift 156 (1976) 148–158.

[49] Vgl. *Ell*, Sexualmoral (s. Anm. 29). – In diese Richtung weist auch: *Ruf, A. K., Cooper, Eugen J.* (Hrsg.), Grundkurs Sexualmoral Bd. I: Geschlechtlichkeit und Liebe, Freiburg 1982; *Cooper, Eugen J.* (Hrsg.), Grundkurs Sexualmoral Bd. II: Leben in Liebe, Freiburg 1983.

ist.[50] Entscheidend an dieser Konzeption ist, dass – im Unterschied zu einer perfektionistischen und objektivistischen Sicht, nach der in jedem Sexualakt immer alle Sinnaspekte verwirklicht sein müssen, während bereits das Fehlen auch nur eines einzigen Aspekts das sexuelle Handeln sittlich schlecht macht – nicht in allen Phasen des Lebens alle Sinnaspekte verwirklicht sein müssen, um Sexualität in humaner Weise zu vollziehen. Es gäbe eben nicht nur die Alternative, entweder vollkommen zu sein oder in schwere Sünde zu fallen, sondern eine Bandbreite des Guten, die auch weniger Vollkommenes, aber der Realität Näheres einschließt. Auf der Grundlage einer entwicklungspsychologischen Betrachtung vertrat Bartholomäus deshalb – wie auch eine Reihe von Moraltheologen[51] – die Auffassung, dass der Koitus ohne Zeugung durchaus auch angemessener Ausdruck für eine dauerhafte Freundschaft auch vor der Eheschließung sein könne.[52] Den Fruchtbarkeitsaspekt legte Bartholomäus dahingehend aus, dass damit nicht nur Fortpflanzung gemeint sei, sondern die lebensschöpferische und lebenspendende Bedeutung sexuellen Handelns überhaupt. Damit bekam der Fruchtbarkeitsaspekt einen neuen und überraschenden Sinn für die sexuelle Begegnung von alten Menschen und Menschen mit Behinderungen, aber auch für Formen der autoerotischen und homoerotischen Praxis.[53]

Auf Seiten der Moraltheologie findet sich die Einbeziehung der Humanwissenschaften in die Begründung sexualethischer Normen in ausdrücklicher und exemplarischer Weise durchgeführt in Bernhard Fralings „Sexualethik".[54] Methodisch grundlegend ist der Drei-

---

[50] Vgl. *Bartholomäus*, Glut der Begierde (s. Anm. 18), 245f. – So stehe etwa im Jugendalter vor allem der Identitäts- und Lustaspekt im Mittelpunkt, während beim jungen Erwachsenen der Beziehungsaspekt hinzukomme. In der ersten Familienphase komme dann in der Regel der Fruchtbarkeitsaspekt hinzu, während in der Phase nach der Erziehung wieder der Beziehungs- und Lustaspekt in den Vordergrund rückten.

[51] Vgl. etwa *Pfürtner, Stephan*, Kirche und Sexualität, Reinbek 1972, 226–231; *Böckle, Franz*, Geschlechterbeziehung und Liebesfähigkeit, in: Christlicher Glaube in moderner Gesellschaft, Bd. 6, Freiburg 1981, 125; 148f. – Vgl. auch die Einschätzung von *Ringeling, Hermann*, Sexuelle Beziehungen Unverheirateter, in: *Hertz, Anselm, Korff, Wilhelm, Rendtorff, Trutz* (Hrsg), Handbuch der christlichen Ethik, Bd. 2, Freiburg [2]1979, 172.

[52] Bereits *Schlegelberger, Bruno*, Vor- und außerehelicher Geschlechtsverkehr. Die Stellung der katholischen Moraltheologen seit Alphons von Liguori, Remscheid 1970, 218, stellt resümierend fest: „So sehr die Forderung personaler Integration des Geschlechtstriebes anzuerkennen ist, bleibt doch festzustellen, daß es nicht überzeugend gelungen ist, aufgrund dieser Forderung jeglichen vor- und außerehelichen Geschlechtsverkehr als sittlich verwerflich zu erklären."

[53] Vgl. *Bartholomäus*, Glut der Begierde (s. Anm. 18), 232f.

[54] *Fraling, Bernhard*, Sexualethik. Ein Versuch aus christlicher Sicht, Paderborn, München u. a. 1995.

schritt der Normbegründung, wie er von Alfons Auer vorgetragen wurde[55]: (a) humanwissenschaftliche Grundlegung, in der die Bedingtheiten und Chancen des menschlichen Handelns aufgezeigt werden, (b) anthropologische Integrierung dieser Daten in einen umfassenden Sinnverhalt ausgehend von den Sinnwerten des Menschseins, wobei hier im Rahmen einer christlichen Ethik auch das in der Bibel bezeugte Ethos einfließen kann, (c) Formulierung und Begründung ethischer Weisungen, Normen und Orientierungen. Auf dieser Basis kommt Fraling zu einer deutlich differenzierteren Formulierung normativer sexualethischer Aussagen zur vorehelichen Sexualität[56], zur Empfängnisverhütung[57], zur Masturbation[58] sowie zur Homosexualität[59], als dies im Rahmen des zweiten, personalistischen Argumentationsmodells der Fall ist.[60]

Ausdrücklich hingewiesen sei an dieser Stelle auch auf die Studien Eugen Drewermanns zu sexualethischen Fragen, die Fraling immer wieder einbezieht. Drewermann hat darin aus psychoanalytischer Sicht deutlich gemacht, welche problematischen Auswirkungen bestimmte sexuelle Handlungsweisen (Homosexualität, Selbstbefriedigung, vorehelicher Verkehr, vor allem aber auch Fixierungen wie Voyeurismus und Exhibitionismus, Sadismus und Masochismus sowie auch Fetischismus) auf die Möglichkeit haben können, aber nicht haben müssen, Sexualität und Partnerschaft erfüllt zu leben.[61]

Die sozio-kulturelle Perspektive auf die Normierung sexuellen Verhaltens hat vor allem Regina Ammicht-Quinn in ihre theologischen Reflexionen zur Ethik der Geschlechter einbezogen.[62] Ammicht-Quinn geht es aus Sicht der feministischen Theologie um die Frage nach den Auswirkungen von gesellschaftlich und kulturell

---

[55] Vgl. *Auer, Alfons*, Autonome Moral und christlicher Glaube, Düsseldorf ²1984, 36–54.

[56] Vgl. *Fraling*, Sexualethik (s. Anm. 54), 190–192; 195–198. – In ähnliche Richtung weist auch schon *Rotter, Hans*, Fragen der Sexualität, Innsbruck, Wien, München 1979; *ders.*, Sexualität und christliche Moral, Innsbruck, Wien 1991.

[57] Vgl. *Fraling*, Sexualethik (s. Anm. 54), 204–207.

[58] Vgl. ebd., 226–231.

[59] Vgl. ebd., 241–243.

[60] *Weber, Helmut*, Spezielle Moraltheologie, Graz, Wien, Köln 1999, bleibt im dritten Kapitel über „Geschlechtlichkeit und Ehe" (262–410) demgegenüber – trotz seines Argumentationsmodells der „personalen Teleologie" (338) – hinter der Offenheit B. Fralings für eine differenzierte Bewertung zurück.

[61] Vgl. *Drewermann, Eugen*, Zur Frage der moraltheologischen Beurteilung bestimmter Formen sexuellen Fehlverhaltens, in: *ders.*, Psychoanalyse und Moraltheologie Bd. 2: Wege und Umwege der Liebe, Mainz 1983, 162–191.

[62] Vgl. *Ammicht-Quinn, Regina*, Körper – Religion – Sexualität. Theologische Reflexionen zur Ethik der Geschlechter, Mainz 1999. – Einen vergleichbaren Ansatz hat auf evangelischer Seite ausgearbeitet: *Lüthi, Kurt*, Christliche Sexualethik. Traditionen, Optionen, Alternativen, Wien, Köln, Weimar 2001.

geprägten und transportierten Körperbildern und Rollenverständnissen auf das Glücken oder Misslingen sexueller Partnerschaft. Dies veranlasst nicht nur zur Kritik an restriktiven Tendenzen aus der Vergangenheit christlicher und bürgerlicher Moral, sondern auch an derzeitigen kulturell bestimmenden und unterdrückenden Vorstellungen und Bildern vom Körper und der Rolle von Frau und Mann. Umgekehrt entdeckt sie die mögliche Bedeutung von Religion für einen befreienden Umgang mit Sexualität.

3. Überblickt man die Beispiele für das dritte Argumentationsmodell, so wird deutlich, dass die Einbeziehung der Humanwissenschaften in die Normfindung zu einer differenzierteren Bewertung sexuellen Verhaltens führt, zugleich aber auch Begründungen für Vorbehalte liefert, die leichter allgemein nachvollziehbar sind, als dies im ersten und auch im zweiten Argumentationsmodell der Fall ist. Denn in der Sicht dieses Modells lassen sich Verbote oder Vorbehalte in Bezug auf bestimmte sexuelle Verhaltensweisen überhaupt nur dann begründen, wenn sich auf reale negative Auswirkungen und Schäden verweisen lässt, die dadurch verursacht werden.

Dabei ist deutlich zu unterstreichen, dass dieses dritte Argumentationsmodell nichts zu tun hat und nicht in Verbindung gebracht werden darf mit einer reinen „Verhandlungsmoral“[63] bzw. „Konsensmoral“[64] im Bereich des Sexuellen, nach der all das erlaubt und ethisch in Ordnung ist, worauf sich die jeweiligen Partner im Verfahren eines gleichberechtigten Dialogs geeinigt haben. In dieser Sicht, die letztlich auf eine Minimalmoral hinausläuft, in der man den anderen nicht zu etwas zwingen darf und unerwünschte Schwangerschaften verhindern sollte[65], wird zwar an der Wahrung der Personwürde festgehalten, die darin besteht, den anderen nicht allein als Mittel für egoistische Zwecke zu gebrauchen, sondern ihn immer als Zweck an sich selbst zu achten. Nicht ausreichend bedacht wird aber die Möglichkeit, dass sexuelle Verhaltensweisen – auch wenn sich die Partner darauf geeinigt haben – Auswirkungen haben können, die gerade eine geglückte Beziehung und eine erfüllte Sexualität untergraben.[66]

---

[63] Vgl. zu diesem Begriff *Schmidt, Gunter*, Das Verschwinden der Sexualmoral. Über sexuelle Verhältnisse, Hamburg 1996, 11.

[64] Vgl. *Sigusch, Volkmar*, Kultureller Wandel der Sexualität, in: *ders.*, Sexuelle Störungen und ihre Behandlung, Stuttgart 1996, 10–31.

[65] Auf dieses Ergebnis läuft etwa der Ansatz von Alex Comfort – selbst Schüler von Wilhelm Reich – hinaus. Vgl. *Comfort, Alex*, Der aufgeklärte Eros. Plädoyer für eine menschenfreundliche Sexualmoral, Hamburg 1968, 78.

[66] Diese Bilanz wird auch mehrfach von Seiten der Soziologie gezogen. Vgl. etwa: *Schmidt*, Sexualmoral (s. Anm. 63), 75–83 (Sexuelle Langeweile); *Béjin, André*, Die Macht der Sexologen und die sexuelle Demokratie, in: *Philippe Ariès, André Béjin,*

Gegenüber einem solchen – vierten – Argumentationsmodell gehen die genannten moraltheologischen Ansätze davon aus, dass es zu einem verantwortlichen Umgang mit der Sexualität gehört, danach zu fragen, ob das sexuelle Handeln auch tatsächlich geeignet ist, zu einer geglückten Gemeinschaft und zu einer erfüllenden Sexualität zu führen. Dies hängt nicht allein davon ab, ob man etwas Gutes will, sondern davon, ob das, was man tut, angesichts der natürlichen Eigendynamik und Eigengesetzlichkeit der menschlichen Konstitution und der gesellschaftlichen und kulturellen Gegebenheiten tatsächlich das gewollte Ziel erreicht. Diese natürliche Eigendynamik und Eigengesetzlichkeit der menschlichen Konstitution bildet – ebenso wie die Eigendynamik gesellschaftlicher, geschichtlicher und kultureller Gegebenheiten – eine objektive Grenze des Verantwortbaren im sexuellen Tun. Sie sind von biologischen, psychologischen und soziologischen Vorgegebenheiten abhängig. Ob und wo hier Grenzen des Verantwortbaren liegen, ist allerdings eine Frage der tatsächlichen Erfahrung mit dem Handeln in der Wirklichkeit und eine Frage, zu deren Beantwortung wesentlich die Ergebnisse der Humanwissenschaften mit einzubeziehen sind. In diesem Sinne spielt die Natur auch in dieser Art der Normbegründung eine wesentliche Rolle, zwar nicht als Zielvorgabe, wohl aber als Grenze des Verantwortbaren. Damit aber gibt es bei aller Unbeliebigkeit ethischen Handelns dennoch eine normative Offenheit.

Ebenso wenig wie eine reine Verhandlungsmoral liegt dem dritten Argumentationsmodell – wie M. Rhonheimer zahlreichen deutschen Moraltheologen als Vertretern einer autonomen und teleologischen Ethik vorgeworfen hat – ein anthropologischer Dualismus zu Grunde, in dem der Körper wie „Rohmaterial“ beliebig gebraucht werden könne.[67] Vielmehr wird sehr wohl davon ausgegangen, dass sexuelles Handeln unmittelbar auch die Person und ihre Beziehungen betrifft. Gerade in der Linie von Karl Rahner her wird der Leib als Realsymbol der Person gedacht.[68] Ande-

---

Michel Foucault, Die Masken des Begehrens und die Metamorphosen der Sinnlichkeit. Zur Geschichte der Sexualität im Abendland, Frankfurt a.M. 1981, 253–272; *Schuller, Alexander, Heim, Nikolaus* (Hrsg.), Vermessene Sexualität, Berlin, Heidelberg u. a. 1987; *Ross, Werner*, Tod der Erotik. Versuch einer Bilanz der sexuellen Revolution, Graz, Wien, Köln 1986.

[67] Vgl. dazu *Rhonheimer*, Natur (s. Anm. 38), 86f. u. ö. – Vgl. mit derselben Stoßrichtung *Belmans, Theo G.*, Der objektive Sinn menschlichen Handelns. Die Ehemoral des hl. Thomas, Vallendar, Schönstatt 1984, 369–463 (Kapitel 7: Physizismus in der heutigen Moraltheologie).

[68] Vgl. *Rahner, Karl*, Zur Theologie des Symbols, in: *ders.*, Schriften zur Theologie, Bd. 4, Einsiedeln 1960, 275–311.

rerseits bedeutet dies aber auch nicht einen „Monismus“[69], in dem die Person nicht mehr in der Weise verantwortlich sich auf ihren Leib beziehen könnte, dass sie ihn auch objektiviert und in seine Eigengesetzlichkeit eingreift.[70] Kriterium des ethisch Verantwortbaren kann in jedem Fall nur sein, ob es dafür einen rechtfertigenden Grund gibt.

IV. Ausblick

Im Überblick über die Typen ethischer Argumentation innerhalb der katholischen Sexual- und Beziehungsethik konnten holzschnittartig drei hauptsächliche Normbegründungsmodelle auseinandergehalten werden: das naturrechtliche, das personalistische und das humanwissenschaftlich-hermeneutische Argumentationsmodell.[71] Dabei hat sich zugleich gezeigt, dass sich diese Argumentationsmodelle selbst noch einmal im Sinne einer inneren Entwicklung ausdifferenzieren. Im Blick auf das dritte, humanwissenschaftlich-hermeneutische Argumentationsmodell lässt sich – dies sei abschließend noch hervorgehoben – ebenfalls eine solche innere Differenzierung feststellen. Einerseits nämlich sind hier solche Ansätze erfasst, in denen eine starke philosophische oder auch theologische Anthropologie – z. B. im Blick auf das Verhältnis von Person und Leib – vorausgesetzt wird, die dann auch auf die normative Ebene durchschlägt.[72] Andererseits aber gehören hier auch solche Ansätze hin, die sich inhaltlicher anthropologischer Grundannahmen weitestgehend enthalten und stattdessen

[69] Treffend bemerkt *Böckle*, Humanae vitae als Prüfstein des wahren Glaubens? (s. Anm. 30), 6: „Der in neuesten Publikationen vorgebrachte Einwand, die Moraltheologen huldigten einem Dualismus, ist frei erfundener Unfug. Er fällt letztlich auf die Erfinder selbst zurück!“

[70] Dagegen bemerkt treffend *Moltmann, Jürgen*, Ethik der Hoffnung, Gütersloh 2010, 89: „Ich vermag nicht einzusehen, warum die Forderung nach ‚Naturtreue‘ unabdingbare Lehre der katholischen Kirche sein muss, wenn der Mensch doch in einer ‚exzentrischen Position‘ zu seiner eigenen Natur steht. Er ist Leib und er hat einen Körper, so ist er auch Natur und hat zugleich Natur. In der Ambivalenz von Sein und Haben zeigt sich seine Freiheitsnatur. Eine Ethik des Lebens wird nach haltbaren Balancen von Sein und Haben suchen. Menschen müssen die Verantwortung für ihr Tun und Lassen übernehmen. Sie können ihre Verantwortung nicht auf ‚die Natur‘ abschieben.“

[71] Ähnlich unterscheidet auch *Ziebertz, Hans-Georg*, Moralerziehung im Wertpluralismus. Eine empirisch-theologische Untersuchung nach moralpädagogischen Handlungskonzepten im Religionsunterricht und in der kirchlichen Jugendarbeit zu Fragen der Sexualität, Kampen, Weinheim 1990, 134–149, idealtypisch die drei Legitimationsbezüge „Natur“, „Person“ und „Glück“.

[72] So etwa bei *Fraling*, Sexualethik (s. Anm. 54).

die tatsächliche Erfahrung in den Mittelpunkt rücken, welche sexuellen Praktiken eine geglückte Partnerschaft und eine erfüllend gelebte Sexualität fördern und welche dieses Ziel eher behindern, untergraben bzw. sich sogar als zerstörerisch erweisen.

Wenn es in einer christlichen Sexualethik – gerade um der Menschen willen, denen sie dienen möchte – nicht nur um die Tradierung von Verboten, sondern vor allem um möglichst allgemein nachvollziehbare Begründungen sexualethischer Handlungsoptionen geht, so dürfte unter den Bedingungen einer pluralistischen Gesellschaft diese zuletzt genannte Variante des dritten Argumentationsmodells vergleichsweise gute Chancen auf Akzeptanz und damit auf Wirksamkeit haben. Sie bietet die Möglichkeit einer realistischen Sexualethik, die nicht unerreichbare Ideale aufstellt, deren Begründung immer schwieriger und voraussetzungsvoller wird und deren überzogene Forderungen letztlich die Autorität der Kirche in diesen und auch in anderen ethischen Fragen untergraben, sondern die wirklich für die Menschen, an die sie sich richtet, einsichtig und hilfreich ist. Sie bietet die Möglichkeit einer realistischen Sexualethik, die nicht Widerstand, Spott oder Gleichgültigkeit auf der einen und Bigotterie, Verklemmtheit und Doppelmoral[73] auf der anderen Seite erzeugt, sondern die tatsächlich – in der Realität unserer Gesellschaft, so wie sie ist – einer Banalisierung und Trivialisierung der Sexualität wirksam entgegensteuern kann.

[73] Zum Thema „Doppelmoral" in der katholischen Sexualmoral vgl. etwa: *Berger, David*, Der heilige Schein. Als schwuler Theologe in der katholischen Kirche, Berlin 2010.

Ist es „gut für den Mann, keine Frau zu berühren“?

Zur Interpretation und Rezeption einiger biblischer Texte zur Sexualmoral

von Werner Wolbert

Im Jahre 1971 erschien eine Dissertation zum Thema „De parvitate materiae in sexto“[1], die mit ihrem Titel bei einigen Verantwortlichen der Kirche Beunruhigung auslöste. Die Instruktion der Glaubenskongregation „Persona humana“ vom Jahre 1975 betont in Nr. 10, man dürfe nicht der Auffassung sein, „im Bereich des Geschlechtlichen könnten keine schwere Sünden begangen werden“. Dem ist an sich nicht zu widersprechen, erst recht, wenn man etwa an eine Vergewaltigung denkt. Es zeigt sich aber eine Tendenz, die Möglichkeit der *parvitas materiae* in diesem Bereich eher gering einzuschätzen. Mir ist nicht bekannt, dass diese Frage in Bezug auf andere Gebote ähnlich intensiv diskutiert worden wäre. Man könnte gegen diese Tendenz darauf verweisen, dass Fragen der Sexualmoral in der Bibel nicht den Stellenwert haben, den sie in späteren moraltheologischen und lehramtlichen Texten haben. Dennoch gibt es auch biblische Texte, die hier bestimmte Tendenzen unterstützt haben. Wie die Interpretation und Rezeption biblischer Texte die Sexualmoral beeinflusst haben und wie solche Texte heute zu verstehen und auszuwerten wären, sei im Folgenden an einigen Beispielen demonstriert.[2]

I. Du sollst nicht ehebrechen

Das 6. Gebot ist nur eines unter vielen; es steht nicht an hervorgehobener Stelle des Dekalogs. Dieser Eindruck ändert sich aber, wenn man das Faktum beachtet, dass in neutestamentlichen Bezü-

[1] *Kleber, Karl-Heinz*, De parvitate materiae in sexto. Ein Beitrag zur Geschichte der katholischen Moraltheologie, Regensburg 1971.

[2] Für eine Gesamtdarstellung der einschlägigen neutestamentlichen Texte vgl. *Loader, William*, Sexuality in the New Testament. Understanding the Key Texts, London 2010.

gen auf den Dekalog das fünfte und sechste Gebot oft vertauscht sind, wie in Röm 13,9; Lk 18,20; Jak 2,11; Lk 18,20 und in einigen Textzeugen von Mk 10,19.[3] Darüber könnte man hinweglesen, wenn nicht auch in (den meisten Textzeugen) der Septuaginta das Verbot des Ehebruchs vor dem des Mordes erscheinen würde.[4] In Mk 7,21 findet sich die Reihenfolge Unzucht, Diebstahl, Mord (wie auch in einigen Handschriften von Ex 20,13–15 LXX). Freilich ist es möglich, dass auch die hebräische Vorlage der Septuaginta diese Reihenfolge gehabt hat. Im NT wird die Reihenfolge von 5. und 6. Gebot nicht kommentiert, wohl aber bei Philo, für den ebenfalls das Verbot des Ehebruchs an erster Stelle der 2. Hälfte des Dekalogs steht[5]: Gott beginne mit dem Ehebruch, weil dieser das größte Verbrechen sei[6], weil die Lust in der ganzen Welt eine starke Macht sei[7]; Ehebruch habe seine Wurzel in der φιληδονία[8]. Die Lust ist für Philo zwar nicht selbst schlecht, aber ihr Exzess und ihre Fehlleitung. Die spätjüdische Schrift Pseudo-Phokylides beginnt ihren Gebotskatalog bezeichnenderweise mit dem Verbot des Ehebruchs (V. 3): „Begeh nicht Ehebruch und nicht die Sünde Sodoms!“

Auch das 9. (10.) Gebot ist hier zu erwähnen. An sich ist die Übersetzung οὐκ ἐπιθυμήσεις für das „Du sollst nicht verlangen“ des 9. Gebotes korrekt. Während es aber im hebräischen Text von Ex 20,17 um das Verlangen nach dem Eigentum des Nächsten geht, assoziiert ἐπιθυμήσεις das sexuelle Verlangen, zumal das Verb im Griechischen ja auch ohne Objekt stehen kann, wie Röm 7,7 und 13,9 demonstrieren. Auch Philo fasst das 9. (10.) Gebot in diesen zwei Worten (οὐκ ἐπιθυμήσεις) zusammen[9]. Für ihn ist die vom Begehren beherrschte Person immer durstig nach abwesenden, also nicht erreichbaren Dingen (Geld, Frau) und ist deswegen frustriert. Aus diesem Begehren kommen alle Übel wie Krieg und Ähnliches[10]. Das Verbot des Begehrens wird nach Röm 7,7 durch die Sünde ausgenutzt. Nach Röm 1,24 hat Gott die Menschen den Begierden ihres Herzens ausgeliefert. Und der Ehebruch im Herzen

---

[3] Die uns geläufige Reihenfolge findet sich Mt 19,18, in einigen Textzeugen von Mk 10,19 und in Didache 2,2.

[4] Das gilt für Ex 20 wie für Dtn 5. Vgl. *Loader, William*, The Septuagint, Sexuality and the New Testament, Case Studies of the Impact of the LXX in Philo and the New Testament, Grand Rapids, Cambridge 2004, 5–25.

[5] De decalogo 36.51.

[6] Ebd., 121.

[7] De specialibus legibus 3,8; 4,84.

[8] De decalogo 122.

[9] De specialibus legibus 4,78.

[10] Vgl. de decalogo 147–153.

beginnt nach Mt 5,28 mit dem begehrlichen Blick. W. Loader kommentiert zur Reihenfolge der Gebote in der Septuaginta: „This may be an innovation of the Septuagint perhaps reflecting greater concern with adultery and related matters.“[11] Griechen, die den griechischen Text des Dekalogs hörten, konnten also den Eindruck gewinnen, dass sexuelles Verlangen besonders gefährlich sei. Damit könnte der Dekalog zum Vehikel zur Verstärkung stoischen Einflusses (im Sinne der Verdächtigung jedes Begehrens) sein, wie er in den Schriften Philos deutlich zu spüren ist. Das hat auch Auswirkungen auf das Verständnis der zweiten Antithese (Mt 5,27f). Da ist vom „lüsternen Ansehen“ die Rede (πρὸς τὸ ἐπιθυμῆσαι). Hier dürfte aber nicht jede lüsterne Erregung gemeint sein ebenso wenig wie jede Form von Indignation in der ersten Antithese (Mt 5,22);[12] Erregung muss nicht schlecht sein, sie ist aber zu kontrollieren. Gleichwohl meint ἐπιθυμέω in der Regel (bei griechischen Philosophen und griechisch-römischen Moralisten) ein exzessives Begehren.[13] Außerdem lässt der griechische Text offen, ob jede Frau oder speziell eine Ehefrau gemeint ist (γυνή kann beides bedeuten). Die Vulgata versteht im ersteren Sinne, wenn sie *mulier* schreibt (nicht *uxor*), versteht die „Frau“ damit eindeutig im weiteren Sinn.

II. Die Frau des Bruders

Das Gewicht sexualethischer Fragen zeigt sich bisweilen in der Tatsache, dass man bestimmte Leiderfahrungen als Ausdruck göttlicher Strafe für sexuelles Fehlverhalten interpretiert. Dafür sei ein Beispiel aus der Geschichte angeführt. In Lev 18,16 heißt es: „Die Scham der Frau deines Bruders darfst du nicht entblößen; denn sie ist die Scham deines Bruders.“ Und in Lev 20,21: „Nimmt einer die Frau seines Bruders, so ist das Befleckung. Er hat die Scham seines Bruders entblößt; sie sollen kinderlos bleiben.“ Diese Zitate scheinen für heutige Fragen kaum ergiebig. Mindestens zu einem Zeitpunkt der Geschichte haben die beiden Zitate aber eine entscheidende Rolle gespielt und sind entsprechend kontrovers diskutiert worden, nämlich beim Streit um die Auflösung der Ehe zwischen Heinrich VIII. und Katharina von Aragonien.

---

[11] *Loader*, Septuagint (s. Anm. 4), 117.

[12] Vgl. *Loader, William*, Sexuality and the Jesus Tradition, Grand Rapids 2005, 18 und *Wolbert, Werner*, Was sollen wir tun? Biblische Weisung und ethische Reflexion (Studien zur theologischen Ethik 112), Freiburg i.Ue., Freiburg i.Br. 2005, Kap. 8.

[13] Vgl. *Deming, Will*, Paul on Marriage and Celibacy. The Hellenistic Background of 1 Corinthians 7, Grand Rapids ^{2}2004, 45f.

Für Heinrich und seine Berater stellten diese Verse göttliches Recht dar; die päpstliche Dispens, die diese Ehe möglich gemacht hatte, war damit gegen göttliches Recht[14] und wurde entsprechend von Heinrich angefochten. Freilich war die Berufung auf diese Stelle mit einigen Schwierigkeiten verbunden, die dann auch von der Gegenpartei (etwa Bischof John Fisher) aufgezeigt wurden. Zum einen ist nicht ausdrücklich von einer *Eheschließung* mit der Frau des Bruders die Rede; zum zweiten ist nicht klar, ob die Aussagen auch für die *Witwe* eines Bruders gelten oder ob nur von einem lebenden Bruder die Rede ist. In letzterem Fall aber, so die königliche Partei, würde es sich um Ehebruch handeln, der aber keines ausdrücklichen Verbots mehr bedürfe (da dieses Verbot ja im Dekalog ausgesprochen sei). Also müsse die Witwe gemeint sein.

Katharina war nun in der Tat Witwe von Heinrichs Bruder Arthur; da diese Ehe sehr kurz und vermutlich nicht vollzogen worden war, hatte der Papst Dispens gewährt. Heinrich sah dagegen in der Tatsache, dass ihm kein männlicher Nachfolger geboren wurde, die in Lev 20,21 angedrohte Strafe (Kinderlosigkeit). Freilich war Heinrichs Ehe mit Katharina gar nicht kinderlos. Eine Tochter war geboren; die anderen Schwangerschaften Katharinas verliefen allerdings unglücklich, und ein männlicher Thronfolger war nicht in Sicht; Kinderlosigkeit war also nur in einem weiteren Sinn gegeben: Die königlichen Berater verstanden das hebräische צֲרִירִים deshalb im Sinn von „ohne Erben". Fisher konnte allerdings noch gegen die Anweisungen aus Levitikus auf eine andere Bibelstelle verweisen, nämlich Dtn 25,5, wo die sogenannte Leviratsehe geregelt wird (aus Mk 12,18–27 || hinlänglich bekannt):

> „Wenn zwei Brüder zusammen wohnen und der eine von ihnen stirbt und keinen Sohn hat, soll die Frau des Verstorbenen nicht die Frau eines fremden Mannes außerhalb der Familie werden. Ihr Schwager soll sich ihrer annehmen, sie heiraten und die Schwagerehe mit ihr vollziehen."[15]

War diese Bestimmung nicht auch göttliches Recht, die Ehe Heinrichs somit legitim? Für die royalistische Partei war dies eine Vorschrift positiven göttlichen Rechts nur für die Juden, legitimierte somit nicht Heinrichs Ehe mit Katharina.

---

[14] Vgl. *Chibi, Andrew A.*, The Interpretation and Use of Divine and Natural Law in the First Marriage Crisis of Henry VIII., in: Archiv für Reformationsgeschichte 85 (1994) 265–286.

[15] Vgl. die Erläuterung in *Josephus*, Antiquitates 4, 254–256.

Augustinus unterscheidet übrigens drei Interpretationen der Vorschrift von Levitikus: 1. Verbot der Ehe eines Mannes und der Frau seines lebenden Bruders; 2. zwischen einem Mann und der geschiedenen Frau seines Bruders; 3. zwischen dem Mann und der Witwe des toten Bruders, außer die Ehe war kinderlos geblieben.[16] Diese dritte Interpretation blieb vorherrschend (ohne irgendeine Beschränkung auf die Juden). Für die englischen Royalisten dagegen enthielt nur Levitikus (nicht Deuteronomium) göttliche Verbote inhonesten Tuns, und damit unveränderlicher sittlicher Gesetze, die sich u. a. gegen die Verwandtenehen von Kanaanitern und Ägyptern richteten.

An dieser Kontroverse sind folgende Beobachtungen bemerkenswert:

1. Der König interpretiert die unglücklichen Schwangerschaften Katharinas als Zeichen göttlichen Unwillens[17]. Die Levitikus-Zitate vermitteln ihm einen möglichen Grund des göttlichen Unwillens und auch gleich einen probaten Grund für die Anfechtung der Gültigkeit seiner Ehe.

2. Die Frage, ob Levitikus oder Deuteronomium in dieser Frage göttliches Recht für alle oder nur für Juden formulieren, entscheidet sich an der jeweiligen Plausibilität bzw. dem jeweiligen aktuellen Interesse der beiden Parteien. Mit der Bibel allein lässt sich diese Frage nicht entscheiden.

3. Bei der Interpretation der Kinderlosigkeit als Strafe Gottes müsste sich eigentlich die Frage stellen, ob Gott keine mildernden Umstände kennt und ob Heinrich nicht eine mildere oder gar keine Strafe verdient hätte. Schließlich hat Heinrich Katharina guten Glaubens und mit päpstlicher Dispens geheiratet. In Heinrichs Situation wäre diese Frage für sein Begehren nach Annullierung der Ehe natürlich kontraproduktiv gewesen. Davon unabhängig ist aber festzuhalten, dass gerade sexuelle Verfehlungen oft rein erfolgsethisch beurteilt worden sind, ohne Bezug auf die sittliche Gesinnung oder auf mildernde oder qualifizierende Umstände.[18]

---

[16] Vgl. Quaestiones in Heptateuchum, in: PL 34, 486–824, hier 705.

[17] Als nähere Ursache wird heute auch eine mögliche Syphilis auf Seiten des Königs genannt, die er sich bei amourösen Abenteuern zugezogen haben könnte; die Ursache für die unglücklichen Schwangerschaften hätte dann bei ihm, nicht bei Katharina gelegen. Diese Möglichkeit mag zur Zurückhaltung gegenüber Vermutungen göttlicher Strafe auch in andern Kontexten motivieren.

[18] Diese Tendenz nimmt später vor allem in der Zeit der Völkerwanderung zu; vgl. hierzu *Müller, Michael*, Ethik und Recht in der Lehre von der Verantwortlichkeit, Regensburg 1932 und *Wolbert, Werner*, Gewissen und Verantwortung. Gesammelte Studien (Studien zur theologischen Ethik 118), Freiburg i.Ue., Freiburg i.Br. 2009, 106–110.

Die damalige Kontroverse illustriert somit die Schwierigkeit, mit Berufung auf die Bibel ethische Streitfragen zu lösen, und auf die Notwendigkeit einer disziplinierten Hermeneutik einschlägiger biblischer Aussagen. Dass die Bibel für gegensätzliche Thesen in Anspruch genommen wird, ist nicht neu. Aber welche Konsequenzen sind daraus zu ziehen?

III. Die Vertauschung des Geschlechts

Entsprechende Unsicherheit zeigt sich heute besonders bezüglich der Bewertung homosexuellen Verhaltens. Vertreter gegensätzlicher Positionen untermauern ihre Position mit Berufung auf Röm 1,26f, wie Angelika Winterer beobachtet. Nicht nur für die Verurteilung, auch für die Tolerierung oder Rechtfertigung homosexuellen Verhaltens beruft man sich auf Röm 1,26f:

> „Exakt dasselbe Verfahren wenden vielmehr auch all jene an, die derartige Verbindungen allgemein anerkannt und toleriert sehen wollen und die von daher Wert darauf legen, den Nachweis zu führen, dass sich die paulinischen Aussagen zu diesem Thema auf alles Mögliche, nur nicht auf das beziehen lassen, was heutzutage mit dem Begriff der ‚Homosexualität' umschrieben wird."[19]

Paulus klassifiziert in Röm 1,26 homosexuelles Verhalten von Männern und Frauen als „widernatürliche Unzucht". Diese widernatürliche Unzucht ist nun mit Homosexualität, wie wir sie heute verstehen, nicht einfach gleichzusetzen, wie zunächst an einer Notiz Suetons über Cäsar illustriert sei. Cäsar rühmt sich, dass er Gallien als Präfekt bekommen habe trotz des Widerstands seiner Gegner. Jemand beleidigt ihn, dieses Amt werde für eine Frau nicht leicht sein.[20] Wieso wird Cäsar als Frau beschimpft? Grund ist ein Gerücht über eine Affäre Cäsars mit dem bithynischen König Nikomedes[21], in der er den passiven Part gespielt haben soll. Auch über den jungen Augustus gab es nach Sueton ähnliche Gerüchte. Er wurde als *effeminatus* beschimpft; die Adoption durch seinen Onkel (Cäsar) habe er durch Preisgabe seiner Unschuld verdient.[22]

[19] *Winterer, Angelica*, Verkehrte Sexualität – ein umstrittenes Pauluswort. Eine exegetische Studie zu Röm 1,26f. in der Argumentationsstruktur des Römerbriefes und im kulturhistorisch-sozialgeschichtlichen Kontext (Europäische Hochschulschriften 23; 810), Frankfurt a.M. 2005, 330.

[20] *Sueton*, Cäsar, 22.

[21] Ebd., 2.49.

[22] *Sueton*, Augustus, 69.

Die hier ausgesprochene Geringschätzung erklärt sich aus der damaligen römischen Anschauung, nach der ein erwachsener Mann bei einem sexuellen Kontakt mit einem anderen Mann nicht die passive Rolle, also die Rolle der Frau spielen sollte. Einem Jugendlichen war das dagegen erlaubt; erst wenn der Bart zu sprossen begann, sollte er solche Kontakte meiden. Was den Verkehr mit Knaben und Epheben betrifft, besteht übrigens ein Unterschied zwischen griechischer und römischer Praxis. In Griechenland hatte solches Verhältnis eine pädagogische Bedeutung. Ein Liebhaber bildete seinen Liebling heran; das Verhältnis galt damit als nützlich für den Jugendlichen.[23] In Rom stand das sexuelle Verlangen des Älteren im Vordergrund; solches Verhältnis wurde vor allem mit jungen Sklaven praktiziert. Letzterer gehörte dem eigenen Hausstand an oder war ein sich prostituierender Sklave eines anderen Herrn. In Griechenland wie in Rom handelte es sich um ein klar hierarchisches Verhältnis, in Rom allerdings – modern gesprochen – um ein ausbeuterisches Verhältnis. Cäsar und Augustus haben sich somit auf zweifache Weise entwürdigt: sie haben als Freie und als Erwachsene die Rollen der Frau und des Sklaven gespielt. „Homosexuelle" Beziehungen waren also in diesem Kontext nicht reziprok, sondern asymmetrische Machtbeziehungen; das gilt – im Prinzip – für Beziehungen von Männern mit Partnern beiderlei Geschlechts.

Diese Realität spiegelt sich vermutlich auch in der anderen einschlägigen Paulusstelle, nämlich 1 Kor 6,9. Hier sind die μαλακοί vermutlich passive, die ἀρσενοκοῖται aktive Teilnehmer[24] Freilich gibt es hier in der Auslegung auch die andere von A. Winterer festgestellte Tendenz zu beobachten, nämlich jeden Bezug zur Homosexualität zu leugnen. Das ist nicht völlig willkürlich, insofern μαλακός auch andere Bedeutungen haben kann wie „unbeherrscht" (dem Genuss des Augenblicks nachjagend) oder „einfältig".[25] Für J. Boswell bezeichnet es deswegen hier einfach allgemein moralische Schwäche.[26] In ἀρσενοκοῖται bezieht er das Element ἀρσεν- auf das Subjekt, nicht das Objekt des Geschlechtsverkehrs und versteht darunter „male sexual agents", mit wem sie auch ver-

[23] Bemerkenswert ist, dass *Platon* in den Nomoi (636bc) die Sache anders sieht als in den frühen Dialogen; hier ist „die Vereinigung von Männern mit Männern und von Frauen mit Frauen wider die Natur".

[24] Anders *Boswell, John*, Christianity, Social Tolerance and Homosexuality. Gay People in Western Europe from the Beginning of the Christian Era to the Fourteenth Century, Chicago, London 1980, 339f.; es meine allgemein „effeminate" (auch heterosexueller Art) oder beziehe sich auf Masturbation.

[25] Vgl. *Aristoteles*, Nikomachische Ethik, 1148a13; bei *Epiktet*, Diatriben, III 6,9 sind μαλακοί vermutlich Jünglinge, die für philosophische Belehrung nicht zugänglich sind.

[26] Vgl. *Boswell*, Christianity (s. Anm. 24), 339–341.

kehren.[27] Dieses vor Paulus nicht belegte Wort dürfte für Paulus aber wohl assoziiert sein mit der LXX-Version zweier für unser Thema einschlägigen Verse aus Levitikus, nämlich 18,22 und 20,13, in denen sich die Bestandteile des Wortes finden:[28]

> 18,22 καὶ μετὰ ἄρσενος οὐ κοιμηθήσῃ κοίτην γυναικός βδέλυγμα γάρ ἐστιν
>
> (Du darfst nicht mit einem Männlichen schlafen, wie man mit einer Frau schläft; das wäre ein Gräuel.)
>
> 20,13 καὶ ὃς ἂν κοιμηθῇ μετὰ ἄρσενος κοίτην γυναικός βδέλυγμα ἐποίησαν ἀμφότεροι θανατούσθωσαν ἔνοχοί εἰσιν
>
> (Schläft einer mit einem Männlichen, wie man mit einer Frau schläft, dann haben sie eine Gräueltat begangen; beide werden mit dem Tod bestraft.)

Allerdings müssen die beiden Ausdrücke in 1 Kor 6,9 nicht unbedingt komplementär verstanden werden, in dem Sinne, dass Paulus nur päderastische Beziehungen im Blick habe; im letzteren Fall hätte er den üblichen Terminus ἐραστής verwenden können. Schließlich beziehen sich auch die beiden Levitikus-Stellen auf Männer ohne Rücksicht auf das Alter. Wo zwei Männer miteinander schlafen, wird zusammengebracht, was nicht zusammengehört (wie auch im Fall des Ehebruchs oder des Inzests), wird die Ordnung des Schöpfers zerstört.[29] Auch wo es sich um erwachsene Männer handelt, spielt einer die Rolle der Frau. Solcher Rollentausch war für Paulus etwas prinzipiell Verwerfliches, wie auch aus 1 Kor 11,2–16 hervorgeht. Paulus sieht in der Tatsache, dass die Frau von Natur aus längere Haare hat als der Mann, ein von der Natur (dem Schöpfer) intendiertes Unterscheidungsmerkmal der Frau gegenüber dem Mann. Ein kurzer Haarschnitt der Frau (oder ein kahlgeschorener Kopf, wie er sich bei den Prostituierten in Korinth fand) widersprach dieser Intention[30]. Ähnlich versteht Epiktet den Bart als Unterscheidungsmerkmal des Mannes gegen-

---

[27] Ebd., 344. Boswell sucht in seinem durch Gelehrsamkeit beeindruckenden Buch nach den Ursachen für die rapide Zunahme von Intoleranz gegenüber Homosexuellen (und anderen Abweichlern) im Mittelalter. Im Gegenzug versucht er die Bibel und die frühere Tradition von aller „Homophobie" reinzuwaschen. Das hat leider auch zur Folge, dass die Autorität der Bibel in ethischen Fragen nicht kritisch angefragt wird. Vgl. zur Kritik den vorzüglichen Aufsatz von *Hays, Richard B.*, Relations Natural and Unnatural, in: Journal of Religious Ethics 14 (1986) 184–215.

[28] Vgl. *Winterer*, Verkehrte Sexualität (s. Anm. 19), 156.

[29] So *Winterer*, Verkehrte Sexualität (s. Anm. 19), 107.

[30] Vgl. *Gielen, Marlis*, Beten und Prophezeien mit unverhülltem Kopf? Die Kontroverse zwischen Paulus und der korinthischen Gemeinde um die Wahrung der Geschlechtsrollensymbolik in 1 Kor 11,2–16, in: Zeitschrift für die Neutestamentliche

über der Frau und hat deshalb Bedenken gegen ein rasiertes Kinn.[31] Außerdem dürfte ein solches Verhältnis auch der von Paulus betonten Gleichheit aller Getauften widersprechen. Wer die passive Rolle spielt, erniedrigt sich; der aktive Partner dominiert den anderen und erniedrigt ihn. Nur den passiven Partner zu verurteilen, würde auf doppelte Moral hinauslaufen.

Dieser Hintergrund dürfte maßgebend sein für das rechte Verständnis der „Naturwidrigkeit" der gleichgeschlechtlichen Kontakte. Wo dagegen die Moraltheologie in dieser Frage von die Naturwidrigkeit spricht, heißt ‚naturwidrig' meist so viel wie: zeugungswidrig; dem Zeugungszweck der Fortpflanzungsorgane zuwiderlaufend. Dieser Sinn ist bei Paulus nicht anzunehmen, da die Zeugung der Nachkommenschaft auch in seinen Ausführungen über Ehe und Ehelosigkeit in 1 Kor 7 keinerlei Erwähnung findet.[32] Die χρῆσις παρὰ φύσιν kann eben auch anderes bedeuten. So heißt es etwa bei Seneca:

> „Scheinen die nicht gegen die Natur zu leben, die ihre Kleider vertauschen mit den Frauen? Leben nicht gegen die Natur, die darauf sehen, das Knabenalter glänze zu einer dafür nicht vorgesehenen Zeit? (*Non vivunt contra naturam qui spectant ut pueritia splendeat tempore alieno?*) Was kann Grausameres geschehen oder Elenderes? Niemals wird der Knabe ein Mann sein, um den Mann lange erdulden zu können? Und wenn ihn das Geschlecht der Schmach hätte entreißen müssen, bewahrt ihn nicht einmal das Alter davor?"[33]

Wissenschaft und die Kunde der Älteren Kirche 90 (1999) 220–249. Die Einheitsübersetzung wäre hier entsprechend zu korrigieren; es geht nicht um ein Kopftuch.

[31] Vgl. *Epiktet*, Diatriben, I 16,9–14. Deutlicher noch bei *Clemens von Alexandrien*, Paedagogus, III 3,18 über verschiedene Weisen männlichen Putzes (u. a. des Rasierens): „Das ist eine Erfindung kraftloser Menschen, die sich ins Frauengemach hinabziehen lassen, geilen Tieren zu vergleichen, die in beiden Elementen zu Hause sind. Unzüchtig und gottlos ist diese Art hinterlistigen Treibens. Denn Gott hat es so gewollt, daß das Weib eine glatte Haut habe und sich nur an dem natürlichen Schmuck ihres Haupthaares freue, wie das Pferd an seiner Mähne; den Mann dagegen hat Gott wie die Löwen mit dem Bart geschmückt und ihm zum Zeichen der Männlichkeit eine behaarte Brust gegeben; dies ist ein Kennzeichen der Kraft und der Befugnis zu herrschen. In gleicher Weise hat Gott auch die Hähne, die für die Hennen kämpfen, mit den Kämmen gleichwie mit Helmen geschmückt. Und er schätzt diese Haare so hoch, daß sie sich nach seinem Willen bei den Männern gleichzeitig mit dem reifen Verstand zeigen; und da er sich über die ehrwürdige Erscheinung freute, hat er den erhabenen Anblick mit dem Ehrfurcht gebietenden grauen Haar geehrt." (Übersetzung nach Bibliothek der Kirchenväter, abrufbar unter http://www.unifr.ch/bkv/kapitel2286–3.htm, Stand: 27.03.2011). Nach III 3,19 ist der Bart Symbol der „stärkeren Natur" des Mannes.

[32] Und auch nicht im Schöpfungsbericht Gen 2,4b–24.

[33] *Seneca*, Brief 122,7 (Übersetzung nach *M. Rosenbach*, Darmstadt 1984).

Gegen die Natur lebt also, wer die Rollen vertauscht. Seneca lehnt das auch für Knaben ab und widerspricht damit der römischen Praxis: Nicht das Alter, sondern das Geschlecht soll den Knaben vor dem Verkehr mit dem erwachsenen Mann bewahren. Nach der 12. Diatribe des Musonius sind die Umarmungen bei Ehebruch widergesetzlich (παραομώταται), die unter Männern eine Verwegenheit gegen die Natur (παρὰ φύσιν τὸ τόλμημα) darstellen. In der Stoa spielt allerdings auch der Gedanke der Zeugungswidrigkeit durchaus eine Rolle; ihr Einfluss zeigt sich im hellenistischen Judentum. So heißt es bei Josephus:

> „Was sind unsere Gesetze über die Ehe? Das Gesetz kennt keine andere Vermischung der Geschlechter als die naturgemäße, die des Mannes mit seiner Frau, und diese soll nur geschehen zur Zeugung von Kindern. Es verabscheut aber die Vermischung des Mannes mit einem Mann; wenn jemand das tut, soll er mit dem Tode bestraft werden.“[34]

Einen ganz anderen Sinn hat die „Naturwidrigkeit“ in Röm 11,21.24; da handelt Gott selbst παρὰ φύσιν, indem er nämlich *auf unerwartete Weise* die Heiden als Zweig dem edlen Ölbaum Israel einpfropft. Wenn man daraus freilich folgert, auch in Röm 1 müsse παρὰ φύσιν so viel wie ‚ungewöhnlich‘ bedeuten, rechnet man wohl zu wenig mit der Homonymie solcher Ausdrücke[35] und vernachlässigt den stoischen Hintergrund; der Appell an die Natur ist in der Stoa ubiquitär. Der Kontext in Röm 1 legt also eine negative normative Bedeutung nahe. Allerdings ist mit Hays zu warnen:

> „The expression ‚contrary to nature‘ probably did not carry for Paul the vehement connotation of ‚monstrous abomination‘ which it subsequently acquired in Western thought about homosexuality. Consequently, this phrase should certainly not be adduced as if it were a biblical warrant for the frantic homophobia which sometimes prevails in modern society.“

Erstaunlich ist, dass in V. 26 zunächst Frauen erwähnt werden. Nun ist aber weibliche Homosexualität in dieser Zeit weniger im Blick.[36] Es ist auch nicht eindeutig von Verkehr mit Frauen die Re-

---

[34] *Josephus*, Contra Apionem 2,199 (eigene Übersetzung).

[35] Gegen *Boswell*, Christianity (s. Anm. 24), 112. Vgl. auch *Platon*, Nomoi 636B–C; 836A–837A; diese Aussagen passen nicht zu denen des Symposions über die gleichgeschlechtliche Liebe.

[36] So *Winterer*, Verkehrte Sexualität (s. Anm. 19), 52–57. Vgl. allerdings *Brooten, Bernadette*, Love Between Women. Early Christian Responses to Female Homoeroticism, Chicago 1996 und z. B. Pseudo Phokylides 190–192, wo beide Formen gleichgeschlechtlichen Umgangs verurteilt werden, ebenso die Knabenliebe 210–214.

de, wohl dagegen handelt es sich in V. 27 eindeutig um Verkehr von Männern mit Männern. Das ὁμοίως am Anfang von V. 27 könnte allerdings diesen Verkehr unter Frauen als eine χρῆσις παρὰ φύσιν unter anderen qualifizieren; diese würde „all jene Formen von Geschlechtsverkehr beinhalten, die den im damaligen Judentum üblichen Gewohnheiten widersprachen“[37].

Im Gefolge von John Boswell haben manche Ausleger gemeint, Paulus verurteile hier homosexuelle Handlungen von heterosexuell veranlagten Männern[38] oder Päderastie. Für die erstere Bedeutung beruft man sich auf die Verben ‚vertauschen' (μετήλλαξαν) in V. 26 und ‚aufgeben' (ἀφέντες) in V. 27: Man kann nur vertauschen und aufgeben, was man hat.[39] Entsprechend könnten Menschen mit fester homosexueller Neigung nicht gemeint sein. Die Behauptung, solche konstitutionelle Neigung habe die Antike nicht gekannt, ist freilich von B. Brooten überzeugend widerlegt worden; sie zeigt nämlich anhand von antiken astrologischen und medizinischen Texten, dass man nach den Ursachen solcher Neigungen geforscht hat.[40] Die Rede des Aristophanes in Platons *Symposion* wäre hier ebenfalls zu erwähnen.[41] Was Paulus darüber gewusst oder gedacht hat, wissen wir freilich nicht. Hätte er es gewusst, stellt sich aber die Frage, in welchem Sinn die „Naturwidrigkeit“ hier zu verstehen ist, ob also auch konstitutiv Homosexuelle ihrer „Natur“ zuwiderhandeln. Für die heutige Diskussion ist auch zu erwähnen, dass lesbische Beziehungen bisweilen bewusst gewollt sind als Alternative zu einer als asymmetrisch und vom Mann dominiert verstandenen heterosexuellen Beziehung.

Für die moraltheologische Einordnung scheint mir nun eine andere Beobachtung noch wichtiger. Die Folgen der Vertauschung Gottes mit den Götzen (V. 23) werden von Paulus in drei Stufen zunehmend ausführlicher und dramatischer gekennzeichnet (V. 23f.; 25–27; 28–31).[42] Der ausführliche Lasterkatalog V. 29–32 ist ein klassisches Beispiel paränetischer Rede. Die dort verwendeten Wertungswörter setzen die negative ethische Wertung des bezeich-

---

[37] *Winterer*, Verkehrte Sexualität (s. Anm. 19), 320; vgl. 312.

[38] So *Boswell*, Christianity (s. Anm. 24), 109; er verweist auf die Formulierung vom „Aufgeben“ (ἀφέντες) des natürlichen Verkehrs (1,27) und auf die Homilie 4 des *Johannes Chrysostomus* zum Römerbrief (PG 60, 415–22), für den gleichgeschlechtliches Verhalten von Frauen noch beschämender ist als das von Männern.

[39] Dieses Argument benutzt auch Chrysostomus im Kommentar zum Römerbrief, Homilie 4 (PG 60, 418): Niemand könne behaupten, vom normgemäßen Verkehr ausgeschlossen zu sein. Nur wer etwas besitze, könne es eintauschen.

[40] Vgl. *Brooten*, Love Between Women (s. Anm. 36), 115–179.

[41] Vgl. dort besonders 189d–191d.

[42] Vgl. *Winterer*, Verkehrte Sexualität (s. Anm. 19), 272–274.

neten Verhaltens voraus. Von dieser paränetischen Art ist der ganze Abschnitt 1,18–32. Paulus zeigt auf, wie sich die Vertauschung Gottes mit den Götzen in diversen Lastern manifestiert, u. a. in sexueller Perversion. Für den Juden Paulus galten die sexuellen Verirrungen vermutlich als typisch heidnische Laster.

Folgende Beobachtungen sind ausdrücklich festzuhalten:[43]

1. Der Text bietet keine sexualethische Diskussion oder eine ausdrückliche Erörterung über rechtes Sexualverhalten.

2. Die negative Bewertung homosexuellen Verhaltens stellt keinen eigenständigen Beitrag des Paulus dar; dieser spricht aus einem hellenistisch-jüdischen Hintergrund, der homosexuelles Verhalten verabscheut; Paulus setzt voraus, dass seine Leser diese Einstellung teilen.

3. Das Verständnis von „Natur“ beruht nicht auf empirischer Beobachtung, sondern appelliert an eine intuitive Konzeption von dem, was sein soll.

4. Eine Erfahrung hat Paulus aber offensichtlich nicht gemacht: Die Existenz gläubiger Christen, für die eine heterosexuelle Gemeinschaft keine realistische Option ist. Eine entsprechende Veranlagung und Lebensgemeinschaft kann heute deswegen mindestens nicht als Manifestation einer Vertauschung Gottes mit den Götzen, als Ausdruck heidnischer Perversion verstanden werden.

5. Homosexualität ist bei Paulus Manifestation des Zornes Gottes, nicht dessen Provokation.[44]

Von solcher Manifestation spricht auch das Buch der Weisheit (12,23): „Du hast jene, die in Torheit und Unrecht dahinlebten, mit ihren eigenen Gräueln gepeinigt.“ Gegenüber denen, die Homosexuelle als Kandidaten für irgendeine Strafe Gottes sehen, ist ausdrücklich darauf zu verweisen, dass die Reihenfolge hier umgekehrt ist: der Zorn Gottes hat das naturwidrige Verhalten erst zur Folge; in diesem dokumentiert sich, wie tief die Menschheit gefallen ist. Bei Heinrich VIII. und seinen Beratern war es umgekehrt; sie sahen in der für illegitim erachteten Ehe des Königs den Grund für die nachfolgende Strafe der Kinderlosigkeit.

Mit Berufung auf den Römerbrief ist heute homosexuelles Verhalten ethisch weder zu verurteilen noch zu rechtfertigen. Paulus will mit seiner Indignation über das Verhalten der sündigen Heiden eine schon gegebene Einstellung der Römer bestärken; deshalb lässt sich aus Röm 1,26f. kein eindeutiges biblisches Argument für eine negative ethische Wertung sexueller Beziehungen

---

[43] Mit *Hays*, Relations (Anm. 27), 187 u. 194.
[44] Ebd., 190.

zwischen homosexuell veranlagten Männern oder Frauen ableiten. Solange diese negative Wertung eine *opinio communis* darstellte, war die Berufung auf diese Stelle nicht weiter problematisch, insofern auch Paulus solche Beurteilung voraussetzt. Sieht man dagegen homosexuelle Veranlagungen als gegeben an und hält doch am Verbot solcher Beziehungen fest, ergibt sich u. a. das ernsthafte ethische Problem, dass Sexualverzicht im Fall von Heterosexuellen nur freiwillig sein darf, im Fall von Homosexuellen aber verpflichtend wäre. Mindestens auf den ersten Blick wird hier mit zweierlei Maß gemessen; zur Rechtfertigung dieser ungleichen Beurteilung bedürfte es jedenfalls starker Gründe. Es könnte ja sein, dass Paulus heute analog zu 1 Kor 7,2 („Wegen der Gefahr der Unzucht soll aber jeder seine Frau haben, und jede soll ihren Mann haben.") urteilen würde.

Wie die Streitschrift von Dan O. Via und Robert A. J. Gagnon illustriert, ergibt sich die Beurteilung für heute nicht allein aus der Exegese. Die Autoren sind sich einig, dass bei Paulus eine eindeutige Verurteilung homosexueller Handlungen vorliegt, ziehen daraus aber gegensätzliche Konsequenzen. Der eine (Via) rechnet mit der Möglichkeit, dass neue Gesichtspunkte ein modifiziertes Urteil erfordern; der andere (Gagnon) sieht in der Bibel selbst keine Tendenzen, die eine solche Möglichkeit eröffnen.[45] Nur unter dieser Voraussetzung könne man konkurrierende Gesichtspunkte für eine andere Beurteilung geltend machen. Da aber gegenläufige Tendenzen im NT nicht erkennbar sind, sei das Verbot des Paulus „pervasive, absolute, and strong"[46]. Damit vertritt Gagnon eine eindeutig deontologische Position, deren Problematik als solche nicht reflektiert wird, die freilich im Grunde vor der Exegese feststeht. Diese deontologische Position wird andererseits letztlich teleologisch motiviert, wenn Gagnon als Folge u. a. eine „radical devalutation of the place of scripture in the life of the church" befürchtet oder eine „radical devaluation of Scripture's moral imperative – of the place of holiness, obedience, and repentance"[47], insgesamt „a devastating multilayered effect"[48]. Die Streitschrift illustriert, wie zentrale normierungstheoretische

[45] Solche Möglichkeiten sieht Gagnon wohl im Fall der Sklaverei, der Frauenordination, aber nicht etwa im Fall des Inzests. *Via, Dan O., Gagnon, Robert A. J.*, Homosexuality and the Bible. Two Views, Minneapolis 2003.

[46] Ebd., 88.

[47] Ebd., 41. Ein katholischer Autor würde wohl entsprechend die Autorität des Lehramtes gefährdet sehen.

[48] Ebd., 88.

Voraussetzungen mindestens für die Anwendung der Aussagen des Paulus für heute unabhängig von der Exegese fallen.[49]

Texte, in denen die ethische Beurteilung bereits als geklärt vorausgesetzt wird, gehören, wie schon angedeutet, zum Genus der Paränese. Das in dieser Paränese vorausgesetzte Urteil ist gegebenenfalls zu hinterfragen (wie etwa die Unterordnung der Frau in den Haustafeln des NT). Dasselbe gilt aber ebenso für biblische Erzählungen, aus denen lesbisch-schwule oder queere Theologie die Legitimität homosexueller Beziehungen herausliest.[50] Für die gegenteilige These stehen die Bewohner Sodoms, von der sich die negativ wertende Bezeichnung für homosexuelles Verhalten herleitet.

IV. Die Sünde Sodoms

Die Geschichte vom Gericht über Sodom (Gen 19,1–29) galt traditionell als biblischer Beleg für den gerechten Abscheu gegenüber gleichgeschlechtlichem Verhalten. Als Sodomie galt denn auch in der Moraltheologie „1. der unzüchtige geschlechtliche Verkehr zwischen Personen desselben Geschlechts (*sodomia perfecta*) […] 2. der perverse Verkehr von Personen verschiedenen Geschlechts (*sodomia imperfecta*)“[51]. Linsenmann allerdings ist hier vorsichtiger. Er verweist zunächst auf Ez 16,48–50, wo von derlei Vergehen Sodoms nicht die Rede ist, und erwähnt die Aussage einer „Israelitischen Moraltheologie“[52], „daß die Sünde Sodoma's nicht hauptsächlich die Sodomiterei gewesen, wie man es gewöhnlich versteht, sondern Mangel an Barmherzigkeit gegen Arme und rohe Beschimpfung der Fremden, um dem Zuströmen der Fremden Einhalt zu tun“. Dennoch sei hier in erster Linie Gen 19 maßgebend.[53] Linsenmann gibt eine weite Definition der sodomiti-

---

[49] Diese Voraussetzungen sind auch durch die Exegese nicht eindeutig zu klären, wenngleich in Röm 13,8–10 das Liebesgebot als Zusammenfassung aller Gebote gilt. Wenn es aber keine Kriterien neben der Liebe als Wohlwollen und Wohltun gibt, würde das auf eine teleologische Theorie hinauslaufen; vgl. *Schüller, Bruno*, Die Begründung sittlicher Urteile, Düsseldorf [3]1987, 289.

[50] Durch die homosexuelle Deutung von Paaren wie David und Jonathan, Ruth und Noomi, Jesus und dem Lieblingsjünger; vgl. hierzu *Porsch, Hedwig*, Sexualmoralische Verstehensbedingungen. Gleichgeschlechtliche PartnerInnenschaften im Diskurs, Stuttgart 2008, 204–208.

[51] *Mausbach, Joseph, Ermecke, Gustav*, Katholische Moraltheologie, Bd. 3, Paderborn [10]1961, 384.

[52] *Linsenmann, Franz X.*, Lehrbuch der Moraltheologie, Freiburg i.Br. 1878, 181; *Luzzato, Samuel D.*, Israelitische Moral-Theologie. Vorlesungen. Aus dem Italienischen übersetzt von *Lazar E. Igel*, Czernowitz 1870, 65.

[53] Linsenmann spricht fälschlich von 2 Mose 19.

schen Sünde: „ein Geschlechtsumgang, bei welchem mit Absicht die Fortpflanzung verhindert wird"[54]. In der Tat gibt es verschiedene Auslegungen von Gen 19.[55] Eine entscheidende Frage ist, wie man das Wort „erkennen" in V. 5 zu verstehen hat; die Einheitsübersetzung versteht: wir wollen mit ihnen verkehren. Nun hat *jd'* durchaus nicht immer diesen sexuellen Sinn. So könnte man auch interpretieren: die Sodomiter wollen wissen, wer diese Fremden sind. Schließlich bedeutete die Beherbergung von Fremden auch ein gewisses Sicherheitsrisiko; sie konnten nachts die Stadttore öffnen und so Feinde hineinlassen.[56] Solches Sicherheitsinteresse wäre aber ein berechtigtes Anliegen der Sodomiter, und keine Sünde. Auch das Ersatzangebot Lots (V. 8) wäre dann nicht verständlich. Es muss sich also doch wohl um ein sexuelles Vergehen handeln. Andererseits spielt das sexuelle Vergehen in biblischen Bezugnahmen auf Gen 19 keine Rolle. Auch Jesus scheint eher ein ungastliches Verhalten gegenüber Fremden mit Sodom zu assoziieren (Mt 10,14f.; || Lk 10,12). In der Tat hätte sich Lot gegen die Gastfreundschaft vergangen, hätte er die Männer ausgeliefert. Das Vergehen der Sodomiter besteht dann nicht isoliert in ihrer sexuellen Absicht, sondern darin, dass sie Lot auf Kosten der Fremden zu demütigen versuchen. Es geht also um sexualisierte Gewalt als Mittel der Demütigung der Fremden und Lots als Gastgeber. Deshalb bietet ihnen auch Lot seine Töchter an, deren Jungfräulichkeit er eigentlich als Vater zu schützen hätte.[57] Lots Ansehen wäre aber noch mehr geschmälert, wenn er seine Gäste nicht beschützen könnte. Wie im römischen Kontext erscheint hier die gewaltsame anale Penetration eines Mannes als äußerste Erniedrigung. Man muss somit keine Alternative zwischen Fremdenfeindschaft und Sexualvergehen konstruieren; es geht offenbar nicht um gleichgeschlechtliches Verhalten an sich, sondern als Form sexueller Gewalt. In ähnlicher Weise ist auch die vergleichbare Erzählung in Ri 19 zu interpretieren. Im Unterschied zu Gen 19 wird hier das Angebot eines Ersatzobjekts genutzt: Die

---

[54] Ebd.

[55] Vgl. zum Folgenden *Winterer*, Verkehrte Sexualität (s. Anm. 19), 68–76.

[56] Solche Auslegung findet sich bei *Boswell*, Christianity (s. Anm. 24), 93–95 u. 95–99 zu Ri 19.

[57] Vgl. dazu etwa Sir 42,9–14. Einen etwas anderen Akzent setzt Eilberg-Schwartz (95f.). Er verweist darauf, dass Lot anschließend (19,30–38) von seinen Töchtern verführt wird und damit nicht gerade als tugendhaft erscheint. Für ihn ist wichtig, dass die Sodomiter Männer *Gottes* schänden wollen. Hier würde dann die Hierarchie von Himmel und Erde auf den Kopf gestellt, anders als im Fall von Gen 6,1–4 (vgl. dazu *Eilberg-Schwartz, Howard*, God's Phallus. And other Problems for Men and Monotheism, Boston 1994, 102f. u. 138–141).

Männer von Gibea vergewaltigen die Nebenfrau des Leviten, der selbst (wie Lot) ein Fremder in der Stadt ist. A. Winterer erwähnt noch einen anderen Grund für die vorgetragene Interpretation: Hierarchische Gesellschaften wie die des 8. vorchristlichen Jahrhunderts bieten keinen guten Nährboden für (gleichberechtigte) homoerotische Beziehungen, sondern nur für solche, bei denen ein Statusunterschied gewahrt bleibt.[58] Die homoerotische Deutung von Gen 19 findet sich denn auch erst in späterer Zeit, im hellenistischen Judentum. Nach Josephus[59] sahen die Sodomiter die Schönheit der Jünglinge. Josephus erklärt auch, dass Gott die „Mischung von Männern mit Männern“ verabscheut und dass nur der Verkehr zwischen Mann und Frau zum Zweck der Kinderzeugung κατὰ φύσιν sei.[60] Nach Philo wollen es die Sodomiter auf beide Weise praktizieren.[61] Der Verkehr mit Männern ist dann Ausdruck von Unmäßigkeit wie etwa im Fall der (auch erwähnten) Völlerei.

> „Da sie diesen Überfluss nicht ertragen konnten, wurden sie ausgelassen wie übermütige Tiere und warfen das Gesetz der Natur von sich, indem sie sich wüster Zecherei und Schmauserei und gesetzwidrigen Ausschweifungen zuwandten. Sie zerstörten in ihrer Weibertollheit nicht bloß fremde Ehen, sondern Männer verkehrten auch geschlechtlich mit Männern, ohne Scheu vor der gemeinsamen Natur, die sie mit ihren Mitschuldigen verband; diese Knabenverführer erhielten zwar den klaren Beweis, dass sie auf diese Weise ihre Manneskraft unnütz vergeudeten, aber der Beweis fruchtete nichts, weil sie von zu heftiger Begierde sich überwältigen ließen. Indem sie nun allmählich Männer daran gewöhnten, das zu dulden, was dem weiblichen Geschlechte zukommt, riefen sie bei ihnen die Weiberkrankheit hervor, ein schwer zu bekämpfendes Übel: nicht nur erzeugten sie in den Körpern weibliche Schwäche und Weichlichkeit, sondern auch in den Seelen brachten sie eine niedrige Gesinnung zustande, und soweit es an ihnen lag, hätten sie das ganze Menschengeschlecht vernichten können. Denn wenn allzumal Hellenen und Barbaren hierin übereinstimmend solchen Verkehr üben wollten, würden die Staaten der Reihe nach wie durch pestartige Krankheit entvölkert werden und alsbald veröden.“[62]

---

[58] Vgl. *Winterer*, Verkehrte Sexualität (s. Anm. 19), 79f.

[59] *Josephus*, Antiquitates Iudaicae, I 200.

[60] *Ders.*, Contra Apionem, II 199.

[61] *Philo*, De Abrahamo 133–151. Vgl. im NT Jud 7; 2 Petr 2,6f.

[62] *Philo*, De Abrahamo, I 135f.; Übersetzung nach *Cohn, Leopold* u. a. (Hrsg.), Philo von Alexandria. Die Werke in deutscher Übersetzung, Bd. I, Berlin ^{2}1962, 124–126. Vgl. auch *Seneca*, Brief 95, 20ff.

Auch an anderen Stellen ist zu beobachten, wie das hellenistische Judentum (beginnend mit der Septuaginta) andere Akzente setzt. So betont Philo bezüglich der Päderastie die Schande, die diese für Täter und Opfer bedeute, schildert die damit gegebene Feminisierung des Opfers ausgiebig und hält die Todesstrafe für die Täter für einzig angemessen.[63] Für Philo ist, wie gesehen, homosexuelles Verhalten eine Form von Maßlosigkeit, vergleichbar mit Völlerei oder mit dem perversen Handeln der Pasiphae, der Gattin des Minos, die sich in einen Stier verliebte (und so den Minotauros zeugte).[64]

Wo ein bestimmtes Verhalten einen negativ wertenden Namen hat wie im Fall der „Sodomie" (Unzucht, Mord etc.), hat das Vor- und Nachteile. Der Vorteil liegt in der sprachlichen Prägnanz und der Bewusstseinsbildung. Wo umgekehrt solche Termini nicht vorliegen, entwickelt sich das entsprechende Unrechtsbewusstsein langsamer.[65] Umgekehrt wird die mit diesem Terminus verbundene ethische Wertung ungeprüft transportiert und ihre Anwendung auf einzelne Fälle selten oder zu spät überprüft. Die genauere Analyse von Gen 19 und Ri 19 kann somit einen ersten Anstoß zu einer differenzierteren Sicht geben.

Nun gibt es im NT aber Aussagen auch über heterosexuelles Verhalten. Die Aussagen des Paulus über Ehe und Ehelosigkeit in 1 Kor 7 sind für den (die) heutige Leser(in) zunächst durchaus irritierend; sie haben auch eine problematische Rezeptionsgeschichte.

---

[63] *Philo*, De specialibus legibus 3,37–42. Vgl. auch die Differenzierung bei *Clemens*, Paedagogus, III 3,21: „Ich habe auch Mitleid mit den jungen Leuten bei den Sklavenhändlern, die sich zur Schande schmücken müssen; aber sie haben sich die Schmach nicht selbst angetan, sondern die unglücklichen Wesen müssen sich auf Befehl schön machen, um der Gewinnsucht zu dienen. Leute aber, die sich freiwillig dazu entschließen, das zu tun, wozu gezwungen zu werden sie, wenn sie Männer wären, dem Tod gleichgeachtet hätten, wie sollten die nicht verächtlich sein?"

[64] *Philo*, De specialibus legibus 3,43. Vgl. auch die Schilderung heidnischer Ausschweifung in *ders.*, *De vita contemplativa* 40–62.

[65] Das habe ich illustriert an den Beispielen Sklaverei und Korruption; vgl. *Wolbert, Werner*, Korruption – eine unbekannte Sünde?, in: *Claudia B. Wöhle, Silvia Augeneder, Sabine Urnik* (Hrsg.), Rechtsphilosophie. Vom Grundlagenfach zur Transdisziplinarität in den Rechts-, Wirtschafts- und Sozialwissenschaften. Festschrift für Michael Fischer, Frankfurt a.M. 2010, 231–241, und *Wolbert, Werner*, Ist die Sklaverei „in sich schlecht"?, in: Salzburger Theologische Zeitschrift 14 (2010) 203–224.

V. Die Vermeidung der Unzucht

Das 7. Kapitel des 1 Kor hat in der Geschichte vor allem als Referenztext gedient für die Hochschätzung der Jungfräulichkeit und (neben der Erzählung vom reichen Jüngling) für die Begründung der Kategorie der evangelischen Räte, schließlich für eine Abwertung der Ehe im Vergleich zur Jungfräulichkeit.[66] Hier hängt nun viel vom Verständnis einzelner entscheidender Verse ab, zunächst des ersten. Versteht man 1 Kor 7,1 („Es ist gut für den Mann, keine Frau zu berühren.") als These des Paulus (heute geht man dagegen davon aus, dass es eine Aussage aus dem Brief der Korinther an Paulus ist[67]), kann man mit Hieronymus folgern: „dann muss es doch etwas Böses sein, eine Frau zu berühren."

1. Nachsicht wofür?

Wenn nun dennoch dem ehelichen Tun gegenüber Nachsicht geübt wird, so (nach Hieronymus) nur aus dem Grund, um weit Schlimmeres zu vermeiden. „Welchen Wert darf man aber einem Gut zuerkennen, das nur in Rücksicht auf die Verhütung von Schlimmerem zugestanden wird?"[68] Der Nutzen der Ehe liegt dann im Wesentlichen darin, dass sie den Fortbestand des Jungfrauenstandes sichert.[69]

In die Auslegung von V. 2 („Wegen der Gefahr der Unzucht soll jeder seine Frau haben.") wird eigenartigerweise über lange Zeit ein Gesichtspunkt eingetragen, der im ganzen Kapitel von Paulus nicht erwähnt wird: die Zeugung von Nachkommenschaft. Nach Ambrosius hat alles seine Zeit; man soll dem Verlangen nachgeben, solange noch Hoffnung auf Kindersegen besteht.[70] Vorbild sind hier die (nicht durch die Erbsünde verdorbenen) Tiere, die „durch die stumme Sprache ihres Verhaltens zu verstehen geben, daß sie der Trieb nach Geschlechtserhaltung, nicht die Gier nach Geschlechtsverkehr beseelt"[71]. Auch dieser Vergleich mit den Tie-

[66] Eine Fülle von Belegen findet sich bei *Klomps, Heinrich*, Ehemoral und Jansenismus. Ein Beitrag zur Überwindung des sexualethischen Rigorismus, Köln 1964, auf den sich die folgenden Überlegungen stützen.

[67] Eine versuchte Rekonstruktion dieses Briefes findet sich bei *Baumert, Norbert*, Mann und Frau bei Paulus. Überwindung eines Mißverständnisses, Würzburg 1991, 32f.

[68] *Hieronymus*, Contra Jovinianum I 7 (PL 23,218), zitiert nach *Klomps*, Ehemoral (s. Anm. 66), 19.

[69] *Hieronymus*, Epistola 22,20 (PL 22,406).

[70] *Ambrosius*, Expositio Evangelii secundum Lucam I 43 (CSEL 32,38); vgl. *Klomps*, Ehemoral (s. Anm. 66), 22.

[71] Ebd.

ren ist Paulus fremd. Nach Klemens von Alexandrien dagegen gilt die Mahnung für solche, die über die Zeugung hinaus den Verkehr suchen. Sie sollen es tun, damit sie nicht nach außerehelichem Geschlechtsgenuss Verlangen tragen.[72] Dass Paulus den Korinthern die Leistung der ehelichen Pflicht einschärft, passt Hieronymus nicht ganz: Das gelte für die Korinther als Anfänger in der christlichen Vollkommenheit, nicht dagegen für die vollkommeneren Epheser. Der Christ lebe „in servitute Corinthi, aut Ephesi libertate";[73] letztere ist natürlich anzustreben. Auch in anderen Kontexten ist zu beobachten: Wo man etwas Positives über die Ehe sagt, orientiert man sich an Eph 5,21–33; bei kritischen Äußerungen (im Kontext des Lobes der Jungfräulichkeit) an 1 Kor 7.[74]

Von entscheidender Bedeutung ist schließlich auch das Verständnis von V. 6. Was ist das „Zugeständnis" des Paulus und worauf bezieht es sich: auf V. 2 (die Ehe) oder V. 3 (die Erfüllung des *debitums*)?[75] Augustinus bezieht es auf V. 3, liest aber *secundum veniam* (die Vulgata liest: *secundum indulgentiam*) und folgert:

> „Wo Verzeihung gewährt werden muß, da liegt ohne Zweifel Sünde vor. Da nun das Beiwohnen in der Absicht auf Nachkommenschaft nicht schuldhaft ist, was anderes gestattet da der Apostel *secundum veniam*, als daß die Eheleute, wenn sie sich nicht enthalten, die eheliche Pflicht voneinander fordern *voluptate propaginis*, nicht *libidinis voluptate*."[76]

Allerdings ist der Geschlechtsverkehr für Augustinus auch *remedium infirmitatis*; deswegen darf man sich dem Ehepartner nicht verweigern. Hier wird also „Verzeihung" gewährt kraft apostolischer

---

[72] Klemens von Alexandrien, Stromata III 15.

[73] *Hieronymus*, Commentarium in Epistolam ad Ephesios III 5,24 (PL 26,565 A/B).

[74] Für die Beratungen des Konzils von Trient ist das eindrucksvoll belegt in der (leider ungedruckten) Salzburger Dissertation von *Röhrenbacher, Christine M.*, „Nehmen die Ehelosen eine Abkürzung auf dem Weg zu Gott?" Die theologischen Hintergründe von Canon 10 des Ehedekrets von Trient, Dissertation, Salzburg 1997; dort findet sich reichlich Material zur Wirkungsgeschichte von 1 Kor 7.

[75] Einige moderne Exegeten haben das Zugeständnis auf die Wiederaufnahme der leiblichen Gemeinschaft (V. 5) bezogen; dann würde aber Paulus in der Ehe Enthaltsamkeit empfehlen – im Widerspruch zum Gedankengang von 1–7; vgl. *Wolbert, Werner*, Ethische Argumentation und Paränese in 1 Kor 7 (Moraltheologische Studien, Systematische Abteilung 8), Düsseldorf 1981, 85–90.

[76] *Augustinus*, De bono coniugali I 14 (CSEL 42,229), zitiert nach *Klomps*, Ehemoral (s. Anm. 66), 33. („Ubi ergo venia danda est, aliquid esse culpae nulla ratione negabitur. Cum igitur culpabilis non sit generandi intentione concubitus qui proprie nuptiis imputandus est, quid secundum veniam concedit apostolus, nisi quod coniuges, dum se non continent, debitum ab alterutro carnis exposcunt non voluntate propaginis, sed libidinis voluptate? Quae tamen voluptas non propter nuptias cadit in culpam, sed propter nuptias accipit veniam.")

Autorität für Unmäßigkeit in einer an sich erlaubten Sache.[77] Das *debitum* über die Notwendigkeit zu fordern, ist lässliche Sünde; damit das gänzlich Verbotene vermieden wird.

Eine *indulgentia* im Unterschied zu einer *venia* könnte sich dagegen auch auf ein *minus bonum* beziehen; in dieser Weise interpretiert Thomas Sanchez:

> „Der hl. Paulus ist anders auszulegen. Man kann unter ‚indulgentia' ein Zweifaches verstehen: einmal die Gestattung eines geringeren Übels, zum anderen die eines geringeren Gutes. Wenn er den Beischlaf zur Vermeidung der Unzucht zulassen will, so erlaubt er diesen nur als ein geringeres Übel, verglichen mit der Unzucht, und demnach liegt läßliche Schuld vor. Aber er erlaubt ihn als ein, verglichen mit der Enthaltsamkeit, geringeres Gut, dann aber liegt keine Schuld vor. Und so muß unser Lösungsversuch verstanden werden: er hat den Fall im Auge, wo die Gatten auf keine andere Weise der Gefahr der Unzucht ausweichen können. Die Worte ‚wegen eurer Unenthaltsamkeit' bestätigen die Richtigkeit unserer Lösung."[78]

Sanchez hält es darum auch für legitim, die Lust zu suchen, da diese als solche erlaubt ist. Hier fehle es nur oft an der notwendigen Mäßigung.[79]

Diese Interpretationen bezogen V. 6 auf das Debitum. Die Jansenisten dagegen haben nach Klomps[80] diesen Vers ausnahmslos auf die Ehe bezogen; auf die Erfüllung des *debitum* bezogen, hieße es ja, dass man sündigen müsste, um seine Pflicht zu erfüllen; dann wäre die Leistung des *debitum* überhaupt zu verbieten.[81] Die Unzuchtsvermeidung ist deshalb nach der jansenistischen Meinung

---

[77] Zur ganz anderen Position von Albertus Magnus, der Gattenliebe als wertvolles Motiv der christlichen Vereinigung sieht, vgl. *Klomps*, Ehemoral (s. Anm. 66), 40 sowie *Brandl, Leopold*, Die Sexualethik des heiligen Albertus Magnus, Regensburg 1955.

[78] *Sanchez, Thomas*, Disputationum de Sancto Matrimonii Sacramento libri decem IX disp. 9; zitiert nach *Klomps*, Ehemoral (s. Anm. 66), 65.

[79] Vgl. *Klomps*, Ehemoral (s. Anm. 66), 170.

[80] Ebd., 171.

[81] Im Grunde haben die Jansenisten hier recht: Dass man eine Sünde begeht zur Vermeidung einer schwereren, macht keinen Sinn. Eine lässliche Sünde würde sonst gleichsam im Gehorsam gegen Gott begangen. Augustinus müsste die Erfüllung des debitums als das geringere (nichtsittliche) *Übel* qualifizieren. Das ist ein gutes Beispiel, wie die Nichtunterscheidung zwischen sittlichen und nichtsittlichen Übeln zu einer an sich unakzeptablen Aussage führt; vgl. *Schüller*, Begründung (s. Anm. 49), 73–78 und *Weiß, Andreas-Michael*, Sittlicher Wert und nichtsittliche Werte. Zur Relevanz der Unterscheidung in der moraltheologischen Diskussion um deontologische Normen (Studien zur theologischen Ethik 73), Freiburg i.Ue., Freiburg i.Br. 1996.

Grund für die Ehe*schließung*, nicht für den Ehe*vollzug*. Der Schlusspunkt der vielfältigen Diskussionen ist schließlich die heute vertretene Position, gemäß der jeder eheliche Akt *in se aptus ad prolis generationem* sein muss.

1 Kor 7 scheint zunächst nicht gerade zu einer positiven Sicht der Ehe beizutragen. Das gilt nicht nur bezüglich der Interpretation von Kirchenvätern und traditionellen Moraltheologen, sondern auch für manche exegetischen Beiträge, die das Kapitel unter die Überschrift „Askese“ setzen.[82] Liest man das Kapitel dagegen auf dem Hintergrund der stoisch-kynischen Kontroverse und jüdischer Weisheitstraditionen – was hier nicht ausgeführt werden kann[83] – erscheint die Bevorzugung der Ehelosigkeit modifizierter und die Ehe weniger abgewertet. Sogar die Ehe mit dem oder der Ungläubigen bedeutet keine „Sklaverei“ (1 Kor 7,15).

VI. „Jede Sünde ist außerhalb des Leibes.“

Auch in der kritischen Exegese unserer Zeit findet sich oft eine ehefeindliche Interpretation von 1 Kor 7; freilich setzt sich diese dann von der Wertung des Paulus ab. Wie schon angedeutet,[84] geschieht das vor allem, wo das Stichwort Askese als Interpretationsschlüssel gilt. Solche Lesart wird bisweilen durch ein fragwürdiges Verständnis von 1 Kor 6,12–20 gestützt.[85]

Wer Glied am Leibe Christi ist, wer mit Christus ein Pneuma ist, so sagt Paulus in 6,13–17, darf nicht mit einer Dirne ein Leib sein. Warum nur nicht mit einer Dirne? Müsste nicht auch der *eheliche* Geschlechtsverkehr für einen Christen sittlich unerlaubt sein? Dann hätte auch zu gelten: Wer Glied am Leibe Christi ist, darf seinen Leib nicht zum Glied einer Frau machen.[86] Solche Kon-

---

[82] Vgl. etwa das Buch von *Niederwimmer, Kurt*, Askese und Mysterium. Über Ehe, Ehescheidung und Eheverzicht in den Anfängen des christlichen Glaubens (= Forschungen zur Religion und Literatur des Alten und Neuen Testaments 113), Göttingen 1975.

[83] Vgl. dazu grundlegend *Deming*, Celibacy (s. Anm. 13).

[84] Vgl. Anm. 82.

[85] Zu unterschiedlichen Auslegungen vgl. *Dautzenberg, Gerhard*, Φεύγετε τὴν πορνείαν (1 Kor 6,18): Eine Fallstudie zur paulinischen Sexualethik in ihrem Verhältnis zur Sexualethik des Frühjudentums, in: *Helmut Merklein* (Hrsg.), Neues Testament und Ethik. Für Rudolf Schnackenburg, Freiburg 1989, 206–271 und *Kirchhoff, Renate*, Die Sünde gegen den eigenen Leib: Studien zu πόρνη und πορνεία in 1 Kor 6,12–20 und dem sozio-kulturellen Kontext der paulinischen Adressaten (Studien zur Umwelt des Neuen Testaments 18), Göttingen 1994.

[86] Bei einem Versuch, hier eine spezifisch christliche Begründung des Unzuchtverbots zu erkennen, wäre das zu bedenken. Das übersieht etwa *Vacek, Edward C.*,

sequenz ziehen in der Tat manche Exegeten aus den Äußerungen des Paulus in 1 Kor 6; so etwa G. Delling, der den Gedankengang des Paulus folgendermaßen paraphrasiert:[87] „Eigentlich ist der Leib eines Christen viel zu schade dazu, durch die Befriedigung einer ‚Begierde' dem Herrn entzogen und einem andern Menschen unterjocht zu werden."

Wäre das die Meinung des Paulus, hätte man ihn zu korrigieren: Der Mann kann gar nicht im selben Sinn Glied Christi sein, wie er Glied einer Dirne ist. Die Wörter ‚Leib' (σῶμα) und ‚Glied' (μέλος) haben in diesem Zusammenhang jeweils verschiedenen Sinn; also kann die oben unterstellte Argumentation nicht schlüssig sein. Σῶμα bezeichnet teils den Leib, teils hat es den Sinn „Ich", „Person"[88]. Dass „der Leib nicht für die Unzucht" (V. 13) da ist, gilt vom Leib, sofern er Sitz des sexuellen Lebens ist. Dass „der Leib für den Herrn" da ist, bedeutet aber doch wohl: der *Christ*, die Person des Christen, ist für den Herrn da. Während der *Bauch* (κοιλία) vernichtet wird (V. 13), wird Gott – jetzt würde man erwarten – den Leib auferwecken; es heißt aber: „er wird durch seine Macht auch *uns* auferwecken". Statt (σῶμα) steht also das Personalpronomen. V. 15 fragt Paulus: „Wisst ihr nicht, dass eure Leiber Glieder Christi sind?" Das heißt aber sinngemäß: „Wisst ihr nicht, dass *ihr* Glieder Christi seid?" Wenn nun der Christ die Glieder Christi nicht zu Gliedern einer Dirne machen soll, so klingt wieder die Bedeutung „Leib", „Körper" an, und „Glied" (μέλος) ist buchstäblich zu verstehen.

Aus der Tatsache, dass der Christ Glied am Leibe Christi ist, folgt in gar keiner Weise, dass ein Christ nicht mit irgendeiner Frau ein Leib sein darf. Dass die Ehe sittlich erlaubt, die leibliche Vereinigung mit der Dirne aber sittlich verboten ist, setzt Paulus hier offensichtlich voraus; nur unter dieser Voraussetzung machen die Aussagen Sinn. Aus dem Gliedsein am Leibe Christi folgt das

---

Love, Human and Divine, Washington 1994, wenn er schreibt (3f.): „For example, Paul condemns sex with a prostitute, not because it would violate human dignity or the nature of the sexual act, but because it would ‚take Christ's members and make them members of a prostitute' (1 Cor 6,15; cf. Rom 1,26f.). Paul did not add a Christian motive; he rethought the nature of this act itself when performed by a Christian. In his view Christ is also involved in the act."

[87] *Delling, Gerhard*, Paulus' Stellung zu Frau und Ehe, Stuttgart 1931, 64; vgl. auch *Niederwimmer*, Askese und Mysterium (s. Anm. 82), 77ff.

[88] Vgl. *Bultmann, Rudolf*, Theologie des Neuen Testaments, Tübingen ^{5}1965, 196. Austauschbar sind σῶμα und das Personalpronomen allerdings unter einem bestimmten Gesichtspunkt, nämlich „sofern er über sich selbst verfügen und Objekt seines Tuns sein kann" (ebd., 197); vgl. auch *Schweizer, Eduard*, in: Theologisches Wörterbuch zum Neuen Testament 7 (1966) 1063 (s.v. σῶμα).

Verbot des Verkehrs mit der Dirne nicht; es steht schon vorher fest. Das Gliedsein am Leibe Christi ist ein paränetisches Motiv, nicht ein spezielles Argument gegen die Unzucht.

Warum begnügt Paulus sich dann aber nicht einfach mit der Mahnung „Hütet euch vor der Unzucht!“ (V. 18a)? Paulus mahnt: Gott hat Christus auferweckt, er wird auch euch auferwecken. Ihr seid aber jetzt schon mit dem auferweckten Christus vereint, seid Glieder an seinem Leibe. So vermeidet alles, was der Einheit mit Christus widerspricht, speziell die Unzucht, den Verkehr mit einer Dirne. Diese Aussage erinnert an Röm 6; auch dort macht Paulus klar: Seit der Auferweckung Christi von den Toten ist die Sünde für die, die durch die Taufe mit ihm vereint sind, keine echte Möglichkeit mehr. Was in Röm 6 über das Ablegen der Sünde gesagt ist, wird in 1 Kor 6,13b–17 auf das Vermeiden der Unzucht spezifiziert.[89]

Damit ist einem möglichen Missverständnis des neuen Lebens der Getauften in Christus gewehrt und einer falschen „Glaubensethik“, die aus der Rechtfertigung des Glaubenden falsche normative Schlüsse ziehen würde: Weder steht Christus durch seine Auferstehung noch der Christ durch die Taufe gleichsam jenseits von Gut und Böse. Vielmehr ist Christus, und der Gläubige mit ihm, der *Sünde* gestorben.

Die Freiheitsbotschaft des Paulus konnte offenbar leicht in dem Sinne missverstanden werden, als stehe der Christ nicht mehr unter der sittlichen Forderung. Dass der Christ nicht mehr „unter dem Gesetz“ (Röm 6,15) steht, wurde von den korinthischen Enthusiasten als Freibrief zur „Gesetzlosigkeit“ (Röm 6,19) aufgefasst. Die Parole der korinthischen Enthusiasten „Alles ist erlaubt“ offenbart ein solches Missverständnis. Sie drückt sich aber vermutlich noch in einem andern Satz aus, der nicht so leicht als Zitat zu erkennen ist, nämlich 6,18b: „Jede Sünde, die der Mensch tut, ist außerhalb des Leibes.“ Der Unzüchtige, so erwidert Paulus anschließend, sündige dagegen gegen seinen Leib. Wenn der erste Satz auch von Paulus stammte, wäre zu fragen: Sündigt etwa der Selbstmörder nicht auch gegen seinen eigenen Leib oder der Alkoholiker? Eine plausible Lösung ergibt sich dagegen, wenn man in 6,18b eine Parole der korinthischen Enthusiasten sieht,[90] die besagt: Sünde hat mit dem Leib nichts zu tun; was wir mit dem Leib anstellen, ist indifferent. Das wäre eine Art häretischer Glaubens-

[89] Vgl. im Einzelnen *Wolbert*, Was sollen wir tun? (s. Anm. 12), 40–45.

[90] So *Murphy O'Connor, Jerome*, Corinthian Slogans in 1 Cor 6,12–20, in: Catholic Biblical Quarterly 40 (1978) 391–396.

ethik.[91] Dagegen stellt Paulus fest, die Art des Umgangs mit dem Leibe ist sittlich relevant: „Wer aber Unzucht treibt, sündigt gegen seinen eigenen Leib.“ Dabei ist nicht ausgeschlossen, dass es noch andere Sünden gegen den Leib gibt; hier steht aber nur der Verkehr mit der Dirne zur Diskussion.

VII. Konklusion

Ein reformierter Theologe hat einmal in einem berühmten Distichon über die Bibel gesagt:

> „Hic liber est, in quo quaerit sua dogmata quisque;
> Invenit pariter dogmata quisque sua.“
>
> (Dies ist das Buch, in dem jeder seine Dogmen sucht,
> Und er findet sie dann auch.)[92]

Dieser Eindruck mag sich beim Lesen dieses Beitrags auch spontan einstellen. Eine gewisse Willkür im Umgang mit ethischen Aussagen der Bibel ergibt sich zunächst, wenn man nicht unterscheidet, was man in den Text hinein- und was man herausliest. Die ethischen Voraussetzungen (und natürlich die eigenen Interessen), mit denen man an den Text schon herangeht, werden nicht ausdrücklich reflektiert. Außerdem dürfte der epistemologische Status der ethischen Aussagen der Bibel vielfach ungeklärt sein. Wenn Aussagen über das sittlich richtige oder falsche Handeln Urteile der Vernunft und nicht des Glaubens darstellen, dann gehören auch die ethischen Aussagen der Bibel in diese Kategorie; d. h. sie sind keine Glaubensaussagen.[93] Ihnen ist eine *praesumptio*

---

[91] Ich spiele hier auf die Diskussion der 1970er und 80er Jahre um das Proprium einer christlichen Ethik an, speziell auf die Position einer Glaubensethik, für die sich einige sittliche Urteile nur aus dem Glauben ableiten lassen; vgl. dazu *Schüller, Bruno*, Das Proprium einer christlichen Ethik in der Diskussion, in: *ders.*, Der menschliche Mensch, Düsseldorf 1982, 3–27.

[92] *Werenfels, Petrus* († 1703), zitiert nach *Bruch, Richard*, Moralia Varia. Lehrgeschichtliche Untersuchungen zu moraltheologischen Fragen (Moraltheologische Studien, Historische Abteilung 6), Düsseldorf 1981, 103. Nach Bruch lässt sich dieses Distichon auch auf Thomas von Aquin anwenden.

[93] Diese Aussage scheint auf den ersten Blick im Widerspruch zum Begriff der „morale rivelata“ des Dokuments der Päpstlichen Bibelkommission über Bibel und Moral (vom 11. Mai 2008) zu stehen. Hier kommt es darauf an, was unter „morale“ zu verstehen ist. Der Widerspruch ist wohl nur verbaler Art. Aussagen wie der folgenden ist jedenfalls nicht zu widersprechen: „Pertanto, tutti gli atti con i quali Dio si rivela hanno una dimensione morale per il fatto che richiamano gli esseri umani a conformare il loro pensiero e il loro agire al modello divino: ‚Siate santi, perché io il SIGNORE Dio vostro, sono santo‘ (Lv 19,2); ‚Voi dunque siate perfetti come è perfetto il Padre

veritatis zuzubilligen; sie können aber mit entsprechenden Gründen korrigiert oder zumindest in Frage gestellt werden. Das gilt etwa bezüglich der Unterordnung der Frau, dem Verbot des Zinsnehmens,[94] der Erlaubnis der Sklaverei,[95] somit auch der sexualethischen Aussagen. Wer in solchen Aussagen *mysteria moralitatis* erkennt, muss die entsprechenden Aussagen notwendigerweise selektiv lesen und untergräbt damit letztlich die Glaubwürdigkeit der biblischen Botschaft, indem er vor allem seine eigenen Dogmen darin findet.

vostro celeste' (Mt 5,48)." (Nr. 4; dort findet sich auch die Bemerkung, dieser Begriff sei „non abituale"; er ist wohl auch eher missverständlich. Das Dokument findet sich im Netz nur in Italienisch.)

[94] Vgl. *Weiß, Andreas-Michael*, Zinsen und Wucher. Das kirchliche Zinsverbot und die Hindernisse auf dem Weg zu seiner Korrektur, in: *Ulrike Aichhorn* (Hrsg.), Geld- und Kreditwesen im Spiegel der Wissenschaft, Wien 2005, 123–156.

[95] Vgl. *Wolbert*, Ist die Sklaverei „in sich schlecht"? (s. Anm. 65).

Schuld und Entschuldigen im Spannungsverhältnis von Subjekt und System

von Karl-Wilhelm Merks

Sexualität, Schuld und Sünde sind in der theologischen und lehramtlichen Tradition auf besonders enge Weise miteinander verknüpft. Diese Verknüpfung ist, das sehen wir heute, geprägt durch ein Übermaß an angenommener Schuldbeladenheit und Sündhaftigkeit schon von Sexualität an sich. Eine auf die (verdorbene) Sexualität fokussierte Erbsündenlehre sieht den Menschen grundlegend und unentrinnbar in seine Begierden verstrickt. Die Folge dieser Vorstellung ist eine aufs feinste entwickelte Kasuistik von Möglichkeiten von Verfehlung, von Methoden zur – soweit möglichen – Vermeidung und Prävention sowie von Buße und Wiedergutmachung. Diese Ethik ist weitgehend Individualethik, höchstens noch eine Ethik der Kleingemeinschaften, wie Ehe und Familie.

Weitgehend unterbelichtet oder gar ausgeblendet ist das, was man als die „sozialethischen" Aspekte von Schuld bezeichnen kann – die Auswirkung des Individuellen aufs Soziale, auf gemeinsame Lebensweisen, auf Wertevorstellungen, Gesellschaftsstrukturen und -systeme sowie umgekehrt deren Rückwirkung auf alles Individuelle. Gerade auch für die Sexualethik ist das der Fall. Alle Sündenlast liegt letztlich bei den Taten des einzelnen Menschen. Von mitschuldigen „Strukturen der Sünde" oder Ähnlichem zu reden, gilt als verdächtig. Denn wird damit nicht gerade Schuld banalisiert, der Einzelne exkulpiert, werden Schuld und Sünde also letztlich geleugnet?

Ein solcher Verdacht kann wohl einigermaßen überraschen. Behauptet doch auch die Erbsündenlehre Ähnliches, wenn sie den Schicksalszusammenhang der Menschheit vom sündigen Urelternpaar her lehrt, in dem die Einzelnen der Sünde nicht entrinnen können.

Freilich, die theologische Diskussion gerade über die Erbsündenlehre kann auch deutlich machen, wo die sozialethischen Defizite einer solchen Vorstellung liegen.[1] Sie sind darin zu sehen, dass die vorgestellte Situation der Erbsündlichkeit wie ein Fatum über uns verfügt ist und damit eigentlich wie ein Schleier wirkt, der die Frage *unserer eigenen Verantwortung und nicht nur die der Ureltern* für Schuld-begünstigende und Schuld-produzierende Strukturen eintrübt.

Die Fixierung auf die individuelle Schuldfrage führte einerseits zu deren krankmachender Überfrachtung. Anderseits aber förderte die (chronische) Unterbelichtung oder Ausblendung der strukturell-sozialen Aspekte von Schuldhaftigkeit paradoxerweise letztlich zugleich ein defizitäres Verständnis möglichen Schuldigwerdens beim Individuum selbst, das sich nicht in seiner sozialen Verantwortung und seiner Verantwortung für die sozialen Folgen seiner Taten sah. Hierbei handelt es sich natürlich um eine breitere Problematik als die der Sexualethik; doch bieten der Missbrauchsskandal wie die dadurch aufgeworfenen Fragen bezüglich des Gesamtkomplexes (christlicher, katholischer) Moral des Sexuellen ein besonders geeignetes wie aufrüttelndes Beispiel.

Das Folgende will einige fundamentalethische Aspekte dieser Problematik erörtern. Auf kurze Betrachtungen zur Überfrachtung des Individuellen (I) und zur Unterbelichtung des Sozialen (II) im Schuldverständnis folgen im Hauptteil Überlegungen zur sozialen Redimensionierung von Schuld (III).

I. Überfrachtung des Individuellen

Gerade im Kontext der Moral des Sexuellen spielte die individuelle Schuldfrage immer eine zentrale Rolle. Viele Generationen lang plagte sie Menschen durch ihre erdrückende Dominanz. Als Hinweise mögen hier die Gewissensqualen vieler Menschen in einem bis in die Mitte des 20. Jahrhunderts reichenden Buß- und Beichtsystem mit seiner schwerpunktmäßigen und detaillierten Fixierung auf Vergehen gegen das sechste und neunte Gebot genügen. Für viele Moraltheologen-Beichtväter liegt gerade hier auch der existenzielle Ursprungsort für ihr Umdenken in Fragen der Sexualmoral und Moral überhaupt.

---

[1] Die Entmythologisierung einer solchen Sicht – die Einbettung alles Wissens und Wertens in historisch konditionierte „Kontexte“, die uns prägen, die aber auch wir selbst wiederum für uns selbst und für die Zukunft mitprägen –, bot nicht die theologische Tradition aus sich selbst heraus, vielmehr waren hierzu die modernen Human- und Sozialwissenschaften die nötigen Geburtshelferinnen.

Es ist kein Wunder, dass in Reaktion auf die repressiven Züge dieses Systems im Zuge und in Folge der „sexuellen Revolution“ und „Liberalisierung“ in den letzten Jahrzehnten die Kategorie Schuld in Fragen der Sexualität eher in den Hintergrund geraten ist. Was die Moraltheologie betrifft, ist diese Stille allerdings längst nicht immer Ausdruck von Ratlosigkeit darüber, wie man nun angesichts der obsoleten Tradition mit der Frage nach „gut“ und „böse“ in Sachen Sexualität umgehen soll. Vielmehr spielt eine zentrale Rolle vor allem auch die Bedrohung durch repressive Reaktionen seitens des kirchlichen Lehramts, für die die traditionelle Lehre nach wie vor den Maßstab abgibt.

Es bleibt eine wenig befriedigende Situation, wenn die Lehre die Lebenspraxis im Stich lässt. Letztlich genügt es auch nicht, sich mit der Letztinstanzlichkeit des Gewissens als subjektiv verbindlichem Maßstab aus der Affäre zu ziehen, und sich mit Zweifeln an der „objektiven“ Richtigkeit der Lehre zurückzuhalten. Hier sind doch wohl gründlichere Fragen auch zu „*objektiv* verkehrt oder richtig“ angebracht.[2]

Dass dies nicht überflüssig ist, zeigt sich am Beispiel der „Königsteiner Erklärung“ zur Enzyklika „Humane vitae“ (1968). Unter den damaligen Umständen konnte man (als Mindestlösung) vielleicht kaum mehr als den Verweis auf das Gewissen erwarten. Selbst das aber geht Vielen heute anscheinend zu weit. So meinte etwa der Wiener Kardinal Schönborn in einer Predigt mit Blick auf die Königsteiner und die (österreichische) Mariatroster Erklärung, von einer „Sünde des europäischen Episkopats“ sprechen zu müssen.[3] Dieser Vorgang zeigt meines Erachtens, dass weiterhin ein grundsätzlicher Klärungsbedarf bei der Frage schuldhaften Verhaltens in sexto besteht.[4]

Hierbei ist eine *doppelte* Bewegung erforderlich. Einerseits geht es um die Korrektur und eine gewisse *Relativierung* des tradierten sexuellen Schuldkomplexes, anderseits um die *Schärfung* des Bewusstseins für Schulddimensionen, die bisher kaum oder überhaupt nicht gesehen wurden: Beispiele für diese Über- und zu-

---

[2] Als Frage zur Königsteiner Erklärung (nr. 3) formuliert: Warum gilt die kritische Selbstprüfung (NB bei einer nicht unfehlbaren Lehre!) allein bezüglich des Gewissens und nicht auch der kirchlichen Lehre?

[3] Text der Predigt vom 17.11.2008 unter http://www.kath.net/detail.php?id=21357, Stand: 1.3.2011.

[4] Eine grundsätzliche Schwierigkeit ist es offensichtlich, Fragen der Sexualethik in einen umfassenden Rahmen ethischer Reflexion zu integrieren, so etwa ihre Beziehung zu dringenden Fragen der Gesundheitsethik; dies zeigt auf ihre Weise auch die „Klarstellung“ zur Kondomäußerung Benedikts XVI. in seinem Interviewbuch mit Peter Seewald (s. Note der Glaubenskongregation vom 22.12.2010).

gleich Unterbelichtung sind die Fixierungen auf – durch vergangene Wirklichkeitsvorstellungen mitgeprägte – Denkmodelle etwa in Fragen von Geburtenregelung oder Homosexualität. Das traditionelle auf den einzelnen Akt bezogene Schuldverständnis bleibt hier merkwürdig objektivistisch und abstrakt. Umstände und Intention, die Einbettung und Hineinverflechtung der einzelnen Taten in ein personales wie soziales Gesamtgeschehen, in Konditionierungen durch Strukturen, Institutionen und „Systeme" finden nicht die erforderliche Berücksichtigung.

II. Unterbelichtung des Sozialen

Das auf die individuelle Tat orientierte Schuldverständnis, das sich prima facie als besonders streng und gewissenhaft darstellt, kann geradezu den Blick verstellen auf ein weiteres, tiefes Verstehen von Schuld und Schuldigwerden: Schuld als überindividuelle Verstrickung, als „soziale" Größe, als Verhängnis, als Verblendung und Verdrängung der gemeinsamen Verantwortung. Gerade auch die Missbrauchsskandale haben die subjektiv verengte Sicht von Schuld nachdrücklich zu Bewusstsein gebracht.

So stand in den Debatten, die auf die Offenbarmachung des sexuellen Missbrauchs hin losbrachen, zunächst das Phänomen der Vertuschung mit seinen verschiedenen Komponenten im Vordergrund: trotz Vermutung oder gar Kenntnis kein Ernstnehmen der Vergehen, keine oder unangemessene Reaktionen auf Hinweise und Vorwürfe, Verharmlosung, Missachtung der Opfer, gleichartige Weiterbeschäftigung der Täter, absichtliche Geheimhaltung aus Gruppen-Solidarität, Vorrang der Interessen der Institution gegenüber denen der Opfer, Vorstellungen über die Autonomie kirchlicher Rechtspraxis gegenüber den staatlichen Rechtsvorschriften. All dies offenbart nicht nur Defizite im persönlichen Schuldverständnis und Schuldbewusstsein im Umfeld der Täter und bei den für die betroffenen Institutionen Verantwortlichen. Vor allem zeigen sich darin die Brüchigkeiten im Verständnis von Schuld und Sünde, deren soziale Verflechtungen und strukturelle, „systemische" (den Gesamtzusammenhang betreffende) Aspekte nicht gesehen werden.[5]

---

[5] Für eine nähere Analyse vgl. *Goertz, Stephan*, Sexuelle Gewalt als individuelle Sünde gegen das sechste Gebot!? Marginalien zu blinden Flecken in der Moraltheologie, in: *ders., Herbert Ulonska* (Hrsg.), Sexuelle Gewalt. Fragen an Kirche und Theologie, Münster 2010, 127–146.

Unser jeweiliges Wissen, Werten, Urteilen, Handeln und Unterlassen steht ja immer schon in uns prägenden materiellen, mentalen, ideellen, sozialen und kulturellen Kontexten, wirkt aber auch im Rahmen unserer Möglichkeiten mit auf diese Kontexte zurück. Kontexte sind so die Voraussetzungen, zugleich aber auch Aufgabe unserer eigenen Verantwortung. Das erfordert Sensibilität für die moralische Qualität von Kontexten, aber auch von Kontextveränderungen.

Zu den kontextuellen („systemischen“) Bedingungen im Umgang mit dem Missbrauch gehören ohne Zweifel etwa bestimmte festeingefahrene *Vorstellungen von Sexualität* überhaupt, die (auf altertümliche Weise) biologisch dominiert bleiben, auch wenn man vom Person-Sein des Menschen als dem ihn spezifisch Auszeichnenden spricht (also die Verweigerung eines im besten Sinne „anthropozentrischen“ Menschenbildes); die Vorstellung, ihre „Ausübung“ sei der Rechtfertigung bedürftig (gegenüber einem durchaus vormoralischen Verständniskontext in der Gesellschaft); ihre Beschränkung auf Heterosexualität (gegenüber anthropologischen Einsichten bezüglich der *natürlichen* Variationen von Sexualität); ihre Beziehung zur Fruchtbarkeit (gegenüber ihrer Multi-„Funktionalität“); ihre Naturalität und Unverfügbarkeit für medizinisch-technische Eingriffe (in einer doch durch und durch technisch gestalteten Menschenwelt).

Ferner ist ein diesen Vorstellungen zugrundeliegendes *Ethikkonzept* zu nennen, das sich der Einsicht in die Historizität aller Einsichten verweigert; das sich dem Argumentationswert von Erfahrungen, der Bedeutung wissenschaftlicher, gesellschaftlicher und kultureller Entwicklungen verschließt; das dem mit den Lebensveränderungen einhergehenden Wertewandel nichts Gutes abzugewinnen weiß; das auf die Komplexität der modernen, technischen, menschengemachten Welt mit einfachen Wahrheiten meint reagieren zu können. Und schließlich liegt dem allem ein *Gesellschaftsbild* zugrunde, in dem Tradition, Stabilität, Hierarchien von Macht, Würde und Wissen, und in dem Standessolidarität an sich schon moralische Wahrscheinlichkeit konstituieren, ein („Unter-uns-“)System, in dem a limine nicht die Opfer, sondern die Täter die Unschuldsvermutung auf ihrer Seite haben, oder jedenfalls auf Schonung rechnen können. Die Tatsache, dass ein solches Verhalten selbst da wirksam ist, wo es sich unzweifelhaft immer schon – auch im „alten“ System – um verwerfliche Handlungen handelte, zeigt auf erschreckende Weise, wie dringlich es ist, für die systemischen Aspekte, für die Ursachen von Schuld und Sünde und ihre Folgen in ihren gesellschaftlichen Bezügen und Wirkungen zu sensibilisieren.

III. Die soziale Dimension von Schuld[6]

Im Folgenden geht es also um den Zusammenhang zwischen persönlicher und struktureller/systemischer Schuld. Was ist Schuld?[7] Jahrhunderte lang hatte die Kunst der moralischen Unterscheidung sich auf die Trennungslinie zwischen Sünde und Nichtsünde, zwischen schwerer und leichter Sünde spezialisiert und sich dabei vornehmlich auf die objektiven Aspekte von Schuld und Sünde konzentriert, indem sie differenziert die Frage stellte nach dem „wann, wo, warum, auf welche Weise und in welchem Maße" der Mensch in seinem jeweiligen Tun und Lassen schuldig wird: quis, quid, ubi, quibus auxiliis, cur, quomodo, quando?

1. Schuld zwischen Norm und Gewissen

Die Gewissheit, mit der man Sünden und Schuld nach Zahl, Art und Umständen qualifizieren, ja selbst quantifizieren zu können glaubte, hatte etwas Brüchiges. Der Grund hierfür liegt in der Moraltheologie selbst. Denn neben einem ausgeprägten Sinn für die objektiven Dimensionen von Moral, für Normen-Ordnungen und deren weit ausladende Verzweigungen in einer Kasuistik, hatte sie sich selbst den Stachel im eigenen Fleisch geschaffen: Letztlich kann man Schuld nicht ohne Beziehung zum *Gewissen* denken. Zur äußeren Tat hinzu gehört eine wie immer zu denkende innerliche Qualität. Erst dadurch wird der Norm-Befolgung oder Nichtbefolgung der letzte Ernst verliehen. Die Norm „bindet im Gewissen", heißt die Formel.[8] Dies bedeutet zugleich, dass dort, wo

[6] Vgl. zum Folgenden ausführlicher meinen (vor dem Ausbruch der Missbrauchsdebatte verfassten) Beitrag: *Merks, Karl-Wilhelm*, Über Schuld und Autonomie. Plädoyer für den Aufbruch aus der Innerlichkeit, in: Bijdragen. International Journal in Philosophy and Theology 62 (2001) 249–279.

[7] Literatur zur Einführung: *Schuster, Josef* u. a., Schuld, in: Lexikon für Theologie und Kirche 9 (^{3}2000) 276–284; *Merks, Karl-Wilhelm*, Gott und die Moral. Theologische Ethik heute, Münster 1998, 239–263 (Über den Umgang mit dem Bösen); *Glei, Reinhold* u. a., Schuld, in: Historisches Wörterbuch der Philosophie 8 (1992) 1442–1472; *Weber, Helmut*, Allgemeine Moraltheologie. Ruf und Antwort, Graz u. a., 1991, 256–304; *Luschin, Raimund M.*, Schuld, in: Neues Lexikon der christlichen Moral (1990) 666–671; *Honnefelder, Ludger, Gründel, Johannes, Hassemer, Winfried*, Schuld, in: Staatslexikon. Recht, Wirtschaft, Gesellschaft 4 (^{7}1988) 1059–1067; *Sievernich, Michael*, Schuld und Sünde in der Theologie der Gegenwart, Frankfurt 1982 (^{2}1983); *Condrau, Gion, Böckle, Franz*, Schuld und Sünde, in: Christlicher Glaube in moderner Gesellschaft 12 (1981) 91–135; *Böckle, Franz*, Fundamentalmoral, München 1977, 93–149.

[8] In der Formulierung des handlichen *Jone, Heribert*, Katholische Moraltheologie, ^{3}1931, n. 57: „Alle Gesetze verpflichten im Gewissen; aber nicht alle verpflichten in gleicher Weise."

zwischen Norm und Gewissen ein Zwiespalt sichtbar wird, ein Problem entsteht: Wem soll man folgen?[9]

2. Folgenlose Verantwortung? – Schuldverflüchtigung durch Verinnerlichung

Mit der modernen Individualisierung hat der Vorrang des Gewissens immer mehr an Boden gewonnen. Die Idee einer „objektiven" Moralität hat dagegen ihre traditionelle Selbstverständlichkeit verloren. Der Begriff, der wie kein zweiter diesen Vorgang der Verinnerlichung repräsentiert, ist der der „Schuld". Der Schuldbegriff hat, wie die von ihm bezeichnete Sache selbst, verschiedene Seiten. Doch lassen sich wenigstens drei wichtige Aspekte unterscheiden: Schuld als „geschuldete" Tat (debitum), Schuld als dem Täter zugerechnete Verfehlung der „geschuldeten" Tat (culpa), Schuld als die durch die Tat angerichteten Folgen,[10] deren Wiedergutmachung man selbst wiederum als debitum definieren kann.

Im komplexen Feld zwischen subjektiver Verursachung und objektiven Wirkungen von Schuld scheint nun zwar die Frage der Zurechnung (culpa) zunehmend von öffentlichem Interesse zu sein, doch scheint demgegenüber das Wissen davon, was debitum ist, und der Ernst bezüglich des Umgangs mit den Folgen eher zu verblassen. Es gehört zum guten Stil, dass man sich selbst nicht herausreden soll als Verursacher, doch bleiben Folgerungen oft in der verbalen Anerkennung stecken: Reduzierung der „Ent"-schuldigung auf einen Sprach-Ritus. In der politischen Arena ist es Mode geworden, sich für ein Geschehen zu entschuldigen, meist allerdings erst, wenn es nicht mehr anders geht; und dann in einer Formelhaftigkeit, durch deren dünnes Gewand die Unverbindlichkeit geradezu durchschimmert. Mit einem leicht daher zu sagenden „Entschuldigung", einem eigentlich folgenlosen *„sorry"*, wird aber Schuld eher verharmlost als wirklich eingestanden. Zwischen Entschuldigung und wirklichem Schuldeingeständnis klafft oft ein großer Spalt, der sich nochmals aufs Neue auftut, wenn es um die Frage einer ernsthaften Wiedergutmachung geht. Zwar ist Schuld nicht immer wieder gut zu machen. Die Geschichte kann nicht zurückgedreht wer-

---

[9] Den alternativen Vorstellungen zur Lösung dieser Problemfälle dienten die sogenannten Moralsysteme, die die katholische Moraltheologie jahrhundertelang in Spannung hielten. Vgl. z. B. *Häring, Bernhard*, Frei in Christus Bd. 1: Das Fundament aus Schrift und Tradition, Freiburg u. a. 1979, 285–294; *Demmer, Klaus*, Moralsysteme, in: Lexikon für Theologie und Kirche 7 (^{3}1998) 461f.

[10] Vgl. *Honnefelder*, Schuld (s. Anm. 7), 1059f.; weiter ausführlich zur Begrifflichkeit: *Glei* u. a., Schuld (s. Anm. 7).

den. Doch könnte sie im Maße des Möglichen produktiv „fortgeschrieben" werden. Auch dies ist eine Art Wiedergutmachung, ein Ernstnehmen von Schuld.

Gerade hieran mangelt es aber oft. Davon zeugt nicht nur die Unzugänglichkeit mancher deutscher Industrieller in der Frage der Wiedergutmachung für Zwangsarbeit im Zweiten Weltkrieg. Die Indigenas, Opfer der Kolonisation, bleiben häufig bis auf den heutigen Tag drittrangige Bürger; die Sieger von gestern sind auch die Gewinner von heute. Nicht viel besser steht es mit der Kirche, wenn sie aus ihrer Ketzergeschichte nur halbherzige Lehren zieht, weiterhin Theologen maßregelt oder anderen christlichen Konfessionen das Kirche-Sein abspricht. Auch kann man wohl um die Frage nicht herumkommen, ob Äußerungen des Bedauerns über historische Versäumnisse und Fehler etwa in der Einstellung zu Frauen oder in der Be-/Verurteilung von Homosexualität wirklich bereits als Überwindung der überkommenen Weltbilder hinreichen, die vielfaches Schuldigwerden produziert haben. Fehler der Vergangenheit wirklich einzugestehen, heißt die Konsequenzen für heute daraus zu ziehen.

Ein anderes Beispiel von Schuldverflüchtigung sei wenigstens erwähnt: die sogenannte Neutralität der Wissenschaft, mit der die Verantwortung für die Verwendungsmöglichkeiten von Forschung einfach auf andere Instanzen abgeschoben wird (Beispiele: Atomphysik, Genforschung).[11] Auch hier liegt eine Schuldvorstellung vor, die letztlich in die reine Intentionalität zurückgenommen wird. Die Schuldfrage basiert de facto auf der Trennung zwischen Handlung und Handlungsfolgen. Was bleibt, ist ein folgenloses Bekenntnis einerseits, oder der Unschuldsclaim für das eigene Tun anderseits.

3. Verantwortungsethik – Öffnungen eines verengten Schuldverständnisses

Man kann mit einigem Recht der Meinung sein, dass die Verinnerlichung der Schuld eine kostbare Frucht der modernen anthropozentrisch-subjektorientierten Ethik ist.[12] Doch schließt das keines-

---

[11] Zur Bedeutung der Zielvorstellungen für die wissenschaftlich-technische Forschung selbst vgl. *Kornwachs, Klaus*, Mut zur Entschleunigung. Die Diskussion um Verantwortung in Wissenschaft und Technik, in: Herder-Korrespondenz 55 (2001) 137–142; eine informative Einführung in die wissenschaftsethische Problematik gibt: *Münk, Hans-Jürgen*, Wissenschaftsethik, in: Neues Lexikon der christlichen Moral (1990) 873–882.

[12] Zu meiner Sicht der theologischen Fassung einer „autonomen" Verantwortungsethik vgl. *Merks, Karl-Wilhelm*, Gott und die Moral. Theologische Ethik heute,

wegs notwendig ein umfassenderes Schuldverständnis und den Aspekt der „Außenseite" von Schuld aus.

Die Subjektorientierung der Moral ist ja keineswegs eine Theorie der Letztkompetenz eines – nicht weiter befragbaren – Gewissens, sondern der Versuch, der objektiven Dimension der Moral *vom Subjekt selbst her* eine neue Basis zu geben.[13] Gerade von der Verantwortung des Subjektes aus führt in diesem Moralverständnis der Weg zu „Objektivierungen" der Moral.

Denn die Grundlage für ein solches Moralverständnis liegt nicht in einer unbestimmten Freiheit einfach hin, sondern in der Erfahrung der mit dieser Freiheit zugleich gegebenen *Verantwortung*: Verantwortlich zu sein für den sinnvollen Gebrauch der (eigenen) Freiheit und dessen Folgen. Auch geht es nicht um die individualistische Freiheit vereinzelter Subjekte, sondern um die gemeinschaftliche Freiheit, die auch Stellvertretung für die Gesellschaftsmitglieder beinhaltet, die zu ihrem Freiheitsgebrauch und ihrer Autonomie nicht oder nur beschränkt imstande sind. Und schließlich ist die tatsächliche Freiheit abhängig von einer Reihe Bedingungen, ohne die Freiheit reine Illusion bleibt.

4. Menschliche Verantwortung zwischen Begrenztheit und Schuld

Menschliches Leben, dem der Handelnde durch sein Tun selbst Inhalt und Richtung gibt, spielt sich ab in einem Feld vielfältiger Möglichkeiten. Freilich, der Mensch kann diese nie alle erfüllen, er muss wählen. Dieses „Schuldigbleiben" ist aber von der moralischen, sittlichen Schuld strikt zu unterscheiden.

In der Beschränktheit menschlicher Existenz wird zwar das Böse geboren, aber nicht das Wählen-Müssen ist das Böse, sondern das Falschwählen; nicht die Akzeptanz der Begrenztheit, sondern ihre Leugnung, ihr Nicht-Sehen-Wollen. Schuld ist denn auch etwas anderes als lediglich kausale „Verursachung" oder Übertretung eines Gebots oder Verbots. Ihrem eigentlichen Sinn nach ist sie intentionale Verfehlung[14] von „Gesolltem" von etwas, das zwar

---

Münster 1998; *ders.*, Sittliche Autonomie. Wissenssoziologische Studie zu Genese und Bedeutsamkeit eines Begriffs, in: *Antonio Autiero, Stephan Goertz, Magnus Striet* (Hrsg.), Endliche Autonomie. Interdisziplinäre Perspektiven auf ein theologisch-ethisches Programm, Münster 2004, 11–48.

[13] Vgl. *Merks, Karl-Wilhelm*, The origin of law. Sources of the legal system in contemporary society, in: *Wil Derkse, Jan van der Lans, Stefan Waanders* (Hrsg.), In quest of humanity in a globalising world. Dutch contributions to the Jubilee of Universities in Rome 2000, Leende 2000, 71–92.

[14] Traditionelle Beispiele sind das Töten eines Amokläufers als ultima ratio des

in gewissem Sinne auch als *„geboten“* verstanden werden kann, aber geboten nicht wegen eines „Gebotes“, sondern *„aus sich selbst“* heraus.[15] Fehlt diese intentionale Dimension, so scheint es selbst juristisch, aber sicher moralisch nicht sinnvoll, von Schuld zu sprechen.[16] Die Identifikation von äußerlichem Tat- oder Unterlassungs-Geschehen und innerlicher schuldhafter Vorwerfbarkeit gleichsam positivistisch aus der Übertretung einer Normen- und Gesetzesordnung zu präsumieren, und sich nicht der Komplexität menschlicher Existenzbedingungen mit ihren Doppeldeutigkeiten bewusst zu bleiben, behindert vielmehr ein wirkliches Schuldverständnis. Denn schließlich setzt Schuld auch voraus, dass ein entsprechendes Handeln *möglich* ist (war), nicht nur auf Grund der innerlichen Disposition des Handelnden, sondern auch der ihm zu Gebote stehenden Handlungsalternativen.

Mit der Lehre von der menschlichen Verantwortlichkeit und ihren *Behinderungen* hat die traditionelle Moral über diese Fragen nachdrücklich reflektiert.[17] Im Übrigen aber kennt sie eine ausgearbeitete Theorie nicht nur über die Behinderungen der Freiheit, sondern auch über die positiven Zusammenhänge zwischen Tun und Folgen des Handelns und die dadurch zustande kommende Reichweite von Verantwortlichkeitsbeziehungen. Ein klassisches Beispiel ist die Lehre vom „voluntarium in causa“: Wer in trunkenem Zustand einen Unfall verursacht, kann sich nicht auf seine Trunkenheit zurückziehen und damit exkulpieren.[18] Nicht nur Vorsätzlichkeit, auch *Fahrlässigkeit* macht schuldig. Wir sind auch für die „in Kauf genommenen“ *Folgen* verantwortlich.

Selbstschutzes, oder der Jagdunfall, bei dem der Jagdgenosse für einen Hirsch gehalten wurde.

[15] Von hierher ist auch die Beziehung von Sünde und Schuld, wie die Frage nach der „notwendig“ schuldhaften Existenz des Menschen zu überdenken. Was ist der präzise Sinn der nicht selten anzutreffenden Auffassung, dass der Mensch heute seine Schuld nicht mehr als Sünde vor Gott begreift und sie damit im eigentlichen Sinne als Schuld nicht mehr begreifen könne? Meines Erachtens wird hier die Verstehensrichtung vertauscht. Wer Schuld wirklich als Schuld begreift, hat schon sehr viel von Sünde begriffen.

[16] Vor allem das Strafrecht kennt ein System von Nuancierungen bezüglich der subjektiven Zurechenbarkeit („Stufen innerer Beteiligung eines Menschen an seiner Tat“). Das Interesse zielt hier weniger auf Schuldbegründung, als vielmehr auf Schuldausschluss oder Schuldmilderung. Umgekehrt kennen Zivilrecht und öffentliches Recht mit der Gefährdungs- und Erfolgshaftung selbst eine Haftung ohne Verschulden: vgl. *Hassemer*, Schuld (s. Anm. 7).

[17] Vgl. z. B. *Thomas von Aquin*, S.th. I–II, 6–21.

[18] In einem etwas andern Sinne und sehr ausgebreitet kommt das „voluntarium in causa“ zur Sprache im Zusammenhang mit dem Lehrstück von der „actio cum duplici effectu“. Zu diesem gesamten Fragenkomplex vgl. *Demmer, Klaus*, Fundamentale Theologie des Ethischen, Freiburg 1999, 261–291.

Dasselbe gilt auch gegenüber dem Einwand der angeblichen *Unübersehbarkeit* der Folgen des Handelns in einer komplizierten Welt und Gesellschaft. Erstens ist nicht alles unübersehbar, zweitens zielt die Verantwortung soweit, wie sich Folgen übersehen lassen oder hätten lassen können. Und drittens könnte man bisweilen durchaus mehr über die Folgen wissen, oder jedenfalls über mögliche Folgen wissen, als man sich Gedanken darüber macht.

Bezog sich in der traditionellen Lehre Verantwortung eher auf individuelles Handeln, so bezieht sie sich im modernen Strukturdenken und in Institutionen- und Systemtheorien auch auf makroethische Fragestellungen und gewinnt dadurch auch eine umfassendere Bedeutung. In der modernen Gesellschaft hängt nicht weniger, sondern mehr im Zusammenleben und in der Welt von der menschlichen Verantwortung ab.[19] Hierin zeigt sich deutlich, dass gerade die Emphase auf menschlicher Freiheit und Verantwortung, wie sie für das moderne Menschenbild prägend ist, nicht beim individuellen guten Wollen stehen bleiben kann. Wir verantworten nicht nur das Wollen, sondern auch dessen äußere Wirkungen, da sie ja, in Institutionen und Systemen (Wirtschaftsstruktur, politische Modelle, Kultur usw.) selbst in potenzierter Weise, Werk unserer verantwortlichen Freiheit sind. Dies kann nicht ohne Folgen bleiben, wenn es um die uns hier bewegende Frage der Schuld geht.

5. Zur „Exteriorität“ von Schuld

Das Handeln des Menschen hat seine inneren und seine äußeren Seiten, es ist in Vorbedingungen eingebettet, wird mitbedingt durch Kontext und Situation, und es hat seine positiven wie negativen Auswirkungen, die wiederum weiteres Handeln, eigenes und fremdes, mitbestimmen und mitkonditionieren. Das gilt auch für die schuldhaften Aspekte des Tuns, auch Schuld verbleibt nicht im Innern des Menschen. Sie drängt hinaus in seine äußeren Handlungen und manifestiert sich in Wirkungen, die weit über das jeweilige Handeln hinausgehen.

– *Gemeinsame Schuld*

Von Schuld des handelnden Einzelnen zu sprechen, hat seinen guten Sinn, insofern Verantwortlichkeit immer eine solche konkreter

---

[19] In diesem Zusammenhang ist auch eine nähere Analyse des Begriffs der „politischen Verantwortung“ angebracht. Nicht in jedem Falle darf dieser Begriff als Vermeidung des Schuldeingeständnisses gesehen werden. Er ist auch Ausdruck der Komplexität des Verantwortungsgefüges im modernen politischen System und insofern ein Versuch, besondere Verantwortlichkeiten zu benennen.

Menschen ist. Gleichwohl ist dies eine Abstraktion, denn inwiefern sind überhaupt die konkreten Einzelnen jeweils sie selbst, oder jedenfalls nur sie selbst? Nicht, dass wir einfach das Produkt von Strukturen, Umwelt, Erziehung, Mitmenschen wären, aber wir sind dies zugleich immer auch. Und nicht, dass wir einfach unsere Anschauungen über gut und böse aus Umwelt und Erziehung empfingen, aber doch sind wir in unsern Überzeugungen Kinder unseres Standes, unserer Zeit, Epoche, Kultur. Ebenso wie es vermessen wäre, alles Gelingen unseres Handelns allein uns selbst zuzuschreiben, so wäre es arrogant und selbstgerecht, alles Fehlen und Scheitern dem Scheiternden allein aufzubürden.

Was macht den Dieb zum Dieb, den Mörder zum Mörder? Wer und was sind nicht allemal am werdenden Dieb, am heranwachsenden Mörder beteiligt? In welchem Kontext werden Gewalt und sexueller Missbrauch möglich? Auch Verhältnisse und Strukturen, Institutionen und Gesetze, Macht und Herrschaftssysteme sind nicht vom Himmel gefallen, sondern von Menschen gemacht.[20] Wer trägt Schuld, dass die Nazis in Deutschland an die Macht kamen, (und so lange bleiben konnten); wer war schuld an der Apartheid in Südafrika, an den Diktaturen in Latein-Amerika, in der Sowjet-Union, wer ist schuld am Egoismus unserer heutigen Gesellschaft, wo diese auf ihre eigene Weise immer wieder Chancen für eine bessere, humanere Gesellschaft versäumt?

Gewiss, von Kollektivschuld[21] zu sprechen, mag wenig Sinn geben; aber dass wir *gemeinsame* Schuld[22] auf unsere Gesellschaft häufen, wobei der einen und der anderen Anteil schließlich nicht mehr auszumachen ist, das ist wohl denkbar. Gewiss ist Schuld zunächst Schuld von einzelnen Gesellschaftsmitgliedern, doch verstärkt sie sich zu einer Schuld „der" Gesellschaft, in der es möglich wird, dass der Norden reich ist und der Süden arm bleibt; dass Menschen diskriminiert, unterdrückt, um ihre Chancen gebracht werden; dass Schuld geleugnet, verdrängt, vertuscht, verharmlost, schöngeredet, relativiert, und so dem Weitermachen der Weg geebnet wird.

---

[20] Vgl. *Korff, Wilhelm*, Schuld und Sünde in der Schulderfahrung des Einzelnen und im Schuldigwerden der Gesellschaft, in: *ders.*, Norm und Sittlichkeit. Untersuchungen zur Logik der normativen Vernunft, Mainz 1973, 169–178.

[21] Vgl. *Korff*, Schuld und Sünde (s. Anm. 20), 171ff., für den Gemeinschaftsschuld vor allem auch auf ein unaufgeklärtes (177) Verhältnis zu den eigenen Normen und Institutionen weist. Vgl. auch *Sievernich*, Schuld (s. Anm. 7), 414, Anm. 9 (Lit.).

[22] Theologisch ist sich möglicherweise für die dialektisch zu verstehende Beziehung zwischen Individuum und Strukturen im Schuldverständnis der Begriff der „strukturellen (oder „sozialen") Sünde" am Einbürgern: vgl. *Hilpert, Konrad*, Strukturelle Sünde, in: Lexikon für Theologie und Kirche 9 (^{3}2000) 1051–1053.

– *Schuld als Verhängnis*
Menschliches Handeln ist nicht folgenlos, es schafft Zustände, schafft Wirklichkeit, etwas, das, nachdem es aus dem Handeln hervorgegangen ist, ein Eigenleben beginnt: Objektivation menschlicher Initiative und Verantwortung. Dies gilt für die guten Folgen ebenso wie für die bösen. Schuldhaftes, falsches menschliches Handeln objektiviert sich in Zustände, Institutionen und Lebensbedingungen hinein.

Wie ein Verhängnis, objektiviert in einem Klima der Gewalt, in gewalttätigen Zuständen und Institutionen, zeugt die Anfangsschuld weiterhin Böses, aus dem Menschen nicht mehr leicht entkommen.[23] Schuld ist so Tat und zugleich Verhängnis.

– *Schuld ist ein Verhängnis, insofern sie negative Folgen – Schaden, Leid, und Tod – hervorbringt, nicht allein für den Schuldigen, sondern oft gerade für andere.*

Wir richten Unheil an, das wir nicht zurückdrehen können, vergleichbar einer chronischen Krankheit, die, durch maßlosen Lebenswandel entstanden, selbstverschuldet und zugleich irreparabel ist. Mehr noch zeigt sich der Verhängnischarakter, wo andere dadurch getroffen werden. Der Autounfall unter Alkoholeinfluss, der unschuldige Dritte trifft, Invalidität verursacht, Kinder zu Waisen macht. Schuld wird so zum Verhängnis für die Schuldigen selbst wie für andere, unschuldige Menschen.

– *Schuld ist ein Verhängnis, insofern die Folgen schuldhaften Tuns dem ursprünglichen schuldhaften Handeln entgleiten, ein Eigenleben beginnen, sich selbst dynamisch und unüberschaubar fortproduzieren.*

„Das haben wir nicht gewollt“, sagen wir dann wohl, dabei gut wissend, dass wir „es“ doch „gewesen sind“, es hätten wissen können und müssen, oft nur verdrängt haben. Zwar überblicken wir die Folgen nur zum Teil. Dies schließt aber nicht aus, dass die Folgen, auch wenn wir sie nicht alle absehen und sie nur ein Stück weit beeinflussen können, sich doch auch uns verdanken. Wir sind für unseren Teil dafür verantwortlich, auch wenn das, was wir getan ha-

[23] Hierbei geht es nicht um eine mythische Vorstellung von Beschmutzung oder eine Art Virus, das gleichsam jeden ansteckt, sondern um das benennbare Fortwuchern bösen Handelns in die Beständigkeit böser Zustände hinein. *Hilpert*, Strukturelle Sünde (s. Anm. 22), unterscheidet für die Wechselwirkung zwischen persönlichem Tun und dessen Weiterwirken in den Gesellschaftsstrukturen drei Weisen von Verursachung: eine generierende, eine sedimentierende und eine disponierende: persönliches Tun verfestigt sich in Einflüssen, Gewohnheiten, Erwartungen, die wiederum Handlungsmöglichkeiten eröffnen oder verschließen.

ben, ohne unser weiteres Zutun eine eigene Dynamik entwickelt. Kleine Ursachen haben große Wirkungen, im Guten wie im Bösen. Wir geben gleichsam unser schlechtes Tun und unsere Schuld aus der Hand; sie wuchern weiter.

Die klassische Moraltheologie nennt Beispiele wie etwa: Über jemanden schlecht reden (üble Nachrede, Verleumdung, Verbreitung falscher Tatsachen, unnötiges Aufdecken verborgener Fehler). Wer über jemanden ein schlechtes Gerede in die Welt setzt, ist mitschuldig daran, wenn andere es weitergeben, weitere Lügen hinzufügen. In der modernen Version können wir die Presse und andere Medien hinzufügen, die falsche oder auch nicht für die Öffentlichkeit bestimmte Nachrichten verbreiten. Ein Vertrauensbruch potenziert sich zu wechselseitigem Misstrauen. Mauscheleien in der Politik untergraben die Autorität der politischen Ordnung überhaupt. Viele kleine Umweltsünden addieren sich zur Umweltkatastrophe. Wie ein wahres Verhängnis breiten sich die Folgen unseres Tuns aus. Und was häufig klein und beinahe unschuldig begonnen hatte, wird am Ende zum alle bedrohenden Unheil.

– *Schuld ist ein Verhängnis, insofern sie und ihre Folgen nicht nur Schaden, Leid und Tod hervorbringen, sondern selbst wieder schuldhaftes Tun hervorrufen und fördern.*

Es ist dieser Aspekt, der erst recht eigentlich das Bedrohliche von Schuld deutlich macht. Dass nämlich böses Handeln nicht allein üble Folgen, Schaden und Leid provoziert, sondern auch und gerade dazu Anlass ist, dass andere Menschen selbst wiederum Böses tun, selbst wieder Schuld auf sich laden. Eine autoritäre Erziehung pflanzt sich fort von Geschlecht zu Geschlecht. Im Klima von Habsucht, Machtsucht, Genusssucht wachsen wiederum Habsucht, Machtsucht, Genusssucht. Schlechtes Beispiel, vorenthaltenes gutes Beispiel erzeugen Verdunkelung von Wertebewusstsein und behindern so die Entfaltung des sittlichen Lebens.

In dieser Verführung zu stets neuer Schuld in schuldbeladenen Lebensumständen und Strukturen lässt sich vielleicht am ehesten heute der alte Begriff der Erbsünde wieder verstehen: Nicht als gleichsam biologische Weitergabe von Sünde und Schuld, sondern eher, wenn man so will, als eine soziale. Aber schließlich wird der Mensch ja zum Menschen auch nicht einfach durch Biologie, sondern in seiner Sozialisation. Die Einheit des Menschengeschlechts besteht nicht (allein) in der biologischen Natur, sondern vielmehr in der „Einheit der gemeinsamen Geschichte“[24], die Menschen miteinander machen.

---

[24] So *Sievernich*, Schuld, 97 (s. Anm. 7), in Auslegung von Schoonenbergs „sündiger

6. Schuld und Ent-„schuldigung" – Verantwortungsübernahme

Ein wirkliches Verständnis von Schuld ruft nach Eingeständnis, Trauer, Reue, Umkehr und – soweit möglich – nach Wiedergutmachung. Gleichzeitig kann Schuld für das wache Gewissen zur Quelle und Motivation für Haltungen und Strategien zur Vermeidung neuer Verfehlungen werden. Ent-„schuldigung" wird so von einem bloßen Wort zur kreativen Tat.

– *Die persönliche Verantwortung*
Selbstverständlich steht am Anfang jeglicher Schuldfrage die Frage nach der persönlichen Verantwortung, ihrer Authentizität und Ernsthaftigkeit. Diese Frage ist aber zu vertiefen und zu erweitern auf die verobjektivierten Schuld-Dimensionen hin.

– *Verantwortung für das Gewissen*
Für Verantwortung und Schuld ist es ein wichtiger Unterschied: Auf der einen Seite ein Fehlgehen des Menschen dadurch, dass er seiner Einsicht nicht folgt, seinem Gewissen nicht gehorcht. Und auf der andern Seite ein Fehlgehen dadurch, dass er, bei allem guten Willen, im Konkreten durch Irrtum, Nichtwissen usw. das Gute doch verfehlt. Von daher hat es einen guten Sinn, diese Dinge auch terminologisch zu trennen (gut/böse; richtig/falsch).[25]

Die Verantwortung des Menschen hat also sozusagen zwei Dimensionen: Sie betrifft die Bereitschaft zum Guten überhaupt („den guten Willen"), sie betrifft aber auch die Bereitschaft, das Gute je konkret zu (er-)finden und zu realisieren. Hier aber sehen wir uns konfrontiert mit all den Umständen des Lebens, mit all den Möglichkeiten und Begrenzungen, Gefahren und Chancen, die nun das Gute konkret näher bestimmen. Es geht daher nicht nur um den guten Willen an sich, sondern auch um die „Realistik" dieses Willens.

Situation". Nach Teilhard de Chardin sind die in der Erziehung angehäuften Erfahrungen ein „additives Milieu", das eine „Art Gebärmutter" für jeden Menschen ist (ebd., 82, Anm. 75). Neben dem individuellen Erziehungsmilieu sind die geschichtlich-kollektiven Einstellungen zu nennen, die Menschen gefangen halten und prägen: „Liberalismus, Kolonialismus, Antisemitismus, Rassendiskriminierung, Kriegspsychosen oder Erbfeindschaften. Das sind die modernen Namen für uralte Formen der Sünde: Krieg, Ausbeutung ökonomische und sexuelle Sklaverei" (*Schoonenberg, Piet*, Mysterium iniquitatis. Ein Versuch über die Erbsünde, in: Wort und Wahrheit 21 [1966] 583, zit. nach *Sievernich*, Schuld [s. Anm. 7], 82).

[25] *Schüller, Bruno*, Gewissen und Schuld, in: *Josef Fuchs* (Hrsg.), Das Gewissen. Vorgegebene Norm verantwortlichen Handelns oder Produkt gesellschaftlicher Zwänge?, Düsseldorf 1979, 34–55, 39–42.

Die Frage nach der menschlichen Schuld erhält daher eine zu kurze Antwort, wenn man sie allein von der jeweiligen innerlichen Gewissenssituation her beantworten wollte, also allein von der Übereinstimmung mit dem Gewissen. Die Frage menschlicher Schuld muss man vielmehr in Relation zur menschlichen Verantwortung in ihrer ganzen Breite sehen. Soweit diese reicht, reicht das mögliche Schuldig-Werden des Menschen.[26] Diese Verantwortung umfasst neben dem *guten* Gewissen auch das *richtige* Gewissen, umfasst neben dem guten Willen auch das Wollen des Guten – und dies ist eine Frage der Realität selbst.

Daraus ergibt sich als erstes das Wahrnehmen der Verantwortung für das Gewissen selbst – nicht nur die Empfindsamkeit für seinen Kern, die Stimme, die zum Guten aufruft, sondern auch das Wissen darüber, was gut, recht und richtig ist. Denn ohne das Bemühen um das *konkrete* Gute wird die innere Stimme hohl, trocknet der Kern aus, das Gewissen wird gleichsam zu einer tauben Nuss. Empfehlenswerte Haltungen wie Loyalität, Fleiß, Treue, Zuverlässigkeit verkommen zu rein formalen „Sekundärtugenden“.

Die Sorge für das „gefüllte“ Gewissen bleibt nicht bei der eigenen Person stehen, sie weitet sich aus hin auf das Gewissen der Mitmenschen, hin auf die Gesellschaft. Wir sind für unser Gewissen verantwortlich, ja, aber auch für das Gewissen unserer Mitmenschen und unserer Gesellschaft: für die Voraussetzungen, unter denen Gewissenhaftigkeit und Gewissensgewissheiten entstehen und gedeihen können, oder, umgekehrt, betäubt oder verhindert werden. In gewisser Weise gehört selbst vergangenes Unrecht zur Gewissensfrage.

Gewiss gibt es eine Entwicklung des moralischen Bewusstseins. Ist es darum aber unzulässig, von der Schuld des Sklavenhalters gegenüber seinen Sklaven, von der Schuld des ausbeutenden Fabrikbesitzers gegenüber seinen Arbeitern, von der Schuld des verblendeten Hexen- und Ketzerverfolgers gegenüber seinen Opfern zu sprechen? Auch geschichtliche Relativität entschuldigt nicht alles. Und wenn wir denken, dass dies vielleicht keine faire Weise des Umgehens mit der Vergangenheit ist, so können wir daraus jedenfalls doch die Konsequenzen für unsere Gegenwart ziehen: Gegenüber unsern eigenen möglichen Verblendungen wachsam zu sein!

[26] *Schüller*, Gewissen und Schuld (s. Anm. 25), 39: „Beides, Gesinnung und Tat, liegen in der Verantwortung des Menschen und sind darum Gegenstand moralischer Beurteilung, moralischer Anerkennung und moralischer Kritik.“

– *Verantwortung für die Folgen*
Verantwortlich handeln heißt: bei unsern Entscheidungen die möglichen Folgen zu bedenken. In der Abwägung von guten und schlechten Folgen bestimmt sich, was man moralischerweise tun soll und was nicht. Freilich können wir nicht alle möglichen Folgen unseres Tuns voraussehen. Nicht nur haben wir nicht einen solchen Überblick. Sondern in den vielen gegenseitigen Verwebungen, in den vielen Ursachen, die aufeinander einwirken, sich gegenseitig fortsetzen und forttreiben, hängen die Folgen auch nicht einfach von unserm Tun ab, sondern von allerlei hinzukommenden Faktoren. Deshalb gilt, dass für eine moralische Entscheidung eine moralische (keine absolute!) Gewissheit erforderlich ist; d. h. eine Sicherheit in der Entscheidung, soweit sie billigerweise möglich ist (wobei auch die Tatsache eine Rolle spielt, dass man sein Handeln nicht endlos verschieben und aussetzen kann). Anderseits aber gilt auch, dass wir keine unkalkulierbar hohen Risiken nehmen sollen. Eine Verantwortungsethik ist kompliziert. Daher ist eine Flucht in „gesinnungsethische" Ansätze nicht verwunderlich. Vor dem Hintergrund unserer Ausführungen dürfte aber deutlich sein, wie der Mensch gerade in der Verweigerung einer Verantwortungsethik schuldig werden kann. Dies zeigt sich auch im Umgang mit der Frage des Kompromisses.

– *Schuld und Kompromiss*
Ist der Kompromiss unmoralisch, den Menschen schuldig machend? Die theologische Diskussion hierüber gibt zwei Typen von Antworten.[27] Der eine, ein mehr „katholischer" Typus, sagt: Wenn der Mensch, auf Grund seiner begrenzten Situation, wählen muss, so ist er ohne Schuld, wenn er richtig wählt; negative Folgen und Begleitumstände seines Handelns als solche machen ihn nicht schuldig. Die andere, eine eher „evangelische", Antwort, lautet: Zwar kommt der Mensch nicht um eine Wahl, wie in der ersten Position dargestellt, herum, aber gleichwohl wird er schuldig; er kann nicht anders als schuldig werden.

Offensichtlich kommt aber in den beiden Positionen nicht genau dieselbe Sache zur Sprache; denn wenn ich nicht anders handeln kann, und wenn ich das Beste aus meiner Lage mache, handle ich nach gutem moralischen Verständnis, wie ich handeln muss, und mache mich nicht schuldig. In der Handlungsperspektive ist also der Kompromiss nicht schuldig-machend, sondern moralisch wert-

[27] Vgl. einführend: *Demmer, Klaus*, Kompromiss, in: Neues Lexikon der christlichen Moral (1990) 381–385.

voll, wenn es ein richtiger Kompromiss ist. Die andere Position hat ihren Sinn in einer anderen Perspektive: Sie will eine Aussage sein über den Zustand des Menschen. Dieser Zustand ist fragil, oft ein Verhängnis, eine Verstrickung auch in Schuldzusammenhänge, in denen nichts als höchst doppeldeutiges Tun übrigbleibt, eine Art Schuldigwerden wider Willen.

Doch ist Schuld und Schuld hier nicht dasselbe. Ein Tun, das wir, nach bestem Gewissen abwägend, trotz allen begleitenden Übels als unsere Pflicht erkennen, ist etwas anders als ein Tun, bei dem wir unserer Pflicht nicht nachkommen. Obschon sich beides in der Form eines bedrängten Gewissens äußern kann, ist doch allein im einen Falle eine sinnvolle Reaktion das, was man *Reue* nennt. Im anderen Falle ist nicht Reue die angebrachte Haltung, sondern *Trauer*, Trauer über den Zustand der Welt und das Üble, das unser Handeln trotz aller Bereitschaft zum Guten mit sich bringt.

– *Verantwortung für Strukturen und Systeme*

Nach einem vielzitierten Wort von Wilhelm Korff gibt es nicht nur eine *Gehorsamsverantwortung* des Menschen *vor* Normen, sondern – da Normen unser kulturgeschichtliches Produkt sind – auch eine *Gestaltungsverantwortung für* Normen.[28] Allgemeiner formuliert: In der modernen Kultur gehört unsere eigene Miturheberschaft an unserer Lebenswelt zu unserem Selbstverständnis. Damit stellt sich die Frage der Verantwortung für die Zustände, wie sie sind und die Frage nach der Bereitschaft zu Veränderung und Besserung dieser Zustände. Was allgemein so gilt, gilt in verschärftem, unentrinnbarem Maße, wo unsere Miturheberschaft schuldbeladen ist, schuldbeladen durch Bosheit, Trägheit des Geistes, Selbsttäuschung, Schludrigkeit oder was mehr an Einstellungen und Verhalten menschlichem Verschulden zugrunde liegen mag.

Gewiss zeigt sich hier oft, dass die Folgen unseres Tuns der individuellen Macht zur Veränderung längst entrückt sind. Doch wie es letztlich Individuen waren, die miteinander Wirkungen hervorgebracht haben, so liegt auch hier der erste Ansatz für eine Änderung der Verhältnisse – wohl wissend, dass wir mit den Grenzen unser Einflussfähigkeit konfrontiert werden. Daher genügt nicht individuelle Verhaltensänderung, die in der Tat oft wenig bewirken mag. Strukturen und Systeme werden – natürlich nicht ohne individuelle Entscheidungen – über strukturelle und systemische Prozeduren und Strategien geändert: Eine defizitäre Strafrechtsregelung durch Schaffung besseren Rechts, wirtschaftliche Zwän-

[28] Vgl. *Korff, Wilhelm*, Theologische Ethik. Eine Einführung, Freiburg u. a. 1975, 15.

ge durch eine andere Wirtschaftsordnung oder ein Klima sexueller und anderer Gewalt durch ein Klima der Wachsamkeit, durch Schutzmaßnahmen und Prävention.

– *Schuld als Schuldsolidarität*

Die Gemeinsamkeit des menschlichen Geschicks muss dazu sensibilisieren, sich bei der Schuldfrage nicht allzu rasch aus der Affäre zu ziehen; und wenn es um die gern geübte Schuldzuweisung und Verurteilung *anderer* geht, nicht zu vergessen, dass alle Schuld (auch) einen gemeinsamen Schuldkontext hat, von dem her sich auch die Frage nach dem möglichen eigenen Anteil stellt.

Am Umgang mit dem sexuellen Missbrauchsskandal exemplifiziert: Die Verurteilung der individuellen Delikte von Mitgliedern einer Gemeinschaft kann nicht das Ende der Gewissenserforschung sein, sondern fordert unausweichlich die Frage nach den strukturellen Voraussetzungen, Bedingungen und Folgen des individuellen Tuns heraus.

Das bedeutet vor allem auch, wachsam zu sein gegenüber einem Sündenbockmechanismus, der mit der Bestrafung der „Täter" die Vergehen für erledigt hält und damit der Frage nach der Mitschuld, in welchem Sinne auch immer, ausweicht. Gerade Stigmatisierung und Isolierung können dazu verführen, die Sicht auf mögliche Mitschuld zu verdecken.

Die Schuldfrage verfehlt jedenfalls weitgehend ihren Sinn, wenn sie sich auf die Schuldverteilungsfrage versteift und wenn die Diskussion über ihren individuellen oder kollektiven Charakter letztlich nur als Alibi zu Selbstrechtfertigung und Nichtstun dient. Ihren eigentlichen Sinn hat die Schuldfrage nicht im Blick zurück, sondern im Blick auf die Zukunft, auf mögliche Veränderung, im Kleinen wie im Großen als unsere Verantwortung.

Spiritualität und Geschlechtlichkeit

von Eckhard Frick SJ

Der vorliegende Text hat eine doppelte Erweiterung des Besonderen zum Allgemeinen zum Ziel. Insofern das Spirituelle normative Kraft hat und sich *auch* – wenngleich nicht in erster Linie, wie eine frühere Materia-Gravis-Lehre meinte – auf die Gestaltung des Geschlechtlichen auswirkt, ist damit ein ethisches Kriterium berührt, nämlich die Frage der Universalisierbarkeit von individuellen oder Gruppen-Normen. Die folgenden Überlegungen gehen also in doppelter Hinsicht vom Spezifischen und Besonderen aus und fragen nach dem allgemein Verständlichen, Gültigen, Zukunftsweisenden. *Einerseits* legen wir zunächst die spezifische Tradition, Praxis und engagierte Zuspitzung der ignatianischen Spiritualität zu Grunde, wie sie aus den „Spirituellen Übungen" (Ejercicios Espirituales) und den Satzungen der Gesellschaft Jesu zu erheben sind. Ignatius von Loyola verfasste beide Texte im definierten Kontext des 16. Jahrhunderts. Bei aller Spezifizität, die durch eine prima-Vista-Unlesbarkeit noch verstärkt wird, ist diesen Texten eine Tendenz zur Universalisierung eigen. Dies gilt besonders für die Exerzitien, die schon Ignatius selbst nicht nur Ordensleuten und Klerikern, sondern Frauen und Männern, „guten Christen" gab. Vom guten Christen erwartet Ignatius, er solle bereitwilliger sein,

> „die Aussage des Nächsten zu retten, als sie zu verurteilen; und wenn er sie nicht retten kann, erkundige er sich, wie jener sie versteht, und versteht jener sie schlecht, so verbessere er ihn mit Liebe; und wenn das nicht genügt, suche er alle angebrachten Mittel, damit jener, indem er sie gut versteht, sich rette"[1].

Aber auch die Satzungen der Gesellschaft Jesu müssen nicht exklusiv-jesuitisch gelesen werden, wie es das Beispiel der Congregatio Jesu zeigt, welche die Konstitutionen im 20. Jahrhundert „übernommen" hat. Über diese schon bei Ignatius grundgelegte Universalisierung ist zu fragen, wie sich die Melodie der ignatianischen Spiritualität in die Polyphonie zeitgenössischer Spiritualitäten einbringt.

---

[1] Exerzitienbuch 22.

Auf der Grundlage der ignatianischen Spiritualität gehen wir *andererseits* von der spezifischen Norm der ehelosen Keuschheit im Sinne der ignatianischen Konstitutionen aus. Und auch hier wird zu fragen sein: Ist dieser Aspekt der evangelischen Räte ein kaum verständlicher, möglicherweise keineswegs „ratsamer" Weg in der Vielfalt heutiger Sexualitäten, auch innerhalb von Christentum und Kirche, und besonders vor dem bedrückenden Hintergrund sexualisierter Gewalt auch innerhalb von Kirche und Ordensgemeinschaften? Oder lassen sich von der Besonderheit des Ordenschristentums Linien zu einer allgemeinen Anthropologie ausziehen? Für beide Erweiterungen gilt die sprachphilosophische Faustregel, dass sich Intension und Extension eines Begriffs umgekehrt proportional verhalten: Wenn Spiritualität, wenn Keuschheit relativ weit gefasst werden, dann um den Preis einer begrifflichen Klarheit und Genauigkeit, die dem engen Begriffshorizont eigen sind. Umgekehrt gilt: Wenn Spiritualität innerhalb der Grenzen eines Ordens definiert, womöglich noch von den „Fachleuten" für Spiritualität, dann droht in Vergessenheit zu geraten, dass Spiritualität keineswegs nur Modewort, sondern Zeichen der Zeit[2], d. h. eines großen gesellschaftlichen und kulturellen Diskurses ist. Wenn andererseits das einzelne Ordensmitglied isoliert, allenfalls vor dem Hintergrund der Gruppennorm herausfindet, was es in Sachen Keuschheit zu tun (und vor allem: zu lassen!) hat, so ist das nach außen kaum anschlussfähig, auch nicht für den „guten Christen" des Exerzitienbüchleins. Die Selbst-Stilisierung der Ordensgelübde als eschatologische Zeichen – so richtig sie in anderer Hinsicht sein mag! – hilft nicht hinweg über dieses Kommunikationshindernis. Beginnen wir also beim Speziellen, nämlich der Keuschheitsnorm in den ignatianischen Satzungen, exemplarisch gezeigt an einem recht extremen, aber durch Jahrhunderte gängigen Vorbild der Jugend, nämlich Aloisius von Gonzaga.

I. Keuschheit in den Satzungen der Gesellschaft Jesu

Ignatius schreibt in den Konstitutionen lapidar:

> „Und weil das, was das Gelübde der Keuschheit betrifft, keine Deutung fordert, da feststeht, wie vollkommen sie beobachtet werden muss, indem man sich bemüht, in ihr durch die Unbeflecktheit des Leibes und Geistes die Reinheit der Engel nach-

---

[2] *Sudbrack, Josef*, Spiritualität – Modewort oder Zeichen der Zeit?, in: Geist und Leben 71 (1998) 198–211.

zuahmen, soll, dies vorausgesetzt, vom heiligen Gehorsam die Rede sein."[3]

Dieser Satz steht nicht in einem eigenen Abschnitt über das Gelübde der ehelosen Keuschheit, sondern als Nebenbemerkung im Kontext des Gehorsamsgelübdes. Will Ignatius die Erläuterung des Gemeinten eher abschließen als eröffnen? Umso wichtiger ist es, gerade in unserem Kontext, die einzelnen Konzepte zu erfassen: *castidad* (Keuschheit), *perfectamente* (vollkommen), *limpieza* (Sauberkeit, Unbeflecktheit), *puridad* (Reinheit, Lauterkeit). Neueren Kommentatoren der Konstitutionen[4] ist nicht entgangen, dass Ignatius begrifflich zwischen *limpieza* und *puridad* unterscheidet. *Limpieza del cuerpo* heißt schlicht körperliche Sauberkeit und kann metaphorisch auch auf den Geist bezogen werden. Reinheit (puridad) meint demgegenüber die Lauterkeit und Einfachheit des Engels, die

> „keine negative Qualität in dem Sinne ist, dass der Engel in sexuellen Dingen eine Niete gezogen hat, weil er keinen Leib hat. Vielmehr geht es um eine sehr positive und vollständige Bezogenheit auf das Gute. Das ganze Wesen des Engels ist auf Gott hin orientiert und auf seinen Dienst [...] Für den, der einen Leib hat, bedeutet das Bestreben, die Reinheit der Engel nachzuahmen [...] nicht, Leidenschaften zu unterdrücken oder nicht zu fühlen, sondern von etwas anderem so erfasst zu sein, dass die Leidenschaften ganz sekundär werden und bisweilen wegen der Intensität der Aufgabe nicht einmal auftreten. [...] Wenn Nadal zum Schutzengel der Gesellschaft Jesu betet, dann deshalb, weil er die Gnade des Eifers für die Seele erlangen möchte, eine Neigung dazu, dem Nächsten zu helfen. Denn darum

---

[3] „Y porque lo que toca al voto de castidad no pide interpretación, constando quán perfectamente deba guardarse, procurando imitar en ella la puridad angélica con la limpieza del cuerpo y mente, esto presupuesto, se dirá de la santa obediencia" (Konstitutionen 547): *Iparraguirre, Ignacio, Dalmases, Candido de* (Hrsg.), San Ignacio de Loyola: Obras Completas, Madrid [4]1982.

[4] *Conwell, Joseph F.*, Living and dying in the Society of Jesus or endeavoring to imitate angelic purity, in: Studies in the Spirituality of Jesuits 12 (1980) 1–63, *Hollweck, Thomas*, El voto de castidad en la Compañía de Jesús. Con especial consideración del Decreto octavo de la Congregación General 34 (1995), Bilbao Santander 2001. Ribadeneira berichtet das folgende Ignatiuszitat: „Die von der Gesellschaft müssen gegenüber den Nächsten, mit denen sie umgehen, in zwei Dingen sein wie die Schutzengel gegenüber denen, die ihnen anvertraut worden sind: das eine, indem sie ihnen für ihr Heil helfen, sosehr sie können; das andere, dass sie nicht verwirrt werden und den Frieden nicht verlieren, wenn sie getan haben, was an ihnen liegt, und die anderen keinen Nutzen ziehen" (Gründungstexte der Gesellschaft Jesu, übersetzt von *Peter Knauer*, Würzburg 1998, 739 FN 2).

geht es ja bei dem, was ein Engel ist: Er ist derjenige, der immer in Kontemplation vor dem Thron Gottes steht und jederzeit bereit ist, dorthin zu gehen, wohin Gott ihn senden will."[5]

Ignatius hatte sein ganzes Leben lang, also nicht nur in seiner bewegten Jugend, unverkrampfte Beziehungen zu Frauen. Das Gelübde der Keuschheit bedeutet für ihn weder das Aufhören sexueller Anziehung noch eine Distanznahme Frauen gegenüber[6].

Der Begriff der Reinheit, den die Tradition der Ordensspiritualitäten unbefangen im Zusammenhang mit der Keuschheit verwendet, erscheint uns problematisch, muss geklärt, kann vielleicht neu entdeckt werden. Sowohl bei der Keuschheit als auch bei der Reinheit kam es unter dem Einfluss der christlichen Askese zu einer Einengung auf das Sexuelle. „Keusch" (klug, besonnen, schamhaft, sanftmütig) ist vom lat. *conscius* abgeleitet, wurde jedoch immer weniger als Bewusstheit einer Haltung verstanden und stattdessen als Asexualität aufgefasst. Ähnlich Reinheit/Puritas. Hatte Thomas von Aquin noch unterschieden zwischen Reinheit der Beschauung oder Betrachtung, Reinheit der Vernunfterkenntnis, natürlicher vs. gnadenhafter Reinheit, schließlich jungfräulicher Reinheit, so wurde auch dieser Begriff zunehmend „sexualisiert", im wahrsten Sinne des Wortes durch Moral *kontaminiert*:

> „Im Kontext einer Vergeistigung der Reinheitsvorstellung wird jedoch das Körperliche selbst, die Sexualität schlechthin als ‚unrein' gedacht (und dem Weiblichen zugewiesen). Der Leib und seine Bedürfnisse (vor allem die gefährliche Geschlechtlichkeit, die das Individuum der Gemeinschaft entzieht) gelten als ‚kontaminierend' für das Ideal eines entleibten Geistes."[7]

Das Befleckungs-Symbol wurde benutzt, um die Schulderfahrung zu deuten.[8]

---

[5] *Conwell, Joseph F.*, Living and dying in the Society of Jesus or endeavoring to imitate angelic purity, in: Studies in the Spirituality of Jesuits 12 (1980) 1–63, 9.

[6] *Barry, William A., Doherty, Robert G.*, Contemplatives in action: the Jesuit way, New York 2002, 70: „Throughout his life he maintained close relations with women. He gave spiritual direction to women as well as to men. Some women were benefactors who sustained and housed him in his pilgrim years and with whom he corresponded relatively frequently after he became general superior. And some women were close friends, as his letters to them testify. Whatever one makes of the words of the *Constitutions*, it is clear that for Ignatius the practice of the vow of chastity did not mean the cessation of sexual attraction nor require a physical distancing from women".

[7] *Braun, Christina von*, Zum Begriff der Reinheit, in: Metis. Zeitschrift für historische Frauenforschung und feministische Praxis (1977) 7–25, 18.

[8] *Ricoeur, Paul*, La symbolique du mal (Finitude et culpabilité II), Paris 1960.

Angenendt[9] stellt die verwickelte Geschichte der *pollutio*, der Befleckung als Kulthindernis, und ihre Auswirkungen auf die christliche Askese und Sexualmoral dar. „Pollutio" wurde zunächst äußerlich-körperlich verstanden und dann immer stärker ethisiert und spiritualisiert, nicht nur in Israel, sondern auch in Ägypten. Die kultischen Sexualgebote wurden dadurch zur Sexual-Ethik. Max Weber zufolge sind die Beziehungen der Religiosität zur Sexualität „teils bewusst, teils unbewusst, teils direkt, teils indirekt, ganz außerordentlich intime"[10]. Weber beschreibt zunächst den sexuellen Rausch, der „ausgesprochen oder unausgesprochen" zur „erotischen Gottes- oder Heilandsliebe sublimiert werden" könne. Psychoanalytisch inspiriert ist auch Webers Aussage, dass „ein erheblicher Bruchteil gerade der antierotischen mystischen und asketischen Religiositäten eine stellvertretende Befriedigung sexual bedingter physiologischer Bedürfnisse darstellt". Weber unterscheidet zwischen der „lediglich kultischen Keuschheit, also eine zeitweilige Abstinenz der fungierenden Priester oder auch der Kultteilnehmer", und der „charismatischen Keuschheitsaskese der Priester und Religionsvirtuosen". Diese „dauernde Abstinenz" gehe von der Vorstellung aus, dass

> „die Keuschheit als ein höchst außeralltägliches Verhalten teils Symptom von charismatischen, teils Quelle von ekstatischen Qualitäten sei, welche ihrerseits als Mittel magischen Gotteszwangs verwertet werden. Später, speziell im Christentum des Abendlandes, ist dann für das Priesterzölibat wesentlich einerseits die Notwendigkeit, die ethische Leistung der Amtsträger nicht hinter den asketischen Virtuosen (Mönche) zurückstehen zu lassen, andererseits aber das hierarchische Interesse an der Vermeidung des faktischen Erblichwerdens der Pfründe maßgeblich gewesen"[11].

Der neutestamentliche Jesus, vor allem der synoptische, leitet hingegen eine Verinnerlichung der Reinheitsvorstellungen ein, ja: er kritisiert offen die gängigen Reinheitsvorschriften und nimmt buchstäblich Kontakt mit unreinen Kranken, Frauen, Berufsgruppen auf. Die Vorstellung einer unreinen Sexualität ist der jesua-

---

[9] *Angenendt, Arnold*, ‚Mit reinen Händen'. Das Motiv der kultischen Reinheit in der abendländischen Askese, in: *Georg Jenal* (Hrsg.), Herrschaft, Kirche, Kultur. Beiträge zur Geschichte des Mittelalters. Festschrift für Friedrich Prinz zu seinem 65. Geburtstag, Stuttgart 1993, 245–267.

[10] *Weber, Max*, Wirtschaft und Gesellschaft, Grundriß der verstehenden Soziologie, Tübingen 1921/1980, 362.

[11] *Weber*, Wirtschaft (s. Anm. 10), 363.

nischen Predigt fremd. „Selig, die ein reines Herz haben; denn sie werden Gott schauen“ (Mt 5,8): Das gilt für die Engel und für alle, die seine Predigt mit gläubigem, reinem Herzen aufnehmen.

In nachbiblischer Zeit halten kultische Reinheitsideen auch in der christlichen Liturgie wieder Einzug.

Bei Papst Gregor dem Großen (†604) wird die Spannung zwischen dem religionsgeschichtlichen und dem neutestamentlichen Reinheits-Begriff spürbar, vor allem in den berühmten ‚Responsa Gregorii‘, die er seinen Missionaren in England nachschickte: Wirkliche Befleckung könne nur aus dem Herzen des Menschen aufsteigen; wenn also eine Frau ihre Blutung habe, scheide der Körper nur Überflüssiges aus, und so dürfe ihr weder der Zutritt zur Kirche noch zur Kommunion verwehrt werden, denn ein Naturvorgang könne niemals Schuld bewirken. Wenn weiter die Frau zum Dank für eine glückliche Geburt in die Kirche gehe, sei ihr das wiederum nicht zu verwehren; wenn allerdings die Frau selbst aus Ehrfurcht mit dem Kirchgang zögere, sei das zu loben.[12]

Wie sind Ignatius und die Satzungen der Gesellschaft Jesu in die Spannung zwischen diesen beiden Polen einzuordnen; nämlich auf der einen Seite die neutestamentliche Verinnerlichung von „Reinheit“ und auf der anderen Seite das Wiederaufgreifen des kultischen Reinheitsmotivs durch Kirche und Liturgie, mit der unbestreitbaren Nebenwirkung einer Sexual- und Frauenfeindlichkeit? Zweifellos lässt die lakonische Kürze des einschlägigen Passus der Konstitutionen verschiedene Deutungen zu. Es ist auch denkbar, dass Ignatius die zeitgenössische Vorstellung der Engel als rein geistiger, körperloser und asexueller Wesen teilte. Gleichwohl: explizit spricht er davon nicht im Kontext der *puridad*:

> „Für Ignatius besteht das völlig Klare und Charakteristische dieser Wesen darin, dass sie Gott und den Menschen ohne Gegenleistung (gratuitamente) dienen (nicht in erster Linie ohne Leib!). Ein Engel ist der Prototyp jenes Wesens, das sich um das Erreichen des Zieles sorgt und bemüht, das Ignatius als jedem Menschen und besonders der Gesellschaft Jesu zuschreibt: die Ehre Gottes und der Dienst am Nächsten.“[13]

---

[12] *Angenendt*, ‚Mit reinen Händen‘ (s. Anm. 9).

[13] *Hollweck*, El voto de castidad (s. Anm. 4), 60.

II. Aloisius Gonzaga SJ: der „engelgleiche" Jüngling

Aloisius stammt aus dem Hochadel, mit engen Verbindungen zu den in Spanien regierenden Habsburgern. Die Familientradition will, dass der ersehnte und nach einer schwierigen Geburt geradezu herbeigebetete älteste Sohn seinem Vater als Markgraf von Castiglione nachfolgt. Gegen dessen Widerstand wird er Jesuit und stirbt erst 23jährig in Rom. Einige Daten seines kurzen Lebens sind der folgenden Tabelle zu entnehmen.

- 9.3.1568: Risikogeburt des künftigen Markgrafen von Castiglione
- 1572 zündet er eine Kanone und schnappt die deftigen Wörter der Soldaten auf
- 25.3.1578 Florenz: Gelübde der Keuschheit. Fasten, Bußübungen, Sakramente
- 1581–83 reist mit Eltern, dem Bruder Rodolfo und seiner Schwester Isabelle an den spanischen Hof
- 2.11.1585 Verzicht auf die Markgrafenschaft nach Erlaubnis von Vater und Kaiser
- 25.11.1585 Eintritt ins Noviziat nach Audienzen bei Papst Sixtus V. und P. Aquaviva
- Tod des Vaters
- wegen schwacher Gesundheit und extremer Bußübungen zur Erholung nach Neapel
- 3.3.1591 infiziert sich im Spital bei der Pflege eines (Typhus?-) Kranken
- 21.6.1591 Tod.

Eine neuere Biografie des hl. Aloisius steht noch aus. Zwar gibt es zaghafte Versuche der Aktualisierung[14], aber vielleicht ist die Zeit noch nicht reif, um seiner Gestalt aus heutiger Sicht gerecht zu werden. Immerhin bietet die klassische Lebensbeschreibung[15] eine Fülle von Details, so bezüglich des Aufenthalts des Vierjährigen mit dem Vater im Heerlager von Casale. Aloisius wurde dazu in eine Uniform gesteckt, liebte es, mit Gewehren und Kanonen herumzufuchteln und zu zündeln und interessierte sich für die

---

[14] *Giachi, Gualberto*, Lettere e scritti di Luigi Gonzaga, Roma 1990; *Ferri, Edgarda*, Luigi Gonzaga, Torino 1991; *Stevens, Clifford*, A new look at St. Aloysius Gonzaga, in: Homiletic and pastoral review 95 (1995) 62; *Martin, James*, Three Jesuit heroes: Three ways of being yourself: Gonzaga, Brebeuf, Hurtado and what their lives say to us, o.O. 2008; *Giachi, Gualberto*, Gonzaga, Luis (Luigi, Aluigi), in: Diccionario histórico de la compañía de Jesús. Biográfico-temático (2001) 1779f.

[15] *Cepari, Virgil, Schröder, Friedrich*, Das Leben des hl. Aloysius Gonzaga aus der Gesellschaft Jesu: Nach der ältesten italienischen Biographie des P. Virgilio Cepari, Einsiedeln, Waldshut 1606/1891.

lockeren Reden der Soldaten. Er scheint ihr Liebling gewesen zu sein: Als er einmal eine Kanone abfeuerte und vom Vater zur Rede gestellt wurde, verhinderten die Soldaten die Bestrafung ihres kleinen Markgrafen. Abgesehen von derartigen zu einem Lausbub passenden Anklängen betont die offizielle Hagiografie seine körperliche Schwäche und Anfälligkeit für Krankheiten sowie seine frühe Neigung zu Gebet, sich steigernden Bußübungen noch im Sterbezimmer und zur frühen Distanz Frauen gegenüber:

> „Aber mehr als alles andere mied er, so lange er lebte, immer und überall Gespräche und überhaupt Verkehr mit Frauen. Er wich ihnen, wo er nur konnte, aus, so dass man hätte meinen können, er habe eine natürliche Abneigung gegen sie. Wenn ihm die Markgräfin in Castiglione eine ihrer Kammerfrauen mit irgendeinem Auftrage schickte, so begab er sich sofort an die Türe seines Zimmers, ohne sie eintreten zu lassen; hörte sie mit niedergeschlagenen Augen an und verabschiedete sie, nachdem er ihr geantwortet, ohne die Augen erhoben zu haben. Ja nicht einmal mit seiner Mutter unterhielt er sich gern allein. Wenn er daher im Saale oder im Zimmer mit ihr sprach, und sich die andern entfernt hatten, so entfernte auch er sich unter irgendeinem Vorwande. War das nicht möglich, so sah man, wie eine sanfte Röte sein Antlitz überzog“.[16]

Bis zum Ende seines Lebens wird die Mutter seine wichtigste Bezugsperson bleiben, übertroffen nur von der großen Mutter Maria:

> „[...] und es kam ihm der Gedanke, nichts könne der heiligen Himmelskönigin angenehmer und wohlgefälliger sein, als wenn er, um ihre Reinigkeit (purità) möglichst nachzuahmen, ihr seine Jungfräulichkeit (virginità) durch ein Gelübde feierlich aufopferte. So legte er denn, als er einst wieder der Kirche Mariä Verkündigung [...] betete, ihr zu Ehren Gott das Gelübde ewiger Jungfräulichkeit ab. Und er bewahrte dieselbe während seines ganzen Lebens so rein, so unversehrt, dass man nicht daran zweifeln kann, Gott habe mit Wohlgefallen auf dieses Opfer herabgeschaut, und Maria habe ihn ihrerseits unter ihren besonderen mütterlichen Schutz genommen“.[17]

Der Biograf diskutiert sodann, wie die Zeitgenossen das kindliche Gelübde und dessen Konsequenzen auffassten, und er urteilt folgendermaßen:

---

[16] Ebd., 20f.

[17] Ebd., 19.

„Man muß also diese heilige Gefühllosigkeit (insensibilità) des Leibes und diese Reinheit (purità) der Seele beim hl. Aloysius nicht etwa einem kalten, unempfänglichen Naturell (frigidità o stupidità di natura) zuschreiben, da er ein feuriges Temperament hatte und äußerst geweckt war".[18]

Schon früh bündelten sich in der Aloisius-Hagiografie die Motive Engel – Reinheit – Keuschheit. Die „Angelisation" Aloisius Gonzagas[19] stützt sich auf einschlägige Texte des Heiligen über Engel[20], auf kindlich wirkende Jugendlichkeit in der Ikonografie, auf populäre Traktatliteratur und auf eine Andachtskultur, die vom Jesuitenorden gefördert wurde. Hervorgehoben wird die Verbindung von asexueller „Unschuld" im Kontrast zur übersexualisierten Umwelt des höfischen Lebens und die „Bußfertigkeit". Den Betern wird der erste Aspekt als Vorbild aus Kontrast vor Augen gestellt, der zweite als Weg dorthin, mit dem sie sich identifizieren sollen:

„O Gott! Ein Ausspender deren himmlischen Gaben, der di in dem englischen Jüngling Aloysio eine verwunderliche Unschuld des Lebens mit gleichmässiger Bußfertigkeit vereinbaret hast, verleyhe uns durch seine Verdiensten und Fürbitt: daß die wir ihm, in seiner Unschuld nicht nachgefolgt seynd, in seiner Buß ihm nachfolgen mögen. […] O Jesu, du Sohn der allerreinesten Jungfrauen, und Bräutigam keuscher Seelen, der du den h. Aloysium, in der Blüh seines Alters, von denen Wollüsten dieser Welt, zu deiner Gesellschaft berufen, um dir, in englischer Reinigkeit, desto ungehinderter, dienen zu können:

Pop. Verleyhe uns, durch dessen kräftige Fürsprach, die sonderbare Gnad,

Sac. Daß wir eine standmässige Keuschheit bewahren, und nach unterdrucktem muthwilligen Fleisch, unsere Herzen dir zur angenehmen Wohnung, einweihen mögen.

Pop. Amen."[21]

„Standmäßige Keuschheit" kann sich einerseits auf Mitglieder des Jesuitenordens beziehen, die auf die Fürsprache des hl. Aloisus um die Gnade bitten, ihre Gelübde zu halten. Derselbe Terminus kann

---

18 Ebd., 20.

19 *Johnson, Trevor*, Guardian angels and the Society of Jesus, in: *Alexandra Walsham* (Hrsg.), Angels in the early modern world, Cambridge 2006, 191–213.

20 *Giachi, Gualberto*, Lettere (s. Anm. 14).

21 *Mattei, Pasquale*, Der englische Jüngling Aloysius Gonzaga. Zu einem Vorbild eines Heiligen Lebens vorgestellt durch etliche geistliche Übungen. Zu dessen Verehrung: auf 6 Sonntäg eingerichtet, von einem der Gesellschaft Jesu; erstlich in welscher, anjetzo aus d. lat. Sprach in die Teutsche übersetzt, Düsseldorf nach 1740, 13f.

andererseits für eine gewisse Universalisierung stehen, m. a. W.: für eine Übertragung des mehr oder minder unerreichbaren „englischen“ Ideals auf die jeweilige konkrete Lebenssituation. Auch das einschlägige Liedgut hat „kaum ein Interesse an der Person des Heiligen“, es dient vielmehr dazu, am Beispiel eines „aktuellen“ Heiligen „den Gläubigen die Verhaltensforderungen der Kirche mitzuteilen“[22], indem sein Leben auf den Aspekt der Keuschheit und reduziert wird. In Wort und Bild kam es durch die hagiografische Stilisierung als Patron der Jugend zu einer Vernachlässigung seiner männlich-engagierten Züge zu Gunsten der Motive Puer æternus – Reinheit – Engelsgleichheit. Die Ikonografie zeigt ihn mit Lilie, zu Boden fallender Krone, Totenschädel, als blassen Jüngling, daneben auch als Edelmann, seltener als Krankenträger und Vor-Bild im Engagement. Giachis Resumé aus heutiger Sicht:

> „Das Leben des Aloisius Gonzaga ist eine Botschaft voller Werte des Evangeliums. Mit dem Verzicht auf die Familien-Privilegien wies er die weltlichen Werte zurück und öffnete sich einer intensiven und kohärenten Glaubenspraxis, mit sozialem Engagement und Liebe, bis zur heiteren Hingabe des eigenen Lebens. In einer sich wandelnden Welt ist er ein Modell authentischen Christentums“.[23]

III. Ist eine Verallgemeinerung möglich?

Anlässlich des 500. Todestages des hl. Aloisius rief Papst Johannes Paul II. den Jugendlichen zu, Mut zur Reinheit des Herzens zu haben: „Abbiate il coraggio del cuore puro!“. Ein reines und keusches Herz, so der Papst, solle den jungen Menschen davor bewahren, sich selbst, die anderen und die Umwelt als Besitz- und Konsumobjekte zu gebrauchen[24]. In der Tradition der Aloisius-Verehrung

---

[22] Ein Beispiel aus dem 18. Jahrhundert: „Jesu Gesellschaft sich erfreuet, Da ein Engel ist ihr Sohn, Zu großem Lob ihr dies gedienet, Richtet schon für ihn die Kron, Nachdem er in ihrem Orden Sich ganz Jesu beigesellt, Auch ein Engel er geworden, Heilig und ein Tugendheld“ (*Moser, Dietz-Rüdiger*, Verkündigung durch Volksgesang: Studien zur Liedpropaganda und -katechese der Gegenreformation, Berlin 1981, 208).

[23] *Giachi*, Lettere (s. Anm. 14), vgl.: „Das Geschlechtliche an sich war sündig. Dafür stand Aloisius von Gonzaga, dessen Heiligkeit für uns nicht zuletzt darauf beruhte, dem italienischen Hofleben so gründlich entsagt zu haben, dass er bereits mit zehn Jahren das Gelübde der Keuschheit abgelegt hatte. Er war nicht nur der Namenspatron des Kollegs, sondern wachte auch als Marmorfigur in der Eingangshalle über die Einhaltung jener Regeln, die uns bei den Einkehrtagen, den sogenannten Exerzitien, gründlich eingeflößt worden waren“ (Anonymus, „Aus dem Aloisiuskolleg“ 2010).

[24] „un cuore casto, che guidi il giovane a rifiutare di usare se stesso, gli altri e il mondo

versuchte der Papst nicht, möglichst viele Jugendliche zum Eintritt in einen Orden zu bewegen, sondern die Aktualität und die Universalisierbarkeit der Aloisianischen Werte zu betonen. Gleichwohl: Der hl. Aloisius als Vorbild und Modell ist spätestens seit dem II. Weltkrieg „abgegriffen“[25]. Die barocke Hagiografie hat aus Aloisius einen betenden, büßenden, studierenden blutleeren Jüngling gemacht, fast eine Puppe. Um die Vitalität dieses Heiligen wieder zu entdecken, reicht es nicht, seinen Protest (gegen die väterliche Wertwelt, gegen Macht, Reichtum und oberflächliche Sexualisierung) herauszustreichen. Vielmehr geht es um das weit Schwierigere: den Individuationsweg dieses früh Verstorbenen nachzuvollziehen. Im Unterschied zum hagiografischen Klischee der insensiblità zeichnet sich Aloisius eine starke, reiche und sensible Persönlichkeit aus, was vor allem die Zeitzeugen bestätigen, die ihn als aufmerksamen und heiteren Krankenpfleger erlebt haben.[26] Um den wahren Kern hinter der hagiografischen Verzeichnung herauszuschälen, sind zwei Extreme zu diskutieren, einmal die eben erwähnte insensibilità und zum anderen den „excess in purification“[27].

Insensibilità

Die traditionelle Aloisius-Biografie hebt hervor, der Heilige habe „während seines ganzen Lebens auch nicht ein einziges Mal irgendwie den Stachel oder die geringste Regung des Fleisches empfunden, noch auch irgend einen unreinen Gedanken oder eine Vorstellung gehabt“[28]. Was weiß dieser Heilige von den permanenten Provokationen und Stimulationen, die auf einen heutigen Jugendlichen einstürmen?[29] Psychoanalytisch gesprochen, wurde mit dem hagiografierten Aloisius der Typos eines ewigen Latenzzeitkindes geschaffen, der das ödipale Zündeln und Rivalisieren mit dem Vater hinter sich gelassen hat und sich durch zwanghaftes Festhalten an der Kindheit des Leibes und der Seele weigert, in die Pubertät zu kommen, durch Selbstkasteiung, Intellektualisierung, religiöse Schwärmerei. Jungianisch gesprochen: ein mutterfixierter Puer æternus, der jede Festlegung vermeidet, die Groß-

circostante come oggetti da possedere e consumare“ (Acta Apostolicae Sedis 84 [1992] 316).

[25] „logoro“, *Scurani, Alessandro*, Luigi Gonzaga, un santo da riscoprire, in: Civiltà cattolica 142 (1991) 152–159.

[26] Ebd., 157.

[27] *James*, Three Jesuit heroes (s. Anm. 14).

[28] *Cepari, Schröder*, Aloysius Gonzaga (s. Anm. 15), 19.

[29] *Scurani*, Gonzaga (s. Anm. 25), 152f.

artigkeit und Altklugkeit des Kindes wahrt und damit auch die unvermeidliche Auseinandersetzung mit Sexualität, Älterwerden, Chance und Krise von Beziehungen.[30] In dem Maße, in dem das Individuum mit dem Puer-Archetyp identifiziert ist, zögert es, sinnvolle, routineartige, mühselige Arbeit auf sich zu nehmen[31]: massive Arbeitsstörungen sind die Folge.

Thomas von Aquin fragt sich, ob die Insensibilitas sündhaft sei. Im Wettstreit der Pro- und Contraargumente setzt sich schließlich ein aristotelischer Gedanke durch: Die Insensibilitas ist der Tugend der Maßhaltung (temperantia) entgegengesetzt und deshalb selbst ein Laster. Nach Thomas lassen sich weder die von der Insensibilitas leiten, die aus gesundheitlichen Gründen oder wegen eines anderen Ziels an Speis und Trank oder sexuell fasten noch die Büßer noch die Gottsucher. Vielmehr entsprechen all diese Dinge der rechten Vernunft (ratio recta, S.th. II–II, q 142,1).

„Excess in purification“

William James bescheinigt dem Katholizismus des 16. Jahrhunderts wenig Sinn für soziale Gerechtigkeit und dafür umso mehr das Streben danach, die eigene Seele zu retten, auch durch die von Aloisius praktizierte „extreme Reinheit“. Neben Aloisius habe es immerhin andere Jesuiten gegeben,

> „[…] besonders Missionare wie Xavier, Brébeuf, Jogues, die objektive Geister waren und sich auf ihre Weise für das Wohlergehen der Welt einsetzten; ihr Leben ist auch für uns heute noch inspirierend. Aber wenn der Verstand, wie bei diesem Ludwig, von Anfang an nicht größer als eine Nagelspitze ist und Gottesvorstellungen von entsprechender Kleinheit zugetan, ist das Ergebnis – ohne damit seinen Heroismus in Abrede zu stellen – im ganzen eher abstoßend. Reinheit ist, wenn wir diese Einwände betrachten, *nicht* das eine, das not tut. Es ist besser, wenn ein Leben manchen Schmutz auf sich zieht, als wenn es bei seinen Bemühungen, unbefleckt zu bleiben, jeden Nutzen verliert“[32].

Die Polemik dieses sonst so besonnenen Wissenschaftlers erklärt sich vermutlich durch die Verwechslung zwischen der schwer zu

---

[30] *Franz, Marie-Louise von*, Der ewige Jüngling: der puer aeternus und der kreative Genius im Erwachsenen, München 1987.

[31] *Lavin, Thomas P.*, Puer und Priester: Der ewige Jünglingskomplex, wie er sich im Leben zeitgenössischer römisch-katholischer Priester manifestiert, Innsbruck 1977.

[32] *James, William*, Die Vielfalt religiöser Erfahrung. Eine Studie über die menschliche Natur (The varieties of religious experience. A study in human nature, dt.), Frankfurt a.M., Leipzig 1902/1997, 361.

fassenden historischen Gestalt des Aloisius von Gonzaga und dessen hagiografischer (Ver-)Zeichnung. Für letztere ist ein in Kirche und Spiritualität weit verbreiteter „Reinheitskomplex" charakteristisch, der sich folgendermaßen charakterisieren lässt:

> „Im Unterschied zum Zwangsneurotiker, der mit meist stark libidinösen und analaggressiven Regungen intensiv kämpft, ohne sie einigermaßen in sein Ich integrieren zu können, regrediert der ‚Reine' auf eine primär narzisstische Entwicklungsstufe. Er flieht sowohl vor der Analität als auch vor den ödipalen homo- und heterosexuellen Triebbedürfnissen. [...] Reinheit lässt sich somit als narzisstisches Ideal von Allmacht und absoluter Souveränität definieren, aus dem die Triebdimension völlig ausgeschlossen wird. [...] Im Unterschied zu dieser *absoluten* Reinheit, die sich als narzisstisches Ideal manifestiert, ist die *relative* Reinheit, die sich aus Über-Ich-Forderungen herleitet, mit analen und ödipalen Triebwünschen verbunden und daher der ‚Realitätsprüfung' weniger entfremdet. Die absolute Reinheit wird dadurch ‚triebleer' und die ihr entsprechende Heiligkeit versteht sich im spiritualistischen Sinn als Verweigerung aller körperlichen Bedürfnisse und Triebwünsche. Das damit verbundene ‚Sich-zum-Ideal-der-Reinheit-Erheben' schließt also eine totale Abkehr von der Realität, der inneren triebhaften und der äußeren materiellen, eine massive Entwertung der ‚irdischen' Wirklichkeit, ein. Denn reinigen heißt hier entmaterialisieren, vergeistigen."[33]

Christa Rohde-Dachser[34] hat den Elite-Gedanken innerhalb der traditionellen katholischen Sexualerziehung hervorgehoben. Die Triebhaftigkeit wird nicht als normales Anthropinon, sondern als gewöhnlich, weniger nah am Ideal, charakterisiert. So lässt sich auch die im Barock noch mögliche, aber heute kritisch hinterfragte Nutzung des Aloisius-Vorbildes verstehen.

Die einseitige Idealisierung des Puer-Archetyps in der christlichen Spiritualität, besonders in der Spiritualität des kirchlichen Amtes, führt zur Abspaltung der erdhaften, triebhaften, leiblichen Seite der eigenen Sexualität und droht damit, in den griesgrämigen, frustrierten, verarmten Senex zu kippen:

---

[33] *Kirchmayr, Alfred*, Menschenverachtung um Gottes Willen. Über Menschenverfolgung in Gottes Namen, in: *Rotraud A. Perner* (Hrsg.), Menschenjagd. Vom Recht auf Strafverfolgung, Wien 1992, 85–114, 107.

[34] *Rohde-Dachser, Christa*, Die Sexualerziehung Jugendlicher in katholischen Kleinschriften, München 1968.

„Nur dann, wenn der Priester, in welchem der Puerkomplex konstelliert ist, die negativen Aspekte seines Komplexes erfasst und danach strebt, etwas dagegen zu unternehmen, wird er fähig sein, die positiven Eigenschaften des Senex, die seinem Beruf zugeschrieben werden, zu schätzen und zu integrieren. Wenn der Priester fähig ist, durch das einigende Symbol Christi, der sowohl Puer wie Senex ist, und durch eine positive Beziehung zu seiner eigenen Anima den Senex und den Puer in sich selbst zu vereinigen, wird er persönlich den Ehrentitel ‚Vater‘ verdient haben, mit dem er in so vielen Sprachen angeredet wird“.[35]

Spiritualitäten

Der Begriff „Spiritualität“ hat inzwischen Karriere gemacht, besonders in den Gesundheitswissenschaften.[36] Wurde er früher im Singular der einzelnen Gruppe gebraucht, vor allem der benediktinischen, franziskanischen, ignatianischen … Ordensgemeinschaft, so stehen wir heute vor einem kaum überschaubaren Plural von Spiritualitäten, die sich auch außerhalb traditioneller Religiosität entwickeln. Inwieweit ist nun eine spezifische Spiritualität, etwa die ignatianische, von der Aloisius Gonzaga geprägt wurde, anschlussfähig für die plurale spirituelle Suche heutiger Menschen? Die klassische Antwort lautete: Der Ordensstand ist der „vollkommenere“, was noch im Titel des Konzilsdekretes „Perfectæ Caritatis“ über die zeitgemäße Erneuerung des Ordenslebens anklingt; dieses eschatologischen Zeichens hat seine Bedeutung als Kontrast zu anderen Lebensentwürfen, gerade in der säkularisierten Welt.[37]

Die allgemeine Skepsis gegenüber einer so begründeten Ordensspiritualität ist durch das Bekanntwerden von sexualisierter Gewalt, die durch Ordensleute ausgeübt wird, nicht gerade geringer geworden. Eine heutige Diskussion um das Besondere und das Verallgemeinerungsfähige einer Ordensspiritualität fragt deshalb

[35] *Lavin*, Puer und Priester (s. Anm. 31), 277.

[36] *Grom, Bernhard*, Spiritualität – die Karriere eines Begriffs. Eine religionspsychologische Perspektive, in: *Eckhard Frick, Traugott Roser* (Hrsg.), Spiritualität und Medizin. Gemeinsame Sorge für den kranken Menschen, Stuttgart 2009, 12–17.

[37] Zur Keuschheit: „Cor enim hominis singulari modo liberat […], ut magis accendatur caritate erga Deum et homines universos, ideoque est peculiare signum bonorum cælestium“ (PC 12), vgl.: „Evangelicorum proinde consiliorum professio tamquam signum apparet, quod omnia Ecclesiæ membra ad officia vocationis christianæ impigre adimplenda efficaciter attrahere potest ac debet“ (LG 44). Zur Zerstörung des Bezugs zum Heiligen bei Traumatisierten vgl. *Pargament, Kenneth I., Murray-Swank, Nichole A., Mahoney, Annette,* Problem and solution: The spiritual dimension of clergy sexual abuse and its impact on survivors, in: Journal of Child Sexual Abuse 17 (2008) 397–420.

weniger nach der Vollkommenheit als nach dem bewussten, „keuschen“ Umgang mit dem Schatten, weniger nach dem geschlossenen Modell als nach dem Prozess der spirituellen Suche. In Bezug auf die evangelischen Räte wird gefragt, ob ein derartiger Lebensentwurf scheitern muss oder glücken kann.[38]

IV. Schluss: Qui veut faire l'ange …

… fait la bête (wer den Engel [nach-]machen wird, kommt schließlich beim Gegenteil, beim Tier an[39]). Das Problem der „absoluten Reinheit“ besteht im ausgeblendeten Schatten, oder aber in der fehlenden Bodenhaftung, die oft nur um den Preis der Spaltung aufrecht erhalten werden können, z. B. der Spaltung des Frauenbildes zwischen der Hure und der Heiligen oder der Spaltung zwischen klerikaler Persona und Dauerkunde im Bordell oder der Puer-/Senex-Spaltung: *qui veut faire l'ange fait la bête* heißt also auch: Unbewusstwerden und Unkeuschwerden, meist auf Kosten der Schwächeren, die Reinheit der Ausrichtung auf Gott und den Menschen verlieren, thomanisch gesprochen, aus der *ratio recta* herausfallen.

Die Fälle von sexualisierter Gewalt in pädagogischen Institutionen, auch in Jesuitenschulen, zeigen, dass authentische Reinheit heute mehr denn je gebraucht wird, eine dienstbereite Reinheit, wie sie Aloisius besaß, die aber im traditionellen Aloisius-Bild nicht gerade im Vordergrund stand.

Authentische, keusche Reinheit ist auch bewusste und vernünftige (nicht: intellektualisierende) Reinheit. Das deutsche „keusch“ ist überall da als Zielformulierung angebracht, wo menschliche Geschlechtlichkeit von der Liebe geordnet wird, sei es in der Ehe, im Ordensleben oder in anderen Lebenssituationen, die alle ihr „Triebschicksal“ haben, wie Freud formulierte. Falls es zutrifft, dass die spirituelle Transzendenzerfahrung und die sexuelle in eine Konkurrenz getreten sind[40], so ist die Verhältnisbestimmung zwischen beiden keineswegs die ausschließliche Kompetenz östlicher Religionen, sondern auch diejenigen der eigenen, jüdisch-christlichen Tradition. Glücklich zu sein heißt für spirituelle Menschen (seien sie nun Ordensleute oder nicht): Intimität zu wagen, offene

---

[38] *Kügler, Hermann*, … ein Leben ohne Sex, Macht und Geld – Kann christliches Ordensleben glücklich machen?, in: *Elmar Schenkel* (Hrsg.), Was für ein Glück? Reflexionen über ein unfassbares Gefühl, Frankfurt a.M. 2010, 19–32.

[39] *Pascal*, Pensées VI, 358.

[40] *Bachmann, Christina*, Religion und Sexualität. Die Sehnsucht nach Transzendenz, Stuttgart, Berlin, Köln 1994.

Freundschaften, sich nicht hinter einer professionellen Fassade zu verstecken.[41] Für den muttergebundenen Puer æternus bedeutet Intimität mit dem Weiblichen, dass er zunächst in Kontakt mit seiner inneren Weiblichkeit kommt.[42]

Keusch, bewusst leben, heißt gerade nicht, dass die Schattenseiten der Sexualität ganz aufgehellt und dadurch kontrollierbar würden. Das wäre wiederum die narzisstische Versuchung der „absoluten" Reinheit. Sowohl „Keuschheit" als auch „Spiritualität", wenn diese Begriffe im spezifischen Sinn kirchlicher Orden verstanden werden, erleben gegenwärtig eine Glaubwürdigkeitskrise – wohl weder die erste noch die letzte ihrer Geschichte. Wenn diese Krise auch Gutes beinhaltet, so die Chance, das wirklich Wesentliche und damit auch das Verallgemeinerbare an einer Spiritualität der Keuschheit (wieder) zu entdecken. „Reinheit" ist ein religiöser Begriff, der die Säkularisierung überdauerte und in vielfältigen sozialen Kontexten die Abgrenzung des Eigenen vom Fremden meint. Das Christentum machte „Reinheit" zum Synonym für Eindeutigkeit, für die Aufhebung jeglicher Ambivalenz[43], gerade in der Gestalt „absoluter Reinheit". Heute sind es gerade die Ambivalenzen, die das Christentum einholen, zur Konfrontation mit der Realität zwingen.

Die „Reinheit der Engel" im Sinne der ignatianischen Spiritualität speziell und einer christlichen, weltfrommen Spiritualität allgemein, ist durchaus relativ, aber keineswegs beliebig: Sie bemüht sich in der jeweiligen Situation um die Lauterkeit des Blickes, wagt es, die Augen gegenüber der Frau, dem Mann und dem Kind zu erheben, der/dem ich begegne, ohne Respekt und Grenze zu verlieren. Diese Lauterkeit vollendet sich in der kontemplativen Reinheit: „Selig, die ein reines Herz haben; denn sie werden Gott schauen" (Mt 5,8).

Der Reinheitskomplex der christlichen Spiritualität wird sich in dem Maß lösen, in dem es gelingt, die Keuschheit als „Helm der Liebe" zu verstehen, wie Luís Espinal SJ betet:

> „Wir wollen damit aufhören,
> unsere Kinder zu überstrenger Keuschheit zu erziehen,
> wenn sie dadurch auch über alles Positive schweigen:
> die Gerechtigkeit, die Liebe, das Gebet.
> Die Unreinheit besetzt schon den ganzen moralischen Horizont,
> so dass es keinen Platz mehr gibt für andere ethische Überlegungen.

---

[0] *Kügler*, … ein Leben ohne Sex (s. Anm. 37).

[42] *Frick, Eckhard, Remmler, Helmut*, Der Priester und die Anima, in: *Eckhard Frick, Roland Huber* (Hrsg.), Die Weise von Liebe und Tod. Psychoanalytische Betrachtungen zu Kreativität, Bindung und Abschied, Göttingen 1998, 49–63.

[43] *Braun*, Reinheit (s. Anm. 7).

Die puritanische Moral kann schädlicher sein als die Pornographie.
Die Sünde des Fleisches ist die oberflächlichste von allen,
schlimmer sind Stolz und Eigensucht:
schwere Sünden, die wir auf fromme Weise schlucken.
Zeige uns, Herr, den wahrhaftigen Wert der Tugenden,
dass wir die Hierarchie der Werte respektieren.
Die Keuschheit hat nur einen Wert,
weil sie der Helm der Liebe ist."[44]

Literatur

Albrecht, Christoph, Den Unterdrückten eine Stimme geben. Das Lebenszeugnis von P. Luis Espinal SJ – Impulse für eine prophetische Kirche in einer ökonomisch globalisierten Apartheidgesellschaft, Luzern 2005.

Angenendt, Arnold, „Mit reinen Händen". Das Motiv der kultischen Reinheit in der abendländischen Askese, in: *Georg Jenal* (Hrsg.), Herrschaft, Kirche, Kultur. Beiträge zur Geschichte des Mittelalters. Festschrift für Friedrich Prinz zu seinem 65. Geburtstag, Stuttgart 1993, 245–267.

Bachmann, Christina, Religion und Sexualität. Die Sehnsucht nach Transzendenz, Stuttgart, Berlin, Köln 1994.

Barry, William A., Doherty, Robert G., Contemplatives in action: the Jesuit way 2004.

Cepari, Virgil, Schröder, Friedrich, Das Leben des hl. Aloysius Gonzaga aus der Gesellschaft Jesu: Nach der ältesten italienischen Biographie des P. Virgilio Cepari, Einsiedeln, Waldshut 1606/1891.

Conwell, Joseph F., Living and dying in the Society of Jesus or endeavoring to imitate angelic purity, in: Studies in the Spirituality of Jesuits 12 (1980) 1–63.

Ferri, Edgarda, Luigi Gonzaga, Torino 1991.

Franz, Marie-Louise von, Der ewige Jüngling: der puer aeternus und der kreative Genius im Erwachsenen, München 1987.

Frick, Eckhard, Remmler, Helmut, Der Priester und die Anima, in: *Roland Huber* (Hrsg.), Die Weise von Liebe und Tod. Psychoanalytische Betrachtungen zu Kreativität, Bindung und Abschied, Göttingen 1998, 49–63.

Giachi, Gualberto, Lettere e scritti di Luigi Gonzaga, Roma 1990.

Ders., Gonzaga, Luis (Luigi, Aluigi), in: Diccionario histórico de la compañía de Jesús. Biográfico-temático (2001) 1779f.

Grom, Bernhard, Spiritualität – die Karriere eines Begriffs. Eine religionspsychologische Perspektive, in: *Eckhard Frick, Traugott Roser* (Hrsg.), Spiritualität und Medizin. Gemeinsame Sorge für den kranken Menschen, Stuttgart ^{2}2011, 12–17.

---

[44] *Albrecht, Christoph*, Den Unterdrückten eine Stimme geben. Das Lebenszeugnis von P. Luis Espinal SJ – Impulse für eine prophetische Kirche in einer ökonomisch globalisierten Apartheidgesellschaft, Luzern 2005, 147.

Hollweck, Thomas, El voto de castidad en la Compañía de Jesús. Con especial consideración del Decreto octavo de la Congregación General 34 (1995), Bilbao, Santander 2001.

Iparraguirre, Ignacio, Dalmases, Candido de (Hrsg.), San Ignacio de Loyola: Obras Completas, Madrid [4]1982.

James, William, Die Vielfalt religiöser Erfahrung. Eine Studie über die menschliche Natur (The varieties of religious experience. A study in human nature, dt.), Frankfurt a.M., Leipzig 1902/1997.

Johnson, Trevor, Guardian angels and the Society of Jesus, in: *Alexandra Walsham* (Hrsg.), Angels in the early modern world, Cambridge 2006, 191–213.

Kirchmayr, Alfred, Menschenverachtung um Gottes Willen. Über Menschenverfolgung in Gottes Namen, in: *Rotraud A. Perner* (Hrsg.), Menschenjagd. Vom Recht auf Strafverfolgung, Wien 1992, 85–114.

Kügler, Hermann, … ein Leben ohne Sex, Macht und Geld – Kann christliches Ordensleben glücklich machen?, in: *Elmar Schenkel* (Hrsg.), Was für ein Glück? Reflexionen über ein unfassbares Gefühl, Frankfurt a.M. 2010, 19–32.

Lavin, Thomas P., Puer und Priester: Der ewige Jünglingskomplex, wie er sich im Leben zeitgenössischer römisch-katholischer Priester manifestiert, Innsbruck 1977.

Martin, James, Three Jesuit heroes: Three ways of being yourself: Gonzaga, Brebeuf, Hurtado and what their lives say to us, o.O. 2008.

Mattei, Pasquale, Der Englische Jüngling Aloysius Gonzaga. Zu einem Vorbild eines Heiligen Lebens vorgestellt durch etliche geistliche Übungen. Zu dessen Verehrung: auf 6 Sonntäg eingerichtet, von einem der Gesellschaft Jesu; erstlich in welscher, anjetzo aus d. lat. Sprach in die Teutsche übersetzt, Düsseldorf nach 1740.

Moser, Dietz-Rüdiger, Verkündigung durch Volksgesang: Studien zur Liedpropaganda und -katechese der Gegenreformation, Berlin 1981.

Pargament, Kenneth I., Murray-Swank, Nichole A., Mahoney, Annette, Problem and solution: The spiritual dimension of clergy sexual abuse and its impact on survivors, in: Journal of Child Sexual Abuse 17 (2008) 397–420.

Ricoeur, Paul, La symbolique du mal (Finitude et culpabilité II), Paris 1960.

Rohde-Dachser, Christa, Die Sexualerziehung Jugendlicher in katholischen Kleinschriften, München 1968.

Scurani, Alessandro, Luigi Gonzaga, un santo da riscoprire, in: Civiltà cattolica 142 (1991) 152–159.

Stevens, Clifford, A new look at St. Aloysius Gonzaga, in: Homiletic and pastoral review 95 (1995) 62.

Sudbrack, Josef, Spiritualität – Modewort oder Zeichen der Zeit?, in: Geist und Leben 71 (1998) 198–211.

Weber, Max, Wirtschaft und Gesellschaft, Grundriß der verstehenden Soziologie, Tübingen 1921/1980.

3.
Alte Probleme und neue Herausforderungen

Moral ohne Recht – Recht ohne Moral?

Über die Freiheitsordnung in Staat und Kirche

von Sabine Demel

Was – es gibt keine direkte Strafbestimmung zu Pädophilie im Gesetzbuch der katholischen Kirche? Nur in einer Regelung ist sie miterfasst? Und diese bezieht sich nur auf Kleriker, aber nicht auf Laien, und sieht nur „gerechte Strafen" vor, ohne ein konkretes Strafmaß zu benennen? In der Tat, die katholische Kirche hat in ihrem Gesetzbuch die Straftat der Pädophilie, der sexuellen Gewalt gegenüber Minderjährigen und Schutzbefohlenen, nur mit einer einzigen und dazu noch sehr indirekt und verklausuliert formulierten Strafregelung bedacht:

> „Ein Kleriker, der sich auf andere Weise [sc. als durch ein eheähnliches Verhältnis] gegen das sechste Gebot des Dekalogs verfehlt hat, soll, wenn nämlich er die Straftat mit Gewalt, durch Drohungen, öffentlich oder an einem Minderjährigen unter sechzehn Jahren begangen hat, mit gerechten Strafen belegt werden, gegebenenfalls die Entlassung aus dem Klerikerstand nicht ausgenommen" (c.1395 § 2 CIC/1983).[1]

Nicht das Opfer ist hier im Blick, sondern die Verfehlung des Klerikers gegen eine seiner Standespflichten. Dass es sich um sexuelle Gewalt, um Verletzung der sexuellen Selbstbestimmung, handelt, die dazu noch an Minderjährigen verübt wird, ist sekundär; primär ist der Verstoß „gegen das sechste Gebot des Dekalogs", näherhin die Verletzung der Zölibatspflicht. Verletztes Rechtsgut ist nicht – wie im deutschen Strafrecht (§ 176 und § 182 Strafgesetzbuch) – die sexuelle Selbstbestimmung des Opfers, sondern die klerikale Zölibatspflicht.

[1] Vgl. dazu *Schmitz, Heribert*, Sexueller Missbrauch durch Kleriker nach kanonischem Recht, in: Archiv für katholisches Kirchenrecht 172 (2003) 380–391; *Rees, Wilhelm*, Sexueller Missbrauch von Minderjährigen durch Kleriker. Anmerkungen aus kirchenrechtlicher Sicht, in: ebd., 392–426; *Hierold, Alfred E.*, Pädophilie und Ephebophilie: Rechtsschutz für Opfer und Beschuldigte, in: *Ludger Müller* u. a. (Hrsg.), „Strafrecht" in einer Kirche der Liebe. Notwendigkeit oder Widerspruch?, Münster 2005, 171–181.

Erst im Gefolge des sogenannten „Missbrauchsskandals“ in der Kirche seit Ende der 1990er Jahre, zunächst in Amerika, dann aber auch in vielen anderen Ländern wie hier in Deutschland, haben der Papst und die Bischöfe die kirchliche Strafbestimmung des c.1395 § 2 CIC um die Opferperspektive ergänzt und detaillierte Vorgaben zum Ermittlungsverfahren des Täters festgelegt. So sind von der Kongregation für die Glaubenslehre 2001 „Normae de gravioribus delictis“, die der Glaubenskongregation vorbehalten sind“[2], erlassen und 2002 von der Deutschen Bischofskonferenz „Zum Vorgehen bei sexuellem Missbrauch Minderjähriger durch Geistliche im Bereich der Deutschen Bischofskonferenz – Leitlinien mit Erläuterungen“[3] verabschiedet worden. Beide Regelwerke sind 2010 nochmals überprüft und im Sinne des Opferschutzes verschärft worden: „Kongregation für die Glaubenslehre, Veränderungen in den Normae de gravioribus delictis, die der Glaubenskongregation vorbehalten sind“[4] und „Leitlinien für den Umgang mit sexuellem Missbrauch Minderjähriger durch Kleriker, Ordensangehörige und andere Mitarbeiterinnen und Mitarbeiter im Bereich der Deutschen Bischofskonferenz“[5].

Für viele Kritikerinnen und Kritiker ist die katholische Kirche beim sexuellen Missbrauch von Kindern und Jugendlichen viel zu spät, viel zu langsam und viel zu zögerlich aktiv geworden, für manche ist sie es größtenteils noch immer. Kann die Kirche sich das leisten? Will sie sich das leisten? Oder muss sie es sich gar leisten? Kann sie darauf vertrauen, will sie darauf vertrauen oder muss sie darauf vertrauen, dass die Straftat der „Pädophilie“ in den Reihen der Kirche auch von der weltlichen Strafrechtsordnung geahndet wird? Kann, will oder muss sie darauf verzichten, neben der weltlichen Strafrechtsordnung auch selbst in ihrer eigenen Rechtsordnung den Straftatbestand der „Pädophilie“ bzw. „sexuellen Gewalt gegenüber Minderjährigen“ zu definieren und mit kirchlichen Strafen zu belegen? Kann, will oder muss sie sich damit begnügen, dass „pädophile“ Straftaten ihrer Mitglieder „nur“ durch die kirchliche Moralordnung zusammen mit der christlichen Gewissenspflicht auf der einen Seite und von der welt-

[2] Zugänglich auf: http://www.vatican.va/roman_curia/congregations/cfaith/documents/rc_con_cfaith_doc_20010518_epistula_graviora %20delicta_lt.html, Stand: 8.2.2011.

[3] Zugänglich auf: http://www.kath.de/dkd/bistum/regensburg/newsdetail.php3?newsid=1518, Stand: 8.2.2011.

[4] In lateinischer und deutscher Fassung zugänglich auf: http://press.catholica.va/news_services/bulletin/news/25863.php?index=25863, Stand: 8.2.2011.

[5] Zugänglich auf: http://www.dbk.de/fileadmin/redaktion/diverse_downloads/presse/2010-132a-Leitlinien.pdf, Stand: 8.2.2011.

lichen Rechtsordnung auf der anderen Seite hinreichend erfasst sind?

Mit diesen Fragen sind wir bei dem Grundsatzthema von Recht und Moral angelangt: Wie moralisch kann, darf oder muss das Recht sein? Und umgekehrt: wie rechtlich kann, darf oder muss die Moral sein? Gilt die Verhältnisbestimmung von Recht und Moral im gesellschaftlichen Bereich auch für den kirchlichen Bereich, also für die christliche Moral und das kirchliche Recht? Was ist das Besondere der kirchenrechtlichen Ordnung, insbesondere bei den Straftaten? Kann, darf oder muss es in irgendeiner Weise Bezug auf das weltliche Recht und seine strafrechtliche Ordnung nehmen?

I. Strafandrohungen als Katalysator für die Frage nach Recht und Moral

Die Frage nach dem Verhältnis von Recht und Moral (= Ethik bzw. Sittlichkeit)

> „spitzt sich immer dann besonders zu, wenn vom Strafrecht die Rede ist. Mag für andere Rechtsgebiete eine weitgehende Unabhängigkeit des Rechts von der Sittlichkeit behauptet werden, so scheitert doch nach einer verbreiteten Auffassung eine solche Trennungsthese mit Notwendigkeit im Feld des Strafrechts. Denn dieses handelt vom staatlichen, strafbewehrten Verbot sittlich verwerflichen Handelns. Die lebhaftesten rechtspolitischen Kontroversen entzünden sich in der Regel an der Frage, ob und in welchem Umfang sittliche Forderungen mit Hilfe des Strafrechts durchgesetzt werden können und dürfen. Die Auseinandersetzungen um den rechtlichen Umgang mit Schwangerschaftskonflikten und die Strafbarkeit des Schwangerschaftsabbruchs bilden dafür ein herausragendes Beispiel“[6] –

in der Gesellschaft wie auch in der Kirche.[7]

Wenn über das Verhältnis von Recht und Moral nachgedacht wird, findet in der Regel keine Differenzierung zwischen Recht und Moral im gesellschaftlich-staatlichen Bereich und Recht und Moral im kirchlichen Bereich statt. In der Tat können die grundlegenden Aspekte über das Verhältnis von Recht und Moral bis

[6] *Huber, Wolfgang*, Gerechtigkeit und Recht. Grundlinien christlicher Rechtsethik, Gütersloh [3]2006, 385.

[7] Vgl. dazu *Demel, Sabine*, Zur Verantwortung berufen. Nagelproben des Laienapostolats, Freiburg i.Br. 2010, 237–322.

auf wenige Ausnahmen auch auf die kirchliche Moral und das kirchliche Recht übertragen werden.

II. Abstecken des Freiheitsrahmens als Gemeinsamkeit

Recht und Moral haben eine große Gemeinsamkeit: den Menschen und seine Freiheit. Gäbe es den Menschen nicht, gäbe es weder Recht noch Moral; denn Recht und Moral gibt es nur, weil sie dem Menschen mit Hilfe von Normen den Rahmen abstecken wollen, innerhalb dessen er sich als Person bzw. in seiner personalen Natur als Freiheitswesen selbst verwirklichen kann und soll. Der Mensch ist also Ursprung wie auch Zielpunkt von beiden.[8] Fragt man an dieser Stelle nach einem ersten unterscheidenden Merkmal von Recht und Moral, so reicht die landläufige Zuordnung der (äußeren) Handlung zum Recht und der (inneren) Gesinnung zur Moral bzw. Sittlichkeit allerdings nicht aus, „um Recht und Sittlichkeit adäquat zu unterscheiden und zugleich ihr gegenseitiges Bezugsverhältnis zu bestimmen“[9].

III. Moral als Voraussetzung für Recht

Von außen und damit von seiner Funktion her betrachtet, ist Recht als „äußerer Regel- und Zwangsmechanismus“ zu charakterisieren. Von der Innenseite her bzw. inhaltlich gesehen, verwirklicht jede Rechtssetzung bestimmte Werte. So verwirklicht die (äußere) Regel „wer tötet, wird bestraft mit [...]“ den Wert Leben. Auch die Verkehrsregelung, bei Rot anzuhalten, dient dem Wert der Lebenserhaltung.[10] Demnach kann man sagen: Während sich Recht in seiner spezifischen Funktion von der Moral unterscheidet, hat es vom Inhalt her mit der Moral die ethische Werterhaltung gemeinsam. Zugespitzt formuliert ist daraus folgende Verhältnisbestimmung von Recht und Moral abzuleiten: Recht

---

[8] Vgl. *Kaufmann, Arthur*, Strafrechtspraxis und sittliche Normen. Zugleich ein Beitrag zu den § § 218ff. StGB n.F., in: Juristische Schulung 18 (1978) 361–367, 363; *Furger, Franz*, Einführung in die Moraltheologie, Darmstadt ^{2}1997, 97–100, 182f.

[9] *Schlund, Robert*, „Du sollst mich erinnern“. Anmerkungen zur Sache des § 218 StGB, in: Erzbistum Freiburg: Informationen. Berichte, Kommentare, Anregungen 10/12 (1985) 150–186, 155f.

[10] Vgl. *Pfordten, Dietmar von der*, Menschliche Interessen als Aufgabe und Grenze des Staates. Wider einen naturalistischen Kult des Körpers in der Abtreibungsfrage, in: Internationale katholische Zeitschrift Communio 21 (1992) 60–69, 64.

bezieht sich immer auf eine ethische Norm, aber nicht jede ethische Norm auf eine rechtliche.

> „Das Recht ist zwar in der Moral enthalten, aber nicht die gesamte Moral im Recht. Nicht jedes sittlich gebotene Verhalten lässt sich mit Hilfe der Rechtsordnung erzwingen. Umgekehrt ist ein Verhalten nicht schon dadurch sittlich legitimiert, dass es durch das staatliche Gesetz nicht verboten oder bestraft wird. Rechtlich nicht geregelt bzw. ‚straffrei' bedeutet nicht ‚sittlich erlaubt'."[11]

Recht setzt also immer Moral voraus, Moral aber nicht Recht. Somit ist Recht immer ein Teil der Moral. Oder anders gesagt: Die Moral ist Richterin über das Recht, nicht aber umgekehrt das Recht unmittelbarer Richter über die Moral. Wird diese Abhängigkeit des Rechts von der Moral geleugnet und somit Recht völlig unabhängig und getrennt von der Moral gesehen, droht die Gefahr eines „unmoralischen" bzw. „unrechten" Rechts.[12]

Damit ist von der inhaltlichen Seite her die wesentliche Beziehung, aber auch Abgrenzung von Recht und Moral umschrieben. Von der funktionalen Seite her kann man folgende Abgrenzungen zwischen Recht und Moral vornehmen:

---

[11] *Reiter, Johannes*, Das Lebensrecht des Ungeborenen und die Grundrechte der Schwangeren, in: *ders.* u. a. (Hrsg.), Herausforderung Schwangerschaftsabbruch. Fakten, Argumente, Perspektiven, Freiburg i.Br. 1992, 70–93, 80; vgl. *Korff, Wilhelm*, Recht. VII. Ethisch, in: Lexikon für Theologie und Kirche 8 (^{3}1999) 876–882, 878–880.

[12] Es ist bisher noch nicht gelungen, allgemeingültige Kriterien für „unmoralisches" bzw. „unrechtes" Recht im Unterschied zu „moralischem" bzw. „rechtem" Recht zu definieren. „Der maßgebliche Grundgedanke lässt sich nur durch Beispielsfälle anschaulich machen. Da die Mindestanforderung an eine Rechtsordnung darin besteht, dass sie den Menschen in seiner Personhaftigkeit achtet, gehören zu den Beispielen Vorschriften, die den Betroffenen einer Behandlung unterwerfen, welche ihm jegliche Selbstbestimmung vorenthält oder entzieht, wie etwa die Aberkennung der Rechts- oder Geschäftsfähigkeit gegenüber bestimmten Rassegruppen der Bevölkerung, Zwangsversuche an Menschen […]. Zu nennen sind auch offensichtliche schwerste Verstöße gegen das Gerechtigkeitsprinzip, insbesondere durch die Eröffnung reiner Willkür im Verfahren gegen Beschuldigte. Auch ist zu denken an Vorschriften, die gegen die Grundsätze humaner Sittlichkeit verstoßen. In diesem Zusammenhang gehören ferner auch etwaige im Gegensatz zu den sozialethischen Mindestanforderungen stehende Vorschriften, welche die Rechtsgenossen im Rechtsverkehr untereinander zu einem gegen Treu und Glauben verstoßenden Verhalten ermächtigen" (*Henkel, Heinrich*, Einführung in die Rechtsphilosophie, München ^{2}1977, 564f.).

IV. Schutz des ethischen Wertes durch Recht – Stärkung des ethischen Wertbewusstseins durch Moral

Recht hat die Aufgabe, den zu einem Rechtsgut erklärten sittlichen Wert durch Normen zu schützen, die Regelungen für den Konfliktfall enthalten und so normabweichendes und für die Gemeinschaft schädliches Verhalten verhindern (z. B.: die Werte Leben, Freiheit, Eigentum, sexuelle Selbstbestimmung). Die Moral dagegen stärkt das Wertbewusstsein, indem sie Antwort auf die Frage gibt, „ob ein bestimmtes Handeln auf dem Hintergrund einer umfassenden Güterlehre richtig oder falsch sei. Ihre Funktion ist es, den Menschen durch normative Aussagen zu helfen, bei ihrem persönlichen sittlichen Entscheid die rechte Wahl zu treffen."[13]

V. Vollkommenheit in den sozialen Beziehungen als rechtliches Ziel – Vollkommenheit in jeder Hinsicht als moralisches Ziel

Die ethische Norm zielt auf die Vollkommenheit des Menschen in jeder Hinsicht, also in Bezug auf sich selbst, auf seine Mit- und Umwelt sowie auf die Transzendenz, die rechtliche Norm nur auf einen Teilaspekt der Vollkommenheit, nämlich auf seine Beziehungen zur Mit- und Umwelt, und hier wiederum nur im Hinblick auf ein friedliches Zusammenleben in Freiheit.[14] Aufgabe und Funktion von Recht ist es also, die zwischenmenschlichen Beziehungen zu regeln, näherhin die hier auftretenden Schuld- und Konfliktsituationen soweit einzudämmen, dass das für den Menschen als Gemeinschaftswesen notwendige Miteinander nicht unmöglich wird. Dient somit die Moral vor allem der Tugend, kann die Rechtsordnung nicht alle wünschenswerten Maximalbedingungen verbindlich festlegen, sondern muss sich auf die Mindestbedingungen eines geordneten Zusammenlebens beschränken. So gesehen stellt jede Rechtsordnung ein „ethisches Minimum" dar.[15]

---

[13] *Böckle, Franz*, Ungeborenes Leben – zur Disposition gestellt. Moraltheologische Überlegungen zum Schwangerschaftsabbruch in: *ders.* (Hrsg.), Schwangerschaftsabbruch als individuelles und gesellschaftliches Problem, Düsseldorf 1981, 122–137, 134; vgl. *Seelmann, Kurt*, Rechtsphilosophie, München ^{5}2010, 66–69.

[14] Vgl. *Molinski, Waldemar*, Staat und Moral, in: Stimmen der Zeit 195 (1977) 825–836, 825.

[15] Vgl. *Böckenförde, Ernst-Wolfgang*, Abschaffung des § 218 StGB? Überlegungen zur gegenwärtigen Diskussion um das strafrechtliche Abtreibungsverbot, in: Stimmen der Zeit 188 (1971) 147–167, 149, der sich hier auf *Jellinek, Georg*, Die sozialethische Bedeutung von Recht, Unrecht und Strafe, Hildesheim ^{2}1908, 45, bezieht; vgl. *Seelmann*, Rechtsphilosophie (s. Anm. 13), 68f.

VI. Der Transzendenzbezug als spezifische Eigenart des Kirchenrechts

Im Regelungsumfang des menschlichen Miteinanders unterscheidet sich kirchliches Recht am stärksten vom weltlichen Recht und kommt im Gegenzug der Moral am nahesten. Denn „beim Kirchenrecht stehen – anders als beim staatlichen Recht – nicht nur die äußere Rechtssicherheit und möglichst umfassende Kontrolle im Vordergrund, sondern die Transparenz auf das Evangelium, und zwar auf das ganze Evangelium."[16]

So regelt kirchliches Recht zwar auch die zwischenmenschlichen Beziehungen der Gemeinschaft, beschränkt sich aber nicht darauf, wie es beim weltlichen Recht der Fall ist. Vielmehr nimmt kirchliches Recht auch auf die Gottesbeziehung der Kirchenglieder Bezug, insofern diese die Grundlage für bestimmte kirchenrechtliche Verhaltensanforderungen bildet bzw. insofern eine innere Dimension der Gottesbeziehung des/der Einzelnen zu ihrer Verwirklichung oder Wiederherstellung unbedingt die Verbindung zur kirchlichen Gemeinschaft braucht. Das ist dann der Fall, wenn ein bestimmter Aspekt der personalen Gottesbeziehung entweder auf das Handeln der kirchlichen Gemeinschaft verwiesen ist oder umgekehrt für das kirchliche Handeln wesentlich ist bzw. in einem gemeinsamen kirchlichen Handeln zum Ausdruck kommen soll.

VII. Gemeinschaftsbezug der personalen Gottesbeziehung als Materie des Kirchenrechts

Paradigmatisches Beispiel für diesen Zusammenhang von kirchenrechtlicher Normierung und personaler Gottesbeziehung ist die gesetzliche Verpflichtung jedes Katholiken und jeder Katholikin, sich um ein heiliges Leben zu bemühen (c.210). Entscheidendes Kriterium für diese Rechtspflicht ist die Tatsache, dass das Bemühen oder Nichtbemühen des/der Einzelnen um ein heiliges Leben nicht nur die Tragfähigkeit ihrer/seiner persönlichen Gottesbeziehung betrifft, sondern auch die (Un-)Glaubwürdigkeit, ja sogar den (Nicht-)Bestand der kirchlichen Gemeinschaft. Denn die Kirche ist von Gott zum Heilssakrament für die Menschen bestimmt worden; aus dieser Tatsache folgt zum einen, dass die Kirche um ihres Heiligungsdienstes und damit um ihres Selbstverständnisses

---

[16] *Virt, Günter*, Epikie in der Geschiedenenpastoral, in: Theologisch-Praktische Quartalschrift 142 (1994) 368–371, 371.

willen auf die Heiligkeit ihrer Mitglieder angewiesen ist, und zum anderen, dass ein heiliges Leben ohne die Vermittlung der kirchlichen Heilsmittel gar nicht möglich ist. Will demnach die/der Gläubige ein heiliges Leben führen, so kann sie/er das im *vollen* Sinn des Wortes nur dann, wenn sie/er sowohl am Heiligungsdienst der Kirche teilnimmt als auch die Heilsmittel der Kirche empfängt. Durch diese doppelte Ausrichtung, in der kirchlichen Gemeinschaft *heiligend zu leben* und zugleich durch die kirchliche Gemeinschaft *geheiligt zu werden*, führt die/der einzelne Gläubige ein Leben, das ihre/seine eigene Heiligung wie auch die Heiligung und das Wachstum der Kirche fördert. Nur wenn sich jede einzelne Christin und jeder einzelne Christ bemüht, das Heilshandeln Gottes an ihr/ihm in ihrer bzw. seiner Lebensführung zum Ausdruck zu bringen, kann die Kirche in ihrer Heiligkeit bestehen, sich entfalten und auferbauen.[17]

VIII. Durchsetzbarkeit mit Zwangsmitteln als Möglichkeit des Rechts – Freiwilligkeit der Befolgung als Wesenszug der Moral

Mit der Beschränkung des Rechts auf die elementaren sittlichen Werte, im Grunde genommen auf den elementarsten Wert der Gerechtigkeit, geht eine weitere Unterscheidung zwischen Recht und Moral einher: Das Recht kann das Einhalten dieses Wertes erzwingen, wobei der ausgeübte Zwang nicht immer physischer Natur sein muss. Das Recht hat also den Anspruch auf seine Durchsetzbarkeit. Es verfügt über die Mittel, Verstöße gegen die Grundgebote des Gemeinschaftslebens zu ahnden, also die Wirksamkeit der für das menschliche Zusammenleben unentbehrlichen Werte durchzusetzen. Daher erweist sich das Recht in dieser Hinsicht geradezu als ein „ethisches Maximum".[18] Der Zwangsgedanke und die ethische Norm sind dagegen gänzlich unvereinbar; denn „wesentliche Momente der Sittlichkeit würden zerstört, wenn man sie durch Zwang garantieren wollte. Die ethische Gesinnung ist dem Zwang nicht zugänglich"[19], da diese ganz und gar „von der freien Spontaneität des Menschen" lebt.[20]

---

[17] Vgl. dazu *Demel, Sabine*, Spiritualität des Kirchenrechts, Münsterschwarzach 2009, 60–72.

[18] *Kaufmann*, Strafrechtspraxis (s. Anm. 8), 364, mit Verweis auf *Schmoller, Gustav*, Grundriss der Allgemeinen Volkswirtschaftslehre, 1. Teil, Berlin 1920, 57.

[19] *Schreiber, Hans-Ludwig*, Unterscheidung – Keine Trennung von Recht und Moral, in: Renovatio 32 (1976) 163–168, 167.

[20] *Auer, Alfons*, Sittlichkeit und Strafrecht, in: Renovatio 32 (1976) 156–163, 160.

IX. Rein äußerliches Befolgen als Mindestforderung des Rechts – innere Überzeugung als unabdingbare Grundlage der Moral

Das Kriterium der Zwangsgewalt führt zu einem vierten unterscheidenden Merkmal von Recht und Moral. Wer wie das Recht mit Zwang arbeiten kann und muss, kann dann auch nicht verlangen, dass seinen Vorschriften nur und ausschließlich aus innerer Überzeugung gefolgt wird.[21] Zwar muss es Ziel jeder Rechtsordnung sein, dass der/die Einzelne die jeweilige Rechtsnorm nicht nur äußerlich befolgt, sondern auch innerlich bejaht, doch darf das Einfordern der Rechtsnorm nicht wie bei der ethischen Norm von der inneren Einstellung zu ihr abhängig gemacht werden. Weil aber gerade in dieser Hinsicht eine größtmögliche Annäherung der Rechtsnorm an die Sittlichkeitsnorm erstrebenswert ist, gehört es zu den Aufgaben des Rechts,

> „den Schutz der Existenzwerte der Gemeinschaft dadurch nachhaltig zu stärken, dass die elementaren sozial-ethischen Handlungswerte nicht nur im Gesetz als verbindliche Verhaltensregeln für den Bürger statuiert, sondern von ihm auch innerlich angenommen und auf diese Weise zum ‚gelebten Recht' fortgebildet werden. Die Wirksamkeit des Rechts hängt ganz entscheidend davon ab, wieweit es ihm gelingt, diese integrierende Kraft zu entfalten und den Bürger nicht lediglich durch Angst und Strafe, sondern durch die innere Anerkennung der Norm zu rechtstreuem Verhalten zu motivieren."[22]

X. Strafe als letztes Rechtsmittel in Staat und Kirche

Das allerletzte Mittel einer Gemeinschaft um ihrer eigenen Existenz willen ist der Einsatz eines ganz bestimmten Rechtsmittels: der Strafe. Wer straft, fügt der bestraften Person in begrenzter Weise ein Übel zu. Mit dieser Maßnahme werden zwei Ziele verfolgt: zum einen soll der durch das Fehlverhalten entstandene und sich weiter ausbreitende Schaden für das Wohl der Gemeinschaft abgebaut und zum anderen die Bekehrung und die Wiedereingliederung des Täters/der Täterin in die Gemeinschaft angestrebt werden.[23]

---

[21] Vgl. *Schreiber*, Unterscheidung (s. Anm. 19), 167.

[22] *Lackner, Karl*, Die Neuregelung des Schwangerschaftsabbruchs, in: Neue Juristische Wochenschrift 29 (1976) 1233–1244, 1234.

[23] Vgl. *Gründel, Johannes*, Strafen und Vergeben, in: *Franz Böckle* u. a. (Hrsg.), Christlicher Glaube in moderner Gesellschaft, Teilbd. 13, Freiburg i.Br. 1981,

Diese gemeinschafts- und personenbezogene Zielrichtung der Strafe kommt im Gesetzbuch der katholischen Kirche in der Bestimmung zum Ausdruck, wonach durch die Strafe als dem allerletzten Mittel der Kirche ein entstandenes Ärgernis behoben, die Gerechtigkeit wiederhergestellt und der Täter/die Täterin gebessert werden soll (c.1341).[24] Die Strafmittel, die die katholische Kirche dazu verwendet, sind ausschließlich geistlicher Natur, das heißt, sie bestehen in einem Entzug geistlicher Güter wie z. B. der Mitfeier der Gottesdienste, des Empfangs von Sakramenten, der Wahrnehmung bestimmter Dienste und Ämter in der Kirche. Mit diesem Entzug will die katholische Kirche einem Verhalten Einhalt gebieten, das sich gegen grundlegende Pflichten der Gläubigen richtet. In diesem Sinn ist z. B. die Exkommunikation nicht einfach eine „kalte" Aussperrung des Betroffenen, sondern ein Appell an ihn, „seine Entscheidung zu überdenken und sein Verhalten zu ändern"[25].

XI. Der Gewissensanspruch als Grundvoraussetzung für ein kirchliches Strafrecht

Kirchliche Strafmaßnahmen wie das Kirchenrecht insgesamt richten sich augenscheinlich an das Verhalten des und der Einzelnen, noch mehr aber an seine bzw. ihre Glaubensüberzeugung. Dies ist auch der Grund dafür, dass die Kirche zwar Zwangsmaßnahmen kennt, diese aber nicht mit äußerer Gewalt durchsetzt, sondern

> „stets die innere Einsicht und Zustimmung zu ihren Maßnahmen zu gewinnen [sucht]. Ihr geht es nicht allein um legales, sondern um heilswirksames Handeln und Verhalten der Gläubigen. Sie strebt danach, äußeren und inneren Bereich, äußeres Legalverhalten und innere Überzeugung zur Deckung zu bringen."[26]

121–160, 128f.; vgl. auch *Ruf, Norbert*, Die Strafzumessung im kanonischen Recht auf Grund der allgemeinen Lehren und Sonderbestimmungen. Mit einem Vergleich zum deutschen Strafrecht, Freiburg i.Br. 1968, 65.

[24] *Lüdicke, Klaus*, Grenzen der Tatstrafen, in: Münsterischer Kommentar zum Codex Iuris Canonici 1318/3, Rdn.6 (18. Erg.-Lfg., Juli 1992), führt als Erklärung des Inhalts von Ärgernis aus: Das Ärgernis „ist also eine äußerlich wahrgenommene Folgewirkung der Straftat, die darin besteht, die Ordnung der kirchlichen Gemeinschaft so zu stören, dass daraus geistlicher Schaden für Dritte entstehen kann."

[25] *Krämer, Peter*, Strafen in einer Kirche der Liebe, in: *Müller* u. a. (Hrsg.), „Strafrecht" (s. Anm. 1), 9–22, 18.

[26] *May, Georg*, Das geistliche Wesen des kanonischen Rechts, in: Archiv für katholisches Kirchenrecht 130 (1961) 1–30, 27.

Wegen dieser doppelten Zielrichtung, Verhalten und Gesinnung zugleich zu treffen, ist die kirchliche Strafmaßnahme durch folgende Spannung charakterisiert:

> „Mag eine Kirchenstrafe immer auch nur Anwendung eines äußeren Zwangsmittels bleiben und daher als ungeeignet zum Erzielen einer inneren Änderung des Menschen erscheinen, so steht dennoch dahinter die Grundidee einer Appellation an die sittliche Verantwortlichkeit des Menschen. Eine kirchliche Strafe, die nur ein äußeres Sich-Beugen zur Folge hat und nicht auch als innerer Gewissensanruf verstanden wird, verfehlt ihren Sinn“[27],

ist aber deswegen keineswegs zwecklos, da sie zumindest Ausdruck des Selbstbewusstseins der Kirche ist, sich selbst zu „behaupten in ihrer vom Herrn verliehenen Würde.“[28] Oder nochmals anders gesagt: Kirchliches Strafrecht muss als religiöses Recht grundsätzlich den Anspruch erheben, „im Gewissen zu verpflichten. Da aber die kirchliche Rechtsordnung auch der Konfliktlösung und der Sicherung der sozialen Ordnung dient, kann und muss sie sich in manchen Fällen mit der rein äußerlichen Befolgung der Normen begnügen.“[29]

Für ein weltliches Strafrecht sind die Voraussetzungen grundlegend anders gelagert. Es kann nämlich gerade nicht wie ein kirchliches bzw. religiös-ethisches Strafrecht – „das Vorhandensein eines entsprechenden Gewissens beim potenziellen Delinquenten, ihrem Mitglied, erwarten“[30]. Daher sind die dem staatlichen Strafrecht gestellten Aufgaben schwieriger zu bewältigen.

> „Es kann sich nämlich nicht – wie das kirchliche – weitgehend auf den Gewissensbereich und einen Heilsauftrag zurückziehen; es steht unter ständigem Erfolgsdruck. Kirchliches Strafrecht kann sich eher als staatliches auf das bloße Angebot des *Heilmittels Strafe* an den Delinquenten beschränken. Nimmt er es an, wird er also reuig, hat die Strafe ihren Zweck erfüllt; nimmt er es nicht an, so bleibt er in letzter Konsequenz von der Ge-

---

[27] *Sagmeister, Raimund*, Das neue kirchliche Strafrecht und der Schutz des Lebens, in: *Klaus Lüdicke* u. a. (Hrsg.), Recht im Dienst des Menschen. Festschrift für Hugo Schwendenwein, Graz 1986, 493–516, 497.

[28] *Naurois, Louis de, Scheuermann, Audomar*, Der Christ und die kirchliche Strafgewalt, München 1964, 37.

[29] *Potz, Richard*, Die Abtreibung im kirchlichen Recht, in: *Michael Benedikt* u. a. (Hrsg.), Zygote – Fötus – Mensch. Zur Anthropologie des werdenden Lebens, Wien 1986, 211–224, 212f.

[30] *Eser, Albin*, Strafrecht in Staat und Kirche. Einige vergleichende Beobachtungen, in: *Dieter Giesen* u. a. (Hrsg.), Staat, Kirche, Wissenschaft in einer pluralistischen Gesellschaft. Festschrift für Paul Mikat, Berlin 1989, 493–513, 503.

meinschaft ausgeschlossen. Damit ist die Angelegenheit für die Kirche erledigt – zumindest vordergründig. Staatliches Strafrecht ist an diesem Punkt erst richtig gefordert.“[31]

Aus der Gemeinschaft des Staates kann nämlich kein Bürger, keine Bürgerin ausgeschlossen werden, hier besteht vielmehr der Zwang zum gemeinsamen Zusammenleben aller Bürgerinnen und Bürger. Das hat zur Folge, dass der Staat weit weniger als die Kirche strafbares Verhalten einzelner Bürgerinnen und Bürger tolerieren kann; zur Sicherung des gemeinsamen Zusammenlebens ist der Staat im Vergleich zur Kirche ungleich stärker genötigt, auf den Einzelnen, die Einzelne einzuwirken, das strafbare Tun zu unterlassen. Der Zwang zum gemeinsamen Zusammenleben im Staat führt zu einem deutlichen „Mehr“ an Regelungsnotwendigkeit.[32]

Auch hinsichtlich der Straftatbestände kann es sich die Kirche mit ihrer religiös-ethischen Rechtsordnung um einiges „leichter“ machen als der Staat. Denn im Wissen um die weltliche Strafrechtsordnung kann die Kirche entscheiden, ob sie Taten, die bereits durch den Staat bestraft werden, auch noch innerkirchlich bestraft, diese milder bestraft oder ob sie ganz darauf verzichtet, den Straftäter/die Straftäterin mit einer spezifisch kirchlichen Strafe zu belegen. In diesem Sinn weist der kirchliche Gesetzgeber den kirchlichen Strafrichter an, „nach seinem Gewissen und klugem Ermessen“ eine mildere Strafe festzulegen oder von einer Strafverhängung abzusehen, wenn der/die Schuldige „hinreichend von einer weltlichen Autorität bestraft worden ist oder diese Bestrafung vorauszusehen ist“ (c.1344 n.2). Überhaupt ist das kirchliche Strafrecht im CIC/1983 von dem Grundsatz geprägt, weder solche Verbrechen im kirchlichen Strafrecht zu berücksichtigen, die schon vom weltlichen Recht verurteilt und bestraft werden, noch solche, für die es keine geeigneten Mittel der Nachprüfbarkeit gibt.[33] Anschauliches Beispiel dafür ist die unterschiedliche Strafregelung der Kirche für die beiden Straftaten der Tötung und Abtreibung; ist für Abtreibung die Tatstrafe der Exkommunikation vorgesehen (c.1398), wird Tötung lediglich mit einer der Schwere der Straftat entsprechenden Spruchstrafe des c.1336 (wie z. B. Aufenthaltsverbot, Entzug einer Vollmacht, Strafversetzung auf ein anderes Amt, Entlassung aus dem Klerikerstand) bedroht

---

[31] Ebd.

[32] Vgl. *Grochtmann, Ansgar*, Justitiabilität der Gewissensfreiheit. Rechtsvergleichende Analyse zur kirchlichen Strafverhängung und zum Schutz des *forum internum* im Völkerrecht, Frankfurt a.M. 2009, 193.

[33] Vgl. dazu Communicationes 9 (1977) 318.

(c.1397). Dieses unterschiedliche Strafmaß bei Tötung und Abtreibung wirkt auf den ersten Blick sehr befremdlich, fast schon paradox, zumal die katholische Kirche betont, dass die Abtreibung eine spezielle Form der Tötung darstellt. Es wird nur von dem Grundsatz her verständlich, jene Delikte innerkirchlich milder zu behandeln, die schon durch den weltlichen Gesetzgeber angemessen bestraft werden, um zu vermeiden, dass Straftäterinnen und Straftäter zweimal in derselben Sache bestraft werden.[34] Hintergrund des unterschiedlichen Strafmaßes von Tötung und Abtreibung ist also offensichtlich die Auffassung des kirchlichen Gesetzgebers, dass das Verbrechen der Tötung schon hinreichend vom weltlichen Strafrecht geahndet wird, das Verbrechen der Abtreibung hingegen nicht. Andernfalls wäre es nicht nachvollziehbar, dass für die Abtreibungstat innerkirchlich ein anderes Strafmaß und ein anderer Strafmodus festgelegt sind als für die Tötung.[35] In dieser Tatsache spiegelt sich der subsidiäre Charakter des kirchlichen (Straf-)Rechts wider, das nur dann tätig wird, wenn nach Auffassung des kirchlichen Gesetzgebers das weltliche (Straf-) Recht den Unrechtscharakter einer Handlung nicht ausreichend zum Ausdruck bringt und entsprechend ahndet oder es ein spezifisch kirchlicher Bezug verlangt.

XII. Die Kirche und der sexuelle Missbrauch – ein Resümee über Moral und Recht

Auf dem Boden der grundsätzlichen Überlegungen zu Moral und Recht in Staat und Kirche liegen die Antworten der eingangs gestellten Fragen auf der Hand: Die Kirche muss es sich nicht leisten, aber sie kann und will es sich von ihrem eigenen Strafrechtsanspruch her leisten, dass die Straftat der „Pädophilie“ als sexuelle Gewalt gegen Minderjährige primär in die Regelungs- und Ahndungskompetenz der weltlichen Strafrechtsordnung fällt, während sie sich mit ihrer eigenen Strafrechtsordnung darauf konzentriert, gegen die Straftat der „Pädophilie“ als schwerwiegende Verletzung der kirchlichen Gemeinschaftsordnung vorzugehen. Von daher erklärt sich, dass die „Pädophilie“ bzw. sexuelle Gewalt gegen Minderjährige nicht als ein eigener kirchlicher Straftatbestand formu-

---

[34] Vgl. *Schauf, Heribert*, Einführung in das kirchliche Strafrecht, Aachen 1952, 28.

[35] Vgl. dazu *Demel, Sabine*, Abtreibung zwischen Straffreiheit und Exkommunikation. Weltliches und kirchliches Strafrecht auf dem Prüfstand, Stuttgart 1995, 268–270; 293–296.

liert, sondern in einer Strafrechtsnorm enthalten ist, die mehrere Straftatbestände erfasst, die ähnlich wie die Pädophilie die kirchliche Gemeinschaftsordnung durch die Verletzung des „sechsten Gebots des Dekalogs" schwerwiegend gefährden (c.1395 CIC/1983). Auch die Einschränkung des Täterkreises auf die Kleriker resultiert aus diesem Gedanken. In den kirchlichen Dokumenten, die seit 2001 zur Konkretisierung und Ergänzung des c.1395 § 2 CIC erlassen worden sind, ist der Täterkreis allerdings auch auf Laien im kirchlichen Dienst ausgeweitet worden. Offensichtlich haben der Papst und die deutschen Bischöfe inzwischen realisiert, dass auch viele Laien in der kirchlichen Kinder- und Jugendarbeit Dienste und Ämter wahrnehmen, die ehemals Klerikern vorbehaltenen waren, so dass nicht mehr nur die Kleriker als Täter in Frage kommen. In diesem Zusammenhang ist auch erstmals die Opferperspektive von kirchlicher Seite in den Blick genommen worden und wird seitdem ausführlich reflektiert und mit Zusagen von kirchlichen Hilfsangeboten und künftigen Präventionsmaßnahmen verbunden. Aus rein strafrechtlichen Gründen war das nicht geboten; schließlich nimmt jedes Strafrecht primär die Tat, die Täterin/den Täter, deren/dessen Bestrafung und die Maßnahmen zur Vermeidung weiterer Taten in den Blick – wohlgemerkt zum Schutz potenzieller Opfer. Aus moralischen Gründen war der explizite Einbezug der Opferperspektive aber sehr wohl geboten, um dem weit verbreiteten Missverständnis entgegenzuwirken, der Kirche gehe es nur um die Täter, nicht um die Opfer.

Aus strafrechtlichen und moralischen Gründen unerlässlich war es dagegen, dass der Papst und die Bischöfe intensiv auf die kirchliche Geheimhaltungspolitik der Straftaten und ihre fatalen Folgen eingehen. Nicht nur vereinzelt, sondern flächendeckend und jahrzehntelang praktiziert, ist sie eine der Hauptursachen des „Missbrauchsskandals" der katholischen Kirche. Statt den weltlichen Strafbehörden zu melden, was in deren Zuständigkeit fällt, ist von den Bischöfen der katholischen Kirche eine rein interne und nach eigenem, oft ausschließlich subjektivem, Gutdünken beschlossene Behebung des „Ärgernisses" erfolgt. Damit haben die Bischöfe nicht nur sich selbst und die Kirche als Institution, sondern auch die kirchliche (Strafrechts-)Ordnung in ihrer Sinnhaftigkeit, Konzeption und Funktionalität in einem hohen Maß beschädigt. Denn der subsidiäre Strafrechtsanspruch der Kirche setzt voraus, dass die Kirche die weltliche Strafrechtsordnung nicht gezielt aus ihrem eigenen Bereich herauszuhalten versucht, sondern umgekehrt mit allen Mitteln zu deren effektiver Umsetzung auch in der kirchlichen Gemeinschaft beiträgt. Andernfalls wird der subsidiäre Strafrechtsanspruch zur Farce und damit letztlich auch die ganze Strafrechtsordnung, wenn nicht sogar die kirchliche Rechtsordnung insgesamt. Deshalb war es dringend notwendig, dass der Papst und die deutschen Bischöfe in ihren erlassenen Regelungen zum sexuellen Missbrauch in der Kirche seit 2001 die vorbehaltlose und uneingeschränkte Zusammenarbeit der zuständigen kirchlichen Autoritäten mit den weltlichen Strafbehörden nachdrücklich in Erinnerung gerufen und dazu verpflichtet haben. Dass das nötig war, ist allerdings höchst peinlich. Denn es legt die Vermutung nahe, dass die Grundsätze des kirchlichen Strafrechts selbst in den Reihen der Bischöfe der katholischen Kirche kaum präsent sind und ins kirchliche Leben umzusetzen versucht werden. Haben damit nicht augenscheinlich hochrangige Repräsentanten der katholischen Kirche das vermissen lassen, was die personale Tugend der Gerechtigkeit genannt wird? Das ist jene innere Haltung und Einstellung eines Menschen, „nicht bloß, das Gerechte zu tun, sondern es aus einer bestimmten Gesinnung heraus, nämlich deshalb zu tun, weil es gerecht ist, und nicht etwa deshalb, weil man andernfalls bestraft oder sozial gemieden würde.“[36]

Eine Rechtsordnung, die nur geschrieben steht, aber nicht ins Leben umgesetzt wird, bleibt toter Buchstabe und führt nicht zu Frieden und Freiheit, sondern zu einem Scheinfrieden und einer Scheinfreiheit. Um vom Buchstaben zum Leben zu kommen ist jede Rechtsordnung, erst recht die kirchliche Rechtsordnung, auf die Moral, auf das sittliche Bewusstsein ihrer Glieder und insbesondere ihrer führenden Glieder angewiesen. Denn Recht wird

> „in den entscheidenden Stunden nur vom sittlichen Impuls getragen. Vom Sittlichen her erhält es die drängende und überzeugende Kraft. […] Eine auf sich allein angewiesene Rechtsordnung könnte zwar mit rechtlichem Zwang, sofern die Machtmittel ausreichen, sich durchsetzen. Von einem lebenden Recht könnte aber keine Rede sein. Ein in sich isoliertes Recht wäre nicht mehr als eine stets auswechselbare Ordnung, die nur solange Geltungskraft besitzt, als Autorität und Macht sie gewährleisten.“[37]

Der Anspruch auf Frieden und Freiheit verträgt sich damit jedenfalls nicht.

[36] *Höffe, Otfried*, Moral und Recht. Eine philosophische Perspektive, in: Stimmen der Zeit 198 (1980) 111–121, 120.
[37] *Peters, Karl*, Recht und Sittlichkeit, in: Internationale katholische Zeitschrift Communio 1 (1972) 341–354, 346.

Verantwortete Elternschaft – Überlegungen im Hinblick auf eine Theologie des Leibes

von Gerhard Höver

Eine wirksame Prävention sexuellen Missbrauchs kann nur dann gelingen, wenn sie umfassend ansetzt. Dazu gehört u. a. nicht nur, die Thematik in der Elternarbeit verstärkt bewusst zu machen, in der Kinder- und Jugendarbeit klare Regeln von Nähe und Distanz verbindlich zu formulieren, sondern auch generell die Frage von Sinn und Gestaltung menschlicher Sexualität in all ihren Dimensionen ohne Vorbehalte zur Sprache zu bringen. Eine solche Sinngestaltung schließt notwendig das Verhältnis des Menschen zu seiner eigenen Leiblichkeit ein, zu dem Leib, den man nicht nur *hat*, sondern der man auch selber *ist*, d. h. zu sich selbst in seiner leiblich-seelisch-geistigen Ganzheit.[1] Dies aber bedeutet ein Weiteres: nämlich die Sinngestaltung von Sexualität lässt sich nicht vom praktischen Selbstverhältnis und Selbstverständnis des Menschen trennen, sie berührt in existenzieller Weise die Fragen von Humanität, Würde, Intimität, Wahrheit und Wahrhaftigkeit, und zwar in unzweideutiger Abgrenzung von Unmenschlichkeit, Entwürdigung, Gewalt, Unwahrheit, Falschheit, Lüge, Täuschung, Nichtauthentizität. Eine vertrauensvolle Vermittlung christlicher Grundanliegen zur Sinnbestimmung menschlicher Sexualität wird daher nur dann möglich sein, wenn es gelingt, eine integrale Sicht in Gestalt einer Theologie des Leibes zu entwickeln, die in der Lage ist, die neueren Bemühungen um eine Philosophie des Leibes kritisch-konstruktiv aufzuarbeiten, um dadurch ein Kernanliegen einer Theologie des Leibes, nämlich die Botschaft vom Leib als Tempel des Heiligen Geistes (vgl. 1 Kor 6,19) und von der Heiligung als Wille Gottes (vgl. 1 Thess 4,3), in allen Dimensionen und Relationen zu entfalten. Das beinhaltet auch, dass die Gestaltung von Sexualität als *ethischer* Kulturauftrag zu verstehen ist im Sinne einer „Zivilisation der Liebe“, der als *ethischer* Auftrag menschliche Sexualität in ihrem Dasein und Wesen zur Entfaltung bringt; und dies impliziert, dass Ethik hier nicht nur normative

[1] Vgl. dazu *Fraling, Bernhard*, Sexualethik. Ein Versuch aus christlicher Sicht, Paderborn 1995, 45ff.

Ethik im Sinne von Moral meint, sondern auch eine Kultur der Wahrnehmung des anderen und seiner selbst, der Begegnung und Begegnungsfähigkeit.

Eine Theologie des Leibes kann hierbei an bedeutsame philosophische Bestrebungen des 20. Jahrhunderts anknüpfen, nämlich an

> „die große Neubewertung und Aufwertung des menschlichen Leibes als eines *subjektiven Leibes* vor allem in der phänomenologischen Forschung, die den Leib sowohl als Gesichtspunkt der Wahrnehmung der Welt als auch als Ausgangspunkt des Handelns des Subjekts untersucht“[2].

Es fällt freilich auf, dass moderne Philosophien des Leibes wie etwa die Phänomenologie von Emmanuel Lévinas den Subjektcharakter des Leibes im Horizont der Idee des Unendlichen zu begründen suchen. Für Lévinas entfaltet sich diese Unendlichkeit nur aus der Intersubjektivität heraus, vom phänomenologischen Prinzip der ersten „ethischen Sinngebung“ her. Gegenüber einem deontologischen oder gar dezisionistischen Missverständnis geht es dabei um die Erfassung der sinnlich-leibhaftigen Wahrnehmung als einer Grundhaltung der Rückbezüglichkeit („récurrence“) gegenüber der lebendigen Gegenwart des anderen.[3] In dieser Grundhaltung bricht das Ich, das sich in einer ihm äußeren Welt „hält“, auf zur Unendlichkeit der ethischen Subjektivität. In diesem Horizont ist auch das „Begehren“ anders zu qualifizieren, als „metaphysisches Begehren“, das nicht wie ein Hunger gestillt werden kann, sondern das wie die Güte selbst vom Begehrten nicht erfüllt, sondern vertieft wird. Die durch das metaphysische Begehren gestiftete Beziehung wächst paradoxerweise durch ein umso größeres Maß an Unsichtbarkeit, Entzogenheit, das aber gleichermaßen ein Mehr an Sinn für das Begehren ist. „Das metaphysische Begehren öffnet die eigentliche Dimension des Hohen. Dass nicht mehr der Himmel diese Höhe ist, sondern das Unsichtbare, gerade darin besteht das Erhabene am Hohen und sein Adel.“[4] Zwar wird man, wie Sirovátka deutlich macht, die Lévinas'sche Philosophie

---

[2] *Sirovátka, Jakub*, Der Leib im Denken von Emmanuel Levinas, Freiburg, München 2006, 11; vgl. auch den Problemüberblick ebd., 11–39.

[3] Vgl. hierzu *Timmermanns, Paul*, Der Weg der Phänomenologie? Von Deutschland über Frankreich sich selbst entgegen. Wie in den Quellen der primären Phänomenologie E. Husserls die französische Phänomenologie sich ‚selbstgegenwärtig' in der ‚Realität' der Lebenswelt entgegenkommt, in: *Heike Baranzke* (Hrsg.), Menschenleben – Lebenszeit. Impulse für eine Ethik der Hoffnung, Göttingen 2009, 29–60.

[4] *Lévinas, Emmanuel*, Totalität und Unendlichkeit. Versuch über die Exteriorität, Freiburg, München 1987, 38.

des Leibes im Hinblick auf die Verwendung von Grundbegriffen wie Vaterschaft, Mutterschaft, Fruchtbarkeit nicht unkritisch übernehmen können, dennoch aber ist sein Versuch ernst zu nehmen, die Idee der Unendlichkeit an der Leiblichkeit im Hinblick auf die Fragen nach Ethik, Humanität, Subjektivität usw. zu entfalten. Dies ist insofern für die moraltheologische Reflexion von Bedeutung, als sie von ihrer Tradition her in diesem Punkt eher unausgesprochen von einer aristotelischen, von Thomas von Aquin weithin übernommenen Prämisse ausgeht, nämlich dass das Unendliche unbestimmt, unscharf ist.

> „Alles, was ist, hat seine umrissene Gestalt, alles was wird, sein vorgezeichnetes Ziel. Binnen- und Außengrenzen verhindern, dass chaotische Momente in die geordnete Welt und das ordnungsgemäße Leben eindringen. Das Peras, das sich allen Wesen als Grenze auferlegt, ist etwas durchaus Positives, da das Eigensein mit der Eigengrenze verschmilzt. Grenzverlust bedeutet Seinsverlust. Das Positive der Eigengrenze findet im *Horismos*, in der *definitio* seinen onto-logischen Ausdruck.“[5]

Wenn diese Prämisse unreflektiert in den Rahmen einer ethischen Theologie und Philosophie des Leibes mit übernommen wird, kann dies im Theoretischen wie im Praktischen zu Aporien führen, die nicht mehr aufzulösen sind, auch dann, wenn die Grundintentionen auf die Artikulierung von Wahrheiten gerichtet sind, die nicht aufgebbar sind.

Es scheint, dass Karol Wojtyla/Johannes Paul II. in seiner „Theologie des Leibes“ das Grunddefizit von ontologisch-metaphysischen Prämissen, die im Letzten eigentlich mit dem Glauben gar nicht konform sind, gespürt hat und zu überwinden bestrebt ist, betont er doch gleich zu Beginn seiner Katechesen über den ersten Schöpfungsbericht und damit über die Bedeutung von „Anfang“:

> „Der erste Schöpfungsbericht des Menschen, der […] theologischen Charakter hat, birgt eine gewaltige metaphysische Aussagekraft in sich. Man sollte nicht vergessen, dass gerade dieser Text aus der Genesis zur Quelle der tiefsten Inspirationen für die Denker geworden ist, die ‚Sein‘ und ‚Dasein‘ zu begreifen versuchten. […] Dem Mysterium seiner Erschaffung (‚als Ab-

---

[5] *Waldenfels, Bernhard*, Aporien des Unendlichen, in: *Johannes Brachtendorf, Thomas Möllenbeck, Gregor Nickel, Stephan Schaede* (Hrsg.), Unendlichkeit. Interdisziplinäre Perspektiven, Tübingen 2008, 3–22, 4f.; zu dieser Problematik, die in der Moraltheologie viel stärker aufgearbeitet werden müsste, sei auf den genannten Sammelband insgesamt verwiesen.

> bild Gottes schuf er ihn') entspricht die Perspektive der Zeugung (,seid fruchtbar und vermehrt euch, bevölkert die Erde'), jenes Werdens in Welt und Zeit, jenes ,fieri', das notwendigerweise an die metaphysische Situation der Schöpfung gebunden ist: des kontingenten (,contingens') Seins."[6]

Die in diesem Zusammenhang entwickelte klassische Realdistintion zwischen Dasein und Wesen sucht zwar eine Terminologie bereit zu stellen, um das Verhältnis von Gott und Welt adäquat zu reflektieren, aber mit Hans Urs von Balthasar lässt sich durchaus die Frage stellen, ob sie geeignet ist, die Lebendigkeit der Grundbegegnung mit dem endlichen Sein zu vermitteln.[7] Diese Frage stellt sich umso mehr, wenn eine Theologie des Leibes ihre anthropologische Basis dezidiert vom Glauben an den dreifaltigen Gott, vom Geheimnis des ewigen Liebesaustausches in Gott und von der Bestimmung des Menschen, an diesem Liebesaustausch teilzuhaben, her versteht. Aus dieser Berufung zur Teilhabe am Geheimnis des lebendigen Gottes erhält der Mensch eine signifikative Kraft, dieses Geheimnis in seinem Leib sichtbar zu machen und real zu bezeichnen, – Johannes Paul II. spricht hierbei sogar von einer „sakramentalen Fähigkeit" bzw. vom „Sakrament des Leibes". Damit aber stellt sich unausweichlich die Aufgabe, die Unendlichkeit, bzw. das Verhältnis von Unendlichem und Endlichem nicht allein an der menschlichen Geistigkeit in ihrer Erschlossenheit für das Un-Bedingte zur Sprache zu bringen, sondern an der Leiblichkeit des Menschen, und dies bis in die Konsequenzen für Lebensform und Lebenspraxis hinein. Die Lehre von der verantworteten Elternschaft kann hierbei als ein Prüfstein gesehen werden, wieweit diese Vermittlung gelingt bzw. welche Herausforderungen und Schwierigkeiten für die Entwicklung eines überzeugenden Konzepts einer Theologie des Leibes bestehen; um mehr als einige wenige Anmerkungen und Überlegungen dazu kann es in diesem Beitrag nicht gehen.

---

[6] *Johannes Paul II.*, Die menschliche Liebe im göttlichen Heilsplan. Eine Theologie des Leibes. Mittwochskatechesen von 1979–1984, hrsg. und eingeleitet von *Norbert und Renate Martin*, Vallendar ^{2}2008, 86. Diese Konzeption einer Theologie des Leibes bedürfte einer weiteren quellengeschichtlichen Aufarbeitung; eine ausführliche Einleitung gibt *Michael Waldstein* in seiner englischsprachigen Herausgabe der Mittwochskatechesen: *John Paul II.*, Man and Woman He Created Them. A Theology oft he Body. Translation, Introduction, and Index by *Michael Waldstein*, Boston 2006, 1–128. Zur Kommentierung vgl. auch *West, Christopher*, The Theology of the Body Explained. A Commentary on John Paul II's ,Gospel of the Body', Leominster, North Melbourne 2003, Norfolk 2006.

[7] Zur Problematik vgl. die Ausführungen von *Schumacher, Thomas*, Perichorein. Zur Konvergenz von Pneumatologik und Christologik in Hans Urs von Balthasars theodramatischem Entwurf einer Theologik, München 2007, 75.

Es besteht kein Zweifel, dass es zu den Grundintentionen von Johannes Paul II. gehört, die kirchliche Lehre von der verantworteten Elternschaft von den theologischen, anthropologischen und ethischen Sinnbezügen her zu einer überzeugenden, integralen Darstellung zu bringen. Eine solche Vermittlung war umso erforderlicher, als das II. Vatikanische Konzil in der Pastoralkonstitution „Gaudium et spes“ mit der heilsgeschichtlichen Sicht der Ehe als „innige[r] Gemeinschaft des Lebens und der Liebe, vom Schöpfer begründet und mit eigenen Gesetzten geschützt“ (GS 46) einerseits die Existenz eines natürlichen Sittengesetzes keinesfalls irgendwie in Frage stellen, andererseits aber dieses im Horizont der Lebendigkeit personalen Seins und personaler Liebe neu erschließen wollte. Die Vermittlung dieser heilsgeschichtlich-personalen Sicht von Ehe und zugleich auch von Familie in ihrer spezifischen „Würde“ (vgl. GS 47–52) mit der von Pius XI. und Pius XII. vorgelegten Lehre vom „usus matrimonii“ bzw. von der rechten Ordnung der Weitergabe des Lebens hatte sich bekanntlich Paul VI. selber vorbehalten und in der Enzyklika „Humanae vitae“ dargestellt.[8]

Durch den Würdeaspekt und die Entfaltung einer Semantik ehelicher Liebe in ihrer wesensmäßigen Lebensoffenheit stellt sich die Aufgabe, die Aussage vom „usus matrimonii“, der „von sich aus auf die Erzeugung menschlichen Lebens hingeordnet bleiben muss“ (HV 11), auf die Idee der Unendlichkeit zu beziehen. In „Humanae vitae“ kommt dies durch die Formulierung der Untrennbarkeit von liebender Vereinigung und Fortpflanzung zur Sprache.

Ausgangspunkt der Deutung ist die Aussage von der von Gott bestimmten unlösbaren Verknüpfung der beiden Sinngehalte – liebende Vereinigung und Fortpflanzung –, die beide dem ehelichen Akt innewohnen. „Diese Verknüpfung darf der Mensch nicht eigenmächtig auflösen“ (HV 12). In Anlehnung an den lateinischen

[8] *Papst Paul VI.*, Enzyklika „Humanae vitae“ über die rechte Ordnung der Weitergabe menschlichen Lebens (25. Juli 1968), in: Acta Apostolicae Sedis 60 (1968) 481–503, Lateinisch-deutsch = Nachkonziliare Dokumentation, Bd. 14, Trier 1968 (zit. als: HV); zu den lehrrechtlichen Implikationen von „Humanae vitae“ vgl. *Lüdecke, Norbert*, Einmal Königstein und zurück? Die Enzyklika Humanae Vitae als ekklesiologisches Lehrstück, in: *Dominikus M. Meier, Peter Platen, Heinrich J. Reinhardt, Frank Sanders* (Hrsg.), Rezeption des Zweiten Vatikanischen Konzils in Theologie und Kirchenrecht heute: Festschrift für Klaus Lüdicke zur Vollendung seines 65. Lebensjahres, Essen 2008, 357–412; mit umfangreichen Literaturangaben zur Enstehungs- und Rezeptionsgeschichte von „Humanae vitae“, *ders.*, Humanae vitae, in: *Christoph Markschies, Hubert Wolf* (Hrsg.), Erinnerungsorte des Christentums, München 2010, 534–546. Zur moraltheologischen Diskussion in neuerer Zeit vgl. *Christan Schulz*, Die Enzyklika „Humanae vitae“ im Lichte von „Veritatis splendor“. Verantwortete Elternschaft als Anwendungsfall der Grundlagen der Katholischen Morallehre, St. Ottilien 2008.

Text kann man noch genauer von der unlösbaren Verknüpfung des unitiven, also einenden, und des prokreativen, die Dimension der Fruchtbarkeit betreffenden Sinngehaltes sprechen (significatio unitatis und significatio procreationis). In der Perspektive einer transzendentalen Logik hätte man es hierbei mit einem sog. „unendlichen oder limitativen Urteil" zu tun; denn es handelt sich der Sache nach um eine korrelative Grenzziehung, durch die das qualitative Anderssein des Bezogenen, seine Unvergleichlichkeit hervortritt, keine bloße Ansammlung von Eigenschaftsbestimmungen, sondern Ausdruck einer ethisch substanziellen Relation.

In der Ausdeutung dieses Untrennbarkeitsprinzips hat Martin Rhonheimer deutlich gemacht, dass die hiermit angesprochene Handlungsstruktur als „gegenseitige Selbsthingabe in der Ganzheit des eigenen leiblich-geistigen Seins" aufzufassen ist, d. h. es geht um die „Vollendung" oder, wie man noch treffender sagen kann, um die „consummatio" dieser ehelichen Liebe[9], zu übersetzen als ein „Einverleiben" dieser Liebe. Was aber bedeutet dieses „Einverleiben"? Der Sinnhintergrund ist die Tatsache, dass der Mensch leib-geistiges Wesen ist. D. h. die Geistigkeit des Menschen ist immer leibgebunden, und so auch die Geistigkeit seiner Liebe; umgekehrt ist die Leiblichkeit immer von der Geistseele geprägt, und zwar so, dass die Leiblichkeit eben nicht einfach zum Objekt wird, sondern dass sie in unserem Handeln Subjektcharakter bekommt. Man kann theoretisch gesehen mit der eigenem Leiblichkeit so umgehen, als wäre sie eine Dinglichkeit und ein äußeres Objekt. Man kann ihr aber in der Art des Handelns einen solchen Ausdruck zukommen lassen, dass sie geradezu Subjektcharakter gewinnt, dass also die Leiblichkeit im Handeln als eine Art kooperierendes, mitwirkendes Prinzip wirksam und in ihren Sinndimensionen präsent wird. D. h. im Hinblick auf die geschlechtliche Liebe zwischen Mann und Frau ist mit der Leiblichkeit, d. h. mit dem Männlich- bzw. Weiblich-Sein, ohne Zweifel eine Tiefendimension bezeichnet, die über das momentane Erleben hinausgeht. Es ist die Dimension, in der überhaupt die Weitergabe des Lebens geschieht. Sie kann daher zu Recht als prokreative Dimension bezeichnet werden. Diese prokreative Dimension hat per se immer auch eine geistige Dimension an sich, und d. h. eine Dimension des Erkennens. Die Bibel hat das Ein-Fleisch-Werden als Akt des gegenseitigen Erkennens beschrieben, das vielleicht angemessener als gegenseitiges In-Liebe-sich-Erkanntsein-Lassen bezeichnet werden kann – ein in Liebe Einander-Ähn-

[9] *Rhonheimer, Martin*, Sexualität und Verantwortung, o. O. 1989, 65.

lich-Werden.[10] Dieses ganzheitliche Sich-Erkanntsein-Lassen ist der Anfangsgrund des ehelichen Aktes, die Quelle seiner Sittlichkeit. Ein Handeln-Können aus diesem leibhaftigen Sicherkennen heraus ist das, was in nüchterner Sprache als „Natur" des ehelichen Aktes bezeichnet wird, indem darin das Wesen dieses Aktes von seinem Anfangsgrund her erfasst wird.

Nun besteht kein Zweifel, dass in diesem leibhaftigen Sicherkennen grundsätzlich gesehen auch die Weitergabe des Lebens erfolgt. Wie aber geht man mit dieser prokreativen Dimension verantwortlich um angesichts der Pflicht zu verantworteter Elternschaft? Wie ist sie angesichts der Pflicht, die Zahl der Nachkommenschaft und der Abstände zwischen den Geburten zu verantworten, zu praktizieren, ohne gewissermaßen der Sexualität die Spitze abzubrechen, d. h. sie ihrer Tiefendimension zu berauben?

Die Kirche hat versucht, für diese Frage eine Wegweisung zu geben, die in Konsequenz für den Umgang mit bestimmten Methoden maßgeblich ist. Die Verantwortung der Fruchtbarkeit hat ethisch gesehen ihren Ort im Rahmen der Tugend der temperantia. „Temperantia" aber hat vom Wortsinn „tempus" her eigentlich einen zeitlichen Sinn, der sich etwa umschreiben lässt als „In eine Zeitgestalt bringen". Was mittels der temperantia geregelt werden soll, soll also in eine bestimmte Zeitgestalt gebracht und damit geordnet werden. Von daher ist der Ansatzpunkt der Wegweisung die zeitliche Gestaltung der Dynamik der Liebe als einer grundlegenden Bewegung der Seele, die nur als „passio" angemessen umschrieben werden kann – sehr unzureichend mit dem Begriff „Leidenschaft" übersetzbar. Diese zeitliche Gestaltung schließt die Anwendung von Hilfsmitteln, die die Wahrnehmung verantworteter Elternschaft erleichtern, nicht aus, sie dürfen freilich nicht an die Stelle der sittlichen Bewältigungskraft der Tugend der temperantia selbst treten. Der hierbei gewiesene Weg ist der einer Verhaltensmodifikation; er soll die Untrennbarkeit von unitiver und prokreativer Dimension schützen und gerade dadurch die der geschlechtlichen Beziehung wesenseigene Fülle fördern. Dieses Anliegen ist nur dann verständlich zu machen, wenn man sieht, dass die prokreative Dimension nicht einfach die bloße Weitergabe des Lebens meint, sondern ganz zentral eine geistige Dimension an sich hat, nämlich die des Sich-Erkennens. Diese Deu-

---

[10] Im Rahmen einer Philosophie des Leibes bedürfte dieser Aspekt der Vertiefung durch eine Abklärung dessen, was „Passivität" bzw. „passive Synthesis" bedeutet; vgl. hierzu etwa *Kühn, Rolf*, Husserls Begriff der Passivität. Zur Kritik der passiven Synthesis in der Genetischen Phänomenologie, Freiburg, München 1998.

tung, die hier in Anschluss an die Überlegungen Martin Rhonheimers gegeben wird, birgt freilich nun auch einige Probleme in sich, wenn es um die Unterscheidung zwischen erlaubten und unerlaubten Wegen und Mitteln geht.

Von seinem Ansatz her wird zumindest erst einmal klar, dass das sog. „Naturgesetz", von dem in Humanae vitae die Rede ist (HV 4) und welches die Kirche authentisch auszulegen hat, keineswegs in irgendeinem biologischen Sinne zu verstehen ist, sondern nichts anderes meint als das vernunftmäßige Strukturgesetz der sittlichen Tugend schlechthin, „d. h. das Strukturgesetz für die vernunftgemäße Ordnung menschlicher Strebungen, Neigungen und diesen entspringenden Handlungen"[11]. Von daher begreift Rhonheimer den Unterschied zwischen kontrazeptiven Praktiken und Akten periodischer Enthaltsamkeit auch nicht mehr einfachhin als Differenz zwischen „künstlich" und „natürlich", sondern als Differenz zwischen „technischem" und „tugendhaftem" Verhalten.

Das bietet einen Ansatzpunkt, um die Frage zu beantworten: Wie kann im ehelichen Leben die Verknüpfung des unitiven und prokreativen Sinngehaltes gewahrt werden, wenn klar ist, dass sie in Form der Weckung neuen Lebens über weite Strecken hin gar nicht realisiert werden kann bzw. die Ausübung der paternitas conscia es gebietet, diese Verknüpfung nicht ständig zu aktualisieren? Wie also kann diese Verknüpfung dann überhaupt präsent sein?

Einen Ansatzpunkt bietet das Verständnis von Tugend im Sinne von habitus. In einer „Haltung" kann ein Sinnzusammenhang präsent sein, ohne unmittelbar realisiert werden zu müssen. Sichtbar und erkennbar ist diese Haltung dann in entsprechenden Handlungsweisen oder Handlungsformen; da ein Habitus nur über die Handlungsweisen erkennbar ist, muss er in diesen auch sichtbare Gestalt finden können. In der Anwendung auf die Frage verantworteter Elternschaft hieße dies: Die Praktizierung der Zeitwahlmethode als Ausdruck einer sittlichen Gestaltung der psychischen Dynamik der Liebe macht den Sinnzusammenhang von liebender Vereinigung und Fortpflanzung dem Habitus nach, haltungsmäßig, präsent.[12] Bei der Praktizierung verantworteter Elternschaft rein auf der Basis direkt kontrazeptiver Mittel kann der Sinnzusammenhang von liebender Vereinigung und Fortpflanzung nur noch potenziell gewahrt werden, d. h. er ist nur als unbestimmte Möglichkeit gegeben und damit in seiner Präsenz reduziert, verdrängt

---

[11] Ebd., 129.

[12] Traditionell spricht man im Zusammenhang mit dieser Präsenzform auch von „Zweiter Aktualität" in Differenz zur Präsenz unmittelbarer Verwirklichung.

oder ausgeschaltet, wie auch immer man dies näher bezeichnen mag. Auf diese Unterscheidung zwischen Präsenz dem habitus, der Haltung, nach, und bloßer Potenzialität baut, so erscheint es, „Humanae vitae“ die anthropologische und moralische Wegweisung auf, so dass eine Differenz, die auf der Terminologie „natürlich“ vs. „künstlich“, so wie wir heute die Begriffe verstehen, aufbaut, irreführend sein kann, weil es eben nicht um Biologie, sondern um Tugendethik geht, etwas zugespitzt gesagt.

Aber möglicherweise sind diese Zusammenhänge in der Explikation der korrelativen Grenzbestimmung in „Humanae vitae“ noch nicht klar genug zum Ausdruck gekommen, und die Redeweisen von biologischen Funktionen, von einer naturgegebenen Möglichkeit usw. haben letztendlich ja auch den Vorwurf eingebracht, es gehe um die biologische Natur, die hier zur Norm gemacht werde. Diese Unklarheiten mögen Papst Johannes Paul II. dazu veranlasst haben, die Lehre von der verantworteten Elternschaft einer weiteren Klärung zuzuführen.

Die neue Sicht der sog. „Ehezwecke“, d. h. das erneuerte Verständnis von Ehe als inniger Gemeinschaft des Lebens und der Liebe hat, wie die Diskussion zeigt, erhebliche Konsequenzen für die Sinnbestimmung dessen, was verantwortete Elternschaft heißt. Es geht dann nämlich auch auf der Basis einer Methode des gezielten Ausweichens einer Empfängnis nicht mehr einfach nur um ein Mehr oder Weniger an Nachkommenschaft, sondern es geht jetzt immer auch um die Partnerschaft selbst. Die damit verbundenen Konsequenzen hat Papst Johannes Paul II. in seinem Apostolischen Schreiben „Familiaris consortio“[13] gezogen. Verantwortete Elternschaft steht hier nämlich primär im Sinnzusammenhang der augustinischen Unterscheidung zwischen „uti“ und „frui“, d. h. zwischen einem ein- oder gegenseitigen „Gebrauchen“ ohne Ganzhingabe einerseits und einem vorbehaltlosen gegenseitigen Sich-Schenken andererseits (vgl. FC 32). Auf diesem Hintergrund wäre die Intention von Humanae vitae als eine Weg-Weisung zu einer Unterscheidung in der Liebe im Bereich intimster menschlicher Beziehungen zu verstehen.

Trifft es zu, dass es von einem personalistischen Ansatz her eher um eine Unterscheidung in der Liebe geht, dann wäre die tragende Argumentationsgrundlage primär ein willensethischer Ansatz. Denn

[13] *Johannes Paul II.*, Apostolisches Schreiben „Familiaris Consortio“ über die Aufgaben der christlichen Familie in der Welt von heute (22. November 1981), in: Acta Apostolicae Sedis 74 (1982) 81–191, Verlautbarungen des Apostolischen Stuhls 33, hrsg. vom Sekretariat der Deutschen Bischofskonferenz, Bonn 1981 (zit. als: FC).

es geht ja darum, im Vollzug ehelicher Gemeinschaft sich wirklich, d. h. in der Wirklichkeit seines Personseins, zu bejahen und zu wollen. Das Wollen, von dem hier die Rede ist, ist keinesfalls im Sinne eines bloßen Wählens zwischen zwei oder mehreren wünschenswerten Dingen oder Verhaltensweisen zu verstehen, sondern das Wollen ist, wie es Hannah Arendt in Anknüpfung an Paulus und Augustinus eindringlich beschrieben hat, unser geistiges Organ für die Zukunft.[14] Das Wollen als geistiges Grundvermögen des Menschen, das ja per se in größerer Nähe zur Liebe steht, ist weit eher als elementare Selbstbewegung im Sinne des Sich-Öffnens oder des Sich-Verschließens zu verstehen; seine Freiheit ist die Fähigkeit zum Neuanfang, seine Bewegkraft ist mit Augustinus eher im Sinne einer „Schwerkraft der Seele" zu denken und weniger im Sinne des Anstrebens eines Ziels oder Zwecks.

Von daher ist auch ein Handlungsverständnis, das zu einseitig von der Vorstellung der Verwirklichung einer Mittel-Ziel-Relation geleitet ist, weniger angemessen, um der Bewegung des Wollens und der Liebe gerecht zu werden. Das hat wohl Johannes Paul II. klar gesehen, wenn er eher auf die subtilere Unterscheidung zwischen Tun und (Zu-)Lassen im Sinne zweier verschiedener Kategorienebenen der Freiheit abhebt, um den „anthropologischen und gleichzeitig moralischen Unterschied" zwischen der aktiven Verhinderung einer Empfängnis und dem Ausweichen vor einer möglichen Empfängnis deutlich zu machen. Es kann hierbei sicher nicht darum gehen, die für das normale Leben selbstverständlich leitende Vorstellung des Anstrebens von Zielen, des Einsetzens von Mitteln für die Realisierung von Zielen aufzuheben. Aber im Grunde setzt ein solches Handlungsverständnis schon „zu spät" an und nicht bei den Quellgründen, aus denen eine Handlung quasi geboren wird. Ein Handeln, das aus der Freiheit des Menschen kommt, lässt sich fast adäquater im Symbol der Gebürtlichkeit zur Sprache bringen. Handelnkönnen heißt auch Je-neu-Anfangenkönnen, beinhaltet die Möglichkeit, dass etwas Neues in die Welt kommt. Daher eben hat Hannah Arendt im Anschluss an Augustinus den Begriff der Gebürtlichkeit, der Natalität, geprägt, um dieses Vermögen des Anfangs sinnkräftig bezeichnen zu können.[15]

---

[14] Vgl. *Arendt, Hannah*, Vom Leben des Geistes Bd. II: Das Wollen, München 1979, 16; vgl. ferner *Wojtyla, Karol*, Person und Tat, Freiburg 1981, insbes. 102ff. zur Deutung der Potenzialität im Hinblick auf den Ursprung der aktualen Dynamisierung des Subjekts und 120ff. im Hinblick auf die Dialektik der Vergegenständlichung und Subjektivierung als Charakteristikum für die integrale Dynamik des Willens.

[15] Vgl. *Arendt, Hannah*, Vita activa oder vom tätigen Leben, Stuttgart 1960, 242f.

Auf unsere Frage bezogen heißt dies: eheliche Liebe ist, wie „Humanae vitae" formuliert, „jene besondere Form personaler Freundschaft, in der die Gatten alles großherzig miteinander teilen, weder berechtigte Vorbehalte machen noch ihren eigenen Vorteil suchen" (HV 9). So gesehen ist ein dementsprechend liebendes Handeln ein Handeln, das den Charakter von Geburtlichkeit hat und das als Bejahung eines anderen „um seiner selbst willen, nicht nur wegen dessen, was er von ihm empfängt" (HV 9), geschieht, paradox gesagt ein Handeln, das nicht aus einem Interesse entsteht. Damit ist keinesfalls ein Mangel an Sensibilität gemeint, sondern ein Gespür für einen anderen Anfangsgrund als den eines Interesses oder Bedürfnisses, nämlich den der freien Begegnung von Angesicht zu Angesicht. Das „Zu-Lassen" ist von diesem Ansatz her eigentlich als ein Handeln aus einem An-sich-geschehen-Lassen heraus zu verstehen; „An-sich-geschehen-Lassen" aber bedeutet, der Wirklichkeit des anderen in dessen ganzen Personsein begegnen zu wollen, sich von ihr in seinem Wollen bewegen zu lassen, meint eben ethisch gesehen ein Annehmen des primären Gegebenseins des anderen in seiner personalen Ganzheit; in der Sprache von E. Lévinas würde man von der Grundhaltung der Rückbezüglichkeit („récurrence") gegenüber der lebendigen Gegenwart des anderen sprechen. Für sich genommen aber kann dieses Sich-anrühren-Lassen von positiven wie auch von negativen Qualitäten bestimmt sein. Denn ein vom Interesse gelöstes Handeln kann einerseits positiver Ausdruck des Bejahens einer anderen Person sein kann, kann aber andererseits realiter auch ein „un-interessiertes" Handeln im negativen Sinne, also ein desinteressiertes Handeln bedeuten. Im ersten Fall ist es Zeichen des Sich-Öffnens der Seele, im zweiten Zeichen des Sich-Verschließens. Dies kann man in der Liebesbegegnung spüren und wahrnehmen; und so gesehen gibt ein Handeln, das aus einer Haltung der récurrence, einem ganzheitlichen Sich-Anrührenlassen heraus kommen will, die feinste, dem Menschen mögliche Unterscheidungsmöglichkeit zwischen Liebe und Lieblosigkeit, zwischen frui und uti, an die Hand.

Auf diesem Hintergrund versteht man vielleicht eher, was Johannes Paul II. in „Familiaris consortio" meint, wenn er sagt: Diejenigen, die Kontrazeption betreiben, liefern den

> „Plan Gottes ihrer Willkür aus; sie ‚manipulieren' und erniedrigen die menschliche Sexualität – und damit sich und den Ehepartner –, weil sie ihr den Charakter der *Ganz*hingabe nehmen. Während die geschlechtliche Vereinigung ihrer ganzen Natur nach ein vorbehaltloses gegenseitiges Sichschenken der Gatten

zum Ausdruck bringt, wird sie durch die Empfängnisverhütung zu einer objektiv widersprüchlichen Gebärde, zu einem Sich-nicht-ganz-Schenken. So kommt zur aktiven Zurückweisung der Offenheit für das Leben auch eine Verfälschung der inneren Wahrheit ehelicher Liebe, die ja zur Hingabe in personaler Ganzheit berufen ist." (Nr. 32)

Wenn somit also die Lehre von der paternitas conscia mit der Gewissensbildung in intimsten menschlichen Beziehungen zu tun hat, kann es hierbei nicht um ein Mehr oder Weniger an freier Mittelwahl gehen, sondern um die originäre Leistung des Gewissens, nämlich um die Wahrnehmungsfähigkeit, um den sensus, so sagt Thomas, mit der wir im Prinzip wissen können, was wir tun, wenn wir etwas tun. Dieser sensus bedarf aber gerade im Bereich der Liebe der Bildung, der Entwicklung der Wahrnehmungsfähigkeit, geht es doch bei der Unterscheidung in der Liebe nicht um eine Steigerung der seelischen Bewegung, sondern um ein Hinhörenkönnen auf den „Takt" dieser seelischen Bewegung der Liebe selbst.

Die Zuspitzung der Lehre der verantworteten Elternschaft auf die Unterscheidung zwischen uti und frui hin beinhaltet freilich aufgrund des darin implizierten Willens- und Freiheitsverständnisses eine spezifische Herausforderung für eine Theologie und Philosophie des Leibes. Das Un-Bedingte der personalen Freiheit in der Leiblichkeit auszulegen, bedarf einer kritischen Absicherung in Gestalt einer Symboltheorie, die den Leib als „Urhandlung", „Real-Symbol" des Menschen oder als „Wesensmedium" ernst nimmt, gleichzeitig aber auch der Nicht-Fassbarkeit von Freiheit und der vom Menschen aus unüberwindbaren Zweideutigkeit von „fasslich-begrifflichem Sinn und personaler Bedeutung" Rechnung trägt.[16] Jörg Splett unterscheidet in diesem Zusammenhang der „Dunkelheit" und „Un-Eindeutigkeit" des Symbols drei Fehlformen, die geradezu als Versuchungen auftreten und gegen die eine Theologie und Philosophie des Leibes abgesichert werden muss, nämlich die Ideologie der Immanenz, welche die fasslich festlegbare Symboldimension verabsolutiert, die Ideologie der Transmanenz, welche die Symbole zu Idolen verfälscht, und die Ideologie der Transzendenz, welche im Sinne „restloser Offenheit" die bloße Bewegung des Übersteigens ab-

[16] Vgl. *Splett, Jörg*, Freiheit in Leiblichkeit, in: *Katholisches Säkularinstitut, Cruzadas de Santa María* (Hrsg.), Mensch, erkenne Deine Würde. Reflexionen zur ‚Theologie des Leibes' von Johannes Paul II., München 2007, 23–39, 25 u. 29.

solut setzt.[17] Eine Theologie des Leibes kann demnach auf eine transzendentale Bestimmung menschlicher Freiheit nicht verzichten, sie kann jedoch die „Interpersonalität als ursprünglich-innerliche Bestimmung von Freiheit und Symbol in ihrem Wahrheitsverhältnis“[18] aufzeigen. Es ist jedoch auch für Splett klar, dass bildlich gesprochen das heilsgeschichtliche Flügel-Bild „caro cardo salutis“ auf ein schöpfungstheologisches Gegenstück unter dem Titel „Freiheit aus Leiblichkeit“ angewiesen ist. [19] Eine solche Reflexion wird die Lebendigkeit personalen Seins in der Dynamik zwischen dem „Augenblick“ der ersten Schöpfung, des „Im Anfang“, dem „Augenblick“ der Seele (aevum) und dem „Augenblick“ der Welt (instans) auszulegen und zu vermitteln haben. Sie wird dabei berücksichtigen, dass bei der primären Bewegung personalen Lebens die Zeit eine Eigenschaft darstellt, und nicht nur ein äußeres Maß; deren genuines Maß ist daher auch nicht auf quantitativem Wege zu gewinnen, sondern durch eine qualitative Synthesis in Entsprechung zum Untrennbarkeitsprinzip, welches die erste Wirklichkeit des „Im Anfang“ dynamisch als Kontinuum zum Ausdruck bringt.[20]

Dies darf freilich nicht übersehen lassen, dass es um eine Auslegung des universalen sittlichen „Natur“-Gesetzes geht, welches seiner Eigenart nach sowohl gattungsgeschichtliche, kulturelle, bevölkerungspolitische, also sozialethische Dimensionen als eben auch anthropologische und individualethische Dimensionen hat. Diese Gesamtperspektive in den Blick zu bekommen und sie angesichts der Zeichen der Zeit zu entwickeln, war im Grunde das Anliegen der Bischofssynode von 1980. Der damalige Relator, der Erzbischof von München und Freising Joseph Kardinal Ratzinger, der jetzige Papst Benedikt XVI., hat versucht, in einem Brief an die Priester, Diakone und an alle im pastoralen Dienst Stehenden die wichtigsten Intentionen dieser Bischofssynode wie

[17] Vgl. ebd., 30–35.

[18] Ebd., 37.

[19] Vgl. ebd., 39 Anm. 26.

[20] Solange man hierbei nicht Einsichten des späten Thomas berücksichtigt, der weitaus deutlicher als in seinen früheren Werken zwischen den verschiedenen „Augenblicken“, insbesondere zwischen „aevum“ und „instans“ unterscheidet und damit wesentliche aristotelische Prämissen korrigiert – letztlich und implizit auch die von der Unbestimmtheit des Unendlichen –, dürfte eine überzeugende Vermittlung allein der Intention der Lehre von der verantworteten Elternschaft kaum möglich sein. Vgl. zur Problematik *Janßen, Martin*, Vom Augenblick. Geistesgeschichtliche Untersuchungen unter besonderer Berücksichtigung des Opusculums ‚De Instantibus‘, Würzburg 2008; *ders.*, Augenblick und Identität. Anregungen des Opusculums ‚De Instantibus‘, in: *Heike Baranzke* (Hrsg.), Menschenleben – Lebenszeit (s. Anm. 3), 15–28.

auch sein Verständnis der Lehre von der verantworteten Elternschaft zu artikulieren.[21]

Zunächst wird die kultur- und gesellschaftskritische Aufgabenstellung der Kirche herausgestellt, da die Fragen einer kinderarmen, kinder-un-freundlichen Gesellschaft mit einer kulturellen Einstellung zu tun haben, nämlich einer Kultur des Habens, des Begehrens und damit aber auch der Angst und Zukunftslosigkeit, der mangelnden Zustimmung zum Leben überhaupt – im Gegensatz zu einer Kultur des Seins, der Gabe, der Hoffnung und des Lebens.

Eine weitere Herausforderung ist der bevölkerungspolitische Imperialismus, der darin besteht, Entwicklungshilfe weitgehend an die Bedingung kontrazeptioneller Programme zu binden und für diese Maßnahmen Milliardenbeträge einzusetzen. Manche Bischöfe der sog. Dritten Welt sprachen sogar vom „Terrorismus der Kontrazeption" und meinten, dass aus der Perspektive der Dritten Welt der Verdacht nicht zu vermeiden sei, dass der tiefste Grund für diesen Druck auf Kontrazeption die Verteidigung des Besitzes der Industrieländer gegen die unerwünschte Schar der Erben aus der Dritten Welt ist, die man als Bedrohung des eigenen Besitzstandes und des einmal eingespielten ungeschmälerten Gebrauchs der Güter dieser Welt fürchtet. Zudem sei für die in der Tradition der alten (christlichen und nicht-christlichen) Kulturen lebenden Menschen die mit Kontrazeption verbundene Mentalität unverständlich und nicht annehmbar, es sei für sie ein Zwang gegen ihr tiefstes menschliches Empfinden und ihre moralischen Überzeugungen.

Und schließlich habe man auch versucht, den ethischen Kern der kirchlichen Lehre zu verdeutlichen. Im Grunde versucht der damalige Erzbischof, die anthropologische Bedeutung des Zeitrhythmus für die Gestaltung von Lebensbeziehungen deutlich zu machen. Er zitiert einen Artikel von Gertrud Stetter, in dem es heißt:

> „Der Lebensrhythmus, der organische Zeittakt von Mann und Frau ist verschieden. Ihn mechanisch gleichzuschalten, ist phantasielos und – offenbar – auf Dauer ohne Reiz. Seine Eigenart zu spüren, anzunehmen und den anderen damit herauszufordern, fördert das Mitteilungsbedürfnis und das Einfühlungsvermögen, die Vereinbarung und das Gespräch. Es lehrt Geduld und Rücksichtnahme, zwingt auch zu momentanen Verzicht, was den Wunsch nach Verwirklichung einer Sehnsucht eher

[21] *Ratzinger, Joseph Kardinal*, Brief an die Priester, Diakone und an alle im pastoralen Dienst Stehenden, 8. Dezember 1980.

> bestärkt – und den Geist anregt, in der Zwischenzeit andere Zeichen der Zuneigung zu finden."[22]

Dieser Gedanke werde inzwischen auch von Feministinnen vertreten, die die Fixierung von Sexualität auf Genitalität als Vergewaltigung fraulichen Wesens, als Verlust an Eros und an Zärtlichkeit beklagen (mit Verweis auf Catherina J. M. Halkes). In der Zeitwahl werde mit dem Phänomen „Zeit", zu dem der Dialog, die Rücksicht und die Enthaltungsfähigkeit gehören, der personale Aspekt, die Einheit von Leib und Seele, von Liebe und Treue mitgegeben. Es gehe daher in „Humanae vitae" eben nicht um Biologismus, sondern um die Selbsterfahrung des Menschen, der sich in der Ganzheit seiner Person, d. h. mit Leib und Seele als Teil der Schöpfung in ihrer Gutheit, in der auch kreatürlichen Würde seiner selbst, verstehen und erleben möchte.

Für den damaligen Erzbischof ist damit aber auch klar, dass der Normcharakter von „Humanae vitae" anders, nämlich dynamisch zu verstehen ist:

> „Das bedeutet dann aber für die sittliche Wertung menschlichen Tuns in diesem Bereich, dass man dem von der Kirche vertretenen moralischen Anspruch umso näher ist, je mehr man im Sinn dieser Maßstäbe handelt, und umso ferner, je mehr man das Sexuelle im Sinn der bloßen Sache und der jederzeitigen Verfügbarkeit betrachtet. Deswegen ist der Maßstab von Humanae Vitae, so klar er ist, doch nicht starr, sondern offen für differenzierte Beurteilung differenzierter sittlicher Situationen."[23]

Hinsichtlich der Anwendung in der Pastoral konnte daher die damalige Bischofssynode „auf den Gedanken der Gradualität zurückgreifen und erklären, dass zur Lehre eine konkrete Pädagogik gehört, die den Menschen in seinem lebenslangen Unterwegssein begleitet und ihm hilft, sich voll Vertrauen der göttlichen Führung zu öffnen", konkret hieß das für den damaligen Erzbischof: „Hier gibt es eine große Aufgabe, denn ohne Beratung entsteht keine Erkenntnis und ohne Erkenntnis kein Verstehen und ohne beides bleibt der Maßstab selbst stumm und damit unerfüllbar."[24]

Was das Gesetz der „Gradualität" betrifft, so hatte die Bischofssynode im Grundsatzteil neben der Frage von Glaubenssinn und Zeichen der Zeit folgendes formuliert:

[22] Ebd., 21.
[23] Ebd., 24.
[24] Ebd., 25.

„Das dritte Thema, die ‚Gradualität', ist ein in dieser Form neuer Gedanke der Synode, der dann zu einer ihrer durchgehenden Perspektiven geworden ist, welche in allen Einzelfragen gegenwärtig bleibt. Mit dieser Idee der ‚Gradualität' wird das Motiv des Unterwegsseins aufgegriffen und für die moralische Erkenntnis und Praxis konkretisiert, von dem ich vorhin gesprochen habe. Es wird gesagt, dass der ganze christliche Weg ‚conversio' – Bekehrung ist, Bekehrung aber in weitergehenden Schritten geschieht. ‚Sie ist ein dynamischer Prozess, der […] allmählich voranschreitet zur Integration der Gaben Gottes und der Ansprüche seiner absoluten und definitiven Liebe im ganzen persönlichen und sozialen Leben des Menschen […] Deshalb ist ein pädagogisches Voranschreiten nötig, damit die einzelnen Gläubigen und Völker wie Zivilisationen von dem, was sie bereits aus dem Mysterium Christi empfangen haben, geduldig weitergeführt werden zu erfüllterer Erkenntnis dieses Geheimnisses und zu seiner vollen Integration in ihrem Leben und in ihrem Verhalten. So soll es möglich werden, dass im Geist der Gottesliebe und der Gottesfurcht, aber ohne Verstörung (perturbatio) die Herzen und das Leben der Menschen durch die fortschreitende Befreiung des Geistes und Herzens für Christus ganz geöffnet werden.'"[25]

Der damalige Erzbischof bringt es in der Tat auf den Punkt, wenn er am Schluss seines Briefes sagt: „Wahrheit ist nie steril, sondern ‚gibt zu denken', um ein Wort von P. Ricoeur zu verwenden."[26] Dem kann man sich in jeder Hinsicht nur anschließen.

---

[25] Ebd., 9.
[26] Ebd., 25.

Ausgeschlossen vom Mahl der Versöhnung?

Plädoyer für eine Revision der kirchlichen Praxis gegenüber wiederverheirateten Geschiedenen

von Eberhard Schockenhoff

Wiederverheiratete Geschiedene können nicht zur Eucharistie und den übrigen Sakramenten zugelassen werden, weil sie – so die lehramtliche Begründung – im objektiven Widerspruch zu den Verpflichtungen stehen, die sie in ihrer ersten Ehe eingegangen sind.[1] Sie können nach dieser Annahme die Schuld nicht bereuen und wieder gutmachen, die sie durch den Bruch ihres Eheversprechens und den andauernden Verstoß gegen die eheliche Treue gegenüber ihrem ersten Partner auf sich laden. Diese Begründung rief in der theologischen Diskussion der letzten Jahrzehnte eine Reihe exegetischer, theologiegeschichtlicher und systematischer Einwände hervor, die an dieser Stelle nicht im Einzelnen entfaltet werden können.[2] Diese Einwände führten zu verschiedenen Vorschlägen, die eine Revision der geltenden kirchlichen Praxis fordern. Sie reichen von einer Erleichterung der Ehenichtigkeitsverfahren über eine amtliche Zulassung zur Eucharistie auf außergerichtlichem Weg[3] oder unter Berufung auf die *aequitas canonica*[4] bis zur Übernahme der ostkirchlichen Duldung einer zweiten Ehe unter dem Zeichen der Buße.[5] Die Bischöfe der oberrheinischen Kirchenprovinz wählten dagegen einen anderen Ansatz, indem sie auf das Gewissensurteil der Betroffenen bauten, das diesen

---

[1] Vgl. *Papst Johannes Paul II.*, Apostolisches Schreiben „Familiaris consortio" vom 22. November 1981, Nr. 84, Abs. 4.

[2] Vgl. dazu *Schneider, Theodor* (Hrsg.), Geschieden, wiederverheiratet, abgewiesen? Antworten der Theologie, Freiburg i.Br. 1995.

[3] Einer der ersten, die diesen Vorschlag machten, war *Ratzinger, Joseph*, Zur Frage nach der Unauflöslichkeit der Ehe. Bemerkungen zum dogmengeschichtlichen Befund und zu seiner gegenwärtigen Bedeutung, in: *Franz Henrich, Volker Eid* (Hrsg.), Ehe und Ehescheidung. Diskussionen unter Christen, München 1972, 35–52, mit dem Hinweis, dass diese Lösung „voll auf der Linie der kirchlichen Überlieferung" liege (ebd., 55).

[4] Vgl. *Belliger, Andréa*, Die wiederverheirateten Geschiedenen: Versuch eines neuen kirchenrechtlichen Lösungsansatzes, in: Intams Review 7 (2001) 194–212, bes. 205.

[5] Vgl. *Häring, Bernhard*, Ausweglos? Zur Pastoral bei Scheidung und Wiederverheiratung. Ein Plädoyer, Freiburg i.Br. 1989 und *Prokschi, Rudolf*, Pastoral für wiederverheiratete Geschiedene. Ist ein neuer Anfang nach dem Beispiel der orthodoxen Kirche möglich?, in: Stimmen der Zeit 221 (2003) 531–545.

einen Weg aufzeigen könne, wie sie erlaubterweise zur Eucharistie hinzutreten können. Ihr Vorschlag konzentriert sich daher darauf, Kriterien für ein derartiges Gewissensurteil aufzustellen und zur seelsorglichen Begleitung wiederverheirateter Geschiedener aufzufordern, die zu einer persönlichen Gewissensentscheidung ermuntern solle.[6]

Die folgenden Überlegungen wollen aus einer theologisch-ethischen Perspektive aufzeigen, warum eine Abkehr vor der bisherigen Praxis eines generellen Ausschlusses aller wiederverheirateten Geschiedenen unabdingbar ist.[7] Das zentrale moraltheologische Argument dafür sei vorweg genannt: Aus dem bloßen Faktum der Wiederheirat ist ein genereller Rückschluss auf das Vorliegen schwerer Schuld schon deshalb nicht möglich, weil Schuld neben dem *objektiven* Tatbestand eines Vergehens oder Fehlverhaltens immer einen *subjektiven* Aspekt aufweist, der sich der sicheren Beurteilung von außen entzieht. In unersetzbarer Weise ist dazu das an Gottes Gebot und Verheißung geschärfte Gewissen der einzelnen Gläubigen gefordert. Die Anerkennung der unhintergehbaren Kompetenz des Gewissens als letzter Beurteilungsinstanz, vor der jeder einzelne über persönliche Schuld und Verantwortung entscheiden muss, entspricht der kirchlichen Lehre über die Würde des sittlichen Gewissens; sie impliziert in keiner Weise eine Relativierung moralischer Normen.[8] Deshalb stellt der Hinweis auf das Gewissen, dem in Trennungs- und Scheidungskonflikten das letzte Urteil über persönliche Schuld und eigenes Versagen zukommt, die kirchliche Lehre von der Unauflöslichkeit der Ehe und die Verpflichtungskraft des ehelichen Treueversprechens nicht in Frage.

Das Schuldempfinden an der Zerstörung der eigenen Ehe und an der Trennung vom ersten Ehepartner setzt vielmehr voraus, dass die Partner um die gegenseitige Verpflichtung wissen, die sie mit der Eheschließung eingegangen sind. Durch die Trennung, die in der Scheidung endgültigen Charakter annimmt, werden sie dieser im Eheversprechen öffentlich übernommenen Verpflichtung untreu. Für gläubige Menschen bedeutet dies einen Verstoß gegen

---

[6] Vgl. *Die Bischöfe der oberrheinischen Kirchenprovinz*, Zur seelsorglichen Begleitung von Menschen aus zerbrochenen Ehen, Geschiedenen und wiederverheirateten Geschiedenen. Einführung, Hirtenwort, Grundsätze, Freiburg, Mainz, Rottenburg-Stuttgart 1993.

[7] Zur näheren Begründung des Folgenden vgl. *Schockenhoff, Eberhard*, Chancen zur Versöhnung? Die Kirche und die wiederverheirateten Geschiedenen, Freiburg i.Br. 2011.

[8] Vgl. Gaudium et spes, Nr. 16 und *Papst Johannes Paul II.*, Enzyklika Veritatis splendor, Nr. 57–60.

Gottes Gebot, selbst dann, wenn sie an der Ehe festhalten wollen und ihnen die Trennung gegen ihren Willen aufgezwungen wird.

Damit ist jedoch die Frage nach der persönlichen Schuld, die jemand an der Zerstörung seiner Ehe trägt, noch nicht beantwortet. Wenn eine Ehe als personale Lebensgemeinschaft so sehr zerrüttet ist, dass ein Neuanfang nicht mehr möglich erscheint, ist die Trennung unabwendbar geworden. Nach menschlichem Ermessen ist dann eine Heilung nicht mehr zu erwarten und ein weiteres Zusammenleben einem der Partner oder auch beiden nicht mehr zumutbar.

Die Gründe, die zu dieser unheilvollen Entwicklung führten, sind auch für die Betroffenen oftmals nicht restlos durchschaubar. Persönliches Versagen, überzogene Erwartungen, schuldhafte Nachlässigkeit, die Unfähigkeit zu rückhaltloser Kommunikation in Krisenzeiten, mangelnde Empathie und die rücksichtslose Durchsetzung des eigenen Standpunktes gegenüber dem Partner schaffen ein verhängnisvolles Amalgam zerstörerischer Entwicklungsfaktoren, denen der anfängliche Wille zum Festhalten an der Ehe am Ende nicht mehr gewachsen ist.[9] In der Regel ist auf beiden Seiten Schuld im Spiel, wobei diese häufig nicht eindeutig zurechenbar ist. Zwar kommt es immer wieder vor, dass ein Partner die eigene Ehe durch bewusstes Fehlverhalten mutwillig zerstört oder eine bis dahin intakte Lebensgemeinschaft plötzlich aufgibt, weil er eine neue Beziehung eingehen möchte oder bereits eingegangen ist. Dies stellt gegenüber dem verlassenen Partner – früher zumeist den Ehefrauen, heute immer häufiger auch den verlassenen Männern – ein schweres Unrecht dar, das noch schwerer wiegt, wenn der verlassene Partner oder die Partnerin mit der Sorge für die gemeinsamen Kinder allein gelassen wird. In vielen Fällen sind beim Scheitern der Ehe die jeweiligen Schuldanteile jedoch nicht eindeutig zuzuordnen, was wiederum nicht bedeutet, dass beide Partner an der Zerstörung ihrer Lebensgemeinschaft gleichermaßen schuldig sind. Dass auch der andere Mitschuld an der Zerstörung der Ehe trägt, mindert jedoch in keiner Weise die eigene Schuld, die sich jeder für sich im Gewissen vorhalten muss.

Warum sollten getrennt lebende und später geschiedene Ehepartner die Schuld nicht bereuen können, die sie durch die Nicht-Erfüllung ihres Eheversprechens und die Auflösung ihrer ehelichen Lebensgemeinschaft auf sich geladen haben? Solange sie keine neue Ehe eingehen, bestehen auch in der gegenwärtigen kirchlichen Praxis keine Bedenken, Geschiedene zu den Sakra-

[9] Vgl. dazu *Burgk-Lempart, Andrea*, Wenn Wege sich trennen. Ehescheidung als theologische und kirchliche Herausforderung, Stuttgart 2010, 35–50.

menten zuzulassen, obwohl sie durch das Verharren in der Trennung in klarer Weise gegen Gottes Gebot verstoßen.[10] Zurecht geht die Kirche in diesen Fällen davon aus, dass die geschiedenen Partner für die Schuld am Scheitern ihrer Ehe Vergebung erlangen können, auch wenn der Wille zur Wiederherstellung der zerstörten Beziehung nicht mehr vorhanden ist oder nach menschlichem Ermessen dazu keine Aussicht mehr besteht.

Da die Wiederaufnahme des ehelichen Zusammenlebens nach längerer Trennung von der Bereitschaft beider Partner abhängt, kann sie nicht einseitig erzwungen werden. Darum kann demjenigen, der seine Schuld an der Zerstörung der Ehe aufrichtig bereut, Vergebung zugesprochen werden, wenn eine Wiederherstellung der zerstörten Lebensgemeinschaft mit dem früheren Partner nicht mehr in seinen Kräften steht, selbst dann, wenn er die Hauptschuld an der Trennung trägt. Umgekehrt vermag der Partner, der sich dem Wunsch des anderen nach einer Wiederaufnahme der ehelichen Lebensgemeinschaft widersetzt, weil er dazu nicht mehr in der Lage ist, die eigene Schuld an der Zerstörung der Ehe aufrichtig und ernsthaft zu bereuen. Daher spricht nach geltender kirchlicher Lehre und Praxis nichts dagegen, getrennt lebende und geschiedene Ehepartner, deren Ehe unheilbar zerstört ist, zu den Sakramenten zuzulassen, auch wenn sie persönliche Schuld zu bereuen haben, deren Schwere sie in ihrem Gewissen beurteilen müssen.

Die Tatsache, dass viele Ehepartner in Trennungskonflikten Selbstzweifel, Unwertgefühle und Scham entwickeln, ist ein Indiz dafür, dass sie die Schuld am drohenden Scheitern ihrer Ehe keineswegs auf die leichte Schulter nehmen. Dagegen empfinden sie in der Regel keine Schuld gegenüber dem geschiedenen Ehepartner mehr, wenn sie *den* Schritt unternehmen, der aus kirchenrechtlicher Sicht unvergebbare Schuld begründen soll: wenn sie nach der Trennung eine zivile Zweitehe mit einem neuen Partner eingehen. Aus welchen Gründen die Wiederheirat auch erfolgt, sei es, weil eine Frau oder ein Mann nicht alleine leben kann, sei es, weil jemand in der neuen Beziehung die tragende Lebensgemeinschaft erfährt, die ihm in der ersten Ehe versagt blieb, der Akt der zweiten Eheschließung wird von den meisten nicht als ein moralisch fragwürdiger, womöglich mit schwerer Schuld verbundener

---

[10] Vgl. zum Folgenden *Kaiser, Matthäus*, Geschieden und wiederverheiratet. Beurteilung der Ehen von Geschiedenen, die wieder heiraten, Regensburg 1983, 62ff. und *Knapp, Markus*, Glaube – Liebe – Ehe: ein theologischer Versuch in schwieriger Zeit, Würzburg 1999, 184ff.

Schritt empfunden. Häufig ist es vielmehr so, dass die neuen Partner sich im Gewissen verpflichtet fühlen, zu der Verantwortung zu stehen, die ihnen aus ihrem Zusammenleben und aus der Sorge für gemeinsame Kinder erwachsen ist. Dabei ist nicht auszuschließen, dass einer der Partner in der zivilen Zweitehe das ernsthaft bereute Versagen in der ersten kirchenrechtlich gültigen Ehe wieder gutmachen möchte. Dieser Wille zur Wiedergutmachung ist auch dann moralisch anzuerkennen, wenn die Wiederherstellung der ersten Ehe objektiv unmöglich geworden ist und die Wiedergutmachung den ersten Partner, an dem man schuldig wurde, nicht mehr unmittelbar erreichen kann.

Auch wenn es einem gläubigen Katholiken nicht gleichgültig sein sollte, dass er sein Verhältnis zur Kirche durch das Eingehen einer ungültigen Ehe belastet, so ist doch davon auszugehen, dass die zweite Eheschließung moralisch gerechtfertigt sein kann oder von den Partnern sogar als eine Gewissensverpflichtung empfunden wird, und dies keineswegs nur dann, wenn die Sorge für im gemeinsamen Haushalt mitlebende Kinder ein zusätzliches Motiv für die Eheschließung ist. Die zivile Zweitehe kann nämlich ungeachtet dessen, dass sie kirchenrechtlich ungültig ist, alle wesentlichen Elemente (Wille zur lebenslangen Treue, Bejahung ihrer Ausschließlichkeit, Bereitschaft zur umfassenden personalen Lebensgemeinschaft, Offenheit für Kinder) aufweisen, die nach kirchlichem Verständnis für eine Ehe konstitutiv sind. Deshalb kann eine ungültige Ehe, in der das gelebt wird, was das Wesen einer Ehe ausmacht, nicht als Nicht-Ehe oder gar als Konkubinat bezeichnet werden, wie es früher im kirchlichen Sprachgebrauch üblich war.[11] Vielmehr ist davon auszugehen, dass in einer zivilen Zweitehe der verlässliche Wille zum Füreinander-Einstehen in guten und schlechten Tagen besteht, der, auch wenn er nicht mit einem sakramental gültigen Eheversprechen gleichzusetzen ist, eine feste personale Lebensgemeinschaft zwischen den Partnern schafft.

> „Diese elementare personale Wirklichkeit ist als solche Ernst zu nehmen, auch wenn ihr die Vollendung durch die Ratifikation in dem von-Gott-zur-Einheit-zusammengebunden-Werden fehlt. Sofern nicht nur der Ehewille vorhanden ist, sondern auch eine öffentliche Eheschließung stattgefunden hat, bekunden die Partner der ungültigen Ehe damit auch ihre Bereitschaft, sich nicht

[11] Mit dem kirchenrechtlichen Fachausdruck matrimonium invalidum (= ungültige Ehe) wird eine zivile Zweitehe noch immer als Ehe bezeichnet; auch der Begriff matrimonium nullum ist nicht mit „keine Ehe", sondern korrekterweise als „ungültige" Ehe zu übersetzen (vgl. *Kaiser*, Geschieden und wiederverheiratet [s. Anm. 10], 66).

> nur selber zu binden, sondern auch sich miteinander verbinden zu lassen."[12]

Selbst in den Fällen, in denen die neue Verbindung durch ein Unrecht gegenüber dem früheren Partner zustande kam, ist nicht auszuschließen, dass in ihr durch die gemeinsame Lebensführung eine moralische Verbindlichkeit erwächst, die die Partner gegenseitig verpflichtet. Auch wenn jemand durch das Eingehen einer neuen Verbindung schwere Schuld gegenüber seinem ersten Ehepartner auf sich geladen hatte, kann er diese später bereuen und zu der begründeten Gewissensüberzeugung gelangen, dass die Fortsetzung dieser neuen Verbindung und ihre rechtliche Legitimation durch eine zivile Eheschließung moralisch geboten sind. Wenn die Partner einer solchen Zweitehe das miteinander leben, was von Eheleuten zu erwarten ist, kann ihr Zusammenleben subjektiv nicht als schwere Sünde gelten. Zur schweren Sünde wird das Zusammenleben in einer Zweitehe, die sich als verlässliche personale Lebensgemeinschaft bewährt, auch nicht durch den Umstand, dass die Partner miteinander in sexueller Gemeinschaft leben. Eine solche Annahme stünde in einem merkwürdigen Widerspruch zur Gewissenserfahrung der Betroffenen, die ein derartiges Urteil in aller Regel nicht nachvollziehen können. Zudem setzt sich diese Bewertung dem Verdacht aus, die sexuelle Begegnung von Mann und Frau zumindest unterschwellig als ein rechtfertigungsbedürftiges Übel anzusehen.

Die kanonistische Konstruktion, die angeblich zum Ausschluss wiederverheirateter Geschiedener von den Sakramenten zwingt, beurteilt deren Lage aus einer großen Distanz zu ihren tatsächlichen Lebensumständen. Die Annahme, durch ein weiterbestehendes Rechtsverhältnis an den früheren Partner gebunden zu sein, erscheint vielen wiederverheirateten Geschiedenen abstrakt und weltfremd, während sie die durch die zweite Eheschließung begründete Lebensgemeinschaft Tag für Tag als eine seit langem bewährte Realität erfahren. Die Qualifikation ihrer Lebenssituation als objektiver Zustand schwerer Sünde oder als fortgesetzter Ehebruch widerspricht aber nicht nur dem eigenen Erleben der Betroffenen, sie erweist sich bei näherer Betrachtung auch als theologisch fragwürdig, und dies in mehrfacher Hinsicht.

Mangelhaft ist bereits der kanonistische Ehebegriff als solcher, dessen einseitige Fixierung auf den sexuellen Vollzug der Ehe ein Relikt ihrer auf dem Konzil überwundenen, vertragsrechtlichen

[12] *Kaiser*, Geschieden und wiederverheiratet (s. Anm. 10), 73.

Sichtweise darstellt. In einer personal-ganzheitlichen Konzeption der Ehe als umfassender Lebensgemeinschaft kann dagegen auch der Vollzug der Ehe, der die durch den Ehekonsens zustande gekommene Verbindung zwischen den Ehegatten unauflösbar macht, nicht mehr auf den ersten Akt des ehelichen Beischlafes reduziert werden. Vielmehr meint der Vollzug der Ehe das umfassende gegenseitige Sich-Schenken und Füreinander-Eintreten, das die Eheleute sich im Eheversprechen dauerhaft zusagen. Wenn dieses Sich-Übereignen der Ehegatten nicht zustande kommt, kann die Ehe nicht als vollzogen gelten; ihr fehlt dann ein Wesenselement, das für die gegenwärtige Ehetheologie unverzichtbar ist.[13] Auch ist zu fragen, ob der „Tod" der Ehe nur durch das physische Lebensende eines Partners oder nicht auch durch ihre tatsächliche Zerrüttung eintreten kann.[14] In diesem Fall müsste der Geschlechtsverkehr mit dem neuen Partner nicht mehr als Ehebruch gegenüber dem ersten gewertet werden, da durch die Zerstörung der personalen Lebensgemeinschaft in der ersten Ehe auch das Recht zum sexuellen Vollzug dieser Gemeinschaft nicht mehr besteht.

Ein zweites, schwerwiegendes Problem liegt in dem unzureichenden Sakramentenverständnis, das der Identifikation von Ehevertrag und Sakrament zugrunde liegt.[15] Ein Sakrament ist ein wirksames Zeichen der Gnade Gottes; es dient der Erinnerung, der Vergegenwärtigung und der Vorwegnahme des göttlichen Heils, das in ihm gefeiert wird. Die Theologie unterscheidet deshalb eine dreifache temporale Struktur, durch die ein Sakrament seine Wirkung entfaltet. Es ist ein erinnerndes Zeichen (*signum rememorativum*), das auf die Ursache des Heils, nämlich den Tod und die Auferstehung Christi zurückweist; ferner ist es ein hinweisendes Zeichen (*signum demonstrativum*), das die Gnade gegenwärtig setzt, die durch Christi Leiden erwirkt wird; schließlich ist

[13] Zu den kirchenrechtlichen Überlegungen, ob eine solche Ehe wie jede andere nicht-vollzogene Ehe wieder aufgelöst werden kann, vgl. *Belliger*, Die wiederverheirateten Geschiedenen (s. Anm. 4), 199.

[14] Diese Frage stellte, wie aus dessen Antwort ersichtlich, offenbar bereits Pollentius gegenüber Augustinus. Dieser weist die Überlegung, mit dem Tod des Mannes, nach dem die Frau 1 Kor 7,39 zufolge wieder frei ist, könne auch der „spirituelle Tod" gemeint sein, den die Ehe durch den Ehebruch des Mannes erleidet, als absurde Annahme zurück. Vgl. *Augustinus*, De adulterinis coniugiis II, 2–3; Corpus scriptorum ecclesiasticorum latinorum 41, 383f.

[15] Vgl. *Zapp, Hartmut*, Zur „Realdistinktion" von Ehevertrag und Sakrament, in: *Andreas Weiß, Stefan Ihli* (Hrsg.), Flexibilitas iuris canonici. Festschrift für Richard Puza zum 60. Geburtstag (Adnotationes in ius canonicum 28), Frankfurt a.M. 2003, 341–367.

jedes Sakrament ein vorausdeutendes Zeichen (*signum prognosticum*), das die künftige Herrlichkeit vorwegnimmt.[16]

Wenn vom sakramentalen Eheband die Rede ist, durch das seit Jahren getrennt lebende Partner noch immer durch ein rechtliches Vertragsverhältnis verbunden sind, kommt die dreifache Zeitdimension, in der ein Sakrament seine Wirksamkeit entfaltet, nur noch durch die Erinnerung an das Vergangene zum Tragen. Die gegenwärtig setzende Kraft des sakramentalen Zeichens ist dagegen ebenso wie sein Verheißungscharakter erloschen, da die personale Lebensgemeinschaft zwischen den Ehegatten nicht mehr besteht und ihre Wiederaufnahme nach menschlichem Ermessen nicht mehr erhofft werden kann.

Auch in dieser Residualform entfaltet das Sakrament, da es mit dem Ehevertrag und den daraus entstandenen lebenslangen Verpflichtungen der Ehepartner identifiziert wird, aber noch immer seine volle kirchenrechtliche Bindungswirkung. Diese besteht unvermindert fort, während die geistliche Kraft des Sakramentes als Quelle der Gnade und des Trostes erloschen ist. Dadurch verkehrt sich jedoch die Wirkung, die das Sakrament auf seine Empfänger ausübt, ins Gegenteil: Aus dem Zeichen der barmherzigen Nähe Gottes wird eine religiöse Sanktion, die einen gangbaren Ausweg dauerhaft verschließt. In Zeiten schwerer Erschütterungen, in denen sie in Gedanken das mögliche Scheitern der Ehe bereits vorwegnehmen können, erfahren viele Ehepartner das Band des sakramentalen Zeichens nicht mehr als eine lebendige Kraftquelle, aus der sie Hoffnung schöpfen. Vielmehr schwebt das Sakrament wie ein Damoklesschwert über ihnen, das sie an die ausweglose Situation erinnert, in die sie zu geraten drohen. Der theologische Sinn eines Sakramentes wird dadurch bis zur Unkenntlichkeit entstellt und pervertiert.

Eine dritte Schwäche der Argumentation, nach der wiederverheiratete Geschiedene wegen des objektiven Widerspruchs, in dem sie zur kirchlichen Lebensordnung stehen, von den Sakramenten ausgeschlossen werden müssen, liegt in der reduzierten Rolle, die darin dem Gewissen zukommt. Seine Funktion beschränkt sich darauf, die Verletzung der vertraglichen Pflichten anzuerkennen, die sich aus dem fortbestehenden Rechtsverhältnis der ersten Ehe ergeben. Darüber hinaus spielt das Gewissen in diesem Begründungsmodell keine Rolle, weder bei der Bewertung der Gründe, die zum Scheitern der ersten Ehe führten, noch bei der Beurteilung, ob die zweite eheliche Gemeinschaft sich als verlässliche Grundlage des

[16] Vgl. *Thomas von Aquin*, Summa theologiae III, 60, 3.

Zusammenlebens bewährt hat. Inwieweit beim Scheitern der ersten Ehe eigenes Versagen zu beklagen ist, und wieweit begangenes Unrecht und möglicherweise angerichteter Schaden inzwischen bereut und wieder gutgemacht wurden, ist für die moralische Bewertung der zivilen Zweitehe als Zustand schwerer Sünde bedeutungslos. Ob ein Partner schuldlos verlassen wurde, oder ob er die Ehe brach, weil er eine jüngere, attraktive Frau kennengelernt hatte, macht keinen Unterschied; ebenso wenig spielt es eine Rolle, ob aus der zweiten Ehe Kinder hervorgingen, deren Erziehung eine gemeinsame Aufgabe der Eltern darstellt.

Die unterschiedslose Bewertung dieser verschiedenen Ausgangssituationen als objektiv schwere Sünde steht häufig in krassem Widerspruch dazu, wie die Betroffenen selbst ihre persönliche Schuld und Verantwortung vor ihrem Gewissen beurteilen. Besonders groß ist die Diskrepanz zwischen dem persönlichen Gewissensurteil und der kirchenrechtlichen (Ab)Qualifikation der zivilen Zweitehe in den Fällen, in denen ein lediger Mann oder eine ledige Frau einen geschiedenen Partner heiraten, der schuldlos verlassen wurde. Wenn die neuen Partner ihr Zusammenleben durch eine zivile Eheschließung legalisieren wollen, geraten sie, ohne dass sie sich irgendeine persönliche Schuld vorwerfen könnten, in eine Lage, die angeblich auf irreversible Weise einen Zustand objektiver schwerer Schuld begründet. Dies ist umso unverständlicher, als der bislang unverheiratete Mann oder die bislang unverheiratete Frau dem zuvor verlassenen Partner und den Kindern aus der ersten Ehe in einer schwierigen Lebenssituation zur Hilfe kommen. In moralischer Hinsicht hat dies etwas mit Anstand, Selbstverpflichtung und Verantwortungsgefühl, jedoch wenig, oder genauer: gar nichts mit Schuld und Sünde zu tun. Wie aus moralisch achtenswerten Handlungsweisen ein Zustand schwerer Sünde entstehen soll, ist für die Betroffenen in ihrem Gewissen in keiner Weise ersichtlich. Die kirchenrechtliche Argumentation, die für den Ausschluss wiederverheirateter Geschiedener und aller in einer zivilen Zweitehe lebender Partner von den Sakramenten aufgeboten wird, übergeht nicht nur die originäre Kompetenz des Gewissens, was die letztverantwortliche Beurteilung persönlicher Lebensumstände anbelangt; sie wird auch der vom Lehramt selbst erhobenen Forderung nicht gerecht, verschiedene Situationen gut zu unterscheiden und differenziert zu beurteilen.[17]

[17] Vgl. *Papst Johannes Paul II.*, Familiaris consortio (s. Anm. 1), Nr. 84.

Gleichgeschlechtliche Partnerschaften

von Konrad Hilpert

I. Sexuelle Orientierung: ein mehrschichtiges Problem

Dass Sexualität nicht nur in verschiedengeschlechtlicher Konstellation vorkommt, sondern manche Menschen sich vorübergehend oder dauerhaft zu Personen des gleichen Geschlechts hingezogen fühlen und dies auch in sexuellen Aktivitäten seinen Ausdruck finden kann, hat man zu allen Zeiten beobachtet, vorzugsweise in Bezug auf Männer. Eine Bezeichnung für solche Handlungen gab es in der christlich geprägten Tradition aber lange Zeit nicht, es sei denn die „der Sünde der Einwohner von Sodom und Gomorra" in Anlehnung an die Episode über die Gefährdung und Rettung Lots in Gen 19,1–29[1]. Bei der Deutung entsprechenden Handelns taucht als eine Erklärung die auf, es handle sich um eine frei gewählte (widernatürliche) Befriedigung des Geschlechtstriebs, deren Zweck es sei, die Möglichkeit der Fortpflanzung zu vereiteln. Damit erscheint ausreichend begründet, weshalb die biblische Erzählung – ganz ähnlich wie in Gen 38 bei der Beurteilung des Zeugung vermeidenden Verkehrs Onans mit seiner verwitweten Schwägerin Tamar – von einem verabscheuungswürdigen Verhalten spricht und in ihm den Grund für die harte göttliche Bestrafung erkennt.

Eine andere sehr viel jüngere Erklärung setzt bei der Sicht von Homosexualität als krankhafter Störung an. Homosexuelles Empfinden und entsprechende Verhaltensweisen gelten demnach nicht oder nicht zur Gänze als frei gewollt, sondern als Bedürfnis und Ausdrucksform von Menschen, die in ihrem Empfindungsvermögen eingeschränkt sind. Es gelte daher, sie durch therapeutische Behandlung zu der als natürlich angesehenen Orientierung auf das andere Geschlecht hin zu bringen.

Beide Sichtweisen waren nicht nur in religiösen und kirchlichen Kontexten verbreitet, sondern auch im Erziehungswesen, in der

---

[1] Näheres bei *Lutterbach, Hubertus*, Gleichgeschlechtliches sexuelles Verhalten. Ein Tabu zwischen Spätantike und früher Neuzeit?, in: Historische Zeitschrift 267 (1998) 281–311, bes. 300–309.

Medizin, in der Wissenschaft und infolgedessen auch im öffentlichen Bewusstsein.

Erst seit knapp anderthalb Jahrhunderten gibt es für das gleichgeschlechtliche Empfinden und aus ihm hervorgehende Handlungen eine spezifische Bezeichnung, nämlich Homosexualität.[2] Diese Bezeichnung beinhaltet nicht eine Klassifikation bestimmter Handlungsintentionen, sondern macht den Unterschied bei der im Vergleich zur üblichen heterosexuellen Ausrichtung fest. Gemeinsam ist ihr mit dieser, dass sie lustbezogen ist, auf Partnerschaft und intime Expression drängt und Teil des Selbstbilds einer Person werden kann. Verschieden ist sie darin, dass sie das Gefühl auf Personen des gleichen Geschlechts richtet und dass sie für die Fortpflanzung (in direkter Weise) nicht geeignet ist.

Es gehört zu den bemerkenswerten Lernschritten in der kirchlichen Lehre über die Sexualität, dass sie nicht nur zur Kenntnis genommen hat, dass Homosexualität in verschiedenen Zeiten und Kulturen vorkommt, sondern als Faktum anerkennt, dass es eine nicht geringe Anzahl von Männern und Frauen gibt, die homosexuell veranlagt sind und diese Veranlagung nicht selbst gewählt haben.[3] Diese Anerkennung verortet die homosexuelle Geschlechtsidentität wie auch das homosexuelle Empfinden in einer anthropologischen Tiefenschicht, die der willentlichen Formbarkeit der einzelnen Betroffenen entzogen ist, und nimmt sie bereits dadurch heraus aus der traditionellen Sicht, schon als solche Gräuel oder Sünde zu sein. Sie muss deshalb aber auch nicht als statische Neigung angesehen werden, sondern ist durchaus als durch Entwicklungen und frühe Prägungen beeinflusst denkbar. Dass die Ursachen dieser Neigung gleichwohl noch weitgehend ungeklärt sind, wird dem humanwissenschaftlichen Erkenntnisstand abgenommen, ohne dass auf einzelne Erklärungen oder Vermutungen näher eingegangen wird[4].

Mit der Anerkennung einer eigenen homosexuellen Orientierung steht auch grundsätzlich die Möglichkeit offen, dass sich die Realität sexueller Orientierung als pluraler und vielschichtiger zeigen könnte, als bislang angenommen wurde. In diese Richtung

---

[2] Näheres hierzu bei *Timmermanns, Stefan*, Sexuelle Orientierung, in: *Renate-Berenike Schmidt, Uwe Sielert* (Hrsg.), Handbuch Sexualpädagogik und sexuelle Bildung, Weinheim, München 2008, 261–270, 262f. Ferner: *Bleibtreu-Ehrenberg, Gisela*, Tabu Homosexualität. Die Geschichte eines Vorurteils, Frankfurt a.M. 1981.

[3] S. dazu die Differenzierung in der Bewertung von der Erklärung der Glaubenskongregation Persona humana von 1975 (Nr. 8) über das Schreiben an die Bischöfe (Nr. 3 u. 11) bis zum Katechismus (Nr. 2358).

[4] S. KKK Nr. 2357.

deuten aktuelle Diskussionen in der Sexualwissenschaft[5] und in der Geschlechteranthropologie[6] hin. Biologisches Geschlecht und sexuelle Identität stimmen offensichtlich nicht in jedem Fall überein, und diese Nichtübereinstimmung scheint unterschiedlich stark ausfallen zu können.

II. Das Recht auf sexuelle Selbstbestimmtheit als eigenständiges Anliegen

Die ausdrückliche Anerkennung einer homosexuellen Veranlagung impliziert bestimmte Rechte im Zusammenleben mit anderen. Über die für alle geltende Freiheit von jeder Art sexueller Gewalt und vom Zwang in Bezug auf Partnerschaft und Erzeugung eigener Nachkommen[7] hinaus gehört zu den spezifischen Rechten das Recht auf die eigene sexuelle Identität, einschließlich des Schutzes vor Zwang, gegen den eigenen Willen zum Gegenstand therapeutischer Maßnahmen gemacht zu werden, die darauf abzielen, die homosexuelle Orientierung in eine heterosexuelle zu konvertieren.

Ein zweites spezifisches Recht, das wegen der relativen Seltenheit der homosexuellen Orientierung von besonderer Bedeutung ist, ist der Anspruch auf Achtung und Schutz vor diskriminierenden Vorurteilen und daraus erfließenden praktischen Benachteiligungen. Auch ein Recht auf Information und Aufklärung über die eigene Orientierung und damit verbundene Handlungsmöglichkeiten und -erschwernisse dürften wichtige Spezifizierungen des Rechts auf Selbstbestimmung sein, das homosexuell veranlagten Menschen genauso zusteht wie allen anderen.

Für die internationalen Bemühungen um die Ausformulierung von menschenrechtlichen Standards seit der Mitte der 1990er Jahre besteht kein Zweifel, dass auch das Recht auf sexuelle Gesundheit (einschließlich HIV-Prävention), auf Entscheidungsfreiheit bezüglich sexueller Aktivität oder Inaktivität, auf einvernehmliche sexuelle Beziehungen und auf ein befriedigendes Sexualleben[8]

---

[5] S. u. a. *Kockott, Götz*, Die Sexualität des Menschen, München 1995, 102–104; *Timmermanns*, Sexuelle Orientierung (s. Anm. 2), 261–267; *Tuider, Elisabeth*, Diversität von Begehren, sexuellen Lebensstilen und Lebensformen, in: *Schmidt, Sielert* (Hrsg.), Handbuch Seuxalpädagogik (s. Anm. 2), 251–260.

[6] Etwa *Butler, Judith*, Körper von Gewicht. Die diskursiven Grenzen des Geschlechts, Frankfurt a.M. 1997.

[7] Vgl. Allgemeine Erkärung der Menschenrechte, Art. 16.

[8] S. WHO, Defining Sexual Health. Report of a technical consultation on sexual health, 28–31 January 2002; International Planned Parenthood Federation (IPPF), Charter on Sexual and Reproductive Rights 1995. Einen guten Überblick über die

Ausdruck und Konsequenzen des Rechts auf Selbstbestimmung ist, das allen Menschen zusteht.

Die kirchenoffiziellen Texte zur Homosexualität[9] widersprechen diesen Schlussfolgerungen dem Wortlaut nach nicht, sondern verschieben die faktische Bestreitung in den Bereich der Moral und der Spiritualität, indem sie sich erstens auf die kirchliche Überlieferung berufen, die „stets" erklärt habe, „dass die homosexuellen Handlungen in sich nicht in Ordnung sind"[10], zweitens zu erkennen geben, dass das Leben mit solcher Veranlagung für die Betroffenen Leid und Schwierigkeiten mit sich bringt[11], und drittens erklären, dass alle homosexuell veranlagten Menschen „zur Keuschheit berufen sind"[12]. Die Anerkennung einer homosexuellen Neigung geht also in der kirchenoffiziellen Position einher mit der strikten Ablehnung aller homosexuellen Handlungen; sie seien „in keinem Fall" zu billigen[13]. Bei allen möglichen Vorbehalten gegen diese Schlussfolgerung (insbesondere dem, dass sich viele Betroffene von der Aufforderung zum Verzicht überfordert sehen) ist mit der grundsätzlichen Unterscheidung zwischen (schicksalhafter) Veranlagung und (freiwilligen) homosexuellen Handlungen und dem Verbot der Diskriminierung festgehalten, dass homosexuelle Menschen wie alle heterosexuell Veranlagten bzw. Lebenden als Menschen einen sozialen Achtungsanspruch haben und dass die Wahrnehmung durch die anderen sie nicht auf ihre sexuelle Disponiertheit und ihre Sexualität reduzieren darf.

---

international-rechtlichen Vereinbarungen über sexuelle Rechte bietet *Thoss, Elke*, Sexuelle Rechte – eine Grundlage weltweiter sexueller Bildung, in: *Schmidt, Sielert* (Hrsg.), Handbuch Sexualpädagogik (s. Anm. 2), 507–514.

[9] *Sekretariat der Deutschen Bischofskonferenz* (Hrsg.), Erklärung der Kongregation für die Glaubenslehre zu einigen Fragen der Sexualethik (Verlautbarungen des Apostolischen Stuhls 1), Bonn 1975; *ders.* (Hrsg.), Schreiben der Kongregation für die Glaubenslehre an die Bischöfe der katholischen Kirche über die Seelsorge für homosexuelle Personen (Verlautbarungen des Apostolischen Stuhls 72), Bonn 1986.

[10] *Sekretariat der Deutschen Bischofskonferenz* (Hrsg.), Schreiben der Kongregation für die Glaubenslehre an die Bischöfe der katholischen Kirche über die Seelsorge für homosexuelle Personen (Verlautbarungen des Apostolischen Stuhls 72), Bonn 1986, Nr. 3; KKK Nr. 2357.

[11] KKK, Nr. 2358.

[12] Ebd., Nr. 2359.

[13] Ebd., Nr. 2357.

Die Begründung, die in kirchlichen Dokumenten für die strikte Ablehnung homosexueller Handlungen genannt wird, besteht in der Aussage, dass die homosexuellen Handlungen „nicht einer wahren affektiven und geschlechtlichen Ergänzungsbedürftigkeit" entsprängen[14]. Wie dieser Satz zu verstehen ist, erschließt sich allerdings nicht ohne Weiteres: Ist sein Status der einer Feststellung auf der Basis von Beobachtungen? Oder der einer spekulativen Einsicht in die Eigenart solcher Beziehungen? Oder der eines Verdachts bzw. eines kritischen Vorbehalts gegen das allzu blauäugige Ignorieren des Sachverhalts, dass der flüchtige Kontakt und die Ablehnung des Ideals einer lebenslangen exklusiven Beziehung im homosexuellen Milieu statistisch häufiger sind als bei heterosexuellen Beziehungen? Wenn die zitierte Aussage weder als definitives Urteil über die Liebes- und Bindungsfähigkeit von homosexuell veranlagten Personen zu verstehen ist, noch als Allaussage a posteriori erklärt werden kann, dann ist zumindest für Einzelfälle nicht auszuschließen, dass homosexuell veranlagte Personen ihre Neigung in eine auf personale Bindung gerichtete Partnerschaft integrieren und durch entsprechendes Tun nicht einfach nur ihrer Veranlagung freien Lauf lassen, sondern einander in und durch die Beziehung auch Wertschätzung, Annahme, Fürsorge, Bereitschaft Verantwortung zu übernehmen und Solidarität zu gewähren mitteilen können. Jedenfalls beinhaltet das Selbstzeugnis vieler homosexueller Partner, dass sie ihre Beziehung als personale Partnerschaft erleben und zu gestalten versuchen.[15]

Hiervon unterschieden werden müssten zweifellos homosexuelle Aktivitäten und Beziehungskonstellationen, die auf Flüchtigkeit abstellen und im Partner lediglich ein Exemplar des begehrten Geschlechts sehen und nicht die Person, oder die nur die Erfahrung sexueller Lust ohne seelisches Involviertwerden und Verantwortungsübernahme suchen. Bei ihnen fehlt ebenso wie dort, wo es aus Gründen der Unreife, des Mangels an Angehörigen des anderen Geschlechts oder der Furcht vor letzterem zu homosexuellen Handlungen kommt, tatsächlich die „affektive und ganzheitliche Ergänzungsbedürftigkeit", die eine unverzichtbare Voraussetzung für die ethische Würdigung sexueller Beziehungen ist. Deshalb haben ortskirchliche Dokumente wie das Arbeitspapier der Gemein-

[14] Ebd., Nr. 2357.

[15] Vgl. *Fraling, Bernhard*, Sexualethik. Ein Versuch aus christlicher Sicht, Paderborn, München u. a. 1995, 235.

samen Synode über „Sinn und Gestaltung menschlicher Sexualität" (sehr viel zurückhaltender der Brief der Jugendkommission der Deutschen Bischofskonferenz von 1999) die Argumentation ins Positive gewendet und dazu aufgefordert, die Energien der Homosexualität von einer gleichgesinnten Freundschaft in Dienst nehmen und von dieser humanisieren und personalisieren zu lassen: „Dies könnte eine Hilfe gegen die Gefährdung durch Promiskuität sein."[16] Dies impliziert zumindest, dass es ethisch einen entscheidenden Unterschied macht, ob homosexuelle Handlungen ohne oder im Kontext einer auf Solidarität und Dauer angelegten Beziehung stattfinden. Nicht wenige Moraltheologen gehen weiter und sehen in der „Integration der homosexuellen Orientierung und des daraus fließenden Verhaltens in eine auf Dauer ausgerichtete homosexuelle Partnerschaft"[17] den alternativen Weg zu einem überfordernden Verzicht auf sexuelle Betätigung. „Entscheidend [...] ist auf jeden Fall das Maß der in ihr und mit ihr gelebten Liebe."[18]

IV. Ein Problem biblischer Hermeneutik

Die biblischen Belege für die negative Bewertung der Homosexualität und entsprechenden Praktiken erscheinen auf den ersten Blick und verglichen mit anderen Fragen der Sexualität reichlich und eindeutig. Das betont das Schreiben der Kongregation für die Glaubenslehre an die Bischöfe von 1986 und widerspricht ausdrücklich Auffassungen, die Bibel sage darüber nichts oder billige Homosexualität.[19] Außer der schon erwähnten Erzählung über die Sünde der Einwohner von Sodom und Gomorra (Gen 19,1–29) sind einschlägig: Lev 18,22 und 20,13, wo homosexuelle Akte verurteilt werden und sogar mit der Todesstrafe geahndet werden sollen; ferner Röm 1,24–27, 1 Kor 6,9–11 sowie 1 Tim 1,9f.

Der Eindruck der Eindeutigkeit erweist sich allerdings rasch als vordergründig, wenn man diese Textstellen von ihrem jeweiligen

[16] Einen kurzen Überblick über die Diskussion in der katholischen Moraltheologie gibt *Fraling*, Sexualethik (s. Anm. 15), 240f.

[17] *Korff, Wilhelm*, Homosexualität III: Theologisch-ethisch, in: Lexikon für Theologie und Kirche 5 (^{3}1996) 255–259, 257. In der Sache ähnlich: *Gründel, Johannes*, Katholische Kirche und Homosexualität, in: Münchener Theologische Zeitschrift 45 (1994) 509–520, 515 u. 518f.; *Arntz, Klaus*, Gelingendes Leben in Ehe und Familie – Grundlagen der Sexualmoral, in: *ders.* u. a., Orientierung finden. Ethik der Lebensbereiche, Freiburg i.Br. 2008, 61–126, 116.

[18] *Fraling*, Sexualethik (s. Anm. 15), 242.

[19] *Sekretariat der Deutschen Bischofskonferenz* (Hrsg.), Schreiben an die Bischöfe (s. Anm. 10), Nr. 4, vgl. Nr. 5–8.

Kontext her versteht. Gen 19 handelt von der Beauftragung zweier Boten, die prüfen sollen, ob sich in Sodom wenigstens zehn Gerechte finden, um deretwillen Jahwe auf Abrahams Bitte hin die Stadt verschonen will. Sie werden von Lot gastfreundlich aufgenommen. Am Abend verlangen die Einwohner der Stadt von Lot, ihnen die Besucher auszuliefern, um mit ihnen geschlechtlich zu verkehren. Lot möchte die Gastfreundschaft, die er den Besuchern geboten hat, auf keinen Fall verletzen und überlässt den Sodomitern als „Ersatz“ seine beiden verlobten, noch unberührten Töchter. Als die Männer der Stadt in ihrer Zudringlichkeit trotzdem nicht nachlassen, schlagen die Fremden sie mit Blindheit; später, als Lot mit seiner Familie die Stadt verlassen hat, werden Sodom und Gomorra samt allen Einwohnern und den Feldern vernichtet. Nach einhelliger Meinung der Exegeten wird Sodom in dieser Erzählung aber nicht wegen der Homosexualität vernichtet. „Die eigentliche Schuld der Sodomiter ist die Gewalttätigkeit, mit der sie sich über alles Recht, hier vor allem das Gastrecht, hinwegsetzen und Mitmenschen wider alles Recht und alle Sitte zwingen, ihren Lüsten dienstbar zu sein.“[20] Das wird auch durch andere biblische Texte bestätigt, die von der Sünde Sodoms sprechen.

In den Bestimmungen von Lev 18 und 20 geht es um die Frage, wie die kultische Reinheit der Familie geschützt werden kann in Abgrenzung von Sitten und sakralen Praktiken, die bei den Kanaanitern und Ägyptern verbreitet waren. Der Verkehr zwischen Männern erscheint hier in einer Reihe mit Kinderopfer, Totenbeschwörung, Wahrsagerei, Verfluchung der Eltern, Ehebruch, Inzest, Blutschande, Verkehr mit Tieren, Beischlaf mit einer menstruierenden Frau und anderen religiösen „Gräueln“.

Bleiben noch die Stellen bei Paulus und in den Pastoralbriefen. Während es in 1 Kor 6 und 1 Tim 1 um die Abgrenzung von den Heiden mit ihren Kulten und der Praxis der von heterosexuellen Männern geübten Päderastie geht, stellt Röm 1 homosexuelle Praktiken als etwas dar, was der Schöpfungsordnung widerspricht (Röm 1,26: para physin). Sie seien eine Folge der Gottlosigkeit der Heiden in der Weise, dass Gott die Gottlosen dem Irrtum ausliefere, so dass sie den natürlichen Verkehr in einen widernatürlichen verkehrten. Dieses Verhalten wird in eine Reihe von Verfehlungen eingefügt wie Götzendienst, Lüge, Habsucht, Mord, Betrug, die alle zusammen Ausdruck und Folge der Gottesferne der Heiden sind. Es geht also um homosexuelle Praktiken als Bestandteil und

---

[20] *Scharbert, Josef*, Genesis 12–50, in: *Josef G. Plöger* (Hrsg.), Die neue Echter Bibel. Kommentar zum Alten Testament mit der Einheitsübersetzung, Würzburg 1986, 154.

Kennzeichen der Verehrung und der Unterwerfung an fremde Götter.

Alle genannten Stellen haben homosexuelle Handlungen von Heterosexuellen im Blick. Mit der Möglichkeit, dass es auch eine bleibende Veranlagung gibt, sich auch als Erwachsener zu Menschen gleichen Geschlechts hingezogen zu fühlen, wird an keiner dieser Stellen gerechnet, genauso wenig wie damit, dass derlei Aktivitäten Ausdruck und Mittel einer Vertiefung einer partnerschaftlichen Beziehung sein könnten. Genau um diesen Personenkreis, für den homosexuelles Empfinden keine wählbare Alternative zu heterosexuellem ist, geht es jedoch bei der aktuellen Diskussion um homosexuelle Lebensgemeinschaften. Nicht nur der theologische Aussagerahmen, in den die jeweiligen Stellen eingefügt sind, sondern auch die historischen und kulturellen Erkenntnisvoraussetzungen[21] sind also andere als heute, so dass sich der unmittelbare Rückgriff auf einzelne Sätze und Begriffe und erst recht Wertungen als unsachgemäß verbietet.

V. Die sozialethische Problematik der Rechtsgestaltung gleichgeschlechtlicher Paarbindungen

Während der letzten Jahrzehnte wurden in vielen Staaten Anstrengungen unternommen, um die rechtliche Stellung der Menschen mit homosexueller Disposition zu verbessern. In einem ersten Schritt ging es vor allem um die Entkriminalisierung homosexuellen Verhaltens, in einem zweiten um die Bereitstellung eines institutionellen Rahmens für gleichgeschlechtliche Lebensgemeinschaften, innerhalb dessen bestimmte Schutz- und Rechtsansprüche der Partner verbindlich geregelt bzw. geltend gemacht werden können wie Zeugnisverweigerung, Information durch Dritte, Besuch, Eingehen von Mietverhältnissen, Unterhalt, Vererbung, Anspruch auf Kranken- und Pflegeversicherung. In zahlreichen Ländern hat der Ge-

[21] S. dazu auch *Fraling*, Sexualethik (s. Anm. 15), 237 u. 239 sowie *Arntz*, Gelingendes Leben (s. Anm. 17), 110f. Von exegetischer Seite s. auch *Theobald, Michael*, Biblische Weisungen zur Homosexualität? Plädoyer für einen vernünftigen Umgang mit der Schrift, in: Wort und Antwort 39 (1998) 92–94; *Schichting, Wolfhart*, „Wer denn schuld ist, werfe den ersten Stein …“ Homosexualität in biblisch-theologischer Sicht, in: *Barbara Kittelberger* u. a. (Hrsg.), Was auf dem Spiel steht. Diskussionsbeiträge zu Homosexualität und Kirche, München 1993, 254–261; *Stegemann, Wolfgang*, Keine ewige Wahrheit. Die Beurteilung der Homosexualität bei Paulus, in: *Kettelberger* (Hrsg.), Was auf dem Spiel steht, 262–285. Für die Interpretations- und Wirkungsgeschichte der zentralen Stellen aufschlussreich: *Lutterbach*, Gleichgeschlechtliches sexuelles Verhalten (s. Anm. 1), bes. 284–300.

setzgeber hierzu die Möglichkeit des Eintrags der Lebenspartnerschaft in das Personenstandsregister geschaffen, in manchen das Institut der Ehe auch für Partner gleichen Geschlechts geöffnet.

Das erscheint konsequent, wenn die zu regelnde Partnerschaft alleine auf die auf Liebe und Dauer gegründete Gemeinschaft zweier Personen abhebt, deren Innenverhältnis durch wechselseitige Fürsorge und Verantwortung, Wahrung der Integrität und Freiheit des Anderen bestimmt sein soll, und wenn die rechtlich geregelte Institution die dreifache Funktion einer Stütze zur Stabilisierung, der Vermeidung von Konflikten und der Anerkennung vor der Öffentlichkeit leisten soll.

Kirchliche Dokumente (z. B. der Kongregation für die Glaubenslehre) und hohe Gremien (z. B. die Deutsche Bischofskonferenz) haben sich wiederholt gegen eine solche Anerkennung gleichgeschlechtlicher Lebensgemeinschaften durch eine Rechtsform ausgesprochen.[22] Sie halten die ehebasierte Familie für die einzige für die Gesellschaft maßgebliche Lebensform und sehen deshalb in der rechtlichen Absicherung der gleichgeschlechtlichen Lebensgemeinschaften einen Angriff auf die normative Ordnung der Gesellschaft. Ihre Institutionalisierung verändere „die gesamte soziale Struktur [der Gesellschaft] in einer Weise, die dem Gemeinwohl“[23] widerspreche. Genauerhin halten sie es für nicht möglich, dass der Staat diese Lebensgemeinschaften legalisiert, „ohne die Pflicht zu vernachlässigen, eine für das Gemeinwohl so wesentliche Einrichtung zu fördern und zu schützen, wie es die Ehe ist“[24].

Die innere Schlüssigkeit dieser Positionierung hängt von zwei Faktoren ab, nämlich zum einen davon, ob die „Fruchtbarkeit“ und Nachkommenschaft konstitutives Element einer auf Dauer gestellten Lebenspartnerschaft zweier erwachsener Personen ist, und zum anderen, ob die Ermöglichung des Eingehens einer rechtlich anerkannten Form tatsächlich in Konkurrenz zu Ehe und Familie treten würde. Das erste ist ein normatives Problem, das zweite eine Faktenfrage.

Was die gleichgeschlechtlichen Lebensgemeinschaften vom Konzept der Ehe unterscheidet, ist in der Tat, dass sie aus sich heraus nicht in der Lage sind, neues menschliches Leben hervor-

---

22 *Kongregation für die Glaubenslehre*, Erwägungen zu den Entwürfen einer rechtlichen Anerkennung der Lebensgemeinschaften zwischen homosexuellen Personen (3.6.2003); *Die deutschen Bischöfe*, Grundsätzliche Kritik am Entwurf zum Lebenspartnerschaftsgesetz (2.7.2004), wo auch frühere Stellungnahmen genannt werden.

23 *Kongregation für die Glaubenslehre*, Erwägungen (s. Anm. 22), Nr. 6.

24 Ebd.

zubringen. Das verhält sich nicht nur faktisch im Einzelfall so (wie es bei unfruchtbaren und sterilen Ehepaaren ja auch vorkommen kann), sondern ist prinzipiell ausgeschlossen. Damit steht gleichgeschlechtlichen Partnerschaften eine grundlegende biologische und anthropologische Möglichkeit des Erlebens, der Selbstverwirklichung und des gemeinsamen Wachsens sowie eine der elementarsten gemeinsamen Aufgaben, die sich aus einer Partnerschaft selbst heraus entwickeln können, nicht offen. Allenfalls möglich sind substitutive Konstruktionen wie Adoption oder die Einbeziehung einer dritten geschlechtsverschiedenen Person, die bereit ist, ihre Zeugungsmaterie zu „spenden“ bzw. sich stellvertretend für Befruchtung, Schwangerschaft und Geburt zur Verfügung zu stellen. Die damit verbundenen Risiken der Zuordnung und der für die spätere Identität wichtigen Abstammung ebenso wie die zum Kindeswohl gehörende Chance, mit Bezugspersonen beiderlei Geschlechts aufzuwachsen, sind die gewichtigsten Gründe, weshalb der Gesetzgeber entgegen der wenigen prominenten Beispiele, mit denen das Gelingen solcher Konstellationen vorgeführt werden soll, Zurückhaltung übt, den Unterschied zwischen verschieden- und gleichgeschlechtlichen Konstellationen rechtlich völlig einzuebnen bzw. das tradierte Institut der Ehe und der daraus erwachsenen Familie auch für gleichgeschlechtliche Partner zu öffnen. Historisch hat es wohl mannigfaltige Versuche gegeben, die Verantwortung und Erziehung der von den Müttern geborenen Kinder anders zu organisieren; allerdings gibt es trotz unbestreitbarem Gelingen in einzelnen Fällen insgesamt keine alternativen Orte zu der durch emotionale Intimität und Sexualität verbundenen Partnerschaft verschiedengeschlechtlicher Personen, wo ein neuer Mensch konstant und über Jahrzehnte hinweg Fürsorge und Zuwendung erfährt und lernt, was Gesellschaft ist und wie man sich darin verhalten muss. Auch hinsichtlich der Frau bzw. Mutter bedürfen heterosexuelle Gemeinschaften wohl eines stärkeren Schutzes durch das Recht als Gemeinschaften zwischen Personen des gleichen Geschlechts. Denn zwischen Personen verschiedenen Geschlechts gibt es tiefer reichende und auf jeden Fall nachhaltigere Möglichkeiten der Verletzung, der Enttäuschung und der Ausbeutung mit bleibenden Folgen. Für eine Frau, die Kinder des Partners geboren und mit ihm aufgezogen hat, dürften die biografischen, psychologischen und sozialen Folgen, wenn sie vom Partner verlassen wird, trotz aller Rollentransformationen und -korrekturen der letzten hundert Jahre tiefer reichen, als wenn ein Partner seinen gleichgeschlechtlichen Lebensgefährten verlässt. Die besondere Schutzbedürftigkeit der Ehe ergibt sich ferner aus der Möglichkeit zur Fortsetzung der Generationenfolge, der Möglichkeit der Mutterschaft und der Zuständigkeit und Verantwortung für das Zusammenleben mit Kindern und deren Erziehung.

Diese Argumente gegen die Gleichbehandlung der gleichgeschlechtlichen mit heterosexuellen Lebensgemeinschaften durch das Personenstandsrecht sprechen aber nicht zwingend auch dagegen, den Willen zur dauerhaften Verbundenheit und zur Festlegung der gegenseitigen Rechtspflichten überhaupt durch eine rechtliche Institution zu schützen. Das wäre nur dann der Fall, wenn die Schaffung einer solchen Institution schon als solche der Ehe Konkurrenz machen oder ihren Schutz unterlaufen würde. Gesicherte empirische Erkenntnisse darüber, dass dieses Konkurrenzverhältnis tatsächlich besteht, sind bislang in der wissenschaftlichen Literatur nicht verfügbar. Zumindest darf mit guten Gründen davon ausgegangen werden, dass Männer und Frauen, die beabsichtigten einander zu heiraten, durch die Einführung eines besonderen Instituts für gleichgeschlechtlich Lebende sich nicht davon abhalten ließen, ihre Absicht in die Tat umzusetzen. Um auch der Befürchtung eines langfristigen Egalisierungseffekts im gesellschaftlichen Leitbild von Ehe und Familie Rechnung zu tragen und damit die Differenz zu diesen stärker zu betonen, verdient das französische Vorbild[25] einer rechtlich anerkannten und geschützten Figur von Lebensgemeinschaft Beachtung, die nicht auf geschlechtliche Beziehungen abhebt, sondern lediglich auf das gemeinsame Wohnen und Füreinandersorgen und den in diesem Kontext in Erscheinung tretenden Regelungsbedarf. Sie bietet außer gleichgeschlechtlichen Lebensgemeinschaften auch Platz für verschiedengeschlechtliche, die nicht Ehe sein wollen, aber auch für Haushaltsgemeinschaften etwa von verwitweten Geschwistern, oder Verwandten und für geistliche Gemeinschaften. Ausgenommen blieben jedoch Adoption von Kindern und die heterologe Befruchtung.

Diesbezügliche Erfahrungen sind noch zu jung und zu vereinzelt, um solide beurteilen zu können, ob sich eine solche alternative rechtliche Lebensform auf Dauer bewährt und wie sie sich gegebenenfalls auf Partnerschaft, Ehe und Familie als ethische Normen und kulturelle Leitbilder für das Zusammenleben von Mann und Frau, in das die Gestaltung der Sexualität integriert ist, auswirkt. Unabhängig davon ist es aber eine Frage der Gerechtig-

---

[25] Diese 1999 neugeschaffene Rechtsfigur wird in Frankreich gern mit der Abkürzung PACS (von Pacte Civil de Solidarité) chiffriert.

keit, dass der Staat nach Wegen sucht, wie sich die Diskriminierung von Menschen mit homosexueller Orientierung mit Mitteln des Rechts vermeiden und die gesellschaftliche Toleranz ihnen gegenüber stärken sowie die Pflichten und Rechte solcher Paare sichern lassen. Beseitigung der Diskriminierung und Stärkung der Toleranz sowie Sicherung von Pflichten und Rechten bedeutet allerdings nicht notwendigerweise die Alternative entweder Öffnung der Ehe für Gleichgeschlechtliche oder Schaffung einer eigenständigen, der Ehe gleichrangigen Lebensform; dies ist auch nur von einem Teil der Betroffenen wirklich gewollt. Vorstellbar sind auch andere rechtliche und politische Maßnahmen, die geeignet sein können, Diskriminierung abzubauen und Schutzbedarf zu erfüllen.

Die Idealisierung von Ehe und Familie in der kirchlichen Moralverkündigung

von Marianne Heimbach-Steins

I. Einleitung

Wenn es um Sexualität, Partnerschaft und Ehe sowie Familie geht, erwarten die wenigsten deutschen Katholiken, selbst unter den aktiven Kirchenmitgliedern, von der kirchlichen Lehre noch Orientierung und Antwort auf die eigenen Fragen, Nöte und Probleme. Das ist längst kein neuer Befund mehr; aber der Trend bestätigt und verstärkt sich von Umfrage zu Umfrage. Den jüngsten Beleg dafür lieferte der dritte Trendmonitor „Religiöse Kommunikation 2010", der im Auftrag der (kirchlichen) Medien-Dienstleistungs-Gesellschaft (MDG) durch das Institut für Demoskopie Allensbach im Juni 2010 veröffentlicht wurde.[1] Zwischen dem persönlichen Erleben und den lebensweltlichen Herausforderungen auch gläubiger Menschen in unserer Gesellschaft auf der einen Seite und der Art und Weise, wie im Namen der Kirche über grundlegende Fragen der individuellen und partnerschaftlichen Lebensgestaltung gesprochen wird, auf der anderen Seite besteht eine tiefe Kluft. Die Sexualmoral der katholischen Kirche und ihre Lehren zu Ehe und Familie erscheinen den meisten Menschen als hoffnungslos lebensfern und nicht mehr vermittelbar mit den eigenen Erfahrungen und den Herausforderungen der individuellen und partnerschaftlichen Lebensgestaltung. Zu dieser Unvermittelbarkeit trägt nicht zuletzt eine notorische Idealisierung von Ehe und Familie in kirchlichen Stellungnahmen bei. Deren Kehrseite besteht in der Ausblendung bzw. impliziten oder expliziten Abwertung weiter Bereiche real gelebter Partnerschaft, Ehe und Familie.

[1] Vgl. *Ebertz, Michael N.*, Wie kommunizieren Katholiken? Der neueste Trendmonitor zeigt wachsende Gräben, in: Herder-Korrespondenz 64 (2010) 344–348.

II. Drei Elemente der Idealisierung und Ideologisierung

> „Das traditionelle katholische Modell von Familie zeigt drei gravierende ideologische Facetten – die *Fruchtbarkeitsideologie*, die Ehe als neunmonatigen Vorlauf von Familie betrachtet und alle anderen Familienformen als subjektiv leidvoll und objektiv defizitär festschreibt; die *Zellenideologie*, die Familie als (Keim)Zelle von Kirche und Gesellschaft betrachtet und alle aktuellen Probleme auf die ‚Zelle' projiziert, und die *Verschmelzungsideologie*, in der ein grundlegendes Harmoniestreben jede Form von Konflikt für unnatürlich erklärt."[2]

Regina Ammicht Quinn bringt die strukturellen Engführungen auf den Punkt, aufgrund deren im offiziellen kirchlichen Sprechen und in weiten Teilen der zeitgenössischen Moraltheologie ausgedehnte Erfahrungsfelder gelebter Partnerschaft, Ehe und Familie entweder ganz aus der Wahrnehmung ausgeschlossen bleiben oder als defizitär wahrgenommen und faktisch disqualifiziert werden.[3]

Kirchenoffizielles Sprechen über *Familie* geht selbstverständlich von der unauflöslichen und auf die Zeugung von Nachkommen ausgerichteten *Ehe* zwischen Mann und Frau als der Grundform des Sozialen schlechthin aus.[4] Ehe und Familie werden in diesem Denken konzeptionell als institutionelle Einheit gesehen,

---

[2] *Ammicht Quinn, Regina*, Vom Leben für andere: Frauenfragen als Beziehungsfragen? Überlegungen aus der Perspektive theologischer Ethik, in: *Marianne Heimbach-Steins, Gudrun Cyprian* (Hrsg.), Familienbilder. Interdisziplinäre Sondierungen, Opladen 2003, 59–68, 66 (Hervorhebung i. Orig.).

[3] Nach Veröffentlichung ihrer wegweisenden Studie „Körper – Religion – Sexualität" (*Ammicht Quinn, Regina,* Körper – Religion – Sexualität. Theologische Reflexionen zur Ethik der Geschlechter, Mainz 1999) wurde Regina Ammicht Quinn bekanntlich zweimal die kirchliche Lehrerlaubnis verweigert. In der Folge führte dieser Ausschluss auch zu einer weitgehenden Marginalisierung ihrer innovativen Stimme in der scientific community der katholischen Moraltheologie. Ihr „Fall" steht paradigmatisch für eine immer wieder geübte kirchenamtliche Praxis, notwendige, aber unbequeme theologische Debatten durch disziplinarische „Erledigung" der Konfliktpotentiale zu umgehen: Dadurch beraubt die Kirche – einmal abgesehen von dem höchst problematischen Umgang mit der betroffenen Person, der selbst minimale Anforderungen an eine kirchliche Rechtskultur unterbietet – sich selbst und die Theologie typischerweise gerade jener Kräfte, die zwischen den Lebenswelten und Erfahrungswegen heutiger Menschen und den kirchlichen Traditionen und Überzeugungen zu vermitteln in der Lage sind.

[4] Einen repräsentativen Überblick über die zeitgenössischen kirchenoffiziellen Aussagen vermittelt neben dem Katechismus der Katholischen Kirche (1993): *Päpstlicher Rat für Gerechtigkeit und Frieden* (Hrsg.), Kompendium der Soziallehre der Kirche, Freiburg i.Br. 2006 (ital. Orig.ausg. 2004), 167–198 (Teil II, Kap. 5: Die Familie. Lebenszelle der Gesellschaft).

während die moderne Gesellschaft sie in der öffentlichen Wahrnehmung, in Politik und Recht als zwei verschiedene, nicht (mehr) notwendig miteinander verbundene Institutionen behandelt. Durch das strenge Junktim von Ehe und Familie werden kirchlicherseits alle nicht-ehelichen Formen dauerhafter personaler Vergemeinschaftung zwangsläufig als defizitär bzw. irregulär bewertet, und zwar ungeachtet der Frage, ob sich für die Menschen, die darin leben, die Alternative der Ehe stellt oder nicht. Der ehebasierten Familie werden in der kirchlichen Lehre bestimmte Charakteristika bzw. Aufgabenfelder normativ (und exklusiv) zugeordnet; ich erörtere sie im Folgenden unter dem Aspekt der Idealisierung.[5]

1. Ehe und Familie – die perfekte „Zelle" der Gesellschaft?

Die Familie wird aufgefasst als auf eheliche Liebe und lebenslange Treue gegründete *Gemeinschaft von Personen*. Das ist insofern ethisch bedeutsam, als der Personcharakter jedes einzelnen Mitglieds dieser Gemeinschaft in den innerfamilialen und partnerschaftlichen Beziehungen hervorgehoben wird; was das für das Leben der Partner bedeutet – hinsichtlich der wechselseitigen Fürsorge und Verantwortung, aber auch hinsichtlich des Respekts vor der personalen Integrität, der Autonomie und Freiheit des/der Anderen, wäre eigens zu entfalten (und mit den kirchlich artikulierten Erwartungen an verheiratete Frauen und Männer zu korrelieren).[6] Die ehebasierte Familie wird in der kirchlichen Lehre zugleich exklusiv als *die* für die gesellschaftliche Ordnung maßgebliche, einzig authentische Lebensform postuliert.[7] Damit befindet sich die offizielle katholische Position in einer erheblichen normativen Grundspannung zur sozialen Wirklichkeit moderner Gesellschaften, die von einer Pluralisierung der privaten Lebensformen geprägt sind.

Die verbreitete Charakterisierung der Familie als „Keimzelle" oder „Lebenszelle" der Gesellschaft schließt hier an; sie hebt auf

---

[5] Vgl. u. a. *Papst Johannes Paul II.*, Enzyklika Familiaris consortio (1980), Nr. 17–64; für eine etwas ausführlichere Darstellung: *Heimbach-Steins, Marianne*, Ehe – Partnerschaft – Familie: Kirche in einem schwierigen Lernprozeß, in: Zeitschrift für Familienforschung 11 (1999) 5–20. An dieser Stelle kann keine umfassende Würdigung der kirchlichen Lehre über Ehe und Familie geleistet werden; die vorgelegte Skizze beleuchtet nur ausgewählte Aspekte unter dem genannten speziellen Blickwinkel.

[6] Die personale Dimension der Ehe und der Familie wird – im Anschluss an die Konzilstexte – insbesondere von Johannes Paul II., u. a. in der Enzyklika *Familiaris consortio*, entfaltet.

[7] Vgl. die ausführliche Darlegung: *Päpstlicher Rat für Gerechtigkeit und Frieden* (Hrsg.), Kompendium (s. Anm. 4), 175–182.

den unbestreitbaren, sozial basalen Stellenwert der Institution Familie ab. Mit dem biologistischen Bild der Zelle verbindet sich aber der exklusive und totalisierende Anspruch an die Familie, *den* vitalen Kern der Gesellschaft zu bilden, ohne dass konträre Kräfte, Schwierigkeiten und Dysfunktionalitäten innerhalb des familiären Zusammenhangs, die auch auf die Stabilität und die Tragfähigkeit ehelicher Partnerschaft belastend einwirken (können), gewichtet würden. Die Zellmetapher als „rhetorische Idealisierung“[8] und der darin transportierte normative Anspruch evozieren fast notwendig eine Überbeanspruchung der Familie und eine Überforderung der Personen, die in und als Familie leben, weil darin die „schwierigen Balanceleistungen“[9], die Paare in ihrer Ehe und Eltern in ihren Verantwortungszusammenhängen unter gegebenen persönlichen und gesellschaftlichen Rahmenbedingungen vollbringen müssen, nicht eingeholt werden. Der Erwartungsdruck auf Ehe und Partnerschaft und die Last, die im Falle des Scheiterns einer Paargemeinschaft auf den Einzelnen lastet, ist immens. Eine weitere Folge dieses Anspruchs an die Familie ist, dass rechtliche Schritte des Staates zur ehe-analogen Absicherung nicht-ehelicher sowie gleichgeschlechtlicher Lebensgemeinschaften generell als objektiver Angriff auf die Ordnung der Ehe, als Schaden für das Gemeinwohl und als Bruch der staatlichen Verpflichtung bewertet werden.[10]

2. „Fruchtbarkeit“ – (einziges) Legitimationskriterium gelebter Sexualität?

Die konziliare Lehre hat mit der Betonung des personalen Charakters der Ehe und der daraus folgenden Hervorhebung von Liebe und Partnerschaft eine gewisse Lösung von der nahezu exklusiven Ausrichtung auf den Ehezweck der Prokreation eingeleitet.[11] Gleichwohl bestätigen die seitherige Lehre über die menschliche Fortpflanzung und ihre Idealisierung der ehelichen Fruchtbarkeit erneut die in der Tradition tief verankerte Vorordnung des Ehezwecks der Fortpflanzung über alle anderen Aspekte. Die Formel „die Familie ist das *Heiligtum des Lebens*“[12] bringt dies mit Pathos

[8] Vgl. dazu u. a. *Marschütz, Gerhard*, Familie humanökologisch. Theologisch-ethische Perspektiven, Münster 2000, 261–302, 301.
[9] Ebd.
[10] *Päpstlicher Rat für Gerechtigkeit und Frieden* (Hrsg.), Kompendium (s. Anm. 4), 179–181 (Text-Nr. 227.228).
[11] Vgl. Pastoralkonstitution Gaudium et spes, 48–50.
[12] *Päpstlicher Rat für Gerechtigkeit und Frieden* (Hrsg.), Kompendium (s. Anm. 4), 182 (Text-Nr. 231).

zum Ausdruck. Damit geht eine überwiegend defizitorientierte Wahrnehmung kinderloser Ehen einher. Die Verbindung der Partner untereinander wird kaum als eigenes Gut gewürdigt, sondern vorrangig als Voraussetzung der Prokreation bzw. von dem ihr anhaftenden Mangel der Kinderlosigkeit her wahrgenommen. Dass die Ehe als solche, dass kultivierte Sexualität und liebevoll gelebte Partnerschaft auch dann menschlich – und auch über den intimen Rahmen der Partnerschaft hinaus sozial – „fruchtbar" sein können, wenn keine leiblichen Kinder daraus hervorgehen, findet in der nach wie vor augustinisch geprägten kirchlichen Ehelehre kaum einen positiven Widerhall[13], obgleich die Pastoralkonstitution des II. Vatikanums mit ihrem personzentrierten Eheverständnis einen entsprechenden Ansatz grundgelegt hatte[14].

Bekräftigt wird zudem die Ablehnung aller Formen von Partnerschaft und Familie, die nicht „der unauflöslichen monogamen Ehe als einziger authentischer Form der Familie"[15] entsprechen. Gelebte Partnerschaft und (vor- und außereheliche, hetero- und homosexuelle) Sexualität, die nicht in die Institution Ehe eingebettet und durch das Sakrament der Ehe „geheiligt" sind, gelten – unbeschadet mancher in der moraltheologischen Diskussion vorgenommenen Differenzierungen[16] – als „irregulär" und fallen dem Verdikt der objektiven „Unordnung" anheim. Die Ehe gilt der katholischen Lehrauffassung nach wie vor als der einzige Ort legitimer sexueller Beziehungen.

Die Fokussierung auf das Gut der Nachkommenschaft zieht verschiedene Bereiche der Verantwortung nach sich, die in der ehege-

---

[13] Auch in moraltheologischen Äußerungen zu kinderlosen Ehen wird zuweilen der Verdacht egoistischer Selbstabschließung genährt; darin scheint sich immer noch eine unterschwellige Minderbewertung der Ehe gegenüber der ehelosen Lebensform niederzuschlagen, die nur durch die leibliche Fruchtbarkeit „aufgewogen" wird. Wie sonst wäre es zu erklären, dass entsprechende Argumentationen nie in Bezug auf ehelos lebende Menschen angestellt werden, dass sogar im Gegenteil deren „Verzicht auf leibliche Fruchtbarkeit" als besondere geistliche Qualität bewertet wird (vgl. u. a. FC 16)? – Vgl. hierzu jüngst: *Schockenhoff, Eberhard*, Das kirchliche Leitbild von Ehe und Familie und der Wandel familialer Lebenslagen, in: *Anton Rauscher* (Hrsg.), Handbuch der katholischen Soziallehre, Berlin 2008, 291–310, 297–299.

[14] Vgl. Gaudium et spes, 50. Vgl. dazu *Arntz, Klaus*, Gelingendes Leben in Ehe und Familie. Grundlagen der Sexualmoral, in: *ders., Marianne Heimbach-Steins, Johannes Reiter, Herbert Schlögel*, Orientierung finden. Ethik der Lebensbereiche, Freiburg 2008, 61–126, 83.

[15] *Päpstlicher Rat für Gerechtigkeit und Frieden* (Hrsg.), Kompendium (s. Anm. 4), 181 (Text-Nr. 229).

[16] Vgl. *Arntz*, Gelingendes Leben (s. Anm. 14), 106f.; *Schockenhoff, Eberhard*, Ehe – nicht-eheliche Lebensgemeinschaften – Ehelosigkeit, in: *Johannes Gründel* (Hrsg.), Leben aus christlicher Verantwortung. Ein Grundkurs der Moral, Bd. 3, Düsseldorf 1992, 31–49, 34–36.

bundenen Familie für die kommende Generation in sozialer und pastoraler Hinsicht wahrzunehmen sind und um deretwillen diese komplexe Institution den besonderen Schutz und die Unterstützung des Gemeinwesens erfahren soll: zum einen die Sozialisation und Erziehung der Kinder, bei der die Familie durch die ganze Gesellschaft und durch den Staat im Sinne des Subsidiaritätsprinzips Unterstützung erfahren soll[17]; zum anderen die religiöse Erziehung und Bildung, die in der Familie als „Hauskirche“[18] geschehen soll – und bei der diese folgerichtig die subsidiäre Unterstützung der ganzen Kirche erfahren sollte, was aber in den kirchlichen Texten viel seltener betont wird als der Anspruch auf staatliche Unterstützung[19]. Beide Aspekte, der sozialpolitische und der pastorale, überschreiten das hier zu erörternde Thema und sind an dieser Stelle deshalb nicht weiter zu verfolgen; sie zeigen aber, mit welcher Vielfalt von Erwartungen die Kirche der Familie – bzw. den Eheleuten in ihrer Rolle als Eltern – begegnet, so dass auch von hier aus weiter zu fragen wäre, wie Ideal und Realität in der kirchlichen Wahrnehmung miteinander vermittelt werden (können).

3. Ehe und Familie – eine harmonische Ganzheit?

Weitgehend ausgeblendet aus dem offiziellen kirchlichen Bild von Ehe und Familie bleiben jene Seiten der partnerschaftlichen und familialen Lebenswirklichkeit, die den Ideal-Charakter des Bildes erst zu erkennen geben: Es formuliert eine Zielvorstellung, die in der gelebten Wirklichkeit selten vollständig zu erreichen ist; in einem Prozess der Suche und Auseinandersetzung, in der steten Spannung von Gelingen und Scheitern kann sie nur erstrebt werden. Ausgeblendet bleiben das Ringen um die Vereinbarkeit verschiedener Anforderungen und Rollenerwartungen, die konfliktiven Wirklichkeiten in

---

[17] Vgl. u. a. Katechismus der Katholischen Kirche, Nr. 2209–2211.

[18] Dogmatische Konstitution „Lumen gentium“ 11; vgl. dazu *Wehrle, Paul*, Die Familie – eine „Art Hauskirche“. Eine Basisstruktur kirchlichen Lebens im Wandel, in: *Nils Goldschmidt, Gerhard Beestermöller, Gerhard Steger* (Hrsg.), Die Zukunft der Familie und deren Gefährdungen (FS Glatzel), Münster 2002, 103–109. Wehrle reflektiert mit wohltuender Nüchternheit den Ideal-Charakter der ekklesiologischen Beanspruchung der Familie und zugleich die „mobilisierende Kraft“, die von der Familie als „Hauskirche“ auf die Kirche als ganze ausgehen sollte (vgl. ebd., 108).

[19] Exemplarisch für das Fehlen dieses Aspekts: *Meisner, Joachim Kard.*, Ehe und Familie – Gottes Geschenk für Kirche und Welt, in: Lexikon Familie. Mehrdeutige und umstrittene Begriffe zu Familie, Leben und ethischen Fragen (2007) 340–346. Zu den entsprechenden Anforderungen an eine Familienpastoral und zu den Gefahren, die aus der Idealisierung der Familie für die Pastoral resultieren, vgl. *Tzscheetzsch, Werner*, Familie – ein überschätzter Ort der Glaubenstradierung?, in: *Goldschmidt, Beestermöller, Steger* (Hrsg.), Zukunft der Familie (s. Anm. 18), 111–119.

Partnerschafts- und Eltern-Kind-Verhältnissen, die Schwierigkeiten, unter nicht-idealen Verhältnissen die Hoffnung auf und den Anspruch an ein gelingendes Leben, an erfüllte Sexualität, an verantwortete Elternschaft und ein gutes Leben in und als Familie zu verwirklichen; schließlich die Auswirkungen vielfältiger Hindernisse und „Störfaktoren“ individueller und gesellschaftlicher Art, aufgrund deren viele Menschen nicht so leben (können), wie es ihren eigenen – auch religiös bestimmten – Leitideen entspricht. Mangelnde Rückkopplung zwischen normativen, autoritativ vorgestellten Leitbildern und gelebter Wirklichkeit betrifft auch weite Teile der (traditionellen) katholischen Moraltheologie und Sozialethik, insofern sie sich mit dem Themenkomplex Partnerschaft – Ehe – Familie beschäftigen. Entscheidend ist, ob und inwieweit sexual-, ehe- und familienethische Positionsbestimmungen und Orientierungsversuche mit der gelebten Wirklichkeit korrelieren, der Gesellschaftswandel und die tatsächlichen Rahmenbedingungen, unter denen Partnerschaft, Familie und Ehe gelebt werden, in Betracht gezogen und begünstigende und/oder erschwerende Faktoren für die Realisierung persönlicher Vorstellungen von einem guten gemeinsamen Leben in der ethischen Urteilsbildung gewichtet werden.[20]

Zu der Aufgabe der Vermittlung zwischen normativen Leitbildern und gelebter Wirklichkeit gehört auch die Aufmerksamkeit für Gefahren und Pathologien des Zusammenlebens in Partnerschaft, Ehe und Familie. Mit ihrem in der Tradition verwurzelten Wissen um die Anfälligkeit des menschlichen Strebens und Handelns für die Sünde (und mit ihrem reichen Erfahrungsschatz aus der familienpastoralen und -therapeutischen Arbeit) müsste die Kirche in ihrer Moralverkündigung ein besonderes Augenmerk auf die bedrohliche Kehrseite privater, intimer Beziehungen haben. Der als „Schule reich entfalteter Humanität“[21] beschriebene Raum der Familie verkehrt sich ja nicht selten in das Gegenteil, in eine Hölle von Gewalt und Zerstörung. Unter dem Deckmantel der Privatsphäre erfahren Kinder, Frauen und zuweilen auch Männer körperliche, sexuelle und/oder psychische Gewalt – sei es als Ausdruck von Überforderung, von enttäuschten Erwartungen oder einer kranken Psyche. Diese „Abseiten“ partnerschaftlichen und familialen Lebens kommen in der kirchlichen Familienrhetorik kaum je vor. Aber Erfahrungen des Scheiterns, Abbrüche und

---

[20] Vielfältiges Material dazu habe ich aufgearbeitet in: *Heimbach-Steins, Marianne*, „... nicht mehr Mann und Frau“. Sozialethische Studien zu Geschlechterverhältnis und Geschlechtergerechtigkeit, Regensburg 2009, 21–177.

[21] Gaudium et spes 52.

Neuanfänge partnerschaftlichen und familialen Lebens können nicht angemessen beurteilt (und pastoral beantwortet) werden, ohne dass diese Seite der Wirklichkeit vorbehaltlos mit ihren Konsequenzen für alle Beteiligten wahrgenommen wird.[22]

Dieser blinde Fleck hängt mit dem zusammen, was Regina Ammicht Quinn „Verschmelzungsideologie" nennt und was sich in der generellen Ausblendung konfliktiver Elemente aus dem Bereich von Partnerschaft, Ehe und Familie zeigt. Die Austragung von Konflikten, das Ringen um gemeinsame Wege und Problemlösungen, aber auch um wechselseitige Gewährung von Freiräumen gehört zu einem gesunden und gelingenden partnerschaftlichen und familiären Leben unbedingt hinzu, spielt aber in einem kirchlichen Familienbild, das die Paar- und Generationengemeinschaft als eine harmonische Ganzheit vorstellt, in der die Individuen keine unterscheidbaren Bedürfnisse und Interessen mehr haben außer jenen, die mit der Aufgabe als Mutter oder Vater verbunden sind, keine Rolle. Insofern ist es kaum verwunderlich, dass zerstörerische Potenziale, dass gewaltsam ausgetragene Konflikte erst recht nicht thematisiert werden. Nur vordergründig „rettet" eine solche eingeschränkte Wahrnehmung das idealisierte Bild von Ehe und Familie; tatsächlich erschwert es die Kommunikation mit jenen Menschen, die ihre schmerzlichen Erfahrungen mit der nicht-idealen Wirklichkeit machen – und schmälert die Bedeutsamkeit des Bildes für Menschen, die in realen Situationen Orientierung suchen.

III. Einige Schlussfolgerungen

Die dreifache Idealisierung von Ehe und Familie in der kirchlichen Verkündigung spiegelt eine partielle Verweigerung gegenüber der sozialen Wirklichkeit. Das Anliegen, das dahinter zu vermuten ist, eine klare Orientierung, eindeutige normative Weisungen zu geben, um Menschen in ihrer Lebensgestaltung zu unterstützen, ist keinesfalls gering zu schätzen. Aber es muss scheitern, wenn die Spannung zwischen Ideal und Wirklichkeit nicht mehr überbrückt werden

[22] In der deutschsprachigen moraltheologischen Handbuchliteratur hat m. W. Josef Römelt als erster die Gewaltproblematik innerhalb der Familie (einschließlich des sexuellen Missbrauchs von Kindern) thematisiert, vgl. *Römelt, Josef*, Freiheit, die mehr als Willkür ist. Christliche Ethik in zwischenmenschlicher Beziehung, Lebensgestaltung, Krankheit und Tod (Handbuch der Moraltheologie 2), Regensburg 1997. Bernhard Fraling hat in seiner Sexualethik das Thema Vergewaltigung knapp behandelt, aber nicht als Übergriff innerhalb der Ehe problematisiert, vgl. *Fraling, Bernhard*, Sexualethik. Ein Versuch aus christlicher Sicht, Paderborn 1995, 247–249.

kann; dazu braucht es die Orientierung am Glaubenssinn der Gläubigen, die nicht nur Empfänger lehramtlicher Weisungen, sondern ihrerseits Interpreten der Botschaft des Evangeliums im Licht realer Lebenserfahrungen sind.[23] Eine geistlich gegründete Partizipation der Gläubigen an der Auslegung und je neuen Versprachlichung eines christlichen Ehe- und Familienverständnisses könnte dazu beitragen, abstrakte und ohne Rekurs auf Erfahrungen der Gegenwartsgesellschaft behauptete Normierungen aufzubrechen und Vermittlungsgestalten zwischen christlicher Eheauffassung, einem Leitbild der Familie und der Vielfalt gelebter Partnerschaft, Ehe und Familie zu entwerfen. Ohne diese Vermittlung gerät kirchliches Sprechen zu Moralisierung und Anklage. Opfer leidvoller und möglicherweise un(ge)rechter Verhältnisse werden doppelt marginalisiert, wenn in der kirchlichen Verkündigung leidverursachende Strukturen und Handlungsmuster nicht wahrgenommen und in die sittliche Urteilsbildung einbezogen werden. Angesichts der typischerweise auf diesem Gebiet greifenden römischen Maßregelungen arbeitet die Theologie nur mit „angezogener Handbremse“ und einer stets wirksamen „Schere im Kopf“ daran, Vermittlungsangebote zwischen unaufgebbaren Grundpositionen und der sich wandelnden Lebenswirklichkeit in puncto Partnerschaft, Familie und Ehe zu entwickeln. Eine Reihe von Desideraten drängt sich auf:

- Theologisches Reden über Partnerschaft, Ehe und Familie bedarf einer Sprache, mit der die tatsächlichen Herausforderungen und Probleme angemessen gefasst und positive Wahrnehmungen der Wirklichkeit so zum Ausdruck gebracht werden können, dass von einer grundlegenden Wertschätzung des gelebten Lebens ausgehend die in der kirchlichen Tradition verankerten, wohlbegründeten Wertprioritäten mit Aussicht auf Gehör dargeboten werden können: Was not tut, ist „eine theologische Sprache, die nicht in erster Linie Normen setzt, sondern von Erfahrungen erzählt, die dann an einen Sinnzusammenhang rückgebunden und von dort aus gedeutet werden können“[24].
- Kirchliche Lehre und Moraltheologie sind herausgefordert, auf Fragen der Kultivierung menschlicher Sexualität, des Zusammenlebens der Geschlechter, der Vereinbarkeit unterschiedlicher und

[23] Diesen hochbedeutsamen Hinweis gibt Papst Johannes Paul II. in seiner Enzyklika Familiaris consortio (Nr. 5) unter Rückbezug auf LG 12.

[24] *Ammicht Quinn, Regina*, Sexualität, systematisch-theologisch, in: Handbuch der Feministischen Theologie (^{2}2002) 507–509, 508.

gegensätzlicher Aufgaben (Sicherung des Lebensunterhaltes, Erziehung und Pflege, eigene Weiterbildung und gesellschaftliche Partizipation), die Paare in der Verantwortung für das gemeinsame Leben, für Kinder und hilfsbedürftige Angehörige unter gegebenen gesellschaftlichen Bedingungen wahrzunehmen haben, existenziell bedeutungsvolle und der Vielfalt der Lebensbedingungen Rechnung tragende Antworten zu geben.

- Zwischen kirchlicher Lehre und diakonischer Praxis im Bereich von Paar-, Ehe- und Familienberatung, Familienbildung und Familienpastoral muss eine Kohärenz angestrebt werden, die von der Deutung der Zeichen der Zeit ausgeht und am Primat der Praxis Maß nimmt. Dass die diakonische Praxis im Bereich Ehe und Familie näher an der gelebten Realität ist als weite Teile der kirchlichen Lehre, kann als Hoffnungszeichen gelesen werden. Gleichwohl bleibt der notorische Mangel an Kohärenz zwischen beiden Ebenen eine Provokation kirchlicher Glaubwürdigkeit.

Sexuelle Gewalt in der Familie

von Klaus Kießling

I. Missbrauch und Gewalt

In Deutschland erfahren etwa 25 % der Mädchen und etwa 11 % der Jungen Formen sexueller Gewalt[1]. Die landläufige Rede vom sexuellen „Missbrauch“[2] lässt fälschlicherweise vermuten, es gebe einen legitimen sexuellen „Gebrauch“ von Kindern. Darum spreche ich von Gewalt, die maximal in jedem dritten Fall jener böse Fremde ausübt, der seine ahnungslosen Opfer von der Straße lockt und ins Gebüsch zieht. Mehrheitlich hingegen stammt der Täter aus der Familie[3] des Kindes oder zumindest aus ihrem nächsten Umfeld: sei es der Vater, der Stiefvater oder der Großvater, sei es ein väterlicher „Freund“; und in einem von zehn Fällen ist der Täter eine Frau.

Findet sexuelle Gewalt außerhalb der Familie statt, können die Opfer zumindest im familiären, eben vertrauten Klima ihrer Eltern und Geschwister Zuflucht suchen angesichts mitunter schwerer Grenzverletzungen, die ihnen anderswo angetan wurden, etwa in der Schule oder im Internat, im Sportverein oder im Pfarrhaus. Findet sexuelle Gewalt aber innerhalb der Familie statt – meist über Jahre hinweg –, wird diese selbst zum Tatort. Machtgefälle, wie sie gesellschaftlich zwischen Starken und Schwachen, Großen und Kleinen, Männern und Frauen vorherrschen, kulminieren innerhalb einer Familie auf tragische Weise in einem Verhältnis von Vater und Tochter, in welchem der Vater seine Macht und das Vertrauen seiner Tochter zu seiner eigenen Befriedigung missbraucht. So umschriebene sexuelle Gewalt tritt in der Vater-Tochter-Beziehung am häufigsten und am krassesten auf. Was diagnostisch als verirrte sexuelle Handlung erscheinen mag, erweist sich in Verhältnissen von Macht und Ohnmacht zugleich als zerstörerische Ausbeutung von wehrlosen Menschen auf besonders demütigenden Wegen.

---

1 *Schiele, Beatrix*, Sexuelle Gewalt, in: Lexikon für Theologie und Kirche 9 (^{3}2000) 533f.

2 *Dies.*, Sexueller Mißbrauch, in: Lexikon für Theologie und Kirche 9 (^{3}2000) 534.

3 *Braun, Maria, Trube-Becker, Elisabeth, Endress, Eugen, Pompey, Heinrich*, Sexueller Mißbrauch von Kindern und Jugendlichen in der Familie, Freiburg i.Br., Hamm 1991.

Einwürfe wie „Ein normales Kind wehrt sich." oder „Sie hat aber auch so ein verführerisches Äußeres." verkennen die Lage gänzlich: Normal ist allenfalls, dass kleine Mädchen ihren Charme spielen lassen – und sich eben nicht wehren können, sondern das entsetzliche „Geheimnis" sexueller Übergriffe schweigend bewahren, weil sie auf die Beziehung zum Vater angewiesen sind, den Bestand der Familie nicht gefährden wollen und oft gar nicht wissen können, dass es in anderen Familien anders zugeht. Sexuelle Gewalt durch den eigenen Vater kommt einem Totalangriff auf das Menschsein eines Mädchens gleich – und lässt sich darum treffend als Seelenmord[4] bezeichnen.

Das „Recht des Kindes auf sexuelle Freiheit", welches etwa eine US-amerikanische Pro-Inzest-Lobby propagiert, kaschiert sexuelle Ausbeutung als sexuelle Befreiung, zugespitzt in dem widerwärtigen Satz: „Sex by year eight – or else it's too late." Der „Wolf im Schafspelz" ist noch ein gelinder Ausdruck für den hier gegebenen Sachverhalt, und dieser „Wolf" darf auch nicht völlig verharmlosend als „boylover" oder „girllover" durchgehen. Damit rede ich keiner neuen Prüderie das Wort, im Gegenteil: Solange körperliche Berührungen, die Mitglieder einer Familie miteinander austauschen, das Tageslicht nicht scheuen müssen, sehe ich darin den besten Schutz vor Missbrauch und Gewalt.

II. Tatort Familie

Solche Tatortfamilien[5] fallen sozial nicht auf und schotten sich mit ihrem Innenleben nach außen hin ab. Schichtspezifika lassen sich – anderslautenden Gerüchten zum Trotz – nicht feststellen. Die Binnenkonstellation aber zeigt oft einige Charakteristika: einen auffällig bedürftigen Vater in problematischer Beziehung zu einer Mutter, die sich von ihm zurückzieht; einen Vater mit schwach ausgeprägtem Selbstwertgefühl, der sexuelle Aktivitäten braucht, um sich stark zu fühlen, dessen Ideale und Ängste es ihm aber verbieten, dafür den familiären Rahmen zu sprengen, und eine Tochter, die ihn idealisiert – und welche Tochter tut dies nicht wenigstens eine Zeitlang? Oft trifft es die älteste Tochter, die zum Mutterersatz wird – nicht nur mit „ehelichen Pflichten", sondern auch in der Haushaltsführung und in der Sorge um jüngere Geschwister.

---

[4] *Wirtz, Ursula*, Seelenmord. Inzest und Therapie, Zürich [5]1992.

[5] *Hirsch, Mathias*, Realer Inzest. Psychodynamik des sexuellen Mißbrauchs in der Familie, Gießen 1999.

Die Mutter fungiert als „silent partner", der nichts sieht oder sehen will, möglicherweise selbst Opfer sexueller Gewalt wurde und darum blind und fühllos ist für das, was ihrem Kind geschieht. Vater und Tochter bilden eine düstere Koalition der von der Mutter Verlassenen und Enttäuschten.

Das chronisch überforderte und gedemütigte Mädchen entwickelt heftige Schuldgefühle[6], weil es seiner Mutter nicht gerecht werden kann, dem Vater schon gar nicht, sich selbst auch nicht, also allen (etwas) schuldig bleibt. Schon darum zeigt sich das Mädchen nach außen hin in höchstem Maße solidarisch mit allen Mitgliedern seiner Familie; es gewährt keinen Einblick ins Familieninnenleben und erschwert damit massiv den Zugang zu einem möglichen Tatort.

Eine solche Familie gleicht einer Festung, die sich von Feinden umgeben fühlt – das Böse lauert ja allenfalls draußen – und innerhalb dieser starren Außengrenzen keine zwischenmenschlichen Grenzen kennt. Die Frage nach Schuld und Schuldgefühlen bleibt zentral, auch wenn die sexuelle Gewalt aufgedeckt wird; denn die Mutter äußert nicht etwa zuerst Mitleid mit ihrem schwerbeschädigten Kind, sondern die Frage: „Was hat mir mein Kind angetan? (Es hat mir den Vater ausgespannt.)"

III. Schuld und Schuldgefühle

Das Kind ist am stärksten von Schuldgefühlen geplagt – doch trifft gerade es keine Schuld. Ist also der Vater schuld? Schließlich ist er der Täter! Oder die Mutter? Denn sie hat den Vater zurückgestoßen und ihr Kind nicht vor ihm geschützt.

Die Eltern eines Opfers sind nicht selten selbst Opfer sexueller Gewalt. Sie können das Unrecht, das sie ihren Kindern antun, dann kaum wahrnehmen. Väter, die selbst Gewaltopfer sind, werden leichter als andere zu Tätern[7]; und Mütter, die ihrerseits Opfer sexueller Gewalt sind, suchen sich auf unbewusster Ebene oft wiederum „Täter" als Männer, bleiben also Opfer. Sie sehen nicht, was ihrem Kind geschieht, weil sie diesen Sachverhalt vor sich selbst fernhalten. Solche Elternpaare können ihre Beziehung und die Erziehung ihrer Kinder kaum gelingend gestalten. Sie ver-

---

[6] *Ders.*, Schuld und Schuldgefühl. Zur Psychoanalyse von Trauma und Introjekt, Göttingen 1997.

[7] *Bange, Dirk*, Sexueller Missbrauch an Jungen. Die Mauer des Schweigens, Göttingen 2007, 81–85.

mögen ihren Nachkommen nicht zu geben, womit diese sich nähren können, denn solche Eltern sind selbst Hungernde und fühlen sich als Zukurzgekommene.

Ist also keiner schuld an der ausgeübten Gewalt? Anthropologisch[8] tritt Schuld in dreifacher Weise auf: zunächst als das „Prädikat" „schuldig", das ein Mensch sich selbst in einem Schuldbekenntnis zuspricht oder das einem anderen Menschen zugesprochen wird, dem Sündenbock oder dem schwarzen Peter; sodann als ein „Resultat", das Freiwilligkeit voraussetzt und zustande kommt, wenn ein Mensch Böses tut, wohl nicht um des Bösen selbst willen, sondern um der Umsetzung eines Zieles willen, das ihm derzeit wichtiger ist als die Vermeidung von Bösem; schließlich als ein „Desiderat" dahingehend, dass die Themen Schuld und sexuelle Gewalt aus ihrer Tabuzone herausgelöst werden müssen, um den Fortgang der Gewalt zu unterbrechen.

Nur den Vater mit dem Prädikat „schuldig" zu belegen, trifft die generationsübergreifende Familiendynamik nicht, die sich in Schuldzusammenhängen abspielt. Schuld als Resultat lässt sich in ihrem Ausmaß schwer ermitteln, da die Freiwilligkeit der Tat im Dunkeln bleibt. Das Desiderat der Thematisierung aber bleibt, damit das gewiss unschuldige Kind mit seinen Schuldgefühlen nicht allein bleibt und die Gewaltspirale nicht weiter eskaliert. Seelenmord anzugehen heißt zunächst, ihn in Schuldzusammenhängen zu entdecken.

IV. Symptome von Seelenmord

Nachfolgend führe ich ein Bündel von Symptomen an, die bei Opfern sexueller Gewalt in unterschiedlicher Gewichtung früher oder später auftreten. Dabei entsteht ein begründeter Verdacht nicht schon, wenn ein einzelnes Symptom vorliegt, sondern erst dann, wenn mehrere Symptome zusammenlaufen, also ein „Syndrom" bilden. Zumindest einige von ihnen können in schulischen und anderen Zusammenhängen auffallen und Lehrkräfte sowie andere Bezugspersonen achtsam werden lassen.

Dazu gehören depressive Verstimmungen, scheinbar „grundloses" Weinen, die schon genannten Schuldgefühle, die das Opfer

---

[8] *Haeffner, Gerd*, Schuld. Anthropologische Überlegungen zu einem ebenso problematischen wie unverzichtbaren Begriff, in: *ders.* (Hrsg.), Schuld und Schuldbewältigung. Keine Zukunft ohne Auseinandersetzung mit der Vergangenheit, Düsseldorf 1993, 10–28.

auf sich nimmt, um sich das gute Bild vom eigenen Vater trotz allem erhalten zu können; umfassende Schamgefühle, die am betroffenen Mädchen kleben wie die Hände des Gewalttäters; Verachtung gegen den eigenen – geschändeten – Leib, in dem es sich lebt wie im Exil; selbstzerstörerische Handlungen (als verzweifelte Versuche, sich selbst zu spüren) bis hin zu Selbstverstümmelungen oder gar Suizid(-fantasien); physische und psychische Lähmungserscheinungen sowie Ohnmacht, Würge- und Erstickungsgefühle, Verletzungen und Schmerzen (insbesondere im Genitalbereich), altersuntypisches Einnässen, Schlafstörungen und das unablässige Bedürfnis, sich fest in die Bettdecke einzuwickeln und immer gut eingekleidet zu sein; fehlendes Selbstvertrauen, auffällige Gefügigkeit, der Eindruck, verraten und gebrochen zu sein; Rückzug von Gleichaltrigen, das Gefühl, nicht dazuzugehören, und ein Sich-unwirklich-vorkommen.

Betroffene Heranwachsende und Erwachsene blenden ganze Kindheitsphasen aus, mit denen sie keinerlei Erinnerung verbinden, worauf sie bei Nachfragen oft mit heftiger Abwehr reagieren. Sie entwickeln stark konflikthafte Beziehungen, die von massiven Ambivalenzen geprägt sind („komm her" – „hau ab"), große Ängste vor Hingabe und Kontrollverlust und davor, eigene Kinder „in die Welt zu setzen". Ferner kommt es zur Sexualisierung, also zur sexuellen „Aufladung" von nichtsexuellen Beziehungen, zu Verquickungen von Sexualität und Gewalt sowie zu dem Phänomen, dass sexuelle Kontakte vorrangig mit fremden Menschen möglich werden – bindungstheoretisch[9] lassen sich auf diese Weise (sexuelle) Abhängigkeiten gegenüber emotional Nahestehenden (Vater) fortan vermeiden –, bis hin zur Prostitution.

Oft sind es überfallartig auftretende „Flashbacks" im jungen Erwachsenenalter, also plötzlich einsetzende sensorische Erinnerungen an bislang verdrängte Gewalterfahrungen, vor deren Aufdeckung sich das Kind seither um seines bloßen Überlebens willen schützen musste. Diese „Gedächtnisfetzen" bringen einen sehr schmerzhaften Prozess in Gang, den Betroffene – wenn überhaupt – niemals allein bewältigen können. Professionelle Unterstützung ist

---

[9] *Bowlby, John*, Bindung. Eine Analyse der Mutter-Kind-Beziehung, München 1975; *ders.*, Bindung: Historische Wurzeln, theoretische Konzepte und klinische Relevanz, in: *Gottfried Spangler, Peter Zimmermann* (Hrsg.), Die Bindungstheorie. Grundlagen, Forschung und Anwendung, Stuttgart [3]1999, 17–26; *Main, Mary*, Desorganisation im Bindungsverhalten, in: *Spangler, Zimmermann* (Hrsg.), Bindungstheorie, 120–139; *Main, Mary*, Aktuelle Studien zur Bindung, in: *Gabriele Gloger-Tippelt* (Hrsg.), Bindung im Erwachsenenalter. Ein Handbuch für Forschung und Praxis, Bern, Göttingen, Toronto, Seattle 2001, 1–51.

unerlässlich. Welche Formen des Beistands und der Begleitung sind dabei aus praktischer Erfahrung hilfreich? Ist Versöhnung – etwa mit der eigenen Geschichte – überhaupt möglich?

V. Möglichkeit oder Unmöglichkeit von Versöhnung

Einander-verzeihen und Sich-miteinander-versöhnen sind zentrale, aber praktisch nicht oder nur sehr schwer erreichbare Ziele im Umgang von Täter und Opfer. Dabei darf der Wunsch nach Versöhnung[10] das Opfer nicht des Rechts berauben, Wut zu empfinden und zu artikulieren sowie Rachefantasien zu entwickeln. Einige Fragen tauchen auf: Kann ein Mensch überhaupt jemandem verzeihen, der ihm die Lebensgrundlage weggezogen hat, der Seelenmord an ihm begangen hat? Kann ein Mensch seiner Mutter verzeihen, die ihn davor nicht bewahrt hat? Und kann ein Mensch seinem Vater verzeihen, der seine Taten möglicherweise selbst verdrängt hat und dem es an Einsicht in seine Schuld fehlt? Kann ein Mensch sich mit sich selbst, seiner Geschichte, seiner zerbrochenen Kindheit und seiner gebrochenen Existenz versöhnen? Kann er mit dem Kind, das er war und an dem Seelenmord begangen wurde, in Kontakt kommen?

Dieses Kind kann nur leben, wenn das Gewaltopfer seine Opferrolle eines Tages fahren lässt. Oft erliegen Betroffene – verständlicherweise – der Gefahr, sich in ihrer Opferrolle dauerhaft festzuschreiben, die zwar am Leben hindert, aber dem (Nicht-)Leben eine orientierende Struktur verleiht. Manche Frauen halten an ihrer Opferrolle fest, weil sie fürchten, das verletzte Kind zu verraten, wenn sie ihre Opferrolle aufgeben. Sie haben viele Jahre gebraucht, um einen Zugang zur Wahrheit dieses Kindes zu finden und sich diese zuzumuten, und spüren nun starke Widerstände dagegen, sich davon zu verabschieden. Dabei geht es letztlich jedoch nicht darum, das beschädigte Kind (erneut) im Stich zu lassen, sondern darum, ihm ein neues Haus zu bauen, in dem es sich frei und heimisch fühlen darf.

Für den Umgang mit Menschen, die einem Seelenmord zum Opfer fielen, erinnere ich an das Modell der fünf Phasen des Sterbens[11]. Dieses kann nach meiner Erfahrung dem Beistand[12] eine Struktur verleihen, die diesen glücken lässt.

---

[10] *Funke, Dieter*, Das Schulddilemma. Wege zu einem versöhnten Leben, Göttingen 2000.

[11] *Kübler-Ross, Elisabeth*, On Death and Dying (1969), New York 1997.

[12] *Graf, Heidrun, Körner, Wilhelm*, Sexueller Mißbrauch – Skizze einer personzentrierten Klärung, in: Gesprächspsychotherapie und Personzentrierte Beratung 28 (1997) 159–170.

Schock und Verleugnung (1) dessen, was die genannten „Flashbacks" erahnen lassen, stehen am Anfang. Das Ungeheuerliche erscheint der Betroffenen unglaublich. Sie ist in Verzweiflung darauf angewiesen, dass ein anderer, ein Beistand, eine Lehrerin ihr glaubt, was sie selbst kaum glauben kann.

Zorn und Wut (2) brechen auf – auf dem Weg vom „Ich doch nicht!" zum „Warum denn ausgerechnet ich?" Zorn und Wut richten sich gegen Täter, gegen Familienmitglieder, die das Kind nicht schützten oder es gar auslieferten, letztlich gegen Gott[13], der Betroffene im Stich gelassen hat. Angst kommt auf, an dieser Entdeckung, ein Opfer sexueller Gewalt zu sein, zu zerbrechen.

Verhandlungen (3) zur Schadensbegrenzung setzen ein: „Ja, es ist passiert, aber nur einmal." – „Ja, mir wurde Gewalt angetan, aber er hat mich (dennoch) geliebt." – „Ja, ich bin Opfer, aber mein Vater hat nur die Nähe gesucht, die meine Mutter ihm verweigerte."

Depression (4) drückt nieder angesichts der Einsicht: „Ja, mir ist es passiert." Die Berührung mit dem eigenen traumatischen Schmerz ist fast unerträglich – und leider zugleich Voraussetzung für jeden weiteren Schritt, für jede Bewegung auf andere Menschen zu.

Annehmen (5) des Unannehmbaren, das geschehen ist, wird zum jahrelangen Prozess – mit dem Ziel, nicht mehr Verlorenem hinterherzujagen, sondern vielmehr für das (innere) Kind zu sorgen, das der Betroffenen zurückgegeben wird, und der Zukunft entgegenzugehen, die vielleicht nicht in jeder Hinsicht vernagelt ist.

Der Beistand wirkt begleitend und stützend, Schritt für Schritt, aber niemals beschleunigend, um nicht zu schnell zu viel Dunkles ans Licht zu bringen, dessen Entdeckung „auf einen Schlag" die Betroffene wohl nicht zu ertragen vermag und Retraumatisierungen begünstigt. Sie gibt das Tempo vor. Wenn der – vielleicht unfreiwillige und womöglich einzige – Beistand sich überfordert fühlt, möge er weitere fachliche Hilfe[14] hinzuziehen, aber möglichst nicht die Betroffene zurückstoßen, die endlich Mut zum Sprechen gefunden hat. Und er möge ihm angetragenen Idealisierungen widerstehen, um ein neuerlich mögliches Machtgefälle zu unterlaufen.

---

[13] *Haslbeck, Barbara*, Sexueller Missbrauch und Religiosität. Wenn Frauen das Schweigen brechen: eine empirische Studie (Geschlecht – Gewalt – Gesellschaft 6), Berlin 2007.

[14] *Ruppert, Franz*, Verwirrte Seelen. Der verborgene Sinn von Psychosen. Grundzüge einer systemischen Psychotraumatologie, München ^{2}2004.

VII. Bilder und Sprache

Träume und Imaginationsübungen spielen eine wichtige Rolle, da sie angesichts machtvoller Bilder[15] und Muster einen neuen Raum der Freiheit erschließen können. Die Auseinandersetzung mit dem eigenen Familienstammbaum[16] und mit Familienalben kann klärend und strukturierend wirken, wenn aller Boden ins Wanken gerät.

Seelenmord lässt verstummen, macht sprachlos. Es kommt darauf an, das Schweigen zu brechen, oft zuerst beim Schreiben, um das Erlebte aus sich herauszubringen und vor sich zu stellen, sich vorzustellen, auch in Briefen, die vielleicht nie abgeschickt werden, schließlich auch in gesprochener Sprache, um aus der Isolation heraus- und in ein Gespräch einzutreten.

Dies sind kleine Schritte auf dem langen Weg von umfassenden Schuld- und Schamgefühlen hin zu einem selbstverantwortlichen Leben und zu Ansätzen der Versöhnung mit der eigenen Biografie – in seltenen Fällen auch mit den Tätern, für die eigene (familien-)therapeutische Angebote entwickelt wurden.

VIII. Sprachrohre gegen Sprachlosigkeit

Unsägliches Leid wird noch unsäglicher, wenn dafür keine Sprachrohre institutionalisiert werden – vorbeugend und anwaltschaftlich. Es geht nicht um Panikmache, sondern darum, dem Tatort Familie mit dem nötigen Ernst zu begegnen: Erzieherinnen und Erzieher, Lehrerinnen und Lehrer über Symptomatik und Verdachtsmomente aufzuklären, das Thema in pädagogischen und insbesondere religionspädagogischen Zusammenhängen aus der Tabuzone zu holen, in Unterricht, Heimerziehung, Jugendarbeit und Elternschulen dafür zu sensibilisieren und damit einhergehende Fragen in Veranstaltungen zur Ehevorbereitung einzubinden, auf Sorgentelefon und Schutzzentren für Kinder und Jugendliche aufmerksam zu machen und den wichtigen Schutz der Familie nicht zum Deckmantel für Gewalttaten verkommen zu lassen: Die Betroffenen finden nur außerhalb ihrer Familie Schutz – oder nirgendwo.

Offensiv anzugehen ist das Thema sexueller Gewalt in Abhängigkeitsbeziehungen über den Tatort Familie hinaus aber auch in anderen (Schuld-)Zusammenhängen: in therapeutischen, seelsorg-

[15] *Hüther, Gerald*, Die Macht der inneren Bilder, Göttingen ^{5}2009.

[16] *Chu, Victor*, Neugeburt einer Familie. Familienstellen in der Gestalttherapie, Wuppertal 2008.

lichen und Lehrer-Schüler-Beziehungen, wenn es dort zur folgenschweren Verwechslung von Problem und Lösung kommt.

IX. Prävention in einer sündigen Kirche

Präventiv wirken Informations- und Aufklärungsveranstaltungen – zur Sensibilisierung für auffälliges Verhalten von potenziellen Tätern und Opfern in Kirche und Gesellschaft. Es kommt darauf an, Kinder stark zu machen[17] – so dass sie darum wissen, dass ihr Körper ihnen gehört, und im Umgang damit sprachfähig werden; so dass sie ihren Gefühlen trauen; so dass sie zwischen guten und schlechten, zwischen angenehmen und komischen Berührungen zu unterscheiden lernen; so dass sie um ihr Recht wissen, auch gegenüber Erwachsenen nein zu sagen; so dass sie beängstigende Geheimnisse mitteilen können.

Dabei ist unsere Kirche nicht nur eine Kirche (auch) der Sünder, vielmehr ist unsere Kirche eine sündige Kirche[18]. Es kommt darauf an, dass wir uns in die Pflicht nehmen lassen – als Kirche, und dies nicht nur dann, wenn Priester zu Tätern werden. Gewiss, Prävention muss in der Ausbildung geistlicher Berufe endlich den Platz bekommen, der ihr gebührt, aber kirchlich initiierter Prävention kommt auch in anderen Zusammenhängen eine wichtige Rolle zu, schließlich lebt Kirche auch in der Familie[19]. Ihr kommt Verantwortung zu, uns kommt Verantwortung zu, wenn wir den Umgang mit Sexualität in einer Grauzone belassen, in der unter den Teppich gekehrt wird, was auf den Tisch der Kommunikation gehört. Uns kommt Verantwortung zu, wenn wir Ehe und Familie nicht nur hochschätzen, sondern so stark idealisieren, dass niemand glauben kann, wie aus einer scheinbar guten Kinderstube unter der Hand (eines überforderten Familienvaters) ein Tatort wird.

---

[17] *Enders, Ursula* (Hrsg.), Zart war ich, bitter war's. Handbuch gegen sexuellen Missbrauch, Köln 2001.

[18] *Rahner, Karl*, Kirche der Sünder, in: *ders.*, Schriften zur Theologie, Bd. 6, Einsiedeln, Zürich, Köln 1965, 301–320; *Rahner, Karl*, Sündige Kirche nach den Dekreten des Zweiten Vatikanischen Konzils, in: *ders.*, Schriften (s. o.), Bd. 6, 321–347; *Kehl, Medard*, Mit der Kirche fühlen (Ignatianische Impulse 44), Würzburg 2010.

[19] *Grüneisen, Veronika*, Familie gestern und heute – Wunsch und Wirklichkeit, in: Wege zum Menschen 53 (2001) 86–97.

Sexueller Missbrauch Minderjähriger in der Kirche

Fakten und Konsequenzen

von Wunibald Müller

I. Fakten

1. Begriffsklärung, Häufigkeit, Verhalten

In der Literatur über sexuellen Missbrauch von Kindern werden zahlreiche Begriffe nebeneinander her oder auch synonym verwendet. Neben dem Begriff *sexueller Missbrauch*, der am häufigsten verwendet wird, gibt es Bezeichnungen wie *sexualisierte oder sexuelle Gewalt*.[1] Sexueller Missbrauch von Kindern kommt oft vor. Mindestens eines von drei bis fünf Mädchen und einer von sieben bis zehn Jungen werden in der Kindheit Opfer sexuellen Missbrauchs. Sexueller Missbrauch eines Kindes wird oft von einem Täter begangen, der das Opfer kennt. Missbrauch durch Fremde kommt nur selten vor. Die Täter sind Väter, Mütter, Stiefeltern, Großeltern und andere Familienmitglieder wie Onkel, Tanten. Oder es sind Nachbarn, Babysitter, Priester, Lehrer, Trainer und sonstige Personen, die Kontakt zu Kindern haben. In 90 % der Fälle von sexuellem Missbrauch bei Kindern kennt und vertraut das Kind der Person, die den Missbrauch begeht. Meistens ist der Täter ein Mann.[2] Sexueller Missbrauch kennt unterschiedliche Erscheinungsformen. Er kann aus analem oder vaginalem Geschlechtsverkehr, Oralverkehr, Berührung unter- und oberhalb der Kleidung bestehen. Sexueller Missbrauch als sexuelle Ausbeutung liegt vor, wenn der Täter zwar keine körperliche Handlung an dem Kind vornimmt, die Anwesenheit des Kindes ihn aber deutlich sexuell erregt.

Nach amerikanischen Studien praktizierten missbrauchende Priester ernsthaftere Praktiken als „nur“ unter die Kleider eines

---

[1] Vgl. *Bange, Dirk, Körner, Wilhelm*, Definitionen und Begriffe, in: Handwörterbuch Sexueller Missbrauch (2002) 47f.

[2] Vgl. *McGlone, Gerard J., Shrader, Mary*, Creating Safe And Sacred Places, Minona, Minnesota 2003, 24f.

Opfers zu greifen.[3] So penetrierten ein Drittel der missbrauchenden Priester ihre Opfer sexuell oder praktizierten oralen Sex. So sehr jede Art von sexuellen Missbrauch furchtbar ist, die sexuelle Verletzung durch einen Priester ist besonders gravierend. Ein Repräsentant einer Organisation, die von sich als der heiligen, katholischen Kirche spricht, der in dieser Organisation eine herausragende Stellung einnimmt, der nach dem Verständnis seiner Kirche in der Eucharistiefeier Christus vertritt, übt sexuelle Gewalt an einem Minderjährigen aus, der ihm anvertraut worden ist.

2. Einige Ursachen und Konsequenzen für die Ausbildung künftiger Priester

Menschen mit pädophilien Neigungen bzw. Personen, die in ihrer sexuellen Entwicklung stecken geblieben sind, suchen auffällig häufig den Kontakt zu Kindern und Jugendlichen und verbringen ihre freie Zeit und ihren Urlaub häufig mit Kindern anderer Leute. Sie unterhalten nur selten tiefe Beziehungen zu anderen Erwachsenen. Viele unter ihnen wissen oft im Alter von 25 oder gar 35 Jahren noch nicht, ob sie homosexuell oder heterosexuell sind und sind nicht in der Lage, sich auf innige, tiefe Beziehungen zu anderen Erwachsenen einzulassen. Manche sind als Kinder selbst sexuell missbraucht worden.

Ein sorgfältiger Ausleseprozess bei den Kandidaten für das Priesteramt, der die Einbeziehung von psychologischen Fachleuten und gegebenenfalls auch Tests erfordert, ist ein Muss. Als wichtig hat sich auch eine intensive Überprüfung der psychosexuellen Vergangenheit erwiesen. Zukünftige Priester müssen sich den psychosexuellen Enwicklungsschritten stellen, die am Ende dazu führen, verantwortungsvoll mit ihrer Sexualität umgehen zu können und beziehungsfähig zu sein. Eine besondere Rolle spielen dabei eine gelungene sexuelle Identitätsfindung und Befähigung zur Intimität. Wer sich seiner sexuellen Orientierung weitgehend nicht bewusst ist, oder wer nicht in der Lage ist, diese zu akzeptieren, sollte nicht zum Priesteramt oder zur Ablegung von Ordensgelübden zugelassen werden. Zukünftige Priester müssen weiter fähig sein zur Intimität und für tiefe, bedeutungsvolle Beziehungen, die nicht im Gegensatz zum zölibatären Lebensstil stehen, sondern diesen im Grunde genommen stützen.

[3] Vgl. *Frawley-O'Dea, Mary G, Goldner, Virginia*, Predatory Priests Silenced Victims. The Sexual Crisis and the Catholic Church, Mahwah, London 2007, 33.

Hier hat sich in der Ausbildung und Formation in den Priesterseminaren in den vergangenen Jahren im Vergleich zu der Praxis der 1960er, 70er und zum Teil auch noch 80er Jahre viel geändert. Ich bin daher auch davon überzeugt, dass das Ausmaß sexueller Übergriffe und sexuellen Missbrauchs Minderjähriger in Zukunft längst nicht mehr in dem Ausmaß eine Rolle spielen wird, wie das für die vergangenen Jahrzehnte der Fall war.

II. Spirituelle und seelsorgliche Konsequenzen für die Opfer?

1. Die primären Opfer sexuellen Missbrauchs

Die Opfer sexuellen Missbrauchs, die Opfer sexualisierter Gewalt werden endlich gehört, ernst genommen, haben zunehmend den Mut, über das zu sprechen, was ihnen angetan wurde. Das ist doch auch ein Segen, bei all dem Tragischen und Entsetzlichen, was dabei ans Licht kommt. In der Reaktion und dem Verhalten der kirchlichen Vertreter muss erkennbar sein, dass sie auf der Seite der Opfer stehen, ihre Sorge, ihr Mitgefühl dem Opfer gilt und sich das dann auch in konkreten Taten niederschlägt. Die Kirche wird dabei das Leid, das Kindern zugefügt worden ist, nie ganz aufwiegen können, nie ganz wiedergutmachen können. Aber sie muss zumindest das ihr Mögliche tun, durch Präsenz, wo das gewünscht ist, durch Anteilnahme, wo das überzeugend vermittelt wird, durch finanzielle Mittel, sei es durch die Finanzierung von Therapien oder etwaige Entschädigungskosten. Eine solche Haltung der Zuwendung, des Ernstnehmens der Opfer unterscheidet sich von dem Taktieren, Vertuschen und sich Heraushalten und Abstreiten, das in der Vergangenheit oft zum Erscheinungsbild kirchlichen Umgangs mit den Opfern sexuellen Missbrauchs gehörte.

2. Die Mitbrüder und kirchlichen Mitarbeiter des Täters

Zu Opfern sexuellen Missbrauchs Minderjähriger im kirchlichen Kontext gehören auch die Mitbrüder und kirchlichen Mitarbeiter und Mitarbeiterinnen des Täters. Ihr Image wird durch einen solchen Vorfall, vor allem aber, wenn solche Vorkommnisse gehäuft vorkommen, mitbeschädigt. Das Vertrauen, das kirchlichen Mitarbeiterinnen und Mitarbeitern oft wie selbstverständlich zukommt, mag ihnen dadurch entzogen werden. Die Menschen werden hellhöriger, mitunter auch misstrauischer und verhalten sich gegebenenfalls insgesamt zurückhaltender gegenüber Priestern und Seelsorgern.

Kirchliche Mitarbeiter fühlen sich in solchen Situationen oft Verdächtigungen ausgesetzt, die mit ihrem eigenen persönlichen und seelsorglichen Verhalten nichts zu tun haben, sondern allein auf das schlechte Image ihres Standes zurückzuführen sind. Für die Ordensleute, Priester und andere kirchliche Mitarbeiter ist es daher wichtig, dass sie nicht in der Opferrolle bleiben und sich nicht von dem Gift, das von dem sexuellen Fehlverhalten der Mitbrüder oder anderer kirchlicher Mitarbeiter ausgeht, anstecken lassen dürfen. Die Wut und der Ärger über das Verhalten des Mitbruders müssen zugelassen, die Verletzung dadurch wahrgenommen werden. So können sie Distanz herstellen zu jener Person und dem, was sie ihnen durch ihr Verhalten an Schaden zugefügt hat.

3. Die Gläubigen

Auch die Mitglieder der katholischen Kirche sind zu den Opfern zu zählen. Für viele unter ihnen bricht eine Welt zusammen. Sie hinterfragen alles, was ihnen bisher so viel bedeutet hat. Wie kann so etwas in der Kirche geschehen und passieren? Wie kann Gott so etwas zulassen? Diese Fragen müssen ernst genommen werden. Darüber hinaus ist dies der Zeitpunkt – und zugleich eine Chance – manche kindlichen Vorstellungen von Kirche und Glauben um erwachsene und realistische Vorstellungen zu ergänzen. Zum Beispiel: Die Kirche und die Menschen, die in ihr das Sagen haben, sind genauso fehlerhaft und der menschlichen Schwachheit ausgesetzt wie andere. Dazu kommt: Auch wenn in der Kirche ständig von Gott die Rede ist, heißt das nicht, dass Gott tatsächlich für alles, was scheinbar in seinem Namen gesagt oder getan wird, verantwortlich gemacht werden kann. So mag bei manchen ein Prozess ausgelöst werden, der sie theologisch, vor allem aber spirituell weiter und tiefer werden lässt. „Adressat der ganzen Glaubensbewegung ist allein der lebendige Gott – und an ihn glauben wir mittels, dank und trotz der Kirche, in dieser Reihenfolge.“[4] Gerade deshalb sollten wir Kirche niemals mit Gott und seinem Reich verwechseln.

---

[4] *Fuchs, Gotthard*, In Höhen und Tiefen, in: Christ in der Gegenwart 18 (2010).

III. Sexueller Missbrauch und Homosexualität, Zölibat sowie Klerikalismus – Konsequenzen

1. Gibt es einen Zusammenhang zwischen sexuellem Missbrauch und Homosexualität?

Aus einer Umfrage, die unter den US-amerikanischen Diözesen durchgeführt wurde – dem so genannten John Jay Report – geht hervor, dass es sich bei 64 Prozent der Opfer sexuellen Missbrauchs durch Priester um männliche Kinder bzw. Jugendliche handelte. Kann man daraus schlussfolgern, dass homosexuelle Priester in besonderer Weise anfällig sind für sexuellen Missbrauch Minderjähriger? Generell kann man das nicht behaupten. Wissenschaftliche Untersuchungen lassen den Schluss zu, dass Homosexuelle nicht mehr als Heterosexuelle dazu neigen, Minderjährige zu missbrauchen. Diese Untersuchungen gehen davon aus, dass das sexuelle Angezogensein von Minderjährigen eine eigene sexuelle Aktivität darstellt. Das heißt, es muss zusätzlich – egal ob jemand heterosexuell oder homosexuell ist – eine entsprechende Veranlagung vorhanden sein.[5]

Neben den Priestern, die pädophil oder ephebophil[6] veranlagt sind, gibt es allerdings Priester, die Minderjährige sexuell missbrauchen, unabhängig davon, ob sie homosexuell oder heterosexuell sind, aber hinsichtlich ihrer sexuellen Entwicklung unreif sind. Auch hier ist dann nicht die sexuelle Orientierung das Problem des Missbrauches, sondern dessen psychosexuelle Unreife des Täters.

Nicht ausgeschlossen werden kann allerdings, dass der Anteil sexuell unreifer homosexueller Priester innerhalb der ohnehin recht großen Gruppe von Priestern, die homosexuell sind, überdurchschnittlich hoch ist und diese Gruppe von sexuell unreifen homosexuellen Priestern für pädophiles oder ephebophiles Verhalten besonders anfällig ist. Diese homosexuellen Priester haben die notwendige Auseinandersetzung mit ihrer Sexualität und Homosexualität, die auch zu einer Annahme ihrer homosexuellen Veranlagung führen sollte, unterlassen. Die Folge davon ist, dass ihre sexuelle Entwicklung auf der Strecke geblieben und die Gestaltungsfähigkeit ihrer Sexualität beeinträchtigt bleibt. Dies wird meiner Überzeugung nach verschärft, wenn verlangt wird, in Zu-

---

[5] Vgl. *Frawley-O'Dea, Goldner*, Predatory Priests (s. Anm. 3), 23.

[6] Man spricht von Ephebophilie, wenn sich jemand sexuell angezogen fühlt von Jugendlichen zwischen 14 und 17, von Pädophilie, wenn sich jemand angezogen fühlt von 13-Jährigen und Jüngeren.

kunft homosexuelle Männer nicht mehr zu Priestern zu weihen. Ich sehe hier die Gefahr, dass jene, die homosexuell sind und die Priester werden wollen, noch mehr als bisher ihre wirkliche Orientierung verbergen und die so notwendige Auseinandersetzung mit der eigenen Sexualität und Homosexualität nicht stattfindet. Dadurch wird das Risiko, später als Priester ein unreifes sexuelles Verhalten an den Tag zu legen, meiner Meinung nach möglicherweise noch verstärkt.

Das aber heißt, es gilt alles zu vermeiden, was es homosexuellen Priestern bzw. angehenden Priestern erschwert, zu ihren homosexuellen Gefühlen zu stehen. Homosexuelles Empfinden und homosexuelle Gefühle sind nicht weniger echt, nicht weniger menschlich und weniger wertvoll als heterosexuelle. Erst die Annahme der homosexuellen Gefühle schafft die Voraussetzungen, um verantwortungsvoll mit den homosexuellen Gefühlen umgehen zu können.

2. Gibt es einen Zusammenhang zwischen sexuellem Missbrauch und dem Zölibat?

Wer pädophil veranlagt ist und seine Veranlagung ausleben möchte, den schützt weder der Zölibat noch die Ehe davor, das zu tun. Das heißt, eine direkte Verbindung zwischen Zölibat und sexuellen Missbrauch in dem Sinne, dass der Zölibat die Ursache für sexuellen Missbrauch Minderjähriger ist, lässt sich nicht nachweisen. Tatsache ist aber auch, dass es zwar pädophil veranlagte Priester unter den Priestern gibt, die ihre Neigung auch ausleben – andere tun es wieder nicht – diese Gruppe von Priestern aber nicht gleichzusetzen ist mit all den Priestern, die Minderjährige sexuell missbraucht haben. Unter den Priestern, die Minderjährige sexuell missbrauchen, befinden sich nach meiner Einschätzung nicht wenige, die in ihrer Veranlagung nicht fixiert sind auf Pädophilie, sondern aufgrund ihrer psychosexuellen Unreife pädophil handeln. Das heißt: Der Zölibat ist zwar nicht die Ursache für sexuellen Missbrauch, kann aber ein Faktor sein, der zum sexuellen Missbrauch beitragen kann.

So kann der Zölibat beziehungsweise eine verzerrte Vorstellung von Zölibat die Fähigkeit, sich mit der eigenen Sexualität auseinander zu setzen und sich dem Prozess zu stellen, der zur Beziehungsfähigkeit führt, erschweren oder gar verhindern. Das trifft vor allem auf Priester zu, die in ihrer sexuellen Entwicklung unterentwickelt oder stehen geblieben sind und die den Zölibat in dem Sinne missverstehen, dass sie meinen, sich nicht mit der eigenen Sexualität auseinander setzen zu müssen. Das eigentliche Problem ist hier eine emotionale – und da auch sexuelle – Unreife, die sich dann auch in der Unfähigkeit zu echten Beziehungen und zu echter Intimität zeigt.

Bei der Frage, ob es einen Zusammenhang zwischen Zölibat und sexuellem Missbrauch gibt, geht es daher vornehmlich um die Frage, inwieweit Defizite im Bereich der Befähigung zur Intimität und der Erfahrung von Intimität mitverantwortlich sind für sexuellen Missbrauch durch zölibatär lebende Priester. Tatsächlich sind bei homosexuellen und heterosexuellen Priestern, die Minderjährige sexuell missbrauchen, Defizite im Bereich der Fähigkeit zur Intimität und zu innigen Beziehungen nachweisbar. Will man weiterhin an der Koppelung von Priesteramt und Zölibat festhalten, muss man das bisherige Verständnis von Zölibat noch näher unter die Lupe nehmen und die Vorraussetzungen noch besser beachten, die gegeben sein müssen, um mehr als bisher eine Gewähr zu haben, dass diese Lebensform auch Ausdruck einer reifen Entscheidung ist und auch auf eine gesunde, verantwortungsvolle und lebensbejahende Weise gelebt werden kann.

Das wird sicher zur Folge haben, dass nur ein eingeschränkter Kreis von Männern dafür in Frage kommt. Diese Lebensform setzt, ohne die Ehe damit herabzusetzen, gerade in dem Bereich, in dem es um die Befähigung zur Intimität und den verantwortungsvollen Umgang mit der Sexualität, die nicht genital sexuell gelebt und ausgelebt werden darf, eine Reife und letztlich auch ein Charisma voraus, die bei vielen so nicht gegeben sind.

Doch ist das tatsächlich die Lösung? Würde man die Koppelung von Priesteramt und Zölibat aufgeben, dürfte die Gruppe derer, die sich mit ihrer Sexualität auseinandergesetzt haben, größer, der Anteil derer, die sich aus fragwürdigen Gründen für den zölibatären Weg entscheiden, kleiner sein. Aus einer psychologischen Betrachtungsweise gesehen ginge weiter von einer Priesterschaft, die zölibatäre und verheiratete Priester einschließt, nach innen und nach außen eine positive Wirkung aus, weil dann der ganze Bereich des Sexuellen und der Intimität selbstverständlicher innerhalb der Priesterschaft anwesend wäre.

Will die Kirche diese schwere Krise, die sie augenblicklich im Zusammenhang mit den Missbrauchsfällen durchlebt, überstehen und für sich fruchtbar machen, dann muss sie die Sexualität aus dem Turm, manchmal auch aus der Dunkelkammer, herausholen, in die sie gesperrt worden ist, auch die Sexualität in ihren eigenen Reihen, wo sie ein unwürdiges Leben vor sich hinfristet: damit die Sexualität, die im Augenblick in ihrer negativsten Ausprägung so eng mit der Kirche in Zusammenhang gebracht wird, als das Geschenk Gottes gesehen und gewürdigt wird, das sie ist.

3. Gibt es einen Zusammenhang zwischen sexuellem Missbrauch und Klerikalismus?

Wie ein roter Faden zieht sich durch das Thema sexueller Missbrauch durch Priester das, was man Klerikalismus nennt. Es ist die Vorstellung, dass die Kleriker, also die Priester aufgrund ihrer sakramentalen Macht eine besondere Elite oder Klasse verkörpern, es in der Kirche ein oben und ein unten gibt. Die daraus abgeleitete Macht, die oft zum Teil spirituell begründet wird, hat zu einer Vielzahl von gesellschaftlichen Privilegien für die Kleriker und – wie wir es gerade bei der augenblicklichen Krise erleben –, zu tragischen Missständen in der Kirche geführt.[7]

So galt der Fokus klerikaler Aufmerksamkeit in erster Linie dem Ansehen der Kirche, wobei das Ansehen der Kirche oft gleichgesetzt wurde mit dem Ansehen der klerikalen Führungsschicht der Kirche. Diese Einstellung und das Bestreben, den guten Ruf der (klerikalen) Kirche aufrechtzuerhalten, ermöglichten und erleichterten es den missbrauchenden Klerikern, sich zu verweigern und abzuschotten, wenn sie mit der Möglichkeit oder gar der Tatsache konfrontiert wurden, dass sie Minderjährige missbraucht haben.

Aber auch die, die die in der Kirche Verantwortung für diese Priester hatten, waren nicht selten von der gleichen Einstellung und dem gleichen Bestreben bestimmt, wenn sie damit konfrontiert wurden, dass ihre Mitbrüder Minderjährige sexuell missbraucht hatten, und verhielten sich entsprechend.[8] Der ehemalige Bundesverfassungsrichter Ernst-Wolfgang Böckenförde meint denn dann auch:

> „Der eigentliche Grund – die Wurzel für die jetzt zutage getretene Krise und der Skandal – liegt im steten und bei hohen Amtsträgern tief verwurzelten *Handeln nach Kirchenraison.* Das Wohl und Ansehen der Kirche steht über allem. Was meint das? So schlimm, schwer sündhaft und auch verbrecherisch ein Verhalten von Priestern sein mag – mit ihm ist stets so umzugehen, dass das Ansehen der Kirche, ihre ‚Heiligkeit' und die Erfüllung ihres Auftrages im Interesse der Gläubigen dadurch keinen Schaden nimmt. Eben diese Maxime erklärt und bedingt die über Jahrzehnte geübten Verhaltensweisen: Geheimhaltung solange wie möglich, eventuell mit Geheimhaltungsverspre-

---

[7] Vgl. *Doyle, Thomas*, Clericalism and Catholic Clergy Sexual Abuse, in: *Frawley-O'Dea, Goldner*, Predatory Priests (s. Anm. 3), 147–162.

[8] Vgl. ebd., 151.

chen, nur interne (Maß-)Regelung, die nicht öffentlich bekannt wird, nur Versetzung statt (öffentlicher) Entfernung aus dem priesterlichen Dienst, keine Information der zuständigen Stelle des neuen Wirkungsbereiches."[9]

Das Unfassbare bei einer solchen Denkart, in der klerikales Denken durchscheint, hat zur Folge: „Die Opfer des Missbrauchs treten dabei wie von selbst in den Hintergrund. Denn Ansehen und Glaubwürdigkeit der Kirche schützen, heißt nach diesem Verständnis: die Klerikerkirche schützen, also die Kirche der Priester und Amtsträger."[10] Hier ist es geradezu mit Händen zu greifen, dass ein solches klerikales Denken und Verhalten, das sich u. a. in der Dominanz der Kirchenraison niederschlagt, als Sünde und Schuld nicht nur einzelner Personen; sondern „auch der Kirche selbst, als strukturelle Sünde und Schuld"[11] erkannt und gesehen wird.

Klerikalismus und klerikaler Narzissmus könnten nicht überleben, würden sie nicht unterstützt werden durch einen damit einhergehenden Klerikalismus der Laien, der sich unter anderem in einer unreifen Abhängigkeit vom Klerus zeigt. So beeinflusste der Klerikalismus der Laien[12] auf tragische Weise die Einstellungen von Minderjährigen, die diese gegenüber den missbrauchenden Priestern hatten. Die Opfer, entsprechend beeinflusst durch ihre religiöse Erziehung, schauten auf den missbrauchenden Priester mit einer Mischung von Ehrfurcht und Furcht. Der Priester war in ihren Augen eine Person, die Kraft ihres Amtes und ihrer Vorrangstellung, ein Gefühl von Sicherheit auslöste und Vertrauen erweckte. Diese starken Gefühle von Sicherheit, Vertrauen und Ehrfurcht beeinträchtigten die Fähigkeiten des Opfers, das verführerische Verhalten des Missbrauchers zu durchschauen und zu erkennen, der aber genau diese Sonderrolle und Situation dazu benutzte, sich die Opfer gefügig zu machen.

Auch der Ausschluss von Frauen von Führungspositionen in der Kirche ist eine der Folgen des Klerikalismus. Dieser Ausschluss von Frauen aus kirchlichen Leitungsämtern ist nach einem Leitartikel der Vatikanzeitung „L'Osservatoro Romano" mitverantwortlich für die Missbrauchsskandale. Ohne die Integrität vieler Männer in der Kirche, die Verantwortung haben, grundsätzlich

[9] *Böckenförde, Ernst-Wolfgang*, Das unselige Handeln nach Kirchenraison, in: Süddeutsche Zeitung vom 29. April 2010, 2.
[10] Ebd., 2.
[11] Ebd., 2.
[12] Vgl. *Doyle*, Clericalism, in: *Frawley-O'Dea, Goldner*, Predatory Priests (s. Anm. 7), 158–162.

in Zweifel ziehen zu wollen, darf und muss die Frage erlaubt sein: Stünden wir als katholische Kirche heute vielleicht nicht anders da, hätten auch die Frauen in den vergangenen Jahren und Jahrzehnten an *verantwortlicher* Stelle mitentscheiden können, wie im Falle sexuellen Missbrauchs vorzugehen ist?

Da es noch sehr lange dauern wird, bis Frauen in der katholischen Kirche zu Priestern geweiht werden und hier viele theologische Fragestellungen erst noch gelöst werden müssen, – was freilich voraussetzt, dass weit mehr als bisher auch auf die theologischen Stimmen der Frauen gehört wird – müssten noch vielmehr die Möglichkeiten genutzt werden, die gegeben sind, um Frauen wirklich in Positionen zu bringen, wo sie auch an wesentlichen Entscheidungen beteiligt werden. In vielen Fällen, in denen es in den letzten Jahrzehnten darum ging zu entscheiden, wie im Falle sexuellen Missbrauchs im kirchlichen Kontext vorgegangen wird, sind Frauen bei der Entscheidung außen vor geblieben. Selbst da, wo es nach 2002 von den Richtlinien her möglich gewesen wäre durch den Arbeitsstab des Ansprechpartners für Missbrauchsfälle Frauen mit einzubeziehen, wurde diese Möglichkeit oft nicht genutzt.

IV. Zum Schluss

Es heißt, in der Krise liegt eine Chance. Als Psychotherapeut kann ich das bestätigen. Die große Krise der Kirche in den vergangenen Monaten als Chance zu begreifen und zu nutzen, heißt nach meiner Überzeugung zu allererst und vor allem, nicht länger der Wahrheit und Wirklichkeit in der Kirche aus dem Weg zu gehen, sich von Idealisierungen nicht blenden zu lassen, sondern den Blick auf die Wahrheit auszuhalten, sich davon treffen zu lassen, gegebenenfalls auch erschüttern zu lassen, um dadurch aufgerüttelt, Neues zuzulassen. Neues Denken, ein erneutes Hinschauen auf das, was jetzt, heute notwendig ist.

Beim Erschüttern kann es ja auch geschehen, dass so manches einstürzt, was die Kirche bisher davon abgehalten hat, Neues zuzulassen. Auch weil jetzt, wenn das was das bisher verhindert hat, beseitigt worden ist, die ‚Räume' da sind, die es ermöglichen, miteinander zu kommunizieren, auf gleicher Ebene ins Gespräch zu kommen. *Miteinander* zu reden. Übrigens das A und O, um sexuellen Missbrauch zu verhindern und aufzuarbeiten.

Die Sprachlosigkeit zu überwinden, die Geheimnistuerei aufzubrechen. Das (erst, allein) schafft Transparenz, ermöglicht die

Lichtdurchlässigkeit, die so dringend notwendig in der katholischen Kirche ist. Die Qualität der Beziehungen im Innenraum der Kirche hängt von der wechselseitigen Transparenz, der Lichtdurchlässigkeit von Person zu Person ab. Damit innerhalb der Kirche und nach außen hin endlich wieder mehr von dem zu sehen und dann auch zu spüren ist, um das es doch letztlich immer noch geht, und allein gehen kann: Gott. Er nicht länger im Dickicht und den Verkrustungen klerikaler Strukturen in seiner heilenden Wirkkraft behindert wird, sondern ungehindert dem ganzen System, das dann nicht länger nur ein System ist, sondern Gottes Volk unterwegs, seine Handschrift „verpassen“ kann.

V. Literatur

Bange, Dirk, Körner, Wilhelm, Definitionen und Begriffe, in: Handwörterbuch Sexueller Missbrauch (2002) 47f.

Doyle, Thomas, Clericalism and Catholic Clergy Sexual Abuse, in: *Mary G Frawley-O'Dea, Virginia Goldner*, Predatory Priests Silenced Victims. The Sexual Crisis and the Catholic Church, Mahwah, London 2007, 147–162.

Frawley-O'Dea, Mary G, Goldner, Virginia, Predatory Priests Silenced Victims. The Sexual Crisis and the Catholic Church, Mahwah, London 2007.

McGlone, Gerard J., Shrader, Mary, Creating Safe And Sacred Places, Minona, Minnesota 2003.

Müller, Wunibald, Verschwiegene Wunden. Sexuellen Missbrauch in der katholischen Kirche erkennen und verhindern, München 2010.

Sexualität und Behinderung

von Andreas Lob-Hüdepohl

I. Behinderung als soziale Inszenierung

Diskriminierungen auf Grund von körperlichen oder geistig-seelischen Beeinträchtigungen (‚*impairments*‘) und daraus resultierenden Einschränkungen (‚*disabilities*‘) führen nicht selten zu sehr subtilen, gleichwohl tiefgreifenden Behinderungen (‚*handicaps*‘) der betroffenen Menschen – und das oftmals genau dann, wenn selbst ‚behindertenfreundliche‘ Organisationen oder Religionsgemeinschaften lediglich ihre bis dato selbstverständlichen Regeln und Normierungen zur Anwendung bringen. Noch 1996 verweigerte der katholische Bischof *Joao Bosco de Faria* dem querschnittsgelähmten *Edir Antonio de Brito* und seiner Verlobten *Elzimar de Lourdes Serafim* die kirchliche Eheschließung.[1] Zu diesem Schritt sah sich der brasilianische Geistliche genötigt, da der zukünftige Ehemann in Folge seiner Querschnittslähmung dauerhaft beischlafunfähig sei und deshalb niemals im Sinne der katholischen Moralauffassung seine Ehe gültig vollziehen könne. Die Norm des kirchlichen Eherechts ist in diesen Fällen eindeutig: Unter Can. 1084 zählt der *Codex Iuris Canonici* (CIC) von 1983 die „der Ehe vorausgehende und dauernde Unfähigkeit zum Beischlaf, sei sie auf Seiten des Mannes oder der Frau, sei sie absolut oder relativ“ zu den trennenden Ehehindernissen. Die Unfähigkeit zum Beischlaf macht die Ehe „aus ihrem Wesen heraus ungültig“ (Can. 1084 § 1, CIC), da eine Zeugung von Nachkommenschaft auf natürlichem Wege ausgeschlossen ist. Die Zeugung von Nachkommenschaft auf natürlichem Wege ist aber für eine christliche Ehe konstitutiv (vgl. Can. 1055 § 1, Can. 1061 § 1). Im Unterschied zu anderen Ehehindernissen kann vom Ehehindernis *dauernder* Beischlafunfähigkeit kein kirchlicher Dispens erteilt werden, da es sich um ein *göttliches* Gesetz handelt.[2]

---

[1] Meldung der Nachrichtenagentur *association press* vom 1.4.1996, zitiert in der *Frankfurter Rundschau* vom 13.4.1996, S. 5.

[2] Vgl. ausführlich zur Problematik von Ehehindernis und Dispensregelung *Zapp, Hartmut*, Die rechtliche Ehefähigkeit und die Ehehindernisse, in: Handbuch des katholischen Kirchenrechts (1983) 755–765.

Solange man den Zweck der Ehe – etwa im Sinne des traditionellen kirchlichen Eheverständnisses[3] – mehr oder minder ausschließlich an der tatsächlichen Zeugung leiblicher Nachkommenschaft festmacht, mag eine solche kanonische Vorschrift zur Hinderung von Personen mit einer für die Ehe ‚unzweckmäßigen' somatischen Ausstattung („Beischlafunfähigkeit") noch konsistent und plausibel erscheinen. Sobald aber die Ehe – gerade auch vom Gedanken ihrer Sakramentalität her – als wechselseitig sich schenkende Lebens- und Liebesgemeinschaft zwischen Frau und Mann begriffen wird, in der sich der Bund Gottes mit der Menschheit realsymbolisch verdichtet und auch, aber nicht allein in der Offenheit für Zeugung von Nachkommenschaft gegenwärtig wird, muss der kirchenrechtlich verfügte Ausschluss vom Sakrament der Ehe für diese Personengruppe wie eine faktisch verweigerte Anerkennung gleicher Würde als Ebenbilder Gottes erscheinen. Dieser Einwand wiegt umso schwerer, weil nicht die Sterilität bzw. die dauernde Infertilität eines der beiden Partner als Ehehindernis gilt, sondern allein der körperliche Vollzug des Geschlechtsaktes als solcher.[4] Damit wird die körperliche Unmöglichkeit zum Vollzug des leiblichen Geschlechtsaktes zum Geltungsgrund für die Verweigerung einer Lebensform, die im Lichte der kirchlichen Lehre für die Würde des Menschen und dessen humanisierende Lebensbeziehungen zu Recht eine privilegierte Stellung einnimmt.[5] Denn gerade der unbedingte Bund fürs Leben zwischen einer Frau und einem durch seine Querschnittslähmung hochgradig versehrten und von Ausgrenzung bedrohten Mann könnte zum eindrucksvollen ‚Zeichen und Werkzeug' für die unbedingte Solidarität Gottes mit kranken und behinderten Menschen werden – einer Solidarität, die sich über die vielen Gebärden und Gesten der Sympathie und Zärtlichkeit auch leiblich, also im Medium menschlicher Sexualität vermitteln kann – eine Sexualität, die auch dann eine existenziell bedeutsame Sprache menschlicher Leiblichkeit ist und bleibt, wenn sie sich nicht durch genital manifestierten erfolgten Beischlaf körperlich vollzieht.

Diese – vom kirchlichen Gesetzgeber sicherlich nicht beabsichtigte – Diskriminierung eines somatisch versehrten Menschen beruht

---

[3] Die klassische Ehezwecklehre des *Hl. Thomas von Aquin* bestimmte maßgeblich über den CIC von 1917 bis zum Zweiten Vatikanischen Konzil die kirchliche Theologie der Ehe.

[4] Vgl. *Zapp*, Ehefähigkeit (s. Anm. 2).

[5] Vgl. *Lob-Hüdepohl, Andreas*, Sakramentale Ehe – ein Lebensstil zuversichtlicher Weggemeinschaft, in: *Sekretariat der Deutschen Bischofskonferenz* (Hrsg.), Hier beginnt die Zukunft: Ehe und Familie – Ermutigen. Vertrauen. Voranbringen. Familienpastorale Arbeitshilfe (Arbeitshilfen 205), Bonn 2006, 7–15.

auf einem Verständnis der Behinderung eines Menschen (und damit auch seiner Sexualität), das auf Grund seiner Defizitorientierung (Behinderung als *Minusvariante* wahrhaft vollgültigen menschlichen Lebens) und seiner ausgrenzenden sowie menschenrechtswidrigen Folgen für die Betroffenen überholt ist. Die 2006 von der Vollversammlung der Vereinten Nationen beschlossene *Konvention für die Rechte von Menschen mit Behinderung* (*BRK*) geht – in Übereinstimmung mit dem fachwissenschaftlichen wie behindertenpolitischen Diskurs – davon aus, „dass Behinderung aus der Wechselwirkung zwischen Menschen mit Beeinträchtigungen und einstellungs- und umweltbedingten Barrieren *entsteht*, die sie an der vollen, wirksamen und gleichberechtigten Teilhabe an der Gesellschaft hindern"[6]. Insofern Menschen mit Behinderungen absolut dieselbe „innenwohnende Würde" (Art. 1) wie jedem anderen Menschen zukommt, geht es um die „volle und wirksame Teilhabe (‚participation') an der Gesellschaft und Einbeziehung (‚inclusion') in die Gesellschaft" sowie um „die Achtung vor der Unterschiedlichkeit von Menschen mit Behinderungen und die Akzeptanz dieser Menschen als Teil der menschlichen Vielfalt (‚diversity') und der Menschheit" (Art. 3). Dieser *Inklusionsansatz* der Behindertenrechtskonvention konzipiert die individuumsbezogene Assistenz wie die politischen Gestaltungsaufgaben zwecks Unterstützung von Menschen mit Beeinträchtigungen konsequent unter der Perspektive der unveräußerlichen Bürger- und Menschenrechte jedes einzelnen Menschen.[7] Er umfasst prinzipiell alle Lebensbereiche, die für ein Leben in Würde konstitutiv sind, und damit auch den Bereich menschlicher Sexualität. In diesem Sinne fordert die Behindertenrechtskonvention:

> „Die Vertragsstaaten treffen wirksame und geeignete Maßnahmen zur Beseitigung der Diskriminierung von Menschen mit

[6] Präambel Buchstabe (e), zitiert nach: Gesetz zu dem Übereinkommen der Vereinten Nationen vom 13. Dezember 2006 über die Rechte von Menschen mit Behinderungen sowie dem Fakultativprotokoll vom 13.12.2006 zum Übereinkommen der Vereinten Nationen über die Rechte von Menschen mit Behinderungen vom 21.12.2008, Bundesgesetzblatt 2008 Teil II, Nr. 35, Bonn 2008, 1419–1457, 1420 (Hervorhebung ALH).

[7] Vgl. *Bielefeldt, Heiner*: erscheint in*: Johannes Eurich, Andreas Lob-Hüdepohl* (Hrsg.), Inklusive Kirche. Behinderung – Theologie – Kirche, Stuttgart 2011. Vgl. auch: *Lob-Hüdepohl, Andreas*, Vielfältige Teilhabe als Menschenrecht – ethische Grundlage inklusiver Praxis, in: *Holger Wittig-Koppe, Fritz Bremer, Hartwig Hansen* (Hrsg.), Teilhabe in Zeiten verschärfter Ausgrenzung? Kritische Beiträge zur Inklusionsdebatte. Neumünster 2010, 13–21; *ders.*, Inklusive Pastoral. Theologisch-ethische Begründung einer Leitoption pastoralen Handelns, in: Unsere Seelsorge. Themenheft der Hauptabteilung Seelsorge im Bischöflichen Generalvikariat Münster, Heft 3 (2009) 4–7.

Behinderungen auf der Grundlage der Gleichberechtigung mit anderen in allen Fragen, die Ehe, Familie, Elternschaft und Partnerschaften betreffen, um zu gewährleisten, dass

(a) das Recht aller Menschen mit Behinderungen im heiratsfähigen Alter, auf der Grundlage des freien und vollen Einverständnisses der künftigen Ehegatten eine Ehe zu schließen und eine Familie zu gründen, anerkannt wird;

(b) das Recht von Menschen auf freie und verantwortungsbewusste Entscheidung über die Anzahl ihrer Kinder und die Geburtenabstände sowie auf Zugang zu altersgemäßer Information sowie Aufklärung über Fortpflanzung und Familienplanung anerkannt wird und ihnen die notwendigen Mittel zur Ausübung dieser Rechte zur Verfügung gestellt werden;

(c) Menschen mit Behinderungen, einschließlich Kindern, gleichberechtigt mit anderen ihre Fruchtbarkeit behalten." (Art. 23 Abs. 1)

II. Sexualität im Zeichen von Behinderung

Sexualität im Zeichen von Behinderung ist mit unterschiedlichen Barrieren konfrontiert, die zunächst hinsichtlich spezifischer religiöser Positionen unspezifisch sind. Auf folgende Aspekte konzentriert sich die aktuelle Fachdiskussion:

1. Einstellungsbedingte Barrieren

Obwohl die Behindertenrechtskonvention in ihren fünfzig Artikeln nahezu alle relevanten Lebensbereiche ausdrücklich thematisiert, berührt sie den Bereich menschlicher Sexualität lediglich in Artikel 23 und das sogar nur implizit. So liegt die Vermutung nahe, dass sie selbst tendenziell jene Tabuisierung fortschreibt, die bis heute das Lebensfeld ‚Sexualität und Behinderung' gesamtgesellschaftlich dominiert. Gerade im Kontext von Sexualität entsteht Behinderung bis heute besonders durch jene *einstellungsbedingten* Barrieren, die das gesellschaftliche Umfeld der Menschen mit Beeinträchtigungen, also Eltern, professionelle Betreuer oder das soziale Lebensmilieu insgesamt aufbauen und eine alters- wie lebenslagengemäße Entwicklung der Sexualität erschweren oder sogar verunmöglichen.[8]

[8] Vgl. *Plaute, Wolfgang*, Sexualität von und Sexualpädagogik für Menschen mit geistiger Behinderung, in: *Ernst Wüllenweber, Georg Theunissen, Heinz Mühl* (Hrsg.),

Auf Seiten des sozialen Umfeldes prägen besonders bei Menschen mit geistigen Beeinträchtigungen drei Deutungsmuster, die mindestens hintergründig wirken, die Wahrnehmung von und infolgedessen auch die Umgangsweise mit deren Sexualität:[9] das Deutungsmuster der *Leugnung und Verdrängung* – der geistig beeinträchtigte Mensch erfährt lebenslang eine Infantilisierung, die eine sexuelle Regung und Reifung nicht kennt; das Deutungsmuster der *Dramatisierung und Überbetonung* – dem geistig beeinträchtigten Menschen wird auf Grund seiner mutmaßlichen Intelligenzminderung die Unfähigkeit unterstellt, seine „Sexualität in die eigene Person zu integrieren, sie zu lenken oder gar zu kompensieren. Daraus erwächst dann", so die bis heute immer wieder bestätigte sozialpsychologische Einsicht *Norbert Hubers*, „die Befürchtung, die Sexualität der geistig Behinderten sei meist ungeordnet, verselbständige sich und werde dann aggressiv"[10]; und das Deutungsmuster der *Distanzlosigkeit* und *Hemmungslosigkeit* – hier wird für Außenstehende die stark pointierte Körpersprache, mit der der geistig beeinträchtigte Mensch oftmals seine mangelnde verbale Sprachfähigkeit kompensiert, als sexualisierte Übergriffigkeit fehlgedeutet.

2. Sexuelle Entwicklung und Reifung

Oftmals sind solche tabuisierenden oder abwertenden Deutungsmuster lediglich Ausdruck einer großen Verunsicherung über die als befremdlich anders erlebte Lebensrealität von behinderten Menschen. Nicht zuletzt ist es die große Sorge der Eltern um das Wohl ihrer behinderten Kinder, die sie zu einer familiaren oder institutionell verordneten[11] Überbehütung motiviert.[12] Dabei sind das Bedürfnis nach Zärtlichkeit oder die sexuelle Lust auch bei behinderten Menschen unbestritten identitäts- bzw. persönlichkeits-

---

Pädagogik bei geistigen Behinderungen. Ein Handbuch für Studium und Praxis, Stuttgart 2006, 501–513, 501.

[9] Vgl. *Walter, Joachim*, Grundrecht auf Sexualität? Einführende Überlegungen zum Thema „Sexualität und geistige Behinderung", in: *ders.* (Hrsg.), Sexualität und geistige Behinderung. Heidelberg ^{4}1996, 29–37, 32ff.

[10] *Huber, Norbert*, Geschlechtserziehung bei geistig Behinderten, Freiburg i.Br. 1975, 13.

[11] Nicht selten erwarten Eltern von den stationären Einrichtungen der Behindertenhilfe, dass diese sexuelle Beziehungen oder Lebensäußerungen ihrer Kinder um des (vermeintlichen) Wohls ihrer Kinder unterbinden, was immer wieder zu Auseinandersetzungen mit den sexualpädagogischen Konzepten der Einrichtungen führt.

[12] Vgl. *Speck, Otto*, Viele Eltern haben Angst, in: *Walter* (Hrsg.), Grundrecht auf Sexualität? (s. Anm. 9), 17–21; *Achilles, Ilse*, „Was macht Ihr Sohn denn da?" Geistige Behinderung und Sexualität, München 1990.

bildend. Freilich differieren sexuelles Leben und sexuelle Reifung zwischen den unterschiedlichen Beeinträchtigungsformen behinderter Menschen[13]: Während Menschen mit körperlichen Beeinträchtigungen in der Regel über ein durchschnittliches (und in diesem statistischen Sinne *normales*) sexuelles Empfinden und Reifen verfügen, ihnen aber oftmals die körperlichen Voraussetzungen für ein durchschnittliches sexuelles Handeln fehlen (sei es Beischlafunfähigkeit, fehlende manuelle Fähigkeit zur Masturbation, zum Petting usw. oder mangelnde Attraktivität für einen Partner), so treten bei Menschen mit geistigen Beeinträchtigungen während der Pubertät die körperliche und die geistige Entwicklung zum Teil gravierend auseinander.[14] Unbeschadet dieser erheblichen Unterschiede ist die Phase sexueller Reifung bei allen Menschen mit Beeinträchtigungen durch eine prägende äußere Rahmenbedingung ihrer Lebenslage mehr oder minder stark belastet. Die meisten behinderten Jugendlichen werden in zentralen Fördereinrichtungen beschult. Im Vergleich mit der Regelbeschulung erschwert dies die Pflege von Freundschaften oder die Bildung von Peergroups bzw. ‚Cliquen', was sich nicht selten nachteilig auf die Entwicklung einer alteritätsorientierten bzw. beziehungsfähigen Sexualität auswirkt. Behinderte Jugendliche erleben ihre Lebenswelt als *„totale Institution"*[15]: indirekt durch Betreuung vollständig überwacht und ohne Erlebnisraum ungestörter Intimität. Das Fehlen von Kontakten zu Gleichaltrigen wie die unbewusst lückenlose Beobachtung erschweren zugleich eine sexuelle Reifung, die sich nicht nur der Chancen, sondern auch der Grenzen sexueller Kommunikation und Praxis bewusst wird, diese Erfahrungen in eine Persönlichkeitsentwicklung integriert und als lebensdienliche Grenzziehung bzw. Orientierungslinie nutzt: „Gerade behinderte Jugendliche, die sich verbal nicht gut oder gar nicht ausdrücken können, teilen sich dann über ihre Körpersprache mit – in dem sie die angehimmelte Person umarmen, küssen, streicheln – was nicht immer auf Gegenliebe stößt."[16]

---

[13] Deshalb differenzieren viele sexualpädagogische (Beratungs-)Konzepte zwischen Sexualität bei Menschen mit körperlichen und Sexualität bei Menschen mit geistigen Beeinträchtigungen. Vgl. etwa die jeweiligen sexualpädagogischen Beratungskonzepte von *Pro Familia*, Körper und Sexualität. Sexualität und körperliche Behinderung, Frankfurt a.M. [3]2004 bzw. Körper und Sexualität. Sexualität und geistige Behinderung, Frankfurt a.M. [3]2006.

[14] Vgl. *Plaute*, Sexualität (s. Anm. 8), 503.

[15] *Goffman, Erving*, Asyle. Über die Situation psychiatrischer Patienten und anderer Insassen, Frankfurt a.M. 1977, 11f.

[16] *Pro Familia*, Behinderung und Sexualität. Sexualität und Menschen mit geistiger Behinderung, Frankfurt a.M. [3]2006, 8.

Der fehlende Ort einer in Gemeinschaft sich vollziehenden sexuellen Reifung und Praxis einerseits und das Auseinandertreten von körperlicher und geistiger Entwicklung andererseits ist vermutlich eine wichtige Ursache, dass bei nicht wenigen Menschen mit (geistigen) Beeinträchtigungen partnerschaftlich orientierte Sexualität im Hintergrund verbleibt und stattdessen das lustvolle Erleben des eigenen Körpers im Vordergrund steht.[17] Infolgedessen rücken zwei weitere Problemfelder der Sexualität im Kontext von Behinderung in den Mittelpunkt sexualpädagogischer Diskurse: das Problemfeld der Masturbation und die Frage nach der Legalität wie Legitimität sexueller Assistenz. Dabei wird das *Ob* von Masturbation mehrheitlich nicht mehr grundsätzlich in Zweifel gezogen. Vielmehr konzentriert sich die Debatte auf das *Wie*, genauer: auf die situativen Umstände einer angemessenen Form der sexuellen Befriedigung des Selbst und einer entsprechenden pädagogischen Begleitung, die den Menschen mit (geistigen) Beeinträchtigungen solche Räume und Situationen der Intimität lernen und achten hilft, die ihn selbst wie seine soziale Umwelt schützen.

3. Passive und aktive Sexualassistenz

Im Gegensatz zur Masturbation wird die Legitimität der sogenannten Sexualassistenz sehr kontrovers diskutiert. Hier gilt es zunächst, zwei Formen der Sexualassistenz zu unterscheiden: Zwar umfasst Sexualassistenz grundsätzlich alle Unterstützungshandlungen, „die es behinderten Menschen ermöglichen, ihre Sexualität zu leben“[18]. Während sich die *passive Sexualassistenz* auf die pädagogische Beratung und Begleitung sexueller Reifungsprozesse, also auf sexualpädagogische und gegebenenfalls sexualtherapeutische Interventionen beschränkt, werden bei der *aktiven* Sexualassistenz die Assistierenden unmittelbar in die sexuelle Handlung einbezogen. Ihre aktive Einbindung kann sich von der Hilfe bei der Masturbation über die Unterstützung des Geschlechtsverkehrs eines körperbehinderten Paares bis hin zum Geschlechtsverkehr mit der behinderten Person selbst erstrecken. In der Regel verfügen die aktiven Sexualassistentinnen und Sexualassistenten über pflegerische und behindertenspezifische Kompetenz. Gleichwohl sind

---

[17] Vgl. *Plaute*, Sexualität (s. Anm. 8), 502; *Kaeser, Ferdinand*, Developing a Philosophy of Masturbation Training for Persons with Severe and Profound Mental Retardation, in: Sexuality and Disability 4 (1996) 295–308.

[18] *Arnade, Sigrid*, Sexuelle Rechte behinderter Menschen, in: *Claudia Lohrenscheit, Deutsches Institut für Menschenrechte* (Hrsg.), Sexuelle Selbstbestimmung als Menschenrecht, Baden-Baden 2009, 233–249, 241.

die Grenzen zur Prostitution fließend, so dass hier erhebliche Vorbehalte geltend gemacht werden.[19] Doch selbst Befürworter einer behutsamen aktiven Sexualassistenz, die sich in Form und Reichweite strikt an den Bedürfnissen des behinderten Menschen orientieren, lehnen eine aktive Sexualassistenz von professionellen oder ehrenamtlichen Aufsichtspersonen oder Betreuern aus verschiedenen Gründen strikt ab – nicht zuletzt auf Grund einschlägiger Bestimmungen des Sexualstrafrechts (§ 174a Abs. 2 StGB), das solche Assistenzen auf Grund der bestehenden bzw. der faktisch nie vollends auszuschließenden Abhängigkeitsverhältnisse als Missbrauch unter Strafe stellt.[20] Diese unmissverständliche Missbilligung jeglicher aktiven Sexualassistenz durch professionelle wie ehrenamtliche Angehörige einer betreuenden Einrichtung ist erheblich. Sie ist nicht zuletzt dem Umstand geschuldet, dass die Erfahrung sexueller Gewalt durch Betreuer und Pflegende auf Seiten der Menschen mit Behinderungen – wie die wenigen, gleichwohl einschlägigen empirischen Studien belegen[21] – offensichtlich dramatisch hoch sind: über die Hälfte der befragten Frauen und Männer gaben an, bereits sexuelle Gewalt erfahren zu haben.[22] Die Gefahr, Opfer zu werden, steigt dort, wo behinderte Menschen – in Familien wie in institutionellen Settings – „überbehütet und zum Gehorsam erzogen werden und zum Teil unaufgeklärt heranwachsen"[23].

4. Mutterschaft und Elternschaft

Unbeschadet einer gelegentlichen Dominanz selbstbezüglicher Sexualität („Erleben der eigenen Körperlichkeit") ist die Sexualität bei Menschen mit somatischen oder geistigen Beeinträchtigungen auch mit dem Aspekt von Elternschaft und Mutterschaft verknüpft. Insbesondere bei Menschen mit geistiger Beeinträchtigung sind Mutterschaft und Elternschaft nach wie vor ein großes Tabu. In der Regel wird ihnen die Fähigkeit, verbindlich eine Familie zu

[19] Vgl. *Walter, Joachim*, Zur Einführung: Was ist Sexualassistenz? Was kennzeichnet professionelle Sexualbegleitung?, in: *ders.* (Hrsg.), Sexualbegleitung und Sexualassistenz bei Menschen mit Behinderungen, Heidelberg 2004, 11–14.

[20] Vgl. *Zinsmeister, Julia*, Rechtliche Maßgaben und Grenzen der Sexualassistenz und Sexualbegleitung, in: *Pro Familia*, Expertise – Sexuelle Assistenz für Frauen und Männer mit Behinderungen, Frankfurt a.M. 2002, 17–65, 46.

[21] So etwa die Studie des österreichischen Bundesministeriums für Frauenangelegenheiten und Verbraucherschutz: Sexualisierte Gewalt im behinderten Alltag. Jungen und Männer mit Behinderung als Opfer und Täter, Wien 1997.

[22] Vgl. *Arnade*, Sexuelle Rechte (s. Anm. 18), 243.

[23] *Pro Familia*, Behinderung (s. Anm. 16), 17.

gründen und Kinder zu erziehen, nicht zugetraut. Gerade die Eltern von Menschen mit geistigen Beeinträchtigungen fürchten die weitere schwere Belastung, die ihnen als Großeltern durch eine ersatzweise Elternschaft für ihre Enkel zuwachsen könnte, sollten ihre behinderten Kinder mit der Erziehung ihres Nachwuchses überfordert sein. Zwar existieren mittlerweile erfolgreiche Modellprojekte, die Mütter bzw. Väter mit geistigen Beeinträchtigungen eine Familien- bzw. Elternassistenz an die Seite stellen.[24] Gleichwohl sehen sich viele behinderte Frauen, die eine Mutterschaft anstreben, mit Hemmnissen konfrontiert, die nachteilig zusammenwirken[25]: der Rat, auf eigene Kinder zu verzichten, weil sie (mutmaßlich) keine gute Mutter für ihre Kinder sein können; mangelnde schwangerschafts- oder auch geburtsbegleitende Infrastrukturen, die auf die spezifischen Bedürfnisse behinderter Schwangerer eingestellt sind; und eine fehlende systematisch bzw. verlässlich organisierte Elternassistenz, die insbesondere in den ersten Jahren der Mutterschaft bzw. Elternschaft die Alltagsbewältigung unterstützt.

Die Furcht mancher Eltern behinderter Töchter oder Söhne, im Falle deren Elternschaft selbst überfordert zu sein, ist ein nicht unerheblicher Movens, die Fertilität ihrer Kinder verlässlich und gelegentlich sogar dauerhaft durch eine Sterilisation zu unterbinden. Das menschen- bzw. grundrechtlich verbürgte Recht auf sexuelle Selbstbestimmung, zu dem essenziell auch das Recht auf Zeugungsfähigkeit und Fortpflanzung gehört, führt in Deutschland bei der Durchführung einer Sterilisation zu hohen Hürden. Wenn überhaupt darf eine Sterilisation nicht vor Vollendung des 18. Lebensjahres und dann nur mit Zustimmung des betroffenen Menschen mit Beeinträchtigung auf der Grundlage eines intensiven Beratungsprozesses vorgenommen werden. Bei dauernd einwilligungsunfähigen Personen muss das Vormundschaftsgericht eine etwaige Sterilisationsentscheidung des Betreuers[26] genehmigen. Sie darf gemäß § 1905 BGB nie gegen den Willen des Betroffenen

[24] Vgl. etwa *Landesverband der Mütterzentren NRW e.V.* (Hrsg.), Endbericht zum Modellprojekt „Mütter mit Behinderungen“, Dortmund 2004.

[25] Vgl. *Arnade, Sigrid*, Sexualität, Partnerschaft, Mutterschaft und Familienarbeit, in: *Bundesministerium für Familie, Senioren, Frauen und Jugend* (Hrsg.), Einmischen, Mitmischen. Informationsbroschüre für behinderte Mädchen und Frauen, Berlin 2007, 100–110, 104f.

[26] Vgl. die bertreuungsrechtliche Festlegung advokatorischer Entscheidungen des Betreuers: dieser hat „die Angelegenheiten des Betreuten so zu besorgen, wie es dessen Wohl entspricht“. Dabei zählt der Gesetzgeber zum Wohl des Betreuten „auch die Möglichkeit, im Rahmen seiner Fähigkeiten sein Leben nach seinen eigenen Wünschen und Vorstellungen zu gestalten“ (§ 1901 Abs. 2 BGB).

und nur dann erfolgen, wenn durch eine mögliche Schwangerschaft das Leben der Schwangeren in schwerer und unzumutbarer Weise gefährdet werden würde. Im Falle von einer genehmigungsfähigen Sterilisation ist immer eine solche Methode vorzuziehen, die zu einem späteren Zeitpunkt eine Refertilisation offenhält.

III. Theologisch-ethische Beurteilungen

Eine theologisch-ethische Beurteilung des Handlungsfeldes Sexualität und Behinderung ist mit verschiedenen, gleichwohl miteinander verzahnten Problemkreisen konfrontiert. Zunächst gilt es, die beschädigenden Deutungsmuster der je eigenen – in diesem Fall der christlichen – Tradition im Umgang mit Behinderung und den von ihr betroffenen Menschen kritisch zu reflektieren und nicht zuletzt im Lichte der genuin christlichen Botschaft neu auszurichten und für einen Paradigmenwechsel auch (inner-)kirchlicher sowie theologischer Rede über Menschen mit Behinderungen *und ihrer Sexualität* fruchtbar zu machen.[27] Denn gegen die eigentlich befreiende Botschaft haben sich in der kirchlichen und theologischen Wahrnehmung von Menschen mit Beeinträchtigungen abwertende, teilweise sogar menschenverachtende Deutungsmuster bis in die jüngste Gegenwart hartnäckig halten können. Trauriger Höhepunkt ist die kirchenoffizielle Argumentationslinie gegenüber der negativen Eugenik im ersten Drittel des 20. Jahrhunderts. In der Auseinandersetzung mit dem 1933 in Deutschland erlassenen Gesetzt zur Verhinderung erbkranken Nachwuchses, das unter anderem eine zwangsweise Sterilisation sogenannter ‚erblich belasteter' Menschen vorsah, lehnten zwar die meisten katholischen Bischöfe und Moraltheologen eine solche ‚Unschädlichmachung' ab.[28] Gleichwohl war

---

[27] Ich habe dies anderen Stellen wiederholt skizziert: *Lob-Hüdepohl, Andreas*, Alltag unter erschwerten Bedingungen. Menschenbilder und Ethik „behinderten" Lebens, in: *Bernd Goebel, Gerhard Kruip* (Hrsg.), Gentechnologie und die Zukunft der Menschenwürde, Münster, Hamburg, London 2003, 85–99; *ders.*, Gott in Welt. Heilsames und Unheilvolles im Umgang mit psychisch versehrten Menschen, in: *Erik Boehlke, Andreas Heinz, Manfred Heuser* (Hrsg.), Über Gott und die Welt (Schriftenreihe der deutschsprachigen Gesellschaft für Kunst und Psychopathologie des Ausdrucks e.V. 24), Berlin 2005, 23–31; *ders.*, Behindernde Bilder „versehrten" Lebens – von der Notwendigkeit einer befreienden Theologie der Versehrten, in: *Arnd T. May, Caspar Söling* (Hrsg.), Gesundheit, Krankheit, Behinderung – Gottgewollt, naturgegeben oder gesellschaftlich bedingt?, Paderborn 2006, 65–81.

[28] Vgl. die ausführliche und differenzierte Recherche von *Richter, Ingrid*, Katholizismus und Eugenik in der Weimarer Republik und im Dritten Reich. Zwischen Sittlichkeitsreform und Rassenhygiene (Veröffentlichungen der Kommission für Zeitgeschichte Reihe B: Forschungen 88), Paderborn 2001, bes. 381ff.

diese Ablehnung in der Regel kein Ausdruck der Wertschätzung versehrter Menschen, sondern Konsequenz der kirchlichen Sexualmoral: eine (zwangsweise) Sterilisation sei strikt abzulehnen, weil

> „mit der Durchführung des Gesetzes für die private und öffentliche Sittlichkeit große Gefahren sich ergeben; denn die sterilisierten Männer und Frauen können sich nun ihrem Geschlechtsleben hemmungslos überlassen, da ja aus ihrem Verkehr keine Nachkommen entstehen“[29].

Statt einer Sterilisation optierten viele deutsche Bischöfe für eine konsequente Asylierung, also Internierung mutmaßlich Erbkranker, zu denen insbesondere behinderte Menschen gezählt wurden. Der Vorsitzende der Freisinger Bischofskonferenz, Kardinal Faulhaber, schlug kurz nach Weihnachten 1933 seinem Fuldaer Amtskollegen sogar vor: „Da der Staat für die Schutzhäftlinge eigene Lager errichtet hat, kann er es ebenso gut für diese Schädlinge der Volksgemeinschaft, die er ja durch die Sterilisation unschädlich machen will.“[30]

Mittlerweile hat sich auch das kirchenoffizielle Bild vom Menschen mit körperlichen oder geistigen Behinderungen grundlegend gewandelt. Anlässlich des Europäischen Jahres der Menschen mit Behinderungen haben sich die deutschen Bischöfe in einem Hirtenwort entschieden gegen jede Form von Hierarchisierungen und Ausgrenzungen behinderter Menschen gewandt:

> „Mit Behinderungen sein Leben zu führen, hat eine eigene Sinnhaftigkeit. Für die Mehrzahl der Menschen relativiert es die gewohnten Maßstäbe des Sinnvollen und des Nichtsinnvollen. […] Festgefahrene und verengte Bilder von dem, was geglücktes, wahrhaft gelingendes Leben ist, werden aufgebrochen. Sie entdecken am Anderen neue Möglichkeiten, mit den Begrenztheiten auch des eigenen Lebens sinnvoll umzugehen. Sie lernen einen respektvollen Umgang mit Verschiedenheiten, ohne immer wieder die alten Muster von besser oder schlechter zu bemühen. Sie lernen, Ängste vor dem Unbekannten und Befremdlichen abzubauen.“[31]

---

[29] Schreiben der Bischöfe Gröber (Freiburg) und Berning (Osnabrück) an den Vorsitzenden der Fuldaer Bischofskonferenz Kardinal Bertram vom 3.11.1933, in: Akten deutscher Bischöfe (Veröffentlichungen der Kommission für Zeitgeschichte Reihe A, Bd. I), 243f.

[30] *Michael von Faulhaber* an *Adolf Bertram* vom 29.12.1933, in: *Ludwig Volk* (Bearb.), Akten Kardinal Michael von Faulhaber, Bd. I, Mainz 1975, 834.

[31] UnBehindert Leben und Glauben teilen. Wort der deutschen Bischöfe zur Situation der Menschen mit Behinderungen, Bonn 2003, 17f.

Diese grundlegend veränderte Wahrnehmung von Menschen mit Behinderungen ist von großer Bedeutung; denn: „Dringlich ist vor allem ein mehr an Sensibilität für die Würde des Menschen – in allen seinen Lebensphasen, die Grundrechte auf das Leben und die leibliche Unversehrtheit, die Achtung der Selbstbestimmungs- und Persönlichkeitsrechte behinderter Menschen.“[32]

Von hier aus erschließen sich wichtige Anhaltspunkte für die Orientierung und Gestaltung der Sexualität im Kontext von Behinderung. Auch für Menschen mit körperlichen wie geistigen Behinderungen gilt: Sexualität ist Ausdruck und Vollzug menschlicher Würde. Die Reifung einer Persönlichkeit geht mit der Reifung eigener Sexualität Hand in Hand. Menschliche Sexualität ist qualitativ entschieden mehr als ihre Reduktion auf genitales Sexualleben. Sie ist die ursprüngliche Sprache menschlicher Leiblichkeit, die des Menschen individuelle Existenz in deren dialogische und darin personale Vermittlung mit dem mitmenschlichen Du wesentlich mitbestimmt:

> „Der Mensch ist auf die Zuwendung anderer Menschen angewiesen. Er lebt nicht nur für sie, sondern immer auch durch sie. Da die zwischenmenschlichen Beziehungen leiblich vermittelt werden, wird die Sexualität als eine besondere Möglichkeit erlebt, Liebe und personale Zuwendung zueinander auszudrücken und lustvoll zu erfahren.“[33]

Diese essenzielle Bedeutung der Sexualität eines Menschen für seine persönliche Reifung wie für seine Kommunikationsfähigkeit mit dem mitmenschlichen Du gilt für alle ‚Normalvarianten‘ menschlichen Seins, für behinderte ebenso wie für nicht behinderte Menschen. Unter dieser Rücksicht wäre eine automatische Verhinderung geschlechtlichen Lebens tatsächlich eine schwerwiegende Beschädigung der Würde des so behinderten Menschen. Grundsätzlich verhinderte Sexualität ist grundsätzliche Behinderung menschlicher Würde. Dies gilt umso mehr, wenn die Sprache des Leiblichen, die bei der zärtlichen Geste und Berührung des Leibes beginnt, oftmals eine zentrale Weise der Kommunikation zwischen bzw. mit behinderten Menschen ist. Insofern sind behinderte Menschen in der Reifung ihres geschlechtlichen Lebens unterstützend zu begleiten. Dazu dienen zum Beispiel elaborierte sexualpädagogische Konzepte, die für viele – auch kirch-

---

[32] Ebd., 8.

[33] Gemeinsame Synode der Bistümer in der Bundesrepublik Deutschland: Arbeitspapier „Sinn und Gestaltung menschlicher Sexualität“, Kap. 3.1.6.2.

liche – Institutionen der Behindertenhilfe mittlerweile gängige Praxis sind.[34]

Allerdings erfordert auch die Sexualität von Menschen mit Beeinträchtigungen ein hohes Maß an Sensibilität gegenüber der eigenen Person wie gegenüber dem mitmenschlichen Du, das in der Sprache seiner eigenen Geschlechtlichkeit intime Vertrautheit vermitteln kann und darin äußerst versehrbar ist. Auch die Sexualität behinderter Menschen ist nicht vor Selbstverliebtheit geschützt, die den anderen zum bloßen Instrument eigenen Lustempfindens degradiert – selbst wenn das objektiv übergriffige Verhalten seitens etwa eines pubertierenden Jugendlichen mit geistigen Behinderungen auf Dritte selten eine bewusste Entscheidung spiegelt.[35] Infolgedessen ist hier eine Sexualpädagogik gefordert, die in die Kultur einer menschenwürdigen Sexualität einführt und mit deren Hilfe (behinderte) Frauen und Männer ihre spezifischen Erfahrungen im Licht christlich verantworteter Sexualethik im Hinblick auf ihre spezifische Lebenslage artikulieren bzw. entwickeln können. Mit Blick auf die Lebenslage etwa von Menschen mit schwerer wiegenden geistigen Beeinträchtigungen ist tatsächlich zu bedenken, ob die Kluft zwischen körperlicher Reife und personaler Lebensführungskompetenz nicht über eine stärkere Zuwendung und Einführung in den sogenannten Mittelbereich des Erotischen überbrückt werden sollte.[36] Sexualpädagogische Begleitung hätte hier die Aufgabe, die vielfältigen Sprachformen des Leiblichen zu erschließen und die Fixierung auf genital-orgastische Sexualität zu überwinden. Solche Begleitung ist immer eine Form von Assistenz, freilich nie eine Form aktiver Sexualassistenz. Die höchst intime und versehrbare Sprache menschlicher Sexualität verlangt in jeder Situation von allen Beteiligten: die Erfüllung sexueller Sprachformen – auch im ‚Mittelbereich des Erotischen' – ist zu ermöglichen und zu gewähren, nie aber aktiv herbeizuführen.[37]

---

[34] Vgl. für den kirchlichen Bereich etwa *Stiftung Ecksberg*, Positionen Sexualpädagogik, Mühldorf 2006. Dabei darf nicht übersehen werden, dass sich kirchliche bzw. katholische Institutionen mitunter schwer tun, angesichts einer restriktiven kirchlichen Sexualmoral angemessene Leitlinien nicht nur zu erarbeiten, sondern auch öffentlich zu vertreten.

[35] Vgl. *Krebs, Heinz*, Medizinische Aspekte zur Sexualität geistig behinderter Menschen. Aufgaben – Möglichkeiten – Grenzen, in: *Walter* (Hrsg.), Grundrecht auf Sexualität? (s. Anm.9), 40–58, 46–49.

[36] So schon *Sporken, Paul*, Sexualethik und geistige Behinderung. Befreiung oder Bevormundung?, in: *ders.*, Geistig Behinderte, Erotik und Sexualität, Düsseldorf 1974, 157–186, 159ff.

[37] Vgl. *Lerch, Winfried, Zachäuskreis – Seelsorge für Menschen mit geistiger Behinderung*, Sexualität und Partnerschaft bei Menschen mit geistiger Behinderung in katholischen Wohneinrichtungen im Erzbistum Berlin. Ergebnisse einer Arbeitsgruppe

Freilich ist eine christliche Sexualethik, die aus der Lebensperspektive von Menschen mit körperlichen oder geistigen Beeinträchtigungen heraus Leitlinien zu Sinn und Gestaltung ihrer Sexualität entwirft und begründet, noch weitgehend Desiderat. Denn eine automatische Übertragung sexualethischer Grundlinien, wie sie für die Lebenslage nicht behinderter Menschen in Geltung stehen, könnte sich gerade aus anthropologischen bzw. fundamentalethischen Gründen als sehr problematisch erweisen. Der normative Sinn einer menschenwürdigen Lebensführung erschließt sich immer auch aus der jeweiligen Sinnlogik der menschlichen Natur. Diese Sinnlogik ist aber nicht automatisch bei allen Menschen identisch. Die Wertschätzung der Lebensführung von Menschen mit körperlichen wie geistigen Behinderungen, die sich grundsätzlich jeder Abwertung behinderten Lebens als *Minusvariante* des normalen vollgültigen Lebens widersetzt, beruht etwa im Anschluss an die phänomenologisch-anthropologischen Studien von *Merleau-Ponty* auf einer folgenreichen anthropologischen Grundannahme: Jede menschliche Existenz wird von einer je spezifischen „fungierenden Intentionalität" durchwaltet, so dass „auch und gerade die ‚beschädigte Subjektivität' [eines behinderten Menschen; ALH] in ihrer besonderen Seinsweise jenseits jeglicher defizitorientierten Beurteilung für sich ‚sinnvoll' ist"[38].

Sollte sich diese anthropologische Einsicht als zutreffend erweisen – und sie macht die Rede von der intrinsischen Eigenlogik eines Lebens mit Beeinträchtigungen und von der bereichernden Vielfalt (‚diversity') menschlichen Lebens überhaupt erst plausibel –, dann müssten auch die Konsequenzen etwa für bestimmte Äußerungsformen menschlicher Sexualität reflektiert werden. Möglicherweise legen sich in der moraltheologischen Beurteilung der Sexualität behinderter Menschen gewisse Akzentverschiebungen nahe: Wäre jede Form von selbstbezüglicher Sexualität, etwa in Gestalt der Masturbation, automatisch schon jene „schuldhafte Ichbezogenheit"[39], die moralisch nicht zu legitimieren ist? Oder könnte sich herausstellen, dass diese Äußerung sexuellen Lebens in bestimmten Phasen, die der Selbstkonstitutionsprozess eines Lebens mit schweren Behinderungen durchläuft, ein wichtiges Medium ist, in dem dieser Mensch seine durch Versehe-

---

im Rahmen der ‚AG Sorge um Menschen mit geistiger Behinderung' beim Caritasverband für das Erzbistum Berlin, Berlin 2000 (unveröffentlichtes Manuskript), 17.

[38] *Mattner, Dieter, Gerspach, Manfred*, Heilpädagogische Anthropologie, Stuttgart 1997, 88.

[39] *Deutsche Bischofskonferenz* (Hrsg.), Katholischer Erwachsenenkatechismus Bd. 2: Leben aus dem Glauben, Freiburg i.Br. 1995, 379.

rungen geprägte Leiblichkeit nicht nur schmerzhaft, sondern eben auch lustvoll zu erfahren und damit als *Geschenk* Gottes zu bejahen lernt?

Die zutiefst christliche Rede von der unwiderruflich gleichen Menschenwürde auch und gerade eines Lebens in der Situation von Behinderung macht es jedenfalls erforderlich, auf diese und eine Reihe weiterer Fragen im Lichte der christlichen Tradition behutsam überzeugende Antworten auszuloten. Sie weiß, dass moralische Urteile – auch solche im Geflecht von Sexualität und Behinderung – immer gemischte Urteile sind, in denen sich normative Urteilskriterien zu deskriptiven Sachverhaltseinsichten in Beziehung setzen. Gerade konsistente normative Urteilskriterien könnten bei wesentlich geänderten Sachverhaltseinsichten zu anderen moralischen Urteilen führen. Da sich die Einsicht über Sinn und Bedeutung einer Lebensführung im Zeichen von Behinderung erheblich geändert hat, sind anders akzentuierte moralische Beurteilungen nicht mehr grundsätzlich auszuschließen.

Irritierende Kontingenz

Transsexualität als moraltheologische Herausforderung

von Stephan Goertz

„Am wichtigsten ist ein Ende der Praxis, für alle Menschenleben zum Gesetz zu machen, was nur für einige lebbar ist, und ebenso wichtig ist ein Verzicht darauf, allen Menschenleben etwas vorzuschreiben, was für einige nicht lebbar ist.“

Judith Butler

„Da Transsexuelle weder geisteskrank noch gemeingefährlich sind, müssen sie ihren Lebensweg letztlich selbst bestimmen.“

Volkmar Sigusch

Transsexualität ist ein modernes Phänomen. Erst im 20. Jahrhundert ist die Überschreitung der Geschlechtergrenzen zu einer medizinisch realisierbaren Option geworden. Auch wenn die Fälle relativ selten bleiben[1], ist die Irritationskraft der Transsexualität doch so groß, dass sie das Interesse der bio- und genderethischen Diskurse der Gegenwart auf sich zieht. Die Deutungen gehen dabei weit auseinander. In manchen Regionen religiöser Frömmigkeit gilt Transsexualität als Provokation göttlich sanktionierter Geschlechterordnungen, während sie liberalen Bürgern säkularer Gesellschaften geradezu als Avantgarde eines selbstbestimmten Lebensentwurfes erscheinen mag. Die Art und Weise einer Gesellschaft, auf das Phänomen der Geschlechtsumwandlung zu reagieren, kann als Gradmesser für die Rigidität der Normen des Geschlechterverhältnisses dienen.

[1] „In Abhängigkeit von den zugrundegelegten definitorischen Begrenzungen des Störungsbildes, von den verwendeten Erhebungskriterien und vom Untersuchungsland variieren die Angaben über die Häufigkeit von transsexuellen Geschlechtsidentitätsstörungen außerordentlich stark“, so *Beier, Klaus M.* et al., Sexualmedizin. Grundlagen und Praxis, München, Jena 2001, 290. Die Prävalenz liegt in einer Reihe von Studien zwischen 1:40.000–50.000 und ist bei biologischen Männern mehr als doppelt so hoch als bei biologischen Frauen.

I. Von der Perversion zur Normvariante

Die wechselvolle Geschichte der Transsexualität beginnt in den ersten Jahrzehnten des letzten Jahrhunderts, denn erst zu dieser Zeit trifft das eindringlich artikulierte Leiden am eigenen Geschlechtskörper auf eine Medizin, die dafür ihre technischen Fähigkeiten zur Verfügung stellen kann und will.[2] Dass Menschen ihre Geschlechterrolle wechseln, ist in der Kultur- und Religionsgeschichte wohl bekannt.[3] Dass Menschen eine medizinische Behandlung einfordern und erhalten können, die ihren Körper irreversibel in Übereinstimmung mit dem anderen Geschlecht zu bringen versucht, ist neu. Erste Operationen wurden in den 1910er Jahren durchgeführt. Die Empfindung, dass die eigene Physis zur eigenen Psyche in einem klaffenden Widerspruch steht[4], treibt nicht mehr nur den Wunsch hervor, die Zeichen des eigenen Herkunftsgeschlechts zu tilgen und dessen Körper zu verändern. Die operative Umgestaltung des eigenen, als fremd erlittenen Körpers ist zur realen medizin-technischen Option geworden. Aber nicht allein die medizinischen Möglichkeiten sind hier ausschlaggebend. Auch die zu Beginn des 20. Jahrhunderts „zunehmende Bedeutung des Geschlechtskörpers für die Selbstdefinition dürfte wesentlich dazu beigetragen haben, Personen, die sich dem ‚anderen' Geschlecht zugehörig fühlten, zur physischen Umgestaltung zu veranlassen"[5]. So lässt sich das Phänomen der Transsexualität historisch zwar besser einordnen, aber noch nicht erklären. Überhaupt gehen die Standardisierung der medikamentösen und chirurgischen Umwandlungsbehandlung sowie die Verfeinerung der Diagnostik und Indikationsstellung bis heute nicht einher mit einer Klärung der Ursachen von Transsexualität.[6] In der Regel wird davon ausgegangen, dass es eine Kombination von diversen physischen und psychischen Faktoren ist, die zu einer massiven und

---

[2] Vgl. dazu *Herrn, Rainer*, Geschlecht als Option: Selbstversuche und medizinische Experimente zur Geschlechtsumwandlung im frühen 20. Jahrhundert, in: *Pethes, Nicolas, Schicktanz, Silke* (Hrsg.), Sexualität als Experiment. Identität, Lust und Reproduktion zwischen Science und Fiction, Frankfurt a.M. 2008, 45–70.

[3] Vgl. *Linn, Priscilla R.*, Gender Roles, in: The Encyclopedia of Religion Vol. 5 (1987) 495–502; *Schröter, Susanne*, FeMale. Über Grenzverläufe zwischen den Geschlechtern, Frankfurt 2002.

[4] So schon *Hirschfeld, Magnus*, Die Transvestiten. Eine Untersuchung über den erotischen Verkleidungstrieb, Frankfurt a.M. 1910, 166, zitiert nach *Herrn*, Geschlecht (s. Anm. 2), 48. Hirschfeld unterscheidet in dieser Schrift noch nicht zwischen Transvestitismus und Transsexualität.

[5] *Herrn*, Geschlecht (s. Anm. 2), 49.

[6] Siehe *Beier, Klaus M.* et al., Geschlechtsidentitätsstörungen, in: *dies.*, Sexualmedizin (s. Anm. 1), 287–325.

dauerhaften Ablehnung der eigenen körperlichen Geschlechtsmerkmale führt und das Bestreben reifen lässt, die körperlichen Merkmale des anderen Geschlechts mit Hilfe medizinischer Eingriffe zu erlangen. Obwohl Magnus Hirschfeld 1923 den Begriff des „seelischen Transsexualismus“ eingeführt hatte[7], dauert es bis in die 1950er und 1960er Jahre, dass sich der Begriff durch eine Reihe von Veröffentlichungen und nun in klarer Abgrenzung zum Transvestitismus etablieren konnte.[8] Die erste, frühe Phase kann als Medikalisierung bezeichnet werden. In einem nächsten Schritt wird Transsexualität zu einem psychopathologischen Phänomen, das durch einzelne medial inszenierte Fälle ins öffentliche Bewusstsein tritt.[9] Mitte der 1970er Jahre gibt es in den USA bereits zahlreiche Behandlungszentren (*Gender-Identity Clinics* bzw. *Committees*), die auch chirurgische Eingriffe durchführen. In diese Zeit fällt zudem die Verabschiedung erster Transsexuellengesetze. Als auch juristisch geklärt war, dass geschlechtsumwandelnde Eingriffe nicht sittenwidrig sein müssen und als medizinisch notwendige Behandlung gelten können, waren die Krankenkassen bereit, die Behandlungskosten zu tragen.

Die Medikalisierung und Pathologisierung, hier zeigt sich eine erste Ambivalenz, stößt bald auf Widerspruch, obwohl sie für die Betroffenen die Chance eröffnet, im System der Krankenversicherung Anerkennung zu erlangen. Aus feministischer Perspektive wird gefragt, ob die hormonelle und chirurgische Umwandlung des Körpers samt einzuübender Einpassung des Verhaltens in die neue Geschlechtsrolle nicht die Differenzen zwischen den Geschlechtern weiter vor allem zum Nachteil von Frauen zementiere. Kulturtheoretischen Überlegungen erweist sich die Transsexualität als „hochgradig widersprüchlich“[10]. Auf der einen Seite werden die Differenzen zwischen den Geschlechtern in einer modernen Gesellschaft abgeschliffen und demonstrieren Transsexuelle die Kontingenz der Geschlechtszugehörigkeit, auf der anderen Seite zahlt derjenige, der sein Geschlecht „wirklich“ wechseln will, ei-

[7] *Hirschfeld, Magnus*, Die intersexuelle Konstitution, in: Jahrbuch für sexuelle Zwischenstufen 23 (1923) 3–27.

[8] Immer wieder genannt wird *Benjamin, Harry*, Transvestism and Transsexualism, in: International Journal of Sexology 7 (1953) 12–14; *ders.*, The Transsexual Phenomenon, New York 1966. Zahlreiche weitere Literaturhinweise bei *Pfäfflin, Friedemann*, Facetten der Geschlechtsumwandlung, in: Zeitschrift für Semiotik 21, Heft 3–4 (1999) 281–304.

[9] Es geht um den Fall der Behandlungsgeschichte von George, dann Christine Jorgensen; vgl. dazu kurz *Pfäfflin*, Facetten (s. Anm. 8), 284.

[10] *Hirschauer, Stefan*, Die soziale Konstruktion der Transsexualität. Über die Medizin und den Geschlechtswechsel, Frankfurt a.M. ^{2}1999, 350.

nen hohen körperlichen Preis. Die Beobachter des blutigen Ernstes der Transsexualität, so die These von Stefan Hirschauer, können sich im Sinne einer Distinktionschance ihrer eigenen stabilen Geschlechtszugehörigkeit vergewissern. Im Hintergrund solcher Überlegungen steht das Bestreben, das Phänomen der Transsexualität nicht völlig an das medizinische Modell auszuliefern. Auch darum wird seit den 1980er Jahren das Wort *Transgender* propagiert, um eine Praxis zu benennen, die jenseits der Chirurgie die herkömmlichen und starren Zuordnungen der Geschlechterrollen unterläuft (nicht-fetischistischer Transvestitismus, Cross-Dresser, Drag Kings, Drag Queens, bewusste Androgynie).[11]

Transsexualität wird im 20. Jahrhundert nicht mehr in die moralische Kategorie der *Perversion*, sondern in die medizinisch-psychologische der *Pathologie* eingeordnet. Laut der „Internationalen Klassifizierung von Krankheiten" der Weltgesundheitsorganisation ist Transsexualität eine Form der „Störung der Geschlechtsidentität".[12] Die Kritik an dieser Bezeichnung der Transsexualität als Störung lautet, dass transsexuelle Menschen hierdurch in ihrer besonderen geschlechtlichen Identität stigmatisiert und diskriminiert würden, ganz so wie (nicht nur in der Vergangenheit) Homosexuelle durch die Pathologisierung ihres sexuellen Begehrens. Diejenigen, die vom Konzept der Transsexualität als Störung abrücken wollen, vertreten ein Konzept von Geschlechtsidentität, das sich vom Modell der fixen Geschlechterpolarität von Mann und Frau verabschiedet hat. Transsexualität wäre demnach eine individuelle Variante geschlechtlicher Existenz, keine Pathologie.[13]

---

[11] Vgl. *Prince, Virginia*, Understanding Cross Dressing, Los Angeles 1976; *Ekins, Richard, King, Dave* (Hrsg.), Blending Genders. Social Aspects of Cross-Dressing and Sex Changing, London, New York 1996.

[12] Vgl. *International Statistical Classification of Diseases and Related Health Problems (ICD)*. Die derzeit aktuelle Ausgabe ICD-10 versteht Transsexualität als Störung der Geschlechtsidentität (Gender Identity Disorder) und definiert (unter F64.0): „Der Wunsch, als Angehöriger des anderen Geschlechts zu leben und anerkannt zu werden. Dieser geht meist mit Unbehagen oder dem Gefühl der Nichtzugehörigkeit zum eigenen anatomischen Geschlecht einher. Es besteht der Wunsch nach chirurgischer und hormoneller Behandlung, um den eigenen Körper dem bevorzugten Geschlecht soweit wie möglich anzugleichen." Siehe http://www.icd-code.de/suche/icd/code/F64.-.html?sp=Sf64, Stand: 6.1.2011. Im Klassifikationssystem DSM-IV (Diagnostic and Statistical Manual of Mental Disorders) hat der Begriff der Geschlechtsidentitätsstörung den der Transsexualität 1994 abgelöst.

[13] Etwa *Sigusch, Volkmar*, Geschlechtswechsel, Hamburg 1995; *Rauchfleisch, Udo*, Transsexualität – Transidentität. Begutachtung, Begleitung, Therapie, Göttingen ^{2}2009. In diesem Kontext ist auch auf das Phänomen der *Intersexualität* hinzuweisen, das all jene nachdenklich machen sollte, in deren Geschlechter-Ontologie nur Mann oder Frau vorgesehen sind. Vgl. *Lang, Claudia*, Intersexualität. Menschen zwischen den Geschlechtern, Frankfurt a.M. 2006; *Zehnder, Kathrin*, Zwitter beim Namen nen-

Konstruktionen „wirklicher“ männlicher oder weiblicher Lebensweisen sind als solche zu reflektieren und die sozial und kulturell beigemessenen Bedeutungen körperlicher Merkmale, die mit Erwartungen an das „richtige“ Handeln einhergehen, sollen nicht länger die Lebensmöglichkeiten von Individuen einschränken dürfen. Die Geschlechterdifferenz wird als kontingentes Faktum bewusstseinsfähig. Und – aber hier befinden wir uns im Bereich des Wagnisses von Prognosen – vielleicht würden in Zukunft weniger Frauen und Männer auf hormonelle und chirurgische Maßnahmen hoffen und drängen, wenn die Einpassung in das binäre Modell von Mann und Frau seinen Zwangscharakter verliert.[14] Im Rahmen dieses letzten Paradigmas wird dann auch der Terminus Transsexualität verabschiedet und durch den der *Transidentität* ersetzt. „Damit soll ausgedrückt werden, dass es nicht in erster Linie um die Sexualität und ihre Ausrichtung geht, sondern um die Frage der Identität.“[15]

Damit ist eine erste wichtige Differenzierung markiert: Transsexuelle Menschen unterscheiden sich nicht durch ihr sexuelles Begehren von anderen, sondern durch ihr spezifisches leidvolles Erleben der Inkongruenz zwischen dem anatomischen Geburtsgeschlecht und der eigenen Geschlechtsidentität. Solchermaßen waren die Arbeiten zum Phänomen der Transsexualität in den 1960er Jahren wesentlich verantwortlich für das enorm einflussreiche Konzept der Unterscheidung zwischen *Sex* und *Gender (identity)* und dessen Verbreitung.[16] Sex und Gender werden dabei heute nicht mehr im Sinne eines einfachen „nichts als“ verstanden. Weder ist Gender nichts als eine willkürlich modellierbare soziale Konstruktion, noch ist Sex nichts als das offensichtliche und prädiskursiv relevante körperliche Geschlecht eines Menschen. Die schlichten Alternativen (*nature/nurture*, Natur/Kultur) scheinen der menschlichen Existenz nicht angemessen zu sein. Und auch hier kann die Transsexualität instruktive Hinweise liefern, denn auch eine noch so perfekt erscheinende Einpassung in das Wunschgeschlecht kann nicht soweit gehen, „alle Merkmale des

---

nen. Intersexualität zwischen Pathologie, Selbstbestimmung und leiblicher Erfahrung, Bielefeld 2010.

[14] So z. B. *Hirschauer*, Konstruktion (s. Anm. 10), 11f.; *Rauchfleisch*, Transsexualität (s. Anm. 13), 87f., 193f.; skeptisch: *Pfäfflin*, Facetten (s. Anm. 8), 298.

[15] *Rauchfleisch*, Transsexualität (s. Anm. 13), 23.

[16] Vgl. *Stoller, Robert*, Sex and Gender, New York 1968; *Solomon, Robert C.* et al., Sexual Identity, in: Encyclopedia of Bioethics Vol. 4 (^{3}2004) 2434–2442; *Goertz, Stephan*, Zwei Geschlechter – eine Moral. Perspektiven einer Ethik der Geschlechter, in: Theologie der Gegenwart 51 (2008) 117–126.

biologischen Geschlechts total (zu) eliminieren“[17]. Ein Hinwegtäuschen über das weiterhin „durchschimmernde“ biologische Geschlecht führt nur zu psychisch kontraproduktiven Verleugnungsprozessen.

Transsexualität zeigt uns, dass der häufig postulierte Zusammenhang zwischen Sex, Gender und sexueller Orientierung keineswegs notwendigerweise besteht. Eine von ihrem Geburtsgeschlecht als Mann identifizierte Person muss sich nicht „männlich“ verhalten, kann einen weiblichen Körper für sich selbst ersehnen und zugleich Männer und/oder Frauen sexuell begehren. Es gibt nicht das sexuelle Begehren von Transsexuellen.

II. Christliche Pflichten gegenüber dem Sex?

Transgender ist kein der christlichen Tradition gänzlich fremdes Phänomen. „There are indications that transgendering has sometimes been valued in the christian tradition.“[18] Trotz der klaren Aussage in Dtn 22,5 („Eine Frau soll nicht die Ausrüstung eines Mannes tragen, und ein Mann soll kein Frauenkleid anziehen; denn jeder, der das tut, ist dem Herrn, deinem Gott, ein Greuel.“) kommt es in der Geschichte immer wieder zu Fällen, in denen Frauen, um den Status einer religiösen Autorität für sich zu erringen, ein Leben etwa als Mönch führen. Der umgekehrte Fall ist nicht überliefert. Männer hätten von einem Geschlechtswechsel keinen Statusgewinn erhoffen können. Bekannt ist auch, dass es in der Alten Kirche fromme Männer gab, die sich selbst kastrierten. Die christliche Kirche scheint solches Tun zunächst nicht grundsätzlich moralisch verurteilt zu haben und sie konnte sich darin bestärkt sehen durch verschiedene biblische Aussagen über Eunuchen (Jes 56,3–5; Mt 19,12; Apg 8, 26–40). In der Gegenwart werden solche Traditionen und Texte von christlichen Transsexuellen einer Relektüre unterzogen und als Identifikationsangebote gedeutet.[19]

---

[17] *Rauchfleisch*, Transsexualität (s. Anm. 13), 84.

[18] *Watts, Fraser*, Transsexualism and the Church, in: Theology & Sexuality 9.1 (2002) 63–85, 73. Vgl. auch *Bullough, Vern L.*, Transvestites in the Middle Ages, in: American Journal of Sociology 79 (1974) 1381–1394; *Torjesen, Karen J.*, Martyrs, Ascetics and Gnostics in Early Christianity, in: *Sabrina P. Ramet* (Hrsg.), Gender Reversal and Gender Cultures: Anthropological and Historical Perspectives, London 1996, 79–91; *Nausner, Michael*, Toward Community beyond Gender Binaries: Gregor of Nyssa’s Transgendering as Part of his Transformative Eschatology, in: Theology & Sexuality 16 (2002) 55–65.

[19] Siehe nicht nur dazu www.transchristians.org.

Die explizit moraltheologische Literatur zum Phänomen Transsexualität ist trotz dessen nunmehr fast einhundertjähriger Geschichte und ungeachtet breiter interdisziplinärer Debatten seit einem halben Jahrhundert recht überschaubar.[20] Im deutschsprachigen Raum ist das Schweigen der Moraltheologie vernehmlicher als etwa in der angelsächsischen Welt und kommt über gelegentliche kurze Anmerkungen in der Regel nicht hinaus.[21] Transsexualität wird in moraltheologischen Handbüchern gelegentlich im Kontext der kasuistischen Frage einer erlaubten Kastration/Sterilisation zum Thema.

> „Die Moraltheologie könnte der Zerstörung einer menschlichen Grundfunktion nicht zustimmen, um psychogene Angstgefühle zu lindern, und das um so mehr, als der Eingriff keine endgültige Abhilfe schafft. Die Behandlung sollte die Form der Psychotherapie und persönlichen Beratung annehmen, die gewöhnlich in der Lage sind, die Last des bedrängenden Verlangens beträchtlich zu erleichtern."[22]

Weder die umstandslose Einordnung als Krankheit noch die Aussagen über Ursache und Behandlungserfolg werden der heutigen

---

[20] Die m. W. bislang einzige deutschsprachige explizit moraltheologische Monografie ist die am Seminar für Moraltheologie in Münster verfasste Examensarbeit von *Ant, Christiane*, Transsexualität und menschliche Identität. Herausforderungen sexualethischer Konzeptionen (StdM Abt. Beihefte Bd. 5), Münster 2000 (ebd., 127f. weitere Literaturhinweise). Vgl. auch *Faggioni, Maurizio P.*, Il transessualismo. Questioni antropologiche, etiche e canonistiche, in: Antonianum LXXV (2000) 277–310, bes. 287–297. Vor allem in der Zeitschrift *Medicina e Morale* sind in den 1980er Jahren einzelne Artikel zur Transsexualität erschienen, u. a. *Caffarra, Carlo*, Il transessualismo: aspetti etici, Bd. 35 (1985) 717–723; *Cozzoli, Mauro*, Il problema etico del transessualismo, Bd. 36 (1986) 806–813; daneben: *Cipressa, Salvatore*, Il fenomeno transessuale fra medicina e morale, Acireale 2001; Zusammenfassung unter dem gleichen Titel in: Rivista di teologia morale 33 (2001) 125–132. Tenor dieser italienischsprachigen Beiträge: Unser Geschlecht (Sex) ist uns bleibend normativ vorgegeben und Transsexuellen sollte daher nicht medikamentös-chirurgisch, sondern psychotherapeutisch geholfen werden. Nicht zu operieren bringe den Respekt vor der Integrität der Menschen zum Ausdruck. Geschlechtsangleichende Operationen werden in aller Regel abgelehnt.

[21] Erwähnenswert ist lediglich *Molinski, Waldemar*, Anmerkungen zum Transsexualismus aus ethischer Sicht, in: Theologie und Philosophie 71 (1996) 99–106. Um das Thema verdient gemacht hat sich die Zeitschrift Theology & Sexuality (seit 2009 verlegt in London) durch mehrere weiterführende Beiträge: *Kolakowski, Victoria S.*, Toward a Christian Ethical Response to Transsexual Persons, Theology and Sexuality 6 (1997) 10–31; *Watts*, Transsexualism (s. Anm. 18) und zuletzt *Cornwall, Susannah*, „State of Mind" versus „Concrete Set of Facts": The Contrasting of Transgender and Intersex in Church Documents on Sexuality, in: Theology & Sexuality 15.1 (2009) 7–28 (dort jeweils weitere Literaturhinweise).

[22] *Peschke, Karl-Heinz*, Christliche Ethik: spezielle Moraltheologie, Trier 1995, 308.

Debattenlage gerecht, und der Ausgangspunkt, die Frage der Fortpflanzungsfähigkeit, bedeutet eine Engführung auf sexualethische Fragen. Diejenigen, die das medizinethische Prinzip der Totalität auf die Frage nach einer erlaubten Operation von Transsexuellen anwenden, kommen dabei mehrheitlich zu dem Schluss, dass dieses Prinzip in diesem Falle eine „Verstümmelung" nicht erlaube, da die leibseelische Integrität des Patienten nicht wiederhergestellt werde.[23] So wie man das Phänomen beschreibt, weist man nicht selten schon den Weg zu seiner ethischen Reflexion. Das moraltheologische Urteil ist nicht schwer zu erraten, wenn zu lesen ist:

> „Wir bringen es […] nur fertig, eine vorher gesunde biologische Sexualität im wirklichen oder vermeintlichen Interesse eines besseren psychischen und sozialen Befindens von Patienten anatomisch, medikamentös und psychisch tiefgreifend zu verändern und zu schädigen."[24]

Der ethische Rat an Transsexuelle lautet demnach, die eigene Identität anzuerkennen und nicht die Person sein zu wollen, die man nicht ist. Die biologische Herkunft, nichts anderes ist hier mit der eigenen Identität gemeint, soll als Schicksal bewusst angenommen werden.[25] Die „kranke" Psyche habe sich dem „gesunden" Körper anzupassen und nicht umgekehrt. Die Psyche sei zu heilen und nicht der Körper zu verändern. Was aber, und das ist gemäß fachwissenschaftlicher Auskunft die Regel, wenn eine solche Therapie keinen Erfolg verheißt? Dann bleibt in diesem Ansatz nur der Appell zum geduldigen Ausharren in der Lage, die man aus ethischen Gründen nicht ändern will.

Um mehr oder weniger kasuistische Einzelfragen geht es auch in der kirchenrechtlichen Auseinandersetzung mit dem Phänomen der Transsexualität.[26] Dürfen Transsexuelle kirchlich heiraten? Ist eine bereits gültig geschlossene Ehe nach einer Geschlechtsumwandlung eines der Partner aufzulösen? Dürfen Transsexuelle zum Priester geweiht werden oder nach einer Geschlechtsumwandlung weiterhin ihren Dienst versehen? Die Antworten auf diese Fragen hängen davon ab, welches Ehe- und Partnerschaftsverständnis man zugrundelegt und welche Relevanz man

---

[23] Vgl. dazu *Ant*, Transsexualität (s. Anm. 20), 66ff.; *Faggioni*, Transessualismo (s. Anm. 20), 294ff.

[24] *Molinski*, Anmerkungen (s. Anm. 21), 101.

[25] Ebd., 102.

[26] Vgl. dazu die Übersicht bei *Ant*, Transsexualität (s. Anm. 20), 56–65; sowie *Faggioni*, Transessualismo (s. Anm. 20), 297–309.

dem genetischen Geschlecht beimisst. Veröffentliche vatikanische Stellungnahmen unterscheiden dabei nachdrücklich zwischen dem „lediglich" phänotypischen neuen Geschlecht und dem bleibenden biologischen Geschlecht einer Person.[27]

Der zu spürende Unwille, Transsexualität eingehender jenseits kasuistischer Einzelfragen zu reflektieren, beruht offenbar auf einem theologisch-anthropologischen Unbehagen angesichts von Personen, die der Kontingenz der Geschlechtsidentität Sichtbarkeit verleihen. Die Irritation der Transsexualität wird defensiv abgewehrt. Das zeigt sich in nicht wenigen der explizit theologischen Stellungnahmen christlicher Provenienz. Die folgende Aussage aus einem Dokument der Evangelikalen Allianz aus dem Jahre 2000 könnte in der katholischen Kirche sicher auf Zustimmung stoßen:

> „The notion of a given, created, dimorphic humankind, as expressed in the book of Genesis, and the sanctity of a complementary relationship between male and female, is fundamental to Christian thought."[28]

Hier wird ein klares Bekenntnis zu einer essentialistischen Gendertheorie abgelegt, die allein dem Willen Gottes entspreche, wie er in Gen 1,27 oder Ps 139 zum Ausdruck komme. Ergänzt man den biblischen Hinweis um einen naturrechtlichen, hat man einen ökumenischen Konsens.[29] Die biologisch (d. h. zuletzt auf der Ebene der Chromosomen) unwandelbare Tatsache, ein Mann oder eine Frau zu sein, gehört demnach zu den Vorgaben der Schöpfungsordnung, die sowohl die Geschlechtsidentität an das biologische Geschlecht zurückbinde als auch in normativer Hinsicht die allein moralisch legitime Form heterosexueller, prokreativer ehelicher Liebe begründe. Was es bedeutet, ein Mann oder eine Frau zu sein, als Mann oder Frau zu leben, als Mann oder Frau sexuell

---

[27] Schreiben der *Kongregation für die Glaubenslehre* vom 28. Mai 1991 an den Vorsitzenden der Deutschen Bischofskonferenz zur Eheschließung von Transsexuellen, in: De processibus matrimonialibus 2 (1995) 315 (für den Hinweis danke ich Georg Bier).

[28] *Evangelical Alliance Policy Commission*, Transsexuality, London 2000, 73; näherhin dazu *Cornwall*, State (s. Anm. 21).

[29] Die Moraltheologie konzipierte bis in die 1960er Jahre hinein mehrheitlich das Geschlechterverhältnis auf naturrechtlicher Basis. Die physiologische Verschiedenheit der Geschlechter stehe im Dienst der Fortpflanzung und über diese erführen Mann und Frau ihre naturgesetzliche Bestimmung zum Vater- und Muttersein, dem Urbild menschlicher Sorgebeziehungen. In der Ehe soll nicht die Idee von Partnerschaft, sondern die natürlich-gottgewollte Ordnung der Geschlechter das Zusammenleben von Mann und Frau sittlich regeln, so etwa *Mausbach, Joseph, Ermecke, Gustav*, Katholische Moraltheologie Bd. III, Münster [10]1961, 318–330.

zu begehren und als Mann oder Frau eine Partnerschaft zu führen – die Antworten ließen sich aus dem in der Bibel und der Natur dokumentierten Schöpferwillen definitiv ableiten. Gender ist in dieser Denkform weder eine soziale noch eine historische Größe. Mannsein und Frausein sind stattdessen zweifelsfreie menschliche Bestimmungen. Die Matrix für das Urteil über Transsexualität stellt die heteronormative Schöpfungsordnung dar. Alles, was davon abweicht, ist entweder eine Sünde, eine Perversion oder eine Pathologie.[30] Zu ändern sei im Falle von Transsexualität die menschliche Psyche und nicht der von Gott geschaffene Körper, der in seiner biologischen Geschlechtsidentität zu akzeptieren sei. Der Essentialismus trägt die Präskriptionen der Sexual- und Gendermoral. Hinter dem Anliegen von Transsexuellen, aus ihrer bedrückenden Lage einen Ausweg zu finden, wird ein anthropologischer und kultureller Irrweg vermutet. Transsexualität gilt als Ausdruck eines Kultes der Autonomie, der selbst vor der Umgestaltung des eigenen Körpers nicht mehr zurückschrecke.[31] Die Freiheit des Menschen wende sich gegen die Wahrheit des menschlichen Körpers. Es gibt in dieser Perspektive moralische Pflichten gegenüber dem eigenen biologischen Geschlechtskörper. Während wir unsere Personalität aus christlicher Sicht nicht einfach als solche zu akzeptieren haben, sondern durchaus Anstrengungen zu ihrer Bildung unternehmen sollen, gilt dies nicht in gleicher Weise für unser körperliches Dasein. Transsexuelle jedenfalls haben ihr individuelles Schicksal zu ertragen. Ihr Körper ist letztlich, so wird ihnen bedeutet, in Ordnung. Das Leiden an ihrer Geschlechtsidentität wird spiritualisiert. Dass im gleichen Zug dann denjenigen, die den Möglichkeiten der Geschlechtsumwandlung nicht von vornherein ablehnend gegenüberstehen, ein anthropologischer Dualismus unterstellt wird, ist kurios.[32] Transsexuelle sind keine verkappten Dualisten, die in autonomer Willkür ihren Körper umgestalten wollen, sondern Menschen, die in der Ganzheit

---

[30] In der zweiten Auflage des „Lexikon für Theologie und Kirche“ wird man vom Stichwort Transvestitismus (Transsexualität fehlt) zum Stichwort Perversion (als Triebentartung) weitergeleitet. Diese müsse nicht Sünde sein, sondern könne im Sinne einer *corruptio naturae* gedeutet werden, so *Weber, Leonhard M.*, Perversion, in: Lexikon für Theologie und Kirche 8 (1963) 306–308, 307. Die Person soll ihre Defekte korrigieren oder zumindest in Schach halten. In der dritten Auflage dann ist das Stichwort Transsexualität zwar aufgenommen worden, eine theologisch-ethische Bewertung jedoch fehlt, siehe *Rauchfleich, Udo*, Transsexualität, in: Lexikon für Theologie und Kirche 10 (2001) 177.

[31] Einflussreich: *O'Donovan, Oliver*, Transsexualism and Christian Marriage, Nottingham 1982.

[32] Vgl. *Watts*, Transsexualism (s. Anm. 18), 78.

ihrer leibhaftigen Existenz einen Konflikt durchleiden. Ihr biologisches Geschlecht kann von ihnen eben nicht als ihre eigentliche Identität anerkannt werden. Theologisch abzulehnen ist die Vorstellung, dass die biologische Geschlechtsidentität stets Gottes gute Schöpfung ist und nur die menschliche Psyche in diese Ordnung Verwirrung hineinträgt.

> „The over-emphasis on the givenness of the physical in creation is paralleled by a lack of an adequate approach to the redemption of the physical. It is not only human character, but also the material creation and our human bodies which are being redeemed (Rom. 8.19–23).“[33]

Da sich die katholische Kirche, im Gegensatz zu anderen Kirchen, zur Transsexualität bislang nicht offiziell erklärt hat[34], kann man zum einen thematisch verwandte Stellungnahmen zu Rate ziehen[35] und zum anderen die Frage vielleicht als eine noch offene bezeichnen. Zudem wird die Bereitschaft der verschiedenen Ortskirchen, sich des Themas auf der Höhe der zeitgenössischen Diskurse zu stellen, unterschiedlich ausfallen.[36] Je stärker das Arrangement des Geschlechterverhältnisses in einer Gesellschaft ethisch reflektiert wird, um so eher wird es auch Resonanzräume für eine differenzierte Thematisierung der Transsexualität geben. Wobei zugleich damit zu rechnen ist, wie die Erfahrung zeigt, dass die durch die Gendertheorie und -politik ausgelösten Verunsicherungen zu neuen Versteifungen im Bereich konservativer Lebensentwürfe führen. Der christliche Kulturkampf um Sex und Gender ist häufig viel eher wissenssoziologisch als theologisch zu erklären.[37]

---

[33] Ebd., 80.

[34] Zum (vermutlichen) Inhalt eines vertraulichen vatikanischen Schreibens aus dem Jahre 2000 an die Vorsitzenden der Bischofskonferenzen zum Umgang mit Transsexuellen siehe *Cornwall*, State (s. Anm. 21), 23f.

[35] Hier ist vor allem zu denken an: *Kongregation für die Glaubenslehre*, Schreiben an die Bischöfe der Katholischen Kirche über die Zusammenarbeit von Mann und Frau in der Kirche und in der Welt (31.7.2004) (Verlautbarungen des Apostolischen Stuhls 166), Bonn 2004.

[36] Vgl. etwa im Unterschied zu dem in Fußnote 35 zitierten Dokument die „Richtlinien für die Männerseelsorge und kirchliche Männerarbeit“ der *Deutschen Bischofskonferenz*, Arbeitshilfen 178, Bonn 2003, 26–30.

[37] Darüber klärt auf *Kaufmann, Jean-Claude*, Die Erfindung des Ich. Eine Theorie der Identität, Konstanz 2005. Gender ist in Teilen des kirchlichen Lehramtes inzwischen zu einem polemischen Reizwort verkommen. Die Redeweise von der Gender-Ideologie verbreitet sich, Verschwörungstheoretiker schlagen Alarm (vgl. die bizarre Meldung in der Süddeutschen Zeitung Nr. 1 vom 3.1.2011, S. 8: „Der Vatikan unterstellt der UN-Organisation Unesco offenbar einen geheimen Plan zur Homosexualisierung der Weltbevölkerung“). Dabei werden alle etablierten Differenzierungen (etwa zwischen Geschlechtsidentität, sexuellem Begehren und gestörter Sexualpräfe-

Eine theologisch-ethische Reflexion der verschiedenen mit dem Phänomen der Transsexualität verbundenen theoretischen und praktischen Herausforderungen wird gut daran tun, im Sinne der Fremdprophetie jene Diskurse zur Kenntnis zu nehmen, die die Kontingenz des Zusammenhanges von Sex, Gender und sexuellem Begehren im kulturellen Gedächtnis der Gegenwart verankert haben, nämlich Feminismus und Gendertheorie samt ihrer ethischen Implikationen.[38] Die Möglichkeiten, vor die sich auch der christliche Glaube und seine Praxis gestellt sehen, hat Judith Butler so umrissen:

> „Manchmal kann eine normative Konzeption von Gender die Personalität auflösen, indem sie die Fähigkeit untergräbt, sich in einem lebenswerten Leben zu behaupten. Dann wieder kann die Erfahrung, dass eine normative Beschränkung aufgelöst wird, eine frühere Vorstellung davon, wer man ist, auflösen, nur um eine relativ neue zu eröffnen, deren Ziel es ist, das Leben lebenswerter zu machen."[39]

Gegen das inzwischen ermüdende Klischee autonomer Selbstherrlichkeit gerichtet, sei hinzugefügt: Die Auflösung normativer Beschränkungen meint nicht, „dass ich die Welt noch einmal neu erschaffen kann, so dass ich ihr Schöpfer werde."[40] Darum geht es einer Moral der Autonomie nicht. Wohl aber darum, noch einmal sei ausdrücklich Butler zitiert, ein Leben führen zu können, das im vollen Bewusstsein der Abhängigkeiten von den „Bedingungen meines Zustandekommens" sich bemüht, „dass es ein kritisches und veränderndes Verhältnis zu ihnen unterhalten kann"[41]. Die Bedingungen, die es einem Menschen erschweren oder gar unmöglich

renz) über Bord geworfen und allen Ernstes behauptet, im Hintergrund stehe die menschliche Willkür unbeschränkter Wahlmöglichkeiten. So als ob ein Individuum sich frei und launisch entscheide, ob er/sie nun homosexuell, heterosexuell oder bisexuell begehren wolle, Mann oder Frau sein wolle. Vgl. *Antonelli, Ennio Kardinal*, La famiglia scuola di umanità e di vita christiana (17.9.2009), http://www.vatican.va/roman_curia/pontifical_councils/family/documents/rc_pc_family_doc_20090917_scuola-umanita_it.html, Stand: 6.1.2011.

[38] Vgl. als Überblick *Nagl-Docekal, Herta*, Feministische Philosophie. Ergebnisse, Probleme, Perspektiven, Frankfurt a.M. 2000; *Wendel, Saskia*, Feministische Ethik zur Einführung, Hamburg 2003; *Rieger-Goertz, Stefanie*, Feministische Theologien, in: Neues Handbuch theologischer Grundbegriffe 1 (^{3}2005) 355–367.

[39] *Butler, Judith*, Die Macht der Geschlechternormen und die Grenzen des Menschlichen, Frankfurt a.M. 2009, 9.

[40] Ebd., 12.

[41] Ebd.

machen, ein menschliches Leben zu führen, unterliegen der moralischen Kritik. Fehlende gesellschaftliche, rechtliche Anerkennung für Menschen, die durch ihr Dasein und ihre Lebensweise die vermeintlich natürliche Komplementarität der Geschlechterordnung in Frage stellen, wäre dann eine zu kritisierende Beschränkung von Selbstbestimmung.[42] Die Regulierung und Vereinheitlichung der Identitäten von Männern und Frauen im Namen eines anatomischen Essentialismus tut Individuen Gewalt an, denn ihre Lebensbedingungen werden auf diese Weise beschnitten. Die Naturalisierung des Geschlechterverhältnisses ist in der reflexiven Moderne als Verdinglichung erkennbar. Sie ist selbst eine gesellschaftliche Konstruktion von Wirklichkeit. Erst ein historisch-performativer Genderbegriff, der die kulturellen Konfigurationen der Körper ernst nimmt, kann die Theorie und Praxis des Transgender und der Transidentität anerkennen als Möglichkeiten konkreter Freiheit.

> „Die Transidentität könnte so geradezu zu einem Paradigma für die Anerkennung von Gleichwertigkeit und Gleichberechtigung werden, die sich vom Diktat der Geschlechterrollen frei macht."[43]

Und die Sexualmoral wird autonom gegenüber der Frage der Geschlechtsidentität, wenn zugestanden wird, dass die Tatsache, dass man einem bestimmten Gender angehört, nicht festlegt, welche Sexualität man hat.[44] Die Sexualmoral steht dann wie selbstverständlich unter dem Primat des Personalen. Eine Gesellschaft, die sich von Diskriminierungen aufgrund des Geschlechts emanzipiert[45], wäre in dieser Hinsicht als eine christliche Gesellschaft zu bezeichnen. Gaudium et spes 29 belegt dies:

> „Doch jede Form einer Diskriminierung in den gesellschaftlichen und kulturellen Grundrechten der Person, sei es wegen des Geschlechts oder der Rasse, der Farbe, der gesellschaftlichen Stellung, der Sprache oder der Religion, muss überwunden und beseitigt werden, da sie dem Plan Gottes widerspricht."

Die moraltheologische Reflexion sollte sich weiterhin neben dieser Ebene der kulturellen und politischen Praxis auch der Ebene

[42] Vgl. zu diesem menschenrechtlichen Kontext *O'Flaherty, Michael, Fisher, John,* Sexual Orientation, Gender Identity and Human Rights Law: Contextualising the Yogyakarta Principles, in: Human Rights Law Review 8:2 (2008), 207–248.

[43] *Rauchfleisch*, Transsexualität (s. Anm. 13), 192.

[44] So *Butler*, Macht (s. Anm. 39), 32.

[45] Dazu *Tolmein, Oliver*, Transsexualismus im Kontext des Antidiskriminierungsrechtes. Eine Frage des Geschlechts oder der sexuellen Orientierung, in: *Dominik Groß* et al. (Hrsg.), Transsexualität und Intersexualität. Medizinische, ethische, soziale und juristische Aspekte, Berlin 2008, 111–116.

konkreter Entscheidungsnotwendigkeiten zuwenden. Denn auf dieser Ebene geht es um die existierenden Nöte von Betroffenen, die sich geschlechtsumwandelnde Eingriffe wünschen. Die bisherige ablehnende Haltung vieler Moraltheologen muss nicht das letzte Wort in dieser Sache sein. Auf der Grundlage eines nicht-reduktionistischen Totalitätsprinzips, das nicht Psyche und Körper gegeneinander ausspielt, könnte die Behandlungsbedürftigkeit von Transsexuellen anerkannt werden. Die christliche Tradition ist hier zu einem Mehr an Compassion als bisher in der Lage. Moraltheologisch kann nicht ignoriert werden, dass der Weg der Geschlechtsumwandlung für viele Betroffene in der Tat zu einer neuen Stabilität der Persönlichkeit führt. Schon vor über zehn Jahren hat Friedemann Pfäfflin festgestellt:

> „Die internationale Nachuntersuchungsliteratur […] zeigt trotz aller Beschönigungen, die diesem Genre eigen ist, dass die weit überwiegende Zahl jener, die den Weg der Geschlechtsumwandlung zu Ende gehen, damit leben können, nach ihrer eigenen Einschätzung und auch nach dem Urteil der jeweiligen Untersucher meist besser als zuvor. Bemerkenswert ist der Befund, dass sie nach der Geschlechtsumwandlung einschließlich juristischer Anerkennung im neuen Geschlecht oftmals Charakteristika des Ausgangsgeschlechts in sich gelten lassen beziehungsweise erst entfalten können, die sie zuvor hatten abwehren müssen.“[46]

Transsexualität wird ein Phänomen moderner, reflexiver Gesellschaften bleiben. Die theologische Antwort einer Moral der Autonomie könnte sich die biblisch und historisch bezeugte Toleranz aneignen, mit der Menschen immer wieder in all ihrer Ambivalenz, Verschiedenheit und endlichen Unvollkommenheit in ihrem Menschsein im Geiste des Evangeliums Anerkennung gefunden haben. Das Menschliche hat immer noch eine Zukunft vor sich.

---

0 *Pfäfflin*, Facetten (s. Anm. 8), 298.

Virtuelle Sexualität

von Elmar Kos

Zunächst klingt virtuelle Sexualität paradox. Für kaum ein anderes nicht lebensnotwendiges Bedürfnis gilt im selben Maße, dass uns eine bloß virtuelle Erfüllung nicht genügt. Andererseits herrscht Einigkeit darüber, dass Sexualität nicht einfach naturgegeben ist, sondern kulturell gestaltet wird und zu gestalten ist. „Bis heute gibt es keinen allgemein anerkannten Begriff menschlicher Sexualität."[1] Speziell bei der virtuellen Sexualität kommt hinzu, dass tatsächlich die Fantasie grundsätzlich eine entscheidende Rolle spielt. Sexualität ist über die Biologie hinaus auf Imagination und bewusste Gestaltung hin angelegt. Die dadurch mögliche Variationsbreite und Mehrdimensionalität der Phänomene selbst muss ernst genommen werden. Doch gerade diese Offenheit für verschiedene Sinngehalte ermöglicht eine kritische Diskussion der virtuellen Sexualität. Zwar kann virtuelle Sexualität nicht einfach als unnatürlich oder gar widernatürlich abgelehnt werden. Aber in einer anthropologischen Perspektive kann sie im Hinblick auf die Sinngehalte menschlicher Sexualität hin befragt werden. Dafür ist aber eine Klärung darüber notwendig, was eigentlich mit virtueller Sexualität gemeint ist.

Sexualität spielt im Internet bekanntlich eine große Rolle. Es herrscht eine nahezu grenzenlose Vielfalt von Erotikfotos und Sexvideos. „Das Netz bietet eine pornografische Vielfalt und Härte, wie es sie noch nie gab." Mit dieser Aussage zitiert Dirk Liesemer den Arzt für Psychiatrie und Psychotherapie Andreas Hill.[2] Die öffentliche Präsentation und Teilnahme an sexueller Praxis ist durch das Internet anonymer, schneller und interaktiver geworden. Hier stellt sich die Frage, ob diese gesteigerte Zugänglichkeit und Präsenz durch die digitalen Medien die Vorstellungen von Zuneigung und Intimität verändert. Wandeln sich deshalb unsere Vorstellung an Sexualität und unser Verständnis von Partner-

[1] *Hilpert, Konrad*, Sexualethik, in: Neues Handbuch theologischer Grundbegriffe (2005) 139–151, 139. Vgl. *Fraling, Bernhard*, Sexualethik, Paderborn 1995, 37–43.

[2] *Liesemer, Dirk*, Die Liebe in Zeiten des Internets, in: GEOkompakt 20 (Liebe und Sex) (2009)126–135, 129f.

schaft? Das ist eine berechtigte Frage, es ist aber streng genommen nicht die Frage nach virtueller Sexualität. Virtuelle Sexualität meint nicht Probleme, die sich aus der gesteigerten Zugänglichkeit von pornografischen Inhalten ergeben, sondern sie bezieht sich auf sexuelle Praxis, die über digitale Medien vermittelt wird.

I. Was ist „Virtuelle Sexualität"?

Es geht also nicht einfach um den passiven Konsum, sondern um die Mitwirkung und Beteiligung des Nutzers/der Nutzerin. Dabei meint dann virtuelle Realität, dass eine digital generierte Umgebung durch optische und akustische Stimulation sensorisch erlebbar gemacht wird. „Im weiteren Sinne ist jede gezielte computergestützte, technische Beeinflussung des menschlichen Sinnesapparates, die eine computergenerierte Umgebung wahrnehmen lässt oder die Wahrnehmung der physischen Umgebung verändert, die Schaffung von Virtualität."[3] Virtuelle Realität meint demnach eine Realitätssimulation, die durch Sinnesstimulation erfolgt. Für diese Sinnesstimulation wird die Schnittstelle zwischen Mensch und Computer technisch immer weiter verbessert. Derzeit kann über einen Cyberhelm auditiv und visuell eine dreidimensionale Simulation erreicht werden. Bereits in den 1990er Jahren wurde eine perfekte Simulation durch einen Ganzkörperanzug, der die Reize der virtuellen Realität an den Körper weitergibt, in Aussicht gestellt.[4]

Die Erfahrungen mit diesen technischen Möglichkeiten führten zum Teil zu einer Ablehnung der Vorstellung einer eigentlichen Wirklichkeit.[5] Diese Diskussion ist für unsere Fragestellung zweitrangig. Es geht vielmehr darum, wie unter diesen technischen Bedingungen Sexualität praktiziert wird. Bei aller Vielfalt und Diver-

---

[3] *Wessely, Christian*, Wie wirklich ist die Virtualität?, in: Herder-Korrespondenz 53 (1999) 528–532, 529.

[4] Diese Möglichkeit ist noch nicht allgemein verfügbar. Es hat sich allerdings auch gezeigt, dass diese gar nicht unbedingt erforderlich ist, da sich der Mensch an die sensorischen Vorgaben des jeweiligen Systems anpasst und diese implizit als Realität akzeptiert. Vgl. *Wessely*, Virtualität (s. Anm. 3), 529.

[5] So behauptet Jean Baudrillard, dass alles nur noch Schein ist und die Realität als solche ausgelöscht ist. Er spricht sehr theatralisch von der Agonie des Realen. Vgl. *Baudrillard, Jean*, Der symbolische Tausch und der Tod, München 1991, 654ff. Und Stefan Münker geht davon aus, dass es keine virtuelle Realität gibt, weil es die eigentliche Wirklichkeit nicht gibt, gegen die jene sich abgrenzen müsste. „Wer *virtuelle* Realität sagt, unterstellt damit zugleich […], es gebe eine *einzige eigentliche und wahre* Wirklichkeit. Das ist falsch." (*Münker, Stefan*, Was heißt eigentlich: Virtuelle Realität?, in: *ders.* [Hrsg.], Mythos Internet, Frankfurt a.M. 1997, 108–127, 117; Hervorhebungen im Original.)

sität der Phänomene ist hierfür charakteristisch, dass dabei jede Form von Kontakt vermittelt ist. Sie wird über die technisch ausgelösten Reize simuliert und ist keine face-to-face-Situation. Ist dieser Unterschied relevant?

In der empirischen Forschung wird die Priorität der face-to-face-Kommunikation gegenüber der Medienkommunikation weitgehend in Frage gestellt. So verweist beispielsweise Kornelia Hahn darauf, dass intime Distanzkommunikation (Mails, SMS, Chat etc.) die für heute typische Kommunikationssituation sei. Die damit verbundene planbare Anonymität mache diese Kommunikationsformen so attraktiv.[6] Die Existenz von Online-Dating und Cyber-Sex zeigt nach Hahn, dass medienbasierter Kommunikation von den Nutzern intimes Erleben zugeschrieben wird. Die klassische Vorstellung, dass sich persönliche, bedeutungsvolle oder intime Kontakte und Distanzkommunikation (über ein zwischengeschaltetes Medium) ausschließen, soll von daher nicht mehr haltbar sein.[7] Der Unterschied zwischen der face-to-face-Kommunikation und der Medienkommunikation wird dabei nur auf die physische Distanz reduziert.[8] Einen strukturellen Unterschied zwischen direkter und medial vermittelter Kommunikation gibt es nach Hahn nicht. In unserer Medienkultur ist jede Kommunikation durch die Erfahrung von Medienkommunikation bestimmt. Das gelte auch für die face-to-face-Kommunikation, da sie auch in eine Medienkultur eingebettet ist. So kann nach Hahn der Intimitätsgrad der Internetkommunikation den Intimitätsgrad einer face-to-face-Kommunikation sogar übersteigen. Es gebe Beispiele dafür, dass in Chatforen ein hoher subjektiv empfundener Intimitätsgrad gerade unter der Voraussetzung von Nicht-Präsenz erreicht wurde. Gegenüber schwer überwindbaren Kommunikationshürden konkret in Bezug auf die Initiierung sexueller Praxis kann anonyme und entkörperlichte Internetkommunikation als Problemlösung dienen.[9] Demnach werde in Medienkulturen Intimität nicht nur auch durch Medienkommunikation, sondern vor allem durch Medienkommunikation erreicht.[10] Distanzierte Medienkommunikation sei nicht mehr grundsätzlich Notlösung, son-

[6] Vgl. *Hahn, Kornelia*, Speed socializing all over?, in: Medien und Erziehung 51 (2007) 14–24, 15.

[7] Vgl. ebd., 15.

[8] Die klassische Vorstellung vom Unterschied zwischen direkter und medial vermittelter Kommunikation wird als Romantikmodell bezeichnet. Vgl. *Hahn*, Speed socializing (s. Anm. 6), 16.

[9] Vgl. ebd., 19f.

[10] Vgl. ebd., 22f.

dern müsse als intentionale Entscheidung der Akteure angesehen werden. Im Vordergrund stehe dabei, dass die physische Distanz die unmittelbare Handlungsnotwendigkeit aufhebt.[11]

Soll eine solche Gleichrangigkeit von direkter und medial vermittelter Kommunikation möglich sein, dann muss in allen Formen der Kontakte vom Chat bis zur Stellvertretung mittels eines Avatars[12] Individualität repräsentierbar sein. Doch um innerhalb des virtuellen Handlungsraumes handeln zu können, muss das Individuum eine bestimmte Software mit den entsprechenden Operationen beauftragen. Die Operationen dieser Software vergegenständlichen menschliche Handlungen im Computer und im Internet.[13] Angesichts dessen kann nicht ernsthaft vom Vorhandensein eines Individuums im Internet gesprochen werden. Die Frage nach dem Individuum in den virtuellen Welten des Internets ist letztlich gegenstandslos. In den Handlungsräumen innerhalb eines Computers oder innerhalb des Internets können Menschen niemals direkt handeln. Die Menschen können lediglich an und mit der Mensch-Maschine-Schnittstelle handeln.[14] Das Individuum kann sich nicht über die Mensch-Maschine-Schnittstelle hinaus in den virtuellen Raum begeben.[15]

Und wie sieht es mit der Individualität der Identitäten aus, mit denen der Nutzer in diesen Internetkontakten präsent ist? So wird beispielsweise im Second Life[16] der Avatar zu Beginn aus zwölf verschiedenen Prototypen ausgewählt, die nach und nach verändert und gestaltet werden können. Interessanterweise halten sich Originalität und Individualität dabei in Grenzen.[17] Die Dis-

---

[11] Vgl. ebd., 18.

[12] „Avatar kommt aus der indischen Mythologie und zeichnet ein von einem höheren geistigen Wesen besessenes Wesen (Tier oder Mensch), klassischerweise der Priester, durch den ein Dämon oder Gott spricht und wirkt. Im Computerspiel ist es die virtuelle Figur, die durch den Spieler ‚beseelt' wird." (*Buermann, Uwe*, Kinder und Jugendliche zwischen Virtualität und Realität, in: Aus Politik und Zeitgeschichte 39 [2008] 39 Fn 6.)

[13] Vgl. *Werner, Stephan*, Technikethik II: Aspekte der Individualität im Internet, in: *Thomas Hausmanninger* (Hrsg.), Handeln im Netz, München 2003, 95–112, 98.

[14] Vgl. ebd., 97.

[15] Vgl. ebd., 100.

[16] Second Life ist eine der bekanntesten Internet-Plattformen, in denen künstliche Parallelwelten entstehen und zugänglich sind. Vgl. *Nusch, Martin*, Mit dem Bus durch Second Life, Frankfurt a.M. 2007.

[17] „Die meisten modellieren sich einen möglichst attraktiven Körper und stecken ihn in Kleidung, die sie in echt nur aus Modezeitschriften kennen. […] Dadurch kommt es zu einer geradezu hollywoodesken Durchschnittlichkeit des durchtrainierten und per OP gestylten Traumkörpers, den man an jeder Ecke trifft." (*Nusch,* Second Life [s. Anm. 16], 28.) Diese Beschreibung ist völlig frei von Ironie und Polemik, da es dem Autor um eine Einladung und Anleitung („Reiseführer") für die Nutzung von Second Life geht.

tanz zwischen den Nutzern und ihren Avataren kann so weit gehen, dass Aktionen von selbst agierenden Programmen durchgeführt werden. Eine direkte Handlung des Nutzers ist dann nicht erforderlich. Auch bei den textbasierten Kommunikationsformen (beispielsweise Chat) stellt sich die Frage nach dem Verhältnis der Internetidentität zum Nutzer. Auch hier gilt zunächst, dass in der Regel die Angaben bestimmend sind, die durch vorgegebene normierte Formulare erhoben werden. Die Anonymität erlaubt auch hier Konstruktionen, die sich von der faktischen Existenz des Nutzers/der Nutzerin weit entfernen. Dennoch sind in allen Fällen, in denen Menschen, sei es experimentell mit abweichenden Eigenschaften, sei es mit ihren realen Eigenschaften im Internet präsent sind, die Individuen mit ihrer jeweiligen Individualität und Identität als Bezugsgrößen vorausgesetzt. Diese bestimmen sich aber primär durch das Wirkungsgefüge, in welches sie jenseits des Internets eingebunden sind. Für die Beziehung zwischen der virtuellen Identität (sei es ein Avatar, sei es die Präsenz in einem Chat) und dem Nutzer bestehen keine konstitutionellen Regeln. Wesentliches Konstruktionsprinzip für die virtuelle Identität ist von daher die Unverbindlichkeit der individuellen Aktionen.[18]

In diesem Zusammenhang stellt die Frage nach der sexuellen Identität in diesen Kommunikationsformen einen Spezialfall der Frage nach der virtuellen Identität, d. h. nach der Selbstdarstellung der Person im Netz dar. Diese Möglichkeit, sich im Rahmen der virtuellen Identität Eigenschaften zuzusprechen, die von den realen abweichen (beispielsweise bei der sexuellen Identität) wird kontrovers diskutiert. Die negative Einschätzung befürchtet angesichts der virtuellen Scheinidentitäten und Maskeraden letztlich den Verlust der eigenen Identität. Demgegenüber befürwortet die positive Sichtweise die Konstruktion von Identität im Internet als Identitätsarbeit. Durch die Konstruktion virtueller Identitäten soll eine biografisch wichtige und sinnvolle Identitätsarbeit möglich sein.[19] So

---

[18] Vgl. *Werner*, Individualität (s. Anm. 13), 104. Diese Unverbindlichkeit kann so weit gehen, dass von einer Spielernatur gesprochen werden muss. Vgl. zum Verhältnis von Authentizität und Spielernatur ebd., 110.

[19] Zu den bekanntesten Befürworterinnen einer solchen Identitätsarbeit mittels virtueller Identitäten gehören Amy Bruckman und Sherry Turkle. Sie sehen darin die Chance zur Selbstexploration und zum Erlernen neuer sozialer Kompetenzen. Im Einzelfall soll sogar eine Selbsttherapie auf diese Weise möglich sein. Vgl. *Turkle, Sherry*, Leben im Netz. Identität in Zeiten des Internet, Reinbek 1999. Auch Nicola Döring versteht virtuelle Identitäten als konstruktive Selbsterkundung und Identitätsarbeit. Vgl. *Döring, Nicola*, Virtuelle Identitäten: Chancen und Risiken, in: *Jürgen Laufer* (Hrsg.), In acht Sekunden um die Welt, Bielefeld 2004, 60–73, 69. Vgl. dazu auch *dies.*, Identität+Internet=virtuelle Identität?, in: forum medienethik 2 (2000) 65–75.

geht Nicola Döring davon aus, dass im Rahmen des Spielerischen neue gewagte Selbstdarstellungen erprobt werden können. Hier zeige sich gerade keine Beliebigkeit, sondern vielmehr eine systematische Bearbeitung persönlicher und sozialer Interessen und Anliegen. Der viel zitierte Geschlechtertausch im Netz werde in Wirklichkeit nur von einer Minderheit praktiziert. Demgegenüber gehe es meist um Variationen der eigenen Geschlechtsidentität.[20] Wie die virtuellen Identitäten in dieser Hinsicht einzuschätzen sind, ist eine grundsätzliche Problematik, die in diesem Rahmen nicht weiter verfolgt werden kann. Für unsere Fragestellung ist in diesem Zusammenhang entscheidend, was es bedeutet, dass hier mit der Geschlechtlichkeit eine zentrale anthropologische Dimension im Internet vollständig ins Semiotische aufgehoben wird. Kann die Selbstmaskierung im Internet destruktiv werden, weil hier der Körper als restringierender Referenzpunkt entfällt?

Der Körper gilt zunehmend als etwas, das sich wie Software arbiträr manipulieren lässt.[21] Damit droht die organisch-analoge Einheit des Lebens zu zerfallen.[22] Eine solche Virtualisierung des Menschen nach dem Vorbild digitaler Software wird z. T. ausdrücklich begrüßt.

> „Die Vorstellung, das sei Nahkommunikation, bei der man sich anfasst und solche Dinge, ist meiner Meinung nach altmodisch. Die Technik zeigt, dass es damit langsam zu Ende geht. […] Wer den Sex aufgibt und ihn nur telefonisch ausübt, erlernt einen höheren Abstraktionsgrad."[23]

Das bedeutet eine Überwindung der Kreatürlichkeit. Mit Hilfe des Internets sind wir alle ohne Geschlecht und ohne Alter. Wir können ohne Folgen verschiedene Identitäten wählen. Damit spielt der Körper beim Thema Identitätskonstruktion keine Rolle mehr, als könnte jeder Mensch jederzeit frei wählen, welche Identität er

---

[20] Vgl. *Döring*, Virtuelle Identitäten (s. Anm. 19), 65.

[21] Vgl. *Freyermuth, Gundolf*, Menschen [Maschinen/Medien] Bilder, in: *Norbert Neuß, Mike Große-Loheide* (Hrsg.), Körper. Kult. Medien, Bielefeld 2007, 12–35, 23.

[22] Dies zeigt sich auch in der Rückführung des Menschen auf seine genetische Information. Es zeigt sich zugleich in der eskalierenden Popularität kosmetischer Chirurgie, die dazu führt, dass Schönheitsoperationen z. T. im Fernsehen live übertragen werden. Daneben sind die zunehmenden Reality-TV Formate zu nennen, in denen junge Frauen als zu formendes Körpermaterial inszeniert werden (Casting Shows). Auffällig ist hier auch die Differenz zwischen der Einschätzung von Eltern und Jugendlichen. Vgl. *Lünenborg, Margreth, Töpper, Claudia*, Gezielte Grenzverletzungen – Castingshows und Werteempfinden, in: Aus Politik und Zeitgeschichte 3 (2011) 35–41, 40.

[23] Peter Weibel in einem Interview mit S. Weingarten, J. Homeyer: „Freies Hirn im Cyber-Space", in: Der Spiegel 3 (1999), Spiegel Online, zit. nach *Pöttinger, Ida*, Wieviel Körper braucht der Mensch?, in: Medien und Erziehung 44 (2000) 301–305, 301.

annimmt. Demgegenüber ist gerade für die Identitätsarbeit die Übereinstimmung zwischen dem Gegebenen (dem Körper) und der geistigen Haltung zu ihm wesentlich.[24]

Von daher meint virtueller Sex geregelten Verkehr unter Vermeidung von Berührungen. Er stellt damit eine Spielart von Liebe auf Distanz dar. Als angeblicher Vorteil werden meist die unbegrenzten Möglichkeiten der Fantasie genannt. Als wirkliche Gründe vermutet Pöttinger aber die einfache Kontaktaufnahme und die leichte Kündbarkeit.[25] Einschlägige Äußerungen zeigen tatsächlich, dass häufig gerade deshalb der Cyber-Sex bevorzugt wird. „Ich habe es satt, sagt Dirk, dieses stundenlange Getue und Drumherum, vom Duschen bis zum Dinner, nur um dann festzustellen, dass mir erst das Gummi den letzten Nerv tötet und dann die dumme Pute, bei der ich einloggen will."[26] In diesem Fall stehen offenkundig die Verfügbarkeit und Unverbindlichkeit sexueller Praxis im Vordergrund. Demgegenüber hat „Real-Sex [...] auch etwas mit Zärtlichkeit zu tun"[27].

Die Anonymität im Netz ermöglicht unverbindliche Kontakte, die jederzeit ohne Hemmschwellen beendet werden können. Man muss sich in einem solchen Fall noch nicht mal bekennen, sondern taucht einfach nicht mehr auf. Diese strukturelle Unverbindlichkeit aller Kontakte im Internet, aber auch die grundsätzliche Uneindeutigkeit und Unbestimmtheit jeder Internetpräsenz lässt sich letztlich darauf zurückführen, dass bei diesen Kontakten der Körper als entscheidende Referenzgröße für Identität und Individualität fehlt. „Wir lernen uns selbst als eingestöpselte Techno-Körper zu erkennen. [...] Wir alle träumen Cyborg-Träume."[28]

Die These vom zunehmenden Körperverzicht des Menschen als Schnittstellenwesen scheint angesichts des gegenwärtigen Körperkultes überzogen. Ist nicht demgegenüber vielmehr die Beschäftigung mit dem Körper eines der Hauptmerkmale des gegenwärtigen Lebensstiles? Bei der neuen Aufmerksamkeit für den Körper können sogar quasi-religiöse Momente (Vergöttlichung des Körpers) auftreten.[29] Dieser Körperkult aber etabliert den Körper als

---

[24] Vgl. *Pöttinger*, Körper (s. Anm. 23), 302.

[25] Vgl. ebd., 303.

[26] *G. S. Freyermuth*, Cyber-Land, 113, zit. nach *Müller, Klaus*, Verdoppelte Realität – Virtuelle Realität?, in: *Rüdiger Funiok, Udo Schmälzle, Christoph Werth* (Hrsg.), Medienethik – die Frage der Verantwortung, Bonn 1999, 75–92, 87 Fn. 12.

[27] *Pöttinger*, Körper (s. Anm. 23), 303.

[28] *Turkle*, Leben (s. Anm. 19), 431.

[29] Vgl. *Orth, Stefan*, Körperkult und Leibsorge, in: Herder-Korrespondenz 57 (2003) 487–489, 488. Orth sieht darin eine Konsequenz der metaphysischen Ernüchterung. Es bleibt nur noch der Körper als letzte Bastion der authentischen Selbst- und Welt-

Projekt und Ziel dieses Projektes ist Perfektion. Es geht um ein perfektes Körper-Design sowohl in Bezug auf seine Funktionen als auch in Bezug auf die Ästhetik.[30] Darin äußert sich eine latente Körperverachtung. Der Körper wie er ist, ist schlecht. Der Körper wird als Material und als Projektionsfläche verstanden. Hintergrund ist ein neuer Dualismus zwischen dem Körper, wie er ist und dem Körper, wie er sein soll.[31]

Folglich steht der Körper auch hier unter dem Axiom seiner Austauschbarkeit. Wir begegnen ihm in einer Konsumhaltung. „Wer es sich leisten kann, legt sich einen wunschgemäßen Körper zu."[32] Die Physis des Menschen, die naturwüchsige Körperlichkeit ist nur noch Manipuliermaterie eines ingenieurhaften Human-Designs. Wir befinden uns auf dem Weg zur kommerzialisierten Beliebigkeit des menschlichen Körpers. Insofern kann gerade angesichts des extremen Körperkults von dem Projekt der Abschaffung des Körpers gesprochen werden.

Welche Konsequenzen hat dieses Verschwinden des Körpers, das wir auch im Internet beobachten können, für die Einschätzung virtueller Sexualität?

II. Der Körper und die Sinngehalte menschlicher Sexualität

Entscheidend ist die Differenz zwischen dem Körper, den man hat und dem Körper, der man ist. Für diese existenzielle Bedeutung des Körpers als Ausdruck des Personseins wird meist der Begriff des Leibes verwendet.

---

erfahrung. Vgl. ebd., 488. Franz Josef Wetz erklärt demgegenüber den Körperboom unserer Zeit auf der Grundlage der Soziobiologie als Abbau von Antriebsüberschüssen in einer Zeit, in der der Körper zunehmend vom lastvollen Überlebenskampf befreit ist. Vgl. *Wetz, Franz J.*, Abenteuer des Körpers, in: *Volker Steenblock* (Hrsg.), Zeitdiagnose (Kolleg Praktische Philosophie 3), Stuttgart 2008, 167–205, 195.

30 Vgl. *Buchholz, René, Ammicht Quinn, Regina*, Körper/Leib, in: Neues Handbuch theologischer Grundbegriffe (2005) 390–401, 395 ohne Hervorhebungen des Originals.

31 Vgl. ebd., 396.

32 *Kaeser, Eduard*, Der Körper im Zeitalter seiner Entbehrlichkeit, in: Stimmen der Zeit 216 (1998) 89–102, 91. Allerdings finden sich in den populären Medien durchaus kritische Reflektionen über die Bedeutung der Körperlichkeit des Menschen. Beispielhaft seien hier zwei Filme genannt: The Wrestler (USA/F 2008), in dem die Arbeit am Körper als Arbeit am Selbst dargestellt wird und Memento (USA 2000), in dem die Frage nach der Identität über den Körper als Träger im wahrsten Sinne des Wortes behandelt wird, da sich die Hauptfigur zentrale Aussagen über sich selbst auf den Körper schreiben muss.

„Legt der Begriff des Körpers den Akzent stärker auf die gegenständliche, naturale, biologisch beschreibbare Konstitution nicht nur des Menschen, sondern eines jeglichen Lebewesens, so zielt der Leibbegriff auf die den Menschen charakterisierende, intersubjektiv geprägte Einheit von naturaler und geistiger Verfassung."[33]

So steht der Leib in seiner Doppelstruktur einerseits für ein Ding unter Dingen, für ein Objekt der Wahrnehmung, andererseits steht er für das erlebende Ich, für denjenigen, der Dinge berührt, sieht etc.[34] Dabei ist der Leib Ausdruck des erlebenden Ichs in der Weise des Symbols, d. h. er realisiert das Auszudrückende. Er ist demnach nicht einfach bloß ein Abbild, sondern Vollzug, in dem das Ich sich ganz realisiert. Diese Ausdrucksweise des Ich als Leib geht aller Reflexion und aller sprachlichen Vermittlung voraus. Sie ist präreflexiv. Damit ist gleichzeitig eine präreflexive Intersubjektivität grundgelegt.[35] Vor allem Nachdenken stiftet der Leib Intersubjektivität. Demnach ist die Körpererfahrung für das Bewusstsein zunächst unverfügbar. Diese Unverfügbarkeit ist unhintergehbar.

Von daher ist die Leiblichkeit das Spezifikum menschlicher Existenz. Der je spezifische Leib verbürgt die Individualität des Menschen.

Damit ist der Körper das unersetzbare Grundmedium. Durch ihn begegnen sich Menschen, drücken sie sich aus, schaffen sie sich eine gemeinsame Welt und eine gemeinsame körpervermittelte Wirklichkeit. Von der Technologie geschaffene Medien können diese Dimension des Körpers nicht überflüssig machen.[36]

---

[33] *Buchholz, Ammicht Quinn*, Körper/Leib (s. Anm. 30), 390. Regina Ammicht Quinn weist zu Recht darauf hin, dass diese semantische Unterscheidung von Körper und Leib die Tendenz zur Abwertung und Reduktion des Körpers als reiner Materialität schafft. Vgl. *Ammicht Quinn, Regina*, Körper – Religion – Sexualität, Mainz 1999, 31.

[34] Diese spannungsreiche Zwiefalt unserer Existenz ist von ganz unterschiedlichen Autoren des 20. Jahrhunderts thematisiert worden. So haben vor allem phänomenologische Untersuchungen diese Doppelstruktur des Leibes behandelt. Hierzu sind vor allem die Arbeiten von Maurice Merleau-Ponty, der vom Leib als dem ‚inkarnierten Ich' spricht, einschlägig. Vgl. *Merleau-Ponty, Maurice*, Phänomenologie der Wahrnehmung, Berlin 1966. Daneben hat aber auch Helmuth Plessner, ausgehend von der „exzentrischen Positionalität" als humanspezifischer Leib-Umwelt Beziehung, Leibsein und Leibhaben unterschieden und in ihrer komplizierten Bezogenheit untersucht. Vgl. *Plessner, Helmuth*, Die Stufen des Organischen und der Mensch, Berlin ^{3}1975.

[35] Darin besteht die entscheidende Entdeckung der Phänomenologie, die vor allem von Maurice Merleau-Ponty ausführlich entfaltet wurde. Vgl. *Merleau-Ponty*, Phänomenologie (s. Anm. 34), Berlin 1966.

[36] Vgl. *Kaeser*, Der Körper (s. Anm. 32), 99.

Selbstverständlich gilt für den Körper, was wir schon für die Sexualität festgehalten haben. Auch hier kann die gesellschaftliche und kulturelle Prägung nicht geleugnet werden. Wir können nicht von einer unvermittelten natürlichen Körpererfahrung ausgehen. Wir müssen die kulturelle Konstruktion des Körpers ernstnehmen. Doch diese Formung der Körpererfahrung durch Diskurse bedeutet nicht, dass es hier außer den formenden Mächten nichts zu untersuchen gäbe.[37] Es ist dieses widerständige Moment jeder Körpererfahrung, das die Aufgabe unausweichlich macht, die Körpererfahrung in die eigene Leiblichkeit zu integrieren.

Der Mensch ist in jeder Begegnung leibhaftig gegenwärtig.[38] Er lebt im Leib und ist Leib. Der Leib ist das wesentliche Empfangs- und Ausdrucksorgan. Er ist in seiner naturalen Struktur vorgeprägt und doch gestaltungsoffen. Der Leib ist als Symbol, als Gebärde, als Ausdruck das wichtigste Medium menschlicher Kommunikation. „Menschliche Liebe wäre keine ganzheitliche Erfahrung, wäre sie nicht eine leibhaftige Erfahrung. Die Sexualität fördert grundlegend neue Selbsterfahrungen im leibhaftigen Dasein."[39]

Deshalb kann Sexualität als Sprache des Körpers individuell mit Sinn codiert werden. Sexualität kann nur in dem Maße ganzheitlich sein, wie diese Dimension der Zeichenhaftigkeit realisiert wird. Werden die Körperlichkeit und die Zeichenhaftigkeit ernst genommen, dann ergeben sich mehrere in Bezug auf die Sexualität unverzichtbare Elemente.[40] Als erstes ist hier zu nennen, dass zu einer ganzheitlichen Sexualität das In-Einklang-Bringen der eigenen Erwartungen und Zumutungen mit den Gefühlen und Bedürfnissen des Partners gehört. Dafür kann der Begriff Zärtlichkeit stehen, von dem schon die Rede war. Es geht nicht einfach um Er-

---

[37] Gesa Lindemann kritisiert vor diesem Hintergrund Michel Foucault und die radikalkonstruktivistische Position von Judith Butler. Vgl. *Lindemann, Gesa*, Zeichentheoretische Überlegungen zum Verhältnis von Körper und Leib, in: *Annette Barkhaus* u. a. (Hrsg.), Identität, Leiblichkeit, Normativität, Frankfurt a.M. ^{2}1999, 146–175, 173. Wird angesichts der Unterscheidung von sex und gender auf die Kategorie sex verzichtet (wie dies bei Butler ausdrücklich der Fall ist), dann kommt dies nach Lindemann einem Realitätsverlust gleich. Vgl. *Lindemann*, Überlegungen, 150f. Fn. 12. Andererseits stellt Saskia Wendel mit dem Hinweis darauf, dass der Körper Effekt einer diskursiven Praxis ist sexuelle Differenz als Ursprungskategorie in Frage. Wenn dies für den Körper gilt, dann gelte dies auch für die an ihm festgestellte sexuelle Differenz. Trotz der grundsätzlichen Skepsis sieht Wendel hier einen unverzichtbaren Beitrag der konstruktivistischen Theorie von Butler. Vgl. *Wendel, Saskia*, Der Körper der Autonomie, in: *Antonio Autiero, Stephan Goertz, Magnus Striet* (Hrsg.), Endliche Autonomie, Münster 2004, 103–122, 119f.

[38] Vgl. zum Folgenden *Fraling*, Sexualethik (s. Anm. 1), 101.

[39] Ebd., 102.

[40] Vgl. zum Folgenden *Hilpert*, Sexualethik (s. Anm. 1), 149f.

wartungen und Forderungen, die von der eigenen Person her definiert werden. Als zweites Element ist die Personalisierung zu nennen. Die Partner müssen sich in ihrer Ganzheit und Individualität gerecht werden. Das erfordert die Integration des Triebhaften in die Beziehung zwischen Personen. Nur unter Partnern, die einander als Personen annehmen, kann menschliche Nähe gelingen.

Ein weiteres Element besteht in der Wahrhaftigkeit. Es geht um die Übereinstimmung zwischen dem leiblich ausgedrückten und der tatsächlichen Intention. Eine solche Authentizität einer ganzheitlichen Beziehung ist in einer virtuellen Beziehung nicht zu erreichen.[41] Schließlich ist die Kultivierung der Ausdrucksmöglichkeiten sexueller Handlungen von großer Bedeutung. Eine Reduktion auf den Geschlechtsakt bedroht die Sexualität in ihrer kommunikativen Potenz. Tendenziell wäre dann die Persönlichkeit der Beteiligten irrelevant. Demgegenüber geht es darum, Sexualität zweckfrei zu gestalten und nicht bloß zu konsumieren oder technisch umzusetzen.[42] Diese Elemente finden sich entweder gar nicht oder nur defizitär in Internetkontakten.

Grundlage einer kritischen Auseinandersetzung mit den verschiedenen Formen der virtuellen Sexualität sind von daher die Sinngehalte der Sexualität. Im Mittelpunkt steht die Beziehungsfunktion, die die Partnerschaft und die Identitätsfindung umfasst. Von dem personalen Beziehungsgeschehen her erhalten die Lustfunktion und die Fortpflanzungsfunktion ihre Bedeutung.[43] Vor allem in Bezug auf die Lustdimension der Sexualität ist festzuhalten, dass sie ihren ganzheitlich-humanen Sinn nur im Rahmen einer partnerschaftlichen Beziehung bewahrt.[44] Die psychosexuelle Dynamik des Menschen kann dem Wachstum seiner Beziehungsfähigkeit und einer kultivierten Partnerschaft dienen, wenn sie in die willentliche Bejahung des anderen bewusst integriert ist. Dann kann von einer Indienstnahme der sexuellen Energien für ein gemeinsames Lebensziel gesprochen werden. Das Erleben sexueller Lust außerhalb einer personalen Liebesbeziehung verliert von daher seinen spezifisch menschlichen Sinn. Der entscheidende Umstand dafür, dass das sexuelle Erleben erst in einer ernst gemeinten partnerschaftlichen Beziehung gerechtfertigt ist, besteht darin, dass man es im sexuellen Erleben mit einem anderen Menschen zu tun hat.

---

[41] Vgl. *Leimgruber, Stephan*, Sexualität gestalten lernen, in: Stimmen der Zeit 228 (2010) 47–56, 52.
[42] Vgl. ebd., 52.
[43] Vgl. *Schockenhoff, Eberhard*, Sexualität und Ehe, in: Stimmen der Zeit 215 (1997) 433–447, 437. Vgl. *Leimgruber*, Sexualität (s. Anm. 41), 51.
[44] Vgl. zum Folgenden *Schockenhoff*, Ehe (s. Anm. 43), 438.

Von daher lässt sich auch die monogame Partnerschaft auf Dauer begründen.[45] Das Verlangen nach Dauer ist jeder wirklichen Liebe eingeschrieben. Zwei Menschen nehmen einander in ihrem unverwechselbaren, einmaligen Personsein an. In diesem Akt vergewissern sie sich der eigenen Individualität als einer bedeutungsvollen Form des Daseins. Von daher verlangt ihre Liebe nach einer dauerhaften Gestalt, nach einem verbindlichen Ausdruck für den Willen zur Vorbehaltlosigkeit und Endgültigkeit. „Der Wille zur endgültigen Bindung erwächst aus einem tiefen anthropologischen Bedürfnis nach Annahme und Geborgenheit."[46]

Die Dauerhaftigkeit unserer Lebensformen gewinnt einen qualitativen Eigenwert, in dem sich die Einmaligkeit und Unverrechenbarkeit der Partner in ihrer jeweiligen Individualität widerspiegeln. Dahinter kann ein menschlicher Umgang der Geschlechter nicht mehr ohne Verluste an Humanität zurück. In einer solchen Beziehung zwischen Liebenden bringen sich die Akteure mit ihrer gesamten Identität als Person, mit der Biografie, den Gefühlen und den Erwartungen ins Spiel. Daraus resultiert eine große Verletzbarkeit. Demgegenüber sind die unverbindlichen Kontakte, die virtuellen Beziehungen und die Anonymität im Internet der Normalfall.

Zur Sexualität im Rahmen einer ganzheitlich gelebten Partnerschaft gehört das Einssein von seelischem und körperlichem Empfinden. Dies ist in virtueller Sexualität nicht möglich. Es geht um die wechselseitige Integrität von dem innerlichen personalen Vollzug und dem der Verwirklichung im Leiblichen.[47] Diese Integrität des Menschen ergibt sich nicht automatisch. Sie ist keine selbstverständliche Realität. Es ist damit mehr gefordert als ein bloß körperlicher Kontakt. Das Verhalten in der sexuellen Begegnung muss sich verantwortlich wissen, indem sich der eine vor dem anderen verantwortet. Das geschieht legitim im Bemühen um Wahrheit und Wahrhaftigkeit. Dies ist im Internet nicht im selben Sinne möglich.

Zwar ist das ganzheitliche Innesein in den Gesten der Zuwendung und Hingabe meist nur annähernd erreichbar und kann nicht in jedem einzelnen Akt gleichermaßen anwesend sein. Im Internet aber ist es strukturell ausgeschlossen, weil der Körper fehlt. „Die Integration des Leiblichen in den ganzmenschlichen Vollzug stellt sich als personale Aufgabe dar. Liebe ist leibhafte Liebe, oder sie ist nicht."[48] Dem entspricht, dass Gaudium et spes der Lust in den

---

[45] Vgl. ebd., 440f.
[46] Ebd., 440.
[47] Vgl. zum Folgenden *Fraling*, Sexualethik (s. Anm. 1), 102.
[48] Ebd., 103 ohne Hervorhebungen des Originals.

leiblichen Vollzügen der Ehe eine sittliche Würde attestierte. Die rechte Erfahrung dieses Sinnwertes der Sexualität (Lust, Leib) muss zusammenhängen mit der Kultur der Sexualität und Zärtlichkeit. Diese Dimension erhält ihre Sinnorientierung von der Ebene der personalen Begegnung. Bedingung einer sinnerfüllten Aktuierung der Sexualität und Genitalität ist ihre Integration in das personale Begegnungsgeschehen. Wird die biologisch-vitale Triebdynamik desintegrativ vollzogen, führt sie zu einer Enthumanisierung. Der andere wird nicht als Mensch, sondern als Objekt behandelt. Demgegenüber ist die Humanisierung von Sexualität und Genitalität nur durch die genannte Integration möglich, auch wenn die hier geforderte Integration in das personale Begegnungsgeschehen immer nur annäherungsweise zu verwirklichen ist.

III. Fazit

Geht man von einer Sexualmoral aus, die primär an Normen orientiert ist, dann müsste man das Phänomen der virtuellen Sexualität (sexuelle Praxis angesichts des virtuellen Handlungsraumes) wohl am ehesten unter dem Tatbestand der Masturbation fassen. Da mittlerweile unbestritten sein dürfte, dass Masturbation vielfältige unterschiedliche Funktionen haben kann, ist hier eine differenzierte moraltheologische Einschätzung notwendig.[49] So wird Masturbation als ein adäquates Verhalten in einer Übergangsphase der psychischen Entwicklung angesehen.[50] Dann kann sie dazu dienen, im Rahmen der psycho-physischen Entwicklung in Kindheit und Jugend die genannten Sinngehalte der menschlichen Sexualität zu erlernen und einzuüben. In dieser Phase der Selbstfindung sind Selbstwahrnehmung und experimentelle Rolleneinübung unerlässlich. Dazu kann auch die Masturbation (Entwicklungsipsation) dienen, wenn sie im Sinne des Fortgangs der Reifung ein Übergangsphänomen bleibt.[51]

Vor dem Hintergrund der Überlegungen zum Leib des Menschen als Ausdruck und Sprache seines Personseins stellt sich

[49] In der kirchenamtlichen Lehre gilt Masturbation nach wie vor als ausnahmslos sittlich verwerflich, wobei es u. a. in der Erklärung „Persona humana" von 1975 Ansätze zu einem differenzierten Umgang gibt.

[50] Auch die Möglichkeit psychischer Zwangslagen in Folge einer vorübergehenden Unerreichbarkeit eines Partners ist denkbar. In diesem Zusammenhang wäre der zumindest virtuelle Kontakt zum Partner ein Vorteil.

[51] Vgl. *Hilpert, Konrad*, Selbstbefriedigung, in: Lexikon der Bioethik 3 (2000) 287–289. Vgl. *Fraling*, Sexualethik (s. Anm. 1), 218–231.

aber die Frage, was in der Masturbation zum Ausdruck kommt. Hier zeigt sich die Gefahr eines dauernden Konsum-Kurzschlusses[52] und damit die Gefahr, dass Sexualität von dem Anspruch auf ständige Verfügbarkeit und einem ausschließlichen Ichbezug geprägt ist. Demgegenüber geht es im Erlernen der Sinngehalte der Sexualität auch um das Aushalten von Spannungen. Dadurch kann beispielsweise die Aufgabe, Umfang und Art des sexuellen Kontaktes rücksichtsvoll auf den Partner abzustimmen (Zärtlichkeit) eingeübt werden.

Grundsätzlich aber wird das Phänomen virtuelle Sexualität im Hinblick auf das, was faktisch praktiziert wird, vermutlich überschätzt. Dass es tatsächlich im virtuellen Raum zu sexuellen Praktiken kommt, dürfte eher selten sein.[53] Aber nicht überschätzt werden kann das Phänomen virtuelle Sexualität in Bezug auf die grundsätzlichen Fragen des Selbstverständnisses des Menschen. Hier zeigten die vorliegenden Überlegungen, dass die Zeichenhaftigkeit des Leibes und damit die Sinndimensionen der menschlichen Sexualität nicht simuliert werden können. Diese Zeichenhaftigkeit lässt sich nicht durch einen Stellvertreter verwirklichen. Die Virtualisierung ist keine neue Form dieser Zeichenhaftigkeit, sondern macht sie unmöglich. Nach der Diskriminierung der Leiblichkeit durch religiös bedingte Abwertung und durch die naturwissenschaftliche Objektivierung erleben wir jetzt eine Herabwürdigung der Leiblichkeit durch die Virtualisierung. Es ist zwar denkbar, dass im Rahmen einer ganzheitlich gelebten Partnerschaft auch virtuelle Sexualität (beispielsweise bei einer längeren Trennung) als ein Element der Beziehung auftritt. Ebenso kann wohl in Einzelfällen (Erlebnisse ohne Behinderung) oder in speziellen Kontexten Sexualität im virtuellen Raum eine bereichernde Möglichkeit darstellen, vielleicht sogar eine therapeutische Wirkung entfalten. Doch allgemein wird virtuelle Sexualität nicht als Ausgleich für spezielle Bedingungen, sondern grundsätzlich als Alternative zum unmittelbaren körperlichen Kontakt verstanden. Dafür gelten dann die genannten Defizite durch die Anonymität, die ständige Verfügbarkeit und die Unverbindlichkeit, die im Widerspruch zu den Sinngehalten der Sexualität stehen.

Dabei wird die Nutzung des Internets nicht einfach pauschal als egoistische Suche nach mehr Glückserlebnissen verurteilt. Bei der kritischen Auseinandersetzung muss als Motivation für die Nut-

[52] *Fraling*, Sexualethik (s. Anm. 1), 228.

[53] Es gibt hier allerdings kaum verlässliche Untersuchungen und von daher keine genauen Zahlen.

zung nicht simpel ein unstillbarer Reizhunger unterstellt werden (obwohl dies faktisch sicherlich sehr häufig hinter der Nutzung stehen wird und als Problem ernst genommen werden muss). Vielmehr ist der entscheidende Ansatzpunkt für die kritische Auseinandersetzung mit virtueller Sexualität, dass hier der Kontakt nicht leiblich vermittelt sein kann. Wir haben gesehen, dass der Leib als Möglichkeitsbedingung der Beziehung des Ichs zum anderen Medium und Vollzugsform der Person ist. Der Leib gewährleistet Reziprozität. Demgegenüber fällt in allen Formen der Präsenz im Internet die Doppelstruktur des Leibes weg. Der Avatar (für alle anderen Formen der Internetpräsenz gilt dies in verstärktem Maße) ist eben nicht mein Leib, in dem ich existiere und mit dem ich auf dem Spiel stehe, sondern er ist ein Objekt, zu dem ich völlig auf Distanz gehen kann. Ich selber bin nicht identifizierbar. Der Kontakt bleibt letztlich immer unverbindlich.[54] Es fehlt demnach die Unverfügbarkeit der Körpererfahrung und damit die präreflexive Leiblichkeit und Intersubjektivität. Im Internet bin ich immer nur als verdinglichter Körper präsent. Die oben genannte Reziprozität ist auf diese Weise nicht möglich. Ein vorbehaltloses „Sich-erfahrbar-machen" bleibt strukturell ausgeschlossen. In einer solchen Konstellation werden die Menschen tatsächlich zu „Elementarteilchen" (Michel Houellebecq).

Die unentrinnbare Verbindlichkeit aber gehört zur Kreatürlichkeit des Menschen mit seiner Hinfälligkeit, seinen Grenzen und seinem Scheitern.[55] Demgegenüber wird in der virtuellen Welt Schönheit, Vitalität und Spaß auf Dauer gestellt. Der körperliche Verfall, der Schmerz und das Leiden bleiben ausgespart. Vergänglichkeit und Tod werden mit dem Körperverlust verdrängt. Dieses Fernhalten des Todes kann den Menschen zu einem unernsten Spiel mit immer neuen illusionären Möglichkeiten führen.[56]

Gegen das darin zum Ausdruck kommende eindimensionale Menschenbild und gegen das unzureichende Verständnis des Sexualtriebs kann auf der Grundlage des christlichen Glaubens Stellung bezogen werden. Aus christlicher Sicht ergibt sich eine

[54] Eine Schwundform dieses „Auf-dem-Spiel-stehen" durch den Leib findet sich noch in den immer extremer werdenden Risikosportarten. Hier setzen Abenteurer ihr Leben bewusst aufs Spiel. Der Körper wird schonungslos im freiwilligen Kampf gegen die Natur eingesetzt. Die erfolgreiche Bewältigung der teilweise lebensbedrohlichen Herausforderungen wird als erfüllendes Glück, als angenehmer Kick empfunden. Vgl. *Wetz*, Abenteuer (s. Anm. 29), 180.

[55] Hier zeigt sich die Problematik der von Kornelia Hahn positiv bewerteten Entlastung von der unmittelbaren Handlungsnotwendigkeit. Diese Entlastung bedeutet letztlich, dass das Einstehen-für-mich aufgehoben wird.

[56] Vgl. *Schockenhoff*, Ehe (s. Anm. 44), 444.

große Sensibilität gegenüber dem Körper, der als Referenzpunkt für die Sinngehalte der Sexualität gelten kann. Über die göttliche Bejahung des Lebens in all seiner Körperlichkeit hinaus besteht die provozierende Pointe des christlichen Glaubens darin, dass Gott selbst Fleisch geworden ist.[57]

Die christliche Tradition positioniert sich in dieser Frage mit dem Schlüsselbegriff der Inkarnation, dessen Anstößigkeit bis heute erhalten geblieben ist. Darüber hinaus ist im Neuen Testament der leibhafte Aspekt der Reich-Gottes-Botschaft nahezu allgegenwärtig.[58] Beispielhaft sei hier auf die Heilungswunder und die Mahlgemeinschaften hingewiesen. Auch Kreuz und Auferstehung sind ausgesprochen leibzentriert. Von daher kann für die biblische Überlieferung die positive Bewertung von Schöpfung und Leib festgehalten werden. Sie setzt sich fort im somatischen Charakter des Heils in den Sakramenten und der Eschatologie.[59] Auf dieser Grundlage kann gerade der christliche Glaube gegenüber den Reduktionen unter anderem durch die verschiedenen Formen virtueller Sexualität die anthropologische Sinnfülle des Geschlechterverhältnisses wieder zur Geltung bringen, die ohne die Zeichenhaftigkeit des Körpers verloren zu gehen droht.

---

[57] Vgl. *Orth,* Körperkult (s. Anm. 29), 489.
[58] Vgl. *Buchholz, AmmichtQuinn*, Körper/Leib (s. Anm. 30), 397f.
[59] Vgl. ebd., 398f.

Sexualität und AIDS

von Günter Virt

Angesichts des außergewöhnlichen Charakters der AIDS-Pandemie, die vorwiegend aber keineswegs ausschließlich durch sexuelle Kontakte (auch durch Blut in kontaminierten Nadeln und von der Mutter auf ihr Kind bei der Geburt) übertragen werden kann, legt sich in einem kurzen Artikel eine Einschränkung des Themas auf Sexualität und AIDS nahe. Weitere Krankheiten, die ebenso mit Sexualität konnotiert sind (z. B. Syphilis und Hepatitis B), stellen sich zudem vermehrt wiederum im Gefolge der AIDS-Pandemie ein. Mögliche weitere mit sexueller Aktivität verbundene Krankheiten würden ein kaum überblickbares Feld auftun.

Worin besteht das Außergewöhnliche der AIDS-Pandemie? Papst Johannes Paul II. stellte am 21. Juni 2001 in seiner Botschaft an den Generalsekretär der UNO fest:

„Die HIV/AIDS-Epidemie stellt ohne Zweifel eine der größten Katastrophen unseres Zeitalters dar [...] es handelt sich dabei nicht nur um ein die Gesundheit betreffendes Problem, da die Infektion auch auf das soziale, wirtschaftliche und politische Leben der Völker dramatische Auswirkungen zeigt."[1]

In Afrika südlich der Sahara lebt etwa ein Drittel aller Infizierten, wobei nahezu 60 % der Neuinfizierten Frauen – oft verheiratete Frauen sind. Sie hinterlassen nach ihrem viel zu frühen Sterben unsäglich viele Waisenkinder.

Als weitere Besonderheit kommt hinzu, dass kaum eine andere Pandemie so sehr mit Sexualität und daher auch mit Fragen der Sexuallehre der Kirche verbunden ist. Dies wurde von konservativen bis fundamentalistischen Theologen und kirchlichen Würdenträgern zu medial besonders beachteten Aussagen genützt: AIDS sei nicht nur eine Strafe Gottes für den einzelnen Kranken, sondern darüber hinaus eine Geißel Gottes für unsere sexuell permissive Gesellschaft. Der zweite Band des Katholischen Erwachsenen-Katechismus[2] stellt zu einer solchen Argumentation klar, dass

---

[1] Belege bei *Goertz, Stephan*, Moraltheologie nach AIDS, in: Annali di Studi Religiosi 9 (2008) 111.

[2] *Deutsche Bischofskonferenz* (Hrsg.), Katholischer Erwachsenen-Katechismus Bd. 2: Leben aus dem Glauben, Freiburg i.Br. u. a. 1995, 280.

es zwar richtig sei, dass die Immunschwäche AIDS vielfach ihren Ursprung in einem unmoralischen Leben habe und insofern als Auswirkung dieses unmoralischen Lebens bezeichnet werden kann. Die Rede von AIDS als Strafe Gottes sei aber zumindest missverständlich, gehe sogar von einem falschen Gottesbild aus und trage dazu bei, dass AIDS Kranke diskriminiert und in die Isolierung getrieben werden.

So stellt Kevin T. Kelly die grundsätzliche Frage, warum im Namen der katholischen Sexuallehre angesichts des ethisch geforderten Schutzes vor Ansteckung mit HI-Viren so oft wirksame humane Lösungen in der Realität eher behindert als unterstützt wurden und werden[3] und weiterhin, warum in den offiziellen Lehramtsdokumenten die in der moraltheologischen Tradition der Kasuistik bewährten Differenzierungen gerade in Bezug auf AIDS so wenig eine Rolle spielten. Die Antwort des Hl. Offiziums vom 6.4.1853[4] scheint immer noch nachzuwirken: Ein kondomistischer Sexualverkehr sei in sich böse und eine Frau, die darum weiß, dürfe sich auch einem kondomistischen Verkehr nicht passiv preisgeben, sie würde nämlich eine in sich unerlaubte Sache betreiben. Das Kondon selbst wird als frevelhaftes Mittel bezeichnet.

Als der geschäftsführende Ausschuss der US-Bischofskonferenz in seinem Text „The many Faces of AIDS“[5] die Verwendung von Kondomen in kirchlichen Einrichtungen zwar abgelehnt, aber Informationen über diese AIDS Prophylaxe toleriert hatte, wurde dieser Text von Joseph Ratzinger in seinem Brief an den Apostolischen Pronuntius in den USA Erzbischof Pio Laghi vom 29. Mai 1988 scharf zurückgewiesen; er sah in diesem Ansinnen der US-amerikanischen Bischöfe eine Haltung, die zumindest das Tun des Bösen fördern würde.[6]

James Keenan vermutet[7], dass die Bischöfe anfänglich zunächst einmal bestrebt waren, die ansteckende Krankheit außerhalb der katholischen Gemeinden zu halten und ihre Verantwortung voll auf die Pflege von HIV Kranken zu konzentrieren und damit auch zu beschränken. Von allen geschätzt waren Institutionen der katholischen Kirche tatsächlich unter den ersten, die sich für die Pflege der AIDS Kranken engagierten, und das ist bis auf den heu-

---

[3] Vgl. *Kelly, Kevin T.*, New Directions in Sexual Ethics. Moral Theology and the Challenge of AIDS, London 1998.

[4] Denzinger-Hünermann 2795.

[5] In: Origins 17 (1987) 481–489.

[6] Vgl. Herder-Korrespondenz 42 (1988) 359.

[7] *Keenan, James F.*, Applying the Seventeenth-Century Casuistry of Accomodation to HIV Prevention, in: Theological Studies 60 (1999) 509f.

tigen Tag so geblieben. „Rund 50 Prozent aller Einrichtungen im Kampf gegen AIDS werden weltweit von den Kirchen getragen, die Initiativen und Organisationen der katholischen Kirche tragen allein 25 Prozent.“[8]

Die Kirchenpolitiker waren und sind zudem besorgt, dass realistisch einsetzbare Präventionsmaßnahmen gegen die Weiterverbreitung der Pandemie traditionelle Prinzipien der kirchlichen Sexuallehre betreffend Ehe, Sexualität und Drogenkonsum hinterfragen könnten. Man sah in der traditionellen kirchlichen Sexuallehre ja automatisch den besten Schutz zur Vermeidung von Ansteckungen.

Wie kann ein moraltheologisch fundiertes Urteil ausfallen, das die empirisch verfügbaren Daten zum Problem ernst nimmt, aus der eigenen moraltheologischen Tradition schöpft und zugleich zu differenzierten normativen Aussagen als Grundlage für die kirchliche Praxis angesichts dieser außergewöhnlichen Pandemie findet? Theologie hat ja die Aufgabe, nicht nur Lehramtstexte im nachträglich zu interpretieren, sondern auch vorauszudenken.

Aus dieser Fragestellung ergeben sich folgende Argumentationsschritte:

1) empirische Grundlagen
2) anthropologische Aspekte
3) ethische Argumentationsfiguren für außergewöhnliche Handlungsumstände
4) Folgerungen für die kirchliche Praxis und Lehre.

I. Empirische Grundlagen

AIDS ist die Abkürzung für Acquired Immune Deficiency Syndrome. Erworben und übertragen wird dieses erstmals 1981 beschriebene Syndrom durch den Hi-1 und Hi-2 Virus (HIV). Diese Viren wandeln sich im Organismus dann ständig.

Nachweisbar sind diese Retroviren im lymphatischen Gewebe, in Blut und Blutderivaten, Samenflüssigkeit, Vaginalsekret und anderen Körperflüssigkeiten infizierter Personen.

Epidemiologisch gesichert ist bisher nur die Übertragung durch erregerhaltige Flüssigkeiten wie Blut (durch Injektionen und Transfusionen), beim Geschlechtsverkehr durch Spermien (durch Schleimhautläsionen) und bei der Geburt von der Mutter auf das Kind.

Infizierte Personen entwickeln frühestens nach 4–7 Wochen im Serum nachweisbare Antikörper. Kurz danach kommt es zu einer

[8] Herder-Korrespondenz 64 (2010) 442.

ersten temporären Manifestation der Krankheit. Der volle Ausbruch der Krankheit kann oft erst später eintreten.

Einzig sinnvolle Maßnahmen zur Vermeidung einer Übertragung sind die Vermeidung des Kontakts mit Blut bzw. Blutprodukten und Sperma und anderen Körperflüssigkeiten infizierter Personen. Medizinisch empfohlen wird bei Sexualverkehr die konsequente Verwendung von Kondomen bei entsprechenden Risikokonstellationen.[9]

„Nach den derzeit jüngsten Angaben von UNAIDS, dem Programm der Vereinten Nationen sind mehr als 33,4 Millionen Menschen infiziert, täglich kommen 7000 Neuinfektionen dazu [...] Fünf Millionen Menschen, die eine antiretrovirale Therapie benötigen, haben keinen Zugang dazu. In Osteuropa und Zentralasien breitet sich AIDS derzeit besonders rasch aus."[10]

In Deutschland wird die Zahl der Neuansteckungen im „Ärztezeitung Newsletter" für das Jahr 2010 mit etwa 3000 angegeben, die Zahl der AIDS Toten mit 550.

Um sich das Ausmaß dessen, was sich hinter diesen nüchternen Zahlen verbirgt, besser vorstellen zu können, wählt James Keenan den Vergleich mit der Tsunamikatastrophe, bei der mit einem Schlag etwa 300.000 Menschen ums Leben kamen: Alle 37 Tage sterben gleich viele Menschen weltweit an AIDS. Während bei der Tsunamikatastrophe innerhalb weniger Wochen viele Milliarden an Spenden aufgebracht wurden, fehlt es an einer vergleichbaren Bereitschaft, die für die Vorbeugung und Behandlung von AIDS nötigen Mittel aufzutreiben.[11] Angesichts des Zusammenhangs der Verbreitung und des Verlaufs von Krankheiten stellt die „European Group on Ethics in Science and Technologies to the European Commission" lapidar fest: „Vielfach ist Armut die Hauptursache von ‚Krankheiten'."[12]

---

[9] Vgl. HIV-Erkrankung, in: *Pschyrembel, Willibald,* Klinisches Wörterbuch (^{262}2011) 888–891. Eine überwiegende Anzahl von internationalen Studien zeigt, dass Kondome – wenn sie richtig verwendet werden – in wenigstens 80 % der Fälle die sexuelle Übertragung verhindern. WHO, UNAIDS und andere internationale Organisationen empfehlen Kondome als Schlüsselkomponente einer umfassenden Strategie der HIV-Prävention; vgl. http://www.who.int/hiv/pub/condoms/20090318_position_condoms.pdf, Stand: 26.3.2011.

[10] Herder-Korrespondenz 64 (2010) 440.

[11] Vgl. *Keenan, James,* Vier Aufgaben der Theologischen Ethik in einer Zeit von AIDS, in: Concilium 43 (2007) 305f.

[12] *The European Group on Ethics in Science and New Technologies to the European Commission,* Opinion on the ethical aspects of clinical research in developing countries, Opinion N°17, 4. Februar 2003, unter 1.13; vgl. dort auch das ethische Problem unterschiedlicher Standards beim Einsatz von Placebos in der Forschung, weil ein wirksames Medikament aus Kostengründen nicht verfügbar, wohl aber bereits vorhanden ist, unter 2.10; die Dokumente der EGE sind im Internet unter http://ec.europa.eu/european_group_ethics/index_en.htm (Stand: 26.3.2011) abrufbar; vgl. dazu

Viele AIDS -Kranke können mit bereits vorhandenen antiretroviralen Medikamenten behandelt werden, aber für die armen Länder sind sie zu teuer. Etliche Substanzen, die die Konzentration der Viren senken, stehen derzeit zur Verfügung. Wo diese leistbar sind, sinkt – wie in Deutschland und Österreich – die Zahl der AIDS-Toten.

Die medizinische Forschung setzt für die weitere Zukunft ihre Hoffnung nicht nur auf die Entwicklung neuer Medikamente, sondern auch auf mögliche Impfungen und neuerdings auf die Entdeckung einer Genvariante auf Chromosom 6.[13]

II. Anthropologische Aspekte

„Es gab immer Krankheiten, die durch Geschlechtsverkehr übertragen wurden, aber dies ist das erste Mal, dass eine Epidemie dieses Ausmaßes – einige Historiker reden bereits von der schlimmsten in der menschlichen Geschichte – direkt mit Sexualakten zusammenhängt. Das sollte Ärzte, Anthropologen, Psychologen und Theologen dazu bewegen, das Phänomen Sexualität neu zu bedenken."[14]

Welche anthropologischen Aspekte sind in unserem Zusammenhang besonders bedeutsam? Gleichsam symbolisch steht bei der Übertragung der AIDS-Pandemie die Verletzlichkeit des Menschen im Mittelpunkt: HI-Viren dringen durch kleine Verletzungen der Schleimhäute in den Organismus ein und sexuelle Beziehungen sind besonders verletzliche existenziell-menschliche Beziehungen. Jeder Mensch ist ein ebenso vielschichtiges wie verletzliches Wesen. Mit der Zentrokomplexität eines Lebewesens steigt seine Vulnerabilität. Der Mensch als das in seiner Leiblichkeit weltoffene und transzendenzoffene Wesen ist in allen seinen Lebensvollzügen besonderen Risiken ausgesetzt, Risiken für Leib und Leben und Risiken ebenso in seinen Beziehungen. Ein besonderes Risiko ist heutzutage jenes der Infektion mit den HI-Viren, aber auch das Risiko in seiner Beziehungsgestaltung, für die die Sexualität eine große Rolle spielt.

---

auch viele Arbeiten der WHO im Rahmen der Kommission über die sozialen Determinanten der Gesundheit: http://www.who.int/social_determinants/thecommission/en, Stand: 26.3.2011.

[13] In der deutschen Ärztezeitung vom 9.11.2010 wird von einer Studie berichtet, nach der etwa einer von 300 HIV-Infizierten mit dieser Genvariante symptomlos bleibt und das Virus auch ohne Therapie in Schach hält.

[14] *Heidemanns, Katja, Moerschbacher, Marco* (Hrsg.), Gott vertrauen? AIDS und Theologie im südlichen Afrika, Freiburg, Basel, Wien 2005, 42.

Vulnerabilität scheint auf den ersten Blick eine negative Existenzbestimmung des Menschen zu sein. Bei näherem Hinsehen ist das „So-Verletzlich-Sein“ des Menschen die Kehrseite und Voraussetzung für das „Sich-Öffnen-Können“. Theologisch vertieft wird dieser anthropologische Grundaspekt durch die Botschaft des Evangeliums, dass das Geheimnis Gottes den Menschen leibhaftig nahegekommen ist in Jesus Christus. Er heilt und versöhnt in seinem Verletztsein bis ans Kreuz, da er alles Böse und alles Leid, das ihm widerfahren ist, in Liebe verwandelt: und diese Liebe allein ist stärker als alles Tödliche und der Tod; sie führt zur Auferstehung.

Verletzlichkeit und Nähe hängen zusammen. Besondere leibhaftige Nähe spielen sowohl bei der Sexualität wie bei der Ansteckung mit den HI-Viren ein entscheidende Rolle. Die Sehnsucht nach Nähe und Intimität ist dem Menschen tief eingezeichnet und trägt alle seine Beziehungsformen angefangen von der Sexualität über gesellschaftliche Beziehungen bis hin zur religiösen Beziehung, in der die Nähe des Heiligen Geheimnisses, in dem unser Dasein begründet und geborgen ist, gesucht wird. Distanz und Nähe in ihrem Wechselspiel und ihrer verantwortlichen Gestaltung entscheiden wesentlich mit über Gelingen oder Misslingen des Lebens. Dies wirkt sich besonders im Bereich der Sexualität aus. Der Sexualtrieb unterscheidet sich von anderen Trieben – wie Hunger – durch eine große Plastizität, die nach verantwortlicher Formung ruft. Die Bildung zur Verantwortung ist eine lebenslange Aufgabe des Menschen als lernendes Wesen. In bestimmten Lebensphasen und auch Lebensumständen gelingt nur eine schrittweise Annäherung an das Ziel der Sehnsucht. Volle Sinnerfüllung findet die menschliche Sexualität in der verlässlichen und treuen auf Freiheit in Gegenseitigkeit beruhenden Beziehung von Mann und Frau, die auch kreativ werden kann in der Weitergabe neuen Menschseins in Menschlichkeit. Wenn intime Hingabe zur Preisgabe wird (wenn ein Partner den anderen fallen lässt und verlässt), bedeutet dies eine tiefe Verletzung. Jede Verletzung im Bereich der „Sprache der Sexualität“ – und nicht erst Gewalt und sexueller Missbrauch – stört oder zerstört Humanität in unterschiedlicher Intensität. Verletzungen zuvorzukommen und zu vermeiden ist die anthropologische Grundlage für konkrete ethische Einzelnormen. Die Einsicht, dass Sexualität nicht mit Gewalt vollzogen werden soll, ist auch in unserer pluralistischen Gesellschaft weithin konsensfähig.

Alle Statistiken weisen darauf hin, dass diese volle Sinnerfüllung der Sexualität der vorrangige Wunsch auch der jetzigen jungen Generation ist. Dass diese volle Sinnerfüllung oft nicht gelingt, liegt keineswegs nur am Versagen der einzelnen Personen, sondern auch an gesellschaftlichen Zwängen, die in der vom modernen Wirtschaftsleben geprägten Gesellschaft genauso wirken wie in den armen Gesellschaften, in denen die Lebensumstände der Menschen geradezu von Instabilität gekennzeichnet sind.[15] Verantwortlich gelebte Sexualität in der stabilen Beziehung einer Ehe bietet auch medizinisch gesehen optimalen Schutz gegen Ansteckung mit HI-Viren durch Sexualität, keineswegs jedoch einen absoluten. Immer mehr Ansteckungen geschehen auch innerhalb der Ehe, wenn ein Partner mit oder ohne eigene Schuld infiziert wurde. Dann entsteht ein Güterkonflikt zwischen elementaren Gütern des Lebens und der Gesundheit einerseits und einem erfüllten Sexualleben andererseits, das auch für die Weitergabe neuen Menschenlebens offen ist. Welches Gut hat im Konfliktfall Vorrang? Wie soll der Mensch sich in Freiheit entscheiden?

Die Freiheit des Menschen zeigt viele Schichten von der Grundentscheidung über Vorentscheidungen (Haltungen) zur Einzelentscheidung, die in einer ständigen hermeneutisch zu erschließenden Wechselwirkung stehen. In den Evangelien fällt auf, dass ethische Weisungen sich oft an die Ebene der Vorentscheidung und Haltung und an die Grundentscheidung (an das Herz) wenden (vgl. besonders in der Bergpredigt).

Der Vollzug der Freiheit des Menschen spielt sich nie im luftleeren Raum ab, sondern unterliegt vielen Beeinflussungen und Einschränkungen und bedarf der Orientierung.

Ethische Normen schützen für das Gelingen von Menschsein wesentliche Güter und formulieren verbindliche Orientierungen für die Freiheit.

Dass es sich bei der AIDS-Pandemie um eine außergewöhnliche Lage handelt, dürfte aus dem bisher Erörterten deutlich sein. Dieser außergewöhnliche Charakter stellt nun auch eine Herausforderung für differenzierte ethische Normformulierungen dar.

III. Argumentationsfiguren für ethische Normen in außergewöhnlichen Umständen

Zunächst gilt es, klar zwischen den verschiedenen Ebenen ethischer Kategorien zu unterscheiden, nämlich zwischen

- Prinzipien,
- abgeleiteten Prinzipien (bisweilen auch als mittlere Axiome bezeichnet),

[15] Vgl. *Keenan*, Vier Aufgaben der Theologischen Ethik (s. Anm. 11), 304–306.

- konkreten Handlungsnormen (die eine Handlung genau beschreiben und bewerten),
- Motiven (die das Handeln bewegen) und
- komplexen Motivbildern (Haltungen).

Lehramtliche Aussagen haben fast nur im Bereich der Sexualität das „Prinzip" (der untrennbaren Zusammengehörigkeit von sexueller Betätigung und Offenheit für Fortpflanzung) unmittelbar und undifferenziert in ethische Einzelnormen gegossen: Jeder einzelne Akt, der sexuelle Betätigung und Fortpflanzung trennt, ist „in sich sittlich schlecht", d. h. kein denkbarer Umstand macht eine solche Handlung je ethisch vertretbar: so die Enzyklika Humanae vitae Nr 14.[16]

Nun scheint sich in jüngster Zeit etwas zu bewegen, wenn etwa der Diözesanbischof von St. Pölten Bischof Dr. Klaus Küng öffentlich in einem Interview sagt: „Und in Einzelfällen, etwa in der Ehe, wenn sich ein Partner infiziert hat, kann es erlaubt oder sogar geboten sein, ein Kondom zu verwenden."[17] Papst Benedikt XVI. hat überraschenderweise ein anderes Beispiel gewählt: „Es mag begründete Einzelfälle geben, etwa wenn ein Prostituierter ein Kondom verwendet, wo dies ein erster Schritt zu einer Moralisierung sein kann."[18]

Doch ist ein solcher Einzelfall wirklich bloß ein Einzelfall? Die lange bewährte moraltheologische Tradition kennt den Umgang nicht nur mit Einzelfällen, sondern mit außergewöhnlichen Umständen und Konfliktlagen (Epikie, Toleranz des kleineren Übels, Mitwirkung in komplexen moralisch problematischen Handlungsgeflechten, Handlungen mit doppelter und mehrfacher Wirkung, ethische Güterabwägung, Gradualität), die es in ihrer Anwendung auf AIDS ohne systematischen Anspruch kurz zu diskutieren gilt.

Epikie ist eine der ältesten Tugenden der abendländischen Ethiktradition, die bereits bei den griechischen Philosophen eine große Rolle gespielt hat und durch Thomas von Aquin im Gerechtigkeitstraktat seiner „Summa Theologiae" durch Integration der „aequitas" aus dem römischen Recht zu ihrer umfassenden Gestalt ausgebaut wurde.[19] Thomas bezeichnet Epikie als die bessere

[16] Enzyklika Papst Pauls VI. über die rechte Ordnung der Weitergabe menschlichen Lebens 1.8.1968, mit Referenz auf die Enzyklika Casti Conubii Pius XI., in: Acta Apostolicae Sedis 92 (1930) 560; zu den verschiedenen Bedeutungen der Formulierung „in sich sittlich schlecht" vgl. *Wolbert, Werner*, Gewissen und Verantwortung, Freiburg i.Ue. 2008, 234.

[17] Tageszeitung Der Standard vom 3.8.2010, 8.

[18] *Papst Benedikt XVI*, Licht der Welt. Ein Gespräch mit P. Seewald, Freiburg 2010, 146.

[19] *Thomas von Aquin*, S.th. II–II, 120; vgl. dazu meine Monografie: *Virt, Günter*, Epikie, verantwortlicher Umgang mit Normen. Eine historisch-systematische Untersuchung zu Aristoteles, Thomas von Aquin und Franz Suarez, Mainz 1983.

Gerechtigkeit, weil sie über die generell gültigen Normen hinaus die außergewöhnlichen inneren wie äußeren Lebensumstände berücksichtigt und so dem Menschen besser gerecht wird. Epikie bedeutet keineswegs die Statuierung einer Gegennorm. Die Norm behält im Allgemeinen ihre Gültigkeit, aber schon wegen der Grenzen der menschlichen Sprache bleibt sie unvollkommen, da bei einer konkreten Normformulierung nie alle denkbaren Lebensumstände mitformuliert werden können, die berücksichtigt werden müssen, um dem Menschen ganz gerecht zu werden. Nun scheint es nach den bisherigen Ausführungen und auch dem oben zitierten Brief von Papst Johannes Paul II. an den Generalsekretär der UNO hinlänglich deutlich zu sein, dass es sich bei der AIDS-Pandemie und ihrer Verbreitung um eine außergewöhnliche Lage handelt und die traditionelle Lehre der Epikie mit ihrem Konfliktlösungspotenzial fruchtbar gemacht werden sollte, um eine Optimierung von ansteckungsverhütenden Mitteln und damit die Rettung von Leben zu ermöglichen.[20]

Die Lehre vom *kleineren Übel* aus der Tradition der Moraltheologie scheint in den beiden zitierten Äußerungen auch von Lehramtsträgern zumindest implizit Eingang gefunden zu haben. Sonst hätte Papst Benedikt XVI. seine Position gegenüber seinem Brief an Pronuntius Pio Laghi im oben zitierten neuen Interviewband nicht ändern können. Das Übel der Ansteckung kommt zur Unerlaubtheit des Geschlechtsverkehrs hinzu, obwohl es durch Verwendung eines Kondoms mit großer Wahrscheinlichkeit hätte vermieden werden können (Verringerung des Übels). Es ist schwer abzuschätzen, wie viele Menschen sich angesteckt haben und sterben mussten, weil sie sich an das Kondomverbot gehalten haben oder daran gehalten wurden.

Auch die Lehre von der Mitwirkung mit einer schlechten Handlung in einem größeren Handlungsgeflecht (*cooperatio in malo*) mit ihren bewährten Kriterien (formal – material, näher – entfernt, zwingende – nicht zwingende Voraussetzung der Mitwirkung, vermeidbar – nicht vermeidbar, Symbolcharakter einer Mitwirkung usw.) sollte zu einer differenzierteren Sicht der Verwendung von Kondomen beitragen können.[21]

---

[20] Über das Konfliktlösungspotenzial der Epikie auch in anderen Bereichen, etwa dem Umgang mit Geschiedenen und Wiederverheiraten in außergewöhnlichen Konfliktlagen vgl. *Virt, Günter*, Die vergessene Tugend der Epikie, in: *Theodor Schneider* (Hrsg.), Geschieden, wiederverheiratet, abgewiesen? Antworten der Theologie (Quaestiones disputatae 157), Freiburg u. a. 1995, 267–283.

[21] Vgl. dazu *Demmer, Klaus*, Bedrängte Freiheit. Die Lehre von der Mitwirkung – neu bedacht (Studien zur theologischen Ethik 127), Freiburg i.Ue. 2010.

Ein weiteres in der Moraltheologie entwickeltes Instrument, das in seiner Anwendung auf die Ansteckung mit den HI-Viren ausführlicher zu diskutieren wäre, ist das „*Prinzip der Handlung mit Doppelwirkung*“, das allerdings recht unterschiedliche Interpretationen erfahren hat.[22] Wer sich an eine enge Auslegung hält und mit der Lehre von Humanae vitae (Nr. 14) die Verwendung von Kondomen für „in sich sittlich schlecht“ hält, wird wohl kaum mit dem Prinzip der Handlung mit Doppelwirkung argumentieren können, weil die Handlung zumindest indifferent sein müsste. Wer wie Bischof Dr. Klaus Küng zu meinen scheint, dass es sich bei der Verwendung des Kondoms zur Ansteckungsvermeidung innerhalb der Ehe nicht eigentlich um einen Akt der Empfängnisverhütung handle, sondern um eine gebotene Maßnahme zur Vermeidung der Ansteckung, betrachtet die Verwendung eines Kondoms nicht als „in sich schlecht“, sondern als indifferent. Somit sind die anderen Bedingungen des Prinzips mit Doppelwirkung erfüllbar (die wenigstens Gleichunmittelbarkeit von guter und schlechter Folge, die gute Intention und der entsprechende Grund): es kommt also auf die Intention und die guten Gründe an.

Die Anwendung des Prinzips der Doppelwirkung eröffnet mit der Einbeziehung der verschiedenen Wirkungen die Möglichkeit einer *Güterabwägung*, die einer offenen Kasuistik gleichkommt. (Die Argumentation mit dem kleineren Übel ist ja nur ein Teilaspekt der Güterabwägung). Diese ist allerdings von Grund auf gegen den Vorwurf des Relativismus abzusichern. Eine ethische Güterabwägung unterscheidet sich ja von all den vielen Abwägungen, die wir unausweichlich alltäglich vornehmen, dadurch, dass der „Fixpunkt und der Eichpunkt der Waage“ die unveräußerliche mit dem Menschsein gegebene Würde eines jeden menschlichen Wesens ist. Die ethische Güterabwägung dient also dem besseren Schutz der Menschenwürde und der besseren Verwirklichung des Liebesgebotes. Bei der ethischen Güterabwägung ist auf das innere Bedingungsgefüge der gegeneinander abzuwägenden Güter (bzw. Übelvermeidung) im Konfliktfall zu achten, sodass das grundlegendere Gut der Lebens und der Gesundheit prioritär zu wägen ist und jedenfalls das größere Gewicht hat.

Papst Johannes Paul II. selbst formuliert in „Familiaris consortio“ das sogenannte „Gesetz der Gradualität“[23]: Der Mensch voll-

---

[22] Vgl. *Weiß, Andreas M.*, Sittlicher Wert und nichtsittliche Werte. Zur Relevanz der Unterscheidung in der moraltheologischen Diskussion um deontologische Normen (Studien zur theologischen Ethik 73), Freiburg i.Ue. 1996, 78–127.

[23] *Papst Johannes Paul II.*, Apostolisches Schreiben Familiaris consortio vom 22.11.1981, Nr. 34.

bringt das sittlich Gute auch in einem stufenweisen Wachsen. Dieser stufenweise Weg darf aber nicht mit einer „Gradualität des Gesetzes“ gleichgesetzt werden. Daraus scheint aber zu folgen, dass der Mensch – auch wenn er sich auf diesem Weg befindet – sich objektiv im Widerspruch zur Norm befindet und daher objektiv ein Sünder ist.

Angesichts der vielfachen – gerade dargestellten – Konfliktlösungsmöglichkeiten aus der Tradition der Moraltheologie scheint es zu einfach, ausschließlich auf das „Gesetz der Gradualität“ zu setzen und das Problem damit auf die subjektive, hoffentlich lebenslange, sittliche Reifung des einzelnen Menschen abzuschieben.[24] Zudem enthält dieses Prinzip die Gefahr, den Menschen ständig der Sünde zu bezichtigen bzw. gar die Unausweichlichkeit der Sünde anzunehmen. Letzteres wäre in einer katholischen Auslegungstradition schwer möglich. Wie sind also Situationen objektiv zu beurteilen, in denen aus medizinischen, physischen oder moralischen Gründen (z. B. Vermeidung von Ansteckung) nicht der volle Sinngehalt menschlicher Sexualität verwirklicht werden kann? Hier gilt es die bewährten Konfliktlösungspotenziale aus der „Kasuistik“ der moraltheologischen Tradition heranzuziehen.

IV. Konsequenzen für die kirchliche Praxis und Lehre

Kirchliche Lehrverkündigung und kirchliche Praxis haben die Aufgabe, vom Evangelium motiviert dafür zu sorgen, dass körperlichen und seelischen Verletzungen vorgebeugt wird (im Bereich der HIV-Ansteckung wie im Bereich der Sexualität generell) und den Verletzten und Erkrankten beizustehen. Als eingängige Kurzformel für die AIDS-Prävention wurde von der WHO und vielen anderen Institutionen die sogenannte A-B-C Strategie entwickelt: A (für abstain – sei enthaltsam), B (für be faithful – sei treu), C (für condomise – benütze Kondome). Diese Strategie hat vielfach durchaus Erfolge im Sinne eines Rückganges der Neuinfektionen gezeitigt.[25] Allerdings mahnen kirchliche Amtsträger zu Recht davor, in der Gesundheitspolitik vorrangig oder gar ausschließlich auf die Verteilung von Kondomen zu setzen, weil in vielen Situationen vor allem Frauen nicht selbst bestimmen können und in in-

---

[24] Vgl. *Virt, Günter*, Gewissensbildung am Abend des Lebens, in: *Reinhold Boschki* (Hrsg.), Religionspädagogische Grundoptionen. Elemente einer gelingende Glaubenskommunikation, Festschrift für Albert Biesinger, Freiburg i.Br. u. a. 2008, 302–312.

[25] *Goertz*, Moraltheologie nach AIDS (s. Anm. 1), 120f.

stabilen Verhältnissen eine sorgfältige Anwendung mehr als fraglich ist. Hinzu kommt die Gefahr, dass durch Kondom-Benutzung Personen sich nicht selten in Sicherheit wiegen und deshalb häufiger riskant verhalten. Die Unterdrückung von Frauen stellt in vielen gesellschaftlichen Situationen auch die Realisierbarkeit der stabilen und ausschließlichen Beziehungs- und Ehetreue in Frage.

Ein integriertes Konzept kann Kondome einerseits nicht ausschließen, andererseits nicht übersehen, dass alle Maßnahmen auf sozialethisch begründete Strategien setzen müssen, die nicht nur die inneren Verhältnisse des Menschen, sondern vor allem auch die gesellschaftlichen Verhältnisse der Instabilität, der Unterdrückung der Frauen und der entsetzlichen Armut verändern. Ein umfassendes Gesamtkonzept muss immer auch auf die konkreten kulturellen Kontexte Rücksicht nehmen[26] und sich für den jeweils nächsten Schritt für mehr Gerechtigkeit einsetzen. Die Kirche ist nicht nur aufgerufen selbst karitativ zu helfen, sondern darüber hinaus sich für die politische Durchsetzung des Menschenrechts eines jeden Menschen auf Behandlung seiner Krankheit einzusetzen. Es gilt, sich dafür zu engagieren, dass Patentrechte nicht den Zugang zu vorhandenen Medikamenten verhindern, die dann nur aus finanziellen Gründen nicht verfügbar sind. So wichtig die Einbettung kirchlicher Praxis in ein Gesamtkonzept der Gesundheitsfürsorge ist, die die großen Ziele voller Sinnerfüllung menschlicher Sexualität nicht aus den Augen verliert, so sehr ist auch die Nähe zum verletzten und kranken Menschen nötig, um ihn bei der Erreichung einfacherer und nächster Ziele zu unterstützen.

In einer Erklärung, die die Österreichische Bischofskonferenz im Hinblick auf die Welt-Aids-Konferenz in Wien im Juli 2010 veröffentlichte,

> „verpflichten sich die Bischöfe, Mentalitäts-, Einstellungs- und Verhaltensänderungen zu fördern, die zur Bekämpfung der AIDS Pandemie notwendig sind. Es müsse alles getan werden, um die weitere Ausbreitung zu verhindern, und um Gleichgültigkeit und Vorurteile gegenüber jenen Menschen abzubauen, die mit HIV infiziert und an AIDS erkrankt sind“[27].

Für die Zukunft bleibt die Frage unausweichlich, ob das aus der Tradition der Moraltheologie gerade erörterte Instrumentarium

[26] *Haker, Hille*, Medizinethische Grundfragen der HIV/Aids-Bekämpfung, in: *Stefan Alkier, Kristina Dronsch* (Hrsg.), HIV/Aids – Ethische Perspektiven, Berlin u. a. 2009, 171–192.

[27] Herder-Korrespondenz 64 (2010) 442.

ausreichen wird, um die mit der Übertragung von AIDS gegebene dringliche Problematik (Benutzung von Kondomen als effizientes Mittel) glaubwürdig zu lösen. Die von Lehramtspersonen – wie in diesem Beitrag zitiert – jüngst eröffneten Möglichkeiten für Einzelfälle legen langfristig die Überprüfung bzw. Neuinterpretation der bisherigen – auf einem ungeklärten Naturbegriff basierenden – kirchlichen Lehre von der unbedingten Ausrichtung jedes einzelnen Sexualaktes auf Fruchtbarkeit nahe. Als Brücke zur Tradition mag der hier vorgelegte Versuch der Anwendung der bewährten moraltheologischen Kriterien auf das besonders herausfordernde Problem der AIDS-Pandemie allemal dienen.

Auf die Dauer scheint dies aber nicht zu genügen. Durch die Aufdeckung der lange vertuschten Fälle sexuellen Missbrauchs in der Kirche unter dem Vorwand des päpstlichen Geheimnisses wurde die moralische Autorität der Kirche bis ins Mark getroffen. Daran schlossen sich Fragen nach tiefer liegenden Systemfehlern, die auch die Sexuallehre der Kirche betreffen.

Ebenso ist die kirchliche Sexuallehre mit ihrem absoluten Kondomverbot durch die außergewöhnliche AIDS-Pandemie herausgefordert. Gesellschaftlich wird die kirchliche Sexuallehre gemessen an einer lebbaren Wegweisung unter dem Primat der Liebe, die auch humanwissenschaftliches kompetentes Wissen ernst nimmt. Die kirchliche Lehre wird glaubwürdig, wenn sie an der Wahrheit der Dokumente des Zweiten Vatikanischen Konzils anknüpft, dass die volle menschliche Liebe sexuelle Vollzüge auf die Dauer gelingen lässt (Gaudium et spes 49). Vertieft wird diese Wahrheit durch den Hinweis, dass menschliche sexuelle Liebe sich als Mitwirkung mit der Liebe des Schöpfers und Erlösers versteht (Gaudium et spes 50). Erst dann wird auch die Kritik der kirchlichen Sexuallehre an der Lieblosigkeit, mit der Sexualität in der Gesellschaft oft gelebt und in den Medien vorgestellt wird, glaubwürdig. Sittlich schlecht ist Sexualität die mit physischer und/oder psychischer Gewalt vollzogen wird, „in sich gut“ und glaubhaft, wenn sie in Liebe vollzogen wird.

Selbstwerdung im Humanfeld der eigenen Geschlechtlichkeit

Reifungsschritte in der körperlich-leiblichen Selbsterfahrung

von Raimund M. Luschin SDB

I. Begriffsbestimmung, empirische Erhebungen, kulturgeschichtliche Epochen

Das Verschwinden der Sexualmoral diagnostiziert Gunter Schmidt am Beginn des 21. Jahrhunderts. Sexualität werde in den uns bislang bekannten Erscheinungsweisen an Bedeutung verlieren aufgrund der Diskrepanz zwischen innerer Entsexualisierung und äußerer, massenmedial verstärkter Sexualisierung. Masturbation werde so zunehmend auch in festen Beziehungen ausgeführt und scheinbar nicht mehr so sehr als Vereinsamung oder Reifungsdefizit erfahren, sondern als selbstbestimmte, im Augenblick auch konfliktfreie Ausdruckshandlung von Sexualität erlebt.[1]

Unter geschlechtlicher Selbsterregung wird eine Handlung verstanden, in der durch bewusste Stimulierung am eigenen Körper ein lustvolles Erleben bis zum Orgasmus gesucht wird. Für den Begriff Selbstbefriedigung werden verschiedene Ausdrücke gebraucht, die aber schon eine ethische Wertung enthalten oder auch ganz offensichtlich bereits eine Abwertung zum Ausdruck bringen. Masturbation wird von ‚manu stupratio' hergeleitet, was so viel wie ‚mit der Hand schänden' bedeutet. Der Begriff Ipsation wertet Selbstbefriedigung schon als narzisstische und solipsistische Selbstbezogenheit. Völlig irreführend ist der Begriff Onanie. Dieses Wort wird fälschlicherweise aus der biblischen Erzählung in Gen 38,1–10 entnommen. Die Verfehlung Onans bestand jedoch in einer Betrugshandlung, da er seinem verstorbenen Bruder die Nachkommenschaft verweigerte, zu der er in der Leviratsehe verpflichtet war, indem er seinen Samen zur Erde fallen und verderben ließ.

---

[1] Vgl. *Schmidt, Gunter*, Das Verschwinden der Sexualmoral. Über sexuelle Verhältnisse, Hamburg 1996.

Die empirischen Untersuchungen von Alfred C. Kinsey[2] über das sexuelle Verhalten des Mannes 1948 und der Frau 1953, der Report Shere Hite[3] über das sexuelle Erleben der Frau 1976 und des Mannes 1978 und ihre Erhebungen über Erotik und Sexualität in der Familie 1994 belegen übereinstimmend die große Häufigkeit der Selbstbefriedigung mit steigender Tendenz, wobei Mädchen und Frauen seltener als Jungen und Männer zur sexuellen Selbsterregung ihre Zuflucht nehmen. Eine empirische Vergleichsstudie über Sexualität im sozialen Wandel an Studenten 1966 und 1981[4], eine Dokumentation über Jugendsexualität 1970[5] und eine repräsentative Wiederholungsbefragung von 14- bis 17-Jährigen und ihren Eltern 2010[6] kommen zu einem ähnlichen Ergebnis. Soziologische, interessengeleitete Erhebungen und die daraus abgeleiteten psychologischen Interpretationen über die empirische Häufigkeit der Selbstbefriedigung sind aber kein Beweis für die sittliche Richtigkeit solcher Handlungen, vor allem dann nicht, wenn das philosophische Vorverständnis bei diesen Untersuchungen nicht mitbedacht wird, das dahinterstehende Menschenbild nicht offengelegt und die Sorge um einen nicht-reduktionistischen Begriff der Person[7] nicht ausreichend berücksichtigt wird.[8] Eine Erkenntnis aus den Antworten der Befragten in den Untersuchungen im Zeitraum von 1948 bis 2010 ist die oftmals sehr subtil verborgene Reifungsthematik und Reifungsproblematik und dies nicht nur bei Kindern und Jugendlichen. Solche Einsichten kön-

---

[2] Vgl. *Kinsey, Alfred C., Pomeroy, Wardell B., Martin, Clyde E.*, Kinseyreport. Das sexuelle Verlangen des Mannes, Berlin, Frankfurt a.M. 1966, 443–464; *Kinsey, Alfred C., Pomeroy, Wardell B., Martin, Clyde E., Gebhard, Paul H.*, Kinseyreport. Das sexuelle Verhalten der Frau, Berlin, Frankfurt a.M. 1965, 126–163.

[3] Vgl. *Hite, Shere*, Hite Report. Das sexuelle Erleben der Frau, München 1977, 40–103; *dies.*, Hite Report. Das sexuelle Erleben des Mannes, München 1982, 478–509; *dies.*, Erotik und Sexualität in der Familie, München 1994, 96–116 u. 352–355.

[4] Vgl. *Clement, Ulrich*, Sexualität im sozialen Wandel (Beiträge zur Sexualforschung 61), Stuttgart 1986, 39–44.

[5] Vgl. *Sigusch, Volkmar, Schmidt, Gunter*, Jugendsexualität (Beiträge zur Sexualforschung 52), Stuttgart 1973, 18–22.

[6] Vgl. *Bundeszentrale für gesundheitliche Aufklärung* (Hrsg.), Jugendsexualität 2010. Repräsentative Wiederholungsbefragung von 14- bis 17-Jährigen und ihren Eltern – aktueller Schwerpunkt Migration – Ergebnisse der aktuellen Repräsentativbefragung Mai 2010, Köln 2010, 117–119.

[7] Vgl. *Sturma, Dieter*, Philosophie der Person. Das Selbstverständnis von Subjektivität und Moralität, Paderborn, München u. a. 1997.

[8] Vgl. *Vonholdt, Christl R.*, Hört ihr die Kinder weinen? Alfred C. Kinsey und seine pädokriminellen Helfer, in: Bulletin. Nachrichten aus dem Deutschen Institut für Jugend und Gesellschaft 10 (2010) 11–20. Vonholdt berichtet aus den Forschungen von Judith Reismann, beschreibt die vielschichtige Persönlichkeitsstruktur Kinseys, seine eigenwilligen Methoden und analysiert seine pädophile und pansexuelle Datensammlung.

nen zu einem ausgewogeneren Urteil über die Verantwortlichkeit in allen Lebensphasen verhelfen.

Eine Verwandlung der Lust in der Geschichte der abendländischen Sexualität beschreibt der Kulturhistoriker Robert Muchembled. Den Weg von schwerer Restriktion im 16. Jahrhundert bis zur sexuellen Revolution in der zweiten Hälfte des 20. Jahrhunderts versteht er als Entwicklungsweg von der Unterdrückung über das Ausagieren bis zur Sublimierung – auch bei der Selbstbefriedigung.[9] John Medina unternimmt als Molekularbiologe den Versuch, unsere Reaktionen und Empfindungen im Humanfeld der Selbstbefriedigung besser zu verstehen.[10] Stationen einer Inquisition zählt Ludger Lütkehaus als Literaturwissenschaftler in seiner Schrift über Onanie auf.[11] Thomas W. Laqueur sieht in seiner Kulturgeschichte der Selbstbefriedigung die einsame Lust als die Sexualität der Moderne und des Bürgertums. „Wie keine andere Form der Sexualität unserer Zeit bleibt die einsame Lust irgendwo im Schwebebereich zwischen Selbstfindung und Egozentrik, Begehren und Exzess, Privatheit und Einsamkeit, Unschuld und Schuld."[12]

Im griechisch-römischen Kulturbereich existiert die Selbstbefriedigung nicht als Problem und wird deshalb auch nicht thematisiert. Auch in der biblischen Tradition wird auf die Selbstbefriedigung an keiner Schriftstelle eindeutig und ausdrücklich Bezug genommen. Das rabbinische Judentum beachtete die männliche Selbstbefriedigung außerordentlich stark, was sich daraus erklärt, „dass für den jüdischen Mann die Erzeugung von Nachkommenschaft das oberste Gebot ist".[13]

Das Schweigen der Bibel und des Lehramtes der Kirche im ersten Jahrtausend sollte zu denken geben. Die diskriminierende Verurteilung der Selbstbefriedigung ging nicht von der Schrift und der frühen Kirche aus. Es waren der holländische Arzt Bekker 1736 und der Schweizer Arzt Simon A. Tissot 1769, die vor den schrecklichen Gefahren für die Gesundheit an Leib und Seele warnten.[14] Erst sehr spät setzt sich die Kirche mit diesem Thema auseinander,

---

[9] Vgl. *Muchembled, Robert*, Die Verwandlung der Lust. Eine Geschichte der abendländischen Sexualität, München 2008, 190–196.

[10] Vgl. *Medina, John*, Am Tor zur Hölle. Die Biologie der sieben Todsünden, Berlin 2002, 39–88.

[11] Vgl. *Lütkehaus, Ludger*, „O Wollust, o Hölle". Die Onanie-Stationen einer Inquisition, Frankfurt a.M. 1992.

[12] *Laqueur, Thomas W.*, Die einsame Lust. Eine Kulturgeschichte der Selbstbefriedigung, Berlin 2008, 416.

[13] *Haag, Herbert, Elliger, Katharina*, Zur Liebe befreit. Sexualität in der Bibel und heute, Zürich, Düsseldorf 1998, 152.

[14] Vgl. *Bloch, Karl H.*, Die Bekämpfung der Jugendmasturbation im 18. Jahrhundert.

obwohl schon Thomas von Aquin die Selbstbefriedigung unter die Sünden gegen die Natur einreihte, von widernatürlicher Unkeuschheit sprach und damit ein objektiv schwerwiegendes Fehlverhalten feststellte, da solche Handlungen von der natürlichen Ordnung der Geschlechtlichkeit, die auf die Zeugung mit einem legitimen Partner des anderen Geschlechts ausgerichtet sein müsse, abwichen (S.th II–II, q. 154, a. 11).[15]

Am Beginn des 20. Jahrhunderts kam es aufgrund der Forschungsergebnisse der Entwicklungspsychologie, die die biologischen Grundlagen aufweisen konnte sowie die Kontinuität und Diskontinuität in den einzelnen Lebensphasen und in der Entwicklung der Geschlechtsidentität nachzuweisen vermochte, zu einer differenzierten Auffassung der Selbstbefriedigung, in der auch alle früher beschriebenen Krankheitsbilder endgültig zurückgewiesen werden konnten.[16] Die Wirkungsgeschichte der Verurteilung der Selbstbefriedigung durch Thomas von Aquin erstreckt sich jedoch in kirchenamtlichen Verlautbarungen bis in unsere Zeit, obwohl einige seiner Aussagen aufgrund zeitgebundener Annahmen in Biologie und Anthropologie schon als irrig zurückgewiesen worden sind. In einer falsch verstandenen Zeugungsbiologie zieht er noch Vergleiche aus dem Tierreich heran. In seiner Anthropologie, die für eine Weiterentwicklung offen ist, kommt die personale Dimension der Geschlechtlichkeit noch nicht zur Entfaltung. Nicht nur die Natur, auch die eigenverantwortete kulturelle Ausformung der Geschlechtlichkeit muss unverkürzt in den Blick genommen werden. Dabei zeigt sich auch die personale Kommunikationsfunktion der menschlichen Geschlechtlichkeit, die zur Reife zu bringen jedem Menschen aufgetragen ist, um gegebenenfalls die Reproduktionsfunktion erst wirklich human vollziehen zu können. Gerade hier bei Thomas von Aquin wird Grenze und Größe mittelalterlicher Theologie ansichtig. Man wird dem Aquinaten nicht gerecht, wenn man die Konsequenzen, die er aus unhaltbaren biologischen und anthropologischen Vorstellungen

---

Ursachen – Verlauf – Nachwirkungen (Studien zur Sexualpädagogik 11), Frankfurt a.M. 1998.

15 *Thomas von Aquin*, Maßhaltung (2. Teil), S.th. II–II, 151–170, q. 154, a. 11: „Ist die Sünde gegen die Natur eine Art der Unkeuschheit?“ (Die Deutsche Thomas-Ausgabe. Vollständige, ungekürzte deutsch-lateinische Ausgabe der Summa Theologica 22, Graz, Wien, Köln 1993, 105–107).

16 Vgl. *Trautner, Hanns M.*, Entwicklung der Geschlechtsidentität, in: *Rolf Oerter, Leo Montada* (Hrsg.), Entwicklungspsychologie, Weinheim, Basel, Berlin ^{5}2002, 648–674; *Kegan, Robert*, Die Entwicklungsstufen des Selbst. Fortschritte und Krisen im menschlichen Leben, München 1986; *Kohlberg, Lawrence*, Die Psychologie der Lebensspanne (Beiträge zur Soziogenese der Handlungsfähigkeit), Frankfurt a.M. 2000.

seiner Zeit zog, für unabänderlich erklärt.[17] Die Versuchung, die eigene Geschlechtlichkeit einfach unkontrolliert auszuleben oder sie subtil zu verdrängen, zieht sich durch die ganze Kultur- und Geistesgeschichte der Menschheit.

> „Die Synthese von Trieb und Sitte ist umso schwerer, als ihre letzte Verwirklichung die rein menschlichen Möglichkeiten übersteigt. Es bedurfte im letzten der Menschwerdung Gottes, um die Sinnlichkeit voll bejahen zu können und sie zugleich von ihrer gefährlichen Macht zu erlösen."[18]

II. Die Lehre der Kirche in ihren Verlautbarungen und Kulminationspunkte der moraltheologischen Auseinandersetzung

In der Erklärung der Glaubenskongregation zu einigen Fragen der Sexualethik „Persona humana" aus dem Jahr 1974 weist das Lehramt in Abschnitt 9 unter dem Titel „Seelsorge und Masturbation" alle begründeten Argumentationen aus Biologie, Philosophie, Psychologie und Soziologie ab, die eine differenziertere Sichtweise des Phänomens fordern und nur dann gegebenenfalls von schuldhaftem Versagen sprechen wollen, wenn sich jemand absichtlich und frei gewollt einer nur um sich selbst kreisenden Selbstbefriedigung hingibt. Es wird festgestellt, dass solche Auffassungen sowohl der Lehre als auch der Praxis der katholischen Kirche und dem sittlichen Empfinden der Gläubigen entgegengesetzt sind. Es wird unerschütterlich daran festgehalten, „dass die Masturbation eine innerlich und schwerwiegend ungeordnete Haltung ist".[19] Der eigentliche Beurteilungsgrund liegt darin, „dass der freigewollte Gebrauch der Geschlechtskraft, aus welchem Motiv er auch immer geschieht, außeralb der normalen ehelichen Beziehung seiner Zielsetzung wesentlich widerspricht".[20] Soziologische Erhebungen über die Häufigkeit der Selbstbefriedigung könnten kein Kriterium für die

---

[17] Vgl. *Pesch, Otto H.*, Thomas von Aquin. Grenze und Größe mittelalterlicher Theologie, Mainz 1988, 225; *Fuchs, Josef*, Die Sexualethik des heiligen Thomas von Aquin, Köln 1949, 310f.

[18] *Pfürtner, Stephanus*, Triebleben und sittliche Vollendung. Eine moralpsychologische Untersuchung nach Thomas von Aquin (Studia Friburgensia N.F. 22), Freiburg i.Ue. 1958, VII.

[19] *Erklärung der Glaubenskongregation zu einigen Fragen der Sexualethik „Persona humana"*, 29. Dezember 1975 (4580–4584), in: *Heinrich Denzinger, Peter Hünermann* (Hrsg.), Kompendium der Glaubensbekenntnisse und kirchlichen Lehrentscheidungen, Freiburg, Basel, Wien [42]2009, 1976.

[20] *Kongregation für die Glaubenslehre*, Erklärung zu einigen Fragen der Sexualethik

Beurteilung der sittlichen Richtigkeit dieser Handlung sein. Die moderne Psychologie könnte aber hier, ohne die zugrunde liegende objektive Normierung zu tangieren, pastorale Hilfestellung leisten im Hinblick auf eine ausgewogene Urteilsbildung über die sittliche Verantwortlichkeit und subjektive Schuldhaftigkeit, dürfe dabei aber die sittliche Entscheidungsfähigkeit des Menschen nicht verkennen. Der ganze Mensch in allen seinen Verhaltensweisen müsse in diesem Humanfeld in den Blick genommen werden und dazu gehöre auch die Keuschheit, um die Leidenschaft zu beherrschen.[21] Der Katechismus der Katholischen Kirche von 1993 wiederholt nur die Verlautbarung der Glaubenskongregation von 1974.[22] Der Katholische Erwachsenenkatechismus von 1995 spricht über die personale Entfaltung der eigenen Sexualität sehr differenziert und kommt zu einem ausgewogenen Urteil. Die sinnvolle Integration der eigenen Geschlechtlichkeit in die gesamte Persönlichkeitsentfaltung wird als lebenslanger Prozess beschrieben, bei dem es auch zu Fehlformen sexuellen Verhaltens kommen kann. Fehleinschätzungen der Vergangenheit werden benannt und zurückgewiesen. Die sexuelle Selbsterregung in der frühen Kindheit wird nicht als sexuelle Fehlhaltung beurteilt. In der Pubertät und im Jugendalter wird Selbstbefriedigung als Unreife oder falsche Ichbezogenheit angesehen und erst dann als sittliches Fehlverhalten beurteilt, wenn sie bewusst angestrebt und beibehalten wird. Beim Erwachsenen werden auch äußere Umstände mitbedacht. Die Ausdruckshandlung schuldhafter Selbstbezogenheit verschwindet nicht aus dem Blickfeld. Bei der Beurteilung der Selbstbefriedigung müssen Einsicht, Freiheit und der Wille zur verantwortlichen Ausformung der Geschlechtlichkeit immer berücksichtigt werden.[23]

Der Kommentar der Österreichischen Theologischen Kommission zur römischen Erklärung empfiehlt, unbedingt die Hilfe der modernen Humanwissenschaften anzunehmen, um zu einem wirklich ausgewogenen Urteil zu kommen, da die Erklärung ja keine Aussage machen könne, wie das sittliche Empfinden der Gläubigen einwandfrei erhoben und von gegenteiligen Bestrebungen abgehoben werden könne.[24] Wird diese Empfehlung in die konkrete Lebenswirklichkeit umgesetzt, dann muss der Weg von einer objekti-

---

(29. Dezember 1975) (Verlautbarungen des Apostolischen Stuhls 1), hrsg. v. Sekretariat der Deutschen Bischofskonferenz, Bonn 1975, 12.

[21] Vgl. *dies.*, 13f.

[22] Vgl. Katechismus der katholischen Kirche, München 1993, 594f.

[23] Vgl. *Deutsche Bischofskonferenz* (Hrsg.), Katholischer Erwachsenenkatechismus Bd. 2: Leben aus dem Glauben, Freiburg, Basel, Wien 1995, 378f.

[24] Vgl. *Kommentar zur Erklärung zu einigen Fragen des Sexualethik der Kongregati-*

vistischen Gesetzesmoral zur Verantwortungsethik beschritten werden.[25] Verantwortungsethik setzt immer ausreichende Sachkenntnis und Entscheidungsbereitschaft voraus, achtet aber die Eigenverantwortung des Menschen und stärkt sein Verantwortungsbewusstsein. Im Humanfeld der Selbstbefriedigung ist zunächst die Vielfalt der Phänomene zur Kenntnis zu nehmen, es muss vom konkreten Einzelfall ausgegangen werden und nicht von einem allgemeinen Prinzip, welches keinerlei Differenzierung zulässt.[26] Neben biologischen und philosophischen Aspekten müssen auch die Bedingungen psychischer Reifung und ganzheitlicher Persönlichkeitsbildung berücksichtigt werden, welch letztere auch die religiöse Dimension mit einschließt. „Vielleicht braucht die Psyche in der pubertären Entwicklungsphase im Bereich der masturbatorischen Bedürfnisse ein gehöriges Maß an Versagungstraining, um zu einer starken Ich-Bildung zu kommen."[27] In der Erfahrung leibseelischer Ganzheit erlebt der Mensch in der Begegnung mit seinen sexuellen Impulsen auch intensiv seine Körperlichkeit und steht in seinem lebenslangen Ringen um Reife vor der Aufgabe, diese anzunehmen und in seine leibseelische Ganzheit zu integrieren. „Heute wird lediglich die verweigerte Reife bei exzessiver Fixierung auf die Selbstbefriedigung theologisch-ethisch als ein Problem bewertet."[28] Grundkriterium für die ethische Beurteilung ist „die Einheit von bewusst-willentlichem Handeln, leiblich-ganzheitlichem Erleben und sozialer Verbundenheit zu einer anderen Person".[29] Darum ist Selbstbefriedigung nicht mehr als isoliertes Aktgeschehen, „sondern vielmehr als Symptom für eine bestimmte Befindlichkeit und Beziehungssituation zu begreifen und erst von deren jeweiligen Defiziten her zu bewerten".[30] Von ihrem Wesen her ist Selbstbefriedigung eine Ersatzhandlung, „in der die Differenz zwischen dem Sinngehalt liebender

---

on für die Glaubenslehre vom 29. Dezember 1975 (Texte der Österreichischen Theologischen Kommission 3), Wien o. J., 46.

[25] Vgl. *Höver, Gerd*, Normative Interessen der Kirche in Fragen der Sexualität und Sexualethik, in: *Hans-Georg Ziebertz* (Hrsg.), Sexualität im Wertpluralismus. Perspektiven zur Überwindung der Krise in der ethischen Bildung, Mainz 1991, 10–21.

[26] Vgl. *Häring, Bernhard*, Frei in Christus. Moraltheologie für die Praxis des christlichen Lebens Bd. 2: Der Weg des Menschen zur Wahrheit und Liebe, Freiburg i.Br. 1989, 529–533.

[27] *Pfürtner, Stephan H.*, Moral: Was gilt heute noch?, in: *Ludwig Kaufmann* (Hrsg.), Ein ungelöster Kirchenkonflikt: Der Fall Pfürtner. Dokumente und zeitgeschichtliche Analysen, Freiburg i.Ue. 1987, 184.

[28] *Römelt, Josef*, Freiheit die mehr ist als Willkür. Christliche Ethik in zwischenmenschlicher Beziehung, Lebensgestaltung, Krankheit und Tod, in: Handbuch der Moraltheologie 2 (1997) 60.

[29] *Hilpert, Konrad*, Selbstbefriedigung, in: Lexikon der Bioethik 3 (2000) 287–289, 288.

[30] Ebd., 288.

Hingabe und dem rein ichbezogenen Lustgewinn spürbar wird".[31] Nach Dietmar Mieth kann aus solch intensiver Erfahrung am eigenen Leib auch sittlich relevante Einsicht erwachsen. In der erlebten oder auch erlittenen Kontrasterfahrung, dass es so nicht befriedigend weitergehen kann, verbirgt sich ja schon die Sinnerfahrung, wie das Erleben der eigenen Geschlechtlichkeit erfüllend gestaltet werden kann. Aufgrund der intensiven existenziellen Betroffenheit kann dann Motivationserfahrung heranreifen. Hier bin ich in meinem intimsten Lebensvollzug unmittelbar betroffen, diese Herausforderung geht mich unmittelbar an und deswegen bin ich zur Neuorientierung meines Handelns bereit. Die prozesshafte Entfaltung sittlicher Einsichten muss bei der Begründung sittlicher Verantwortung immer mitbedacht werden, da nur dann lebensbejahende Orientierung gegeben werden kann.[32] Bernhard Fraling macht in seiner moraltheologischen Analyse der Selbstbefriedigung unter anderem auf zwei Gesichtspunkte aufmerksam. Zunächst sieht er bei den meisten Menschen keine Wahrscheinlichkeit, „dass sich an einem solchen Akt tatsächlich menschliche Grundentscheidungen vollziehen".[33] Biologisch-naturale Vorgaben allein könnten eine ethische Forderung nicht begründen. Der Akt der Selbstbefriedigung bekomme „seine ethische Dignität erst von seinem Zusammenhang mit dem persönlich und frei verantworteten Selbstvollzug des Menschen her".[34] Im personalen Selbstvollzug des Menschen ist immer auch seine persönliche Freiheitsgeschichte mit zu bedenken. „In der anthropologischen Grundlegung sittlicher Verantwortung ist der Mensch sich selbst als solcher aufgegeben als eine psychophysische Ganzheit; sein Leib ist Ausdruck und Sprache der Seele."[35] Zur richtigen Bewertung ist es unumgänglich, Selbstbefriedigung als Symptom anzusehen, das erst gründlich hinterfragt werden muss, um die oftmals verborgene Hintergrundproblematik zu verstehen.[36] In einer anthropologischen Grundlegung der Geschlechtlichkeit macht Klaus Demmer auf unverzichtbar tragende Eckpfeiler aufmerksam. Der um seine Reife ringende Mensch soll zunächst um eine Vernetzung von Lebenswelt und Gedankenwelt

---

[31] *Rotter, Hans*, Fragen der Sexualität, Innsbruck 1979, 104.

[32] Vgl. *Mieth, Dietmar*, Moral und Erfahrung. Beiträge zu einer theologisch-ethischen Hermeneutik (Studien zur Theologischen Ethik 2), Freiburg i.Ue. 1977, 120–124.

[33] *Fraling, Bernhard*, Sexualethik. Ein Versuch aus christlicher Sicht, Paderborn 1995, 218–231, 227f.

[34] Ebd., 228.

[35] Ebd.

[36] Vgl. *Alsteens, André*, Tabu im Reifungsprozess. Masturbation – Symptom oder Vergehen?, München 1996, 160.

bemüht sein, um sich mutiger auf eine wirkliche Begegnung mit einem realen Du einlassen zu können, dabei eine echte Kommunikationskultur auf dem Hintergrund eines christlichen Menschenbildes zur Entfaltung bringen und sich schließlich zur eigenen Lebenswahrheit ausdrücklich bekennen.

> „Nicht, dass man auf klare normative Vorgaben verzichten sollte […]. Aber ungleich wichtiger ist es, Haltungen einzuüben und in ihnen einen entscheidenden Wertungsmaßstab zu finden. Zu Haltungen muss man sich bekennen; man muss sie einspielen und im Falle des Versagens neu beginnen lassen. Wo wenn nicht hier gilt das Wort von der Ethik des Weges.“[37]

Dabei kann die Lehre der Grundentscheidung eine hilfreiche und notwendende Neubewertung der Tradition bringen.

> „Sie führt den unnachahmlichen Ernst christlicher Existenz vor Augen, erwirkt aber zugleich mit der Gespanntheit des Geistes eine Gelassenheit, die mit Entwicklungsprozessen besser umgehen lässt und Einzelhandlungen auf dem Hintergrund von Grunddispositionen beurteilt.“[38]

III. Der Sprache der Geschlechtlichkeit in ihrer körperlich-leiblichen Ausdruckskraft einen ermöglichenden Gestaltungsraum schaffen

Die gesicherten Erkenntnisse der Humanwissenschaften sprechen heute vom Menschen als einem Wesen, das ganzheitlich als Mann oder Frau geschlechtsgeprägt ist und ein Mensch-Sein nur in männlicher oder weiblicher Ausformung verwirklichen kann. Geschlechtlichkeit reicht in alle Lebensvollzüge hinein. Nicht Verdrängung, sondern integrierende Gestaltung bleibt lebenslange Aufgabe. Kurt Loewit sieht das typisch Menschliche in der Geschlechtlichkeit im Bereich der Bewusstseinsfähigkeit, der Sprachfähigkeit und der Kulturfähigkeit. Geschlechtlichkeit ist mehr als Genitalität. Das wichtigste ‚Geschlechtsorgan‘ des Menschen ist sein Gehirn. Aus der Entwicklungsgeschichte der Geschlechtlichkeit entstehen zwei Ausdrucksformen: die Reproduktionsfunktion und die Kommunika-

---

[37] *Demmer, Klaus*, Gott denken – sittlich handeln. Fährten ethischer Theologie (Studien zur Theologischen Ethik 120), Freiburg i.Ue. 2008, 153–169, 165.

[38] Ebd., 157. Vgl. dazu auch *Demmer, Klaus*, Optionalismus – Entscheidung und Grundentscheidung, in: *Dietmar Mieth* (Hrsg.), Moraltheologie im Abseits? Antworten auf die Enzyklika „Veritatis Splendor“ (Quaestiones Disputatae 153), Freiburg i.Br. 1994, 69–87.

tionsfunktion. In der umfassenderen Kommunikationsfunktion kommen religiöse und ethische Aspekte zur Entfaltung, wird Geschlechtlichkeit zur verleiblichten Beziehung, die körpersprachlich Grundbedürfnisse kommuniziert. Eine bewusste Kultivierung der Kommunikationsfunktion bedeutet eine Humanisierung und auf dem Hintergrund eines christlichen Menschenbildes auch eine echte christliche Entfaltung der Geschlechtlichkeit.[39] Im Humanfeld der Selbstbefriedigung sind beim Erlernen und Verstehen der Körpersprache in allen Lebensphasen der Persönlichkeitsentwicklung Reifungsschritte zu gehen.[40] Wird Geschlechtlichkeit zu den Grundbedingungen des Menschen gezählt, dann sind dies Grenzerfahrungen, „die den Menschen vor die Tiefe seines Seins führen, auf die es keine rationale Antwort mehr gibt, sondern nur ein ‚Antworten' durch die Selbstwerdung des ganzen Menschen aus der transzendierenden Mitte seines Wesens".[41] Die Ausformung personaler Identität und existenzieller Reifung ereignet sich in der Kommunikation der Geschlechter. „Als Geschlechtswesen erfährt der Mensch sich in seiner Partikularität, als partikulares Menschsein und damit in seiner Angewiesenheit auf das erfüllende Menschsein durch das andere Geschlecht."[42] Die geschlechtliche Prägung des Menschen als Mann oder Frau umschließt nicht nur die immanente, vielfältige Erfahrungswirklichkeit, „sondern auch die darüber hinausweisende transzendente Grundwirklichkeit, die das faktische Erscheinungsbild der Geschlechtlichkeit begründet und ermöglicht".[43] Menschlich ganzheitliche Entfaltung und Reifung geschieht in einem wechselseitigen Prozess. Diese prozesshafte integrale Entfaltung geschieht durch ‚existenzielles Antworten' auch auf die Grundbedingung der

> „*Leiblichkeit* mit allen damit zusammenhängenden Bedürfnissen, Anfälligkeiten und Abhängigkeiten; – auf die *Geschlechtlichkeit* als unauslöschbares Bezogensein und Angewiesensein auf einen entsprechenden Partner; – auf das selbstbe- und entgrenzende *Mitsein im Du* und in der Gruppe".[44]

---

[39] Vgl. *Loewit, Kurt*, Die Sprache der Sexualität, Frankfurt a.M. 1992; *Beier, Klaus M., Bosinski, Hartmut A. G., Loewit, Kurt*, Sexualmedizin. Grundlagen und Praxis, München ^{2}2005, 33–130, bes. 106–122 („Liebesfähigkeit und Lebensalter").

[40] Vgl. *Bartholomäus, Wolfgang*, Glut der Begierde, Sprache der Liebe. Unterwegs zur ganzen Sexualität, München 1987, 160–165.

[41] *Herzog-Dürck, Johanna*, Menschsein als Wagnis. Neurose und Heilung im Sinne einer personalen Psychotherapie, Stuttgart 1960, 8.

[42] *Dies.*, Probleme menschlicher Reifung. Person und Identität in der personalen Psychotherapie, Stuttgart 1969, 40.

[43] *Heimler, Adolf*, Reifung und Geschlecht, München 1966, 13.

[44] *Heimler, Adolf*, Menschliche Erfahrung und religiöse Reifung, in: *ders.*, Selbst-

In der Ausformung wirhaft-personaler Liebesfähigkeit im Humanfeld der Geschlechtlichkeit wird die Bindungsfähigkeit gestärkt und lähmende Beziehungsangst überwunden. Reifungsschritte auf dem Weg zum Du können auch Einsamkeit und Enttäuschung sein, ein wirkliches Schuldigwerden, wenn es verantwortet verarbeitet und angenommen wird, aber eben auch die Selbstbefriedigung, wenn sie die Bejahung der eigenen, aufbrechenden Geschlechtlichkeit und bedrängenden Leiblichkeit als Reifungsschritt der Hinwendung und Bejahung zum Du durchlebt und nicht selten wohl auch durchleidet. Dabei kommt die Person des Anderen mit seinen Zukunfts- und Entwicklungsmöglichkeiten in den Blick und öffnet das Auge für den eigenen Lebensentwurf mit seinen Entfaltungsmöglichkeiten. Es ist ein Weg der Selbstfindung und ein Schutz gegen Selbstentfremdung. Das Selbsthafte wird hier als Sinnganzheit erlebt, als das, „was sich äußerer Fremdbestimmung und innerer Selbstentfremdung entzieht, was keineswegs eingeengt ist auf herkömmliche kategoriale Begriffe wie Selbstverwirklichung, verstanden als bloße Wunsch- oder Ich-Verwirklichung".[45] Das Selbst wird hier als intentionale Grundspannung oder Gerichtetheit des Seins auf Sinn und Person verstanden.[46] Personale Liebesfähigkeit kann sich nur im personalen Reifungsgewissen entfalten. Hier wird die Stimme des Gewissens nicht als Fremdgesetzlichkeit, sondern als Eigengesetzlichkeit erlebt, als unabdingbare Möglichkeit des Selberseins und der Freiheit, die verantwortungsvoll gelebt werden kann. Dies ist auch der ermöglichende Raum, in dem sich ein stabiles Selbstwertgefühl ausformen kann. Fehlendes Selbstwertgefühl ist auf fehlende emotionale Zuwendung und Beachtung zurückzuführen, auf mangelnde Anerkennung durch andere Menschen, aber auch durch das eigene Gewissen. Verborgene Minderwertigkeitskomplexe führen zu Haltungen der Ichbewahrung, der ängstlichen Selbstverteidigung, der Ichbefangenheit und Ichbezogenheit. Selbstbefriedigung kann auch ein Symptom für eine Beeinträchtigung der Selbstachtung und des Selbstwertgefühls sein. Jeder Mensch sollte durch wachsende Ich-Stärke zunehmend fähig werden, Befriedigungen hinauszuzögern, um immer größere Belastun-

---

erfahrung und Glaube. Gruppendynamik, Tiefenpsychologie und Meditation als Wege zur religiösen Praxis, München 1976, 21.

[45] *Ders.*, Die Rose finden – Neurosen überwinden. Eine integrative Neurosenlehre, München 1997, 50.

[46] Vgl. *ders.*, Die Bedeutung der Intentionalität im Bereich des Seins nach Thomas von Aquin, Würzburg 1962; *ders.*, Wege und Auswege aus dunklen Lebenskrisen. Ganzheitliche Existenzerfahrung durch personale Selbstwerdung (Benediktbeurer Hochschulschriften 17), München 2002, 36–50.

gen gelassen zu ertragen. Geschlechtliche Reifung zur wirhaften Liebesfähigkeit verlangt ein Aushalten der Lust-Unlust-Spannung. Dieser Spannungsbogen umfasst die ganze Bandbreite der Gefühle und Emotionen in ihrer Ambivalenz. In spannungsreichen Entwicklungsprozessen können Menschen selbst angemessene Reifungsschritte entdecken und verantwortungsvoll ausführen. Es sind nicht dumpfe Triebe, die den Menschen bedrängen, sondern der Mensch wirkt von seiner Personmitte her durch die Triebe auch da, wo er sich den Trieben überlässt. Die Persönlichkeit bestimmt Art und Ausdrucksform der Triebe.[47] In der Konfrontation mit der Realität vertieft der Mensch seine Verwurzelung in sich selbst, in seiner Mit- und Umwelt. Er wird in der Auseinandersetzung um die innere und äußere Anpassung stärker und selbstbewusster, befähigt zur Selbstbegrenzung und Differenzierung, sodass er seinerseits die Realitäten gegebenenfalls auch umgestalten kann.

> „Indem die Onanie als Ersatz, ja geradezu als Protest gegen Leistenmüssen auftritt, zieht sie gleichwohl die Phantasie einer Leistungserfüllung auf sich. Als Versuch, mühelos etwas ‚hervorzubringen', etwas zu ‚produzieren', etwas von sich als Tat ‚hinzustellen', ist sie letztlich ein Unterfangen, wie Gott zu sein. Nur Gott ist schöpferisch durch das bloße Vorstellen, nur er ist in rein autarker Form durch sein bloßes Dasein liebenswert, nur er wirkt mühelos."[48]

Im Hinblick auf die Schuldgefühle aufgrund von Selbstbefriedigung versteht Rudolf Affemann diese Schuldgefühle in Anlehnung an den Individuationsprozess der analytischen Psychologie C. G. Jungs als Schuldigwerden aufgrund einer Verweigerungshaltung im Reifungsprozess der eigenen Persönlichkeitsentwicklung.[49] In der Kulturbegabung des Menschen liegt auch seine Fähigkeit zur Sublimierung. Ein personales Verständnis der Sublimierungshaltung meint das Sich-Einlassen in die intentionale Grundspannung der Psyche auf bewusst gewollte und bejahte Selbstwerdung, die sich auf den ganzen Menschen bezieht. Das lustvoll autoerotische Interesse wird vom eigenen Körper losgelöst und einer anderen Person oder der Sache eines Ideals zugeführt. Dabei handelt es sich nicht um

---

47 Vgl. *Luschin, Raimund M.*, Trieb, in: Neues Lexikon der christlichen Moral (1990) 792–797.

48 *Drewermann, Eugen*, Psychoanalyse und Moraltheologie Bd. 2: Wege und Umwege der Liebe, Mainz 1983, 182.

49 Vgl. *Affemann, Rudolf*, Geschlechtlichkeit und Geschlechtserziehung in der modernen Welt, Gütersloh 1970, 150f.; *Jakobi, Jolande*, Der Weg der Individuation, Freiburg i.Br. 1971, 100–108.

eine selbstverständliche Höherführung. Es gibt auch pathologische Ausdrucksformen wie Weltflucht, manche Vermeidungstendenzen, erstarrte und gekünstelte Sinnlichkeit oder Spiritualität oder ausgeprägte Ichhaftigkeit mit Sonderansprüchen.

Der Begriff ‚intentio' kann an die Stelle des biologischen Libido-Begriffs Sigmund Freuds und an die des analogen, erweiterten physikalischen Begriffs der ‚seelischen Energie' bei C. G. Jung treten. Bei der ‚intentio' handelt es sich um eine tiefgreifende, umfassend dynamische und personale Grundspannung, die in allen seelischen Bereichen wirksam ist und darüber hinaus vom Ursprung des Seins her die gesamte kosmische Wirklichkeit bestimmt und durch ihre Zielrichtung die menschliche Existenz in ihrer personalen Ganzheit erhellt.[50]

In der Bewertung der Selbstbefriedigung als Symptom für hintergründige Probleme ist immer die konkrete Lebenssituation zu bedenken. Entwicklungsbedingte, kompensatorische, pathologische oder hedonistische Ausdruckshandlungen sind stets auf dem Hintergrund der gesamten Persönlichkeitsentwicklung und Reifung zu beurteilen. Wenn sich der Mensch jedoch in frei gewollter, hedonistischer Absicht ständig der Selbstbefriedigung bedient, ohne jede auch ihm mögliche sittliche Bemühung, und sich diese bewusst gesuchte Lebenseinstellung in der Tat zu einer Grundentscheidung verdichtet, indem die Integration der Geschlechtlichkeit in die Gesamtpersönlichkeit bewusst verweigert wird, dann kann von einer schwer schuldhaften Verfehlung gesprochen werden. Nicht Symptombekämpfung, sondern Ursachenheilung ist die sittliche Aufgabe. Lebenshilfen zur ganzheitlichen Beziehungsgestaltung[51] und zur Überwindung von Reifungsdefiziten sollten unaufdringlich angeboten werden,[52] damit der Mensch seine innere Isolation überwindet und sich auch in seiner körperlich-leiblichen Ausdruckskraft in emotional tragenden Beziehungen auf andere Menschen hin entfalten kann. In so einem ermöglichenden Lebensraum kann dann auch die recht verstandene ganzheitliche Selbstliebe befreiend und beglückend erlebt werden.[53]

---

[50] Vgl. *Heimler*, Intentionalität (s. Anm. 46); *Andreae, Stefan*, Pastoraltheologische Aspekte der Lehre Sigmund Freuds von der Sublimierung der Sexualität (Eichstätter Studien N.F. 9), Kevelaer 1974.

[51] Vgl. *Loewit, Kurt*, Damit Beziehung gelingt: Eine realistische Sexualerziehung, Graz, Wien, Köln 1998.

[52] Vgl. *Künkel, Fritz*, Die Arbeit am Charakter. Die neue Psychotherapie in ihrer Anwendung auf Erziehung, Selbsterziehung und seelische Hilfeleistung, Konstanz 1985 (Erstauflage 1929); *Böhnisch, Lothar*, Sozialpädagogik der Lebensalter. Eine Einführung (Grundlagentexte der Pädagogik), Weinheim, München ^{5}2008.

[53] Vgl. *Hoffmann, Monika*, Selbstliebe. Ein grundlegendes Prinzip von Ethos, Paderborn, München u. a. 2002.

Pornografie und Kinderpornografie

von Ulrike Kostka

Die Abbildung sexueller Handlungen ist ein Phänomen, das schon in antiken Darstellungen und anderen frühen Kulturen auftrat. Das Wort Pornografie entstammt dem Altgriechischen und setzt sich aus πόρνη (*porne* „Dirne“) und γραφειν (*graphein* „schreiben“) zusammen. Ziel der Pornografie ist bis heute die sexuelle Erregung der Konsumenten aufgrund der Darstellung bzw. Schilderung sexueller Handlungen, insbesondere auch des Geschlechtsverkehrs, unter besonderer Hervorhebung der Geschlechtsorgane und spezifischer sexueller Praktiken. Einen wesentlichen Entwicklungsschub und große Verbreitung bekam die Pornografie durch die Erfindung der Fotografie im 19. Jahrhundert. Pornografie gibt es heutzutage in Form von Abbildungen, Filmen, Videos, Tonträgern, Pornografie im Internet und pornografischen Schriften. In den meisten Ländern sind der freie Verkauf oder frei zugängliche Darstellungen von pornografischen Materialen verboten. Sie unterliegen Altersbeschränkungen und sind zumeist nur Erwachsenen über 18 Jahren in speziellen Sexshops oder über Pay-per-view-Diensten zugänglich. Im Internet sind der Zugang zu pornografischen Materialen und ihre Verbreitung wesentlich schwieriger zu kontrollieren bzw. zu erschweren. Die staatlichen Kontrollversuche begründen sich vorwiegend auf dem Jugendschutz und dem Kampf gegen Kinderpornografie. Kinderpornografie ist massive sexuelle Gewalt gegen Kinder, die oftmals zu schweren lebenslangen Traumatisierungen der Opfer führen kann. Diese soll in einem zweiten Teil ausführlich aus ethischer Perspektive reflektiert werden. Im ersten Teil wird die Pornografie aus ethischer Sicht analysiert.

I. Abgrenzung, Definition und Zugänglichkeit von Pornografie

Die Abgrenzung und Definition von pornografischen Inhalten ist nicht einfach. Der Gesetzgeber in Deutschland verzichtet bewusst auf eine eindeutige Definition von Pornografie.[1] Im Film wird un-

[1] Was „als pornografisch empfunden und bezeichnet wird, unterlag und unterliegt ei-

terschieden zwischen Sex- bzw. Erotikfilmen, bei denen sexuelle Handlungen simuliert werden, jedoch nicht detailliert gezeigt werden, und Hardcorepornos, wo sexuelle Handlungen in allen Formen und mit jeglichen Details gezeigt werden. Sex- bzw. Erotikfilme werden nicht als Pornografie bezeichnet und in frei zugänglichen Fernsehmedien auch in den Nachtstunden gezeigt. Sie sind aus Gründen des Jugendschutzes mit Altersklassifikationen versehen.

Insbesondere in Hardcorepornos, die nicht mit harter Pornografie (s. u.) zu verwechseln sind, liegt der Akzent in den häufigsten Fällen nur auf den sexuellen Handlungen. Ein eigentlicher Erzählverlauf spielt kaum eine Rolle. Es finden sich Pornos mit den verschiedensten Varianten von sexuellen Handlungen zwischen beiden Geschlechtern oder auch in gleichgeschlechtlicher Form. Pornografie darf im frei zugänglichen Fernsehen in Deutschland nicht gezeigt werden.

Die Herstellung und Verbreitung sogenannter harter Pornografie ist verboten. Dabei wird nicht unterschieden, ob die Darstellungen ein wahres oder ein fiktives Geschehen darstellen. Zur harten Pornografie gehören pornografische Darstellungen, die Gewalttätigkeiten (z. B. Vergewaltigungen), sexuelle Handlungen von Menschen mit Tieren oder den sexuellen Missbrauch von Kindern (Personen unter 14 Jahren) zeigen (§ 184a StGB). Nicht einfach definierbar und jeweils abhängig von den gesellschaftlichen und persönlichen Bewertungen ist die Grenze zwischen Pornografie und erotischer Kunst. Bei erotischer Kunst steht der ästhetische Aspekt im Vordergrund, bei pornografischen Darstellungen geht es um die reine sexuelle Befriedigung und Darstellung der sexuellen Praxis.

In der Diskussion über Pornografie sind neben den legalen Aspekten, dem Jugendschutz, der individuellen und gesellschaftlichen Wirkung von Pornografie insbesondere zwei Diskussionsstränge zu beobachten: die Frage der Verobjektivierung und Instrumentalisierung insbesondere von Frauen bzw. auch Männern zu reinen Sexobjekten sowie der Ruf nach sexueller Freiheit und Legalisierung und Abbau von Zugangsbarrieren für pornografische Inhalte und Darstellungen. Aus feministischer bzw. Gender-Perspektive üben verschiedene Autorinnen und Autoren Kritik an der Degradierung von Frauen, aber auch Männern zu reinen Sexual-

---

nem steten Wandel von Werten und Moral, ist abhängig vom gesellschaftlichen Klima und nicht zuletzt auch von der persönlichen Einstellung des Betrachters […]. Somit wird es jede Form der Definition schwer haben, jemals zeit- und raumübergreifend Gültigkeit zu erlangen“ (*Kuhnen, Korinna*, Kinderpornografie und Internet. Medium als Wegbereiter für das [pädo-]sexuelle Interesse am Kind?, Göttingen u. a. 2007, 60). Vgl. auch *Faulstich, Werner*, Die Kultur der Pornografie. Kleine Einführung in Geschichte, Medien, Ästhetik, Markt und Bedeutung, Bardowick 1994, 8ff.

objekten, die jederzeit und für jedermann zur Erfüllung von zumeist (männlichen) Gelüsten zur Verfügung zu stehen haben.[2] Kritisiert wird die Weitergabe von Stereotypen weiblicher und männlicher Sexualität, die zumeist von patriarchalischen Machtstrukturen und Bedürfnissen geprägt wird. Befürchtet wird auch eine Zunahme von sexueller Gewalt gerade gegenüber Frauen aufgrund des Konsums von pornografischen Inhalten. Vertreter/innen einer Liberalisierung von Pornografie sehen in Pornografie den Ausdruck sexueller Freiheit und Selbstbestimmung sowie die Enttabuisierung von sexuellen Praktiken und Themen in der Gesellschaft.[3] Kritiker/innen der Pornografie weisen auf die Kommerzialisierung der Sexualität hin – angesichts eines nicht zu unterschätzenden weltweiten Marktes für pornografische Inhalte und Materialien. Die Pornografie wird zudem von unterschiedlichen weltanschaulichen und religiösen Gruppen aufgrund verschiedenster Motive abgelehnt, die von der Beschränkung von Sexualität auf die Ehe bis hin zum Verstoß gegen familiäre Werte bzw. gegen eine göttliche Ordnung reichen. Aufgrund der relativ ungebremsten Verbreitung pornografischer Inhalte im Internet sowie anderen Medien und auch der durchaus gegebenen Zugänglichkeit für Kinder und Jugendliche lässt sich die Pornografie nicht mehr als reines gesellschaftliches Nischenthema bezeichnen.[4] Eine jüngere Form der Verbreitung von pornografischen Darstellungen sind virtuelle Tauschbörsen, wo Videos bzw. Bilder per Handy oder Internet ausgetauscht werden.

Die klassischen staatlichen Instrumente der Kontrolle der Pornografie durch gesetzgeberische Mittel des Jugendschutzes und der medien- und informationsbezogenen Gesetze reichen nicht mehr aus, um junge Menschen vor der Begegnung mit pornografischen Inhalten zu schützen.

II. Ethische Bewertung von Pornografie

Pornografie zielt nahezu ausschließlich auf die sexuelle Erregung und Befriedigung der Konsumenten ab. Die Personen, die den Sex ausüben, sind austauschbar und werden als reine Körperwesen von der Kamera aufgenommen. Individualität, personale Begegnung

---

[2] Vgl. *Schwarzer, Alice* (Hrsg.), PorNO. Opfer & Täter, Gegenwehr & Backlash, Verantwortung & Gesetz, Köln 1994; *Dworkin, Andrea*, Pornographie. Männer beherrschen Frauen, Frankfurt a.M. 1987.

[3] Vgl. *Strossen, Nadine*, Defending Pornography. Free speech, sex, and the fight for women's rights, New York [2]2000.

[4] Vgl. *Gernert, Johannes*, Generation Porno. Jugend, Sex, Internet, Köln 2010.

und Liebe spielen keine Rolle. Die Darstellungen brechen nahezu alle Schranken der leiblichen Intimität auf. Die meisten Pornofilme und -darstellungen bilden stereotype Rollen- und Geschlechtsbilder der lüsternen Frau bzw. des Mannes wieder und handeln bestimmte Klischees von sexuellen Stellungen und Praktiken ab. Pornografie reduziert Sexualität auf einen rein körperlichen Akt und vermittelt damit ein Verständnis der Sexualität, das einem umfassenden leiblich-seelischen und letztendlich personalen Verständnis von Sexualität entgegensteht. Hochproblematisch ist außerdem das Rollen- und Geschlechterverständnis, das Pornos reproduzieren. Frauen werden häufig auf ein Körperwesen reduziert, das nur genommen werden will bzw. Männer auf ein Wesen, dessen Wert in einer möglichst ergiebigen Ejakulation liegt. Diese Geschlechts- und Rollenstereotypen können gerade auf jüngere Konsumenten/innen negative Auswirkungen für das eigene Sexualitäts- und Rollenverständnis haben. Gefährlich und ethisch in keiner Weise tolerabel sind pornografische Inhalte, die sexuelle Gewalt zeigen und somit sexuelle Gewaltfantasien und -praktiken beim Konsumenten bestätigen bzw. auslösen können. Dies gilt auch für die Erzwingung der Mitwirkung bei pornografischen Produktionen. Aufgrund dieser verschiedenen Faktoren ist die staatliche Indizierung und Zugangskontrolle der Pornografie aus ethischer Sicht nicht nur legitim, sondern auch geboten – insbesondere auch aus Gründen des Jugendschutzes. Dies gilt auch für das Verbot und die strafrechtliche Verfolgung von harter Pornografie, die einer Misshandlung und sexueller Gewalt entspricht. Staatliche Eingriffsmöglichkeiten sollten soweit wie möglich genutzt werden, um Kinder und Jugendliche auch im Internet vor pornografischen Inhalten zu schützen. Doch sind die Möglichkeiten begrenzt und jeweils auch vor dem Hintergrund der Informationsfreiheit zu prüfen. Letztendlich können Kinder, Jugendliche, aber auch Erwachsene nur durch medienpädagogische Bildung, das soziale Umfeld und ein entsprechendes öffentliches Bewusstsein zu einem reflexiven, selbstbestimmten Umgang mit Medien und damit auch mit pornografischen Inhalten befähigt werden. Das Recht auf Selbstbestimmung im Hinblick auf die Sexualität wird nicht durch eine Legalisierung von Pornografie gefördert, so wie es Befürworter behaupten. Sondern dies erfolgt durch eine offene Auseinandersetzung mit dem Thema Sexualität und der Förderung eines umfassenden leiblich-personalen Verständnisses der Sexualität in allen gesellschaftlichen Bereichen – einschließlich der Kirche. Kinderpornografie ist im Gegensatz zu verschiedenen Formen von Pornografie ein Verbrechen gegenüber Kindern und Jugendlichen.

III. Kinderpornografie als sexuelle Gewalt und Missbrauch an Kindern

Kinderpornografie ist sexuelle Gewalt gegen Kinder und Jugendliche.[5] Sie bedeutet für viele Betroffene eine lebenslange Traumatisierung. Kuhnen kritisiert an der Begriffspaarung „Kinder“ und „Pornografie“, dass

> „dem Terminus der Aspekt der Gewalt fehlt, dass eine Aktivität des Kindes suggeriert und dem Täter samt seinem Verbrechen sprachlich zum Verschwinden gebracht wird. [...] Was zusammenfassend bedeutet, dass man durch den Begriff Kinderpornografie das Kind sexualisiert und den Missbrauch bagatellisiert sieht.“[6]

Verschiedene Autoren haben deshalb andere Begriffe entwickelt, die von dem „gefilmten oder fotografierten sexuellen Missbrauch“ bis hin zur „sexuellen Ausbeutung von Kindern für pornografische Zwecke“ hinreichen.[7] In der wissenschaftlichen und auch öffentlichen Debatte ist jedoch kaum eine Bagatellisierung mit der Verwendung des Begriffes Kinderpornografie zu beobachten. Es besteht weitestgehend die Auffassung, dass es sich bei Kinderpornografie um einen schweren sexuellen Missbrauch von Kindern handelt. Deshalb soll im Weiteren der Begriff Kinderpornografie verwendet werden. Die Einstufung von Kinderpornografie als sexueller Missbrauch bedarf keiner direkten körperlichen Gewalt oder Körperkontakt. „Es reicht, ein Kind zu sexuellen Handlungen aufzufordern.“[8]. In verschiedenen pornografischen Darstellungen werden Kinder auch gezwungen, andere Kinder zu missbrauchen. Hesselbarth und Haag konstatieren: „Grundsätzlich zählt zum sexuellen Missbrauch alles, was gegen den Willen des Kindes geschieht oder dem das Kind aufgrund seiner körperlichen, geistigen, seelischen oder sprachlichen Unterlegenheit nicht wissentlich zustimmen kann.“[9]

Kinderpornografie, die in Form von Fotos, Filmen oder anderen Darstellungen vorliegt, ist allerdings noch eine spezifische Form des sexuellen Missbrauches.

---

[5] Vgl. *Wuttke, Gisela*, Pornografie an Kindern. Die Folgen und Wirkungen von Kinderpornografie, Opladen 2003; *Kuhnen*, Kinderpornografie (s. Anm. 1). Der Untersuchung von Korinna Kuhnen zum Thema Kinderpornografie verdanke ich wesentliche Impulse für diese Ausführungen. Die Untersuchung liefert einen detallierten Einblick in die Thematik aus sozial- und medienwissenschaftlicher Perspektive.

[6] *Kuhnen*, Kinderpornografie (s. Anm. 1), 61.

[7] Vgl. ebd.

[8] Ebd., 64.

[9] *Hesselbarth, Marie-Claire, Haag, Thorsten*, Kinderpornografie, Frankfurt a.M. 2004, 3.

„Während der sexuelle Missbrauch ausschließlich die Bedürfnisse des missbrauchenden Erwachsenen erfüllt, ist Kinderpornografie ein Produkt, das als mediale Aufzeichnung des Missbrauches zumeist die Bedürfnisse einer ganzen Reihe von Konsumenten befriedigen soll. Diese Aufzeichnung bekommt einen Tausch- und Geldwert.“[10]

Kinderpornografische Materialien werden über das Internet, den Versand etc. weltweit ausgetauscht. Oft werden jahrzehntealte Darstellungen immer weitergereicht. In den seltensten Fällen können die Bilder endgültig gelöscht werden. Für die Opfer bedeutet dies, dass sie davon ausgehen müssen, dass die kinderpornografischen Materialen, für die sie benutzt wurden, auch in ihrem Leben als Erwachsene weiterexistieren. Der Missbrauch geht also weit über das konkrete Geschehen hinaus.

Kinderpornografie ist ein weltweites Phänomen. Die Opfer sind sowohl Kinder aus armen Ländern, als auch aus Schwellenländern und aus den westlichen Industrienationen.[11] Experten sprechen sich gegen die Vorstellung aus, dass Kinderpornografie vorwiegend ein Armuts- und Kinderprostitution-Phänomen ist und hauptsächlich in Ländern mit einem starken Sextourismus wie z. B. den Philippinen stattfindet. Diese Länder sind zwar auch wichtige Länder zur Herstellung und Verbreitung von Kinderpornografie. Jedoch wird Kinderpornografie genauso auch in Deutschland und anderen europäischen Ländern produziert. Untersuchungen zeigen, dass es sich häufig um einen „westlich aussehenden Opfertyp“ handelt. Aber auch Kinder anderer ethnischer Herkunft werden zur Kinderpornografie verwendet. Den Schwerpunkt der Materialien stellen Kinder im Alter zwischen 9 bis 12 Jahren dar, aber es finden sich auch Aufnahmen von wesentlich jüngeren Kindern bis zu Säuglingen und Jugendlichen über 14 Jahren. Es sind sowohl Mädchen und Jungen betroffen. Die verschiedenen Studien ergeben unterschiedliche Prozentanteile für beide Geschlechter. Es finden auf dem weltweiten Kinderpornografie-Markt kontinuierlich Verschiebungen statt, so dass genaue Angaben kaum möglich sind. Die Herstellung, die Verbreitung und der Besitz von Kinderpornografie ist in vielen Ländern verboten – so auch in Deutschland (siehe § 184b StGB). Die welt-

[10] *Kuhnen*, Kinderpornografie (s. Anm. 1), 65.

[11] Die folgenden Ausführungen beziehen sich auf die detaillierte Sichtung und Darstellung von Studien, Statistiken und Untersuchungen durch *Kuhnen*, Kinderpornografie (s. Anm. 1), 38–40.

weite Kooperation zur Bekämpfung und die Verbesserung der technischen Überwachungs- und Recherchemöglichkeiten haben zur Aufdeckung und strafrechtlichen Verfolgung vieler Fälle geführt. Doch nach wie vor ist mit Sicherheit davon auszugehen, dass die meisten Kinderpornografiefälle weltweit unentdeckt bleiben, insbesondere weil das Internet mit seinen technischen Möglichkeiten eine Nachverfolgung sehr erschwert.

Das öffentliche Bewusstsein für den Einsatz gegen Kinderpornografie ist in den letzten Jahren deutlich angewachsen.[12] Problematisch sind jedoch Mythen, wenn immer wieder davon berichtet wird, dass Kinder entführt werden für kinderpornografische Aufnahmen. Zwar sind Einzelfälle nicht auszuschließen. Aber in den häufigsten Fällen werden solche Aufnahmen im sozialen Nahumfeld hergestellt – oft mit Wissen der Erziehungsberechtigten. Die Nutzer von Kinderpornografie lassen sich auf keine Einkommens- oder Bildungsschicht begrenzen. Auch die soziale Herkunft der Opfer ist sehr heterogen. Die Motivationen für die Nutzung von Kinderpornografie sind vielfältig. Häufig sind es pädosexuelle Neigungen.[13] Eine weitere Variante ist das Interesse am Sammeln jeglichen pornografischen Materials.

IV. Kinderpornografie als schwerer Eingriff in die Persönlichkeitsrechte eines Kindes

Kinderpornografie ist ein schwerster Verstoß gegen die Menschenwürde und die daraus resultierenden Menschenrechte eines Kindes. Das Kind wird in doppelter Hinsicht missbraucht. Es wird zu sexuellen Aktivitäten gezwungen, die seiner persönlichen Integrität widersprechen. Und es wird als Sexobjekt instrumentalisiert, um sexuelle Bedürfnisses des Produzenten sowie des Betrachters zu erfüllen. Zudem wird es zur Ware degradiert, indem die Materialien weitergegeben, gesammelt, verkauft und in Tauschbörsen gehandelt werden. Der Verstoß gegen die Würde des Kindes reicht also weit über die Produktion der Bilder hinaus. Sie kann lebenslang anhalten aufgrund der Traumatisierung und der Weitergabe der Bilder, die oftmals nicht gelöscht werden können. Viele Opfer von kinderpornografischen Darstellungen sind zudem

---

[12] Ein Impuls für die öffentliche Bewusstwerdung der Kinderpornografie war eine Recherche des STERNs: siehe dazu *Thönnissen, Ann, Meyer-Andersen, Klaus*, Dunkelziffer. Das geheime Geschäft mit der schmutzigen Pornografie, Köln 1990.

[13] Zur Pädosexualität siehe u. a. *Bundschuh, Claudia*, Pädosexualität. Entstehungsbedingungen und Erscheinungsformen, Opladen 2001.

gleichzeitig Opfer von vielfältigen und auch oft langjährigen sexuellen Missbrauchshandlungen. Konsumenten von kinderpornografischen Materialien sind mitschuldig an dem Verstoß gegen die Würde des Kindes und seine Rechte als Heranwachsender und erwachsene Person. Jeder Versuch einer Legitimierung von Kinderpornografie mit Argumenten, dass Kinder diese Handlungen wollten oder positiv erfahren haben, ist abzulehnen. Denn Kinder können die Tragweite dieser Handlungen nicht selber bewerten bzw. erfahren sie vielleicht aufgrund vielfacher Missbrauchserfahrungen als ihre Normalität.

Kinder sind in jeder Hinsicht vor jeder Form von sexuellem Missbrauch zu schützen. Jedes Kind hat ein Recht auf eine selbstbestimmte Entwicklung und Entfaltung seiner Sexualität als Teil seiner Personalität. Sexueller Missbrauch stellt einen radikalen Verstoß gegen Kinderrechte dar. Die Prävention von Kinderpornografie und anderen Formen sexueller Gewalt gegen Kinder ist ein Gebot und Pflicht für Eltern, Betreuungs- und Bildungseinrichtungen, Organisationen, Medien, die Kirchen, die Politik und schließlich für die ganze Gesellschaft. Ein entscheidendes Mittel der Prävention ist die Stärkung der Kinder in ihrer Persönlichkeit und die Befähigung zum Umgang mit ihrer eigenen Sexualität. Staatliche Maßnahmen zum Verbot und zur Nachverfolgung von Kinderpornografie sind auszubauen. Allerdings sind dabei auch Persönlichkeits- und Informationsrechte zu berücksichtigen. Deutlich wird dieser Spagat in der aktuellen Debatte um die Vorratsspeicherung von Daten. Bei allen staatlichen Kontrollaktivitäten ist jedoch immer davon auszugehen, dass es Schlupflöcher für den weltweit agierenden Markt der Kinderpornografie gibt. Entscheidend ist deshalb auch die Selbstverpflichtung von Providern im Internet und Netznutzern, kinderpornografische Seiten und Inhalte der Strafverfolgung zuzuführen und zu meiden. Den Medien kommt eine besondere Verantwortung im Blick auf Kinderpornografie zu. Verschiedene Medieninitiativen haben schon zu Fahndungserfolgen geführt. Gleichzeitig besteht durch eine ausgiebige und sensationsbetonte Berichterstattung die Gefahr, die Nachfrage nach Kinderpornografie zu steigern. Nicht tolerabel ist auch die öffentliche Vorverurteilung von möglichen Tätern und Täterinnen. Bürgerinnen und Bürger haben die Verantwortung, wenn sie Beobachtungen hinsichtlich sexuellem Missbrauch machen, diese nicht zu verschweigen, sondern Behörden darauf aufmerksam zu machen und Opfern zur Seite zu stehen. Wichtig sind auch insbesondere präventive Therapiemöglichkeiten für Personen mit pädosexuellen und pädophilen Neigungen.

V. Prävention von Kinderpornografie – der Beitrag der Kirche

Für den kirchlichen Bereich ist es entscheidend, alle Möglichkeiten der Prävention gegen sexuellen Missbrauch zu nutzen. Eine entscheidende Bedingung dafür ist auch ein neuer enttabuisierter Umgang mit dem Thema Sexualität. Denn je stärker das Thema Sexualität, Partnerschaft und auch Homosexualität ausgeklammert bzw. tabuisiert wird, haben auch Täter und Täterinnen und entsprechende Machtstrukturen unter dem Dach der Kirche Gelegenheit, ihre Neigungen auszuleben und Kinder zu gefährden bzw. zu missbrauchen. Kinderpornografie ist eine Form des sexuellen Missbrauchs und zählt damit zu Formen sexueller Gewalt, auf die sich die entsprechenden Richtlinien der Deutschen Bischofskonferenz[14] bzw. die Empfehlungen des Deutschen Caritasverbandes[15] beziehen. Opfer von Kinderpornografie haben den gleichen Anspruch auf Unterstützung und Hilfe wie andere Opfer kindlichen Missbrauches. Für sie geht es zumeist um ein Überleben im Schatten der Bilder. Dieser Schatten ist oft nicht mehr zu löschen. Der Konsum bzw. die Produktion und Verbreitung von Kinderpornografie durch kirchliche Mitarbeitende und Amtsträger ist der Strafverfolgung zuzuführen.

Letztendlich ist Kinderpornografie ein globales Phänomen, das zwar nicht nur, aber auch mit Armutsproblemen korreliert. Denn Kinder, die von Armut und existenzieller Benachteiligung betroffen sind, haben ein hohes Risiko, Opfer von sexueller Gewalt zu werden. Diesbezüglich kann die Kirche mit ihrer weltweiten sozialen Arbeit und dem Einsatz für Armutsprävention und gegen soziale Ausgrenzung viel dazu beitragen, Kinder auch vor sexueller Gewalt zu schützen. Viele kirchliche Organisationen, Gemeinden und ehrenamtliche und berufliche Mitarbeitende engagieren sich weltweit gegen sexuelle Gewalt gegen Kinder und für Opfer von Kinderprostitution und -pornografie. Dieser Einsatz sollte weitergeführt und ausgebaut werden. Letztendlich steht die Kirche als Weltkirche aber auch vor der Herausforderung und in der Pflicht, sexuelle Gewalt gegen Kinder und Jugendliche unter ihrem eigenen Dach zu bekämpfen und alle Gläubigen, Verantwortungs- und Amtsträger zu einem verantworteten Umgang mit Sexualität zu befähigen.

---

[14] Vgl. http://www.dbk.de.

[15] Vgl. http://www.caritas.de.

Interkulturelle Sexualethik

von Walter Lesch

Sexualethische Fragen werden spontan nur selten in interkultureller Hinsicht bedacht. Denn unsere Wahrnehmung der eigenen Sexualität und die Normierung sexuellen Verhaltens sind so sehr von den Selbstverständlichkeiten eines bestimmten kulturellen Kontexts geprägt, dass sie uns fast schon als „natürlich" erscheinen. Die kulturelle Dimension wird uns oft erst im Konfliktfall bewusst. Wenn wir mit schockierenden Praktiken und extremen Normabweichungen konfrontiert werden, meldet sich ein Problembewusstsein, das in der Regel an klaren Standards Orientierung zu finden versucht. Dieser moralische Bezugspunkt ist ein mehr oder weniger reflektierter Konsens bezüglich der in unserer Gesellschaft erreichten Freiheit und Toleranz in sexualethischen Fragen und der daraus folgenden Verurteilung von Handlungsweisen, die mit diesem Konzept einer human und selbstbestimmt gelebten Sexualität nicht zu vereinbaren sind. Unvereinbarkeiten ergeben sich immer dann, wenn elementare Verletzungen der Regeln vorliegen, die beispielsweise im Falle der Genitalverstümmelung zum Verständnis körperlicher Integrität im Widerspruch stehen oder die im Falle einer Macho-Kultur mit der Gleichheit der Würde von Frauen und Männern nicht in Einklang zu bringen sind.

I. Sexualitäten und Kulturen

Die Beschäftigung mit der kulturellen Dimension von Sexualität verweist uns auf eine generelle Schwierigkeit im Umgang mit unserer kulturellen Prägung, die oft ein blinder Fleck in ethischen Diskursen bleibt, die in hohem Maße auf den unhinterfragten Plausibilitäten eines weithin akzeptierten Kanons von Werten und Normen beruhen. Dabei wird sowohl die historische Entwicklung der Änderung von Moralkonzepten ausgeblendet als auch die Gleichzeitigkeit höchst verschiedener und sich teilweise widersprechender Werthaltungen. Die prinzipielle Bejahung multikultureller Differenzen, die zum positiven Selbstverständnis offener Gesellschaften gehören, führt im Falle des Umgangs mit Sexualität zu einer bemerkenswerten Ambivalenz, die ethisch ernst zu nehmen ist. Einerseits können wir uns nämlich durchaus eingestehen, dass unsere Plausibilitäten nicht ohne Alternativen sind und dass alternative Praktiken Respekt verdienen. Anderseits ist uns aber bewusst, dass diese respektvolle Anerkennung kein Blankoscheck für Handlungsweisen ist, die unserem Moralbewusstsein und unseren gelebten Überzeugungen ganz offenkundig Probleme bereiten. Die Tatsache, dass diese Ambivalenz instrumentalisiert werden kann, mindert nicht die Dringlichkeit einer ethischen Diskussion. Selbstverständlich klingt es heuchlerisch, wenn Menschen, die sich nicht gerade als Protagonisten einer konsequenten Ideologiekritik tradierter Geschlechterrollen hervortun, dieses Kriterium sehr wohl bemühen, um beispielsweise den Islam wegen der Missachtung von Frauenrechten zu diskreditieren. Die Koppelung von sexualethischen Themen mit Herausforderungen im interkulturellen Feld führt zu einer Komplexität, mit der argumentativ fair umzugehen ist, um nicht die Diskursebenen in unzulässiger und kontraproduktiver Weise zu vermischen.

Bevor wir auf kulturelle Unterschiede in der Deutung und Normierung von Sexualität näher eingehen, muss eine ganz andere Einsicht an den Anfang gestellt werden: die Kulturen transzendierende Kraft von Sexualität. Es ist wohl mehr als ein romantischer Wunsch, dass die sexuelle Anziehungskraft Partnerschaften ermöglicht, die nach den kulturellen Mustern einer Gesellschaft eigentlich als unwahrscheinlich hätten gelten müssen. Leidenschaftlich und verantwortlich gelebte Sexualität setzt sich über die rigiden Normen geschlossener Gesellschaften und religiöser Vorschriften hinweg und lässt neue Erfahrungsräume von Freiheit und Kreativität entstehen. Wenn sich zwei Menschen unterschiedlicher Religionszugehörigkeit aufrichtig lieben, wird kein Religionsgesetz der Welt über glaubwürdige Mittel verfügen, um diese Liebe zu zerstören. Eine Liebe, der nachgesagt wird, sie sei stärker als der Tod, ist gewiss auch stärker als jeder Regulierungswahn, der eine solche Liebe verbieten will. Die Liebenden, die an der Herzlosigkeit rigider Strukturen scheitern, sind seit jeher die tragischen Helden eines moralischen Ideals, das durch strenge Ausschlusskriterien in Bedrängnis gebracht wird. Das ist nicht erst in komplizierten interkulturellen Konstellationen so, sondern galt auch schon für die Differenzen zwischen Menschen von unterschiedlichem sozialen Status. Das ist auch nicht nur der außergewöhnliche Stoff, aus dem erfolgreiche Romane, Dramen und Filme gemacht werden, sondern eine zunehmend alltägliche Realität. Grundsätzlich dürfen wir davon ausgehen, dass eine erfüllte Sexualität zu den anthropologischen Grundbedürfnissen gehört, deren Beachtung ethisch relevanter ist als der Respekt vor Regeln, mit denen bestimmte Paarbildungen unterbunden werden sollen. Sexualität ist aus anthropologischer Sicht ein Bezugspunkt, der die Menschen aus unterschiedlichen Kulturen miteinander verbindet und nicht trennt. Die Liebe als universelle „Sprache" der Menschheit findet in der Sexualität Ausdrucksformen, die über alle Grenzen hinweg verstanden werden können und zugleich in der Intimität einer Paarbeziehung ihren geschützten Raum haben.

Doch es wäre naiv, die Sexualität als die große Einheitsstifterin der Menschheit hymnisch zu besingen, ohne die Konfliktzonen anzusprechen, in die jede Partnerschaft hineingestellt ist. Denn wenn Sexualität nicht allein auf biologische Sachverhalte reduziert werden kann, kommt gerade im Vergleich der Kulturen sehr deutlich in den Blick, in welchem Ausmaß sexuelles Verhalten an umfassenderen Strukturen der Sinnstiftung und Identitätsbildung Anteil hat. Gelebte Sexualität bedient sich der Ausdrucksformen eines Netzwerks von Praktiken, die jeweils Aspekte eines kommunikativen Geschehens von Liebe, Solidarität, Fürsorge, Empathie, Verlässlichkeit, Leidenschaft und Erotik beinhalten. In allen diesen Handlungsformen erleben sich Liebende als Akteure einer umfassenden Sinndeutung und Sinnstiftung, die im Idealfall Flügel verleiht und ein Selbstbewusstsein vermittelt, das nicht so schnell erschüttert werden kann. Sie erleben sich primär als Paar, aber auch eingebunden in größere Zusammenhänge von Menschen, die mal zustimmend, mal argwöhnisch oder gar feindselig die Zweisamkeit der Liebenden beobachten. Die Unmöglichkeit des schönen Traums, ausschließlich von Luft und Liebe zu leben, konkretisiert sich im kulturell determinierten Erfahrungsraum einer Umwelt, die sich dann als förderlich erweist, wenn keine prinzipiellen Einwände gegen das Glück des Paares vorgebracht werden und wenn sogar Rituale verfügbar sind, um dieses Paar öffentlich zu feiern.

Bekanntlich wächst die Liebe manchmal angesichts der Herausforderung, Barrieren zu überwinden und sich gegen widrige Umstände zu behaupten. Doch es dürfte auch klar sein, dass dies kein einfaches Unterfangen ist, das sich allein mit gutem Willen und grenzenloser Verliebtheit bewerkstelligen ließe. Das gilt für die unmittelbar betroffenen Personen, aber auch für ein Umfeld, das theoretisch wohlgesonnen sein mag, aber in der praktischen Umsetzung seiner Ideale dann doch auf Probleme stößt. Wer sich vehement für die Verständigung zwischen Menschen aus unterschiedlichen Kulturen und Religionen einsetzt, ist eventuell allen multikulturellen Überzeugungen zum Trotz in Verlegenheit zu bringen, wenn er beispielsweise gefragt wird, ob es für ihn als liberalen Westeuropäer ein Problem darstellt, dass seine Tochter einen algerischen Moslem aus einer sehr religiösen Familie heiraten möchte. Das Spektrum der möglichen Konstellationen kann beliebig erweitert werden. Es konfrontiert uns mit dem Unbehagen, dass wir uns der Prämissen und der Konsequenzen unserer eigenen moralischen Überzeugungen nicht so ganz sicher sind und im konkreten Fall auf die Grenzen unserer vermeintlichen Toleranz stoßen.

Sexuelles Erleben vermittelt den rauschhaften Zustand einer Daseinsform außerhalb aller kulturellen, gesellschaftlichen und politischen Bezüge und bleibt doch auch immer eingebunden in die sehr irdischen Bedingungen einer Existenz, aus deren sozialer Struktur sich Verliebte nicht einfach verabschieden können. Das kann negativ als Entfremdung gedeutet werden, positiv als Einbindung in eine kulturell zu gestaltende Paarbeziehung, die wiederum in der Vernetzung mit anderen Beziehungsstrukturen zu einem sinnvollen Ganzen wird. Die schöpferische Dynamik der Liebe vermittelt den Eindruck, die Welt neu zu erfinden. Dies zu belächeln, wäre zynisch. Denn es gehört nun einmal zur geheimnisvollen Faszination der Liebe, einen absoluten Neubeginn zu erleben, der völlig neue Maßstäbe für alles bisher Erfahrene bereitstellt. Dennoch sollte nicht der Blick dafür getrübt werden, dass wir die Welt nicht permanent neu erfinden, sondern in Sinnhorizonten leben, an denen sich auch schon vor uns Menschen orientieren konnten. Das Spannungsverhältnis von revolutionärer Kreativität und sinnstiftender Kontinuität gehört zur Dialektik der Liebe, die in ihren verschiedenen Phasen mal den einen, mal den anderen Aspekt stärker gewichtet.

II. Religionsgemeinschaften und ihr Interesse an Sexualität

Wir nähern uns damit den Gründen, mit denen zu erklären ist, warum sich beinahe alle Kulturen und Religionen der Welt intensiv für das Phänomen der Sexualität interessieren und warum wir uns folglich auch beim Nachdenken über Sexualität für entsprechende Diskurse fremder Kulturen und Religionen interessieren sollten. Man könnte sogar den Eindruck gewinnen, dass einige Religionen geradezu obsessiv Themen der Sexualität fokussieren und zum Gegenstand weitreichender Normierungen machen. Der Hauptgrund liegt in der schon erwähnten anthropologischen Zentralstellung sexuellen Erlebens, das als ein Gleichnis göttlicher Schöpfungsmacht und als Sinnbild von Gott-Mensch-Beziehungen verwendet werden kann. In der Sexualität berührt der Mensch nicht nur Kerngehalte seiner biologischen und kulturellen Identität; er erahnt auch in der Überschreitung seiner subjektiven Verfasstheit die Möglichkeit einer viel intensiveren Existenz im liebenden Dasein für einen anderen Menschen. Somit birgt die ganz und gar irdische Religion der Liebe in sich das Potenzial einer Öffnung ins Unendliche, die von Religionen in unterschiedlichen Sprachspielen umschrieben wird.[1] Eine dieser Sprachen ist die Sprache der Liebe mit ihren spannungsreichen Aspekten von Eros und liebender Fürsorge. Insofern kann es nicht verwundern, dass die Sprache der Liebe zur Tiefenstruktur einer jeden Religion gehört, womit sich von selbst zahlreiche Brücken zur interkulturellen Verständigung ergeben. Die sexuelle Dimension ist eng verbunden mit kulturell überformten Geschlechterrollen (*gender*), die in den meisten Religionen zu typischen Sozialgefügen und Idealbildern der Mann-Frau-Beziehung führen. Als kulturelle Verdichtungen von Weltdeutung und Sinnkonstruktion transportieren Religionen Interpretationen von Sexualität und Geschlechterrollen, die schon allein wegen der zeitlichen Dimensionen einer Jahrhunderte umspannenden Tradierung nicht frei sind von Fehleinschätzungen, historischen Blickverengungen und Instrumentalisierungen.

Die enge Verknüpfung der Diskurse über Religion und Sexualität ist ein historisches Faktum, aber kein unentrinnbares Schicksal. Denn es ist jedem Menschen freigestellt, Sexualität außerhalb religiöser Bezüge zu deuten und ein profanes Verständnis von Liebe zu entwickeln, das nicht weniger respektvoll und menschenfreundlich ist wie eine religiös motivierte Sinngebung. Wenn Religion zur Zementierung traditioneller Rollenbilder gebraucht wird, wenn Fundamentalisten ihrem ganzen Hass gegen einen freien und selbstverantwortlichen Umgang mit Sexualität gewalttätig Ausdruck geben, wenn unter dem Deckmantel religiöser Autoritäten sexueller Missbrauch geschieht, dann ist nachvollziehbar, dass viele Menschen die Erfahrung humaner Sexualität von jeglicher religiöser Einflussnahme entkoppelt wissen wollen. Es wäre aber ignorant, sich beim Nachdenken über Sexualität nicht für religiöse und kulturelle Deutungsmuster zu interessieren, da diese oft gerade in ihrer Fremdheit Dimensionen aufzeigen, die unserem vermeintlich in jeder Hinsicht aufgeklärten Bewusstsein unbekannt sind. In der christlichen Ethik

[1] Vgl. *Lesch, Walter*, Bilder einer irdischen Religion der Liebe. Soziologische Ansätze und filmische Resonanzen, in: *Charles Martig, Leo Karrer* (Hrsg.), Eros und Religion. Erkenntnisse aus dem Reich der Sinne (Film und Theologie 8), Marburg 2007, 47–67.

gibt es nur wenige Beispiele einer breiten Einbeziehung religionswissenschaftlicher und kulturanthropologischer Studien. Eine rühmliche Ausnahme ist die Monographie *Just Love* von Margaret A. Farley, die diese Aspekte konsequent berücksichtigt, um eine solide Grundlage für eine zeitgemäße christliche Sexualethik zu schaffen.[2] Farleys an feministischer Forschung und *gender studies* geschulter Blick richtet sich gegen die Ignoranz und Arroganz westlicher Ethik, die ihre Sicht der Welt verabsolutiert und einen großen Teil der auf dieser Erde gelebten moralischen Überzeugungen und Praktiken überhaupt nicht kennt.

Die Notwendigkeit einer wissenschaftlichen Aufarbeitung der kulturvergleichenden Ethik wird verstärkt durch den problematischen Einfluss klischeeartiger Repräsentationen von fremden sexualethischen Sichtweisen, die tendenziell in den Bereich des Exotismus oder der Folklore geschoben werden. Die stilisierte Fremdartigkeit erhöht den Unterhaltungswert und stimuliert die sexuelle Fantasie, die auch durch populäre Publikationen bedient wird. Die aus dem kulturellen Kontext gelösten Vermarktungen des *Kamasutra* sind dafür ein bekanntes Beispiel, das sich nur sehr eingeschränkt dazu eignet, unsere Kenntnis des Hinduismus zu vertiefen. Die stereotypen Auffassungen von afrikanischen Kulturen und Polygamie sind ein weiterer Beleg für die Informationsdefizite der Sexualethik. Ferner sei auf die Vorurteile hingewiesen, die in Fortführung eines modischen Orientalismus vergangener Jahrhunderte heutige Begegnungen zwischen Okzident und Orient erschweren und insbesondere die stark erotisierten kollektiven Bilder beeinflussen, die einen angemessenen Zugang zum Islam erschweren. Es ist ein Gebot interkulturellen Respekts, stereotype Festschreibungen als solche zu benennen und die Informationsbasis empirisch abzusichern.

In dem wunderbar doppelsinnigen Buchtitel *Just Love* – „Einfach Liebe"/„Nichts als Liebe" oder „Gerechte Liebe" – kommt nach der zweiten Lesart die Komponente der Gerechtigkeit ins Spiel, die in vielen sexualethischen Abhandlungen viel zu wenig Berücksichtigung findet. Das Verhältnis zwischen Liebenden ist nämlich nicht exklusiv eine Frage der Liebe, sondern immer auch eine Forderung der Gerechtigkeit, die sich unter anderem in der Realisierung egalitärer Geschlechterrollen manifestiert. In diesem Sinne ist Sexualethik auch unter sozialethischen Gesichtspunkten ein dringendes Thema, das unter Einbeziehung weltweiter Vergleiche von kulturellen Praktiken an Brisanz gewinnt. Martha C. Nussbaum ist solchen Fragen in

---

[2] *Farley, Margaret A.*, Just Love. A Framework for Christian Sexual Ethics, New York 2006.

zahlreichen Studien nachgegangen, die sich mit konkreten Fragen der Beurteilung von uns fremden Eingriffen in die körperliche Integrität und der interkulturell kontrovers diskutierten Einschätzung von gleichgeschlechtlichen Partnerschaften befassen.[3]

III. Just a Kiss

Die Bilanz dieses kurzen Essays ist ein klares Plädoyer für verstärkte wissenschaftliche Anstrengungen in Bereichen einer interkulturell informierten Sexualethik, die einerseits noch einen weiten Weg vor sich hat, um eine beeindruckende Materialfülle vorurteilsfrei zu sichten, und die andererseits nicht davor zurückschrecken muss, sich mit menschenrechtlich orientierten Standards normativ zu positionieren.

Vielleicht sind ja gemischtreligiöse Paare trotz aller Schwierigkeiten mit einer ablehnenden Umwelt die Avantgarde einer kosmopolitischen Ethik. Der britische Regisseur Ken Loach ist dieser Frage in seinem Film *Just a Kiss* (Großbritannien 2004) nachgegangen, ohne zu einer eindeutigen Antwort zu finden. Er erzählt die Geschichte von Casim, einem jungen Mann pakistanischer Herkunft, der als DJ in einer Diskothek in Glasgow arbeitet. Seine Eltern, gläubige Muslime, sind fest entschlossen, ihn mit einer entfernten Cousine zu verheiraten, die mit ihren Eltern nach Schottland anreist. Doch Casim verliebt sich in Roisin, eine moderne und unternehmungslustige Irin, die als Lehrerin an einer katholischen Schule tätig ist. Beide geraten in Konflikt mit den Moralvorstellungen ihrer jeweiligen Gemeinschaft und werden massiv unter Druck gesetzt. Wie viel Druck hält eine solche Liebe aus? Wem steht es zu, sie gegen einen solchen Druck zu schützen? Und falls ihnen eine gemeinsame Zukunft beschieden sein sollte, dürfen wir neugierig sein, welches Modell von Sexualität, Liebe und Religion die beiden tradieren werden. Sehr wahrscheinlich wird es weder das Modell der arrangierten Heirat noch die traditionelle katholische Sexualmoral sein. Loachs Film zeigt die Konflikte und Missverständnisse zwischen den Liebenden und die Zerwürfnisse mit den Menschen in ihrer Umgebung. Die einzige Lösung in der Rückkehr zu den Eindeutigkeiten gemeinschaftsgebundener Moral zu sehen, wäre eine Kapitulation vor den künftigen Aufgaben einer interkulturellen Sexualethik, die als gelebte Wirklichkeit in unseren Einwanderungsgesellschaften schon längst auf den Weg gebracht wurde.

---

[3] *Nussbaum, Martha C.*, Sex and Social Justice, New York 1999.

4.
Konsequenzen

Das Problem der Glaubwürdigkeit kirchlicher Sexualmoral

von Josef Schuster SJ

I. Streiflichter zur Situation

Es steht außer Frage: Die katholische Kirche in Deutschland hat durch Art und Umfang sexueller Übergriffe und Gewalt gegenüber Kindern und Jugendlichen durch Ordensleute und Priester einen gewaltigen Glaubwürdigkeitsverlust erlitten. Das belegen nicht nur die Zahlen derer, die aufgrund der Verbrechen an Kindern und Jugendlichen in Schulen, Internaten und Heimen wie auch Pfarreien die Kirche verlassen haben, das zeigt sich auch in der Reaktion jener, die weiterhin treu zur Kirche stehen wollen, zugleich aber persönlich betroffen sind über das Ausmaß des sexuellen Missbrauchs und sexualisierter Gewalt im Raum der Kirche. In dieser Situation nützt es wenig zu beteuern, dass auch andernorts – in Heimschulen, Sportvereinen und Freizeitheimen – vor allem aber im familiären Umfeld sexueller Missbrauch an Kindern und Jugendlichen verübt wird, denn im kirchlichen Kontext haben solche Vergehen – begangen von Ordensleuten und Priestern – nochmals ihre eigene Bedeutung und Schwere: Es geschieht nicht nur eine schamlose Verletzung des Vertrauens von Kindern, Jugendlichen und Eltern in Priester und Ordensleute[1], es wird bei den Opfern das Verhältnis zu Gott nachhaltig beschädigt, oft gar zerstört. Von ihnen wissen manche zu berichten, dass sie jahrzehntelang keine Kirche mehr betreten konnten, dass sie zum Teil einen Hass gegen Gott selbst entwickelt haben. Ich nehme einmal zugunsten der Täter an, dass sie nicht immer wussten, was sie durch ihr frevlerisches Tun angerichtet haben. Doch inzwischen muss es eigentlich jeder wissen, der Ohren hat zu hören.

In dem Interview, das Papst Benedikt XVI. dem Journalisten Peter Seewald im Sommer 2010 gegeben hat[2], spricht der Papst von

---

[1] *Lütz, Manfred*, Conclusion: Sexual Abuse, Science and the Church, in: *ders., Karl R. Hanson, Friedemann Pfäfflin* (Hrsg.), Sexual Abuse in the Catholic Church. Scientific and Legal Perspectives, Città del Vaticano 2004, 216–219, 216, sieht das Verhältnis in Analogie zur Vater-Kind-Beziehung und qualifiziert den Missbrauch als „something of an incestuous character“.

[2] *Papst Benedikt XVI.*, Licht der Welt. Der Papst, die Kirche und die Zeichen der Zeit. Ein Gespräch mit Peter Seewald, Freiburg, Basel, Wien 2010.

einer großen Krise, von einem „unerhörten Schock“[3], weil gerade von Priestern solche Verbrechen begangen wurden, denen in der Regel ein besonderes Vertrauen entgegengebracht wird. „Dadurch wird der Glaube als solcher unglaubwürdig, kann sich die Kirche nicht mehr glaubhaft als Verkünderin des Herrn darstellen.“[4] Damit ist im Urteil des Papstes die Glaubwürdigkeit der Kirche im Zentrum ihres Sendungsauftrags getroffen. Bischof Stephan Ackermann, Beauftragter der Deutschen Bischofskonferenz für die Missbrauchsfälle, sagte im Rahmen eines Festvortrags anlässlich des Jahresempfangs der Griechisch-Orthodoxen Metropolie:

> „Bei manchen Kommentaren der vergangenen Monate über die katholische Kirche fühlte ich mich erinnert an die mittelalterlichen Darstellungen der ‚Frau Welt‘, jene allegorischen Figuren aus Stein, deren Vorderseite eine verführerisch-anmutige Frau zeigt. Umschreitet man sie und schaut auf ihren Rücken, dann ist dieser übersät von Kröten und Schlangen, Ungeziefer, Eiter und Moder: drastische Symbole der Verdorbenheit. Es scheint, als ob die Missbrauchsthematik gewissermaßen den Blick freigäbe hinter die saubere Fassade der ‚Frau Kirche‘ und ungehindert ihre modrig-abstoßende Kehrseite zeige. Damit ist, in den Augen ihrer Gegner, die Kirche endlich und vollends ihrer verlogenen Scheinheiligkeit überführt. Nichts trifft aber die Glaubwürdigkeit der Kirche härter als der Vorwurf der Verlogenheit und Scheinheiligkeit. Denn ohne Vertrauensvorschuss kann die Kirche ihren Auftrag nicht erfüllen.“[5]

Vielen drängen sich Fragen dieser Art auf: Wie konnte das passieren – durch Priester, die oft jahrzehntelang ihre Arbeitskraft in den Dienst junger Menschen gestellt haben? Und das in Institutionen, die – wie etwa im Falle der Gesellschaft Jesu – über eine jahrhundertealte Tradition im Bereich der Pädagogik und Jugendpastoral verfügen, die für manche andere Orden wie die Kirche insgesamt zum Vorbild wurde. Kann man denn von solchen Einrichtungen nicht erwarten, dass hier Ordensleute, Mitarbeiterinnen und Mitarbeiter nach dem Geist des Evangeliums leben und den ihnen anvertrauten jungen Menschen mit Noblesse, Takt und Diskretion begegnen?

---

[3] Ebd., 40.

[4] Ebd., 42.

[5] „Sancta simul et semper purificanda.“ – Anmerkungen zur Heiligkeit und Sündigkeit der Kirche, Festvortrag am 10. Juni 2010 in Bonn-Beuel, abrufbar unter: http://cms.bistum-trier.de/bistum-trier/Integrale?MODULE=Frontend.Media&ACTION=ViewMediaObject&Media.PK=17706&Media.Object.ObjectType=full, Stand: 26.3.2011.

Eine weitere Frage betrifft Vorgesetzte und kirchliche Obere: Warum hat man, statt die Opfer und mögliche künftige Opfer im Blick zu haben, die Täter von A nach B, von B nach C etc. „verschoben“, ohne deren pädophile Neigung ernst zu nehmen? War es die Scheu, die eigene Institution könnte in ihrem Ansehen beschädigt werden? Das ganz gewiss auch und vielleicht sogar vor allem. War es Hilflosigkeit, wie man eigentlich anders mit den Tätern verfahren solle? Das ganz gewiss auch! War es Uninformiertheit und Naivität im Umgang mit der Frage, ob eine Therapie Pädophilie heilen könne? Zumindest seit mehr als zwei Jahrzehnten konnte man das eigentlich wissen.

Und selbstverständlich müssen sich Orden und Priesterseminare die Frage gefallen lassen, ob denn in der Ausbildung ihres Nachwuchses wirklich auf eine psycho-sexuelle Reifung der Kandidaten genügend geachtet wurde?[6] Natürlich steht niemandem auf der Stirn geschrieben, welche sexuelle Veranlagung und Reifestufe er hat. In diesem Bereich gibt es Grenzen des Wissens und damit auch der Prävention. Und auch hier gilt es, mit Diskretion und Achtung vor der Intimsphäre eines Menschen vorzugehen. Aber nach der Häufung der Missbrauchsfälle unter Ordens- wie Diözesanpriestern muss man wohl nüchtern konstatieren, dass diese Lebensform mit der Aussicht, später intensiver mit Kindern und Jugendlichen in seelsorglichen Kontakt zu kommen, dass diese Erwartung vielleicht auch bewusst oder unbewusst solche anzieht, die eine pädophile Neigung haben.

II. Glaubwürdigkeit und kirchenamtliche Sexualmoral

1. Die kirchliche Sexualmoral: Anspruch und Wirklichkeit

Viele, die sich im Zusammenhang mit dem Missbrauchsskandal in der katholischen Kirche zu Wort gemeldet haben, erheben Anklage gegen die kirchenamtliche Sexualmoral. Manche glauben, einen unmittelbaren Zusammenhang zwischen sexualisierter Gewalt gegen Kinder und Jugendliche und kirchlicher Sexualmoral zu erkennen, andere sehen zumindest einen indirekten. Wieder andere leugnen einen solchen Zusammenhang wie etwa Kardinal Rein-

[6] Vgl. u. a. *Müller, Wunibald*, Verschwiegene Wunden. Sexuellen Missbrauch in der katholischen Kirche erkennen und verhindern. Mit einem Vorwort von Anselm Grün, München 2010, 102–158.

hard Marx, der in einem Interview[7] auf eine entsprechende Frage feststellte:

> „Die Sexualmoral ist doch nicht Ursache des Missbrauchs! Sie ist ein positives Leitbild und zu Unrecht als negative Verbotsethik missverstanden. Wir sehen die erfüllte Sexualität da, wo ein Mann und eine Frau sich endgültig und in Treue einander schenken. Und diese Begegnung ist offen für die Weitergabe des Lebens. Wir als Kirche sind vielleicht der letzte Kämpfer für die romantische Liebe: Du! Für immer!"[8]

Dieser positiven Sicht des Leitbildes der Ehe wie „erfüllter Sexualität" dürfte kaum widersprochen werden. Und es ist in der Tat noch zu früh, einen ursächlichen Zusammenhang zwischen kirchlicher Sexualmoral und sexuellem Missbrauch zu diagnostizieren, denn dazu fehlen erfahrungswissenschaftliche Erhebungen und deren Auswertung.[9] Deshalb gilt es der Versuchung zu widerstehen, im Kontext des Missbrauchsskandals ein generelles Unbehagen an der kirchenamtlichen Sexualmoral so zu artikulieren, dass der Anschein erweckt wird, hier über klare kausale Zusammenhänge aufklären zu können. Denn dann wäre auch zu erklären, warum in reformpädagogischen Einrichtungen wie der Odenwaldschule oder generell im familiären Kontext die Missbrauchsrate vergleichsweise ungleich höher anzusetzen ist als in katholischen Schulen, Internaten und Pfarreien. Dort agieren weder zölibatär lebende Personen noch von kirchlicher Sexualmoral „indoktrinierte" Familienväter, Onkel oder Freunde. Ebenso wenig statthaft ist es, in einer liberalen bis libertären Sexualmoral die Missbrauchsursache zu sehen. Die kirchliche Sexualmoral hat auch unabhängig vom sexuellen Missbrauch durch Ordensleute und Priester ihre Glaubwürdigkeitskrise.

Steht also das Ideal der von Kardinal Reinhard Marx skizzierten Ehe nicht generell in Frage, so doch die Exklusivität dieser Position, denn nach kirchenamtlicher Lehre hat die volle sexuelle Gemeinschaft von Mann und Frau *einzig und allein* in der Ehe ihren legitimen Ort. An dieser Stelle zeigt sich ein Glaubwürdigkeitsproblem: Es dürfte kaum Priester bzw. Diakone in Westeuropa und Nordamerika geben, die in den letzten zwanzig Jahren

---

[7] Frankfurter Allgemeine Sonntagszeitung Nr. 46 vom 21.11.2010, 8: „Wir sind der letzte Kämpfer für die romantische Liebe", Interviewer: *Daniel Deckers* und *Philip Eppelsheim*.

[8] Ebd.

[9] Auf dieses Desiderat verweist auch *Goertz, Stephan*, Sexuelle Gewalt als individuelle Sünde gegen das sechste Gebot!?, in: *ders.*, *Herbert Ulonska* (Hrsg.), Sexuelle Gewalt. Fragen an Kirche und Theologie, Münster 2010, 127–146, 133.

Paare kirchlich getraut haben, die nicht vorher über eine gewisse Zeitspannc zusammen gelebt und volle sexuelle Gemeinschaft miteinander hatten. Der Hinweis, dass auch in früheren Zeiten Paare vor der Heirat sexuell miteinander verkehrt haben, hilft nicht weiter, denn zu früheren Zeiten lebten diese Paare in der Regel nicht vor der Ehe zusammen, hatten vielfach zudem noch ein schlechtes Gewissen und betrachteten ihr Verhalten deshalb als Gegenstand der persönlichen Beichte, während inzwischen die meisten Paare diese „voreheliche" Lebensform aus Überzeugung wählen. Selbst von deren christlichen Eltern ist zu hören, dass sie nicht nur diese Lebensform billigen, sondern selber froh gewesen wären, wenn „das" zu ihrer Zeit auch möglich gewesen wäre. Es handelt sich also nicht nur um ein faktisches Verhalten, sondern in vielen Fällen um gelebte Überzeugungen[10] dieser Paare wie z. T. auch deren Eltern. Wenn man diese voreheliche Lebensform, die von vielen nicht unverbindlich, sondern durchaus in Treue zueinander gelebt wird, einfach *nur* als Bindungsscheu deklariert, die dem Zeitgeist geschuldet sei, übersieht man die positiven Elemente von Treue, Verlässlichkeit und der Bereitschaft, Verantwortung füreinander zu übernehmen. Wie soll man solchen Paaren vermitteln, dass „vorehelich" alles schlecht sein soll, was „ehelich" dann als „erfüllte Sexualität" gilt?

Wer solche Überlegungen und Nachfragen vor dem Hintergrund kirchenamtlicher Lehre nicht gelten lassen kann, der muss zumindest konstatieren, dass die Schere zwischen Lehre und gelebter Wirklichkeit inzwischen so weit aufgegangen ist, dass moralische Forderung und gelebte Wirklichkeit kaum mehr etwas miteinander zu tun haben. Man mag es drehen und wenden, wie man will: Dieses Glaubwürdigkeitsproblem ist offenkundig. Denn es handelt sich bei diesen Paaren ja keineswegs nur um solche, die sich bereits von der Kirche abgewandt haben und die man deshalb irgendwie doch „abschreiben" müsste. Auf diese Weise kann man sich freilich jeder kritischen Anfrage entziehen.

Dabei ist die Moraltheologie keineswegs sprachlos geblieben, wenn es darum geht, Sinn und Bedeutung der Ehe von der Anspruchswirklichkeit personaler Liebe her zu begründen. Sie hat dies getan, ohne abzuwerten, was an Sinngehalten dieser Liebe bereits vorehelich verwirklicht wird.

---

[10] Vgl. zu diesem Terminus u. a. *Korff, Wilhelm*, Norm und Sittlichkeit. Untersuchungen zur Logik der normativen Vernunft, Mainz 1973, 139; *Fraling, Bernhard*, Normfindung in der Kirche, in: *Wilhelm Ernst* (Hrsg.), Grundlagen und Probleme der heutigen Moraltheologie, Leipzig 1989, 152–172, bes. 167–172.

Ausgehend von der Frage nach den humanen Sinngehalten der Sexualität und der Erhebung fundamentaler Werte der Ehe als Lebensform und Institution werden Dringlichkeiten der Zuordnung und Pflege der gegenseitigen Beziehungen auf partnerschaftlicher Basis, der Stellung der Frau in der Ehe etc. erörtert. Nicht die moralische Bewertung einzelner sexueller Handlungen in der Ehe leitet das Interesse, sondern die Erfordernisse an die Kultivierung der erotisch-sexuellen Beziehungen als Ausdrucksform ehelicher Liebe. In diesen Kontext gehört die Forderung Dietmar Mieths, das erotische Band bedürfe der Befestigung durch den ethischen Bund[11].

> „Unser Argument ist hier, dass ein erotisches Band ohne menschengerechte Verankerung auf einen zeitgebundenen Austausch der jeweils vorhandenen Bedürfnisse nach Verlängerung der eigenen Identität hinausläuft und damit im Grunde an den beteiligten Individuen selbst orientiert bleibt. Der Mehrwert einer Beziehung ist jeweils ein individueller Mehrwert. Die eigentlich soziale Dimension bleibt hier ausgeklammert. Damit wird das Gefälle der Geschlechtlichkeit über das Individuum hinaus nicht voll realisiert. Es scheint daher, dass ein Ethos, das eigenes Glücken nur unter dem Aspekt des Glückens des anderen zu begreifen vermag, notwendigerweise immer wieder auf das Modell der Ehe als angemessene geschlechtliche Lebensform zurückkommen muss.“[12]

In diesem Zusammenhang wird die Frage nach der sittlichen Bewertung nicht-ehelicher Lebensgemeinschaften erörtert. Rolf Ginters begründet den Vorrang der Ehe gegenüber anderen Formen der Geschlechtsgemeinschaft folgendermaßen:

> „Der Sinn der Ehe kann wie der jeder Institution nur darin liegen, dass sie denjenigen, die sich in sie hineinstellen oder sich ihrer bedienen, dazu verhilft, ihre Aufgaben besser zu erfüllen. Vermutlich wird die Bedeutung der Ehe als einer hilfreichen Institution deswegen häufig übersehen, weil man nicht wahrnimmt, dass sie im wesentlichen nichts anderes als die Zusammenfassung einer ganzen Reihe von Regelungen darstellt, die getroffen werden sollten, wenn man tatsächlich ernsthaft gewillt

---

[11] Nach *Gruber, Hans-Günter*, Christliche Ehe in moderner Gesellschaft. Entwicklung – Chancen – Perspektiven, Freiburg ^{2}1995, 288, ist die Liebe „in ethischer Hinsicht das bestimmende Moment. Sie prägt die Ehe in ihrer ethischen Gestalt […] Sie ist aber nicht deren Wesenskonstitutivum oder grundlegendes Ziel; sie ist kein Sinngehalt der Ehe. Mit anderen Worten: Die Ehe ist kein Bund der Liebe, sondern ein Bund in Liebe; sie ist keine Liebesgemeinschaft, sondern eine Gemeinschaft in Liebe.“

[12] *Mieth, Dietmar*, Ehe als Entwurf. Zur Lebensform der Liebe, Mainz 1984, 24.

ist, Verantwortung füreinander zu übernehmen. Was müßte geschehen, wenn zwei Partner in der beschriebenen Weise ernsthaft entschlossen sind, für ihr Leben in guten und in bösen Tagen zueinander zu stehen? Sie müßten Regelungen treffen, etwa für den Fall des Todes, für den Fall, dass Kinder geboren werden, auch für den Fall des möglichen Scheiterns ihrer Beziehung. Diese Regelungen sollten selbstverständlich nicht nur für sie privat – selbst dann noch, wenn sie anderen Sinnes würden –, sondern auch nach außen hin für andere verbindlich sein. In einer sogenannten Ehe ohne Trauschein wäre demnach, wenn sie verantwortlich füreinander und für die Kinder gelebt würde, eine Vielzahl von festen vertraglichen Regelungen zu vereinbaren. Dies liefe aber mehr oder weniger auf genau das hinaus, was in Kurzform beim Eheabschluß geschieht."[13]

Ginters weist im Folgenden auf die geschichtliche und kulturelle Leistung der Ausbildung der Institution Ehe hin. In ihr versammeln sich die Erfahrungen vieler Generationen, die trotz allen möglichen und tatsächlichen Scheiterns ihren Sinn behaupten, dass in dieser Lebensform menschliche Geschlechtsgemeinschaft glücken kann und dass sie im Vergleich zu anderen geschlechtlichen Lebensformen den Sinn geschlechtlicher Liebe zwischen Personen am besten wahrt, wenn sie auch nicht einfach das Scheitern eines solchen Lebensentwurfs ausschließen kann. Wer das anerkennt, ist auch selber gehalten, das ihm Mögliche zu tun, damit die Ehe an nachkommende Generationen weitergegeben wird. Wer allerdings glaubt, in dieser Frage über die bessere Einsicht zu verfügen, der trägt gegenüber dem Lebenswissen vieler Generationen die Beweislast, dass in seinem Entwurf all jene Werte und Sinnbezüge integriert sind, die bei gerechter Beurteilung der Ehe nicht abgesprochen werden dürfen. Als Einwand können allerdings Lebensformen nicht gelten, die die Werte der Ehe weit unterbieten – so etwa der Hinweis, in Lebensgemeinschaften ohne Dokumente sei eine Trennung der beiden Partner bei einem Scheitern leichter, oder in ihnen könne man die eigene Unabhängigkeit besser wahren, weil der andere sich meiner eben nicht sicher wähnen könne.

Als moralische Regel schlägt Ginters vor:

„Eine auf Lebenszeit gewollte partnerschaftliche Beziehung sollte *in der Regel* auch in der Form der förmlichen Ehe gelebt

---

[13] *Ginters, Rudolf,* Werte und Normen. Einführung in die philosophische und theologische Ethik, Göttingen, Düsseldorf 1982, 101f.

werden. Die Behauptung einer solchen Norm schließt selbstverständlich nicht aus, dass man einige Regeln oder Bestimmungen der überkommenen Institution Ehe für überholt und reformbedürftig hält. Doch die Ablehnung bestimmter Einzelregelungen schließt nicht die Ablehnung der Institution als solcher ein – ein häufig vorkommendes Mißverständnis."[14]

Im Zuge einer deutlich erkennbaren Privatisierung sexueller Beziehungen, in der das Fundament dieser Beziehungen vornehmlich in der Echtheit und Stärke der gegenseitigen Gefühle lokalisiert wird, in der die Institutionalität der Ehe mit Besitzdenken, Sicherheitsdenken, Routine, Verlust gegenseitigen Umeinander-Werbens, Verlust von Fantasie und Spontaneität konnotiert wird, darf sich die Theologie nicht einfach auf eine apologetische Position zurückziehen. Sie hat zu berücksichtigen, dass in den geschlechtlichen Beziehungen häufig eine Kompensation für die vielfältige Beschneidung des persönlichen Freiheitsraumes gesehen wird. Wenigstens die intimen Beziehungen sollen von gesellschaftlichen Normierungen und institutionalisierten Regelungen frei bleiben. Sie hat ferner die Subjekthaftigkeit des Handelns ernst zu nehmen, dem auch das Moment der Unverwechselbarkeit zugehört. Sie hat herauszustellen, dass gegenseitiges Sich-Schenken eine geschlechtliche Lebensgemeinschaft konstituiert und nicht die Selbstaufgabe eines Partners. Die Institution Ehe bietet dafür Rahmen und Stütze, damit die Erwartungen aneinander auch in Zukunft verlässlich bleiben und nicht an eine momentane Faszination gebunden werden.

„Die Institution ist theologisch gesehen die Chance, frei von Trennungsangst und Zwängen, aber auch frei von dem Gefühl der Überforderung angesichts der eigenen Brüchigkeit dem Partner Treue und Annahme auch für die Zukunft zuzusprechen. Sie schafft nicht totale Sicherheit, aber sie ist die Art und Weise, wie Menschen, die sich einander anvertrauen, Verlässlichkeit gewähren können."[15]

Bei aller Pluralität der Formen wissen wir, dass es in wirklicher Liebe stets um das Ganze der Liebenden geht – ihrer Person wie ihrer Zeit. Jede Form der Liebe wird sich darum fragen lassen müssen, ob sie jenen Raum der Rückhaltlosigkeit und Vorbehaltlosigkeit miteinander gestalten will, in dem Liebe wirklich ohne Angst sie selber

---

[14] Ebd., 105.

[15] *Hilpert, Konrad*, Partnerschaftliche Beziehungen. Liebe, Ehe, Familie in theologischer Literatur 1980–1985 – Bilanz und Perspektiven, in: Katechetische Blätter 110 (1985) 806–816 u. 970–978, 813.

sein kann. Die innere Dynamik der Vorzugsliebe zwischen zwei Menschen spricht für die Ehe als Lebensform dieser Liebe.

2. Sexualmoral und gestörte innerkirchliche Kommunikation

Marianne Heimbach-Steins kommt in ihrer kurzen Analyse des Missbrauchsskandals in der katholischen Kirche zu dem Ergebnis:

> „Es gibt einen Zusammenhang zwischen dem restriktiven Umgang mit menschlicher Sexualität, im Besonderen auch mit der Homosexualität, in der kirchlichen Lehre und dem Fehlen einer Kultur der Kommunikation über Leiblichkeit, Intimität und Sexualität mit der Problematik sexueller Gewalt. Denn sie können die Prozesse sexueller Reifung und die Befähigung zur Intimität für kirchlich gebundene Menschen beeinträchtigen […]“[16]

Heimbach-Steins spricht in diesem Kontext das Problem an, dass im katholischen Binnenraum kaum offen über strittige Fragen der kirchlichen Sexualethik gesprochen werden kann, so dass gerade dieses Hemmnis auch eine gesunde Entwicklung der Sexualität bei jungen Menschen behindern kann, die sich der Kirche verbunden wissen. Auch im Religionsunterricht, in der Sakramentenkatechese wie in der katholischen Erwachsenenbildung herrscht vielfach eine auffallende Ratlosigkeit bei den Verantwortlichen, *wie* Themen der Sexualmoral anzusprechen sind, da – so die häufig gehörte Auskunft – die kirchenamtliche Sexualethik auf Unverständnis, Desinteresse oder offene Ablehnung stoße.[17] Ein Orientierungsbedürfnis sei zwar erkennbar, aber die Antworten der lehramtlichen Texte gingen häufig an der Lebenswirklichkeit und dem Verständnishorizont junger wie älterer Christen vorbei.

Die christliche Tugend des Freimuts, der Parrhesia, scheint gerade in Sachen Sexualität von Seiten des kirchlichen Lehramtes nicht gerade geschätzt zu werden, was Konflikte von Theologen mit der Glaubenskongregation in diesen Fragen hinlänglich belegen, noch scheint sie bei uns Theologen auf diesem Feld besonders

---

[16] Tabubruch: Zum Umgang mit sexuellem Missbrauch in Kirche und Gesellschaft, in: ICEP argumente 6/2 (2010) 1f., 2 Sp. 2.

[17] Man vergleiche hierzu *Sekretariat der Deutschen Bischofskonferenz* (Hrsg.), Frauen und Kirche. Eine Repräsentativbefragung von Katholikinnen (= Arbeitshilfen 108), Bonn 1993. Zur Frage der Empfängnisverhütung kommt die Untersuchung zu dem Ergebnis, dass bei den befragten Frauen die generelle Auffassung herrsche: „Sexualität [wird] von der Kirche nicht bejaht und als Bestandteil eines erfüllen Lebens akzeptiert […], sondern ausschließlich unter dem Gesichtspunkt der Fortpflanzung gebilligt […]“ (120) Bei der Frage, welche Positionen das Verhältnis zur Kirche am meisten belastet, stand 1993 die Empfängnisverhütung an erster Stelle (vgl. ebd., 114).

ausgeprägt zu sein, was seinen Grund auch in der Furcht vor Auseinandersetzungen und Sanktionen haben dürfte.[18]

Konrad Hilpert kommt zu einer ähnlichen Einschätzung: Die disziplinäre Überregulierung sexueller Verhaltensweisen verhindert die Lösung „der mit der Sexualität zusammenhängenden drängenden Probleme“, weil es im Raum der Kirche für Theologen „riskant“ ist, Fragen dieser Art offen anzusprechen und nach Lösungen zu suchen.[19]

3. Naturalistische Tendenzen und notwendige Korrektur

Die Tradition der kirchlichen Sexualmoral ist seit der Vätertheologie auf die „Zeugung und Erziehung von Nachkommenschaft“ fokussiert. Demgegenüber rangierte bis in die lehramtlichen Verlautbarungen der ersten Päpste des 20. Jahrhunderts die Treue bzw. Gattenliebe als nachgeordneter Ehezweck im Sinne eines „remedium concupiscentiae“. Natürlich ist nicht zu bestreiten: Mann und Frau unterscheiden sich in biologischer Hinsicht u. a. darin, dass nur die Frau ein Kind empfangen und zur Welt bringen kann. Die biologisch-physiologischen Unterschiede bei Mann und Frau sind als Voraussetzungen für das Fortpflanzungsgeschehen vorgegeben, aber sie haben als Vorgabe und Aufgabe gerade nicht notwendigen Charakter.

> „Diese Vor-Gabe bedeutet […] auch schon von hierher gesehen gerade nicht die Notwendigkeit konkreter Erfüllung im Sinne aktueller, faktisch individueller (!) Fortpflanzung des eigenen menschlichen Seins, um erst auf diese Weise wirklicher Mann, wirkliche Frau und daher wirklicher Mensch zu werden und zu sein.“[20]

Der Mensch kann sich zwar nur als Mann und Frau in seinem Menschsein verwirklichen, was aber nicht bedeutet, dass er dies nur im Vollzug seiner sexuellen Potenzen im engeren Sinne könne. Auch in der nicht-sexuellen Begegnung von Mann und Frau kommen nicht einfach geschlechtslose Personen zusammen.

---

[18] Die letzte deutschsprachige Monografie im Sinne eines Handbuchs ist vor 16 Jahren erschienen: *Fraling, Bernhard*, Sexualethik. Ein Versuch aus christlicher Sicht, Paderborn u. a. 1995. Nicht verschwiegen sei, dass es Einzeluntersuchungen zu speziellen Fragen wie auch zahlreiche Artikel in Sammelbänden und Zeitschriften zu sexualethischen Fragen gegeben hat.

[19] *Hilpert, Konrad*, Ein systemisches Problem? Sexueller Missbrauch und die Sexuallehre der Kirche, in: Herder-Korrespondenz 64 (2010) 173–176.

[20] *Schulte, Raphael*, Sein und Verwirklichung menschlicher Geschlechtlichkeit. Ein theologischer Versuch, in: *Norbert A.Luyten* (Hrsg.),Wesen und Sinn der Geschlechtlichkeit, Freiburg, München 1985, 301–372, 338.

Nach biblischem Zeugnis (vgl. vor allem Gen 2) sind Mann und Frau zunächst und vor allem füreinander geschaffen. Helfer und Hilfe (Gen 2,18) sollen sie einander sein. Mann und Frau verbinden sich denn auch erstlich nicht zum Zwecke der Zeugung von Kindern, sondern weil sie sich lieben. Aber ihrer gemeinsamen Liebe eignet Offenheit für die Zukunft, wenn sie in Kindern wie auch im Engagement für andere fruchtbar wird. Wo diese Offenheit prinzipiell ausgeschlossen wird, wird Liebe um die Dimension ihrer Fruchtbarkeit gebracht.

Mann und Frau sind von Gott her einander gegeben. Sie sollen sich nicht in eins auflösen – das bedeutet das Ein-Fleisch-Werden (Gen 2,24; Eph 5,31) gerade nicht –, sondern so eins werden, dass darin auch ihre Unterschiedenheit nicht als Unglück und Strafe, sondern als Reichtum des anderen erfahren und anerkannt wird. Freilich kann der bzw. die andere auch als fremd und bedrohlich erlebt werden. Deshalb sind die Versuche verständlich, die die Unterschiede entweder auf den „kleinen Unterschied" reduzieren oder aber so bändigen wollen, dass ein Geschlecht über das andere dominiert, was bisher vor allem die Männer für sich theoretisch wie praktisch usurpierten.

Dieser Versuchung kann einzig die Liebe zwischen Mann und Frau widerstehen. Sie wird

> „die höchste Wahrnehmung der Differenz enthalten, Erkennen, Anerkennen und Lust am Sein des Anderen sein, gewiss ein Sieg über die trennende Fremde, aber in der Freude der seinlassenden Übereinkunft, nicht in der gegenseitigen Vernichtung zugunsten einer Einheit, die vom Nichts kaum unterschieden werden kann"[21].

Damit wird gegen alle Verdächtigung, Verdrängung und vermeintliche Domestizierung der Geschlechterdifferenz festgehalten, dass es wirklich gut ist, dass es den Menschen als Mann und Frau gibt. Und dies gilt auch gegenüber dem gestörten Verhältnis der Geschlechter zueinander in der Gegenwart. Zwar wissen Statistiken viel von körperlicher Nähe der Geschlechter zu berichten, doch die moderne Literatur – wenn sie einmal als Seismograf der „Zeichen der Zeit" gelten darf – spricht auch von körperlicher Nähe ohne seelische Nähe. Die Männer und Frauen, von denen in ihr erzählt wird, finden kaum Zeit zum Verlieben, weil es sehr rasch von einem Bett ins andere geht. „Körperfreunde" (so *Botho*

---

[21] *Bachl, Gottfried*, Der beschädigte Eros. Mann und Frau im Christentum, Freiburg, Basel, Wien 1989, 38.

Strauß[22]) agieren da, „Stundengeliebte", die sich auf „clean sex" verstehen, die aber nicht einander verstehen. Auffallend häufig finden sich die Metaphern „Kälte" und „Fremdheit" zur Charakterisierung dieser sogenannten Beziehungen. Ehe scheint nicht ein Duett zu sein, sondern eher ein Duell, ein Stellungskrieg, in dem der Kampf der Geschlechter faktisch weitergeht, wenn er auch in Theorie und öffentlicher Bekundung angeblich einem partnerschaftlichen Verhältnis zueinander gewichen sei.

III. Verschwindet die Sexualmoral?

In modernen westlichen Gesellschaften haben wir gewiss kein Zuviel an Sexualmoral. Wer dies behaupten wollte, der ist blind für die Realitäten. Der Sexualwissenschaftler und Therapeut Gunter Schmidt[23] konstatiert, dass nach dem Diskurs über Sexualverbote und deren Aufhebung in den sechziger und siebziger Jahren in den achtziger Jahren der sogenannte „equal rights" Diskurs hinzugekommen sei. In ihm geht es vor allem um Selbstbestimmung (Autonomie). Schmidt charakterisiert ihn folgendermaßen:

> „Dieser Diskurs bringt einen neuen Sexualkodex hervor, einen Kodex, der nicht alte Verbote neu installieren will, sondern der den sexuellen Umgang friedlicher, kommunikativer, berechenbarer, rationaler verhandelbar, herrschaftsfreier machen oder regeln will."[24]

Nicht mehr die Studenten wie in den sechziger und siebziger Jahren sind die Hauptakteure im Sexualdiskurs, sondern jetzt sind es die Frauen bzw. die Frauenbewegung.

Der Selbstbestimmungsdiskurs nahm seinen Ausgang beim Thema sexuelle Gewalt in ihren verschiedenen Erscheinungsformen: Vergewaltigung, Pornografie, sexuelle Belästigung, sexueller Missbrauch in Werbung und Massenmedien. Derzeit wird sexuelle Gewalt und Herrschaftsausübung zu einem öffentlich diskutierten Thema. Diese Auseinandersetzung, bei der die Männer in der Regel nur am Rande mitreden, wirkt sich auf die alltäglichen sexuellen Umgangsformen aus und schafft einen neuen Moralkodex. Die negativen Seiten der Sexualität werden viel schärfer auch öffent-

---

[22] Paare, Passanten (dtv 10250), München 1984 (zuerst 1981).

[23] *Schmidt, Gunter*, Das Verschwinden der Sexualmoral. Über sexuelle Verhältnisse, Hamburg 1996.

[24] Ebd., 8.

lich konturiert, als dies zu früheren Zeiten der Fall war. Freilich besteht die Gefahr, dass der Gewaltbegriff derart inflationär verwendet wird, dass er seinen Gehalt verliert. Wenn schon taxierende Blicke, Bemerkungen über das Aussehen und Pfiffe unter die Rubrik „sexuelle Gewalt“ fallen, dann besteht die Gefahr, dass die tatsächlich recht häufig vorkommende sexuelle Gewaltanwendung im engeren Sinne banalisiert wird.

Diese Debatte sensibilisiert und motiviert zur Selbstkontrolle. Die Verunsicherung will bewältigt werden. Die Lösung scheint in der wechselseitigen Absprache und ausdrücklichen Zustimmung für alle sexuellen Aktionen zu liegen. Gunter Schmidt interpretiert diese Entwicklung als „*Abschaffung der Sexualmoral*“, die durch eine „Interaktions- oder Verhandlungsmoral der Partner“ ersetzt wird. „Der ausdrückliche verbale Konsens, die Forderung nach ratifiziertem Sexualverhalten ist zentrale Kategorie der Interaktionsmoral“[25], die auch als Konsensmoral bezeichnet worden ist. In ihr geht es nicht wie in der Sexualmoral um die Bewertung bestimmter sexueller Handlungen und Praktiken, sondern einzig und allein um die Art und Weise ihres Zustandekommens: „Ob hetero-, homo- oder bisexuell, ehelich oder außerehelich, genital, anal oder oral, zart oder ruppig, bieder oder raffiniert, sadistisch oder masochistisch – all das ist moralisch ohne Belang. Von Belang ist, dass es *ausgehandelt* wird.“[26]

Die Konsequenz ist u. a., dass die Maßstäbe für sexuelles Verhalten verschwinden. Heterosexualität – in christlicher Sexualmoral Grundnorm – wird zu einem von vielen möglichen Sexualstilen. Sexuelle Perversionen avancieren ihrerseits zu Varianten der Sexualität, die sich medial in breiter pseudowissenschaftlicher Volksaufklärung mit hohen Einschaltquoten verbreiten lassen. Zumindest im massenmedial verbreiteten Diskurs scheint alles möglich zu sein, wenn beide oder auch viele Partner dem zustimmen, „was laufen soll“. Inzwischen ist das Internet zur weltweit größten Börse für sexuelle Praktiken aller Art geworden. Hier muss dann nichts mehr verhandelt werden, sondern es wird gezahlt und man bleibt dann ganz für sich allein.

„Reine Beziehung“ nennt der britische Soziologe Anthony Giddens[27] die derzeitigen Sexualverhältnisse. Das trifft aber nicht mehr generell zu! Was bisher bereits von homosexuellen oder les-

---

[25] Ebd., 11.

[26] Ebd., 12.

[27] *Giddens, Anthony*, Modernity and Self Identity. Self and society in the late modern age, Cambridge 1992.

bischen Paaren praktiziert wurde, bestimmt zunehmend auch das Zusammenleben heterosexueller Paare. „Rein“ bedeutet in diesem Zusammenhang, dass diesen Beziehungen keine gemeinsamen Projekte oder auch Institutionen wie etwa Ehe und Familie zugrunde liegen, sondern dass sie lediglich um ihrer selbst willen eingegangen werden. „Die Beteiligung der einzelnen Menschen an der Bestimmung der Bedingungen des Umgangs miteinander – genau dies ist es, was das Ideal der reinen Beziehung meint.“[28]

Die Dauer des Zusammenbleibens bestimmt das emotionale Wohlbefinden. Es ist ebenfalls ein Kennzeichen der reinen Beziehungen, dass auch darüber eine Verabredung zu treffen ist, ob sie „monogam“ sein sollen oder auch nicht.

Was zunächst als Beschreibung eines Trends sexueller Verhältnisse erscheint, wird bei Giddens jedoch unter der Hand zur moralischen Norm der Neustrukturierung des persönlichen Lebens. Er nennt es auch ein „Programm für die Demokratisierung des alltäglichen Lebens“[29]. Demokratisierung der Sexualität impliziert einen „radikalen Pluralismus“ der Formen der Intimität. Die einzigen Grenzen für sexuelle Aktivität sind jene des Prinzips der Autonomie, d. h. Verstöße gegen die ausgehandelten Normen der „reinen Beziehung“.

Sexualität ist modellierbar und ihr einziges Kriterium neben wechselseitiger Vereinbarung ist ihre Übereinstimmung mit dem Entwurf der eigenen Identität. „Daher wird zum Beispiel nicht notwendigerweise episodische Sexualität verboten, jedenfalls nicht solange, wie das Prinzip der Autonomie und andere damit verbundene demokratische Normen allen Seiten gewährt werden.“[30]

Allein diese wenigen Hinweise machen deutlich, wie dringlich eine Antwort auf die Frage ist, ob Sexualität einzig und allein in ihrem Sinngehalt durch die autonomen Zielsetzungen einzelner bzw. von Paaren bestimmt werden kann. D. h. zunächst einmal: Es ist kritisch zu hinterfragen, ob der freie Konsens der Beteiligten das einzige Kriterium einer verantworteten Sexualität darstellt[31] oder ob sich aus den anthropologischen Sinnbezügen menschlicher Sexualität vor dem Hintergrund grundlegender moralischer Prinzipien wie Menschenwürde, Wohl der Person, Autonomie, repro-

[28] *Ders.*, Wandel der Intimität. Sexualität, Liebe und Erotik in modernen Gesellschaften, Frankfurt 1993, 205.

[29] Ebd., 109; vgl. auch 199–219 (Intimität als Demokratie).

[30] Ebd., 110.

[31] Bereits *Comfort, Alex*, Der aufgeklärte Eros. Plädoyer für eine menschenfreundliche Sexualmoral, München 1964, forderte als Maßstab für sexuelles Verhalten gegenseitige Rücksichtnahme.

duktiver Funktion und sozialer Verantwortung moralische Kriterien gewinnen lassen, die sexuelles Verhalten normieren und für die freie Übereinkunft ihrerseits maßstäblich bleiben.

Diese wenigen Hinweise mögen genügen, um deutlich werden zu lassen, warum kirchliches und theologisches Reden über Sexualität zunehmend schwieriger wird. Ein weiterer Hinweis mag diesen Befund noch erhärten. Ich darf hier einmal das Soziologenehepaar Ulrich Beck und Elisabeth Beck-Gernsheim zitieren:

> „Was Familie, Ehe, Elternschaft, Sexualität, Erotik, Liebe ist, meint, sein sollte oder sein könnte, kann nicht mehr vorausgesetzt, abgefragt, verbindlich verkündet werden, sondern variiert in Inhalten, Ausgrenzungen, Normen, Moral, Möglichkeiten am Ende eventuell von Individuum zu Individuum, Beziehung zu Beziehung, muß in allen Einzelheiten des Wie, Was, Warum, Warum-Nicht enträtselt, verhandelt, abgesprochen, begründet werden, selbst wenn auf diese Weise die Konflikte und Teufel, die in allen Details schlummern und besänftigt werden sollen, aufgeweckt und entfesselt werden. Die Individuen selbst, die zusammenleben wollen, sind oder, genauer: *werden* mehr und mehr die Gesetzgeber ihrer eigenen Lebensform, die Richter ihrer Verfehlungen, die Priester, die ihre Schuld wegküssen, die Therapeuten, die die Fesseln der Vergangenheit lockern und lösen. Aber auch die Rächer, die Vergeltung üben an erlittenen Verletzungen. Liebe wird eine Leerformel, die die Liebenden selbst zu füllen haben, über die sich auftuenden Gräben der Biographien hinweg – auch wenn dabei der Schlagertext, die Werbung, das pornographische Script, die Mätressenliteratur, die Psychoanalyse Regie führen.“[32]

Es scheint, dass die durch Wissenschaft und Technik möglich gewordene Weltgestaltung auch das Bewusstsein von den Möglichkeiten eigener Selbstgestaltung geweckt hat – einer Selbstgestaltung, die sich nicht mehr an die Vorgaben einer gottgewollten und von der Kirche interpretierten Ordnung hält, sondern ihr Lebensprojekt nach eigenen Maßstäben entwirft. Natürlich ist diese Charakterisierung *idealtypisch*, denn viele folgen, nachdem sie sich vom Joch der sogenannten christlich-bürgerlichen Moral befreit haben, den Vorgaben gesellschaftlicher Trends und Moden, die sich mit der Aura von Emanzipation, Autonomie und Zeitgemäßheit umgeben. Das Diktat solcher Trends und Moden wird in der Regel nur deshalb nicht als lastend und einschränkend erfah-

[32] *Beck, Ulrich, Beck-Gernsheim, Elisabeth*, Das ganz normale Chaos der Liebe, Frankfurt a.M. 1990, 13.

ren, weil die Formen möglicher Lebensweisen so vielgestaltig und bunt erscheinen wie die Auslagen in unseren Warenhäusern.

Volkmar Sigusch spricht, um den Übergang von der „Sexuellen Revolution" der sechziger und siebziger Jahre zu anderen Form der Sexualität zu markieren, von „Neosexualitäten"[33] bzw. von „Sexuelle[n] Welten"[34]. Das Programm der „sexuellen Revolution" ist abgearbeitet und in Hedonismus, Enttäuschung und annähernder Gleichberechtigung sexueller Minderheiten gemündet. Derzeit geht es nicht mehr um Befreiung von Bevormundung, um Ausbruch und Erfüllung, sondern um Problematisierung und Identität, also um soziale Geschlechterrollen, um den gleitenden Übergang zwischen Mann und Frau, zwischen Hetero- und Homosexualität.

Das Klima des Sexuellen ist nicht von Lust, sondern von Angst bestimmt: Vergewaltiger, Kinderschänder, Perverse, HIV-Ansteckungsgefahr, Gewalt sind zumindest in der Öffentlichkeit vorrangige Themen.

Siguschs Charakterisierungen dieser verschiedenen Entwicklungen sind ambivalent. Auf der einen Seite preist er die größere Variationsbreite sexueller Ausdrucksformen bis hin zu einer (Quasi-)Rehabilitierung perverser Praktiken – jedenfalls will er moralische Bewertungen in diesem Bereich ganz heraushalten –, auf der anderen Seite beklagt er eine zunehmende Kommerzialisierung des Sexuellen, stellt ganz im Tenor der „alten" Frankfurter Schule deren Warencharakter an den Pranger seiner Kulturkritik. In beiden Werken werden der kenntnisreiche Sexualwissenschaftler und der Kulturkritiker aus Horkheimerschem Erbe nicht genügend auseinandergehalten, so dass der Leser oft nicht weiß, welche Erkenntnisse sich welcher „Seele" in Sigusch verdanken.

IV. Rehabilitierung des Eros

Die christliche Tradition wie die Gegenwart haben eine Rehabilitierung des Eros dringend nötig, damit „Kinderkriegen" wie sexuelle Begegnung nicht zum seelenlosen Geschäft verkommen, bei dem auch das Wort ‚Liebe' mit ‚machen' assoziiert auf Techniken der An-mache und des gegenseitigen Benutzens reduziert wird.

Für die Theologie aber muss gelten, dass sie nicht an der Gutheit der Schöpfung festhalten kann, wenn sie das Element ero-

---

[33] *Sigusch, Volkmar*, Neosexualitäten. Über den kulturellen Wandel von Liebe und Perversion, Frankfurt 2005.

[34] *Ders.*, Zwischenrufe eines Sexualforschers, Gießen 2005.

tischer Liebe für untauglich erklärt, zum Symbol der Hoffnung gegen alle Entfremdung werden zu können.

Als Versuch einer Rehabilitierung des Eros kann die Enzyklika Benedikts XVI. *Deus caritas est*[35] gelesen werden. Im Zentrum steht die Frage, ob Eros und Agape unter christlichen Vorzeichen miteinander versöhnt werden können. Der Papst bemüht sowohl die Literatur der Antike und aus Neuzeit und Gegenwart Descartes und Nietzsche wie aus christlicher Perspektive die Schriften des Alten und Neuen Testaments und die einschlägige Vätertheologie, um diese Frage zu beantworten. Der erste Teil der Enzyklika greift eine theologische Debatte auf, die durch den lutherischen Theologen Anders Nygren entfacht wurde, der in den 1930er Jahren eine Studie mit dem Titel „Eros und Agape"[36] veröffentlichte. Darin ging es um die Frage, ob die erotische Dimension im Christentum einen Platz hat oder ob die christliche Agape eine blutleere Wirklichkeit in einer Sonderwelt, Nebenwelt, Gegenwelt darstellt. Die Enzyklika bietet für diese Frage eine eigene, mutige Lösung, indem Eros und Agape als zusammengehörig betrachtet werden, sogar in Gott selbst. Den Vorwurf der Leibfeindlichkeit kann man dadurch freilich nicht ein für allemal entkräften. Denn die Geschichte der Bewertung geschlechtlicher Lust innerhalb der Theologie spricht in dieser Hinsicht eine zu eindeutige Sprache.[37] Wichtig ist, dass der Papst zeigt, weshalb und wie die immer wieder auftauchende Leibfeindlichkeit aus der Mitte des Glaubens selbst zu korrigieren ist.

Der Papst geht nicht auf die viel diskutierten Extremfälle ein, sondern erinnert an die Kostbarkeit unserer alltäglichen leibhaftigen Existenz: Glauben wir, dass unser Leib an unserer Gottebenbildlichkeit teilhat, und was heißt das? Wie wende ich mich leibhaft dem Menschen zu, der mir begegnet? Wie schaue ich ihn an? Sehe ich im anderen „ein inneres Warten auf einen Gestus der Liebe"?, wie der Papst an einer Stelle formuliert, die ganz unscheinbar, aber zugleich beeindruckend ist.

Diese Enzyklika des Papstes schafft in der Tat Raum, dem Eros in Glaube und christlichem Leben einen ihm gebührenden Ort zu-

---

[35] *Papst Benedikt XVI.*, Deus caritas est, Freiburg 2006.

[36] *Nygren, Anders*, Eros und Agape. Gestaltwandlungen der christlichen Liebe, Gütersloh 1937.

[37] *Görres, Albert*, Pathologie des katholischen Christentums, in: *Franz X. Arnold, Karl Rahner, Viktor Schurr, Leonhard M. Weber* (Hrsg.), Handbuch der Pastoraltheologie, Bd. II/1, Freiburg, Basel, Wien 1966, 277–343, 332: „Das katholizistische Ärgernis an der Sinnlichkeit entzündet sich vor allem an der Sexualität, die oft schon begrifflich mit jener gleichgesetzt wird. Sexuelle Lust und Sexualität sind Phänomene der Schöpfung, die der Christenheit und der Theologie von Anbeginn die größten Schwierigkeiten gemacht haben. Sie spiegeln sich in der Ehe- und Sexualmoral."

zuweisen und damit eine Tradition zu korrigieren, die eheliche Liebe über die Jahrhunderte hinweg lediglich als einen Schutzwall gegen außereheliche Engagements denken konnte.[38]

V. Ausblick

In ein offenes Gespräch über die kirchliche Sexualethik gehören noch andere Themen, die in diesem Beitrag allenfalls kurz benannt werden konnten. Hierzu zählen die Bewertung der Homosexualität wie die homosexueller Beziehungen. Die kirchenamtliche Lehre verlangt zwar, homosexuell und lesbisch veranlagte Personen nicht zu diskriminieren[39], auf der anderen Seite wertet sie die homosexuelle Neigung als ein ontisches Übel mit einer Hinneigung zu sündigem Verhalten.[40] Es drängt sich u. a. die Frage auf, ob denn die individuelle Natur eines Menschen nicht zugleich Möglichkeit wie Grenze seines moralischen Könnens bedeutet. Darf aus der Tatsache, dass homosexuelle bzw. lesbische Paare keine Kinder zeugen können, geschlossen werden, dass jede sexuelle Begegnung, also auch solche in stabilen Beziehungen, schwere Sünde sei?

Andere klassische Themen der traditionellen Sexualmoral wie z. B. Selbstbefriedigung bedürfen zu ihrer sorgfältigen Behandlung der Erkenntnisse der jeweils einschlägigen Humanwissenschaften – im Falle der Selbstbefriedigung der Psychologie, damit nicht frühere Kenntnisstände, die inzwischen überholt sind, aber wesentlichen Anteil an der moralischen Bewertung haben, offen oder unterschwellig weiterwirken.

Der Kirche und ihrem Lehramt kann es nicht gleichgültig sein, wenn eine große Zahl ihrer Gläubigen ihr in Sachen Sexualmoral nicht (mehr) folgt. Die Devise, die „Theorie“ müsse zwar stimmen, die Praxis sei nicht so wichtig, taugt nicht für die Moral, denn es stellt sich dann sehr bald die Frage, wenn die Schere zwischen Lehre und gelebter Wirklichkeit zu weit aufgeht, ob denn die „Theorie“ stimme. Dann hat die Kirche in Lehre wie Praxis ein Glaubwürdigkeitsproblem.

---

[38] Die Pastoralkonstitution *Gaudium et spes* des 2. Vatikanischen Konzils hat durch die Gleichrangigkeit von ehelicher Liebe und Zeugung von Nachkommenschaft (vgl. Nr. 47–52) die vormalige Unterordnung der ehelichen Liebe korrigiert und damit wichtige Impulse für die weitere lehramtliche Entwicklung gegeben.

[39] Vgl. Katechismus der Katholischen Kirche, München 1993, Nr. 2358.

[40] Vgl. Kompendium des Katechismus der Katholischen Kirche, München 2005, Nr. 492 (unter den Hauptsünden gegen die Keuschheit).

„Sag nicht ja, wenn du nein sagen willst!“

Ethische Leitlinien zur Prävention sexuellen Missbrauchs

von Peter Fonk

I. Ein prominentes Opfer oder: Die Schattenseite des Lebens als Star

Bereits in den 50er Jahren des 20. Jahrhunderts war Marilyn Monroe zur lebenden Legende geworden. Sie galt als Prototyp der verführerischen Blondine, deren kindlicher Sexappeal zahllose US-amerikanische Soldaten verzauberte, wenn sie ihnen von Pin-up-Fotos in den Kasernen entgegenlächelte. Auch als ernsthafte Schauspielerin und Sängerin wusste sie später zu überzeugen. Zugleich litt sie darunter, dass ein breites Publikum sie lieber in der Rolle der naiven blonden Sexbombe denn als Darstellerin im Charakterfach sah.

Dieses Klischee wurde nicht zuletzt durch Medienberichte nachhaltig bedient, die immer wieder Schlagzeilen über ihr turbulentes Privatleben brachten: Mehrere Ehen mit höchst unterschiedlichen, doch oft sehr prominenten Partnern, darunter der Dramatiker Arthur Miller, hielten jeweils nur kurze Zeit und endeten nicht selten in einem Desaster. Darüber hinaus lieferten zahllose Affären mit vornehmlich vermögenden und einflussreichen Männern den Stoff, den die Boulevardpresse dankbar vermarktete.

Diese Dinge sind auch heute noch allgemein bekannt. Nicht ganz so bekannt ist vielleicht das menschliche Drama, das hinter der Fassade von Glitter und Glamour seinen Gang nahm. Auf den ersten Blick mochte es so scheinen, als ob „die Monroe“ dem Druck der öffentlichen Aufmerksamkeit, aber auch den übersteigerten Erwartungen, die sie selbst gegenüber ihrer Leistung als Schauspielerin, Sängerin und schließlich der Kunstfigur Marilyn Monroe aufbaute, auf Dauer nicht standhalten konnte. Zunehmende Tablettensucht und eine immer stärker werdende Alkoholabhängigkeit waren der Preis, den sie für ihre Popularität zahlte. Auch jahrelange psychoanalytische Behandlung konnte sie nicht von ihrer manischen Depression heilen.

Als sie am Morgen des 5. August 1962 im Alter von nur 36 Jahren tot in ihrem Haus in Los Angeles aufgefunden wurde, ergab die Obduktion, dass die Todesursache eine Überdosis verschiedener Medikamente war, und mit hoher Wahrscheinlichkeit von einem Suizid auszugehen sei.

Die Ursachen der Tragödie reichen jedoch weiter zurück. Als Marilyn Monroe unter dem Namen Norma Jeane Mortensen geboren wurde, hatte ihre Mutter bereits zwei gescheiterte Ehen hinter sich. Norma Jeane, die zwei ältere Geschwister besaß, war nicht das leibliche Kind des zweiten Ehemannes. Für die biologische Vaterschaft kamen wenigstens vier Männer in Frage, mit denen die Mutter aufgrund ihres promisken Lebensstils gleichzeitig engen Kontakt unterhielt. Um den Lebensunterhalt für die Familie zu verdienen, musste die Mutter einer Erwerbsarbeit nachgehen und konnte sich daher nicht um das Neugeborene kümmern. Es folgte eine Odyssee durch verschiedene Pflegefamilien. Nachdem die Mutter wegen schweren Depressionen in ein Sanatorium eingewiesen wurde, brachte man Norma Jeane für fast zwei Jahre in einem Waisenhaus unter. Nach erneuten Aufenthalten in weiteren Pflegefamilien verheiratete man sie im Alter von sechzehn Jahren mit einem fünf Jahre älteren Fabrikarbeiter in einer von ihrem Vormund arrangierten Zweckehe, um ihr eine Rückkehr ins Waisenhaus zu ersparen.[1]

Wenn auch hier in stark verkürzter Form geschildert, lässt diese weitaus weniger bekannte Phase der Lebensgeschichte von Marilyn Monroe alias Norma Jeane Baker schon erahnen, dass sie in hohem Maße verwundbar und daher dem Übergriff durch männliche sexuelle Gewalt weitgehend schutzlos ausgesetzt war. In ihrer Autobiografie „My Story“ erzählt sie, wie sie als achtjähriges Mädchen vergeblich versuchte, sich gegen die sexuelle Gewalt eines Mannes zu wehren, der als Mieter im Haus ihrer Tante wohnte und sich aufgrund seines untadeligen Rufes allgemein hohen Ansehens erfreute. Wie üblich hatte auch hier der Täter dafür gesorgt, dass er mit seinem Opfer allein war und es folglich keine Zeugen gab. Als das Kind später versuchte, sich der Tante anzuvertrauen, wurde Norma Jeane mit harschen Worten der Mund verboten. Die Tante glaubte ihr das Ungeheuerliche nicht. Vielleicht wollte sie ihr aber auch gar nicht glauben.[2]

---

[1] Vgl. *Mailer, Norman*, Marilyn Monroe. Eine Biographie, München, Zürich 1993, sowie *Leaming, Barbara*, Marilyn Monroe. Die Biographie jenseits des Mythos, München 1999.

[2] Vgl. *Monroe, Marilyn*, My Story, New York 2000.

Häufig machen sexuell missbrauchte Kinder ähnliche Erfahrungen wie Marilyn Monroe. Sie finden kein Gehör. Stattdessen müssen Mädchen, die Opfer sexueller Gewalt von Seiten des Vaters, Stiefvaters, des Bruders bzw. auch der Brüder geworden sind, erleben, dass die Mutter sich schützend vor ihren Partner stellt oder den Sohn, der ja ebenfalls ihr Fleisch und Blut ist, und die Tochter der Lüge bezichtigt. Oder aber – auch das kommt nicht selten vor – sie werfen der Tochter vor, durch ihr eigenes, laszives Verhalten die „Lolita-Strategie" eingesetzt und den Übergriff, bewusst oder unbewusst, provoziert zu haben.

Wenden sich Betroffene an Dritte, etwa an die Polizei, das Jugendamt oder an einen Lehrer, der entsprechende Schritte einleitet, distanzieren sich die übrigen Familienmitglieder in vielen Fällen von ihnen. Sie werfen dem Mädchen oder dem Jungen vor, die Familie zu zerstören, den Vater oder Bruder ins Gefängnis zu bringen und selber in ein Heim eingewiesen zu werden. Diese Drohungen verfehlen selten ihre Wirkung; denn immerhin ist der Täter für das Kind auch noch der Vater, der Bruder oder der Onkel, dem es in den meisten Fällen vorbehaltlos und damit leider auch schutzlos vertraut hat. Die Verurteilung durch die eigene Familie verstärkt die Schuldgefühle der Opfer und hat die fatale Folge, dass die Täter- und die Opferrolle vertauscht werden.

Die so genannten Inzesttäter, die die eigene Tochter oder Schwester bzw. den eigenen Sohn oder Bruder missbrauchen, haben in der Regel selbst keine fixierten pädosexuellen Neigungen, sondern werden aufgrund anderer Faktoren innerhalb der Familie übergriffig.[3] Den Opfern bleibt in der Familie kein Ausweg, weil sie von den wichtigsten Vertrauenspersonen, den Eltern, abhängig sind.

In vielen Fällen ist allerdings nicht die Familie der Tatort. Oft stehen die Täter in einem ausgesprochenen Nahverhältnis zur Familie. Deshalb ist die Warnung vor fremden Männern[4], durch die vielen Kindern eingeschärft wird, in keinem Falle mit einem Fremden zu gehen, zwar ein wohlmeinender, aber aufs Ganze gesehen eher schlechter Ratschlag. Er vermittelt Mädchen und Jungen unter Umständen eine verhängnisvolle Fehleinschätzung, weil die

---

3 Vgl. *Rauchfleisch, Udo*, Psychoanalyse und theologische Ethik. Neue Impulse zum Dialog, Freiburg i.Ue. 1986, 68–72.

4 Vgl. *Karremann, Manfred*, Es geschieht am helllichten Tag. Die verborgene Welt der Pädophilen und wie wir unsere Kinder vor Missbrauch schützen, Köln 2010, 144: Die maskuline Rede vom Täter hat an dieser Stelle durchaus ihre Berechtigung, da in über 90 Prozent der gemeldeten Fälle die Täter Männer sind.

„von außen“ kommenden Täter meistens keine Fremden sind, sondern den Eltern wohlbekannt. Es sind Freunde der Familie oder ein Bekannter des Kindes wie zum Beispiel der Jugendgruppenleiter oder Sporttrainer, Erzieher oder Musiklehrer. Aber Unwissenheit schwächt; und deshalb wissen Mädchen und Jungen sich gegen sexuelle Übergriffe durch eine vertraute Person nicht zu wehren. Häufig haben die Opfer eine ambivalente Beziehung zum Täter, weil er für sie ein wichtiger Bezugspunkt ist.

Gerade Kinder, die ansonsten wenig Aufmerksamkeit und Zuwendung bekommen, genießen es sehr, wenn ein Erwachsener sie mit ihren Wünschen und Sehnsüchten ernst nimmt und Formen der Freizeitgestaltung ermöglicht, für die den Eltern die Zeit oder auch das nötige Geld fehlen. Es ist ganz natürlich, dass gerade solche Kinder emotionale Nähe besonders suchen. Da ihnen die nötige Erfahrung und das Wissen fehlen, fällt es ihnen schwer, liebevolle Zärtlichkeit von sexueller Gewalt zu unterscheiden, zumal die Übergänge oft fließend sind. Ursula Enders, die als Begründerin von „Zartbitter“, einer Kontakt- und Informationsstelle gegen sexuellen Missbrauch an Mädchen und Jungen, sowie durch zahlreiche einschlägige Publikationen ebenso wie durch ihr couragiertes Auftreten in der Öffentlichkeit echte Pionierarbeit geleistet hat, bemerkt zur Psychodynamik der Opfer:

> „Kinder, die […] unter emotionaler Vernachlässigung leiden, […] gehen der ‚Zuwendung‘ von Tätern (Täterinnen) auf den Leim: Sie sind froh, endlich einmal beachtet zu werden und können aufgrund ihrer emotionalen Bedürftigkeit nicht zwischen wahrer menschlicher Anteilnahme und dem von Tätern (Täterinnen) vorgegaukelten Interesse an ihrer Person unterscheiden.“[5]

Wie perfide sich pädosexuelle Täter diese Bedürfnislage ihrer potenziellen Opfer zunutze machen, hat Manfred Karremann als Ergebnis seiner „Undercover-Recherche“ in der einschlägigen Szene eindringlich vor Augen geführt. Die „Checklisten“, nach denen die bundesweit auf 60.000 geschätzten Pädophilen vorgehen, wenn sie in Schwimmbädern, auf Spielplätzen oder in den Computerabteilungen der Kaufhäuser ihre potenziellen Opfer „scannen“, beginnen in den meisten Fällen mit den folgenden Fragen: In welchen Familien wird nicht so viel miteinander geredet, und wo ist das Verhältnis nicht so gut? Welches Kind ist oft allein? Welches

[5] *Enders, Ursula* (Hrsg.), Zart war ich, bitter war’s. Handbuch gegen sexuelle Gewalt an Mädchen und Jungen, Köln 1995, 297.

Kind ist nicht unter der Kontrolle von Erwachsenen?[6] Gerade wegen dieser für sie neuen Erfahrungen von Nähe und Zuwendung – deren strategische Zwecksetzung sie noch gar nicht durchschauen können – haben diese Kinder Angst, durch Zurückweisung der ihnen eigentlich unangenehmen Berührungen die vorherige Beachtung durch den Täter und damit möglicherweise verbundene Privilegien zu verlieren. Die sexuellen Handlungen, die sie an sich geschehen lassen, bleiben den Kindern oft zunächst unverständlich. Mit zunehmendem Alter werden sie aber immer mehr als schmerzliche, mit Schuldgefühlen und Selbstvorwürfen belastete Übergriffe erlebt.

Die meisten Opfer können am Anfang nicht „Nein" sagen. Sie verpassen den geeigneten Augenblick, mit der Mutter oder einer anderen Person ihres Vertrauens über die Situation zu sprechen, in die sie verstrickt sind, und können den Zudringlichkeiten des Erwachsenen nichts entgegensetzen. So bildet sich bei ihnen das Gefühl heran, selbst beteiligt und deshalb mitschuldig zu sein. Sie lassen sich bei innerfamiliärem Inzest einreden, selbst Anlass zum sexuellen Missbrauch gegeben zu haben; im Falle sexuellen Machtmissbrauchs, der sich außerhalb der Familie ereignet, werden sie vom Täter eingeschüchtert durch das gängige Argument, das Kind habe es doch selbst gewollt und es habe ihm schließlich ja auch Spaß gemacht. Je länger der Missbrauch dauert und je länger das Opfer schweigt, desto mehr fühlt es sich mitschuldig – weil es ja nichts gesagt und somit auch nicht widersprochen hat.

Schuldig fühlen sich die Opfer sexueller Gewalt aber auch, weil sie nicht wissen und auch noch gar nicht wissen können, dass viele Mädchen und Jungen sexuell missbraucht werden, und suchen die Gründe deshalb ausschließlich bei sich selber.

Die Folgen sexueller Verbrechen an Kindern können deren ganzes Leben überschatten. Die Opfer haben später oft massive Probleme, eine realistische Selbsteinschätzung und ein gesundes Selbstbewusstsein zu entwickeln. Je länger der Missbrauch gedau-

---

[6] Vgl. *Karremann*, Es geschieht am helllichten Tag (s. Anm. 4), 15 u. 96. Der Journalist und Sozialpädagoge Manfred Karremann tauchte für das ZDF und die Zeitschrift Stern über ein Jahr in die verborgene Szene der Pädophilen ein, die inzwischen – seit der Einführung des Internets – geradezu explodiert und zu einer Parallelwelt ausgewachsen ist. Seine Kontakte zu potenziellen und bereits straffällig gewordenen Tätern aller Art verschafften ihm Einblicke in die Strategien, die Pädophile wählen, um den Erstkontakt zu ihren Opfern herzustellen, mit welchen Tricks sie Eltern und Erziehungsberechtigte täuschen und nach welchen Kriterien sie Kinder auswählen, die sich aus ihrer Sicht am ehesten in das Dickicht aus sexueller Ausbeutung und Einschüchterung hineinlocken lassen, das sich jenseits der anfänglichen Zuwendung und bis dahin unbekannter Großzügigkeit nur zu bald entwickelt.

ert hat, desto gravierender sind die Langzeitfolgen. Zu erklären ist das durch zwei fatale Botschaften, die das Kind schon früh verinnerlicht hat: „Ich bin nur liebenswert, wenn ich auch Gegenleistungen erbringe. Und: Meine Gefühle sind nicht wichtig. Was ich will, zählt nicht.“[7]

Ein Kind aber, das die Lebensregel „Zuneigung gegen Sexualität“ schon in frühen Jahren gelernt hat, steht in großer Gefahr, auch später wieder zum wehrlosen Opfer sexueller Gewalt zu werden. Altersunangemessenes Sexualverhalten ist deshalb ein eindeutiger Hinweis auf sexuellen Missbrauch. Weil diese Menschen als Kind nie erfahren durften, dass sie um ihrer selbst willen geliebt werden, sondern von klein auf für Zuwendung und Nähe mit der Preisgabe ihres Körpers bezahlen mussten, neigen sie dazu, soziale Beziehungen zu sexualisieren. Sie vollziehen damit als Jugendliche und später als Erwachsene die aktive Wiederholung dessen, was sie selbst passiv erlebt und erlitten haben. Marilyn Monroe, die als Achtjährige vergewaltigt wurde, ist ein prominentes Opfer. Sie, die in ihrer Kindheit aus der Gemeinschaft Gleichaltriger ausgegrenzt blieb, entdeckte mit beginnender Pubertät, dass ihr früh entwickelter Körper sie plötzlich attraktiv machte und ihr jene Aufmerksamkeit bescherte, die sie bis dahin schmerzlich entbehrt hatte. Auch als erwachsene Frau gelang es ihr nicht, sich aus der Reduzierung auf die Rolle als Sexualobjekt zu befreien. Daran ist sie schließlich zerbrochen.

III. „Sexuelle Gewalt“, „sexueller Missbrauch“ und die lebenslangen Folgen

Nach der offiziellen Statistik werden in Deutschland jährlich ca. 14.000 Fälle sexuellen Missbrauchs von Kindern und Minderjährigen zur Anzeige gebracht und strafrechtlich verfolgt.[8] Nach polizeilichen Schätzungen ist die Dunkelziffer allerdings weitaus höher, so dass man im Blick auf Deutschland von jährlich etwa 200.000 Kindern ausgehen muss, die Opfer sexueller Übergriffe werden.[9] Im allgemeinen Sprachgebrauch hat sich inzwischen die Rede von „sexueller Gewalt“ eingebürgert, die insofern ihr gutes Recht hat, weil in der überwiegenden Zahl der innerfamiliären

---

[7] Ebd., 118.

[8] Vgl. *Bundeskriminalamt*, Polizeiliche Kriminalstatistik 2009 Bundesrepublik Deutschland, Wiesbaden 2010, 136.

[9] Vgl. *Karemann*, Es geschieht am helllichten Tag (s. Anm. 4), 30.

Vergehen an Kindern – durch Inzesttäter – das Profil des Täters eine regredierte Form der Pädosexualität zu erkennen gibt. Was darunter zu verstehen ist, formuliert der Psychotherapeut und Theologe Wunibald Müller, der als einer der profiliertesten Fachleute für das Thema Missbrauch – insbesondere innerhalb der katholischen Kirche – gilt, in definitorischer Kürze: „Von ‚regrediert' spricht man, wenn das sexuelle Interesse vorwiegend Erwachsenen gilt, unter Einfluss von Stress die Betreffenden aber auf eine frühere sexuelle Stufe zurückfallen und sich auf sexuelle Kontakte mit Kindern bzw. Jugendlichen einlassen."[10] Anders gesagt: In bedrängenden Situationen, die von verschiedensten Faktoren wie beispielsweise Arbeitslosigkeit, finanzieller Not, Perspektivenlosigkeit, Ablehnung durch die Ehepartnerin oder scheinbar unlösbaren beruflichen Problemen bestimmt sind, richtet sich das sexuelle Interesse auf Minderjährige, um eigene Minderwertigkeitsgefühle oder Versagensängste zu kompensieren. Die Ausnützung des enormen Machtgefälles, das heißt die Anwendung von Gewalt gegenüber jemandem, der keine Chance hat, sich zu wehren, verschafft dem Täter ein Gefühl von Größe und Stärke, das er auf andere Weise nicht erleben kann. Neben der Form regressiver gibt es jedoch auch die Form fixierter Pädosexualität. Wunibald Müller macht den Unterschied deutlich:

> „Von ‚fixiert' spricht man, wenn der Betreffende hinsichtlich seiner sexuellen Betätigung auf Kinder und Jugendliche fixiert ist und selten, wenn überhaupt, sich sexuell angesprochen fühlt von Erwachsenen. Typisch für ihn ist die Beschäftigung mit Kinderpornos, zwanghaftes Masturbieren sowie Alkohol- und Drogenkonsum. Seine sexuellen Übergriffe sind oft lang geplant. Um sein Ziel zu erreichen, betrügt, trickst und droht er."[11]

Die Beschreibung beider Täterprofile lässt unschwer erkennen, dass im Unterschied zum ersten Fall, in dem wir von regredierter Pädosexualität sprechen, im zweiten Fall von fixierter Pädosexualität der Täter fast immer von außen kommt und der Gruppe jener Kernpädophilen zuzurechnen ist, die inzwischen – dank Internet – längst eine eigene Subkultur ausgebildet haben, bestens miteinander vernetzt sind und weltweit kinderpornographisches Material unter Gleichgesinnten austauschen. Vor allem haben sie geradezu professionelle Strategien entwickelt, um das Vertrauen ihrer Opfer

---

[10] *Müller, Wunibald*, Sexueller Missbrauch und Kirche, in: Stimmen der Zeit 4 (2010) 229–240, 231.

[11] Ebd., 231.

zu erschleichen, von denen die Jüngsten teilweise noch nicht einmal das Grundschulalter erreicht haben. Auch hier liegt natürlich ein Machtgefälle vor, das die Täter durch Drohungen und Einreden von Schuldgefühlen geschickt für ihre schändlichen Zwecke zu nutzen wissen. Es handelt sich auch in dieser Täter-Opfer-Konstellation um die Anwendung massiver Gewalt. Zugleich missbrauchen die Täter das Wertvollste, über das Kinder in den meisten Fällen noch verfügen: das Grundvertrauen, welches sie in jedem Menschen zunächst das Gute vermuten lässt. Insofern ist es berechtigt, neben dem Begriff „sexueller Gewalt" nach wie vor auch den Begriff des „sexuellen Missbrauchs" zu verwenden.

Denn die Folgen sexueller Vergehen an Kindern werden ja keineswegs immer in körperlichen Verletzungen wie striemenartigen Spuren an der Innenseite der Oberschenkel, Hämatome in erogenen Zonen und Verletzungen im Genitalbereich erkennbar. Sie haben auch weiter reichende psychosomatische Folgen, die sich in gestörten emotionalen Reaktionen, gestörter Selbstwahrnehmung und in Autoaggressionen mit massiv negativen Auswirkungen auf das soziale Verhalten und die Sexualität äußern. Dazu gehört nicht nur die bereits am Beispiel Marilyn Monroes angesprochene Sexualisierung von sozialen Beziehungen; zwanghaft promiskes Verhalten kann ebenso ein deutliches Indiz für kindlichen Missbrauch sein, wie die Negierung sexueller Bedürfnisse oder sadomasochistisches Sexualverhalten.[12]

Stephanie zu Guttenberg ist seit 2009 Präsidentin von „Innocence in Danger e.V.".[13] Diese Position macht es ihr möglich, in einer breiteren Öffentlichkeit die Sensibilität für sexuelle Gewalt an Kindern zu schärfen und das Unrechtsbewusstsein tiefer zu verankern. Es ist deshalb verdienstvoll, wenn sie die Erkenntnisse der einschlägigen wissenschaftlichen Literatur, die gewöhnlich nur von einem Fachpublikum rezipiert werden, in popularisierter Form aufbereitet und in die Mitte des gesellschaftlichen Diskurses stellt.[14]

---

[12] Vgl. *Enders* (Hrsg.), Zart war ich, bitter war's (s. Anm. 5), 75–84. Dort gibt die Verfasserin einen detaillierten Überblick über die möglichen Folgen sexueller Gewalterfahrungen.

[13] Vgl. *Zu Guttenberg, Stephanie*, Schaut nicht weg. Was wir gegen sexuellen Missbrauch tun müssen, Freiburg i.Br. 2010, 106: Innocence in Danger e.V. wurde 1999 in Paris unter dem Dach der UNESCO anlässlich einer Konferenz zum Thema „Missbrauch und Internet" gegründet. Der Zweck des Vereins besteht vor allem darin, Kinder vor Missbrauch und Ausbeutung, insbesondere durch Formen, wie sie durch die neuen Kommunikationstechnologien möglich sind, wirksam zu schützen.

[14] Vgl. z. B. *Bange, Dirk*, Die Mauer des Schweigens. Sexueller Missbrauch an Jungen, Göttingen 2007; *Rohde-Dachser, Christa*, Das Borderline-Syndrom, Bern 2007; *Reddemann, Luise*, Imagination als heilsame Kraft. Zur Behandlung von Traumafol-

Es gelingt ihr, in ihrem jüngst erschienenen Buch „Schaut nicht weg!“ die breit gefächerten Phänomene der posttraumatischen Belastungsstörungen überblicksartig und in gut nachvollziehbarer Form darzustellen.[15] Im Wesentlichen lassen sich *drei* in der Psychiatrie diagnostizierte *Kategorien* typologisieren:

Erstens: Die Borderline-Persönlichkeitstörung, die dadurch gekennzeichnet ist, dass Betroffene meist große Schwierigkeiten haben, Partnerschaften zu führen, weil sie in Beziehungen weder Nähe aushalten noch Distanz zulassen können. Sie sind extrem fordernd und zugleich schroff zurückweisend; zudem können sie kaum differenziert urteilen. Für sie ist ein Mensch entweder nur gut – nämlich wenn er bedingungslos alles tut, was sie verlangen – oder nur schlecht – wenn er sich ihren Ansprüchen oder Erwartungen zu widersetzen wagt.[16]

Zweitens: Essstörungen, die sich einstellen können, weil Gefühle der Scham, der Schuld und ein Strafbedürfnis gegenüber dem eigenen Selbst in der Anorexie und vor allem in der Bulimie manifest werden. Als Folge des Missbrauchs entsteht eine Feindseligkeit gegenüber dem eigenen Körper (Anorexie als Versuch, den Körper zu negieren); der innere Zwang zum Erbrechen dient häufig dazu, unerträgliche innere Spannungszustände abzuwenden (weil die Betroffenen das, was sie vielleicht über längere Zeit erleiden mussten, einfach „zum Kotzen“ finden).[17]

Drittens: Die dissoziativen Persönlichkeitsstörungen. Es kommt nicht selten vor, dass Kinder während sexueller Gewalthandlungen die Fantasie entwickeln, dass die Taten nicht an ihnen geschehen, sondern an jemand anderem. Damit gelingt es den Opfern zunächst, eine Art Schutzmechanismus gegen die alptraumhafte Realität zu entwickeln. Wiederholen sich diese Traumata, beginnt das Kind schließlich, voll ausdifferenzierte dissoziierte Persönlichkeitsanteile zu entwickeln, das heißt es verfügt sowohl über einen Teil der Persönlichkeit, der die Erinnerung an das Trauma in sich trägt, als auch über einen Teil, der sich nicht daran erinnern kann – letztlich über multiple Persönlichkeiten.[18]

---

gen mit ressourcenorientierten Verfahren, Stuttgart 2007. Zur weiteren Lektüre: *Bange, Dirk, Körner, Wilhelm* (Hrsg.), Handwörterbuch sexueller Missbrauch, Göttingen u. a. 2002; *Deegener, Günther*, Kindesmissbrauch, Erkennen – helfen – vorbeugen, Weinheim, Basel 2010.

[15] *Zu Guttenberg*, Schaut nicht weg (s. Anm. 13).

[16] Vgl. ebd., 69.

[17] Ebd., 69f.

[18] Ebd., 71f.

Durch die Arbeiten des US-amerikanischen Neuropsychoanalytikers Allan Schore ist inzwischen auch bekannt geworden, dass Vernachlässigung oder wiederholtes Erleben sexueller Gewalt bereits im frühesten Kindesalter auch hirnorganische Schäden verursachen kann.[19] Frühkindliche traumatische Bindungserfahrungen bewirken eine Ausdünnung der synaptischen Verknüpfungen, in deren Folge das kindliche Gehirn primär jene Verbindungen zwischen den Nervenzellen fixiert und ausbaut, die der Vermeidung und Abwehr von vermeintlichen Gefahren und erneuter Traumatisierung dienen. Das Kind verfügt dann nur noch über eine rudimentäre Fähigkeit zur Stressregulation, die es ein Leben lang behalten wird.

IV. Täterprävention ist Opferschutz

Abgesehen von den relativ neuen Erkenntnissen der Neuropsychoanalyse sind alle anderen der aufgezeigten Folgen des Missbrauchs an Kindern und Jugendlichen seit langem bekannt. Doch zugleich wurden immer wieder Zweifel an der Glaubwürdigkeit von Jungen und Mädchen laut. Schon Sigmund Freud konnte die sexuellen Übergriffe gegen Kinder nur glauben, solange sie nicht in der geachteten bürgerlichen Gesellschaft Wiens am Fin de siècle vorkamen. Als er mit den frühen Gewalterfahrungen seiner Klientin Dora konfrontiert wurde, verabschiedete er sich nach dem Abbruch der Behandlung von seiner eigenen ursprünglichen Theorie und wertete alle Berichte von Opfern der Gewalt als Symptom einer hysterischen Erkrankung.[20] Erst die Frauenbewegung, die Anfang der 1980er Jahre den sexuellen Missbrauch von Mädchen öffentlich machte, brach das Tabu, das bis dahin bestand. Doch selbst zu der Zeit regte sich noch ein starker gesellschaftlicher Widerspruch, der durch die Reformpädagogik, die im Gefolge der 68er Studentenbewegung entstanden war, zunächst sogar noch Argumentationshilfe bekam. Natürlich ist es abwegig, die Reformpädagogik für die Legitimation sexueller Gewalt verantwortlich zu machen. Ihre positiven Erfolge bestanden ohne Zweifel darin, dass endlich das Schlagen von Kindern nicht länger als gebräuchliche Erziehungsmethode akzeptiert und schließlich ganz verboten wurde. Das Kind ist eben nicht Objekt pädagogischen Handelns, das dessen defizitären Status schrittweise zu beheben

[19] Vgl. *Schore, Allan N.*, Affektregulation und die Reorganisation des Selbst, Stuttgart 2009.
[20] Vgl. *Freud, Sigmund*, Bruchstücke einer Hysterie-Analyse, Frankfurt 1991.

sucht, sondern Subjekt seiner Lebens- und Bildungsgeschichte. Aufgabe der Lehrer und Eltern kann daher nicht sein, das Kind nach ihren Vorstellungen, aber gegen dessen Willen zu formen, gar den Willen des Kindes zu brechen, sondern ihm – gemäß einem Wort des griechischen Dichters Pindar – dabei zu helfen, der oder die zu werden, der es eigentlich von seinen verborgenen Anlagen her im besten Falle sein kann.[21]

In diesen Kontext fallen im Übrigen auch jene theologischen Überlegungen, die Karl Rahner seinerzeit dem Weihnachtsfest zuschrieb, wenn er als dessen tiefste anthropologische Einsicht die Entdeckung einer ganz eigenen Würde der Kindheit hervorhob.[22] Der Eigenwert des Kindes, der sich eben nicht vom Erwachsenen her definierte, war damit auch von Seiten der Theologie aufgedeckt, besser müsste man wohl sagen: wiederentdeckt worden.

Allerdings formierte sich im Windschatten der Reformpädagogik auch eine zweifelhafte Lobby, die in Abgrenzung zu der sehr rigiden Sexualerziehung in den meisten Elternhäusern sexuelle Handlungen zwischen Erwachsenen und kleinen Kindern als etwas durchaus Normales und sogar Wünschenswertes betrachtete. Zu ihren Galionsfiguren gehörte etwa Helmut Kentler, der in manchen Kreisen als Experte für eine fortschrittliche Sexualpädagogik gefeiert wurde. Die unkritische pädophilenfreundliche Position, die er bezieht – was nicht heißt, dass er selbst dieser Gruppe angehört – ist aus heutiger Sicht eindeutig kinderfeindlich, denn er bagatellisiert die Folgen sexueller Gewalt. Aber er stand mit dieser Position zu seiner Zeit keineswegs allein.[23] Die Missbrauchsfälle in der Odenwaldschule, die im Jahr 2010 endgültig ans Licht kamen, stießen wohl auch deshalb auf ein außergewöhnliches öffentliches Interesse, weil sie offenbar machten, was seit langem hinter vorgehaltener Hand gemunkelt, jedoch in dieser Deutlichkeit nie öffentlich ausgesprochen wurde: dass hinter den Mauern eines renommierten Internats, das lange Zeit als Vorzeigemodell für praktizierte Reformpädagogik galt, Formen sexueller Ausbeutung von Kindern und Jugendlichen in einem bis dahin nicht für möglich gehaltenen Maß praktiziert und weitgehend totgeschwiegen worden waren.

---

[21] Vgl. *Pindar*, Pythische Oden II, 72.

[22] *Rahner, Karl*, Gedanken zu einer Theologie der Kindheit, in: *ders.*, Experiment Mensch, Zürich, Einsiedeln, Köln 1973, 70–87.

[23] Vgl. *Enders* (Hrsg.), Zart war ich, bitter war's (s. Anm. 5), 307–326: Hier bietet die Verfasserin eine sehr instruktive Übersicht über die verschiedenen Organisationen und Interessengruppen, die mit Berufung auf die neuesten Erkenntnisse angeblich seriöser Sexualpädagogik äußerst fragwürdige Rechtfertigungsstrategien für sexuelle Gewalt an Kindern entwickeln.

Doch wurde dieser Skandal in der öffentlichen Wahrnehmung noch weit überboten durch jene Ereignisse, die im Jahr 2010 die Berichterstattung über Missbrauchsfälle – nicht selten in Verbindung mit Misshandlungsvorwürfen – dominierten. Als der Rektor des Berliner Canisius-Kolleges im Januar an die Öffentlichkeit trat, brachte er eine Lawine ins Rollen. Innerhalb kurzer Zeit kamen immer mehr Details über Vorfälle von sexuellem, physischem und emotionalem Missbrauch von Kindern und Jugendlichen ans Licht. Die Täter waren Priester, männliche und weibliche Ordensangehörige oder Angestellte in kirchlichen Einrichtungen. Opfer, die jahrzehntelang geschwiegen hatten und ganz allein mit den Folgen des Furchtbaren, das sie erlebt hatten, zurechtkommen mussten, fanden endlich den Mut zu reden über die Scham, den Schmerz, die Erniedrigung, die Schuldgefühle und den Selbstzweifel, die sie selbst gegenüber der eigenen Familie und ihnen nahe stehenden Menschen verborgen gehalten hatten – manchmal sogar gegenüber sich selbst nicht eingestehen konnten.

Nach anfänglicher Sprachlosigkeit erfolgten unmissverständliche Botschaften von Seiten der katholischen Kirche: Wir erkennen unsere Schuld an und wollen den Opfern helfen. Dadurch ist im binnenkirchlichen Raum ein längst fälliger Reflexionsprozess angestoßen worden, der auch wertvolle Impulse für eine gesamtgesellschaftliche Auseinandersetzung mit der Problematik liefert.

Die Einrichtung von Beratungs-Hotlines war deshalb ein Schritt in die richtige Richtung, ebenso die Teilnahme der Deutschen Bischofskonferenz und der Ordensoberenkonferenz am „Runden Tisch“, der von den Ministerien für Justiz, für Familie, Senioren, Frauen und Jugend sowie für Bildung und Forschung eingerichtet worden war, um das Geschehene aufzuarbeiten und den Opfern zu ihrem Recht zu verhelfen. Die überarbeiteten bischöflichen Leitlinien zum Umgang mit Missbrauchsfällen vom 31. August 2010[24] stellen ebenso wie die Verschärfung der „Normae de gravioribus delictis“[25] weitere richtige Maßnahmen dar.

Allerdings bemerkt Papst Benedikt XVI. zuletzt in seinem Gespräch mit Peter Seewald[26] zu Recht, dass die rechtliche Aufarbei-

---

[24] Vgl. *Sekretariat der Deutschen Bischofskonferenz*, Leitlinien für den Umgang mit sexuellem Missbrauch Minderjähriger durch Kleriker, Ordensangehörige und andere Mitarbeiterinnen und Mitarbeiter im Bereich der Deutschen Bischofskonferenz (132a), Würzburg 31.8.2010.

[25] Vgl. *Kongregation für die Glaubenslehre*, Veränderungen in den Normae de gravioribus delictis (2010).

[26] *Benedikt XVI.*, Licht der Welt. Der Papst, die Kirche und die Zeichen der Zeit, Freiburg, Basel, Wien 2010.

tung dieser Fälle zwar wichtig sei, aber allein nicht genüge. Vielmehr müsse ein ganzes Bündel sowohl reaktiver als auch präventiver Maßnahmen ergriffen werden.[27] Zu den präventiven Maßnahmen zählt der Papst vor allem eine weitaus sorgfältigere und kritischere Prüfung der jungen Männer, die sich für die Aufnahme in ein Priesterseminar oder in eine Ordensgemeinschaft bewerben.[28] Eine besondere Begabung für die Jugendarbeit und eine erkennbare religiöse Veranlagung schließen nicht zwingend die Eignung zum Priesterberuf ein.

Mit Blick auf die besondere Situation in der katholischen Kirche kann man daraus die berechtigte Konsequenz ableiten, dass Täterprävention zugleich ein wirksamer Beitrag zum Opferschutz ist. Aber das gilt nicht nur für den Bereich der katholischen Kirche.[29] Zwar hat der Papst unbedingt Recht, wenn er den sexuellen Missbrauch eines Kindes durch einen Priester als besonders schwere Sünde anprangert.[30] Für die Opfer ist jeder Missbrauch schlimm. Vor allem darf die berechtigte Empörung über die schlimmen Vorfälle innerhalb der katholischen Kirche nicht dazu führen, dass nur diese Opfergruppe im Fokus des öffentlichen Interesses steht. Denn trotz der Aufsehen erregenden Ereignisse in den letzten Monaten darf nicht übersehen werden, dass der Missbrauch von Kindern in Deutschland und auch andernorts kein exklusives Kirchenproblem, sondern ein Gesellschaftsproblem darstellt.

V. Sag nicht Ja, wenn du Nein sagen willst. Wie Kinder zu starken und selbstbewussten Persönlichkeiten werden können

Vor diesem Hintergrund kommt es darauf an, ein geistiges Klima und ein ethisches Bewusstsein zu schaffen, in dem Gewalt gegen Kinder so weit wie möglich ausgeschlossen ist. Denn deren poten-

---

[27] Ebd., 50.

[28] Dass in der Gruppe der Theologiestudenten mit dem Ziel des Priestertums durchaus realistisch mit häufiger als allgemein üblich auftretenden Fällen von Reifungsverzögerung gerechnet werden müsse, ist nicht erst durch die Arbeiten von Wunibald Müller aufgedeckt worden. Bereits der Münsteraner Moraltheologe Wilhelm Heinen stieß in Untersuchungen, die in den 1950er und 1960er Jahren durchgeführt worden waren, auf dieses Problem und bezog dazu in einer späteren Veröffentlichung durchaus kritisch Stellung. Vgl. *Müller, Wunibald*, Verschwiegene Wunden. Sexuellen Missbrauch in der katholischen Kirche erkennen und verhindern, München 2010, 124–158; vgl. *Heinen, Wilhelm*, Reifungsphänomene bei Studierenden der Theologie, in: *ders.*, Begründung christlicher Moral, hrsg. v. Wilhelm Dreier, Würzburg 1969, 133–148.

[29] Vgl. *Zu Guttenberg*, Schaut nicht weg (s. Anm. 13), 74.

[30] *Benedikt XVI.*, Licht der Welt (s. Anm. 26), 42.

zielle Gefährdung ist ohnehin schon in dem starken Machtgefälle zwischen ihnen und den Erwachsenen angelegt. Missbrauchspräventive Erziehung kann nur gelingen, wenn die Kinder selbst in den Stand gesetzt werden, ihr Recht auf Selbstbestimmung schon so früh wie möglich wahrzunehmen. Im „Handbuch Sexualpädagogik und sexuelle Bildung" hat Elke Thoss in einem informativen Übersichtsartikel dokumentiert, wie seit der ersten Allgemeinen Menschenrechtserklärung von 1948 das Recht auf sexuelle Selbstbestimmung zunehmend zum eigenen Menschenrechtsthema mit wachsender Bedeutung avanciert ist.[31] Dieses Wissen wird allerdings erst in einem fortgeschrittenen Stadium der kognitiven Entwicklung relevant.

Kinder lernen gewöhnlich nicht durch theoretische Belehrung oder durch Lektüre, sich wirksam gegen Missbrauch zu schützen, sondern sie lernen es zuerst in vertrauensvoller Kommunikation mit ihren Eltern oder anderen ihnen nahe stehenden Bezugspersonen.

Diese notwendige Vertrauensbasis ist jedoch in einem potenziellen Missbrauchsumfeld meist nicht (mehr) gegeben. Um das Übel bei der Wurzel zu packen, gilt es gerade dieses gestörte Vertrauensverhältnis zwischen dem Kind und seinen Bezugspersonen in den Blick zu nehmen und Kindern zu helfen, starke und selbstbewusste Persönlichkeiten zu werden.

An diesem Punkt wird deutlich, aus welchem Grunde in diesem Beitrag der individuellen Genese des Missbrauchs, der Täter-Opfer-Beziehung sowie der Psychodynamik des Opfers ein verhältnismäßig breiter Raum gegeben wurde. Erst so wird verständlich, dass die inzwischen erhältlichen Arbeitsmaterialien gegen den Missbrauch an Mädchen und Jungen weitaus mehr sind als technische Anleitungen zur Abwehr potenzieller Täter. Das, was spielerisch eingeübt wird, wäre völlig unzureichend gewürdigt, wenn man es auf seinen situativen Nutzen reduziert.

Denn die bisherigen Ausführungen haben deutlich gemacht, dass es ganz bestimmte Einfallstore sind, durch die sich Missbrauchstäter Zugang zum Intimbereich des Kindes verschaffen. Wo diese Einfallstore offen stehen, sind die Kinder verwundbar. Sie können in diesen für sie gefährlichen Situationen nicht entscheiden, wem sie den Zutritt zu ihrer Intimsphäre gestatten und wem nicht. Das macht sie schwach. Eine missbrauchspräventive Pädagogik wird daher das Ziel haben, die Schwächen des Kindes

---

[31] Vgl. *Thoss, Elke*, Sexuelle Rechte – eine Grundlage weltweiter sexueller Bildung, in: Handbuch Sexualpädagogik und sexuelle Bildung (2008) 507–514.

in Stärken zu verwandeln.[32] Dazu muss man die Schwächen aber erst einmal kennen. Im Rückblick auf die bisherigen Überlegungen lassen sich in der Hauptsache *drei Faktoren* ausmachen, die entscheidend dazu beitragen, dass ein Kind schwach und verwundbar und damit umso eher zum potenziellen Opfer wird.

Erstens: Ein Kind, das sich traut zu sagen, wann es angefasst werden möchte und wann nicht, muss zunächst in der eigenen Familie und im Freundeskreis Achtung erfahren. Das setzt allerdings voraus, dass zwischen Eltern und Kindern keine Sprachlosigkeit herrscht, vor allem dann nicht, wenn es um Gefühle geht. Mädchen und Jungen aus Familien, in denen das Thema Sexualität tabuisiert wird, können unter Umständen besonders gefährdet sein, gerade wenn die Erziehung in diesem Bereich sehr rigiden Normen folgt. Sie haben kaum gelernt, in angemessener Form über das Thema Sexualität zu sprechen und angenehme von unangenehmen Berührungen zu unterscheiden. Ein Kind ist aber weitaus weniger gefährdet, zum Opfer zu werden, wenn es über etwas sprechen kann und darf, das es selbst noch gar nicht einzuordnen weiß. Das berechtigte Anliegen, sexueller Gewalt vorzubeugen, darf deshalb auf keinen Fall zu Körperfeindlichkeit verleiten, sondern sollte vielmehr den wertschätzenden und achtsamen Umgang mit dem Körper lehren – dem eigenen wie dem fremden. Eine gute und hilfreiche Unterstützung, allerdings eher für Jugendliche und Heranwachsende, bietet hierzu auch der bereits 1999 erschienene „Brief der Jugendkommission der Deutschen Bischofskonferenz an die Verantwortlichen in der kirchlichen Jugendarbeit zu einigen Fragen der Sexualität und der Sexualpädagogik“.[33]

Zweitens: Ein Kind, das zu Hause wenig Anerkennung und Zuwendung erhält, sei es, dass die Eltern zu wenig Zeit haben oder aus anderen Gründen mit der Erziehung überfordert sind, ist besonders empfänglich für die Nähe von Menschen, die ihm plötzlich die ungewohnte Anerkennung und Zuwendung schenken. Das Gleiche gilt auch für Kinder, die zu Hause viel Leistungsdruck und wenig Anerkennung erfahren. Sie werden vom Täter zunächst mit Lob überschüttet. Wenn die Täter erreicht haben, dass sie für das Kind wichtig sind und auch die Bezugspersonen des Kindes ihnen vertrauen, führen sie Situationen herbei, in denen sie die Kin-

[32] Vgl. *Zimmer, Katharina*, Widerstandsfähig und selbstbewusst: Kinder stark machen fürs Leben, München 2002.

[33] *Sekretariat der Deutschen Bischofskonferenz* (Hrsg.), Brief der Jugendkommission der Deutschen Bischofskonferenz an die Verantwortlichen in der kirchlichen Jugendarbeit zu einigen Fragen der Sexualität und der Sexualpädagogik (Arbeitshilfen 148), Bonn 1999.

der anfassen und testen können, wie weit das Kind auch körperliche Berührungen hinzunehmen bereit ist.

Drittens: Kinder, die unter mangelnder Kommunikation oder defizitärer emotionaler Zuwendung leiden, sind besonders gefährdet. Ein Kind, das sich um seiner selbst willen bedingungslos geliebt weiß, hat deshalb keine Furcht, durch ein lautes und kräftiges „Nein" die Zuneigung der Erwachsenen aufs Spiel zu setzen. Kinder hingegen, welche die Liebe der Eltern nur in ihrer bedingten Form, im Grunde der Zerrform echter Liebe, erfahren haben, mussten schon früh eine fatale Lektion lernen: Nur Wohlverhalten wird mit Wohlwollen belohnt. Was das Kind selbst will, zählt nicht.

Vor diesem Hintergrund wird verständlich, dass Missbrauchsprävention im Rahmen einer ethisch reflektierten Sexualpädagogik einen wichtigen Beitrag zur Persönlichkeitsbildung leistet. Sinnvolle Prävention hat das Ziel, Mädchen und Jungen zu stärken. Sie sollen ermutigt werden, ihren Gefühlen zu trauen und sich an Erwachsene ihres Vertrauens um Hilfe zu wenden, wenn sie Übergriffe erlebt haben, deren eigentlichen Gehalt sie vielleicht noch gar nicht einordnen können, die ihnen aber gleichwohl Angst machen. Von Seiten der Erwachsenen setzt das aber voraus, dass sie nicht versuchen, die Kinder ihrem Willen unterzuordnen, sondern sie in ihrer jeweiligen Eigenheit, ihrer Selbstbestimmtheit und ihrer unverwechselbaren Persönlichkeit ernst nehmen und respektieren. Präventiver Erziehung kommt es vorrangig drauf an, die Stärken und das Selbstbewusstsein der Kinder in den Mittelpunkt zu stellen und zu fördern. In welchen konkreten Schritten dieser Prozess spielerisch und erfahrungsbasiert auf den Weg gebracht werden kann, wird sehr anschaulich und für die pädagogische Praxis hilfreich in den „Arbeitsmaterialien gegen den sexuellen Missbrauch an Mädchen und Jungen"[34] vorgestellt, die bereits vor nahezu zwanzig Jahren erstmals veröffentlicht und seither mehrfach überarbeitet wurden.[35] Dort werden insgesamt sechs Themenbereiche vorgestellt, die als zentral gelten können und in dieser oder abgewandelter Form inzwischen in viele konkrete Programme präventiver Erziehung Eingang gefunden haben:[36]

---

[34] *Braun, Gisela, Keller, Martina*, Ich sag Nein! Arbeitsmaterialien gegen den sexuellen Missbrauch an Mädchen und Jungen, Mülheim 1999.

[35] Dem Verfasser lag bei der Abfassung seines Beitrags die folgende überarbeitete Ausgabe vor: *Braun, Gisela, Keller, Martina*, Ich sag Nein! Arbeitsmaterialien gegen den sexuellen Missbrauch an Mädchen und Jungen, Mülheim 1999.

[36] Vgl. *Zu Guttenberg*, Schaut nicht weg (s. Anm. 13), 159–161; *Karremann*, Es geschieht am helllichten Tag (s. Anm. 4), 188–194.

„1. Mein Körper gehört mir

Der eigene Körper ist wertvoll, jedes Kind hat das Recht, ihn zu schützen. Durch die Förderung eines positiven Körpergefühls ermutigen wir Mädchen und Jungen, stolz auf den eigenen Körper zu sein. Damit wächst auch das Selbstwertgefühl. Ein selbstbewusstes Kind kann sich eher gegen sexuelle Übergriffe wehren.

2. Intuition

Maßstab für Mädchen und Jungen sind ihre eigenen Gefühle. Sie müssen mit ihrer Vielfalt vertraut sein und bestärkt werden, sie ernst zu nehmen und auszudrücken.

3. Geheimnisse

Kinder lernen, adäquate Geheimnisse, wie zum Beispiel Überraschungen, von schlechten, beängstigenden Geheimnissen zu unterscheiden. Wenn Heimlichkeiten unheimlich werden, ist es besser, sich Freunden und/oder Erwachsenen mitzuteilen.

4. Berührungen

Kinder lernen, unterschiedliche Berührungen bewusst wahrzunehmen, und überlegen, welche für sie in Ordnung sind. Sie lernen, zwischen „guten" und „schlechten" sowie merkwürdigen Berührungen zu unterscheiden und die letzteren beiden selbstbewusst abzuweisen.

5. Nein sagen

Kinder dürfen und müssen in bestimmten Situationen Grenzen ziehen und Nein zu den Anforderungen anderer sagen. Dieses Recht dürfen sie auch gegenüber Erwachsenen wahrnehmen. Sie haben die Erlaubnis, nicht zu gehorchen und sich zu wehren.

6. Hilfe suchen

Kinder sollen lernen, sich bei Kindern und Erwachsenen Hilfe zu suchen. Der erste Schritt hierzu ist, sich mitzuteilen. Dabei sollen Kinder erfahren, dass es kein Zeichen von Schwäche ist, sich Hilfe zu holen. Der deutliche Hinweis auf mögliche Vertrauenspersonen und Hilfsangebote vor Ort sollte regelmäßig wiederholt werden."[37]

Weil zentrale Themen der Prävention hier spielerisch umgesetzt werden, kann man Kinder in diesem Bereich stärken, ohne dass Übergriffe direkt angesprochen werden. Damit wird vermieden, dass Kinder Gewalt und Sexualität miteinander vermischen und so ein negatives Verständnis von Sexualität entwickeln. Das hat

[37] *Braun, Gisela, Keller, Martina,* Ich sag Nein! (s. Anm. 34), 22f.

nicht nur einen präventiven Effekt. Betroffene Kinder können sich angesprochen fühlen und erfahren so erstmals, dass es Erwachsene gibt, die von ihren Problemen wissen.[38] Aus den Prinzipien, die diesem Programm zugrunde liegen, geht aber auch hervor, dass Prävention sich niemals auf punktuelle Warnungen in einem bestimmten Lebensabschnitt beschränkt, sondern eine Erziehungshaltung voraussetzt, die kontinuierlich wirkt. Sie ist so gesehen eine lebenslange Aufgabe, die in die gesamte Biografie integriert werden muss.[39]

---

[38] Ebd., 23.

[39] Dieser Aufgabe stellt sich beispielsweise: *Sottong, Ursula*, Liebe, Zärtlichkeit und Sexualität. Praktische Tipps für eine wertorientierte Sexualerziehung, Augburg 2002; ebenso das Programm „Teenstar", mit dessen Konzept derzeit einige diözesane Stellen für wertorientierte Sexualerziehung arbeiten; in eingeschränkter Form auch: *Zu Guttenberg*, Schaut nicht weg (s. Anm. 13), 161–163, die konkrete praktische Maßnahmen zum Schutz von Kindern und Jugendlichen im Zeitalter von Internet und Handy vorstellt.

Von der ‚Verbotsmoral' zur christlichen ‚Liebeskunst'

von Franz-Josef Bormann

Wer sich heute als Repräsentant der katholischen Kirche zu sexualethischen Fragen zu äußern hat, der steht vor einem ganzen Bündel unterschiedlich gelagerter Probleme, deren Ursachen teils jüngeren Datums sind, teils aber auch weit in die Geschichte zurückreichen. Neben einer akuten Glaubwürdigkeitskrise infolge der jüngsten Missbrauchsskandale in kirchlichen Schulen dürfte die wachsende Diskrepanz zwischen den normativen Vorgaben des Lehramtes und dem faktischen Verhalten weiter Bevölkerungsteile sowie ein selektiver und von zunehmender Klischeebildung geprägter Umgang mit der kirchlichen Tradition nicht nur in den bürgerlichen Leitmedien[1] mittlerweile zu einer Gemengelage geführt haben, in der im Wesentlichen vier Optionen zur Wahl stehen:

Abgesehen von den gleichermaßen unattraktiven Möglichkeiten eines *fatalistischen Verstummens*[2] und einer *unkritischen Anbiederung an das vermeintlich ‚aufgeklärte Selbstverständnis'* einer weithin säkularen Gesellschaft, die beide letztlich der Preisgabe der eigenen religiösen Identität gleichkommen, besteht eine dritte durchaus respektable Option darin, jene vielfältigen *normativen Einzelprobleme* näher zu analysieren, die regelmäßig sowohl im Zentrum einschlägiger lehramtlicher Verlautbarungen wie auch der jeweiligen Einlassungen ihrer Kritiker stehen. Demgegenüber setzt die vierte Strategie noch einmal prinzipieller an, indem sie den Versuch unternimmt, sich sexualethischen Fragestellungen von einem bestimmten *systematischen Grundansatz* zu nähern, der sich aufgrund seiner *fähigkeitstheoretischen Ausrichtung* nicht nur im Horizont zeitgenössischer ethischer Theoriebildung zu behaupten weiß, sondern durch seine große Anschlussfähigkeit für zentrale Denkmotive des christlichen Ethos auch als geeignet er-

[1] Symptomatisch für eine popularisierte Form der Theologie in diesem Sinne *Lawrence, Raymond J.*, Sexualität und Christentum. Geschichte der Irrwege und Ansätze zur Befreiung, Innsbruck, Wien 2010.

[2] Dieses Verstummen prägt mittlerweile nicht nur die moraltheologische Forschung, sondern längst auch die pastorale Situation im Kontext von Predigt, Sakramentenkatechese und kirchlicher Bildungsarbeit.

weisen dürfte, wichtige Grundeinsichten der eigenen theologischen Tradition wieder neu zu Bewusstsein zu bringen.

Die folgenden Überlegungen wissen sich dieser zuletzt genannten Option verpflichtet. Sie sind von der Hoffnung getragen, dass ein Perspektivenwechsel von einer *versagens-* und *verbotsorientierten* Denkweise hin zu einer *fähigkeits-* und *gelingensorientierten* Betrachtung gerade auch dem moraltheologischen Nachdenken über eine verantwortliche Gestaltung menschlicher Sexualität neue Impulse zu verleihen vermag[3]. Obwohl auf diesem Wege keineswegs alle Probleme verschwinden, dürften sich bestehende Konflikte doch in ihrem Gewicht relativieren und damit für alle Beteiligten erträglicher werden. Dabei sind die hier angestellten Reflexionen nicht als Patentrezepte, sondern vielmehr als Suchbewegungen zu verstehen, denen ein hohes Maß an Vorläufigkeit und Offenheit für Ergänzungen und Korrekturen anhaftet.

Konkret möchte ich so vorgehen, dass zunächst zwei Grundvoraussetzungen eines zeitgemäßen Nachdenkens über Fragen der Sexualmoral skizziert werden, die gerade Vertreter der katholischen Kirche nicht immer in der gebotenen Klarheit im Blick behalten. Im Anschluss daran sollen im Gespräch mit der zeitgenössischen Ethik und im ausdrücklichen Blick auf das christliche Liebesgebot einige eher grundsätzliche Überlegungen zur Zielgestalt gelungener Sexualität angestellt werden. Ein abschließender dritter Schritt bemüht sich dann darum, diese Perspektive für die Bewältigung einiger aktueller Herausforderungen auf dem Gebiet der Ehe und der Jugendsexualität fruchtbar zu machen.

I. Zwei Grundvoraussetzungen

Will die Moraltheologie den praktisch zum Erliegen gekommenen Dialog mit der Gesellschaft über sexualethische Probleme wiederaufnehmen, dann wird sie gut daran tun, zwei Grundvoraussetzungen zu beachten: Die erste Voraussetzung besteht darin, romantische Stilisierungen von Liebe und Sexualität zu überwinden und sich um eine möglichst *realistische* Betrachtung dieser facettenreichen und durchaus ambivalenten Phänomene zu bemühen. Als Beispiel für einen solchen dringend gebotenen *Realismus* möchte

[3] In diesem Sinne ist Reinhard Marx zuzustimmen, wenn er programmatisch feststellt: „Die Sexualmoral […] ist ein positives Leitbild und zu Unrecht als negative Verbotsethik missverstanden.“ (FAS vom 21.11.2010, Nr. 46, 8) Freilich wäre zu ergänzen, dass das kirchliche Lehramt (auch in Gestalt ihrer jeweiligen Moraltheologie!) an der Entstehung solcher Missverständnisse nicht ganz unschuldig ist.

ich auf einen Text verweisen, den der deutsche Sexualwissenschaftler Volkmar Sigusch an den Anfang seines Buches „Neosexualitäten – über den kulturellen Wandel von Liebe und Perversion“[4] stellt und der den bezeichnenden Titel „Das gemeine Lied der Liebe“ trägt. Sigusch eröffnet diesen mehrstrophigen Text wie folgt:

> „Unsere Liebe ist Leben und Tod in eins. Sie ist weich, warm und weiblich. Sie eifert nicht und treibt nicht Mutwillen. Sie bläht sich nicht auf und sie stellt sich nicht ungebärdig. Sie sucht nicht das Ihre und lässt sich nicht erbitten. Sie verträgt alles, duldet alles, tröstet selbstlos und still. Sie ist ohne Angst, Leere, Zwang und Scham. Sie bereichert, einigt und birgt. Sie schafft Weibliches im Männlichen und Männliches im Weiblichen, leicht, heiter und kindlich [...]. Nichts ist befreiender für die angespannte Seele, nichts belebender für die verhärtete, nichts stärkender für die kranke. Die Liebe macht die kleine Seele groß.“[5]

Sigusch ergänzt diese idealisierte Sicht auf die menschliche Sexualität, die er in bewusster Anknüpfung an die biblische Tradition des ‚Hohen Liedes‘ im Weiteren blumig und poetisch entfaltet, durch einen nüchternen Hinweis auf die reale Lebenssituation vieler Menschen, die für ihre Liebesfähigkeit von großer Bedeutung ist:

> „Diesseits der Romane, Traktate und Träume müssen wir bescheidener sein: Überall Herr und Knecht, oben und unten, überall Unvernunft, Verstofflichung, Zerstörung. Die Menschen von klein auf erniedrigt, gedümpelt, entwertet, genötigt, isoliert, leer, voller Angst und ohne Würde, wenn sie, wie man so sagt, Glück haben, ein Rädchen in der Maschinerie des Bestehenden. Wer tagein, tagaus als Maschine drei Handgriffe machen, wer Jahr um Jahr als Maske nutzlose Waren an den Käufer bringen, wer ein Leben lang als Handlanger tote Akten gegen Menschen führen muss, wer so im allgemeinen Leben zurechtgestanzt wird, der kann nicht einfach im Liebes- und Geschlechtsleben das Gegenteil von Maschine, Maske, Handlanger sein – plötzlich er selbst, unverstellt, lebendig, die Seele ganz gelöst.“[6]

---

[4] *Sigusch, Volkmar*, Neosexualitäten. Über den kulturellen Wandel von Liebe und Perversion, Frankfurt a.M. 2005.

[5] Ebd., 11.

[6] Ebd., 12.

Sigusch zufolge müssen wir deswegen nach dem ‚Hohen Lied' das ‚Niedere Lied' der Liebe singen, das manchen vielleicht vertrauter klingen mag:

> „Unsere Liebe ist eine Orgie gemeinster Quälereien. Sie ist voll raffinierter Erniedrigung, wilder Entmächtigung, bitterer Enttäuschung, boshafter Rache und gehässiger Aggression. Sie ist gierig, klebrig, verschlingend, maßlos, kurzatmig, empfindlich, heuchlerisch, unstillbar. Zu ihr gehören Gefühle der Not, nicht des Wohlbehagens: Hass, Angst, Wut, Schuld, Schwäche, Neid und eifernde Sucht. Auf dem Weg der Liebe befriedigt sich der eine selbst durch den und am anderen. Was dem einen Recht ist, sei dem anderen billig. Liebende machen einander gefügig. Nur dabei schlägt ihnen keine Stunde. Unsere Liebe ist egomanisch und asozial, eine nahe Verwandte des Wahnsinns und der Sucht. Wer an Verliebte denkt, weiß, wovon die Rede ist. Nur die Über- und Hochschätzung der Liebe in der Kultur bewahrt sie gewöhnlich davor, als Krankheit im Sinne der Reichsversicherungsordnung liquidiert zu werden."[7]

Sigusch erinnert uns mit seinem ‚Niederen Lied der Liebe' an Zweierlei: erstens daran, dass Liebe und Sexualität nicht nur eine *Licht*- sondern auch eine *Schatten*seite besitzen, die vor allem seit den 1980er Jahren dazu geführt hat, dass der Diskurs über Sexualität immer stärker von Themen wie Gewalt und gesundheitlichen Gefährdungen (Aids, Geschlechtskrankheiten etc.) bestimmt wird; und zweitens daran, dass sich in der konkreten Art unserer Liebe auch die äußeren gesellschaftlichen Voraussetzungen unserer Existenz – die politischen, sozialen, ökonomischen und kulturellen Rahmenbedingungen – spiegeln. Weil wir so *leben* wie wir leben, *lieben* wir auch in einer ganz bestimmten Art und Weise. Sigusch zufolge müssen wir das ‚Hohe' und das ‚Niedere Lied der Liebe' zusammendenken:

> „Das gemeine Lied der Liebe ist gewiss beides: eine Strophe vom Hohen, tausend vom Niederen, alltäglicher Refrain und lebenslange Reprise. Das, was wir Liebe nennen, ist eine Einheit einander entgegengesetzter seelischer Strebungen. Wie gesagt: Leben und Tod, Selbstwerdung und Verschmelzung, Spiel und Ernst, Harmonie und Spannung, Heiterkeit und Tragik, großsinnlich und zartzärtlich."[8]

---

[7] Ebd., 12f.
[8] Ebd., 13.

Die moraltheologische Relevanz von Siguschs Plädoyer für eine realistische Betrachtung menschlicher Sexualität dürfte vor allem darin bestehen, dass gerade wohlmeinende Kirchenvertreter auf dem Hintergrund der eingangs geschilderten konflikthaften Situation in der Gefahr stehen, ein *romantisch verzeichnetes Idealbild* menschlicher Sexualität zu beschwören, das den wirklichen Erfahrungen der Menschen im Grunde genauso wenig entspricht wie die traditionelle kirchliche Sündenmoral, von der sie sich auf diese Weise zu emanzipieren versuchen.

Eine *zweite* Vorbedingung für eine zeitgemäße Sexualethik betrifft die *sprachliche Gestalt* und den *Zielhorizont* ihrer Reflexionen. So wichtig es ist, sich die Vielgestaltigkeit menschlicher Liebe und Sexualität ungeschminkt vor Augen zu führen, so wenig kann es eine Normwissenschaft wie die (theologische) Ethik dabei bewenden lassen, nur die verschiedenen Aspekte und Ausdrucksformen von Liebe und Sexualität zusammenzutragen, zu systematisieren und zu dokumentieren. Neben der Wahrnehmung der Wirklichkeit erwartet man von der Ethik zu Recht eine *positive Orientierung*, die wenigstens in groben Umrissen ein begründetes Ziel vor Augen stellt, dem man sich dann im Alltag schrittweise anzunähern versuchen kann. Im Gegensatz zur stark *verbotslastigen* Sprache des römischen Lehramtes sollte sich dieses Ziel in einem sprachlichen Gewand präsentieren, das *einladend* und *verlockend* erscheint und die motivationalen Kräfte des Menschen zu stimulieren vermag.

Vorbildlich in diesem Sinne erscheinen mir die Überlegungen des Psychoanalytikers und Sozialphilosophen Erich Fromm, die dieser in seinem erstmals bereits im Jahre 1956 erschienenen, aber immer noch höchst aktuellen Buch „The Art of Loving“ niedergelegt hat. Im Vorwort dieses Buches schreibt Fromm:

> „Man darf von diesem Buch keine simple Anleitung zur Kunst des Liebens erwarten, tut man es doch, wird man enttäuscht sein. Das Buch möchte ganz im Gegenteil zeigen, dass die Liebe kein Gefühl ist, dem sich jeder ohne Rücksicht auf den Grad der eigenen Reife nur einfach hinzugeben braucht. Ich möchte den Leser davon überzeugen, dass alle seine Versuche zu lieben fehlschlagen müssen, sofern er nicht aktiv versucht, seine ganze Persönlichkeit zu entwickeln, und es ihm gelingt produktiv zu werden. Ich möchte zeigen, dass es in der Liebe zu einem anderen Menschen überhaupt keine Erfüllung ohne die Liebe zum Nächsten, ohne wahre Demut, ohne Mut, Glaube und Disziplin geben kann. In einer Kultur, in der diese Eigenschaften rar ge-

worden sind, wird die Fähigkeit zu lieben, nur selten voll entwickelt. Jeder mag sich selbst die Frage stellen, wie viele wahrhaft liebende Menschen er kennt."[9]

Dieser kurze Textabschnitt scheint mir aus mehreren Gründen bemerkenswert: Erstens erteilt er jenem verbreiteten Verständnis von Liebe eine klare Absage, das Fromm als die *Gefühlskonzeption* der Liebe bezeichnet. Die Fehler dieser im Grunde romantischen Konzeption bestehen s. E. darin, dass sie erstens von einem *Primat der Passivität* ausgeht (also das Geliebtwerden für wichtiger hält als das Lieben), zweitens unterstellt, das eigentliche Problem bestehe darin, das geeignete Liebes*objekt* zu finden, statt darin, die eigene *Fähigkeit* zu lieben zu entwickeln, und drittens in einer *Verabsolutierung des Anfangs* einer Liebeserfahrung auf Kosten jener Faktoren, die der Liebe Dauer und Beständigkeit verleihen (Verwechselung von ‚Verliebtheit' und ‚Liebe')[10].

Bedeutsam sind Fromms Überlegungen zweitens aber auch deswegen, weil er nicht bei einer bloßen Kritik dieser Gefühlskonzeption stehenbleibt, sondern einen positiven Gegenentwurf skizziert, in dessen Zentrum der Begriff der *‚Liebeskunst'* steht, der m. E. nicht nur den *anspruchsvollen Charakter*, sondern auch die *existenzielle Bedeutung* des Phänomens der Liebe angemessen zum Ausdruck bringt. Während der Begriff der ‚Kunst' (*ars*) an einen langen, oft mühevollen, aber auch verlockenden Weg zur Meisterschaft, an Lernen und Wissen, an Anstrengung und schöpferische Kraft denken lässt, weckt der Begriff der ‚Empfindung' bzw. des ‚Gefühls' eher Assoziationen des Spontan-Unwillkürlichen, das sich jeder Steuerung entzieht und dem Einzelnen ohne eigenes Zutun in den Schoß fällt. Trotz geradezu überwältigender Gegenbeweise herrsche in den Köpfen der meisten Zeitgenossen Fromm zufolge immer noch die Auffassung vor, nichts sei einfacher als zu ‚lieben'. Tatsächlich gebe es jedoch kaum ein Unterfangen, das mit so ungeheuren Hoffnungen und Erwartungen begonnen werde und dann mit einer solchen Regelmäßigkeit fehlschlage wie die Liebe.

Natürlich ist die Rede von der Liebes-*‚Kunst'* keine Erfindung Erich Fromms, sondern seit der Antike tief in der abendländischen Kulturgeschichte verankert[11]. Fromm kommt lediglich das Ver-

[9] *Fromm, Erich*, Die Kunst des Liebens, München [10]2010, 9.

[10] Vgl. ebd., 11–15.

[11] Vgl. *Cazenave, Michel*, L'art d'aimer au Moyen Âge, Paris 1997; *Roy K. Gibson* (Hrsg.), The art of love: bimillenial essays on Ovid's Ars amatoria and Remedia amoris, Oxford 2006 sowie *Loubère, Stéphanie*, L'art d'aimer au siècle des Lumières, Oxford 2007.

dienst zu, diese altehrwürdige Kategorie in einer Zeit rehabilitiert zu haben, in der das damit verbundene kulturelle Erbe aus verschiedenen Gründen immer mehr in Vergessenheit zu geraten droht[12]. Gerade aus *moraltheologischer* Sicht scheint es mir daher hilfreich, an Fromms Konzept der Liebeskunst anzuknüpfen, da dieses nicht nur den *Weg*-Charakter einer schrittweisen Entwicklung zu einem reifen verantwortungsvollen Umgang mit der eigenen Sexualität betont, sondern auch darum weiß, dass die Liebesfähigkeit immer eine ganz *individuelle* Größe darstellt, die eine Orientierung an statistischen Normalgrößen zumindest immer dann ausschließt, wenn es um die *persönliche* Reifung – um meinen ganz individuell möglichen *nächsten Schritt* geht.

II. Eine ethische und theologische Grundorientierung

Um den Begriff der ‚Liebeskunst' inhaltlich näher zu bestimmen und damit für eine *moraltheologische* Argumentation überhaupt brauchbar zu machen, möchte ich zunächst den Zusammenhang zwischen der Kategorie der ‚Liebeskunst' und dem ethischen Prinzip der ‚Handlungsfähigkeit' herausarbeiten und im Anschluss daran die für unsere Thematik einschlägigen Implikationen des neutestamentlichen Liebesverständnisses freilegen.

1. Zum systematischen Zusammenhang von ‚Liebeskunst' und ‚Handlungsfähigkeit'

In der zeitgenössischen Moralphilosophie gibt es eine einflussreiche Strömung, die zur inhaltlichen Bestimmung eines obersten handlungsleitenden Prinzips auf bestimmte menschliche *Fähigkeiten* zurückgreift und dabei einen aristotelisch inspirierten ‚schwachen Essentialismus' propagiert, der in der Lage ist, die anthropologischen Engführungen vieler postkantischer Ethikmodelle insbesondere formal-prozeduraler Art zu überwinden[13]. Unter diesen für den Menschen charakteristischen Fähigkeiten dürfte die *Handlungsfähigkeit* – also das Vermögen, sich unter Leitung der praktischen Vernunft in freien selbstgewählten Handlungen auszudrücken – insofern eine Schlüsselposition einnehmen, als sie aufs

---

[12] Vgl. *Lévy, Alfred*, Erich Fromm: Humanist zwischen Tradition und Utopie, Würzburg 2002.

[13] Zu den wichtigsten Protagonisten dieses sog. capability approach zählen Amatya Sen und Martha Nussbaum.

Engste mit seiner personalen Identität verbunden ist. Da die Situation des *Handelns* für den Menschen schlechthin alternativlos ist (der Mensch also nicht dauerhaft nicht-handeln kann) und da das *Handelnkönnen* seinerseits wiederum an bestimmte Voraussetzungen gebunden ist[14], scheint es naheliegend zu sein, in der *individuellen Handlungsfähigkeit* selbst den entscheidenden Inhalt eines obersten allgemeinen Moralprinzips zu erblicken, das nicht nur zur Sicherung eines *gerechtigkeitsethischen Minimums*, sondern auch als Bezugspunkt einer darüber hinausgehenden Konzeption des *guten Lebens* zu fungieren vermag.

Der Schutz und die Sicherung der individuellen Handlungsfähigkeit ist nicht irgendein subjektives zeit- oder kulturabhängiges Strebensziel des Menschen, auf das dieser begründeterweise auch verzichten könnte, sondern sie ist die *Bedingung der Möglichkeit* dafür, sich überhaupt Ziele gleich welcher Art setzen und diese durch das eigene planvolle Handeln auch tatsächlich erreichen zu können. Daher gilt, dass jeder, der überhaupt irgendetwas *wirklich* will, notwendigerweise auch immer schon zumindest implizit die *Entwicklung*, *Förderung* und *Entfaltung* der eigenen Handlungsfähigkeit wollen muss[15].

Im Blick auf diese zentrale moralische Bedeutung der individuellen Handlungsfähigkeit könnte sich ein verantwortungsvolles Handeln generell von folgendem Grundsatz leiten lassen:

Handle so, dass du deine eigene Handlungsfähigkeit sowie die Handlungsfähigkeit der von deinem Handeln Betroffenen nach Möglichkeit umfassend entfaltest und gleichberechtigt förderst und nicht ohne zwingenden Sachgrund beeinträchtigst oder gar zerstörst.

Auf vier allgemeine Vorzüge dieses Prinzips sei kurz verwiesen:

Erstens ist der Begriff der ‚Handlungsfähigkeit' in der Lage, als *Bezugspunkt einer objektiven Güter-Lehre* zu fungieren. Alles das, was den Erhalt und die Weiterentwicklung der Handlungsfähigkeit fördert, ist als ein erstrebenswertes *Gut* zu verstehen, was sie dagegen beeinträchtigt oder beschädigt, stellt ein *Übel* dar. Die aus den verschiedenen Sinndimensionen sexuellen Handelns ableitbaren Strebensziele etwa der Lustgewinnung, der Beziehungskonstitution oder der Reproduktion sind dabei in den größeren Zusammenhang einer ethischen Konzeption einzuordnen, die nicht nur um die Pluralität objektiver Güter, sondern auch um die Möglichkeit

[14] Zum argumentativen Hintergrund dieser Überlegungen vgl. *Gewirth, Alan*, Reason and Morality, Chicago 1978.

[15] Vgl. dazu *Bormann, Franz-Josef*, Natur als Horizont sittlicher Praxis, München 1999, 208–236.

konflikthafter Beziehungen zwischen diesen verschiedenen objektiven Gütern weiß und folglich mit der Notwendigkeit reflektierter Güterabwägungen rechnet.

Zweitens handelt es sich bei der ‚Handlungsfähigkeit' um eine *Lebenslagen-sensitive* Kategorie. Die Handlungsfähigkeit ist keine statische Größe, die dem Menschen einfachhin immer und unter allen Umständen gewissermaßen automatisch zukäme. Vielmehr handelt es sich bei ihr um eine außerordentlich *dynamische* Grundbefähigung, die einem komplexen *Entwicklungsprozess* unterworfen ist und folglich unterschiedliche Entwicklungsniveaus aufweisen kann. Ebenso schrittweise wie sich im Kindes- und Jugendalter der Aufbau bzw. die Entfaltung und Erweiterung der individuellen Handlungsfähigkeit vollzieht, dürfte sich im Alterungsprozess des Menschen auch die allmähliche Einschränkung und der Verfall bzw. Verlust von ehemals vorhandenen Handlungsmöglichkeiten darstellen. Die Kategorie der *Handlungsfähigkeit* scheint somit grundsätzlich in der Lage zu sein, dem je unterschiedlichen moralischen Anforderungsprofil bestimmter *Lebensalter* und *Lebenslagen* in hohem Maße gerecht zu werden und damit nicht nur das abstrakt ‚Menschliche' im Allgemeinen, sondern auch das Spezifische etwa der Lebenssituation von Kindern, Jugendlichen, Erwachsenen und Alten zur Geltung zu bringen, das bislang nicht nur in der moral*philosophischen* Grundlagenreflexion, sondern auch in der *theologischen* Entfaltung etwa des Liebesgebotes und seiner sexualethischen Implikationen sträflich vernachlässigt worden ist.

Drittens ist der Begriff der ‚Handlungsfähigkeit' in hohem Maße *empirisch operationalisierbar* und damit *anschlussfähig für das interdisziplinäre Gespräch*. Denn ob und in welchem Maße eine Handlungsweise zur Förderung oder zur Beeinträchtigung der Handlungsfähigkeit eines Menschen beiträgt, ist primär keine ethische, sondern eine empirische Frage, die nur im Rückgriff auf einschlägige Daten der verschiedenen Human- und Sozialwissenschaften beantwortet werden kann. Gerade auf sexualethischem Gebiet dürfte es daher entscheidend darauf ankommen, dass die jeweils erhobenen normativen Forderungen nicht nur rein intuitiv plausibel erscheinen, sondern auch auf ihre tatsächlichen Konsequenzen sowie ihre alltägliche Lebbarkeit hin reflektiert werden.

Viertens ist auf die komplexe *Vielschichtigkeit* des Begriffs der Handlungsfähigkeit zu verweisen. Die Handlungsfähigkeit schließt ganz verschiedene *Teilkompetenzen* ein, deren Gesamtheit ein sittliches Subjekt erst dazu ermächtigt, im Alltag richtige Entscheidungen zu treffen und in die Tat umzusetzen. Vier dieser Teilkompetenzen seien ausdrücklich erwähnt:

1. Urteilsfähigkeit
Handlungsfähig ist nur derjenige, der eine konkrete, nicht selten konflikthafte Situation angemessen zu beurteilen vermag. Solche Urteilsfähigkeit ist wiederum an verschiedene kognitive und nonkognitive Voraussetzungen gebunden und setzt eine Fülle von Einzelvermögen – wie z. B. richtiges intuitives Erfassen bestimmter Situationsmerkmale, korrektes schlussfolgerndes Denken, richtiges Abwägen und Gewichten der verschiedenen Einzelaspekte, realistische Kalkulation von Handlungsvoraussetzungen und Handlungsfolgen, Lebenserfahrung, Selbsterkenntnis etc. – voraus.

2. Emotionale Reife
Die beste Urteilskompetenz nützt nichts, wenn nicht zugleich eine Kultivierung der Gefühle und der motivationalen Antriebsstruktur vorhanden ist, die es dem handelnden Subjekt ermöglicht, das als richtig Erkannte auch in die Tat umzusetzen. Genau hier liegt die große praktische Bedeutung der sog. Tugendethik, die seit einigen Jahrzehnten wieder Konjunktur hat. Selbstverständlich schließt auch die notwendige Ordnung der Gefühlswelt wiederum eine ganze Reihe von Einzelfähigkeiten – wie z. B. Empathie, emotionale Intelligenz, Affektkontrolle, Erlebnisfähigkeit etc. – ein.

3. Die Fähigkeit zu Genuss und Verzicht
Da die Entfaltung einer Anlage oder eines Talentes einerseits als ‚lustvoll' erlebt wird, deren Reifung andererseits aber auch nicht ohne Anstrengung und Verzicht zu erreichen ist, muss sich der Mensch um ein angemessenes Verhältnis zum Gut der Lust bemühen: Neben der Fähigkeit zum *Genuss* ist hier auch die Befähigung zum *Verzicht* gefragt. Beide Kompetenzen sind nötig, um fragwürdige Einseitigkeiten der charakterlichen Entwicklung zu vermeiden und die Souveränität des handelnden Subjekts gegenüber den verschiedenen Quellen der Lust zu wahren. Im Blick auf die sexuellen Erlebnismöglichkeiten heutiger Jugendlicher dürfte sich der Umstand einer auch in anderen Dimensionen unserer Wohlstands- und Überflussgesellschaft niederschlagenden *Übersättigung* negativ auf die langfristigen Erlebnismöglichkeiten auswirken, so dass eine Ermutigung zu *Aufschub* und *Verzicht* paradoxerweise gerade den langfristigen *Genuss* zu schützen vermag[16].

---

[16] Die bereits gegenwärtig zu beobachtende Banalisierung sexueller Handlungen bestätigt diese Annahme. Vgl. dazu auch *Gunter Schmidt* (Hrsg.), Jugendsexualität. Sozialer Wandel, Gruppenunterschiede, Konfliktfelder, Stuttgart 1993, 3.

4. Fähigkeit differenzierter Rollenübernahme
Das handelnde Subjekt steht in der Regel in vielfältigen sozialen Beziehungen, die teils selbst gewählt, teils fremd verfügt, teils privater, teils öffentlicher Natur sind. Gerade intime sexuelle Beziehungen sind ja nie nur rein *privater* Natur, sondern haben auch eine *öffentlich-institutionelle* Dimension. Um den verschiedenen Anforderungen und Erwartungen gerecht werden zu können, die sich aus den unterschiedlichen sozialen *Rollen* (z. B. als Ehepartner, Vater, Mutter, Kind, Schüler, Freund, Christ) ergeben, muss der Handelnde nicht nur zu einer differenzierten Wahrnehmung des jeweiligen Rollenprofils in der Lage sein, er muss auch zwischen den verschiedenen Rollen so *umschalten* können, dass er unter Wahrung seiner Identität dem jeweiligen Rollenprofil gerecht wird und die *Kohärenz* der verschiedenen Rollen nicht gefährdet.

Natürlich ließen sich noch andere Teilkompetenzen benennen, um den Begriff der *Handlungsfähigkeit* weiter zu profilieren. Mir geht es jedoch an dieser Stelle allein darum zu zeigen, dass sich der von Fromm verwendete Begriff der ‚Liebeskunst' mit Hilfe des komplexen Begriffs der ‚Handlungsfähigkeit' auf differenzierte Weise moraltheoretisch rekonstruieren lässt.

Die Fähigkeit zu *lieben* stellt aufgrund ihrer komplexen Struktur und der vielfältigen Voraussetzungen zweifellos die *höchste Entfaltung* der menschlichen Handlungsfähigkeit dar, die ein *lebenslanges Lernen* voraussetzt. Denn wer wirklich *liebt*, der hat nicht nur seine *eigene* Handlungsfähigkeit optimal entfaltet; sein Handeln ist auch auf die bestmögliche Förderung und Entwicklung der Handlungsfähigkeit seiner *Mitmenschen* – insbesondere seines geliebten *Partners* – ausgerichtet. Da beides Fromm zufolge nur möglich ist, wenn es der betroffenen Person gelingt, „die eigene Gesamtpersönlichkeit zu entwickeln und damit zu einer schöpferischen Orientierung zu gelangen"[17], dürfte es keine Übertreibung darstellen, hier von einer echten ‚*Kunst*' zu sprechen.

2. Sexualität im Horizont des christlichen Liebesgebotes

Aufgrund der Tatsache, dass sich eine moral*theologische* Reflexion über Liebe und menschliche Sexualität immer auch vor dem Zeugnis der Heiligen Schrift zu verantworten hat, dürfte es hilfreich sein, eine semantische Eigentümlichkeit des Neuen Testaments in Erinnerung zu rufen, die durch den deutschen Allerwelts-

[17] *Fromm*, Kunst (s. Anm. 9), 13.

begriff der ‚Liebe‘ nur unzureichend ans Licht tritt. Tatsächlich übernehmen die neutestamentlichen Autoren nämlich unter bewusster (weitgehender) Umgehung der in der profanen Gräzität vorherrschenden Begriffe ‚*philia*‘ und ‚*eros*‘ den bereits in der Septuaginta gebrauchten Ausdruck ‚*agape*‘, der dort das hebräische ‚ahaba‘ wiedergeben sollte, das seinerseits vor allem die *spontan erwählende Liebe Jahwes gegenüber seinem Volk* bezeichnete[18]. Obwohl dieser semantische Befund bereits darauf hindeutet, dass die Beziehung zwischen dem Alten und dem Neuen Testament enger ist als die Übereinstimmung mit der jeweiligen heidnischen Umgebung von Altem und Neuem Testament, ist dieser Eindruck im Blick auf das spezifisch *christliche* Liebesverständnis insofern noch einmal zu differenzieren, als dem ursprünglich „ziemlich farblose[n] Wort“[19] *agape* auf dem Boden der neutestamentlichen Schriften Bedeutungsnuancen zuwachsen, die über den Sinn einer ‚allgemeinen Wertschätzung‘ und eines ‚grundsätzlichen Wohlwollens‘ weit hinausgehen[20]. Allerdings ist sogleich zu betonen, dass die Rede von *dem* neutestamentlichen Liebesverständnis insofern nur das Resultat einer Abstraktion sein kann, als in den verschiedenen Schriften des Neuen Testaments durchaus auch im Blick auf die jeweilige Deutung der ‚*agape*‘ unterschiedliche Akzentuierungen anzutreffen sind, die vor allem die spezifische *Reichweite* und die vorrangigen *Bewährungsfelder* der Liebe betreffen[21].

Ungeachtet dieser Detailunterschiede dürften jedoch die folgenden Einsichten für unser Thema von besonderem Interesse sein:

Erstens ist das jüdisch-christliche Liebesgebot Bestandteil eines *konsekutiven Ethos*, das von einem Vorrang des göttlichen Handelns vor allen menschlichen Bemühungen ausgeht. ‚Liebe‘ meint daher zuerst immer die Liebe Gottes zum Menschen und nicht ein menschliches Tun. Die Liebe des Menschen wird hier entsprechend als eine *Antwort* auf die vorausgehende Liebe Gottes und damit als etwas Abgeleitetes bzw. logisch Sekundäres verstanden.

Zweitens denkt das Neue Testament die ‚*agape*‘ als einen *triangulären* Begriff, der die *Gottes-*, die *Selbst-* und die *Nächstenliebe* in sich einschließt. Weil Gottes Liebe den ganzen Menschen betrifft, soll auch der Mensch in allen seinen Grundrelationen – also

---

[18] Vgl. Jer 31,3.

[19] *Barth, Karl*, Kirchliche Dogmatik, Bd. IV/2, Neukirchen-Vluyn 1989, 836.

[20] Vgl. *Söding, Thomas*, Das Wortfeld der Liebe im paganen und biblischen Griechisch, in: Ephemerides Theologicae Lovaniensis LXVIII (1992) 284–330.

[21] Vgl. *Becker, Jürgen*, Feindesliebe – Nächstenliebe – Bruderliebe. Exegetische Beobachtungen als Anfrage an ein ethisches Problemfeld, in: Zeitschrift für evangelische Ethik 25 (1981) 5–18.

in seinem Verhältnis zu Gott, zu sich selbst und zum Nächsten – diese Liebe angemessen beantworten.

Im Blick auf die verschiedenen in der Theologiegeschichte entwickelten Denkmodelle zur näheren Verhältnisbestimmung dieser drei Grundrelationen der Liebe hat Benedikt XVI. in seiner Enzyklika *Deus caritas est* zu Recht davor gewarnt, die verschiedenen Kategorien etwa der ‚aufsteigenden' und der ‚absteigenden' Liebe bzw. der ‚begehrenden' und der ‚schenkenden' Liebe (i. S. des ‚*amor concupiscentiae*' und des ‚*amor benevolentiae*') gegeneinander auszuspielen:

> „In der philosophischen und theologischen Diskussion sind diese Unterscheidungen oft zu Gegensätzen hochgesteigert worden: Christlich sei die absteigende, schenkende Liebe, die *Agape*; die nichtchristliche, besonders die griechische Kultur sei dagegen von der aufsteigenden, begehrenden Liebe, dem *Eros* geprägt. Wenn man diesen Gegensatz radikal durchführte, würde das Eigentliche des Christentums aus den grundlegenden Lebenszusammenhängen des Menschseins ausgegliedert und zu einer Sonderwelt, die man dann für bewundernswert ansehen mag, die aber doch vom Ganzen der menschlichen Existenz abgeschnitten würde. In Wirklichkeit lassen sich *Eros* und *Agape* – aufsteigende und absteigende Liebe – niemals ganz voneinander trennen. Je mehr beide in unterschiedlichen Dimensionen in der einen Wirklichkeit Liebe in die rechte Einheit miteinander treten, desto mehr verwirklicht sich das wahre Wesen von Liebe überhaupt."[22]

Konkret bedeutet dies, dass zwar einerseits die konsekutive Grundstruktur des christlichen Liebesgebotes uneingeschränkt zur Geltung zu bringen ist, dies aber andererseits so zu geschehen hat, dass dabei nicht – wie z. B. in der exstatischen Konzeption ‚reiner Liebe' – die natural-begehrende erotische Dimension der Liebe geleugnet wird. Auch und gerade auf sexualethischem Gebiet ist also der theologische Grundsatz zu berücksichtigen, dass die Gnade die Natur voraussetzt und nicht zerstört, sondern vielmehr zur Vollendung bringt. Was dieses völlig berechtigte Plädoyer für eine *integrative* Sicht von ‚*eros*' und ‚*agape*' für die Entwicklung reifer Sexualität bedeuten könnte, soll abschließend noch kurz exemplarisch bedacht werden.

---

[22] *Benedikt XVI.*, Deus caritas est (Verlautbarungen des Apostolischen Stuhls 171), Bonn 2006, Nr. 7.

III. Konkretionen

Obwohl die Kultivierung der menschlichen Handlungs- und Liebesfähigkeit gewiss eine lebenslange Aufgabe darstellt, konfrontiert sie den Einzelnen in den unterschiedlichen Lebensphasen doch mit ganz unterschiedlichen moralischen Herausforderungen, die in einer überzeugenden sexualethischen Reflexion möglichst differenziert zu analysieren wären. Zwei wichtige Segmente dieses breiten Themenspektrums, nämlich die Bestimmung einer begründeten Zielgestalt reifer Sexualität sowie eines überzeugenden Weges auf dieses Ziel hin, seien hier herausgegriffen, da sie die Stärken und Schwächen der katholischen Sexualmoral besonders eindrücklich belegen.

1. Das Ziel: Eheliche Gemeinschaft zwischen Wunsch und Wirklichkeit

Man kann der kirchlichen Sexualmoral weder vorwerfen, dass sie über kein plausibles *Ideal* verfügen noch dass sie die *Komplexität* der menschlichen Sexualität unterschätzen würde. Die katholische Kirche hat nämlich von Anfang an gegenüber radikal dualistischen Konzeptionen versucht, die verschiedenen Grundfunktionen der menschlichen Sexualität – nämlich die *Beziehungs-*, die *Lust-* und die *Fortpflanzungsfunktion* – im normativen Leitbild der *Ehe* als einer lebenslangen, exklusiven, intimen Gemeinschaft von Mann und Frau in einer Weise zusammenzudenken, die die religiöse Dignität der Ehe als Sakrament verteidigt[23]. Zwar hat die Kirche wie alle anderen Institutionen auch relativ lange gebraucht, die *Beziehungs*dimension in *personalen* (und nicht nur *juridischen*) Kategorien angemessen zu beschreiben, doch hat sie spätestens mit der Ehetheologie des II. Vatikanums[24] – und hier insbesondere mit dem Begriff des ‚Ehe*bundes*' – einen Ansatz gefunden, der unseren heutigen Vorstellungen von einer ‚liebenden Partnerschaft' durchaus angemessen ist[25].

---

[23] Das schließt allerdings keineswegs aus, dass es in der näheren Verhältnisbestimmung dieser Sinndimensionen lange Zeit zu einer einseitigen Dominanz der Reproduktionsfunktion gekommen ist, während insbesondere der Lustfunktion vor allem unter dem Einfluss platonischer und augustinischer Konzeptionen lediglich eine untergeordnete Rolle zugebilligt wurde.

[24] Vgl. Gaudium et spes 48–52.

[25] Vgl. dazu *Gruber, Hans-Günter*, Christliche Ehe in moderner Gesellschaft: Entwicklungen – Chancen – Perspektiven, Freiburg 1994.

Wie alle empirischen Daten bestätigen, wünscht sich die überwältigende Mehrheit der Bevölkerung genau jene Gestalt einer dauerhaften verlässlichen Lebensgemeinschaft von Mann und Frau, die die Kirche in ihrem Eheverständnis den Gläubigen als Ziel vor Augen stellt[26]. Wir haben es also im Blick auf die tatsächlichen oder vermeintlichen ‚lebensfernen Zumutungen kirchlicher Sexualmoral' nicht mit einem *Zielkonflikt* zu tun, sondern vielmehr mit der Frage, wie das an sich berechtigte und weithin unstrittige Ziel reifer Sexualität in verlässlicher Partnerschaft unter den Bedingungen gegenwärtiger gesellschaftlicher Verhältnisse glaubwürdig vorzuleben und an die nächste Generation zu vermitteln ist. Dabei scheinen mit Blick auf die bundesrepublikanischen Verhältnisse die folgenden generellen Trends aus moraltheologischer Sicht besonders konfliktträchtig zu sein:

Erstens wird der *Eheabschluss* aus verschiedenen Gründen (verlängerte Ausbildungszeiten, Erfordernisse des Arbeitsmarktes, perfektionistische Vorstellungen etc.) biografisch immer weiter *herausgezögert*, so dass die Zeitspanne zwischen dem Eintritt der Geschlechtsreife (ca. 11.–14. Lebensjahr) und dem faktischen Eheabschluss (29. Lebensjahr) immer größer wird und mittlerweile ca. 15–18 Jahre beträgt. Diese extrem lange Zeitperiode ist zunehmend durch das Phänomen der sog. *seriellen Monogamie*, d. h. durch eine Abfolge von zumeist relativ kurzen Beziehungen gekennzeichnet, in denen zwar sehr wohl bestimmte Werte (wie z. B. emotionale Nähe und Exklusivität der Intimität) erwartet und gelebt werden, die sich aber doch ganz überwiegend als extrem brüchig und kurzlebig erweisen. Gerade im Blick auf das Phänomen der ‚seriellen Monogamie' stellt sich die Frage, ob der gegenwärtige Trend zum immer späteren Eheabschluss einfach als unveränderbares Faktum in eine ethische Analyse einfließen

[26] Daran hat weder die vermeintliche ‚sexuelle Revolution' der 1960er und 70er Jahre etwas geändert noch die verschiedenen Liberalisierungswellen, die seither zu beobachten waren. Wie der Bielefelder Soziologe Franz-Xaver Kaufmann gezeigt hat, kann im Blick auf den tatsächlich gewachsenen Pluralismus keinesfalls generell von einer neuen subjektiv intendierten Vielfalt von Lebens- und Familienformen die Rede sein, da das herkömmliche Familienbild mehrheitlich „nach wie vor die Norm bildet, an der sich auch diejenigen orientieren, die – aus welchen Gründen auch immer – an der Realisierung dieses Leitbildes gehindert sind". Die Verbindlichkeit dieses Leitbildes scheint zwar insgesamt zurückgegangen zu sein, weshalb Abweichungen davon auch vermehrt geduldet werden, doch ist die faktisch anzutreffende Pluralisierung von Lebensformen kaum je „als Signal einer neuen Familienauffassung zu werten", sondern in erster Linie „als Symptom für die zunehmenden Schwierigkeiten, dem nach wie vor gültigen Familienleitbild zu entsprechen" (*Kaufmann, Franz-Xaver*, Zukunft der Familie im vereinten Deutschland. Gesellschaftliche und politische Bedingungen, München 1995, 151f.).

sollte, oder selbst noch einmal als Ergebnis fragwürdiger und durchaus revidierbarer individueller Entscheidungen sowie sozioökonomischer Prozesse kritisch hinterfragt werden sollte.

Zweitens werden auch die Ehen selbst nicht zuletzt als Folge des extrem späten Eheabschlusses in Deutschland immer *kinderärmer* und *fragiler*, so dass nicht nur der kirchlich verteidigte Zusammenhang zwischen Ehe *und* Familie gesamtgesellschaftlich immer weiter geschwächt wird, sondern auch die praktische Umsetzung des christlichen Gedankens einer *lebenslangen unauflöslichen* Verbindung der Eheleute mittlerweile immer seltener gelingt. Deutschland ist innerhalb der EU inzwischen das Land mit der niedrigsten Reproduktionsrate, ohne dass wirksame politische Maßnahmen zur Überwindung der *strukturellen Kinderfeindlichkeit* etwa auf dem Feld des Steuerrechts, der Sozialversicherungssysteme oder der Kulturpolitik auch nur in Ansätzen sichtbar wären, so dass hier auf absehbare Zeit keine Trendwende zu erwarten ist. Die hohe Rate von *Ehescheidungen* vor allem in der städtischen Bevölkerung tut ein Übriges, um die Prägekraft der Ehe als Grundbaustein der Gesellschaft weiter zu schwächen.

Drittens ist festzustellen, dass sich auch die verschiedenen Anstrengungen der großen *Sozialisationsakteure* (Elternhaus, Schule, Kirche, Medien) zur Vermittlung eines überzeugenden Leitbildes verantwortlicher Sexualität als insgesamt *wenig effizient* erweisen, da sie sich in ihren jeweiligen Ansätzen entweder gegenseitig neutralisieren oder aber den tatsächlichen Herausforderungen nur unzureichend gerecht werden.

Dies alles gilt es zu berücksichtigen, wenn darüber nachgedacht wird, vor welchen Herausforderungen junge Menschen stehen, die sich unter den derzeitigen gesellschaftlichen Bedingungen darum bemühen, erste Schritte auf das Ziel einer stabilen Ehe zu unternehmen.

2. Der Weg: Jugendsexualität jenseits von Mythos und Überforderung

Trotz alle Verdienste für eine überzeugende Zielbestimmung reifer sexueller Beziehungen im Raum von Ehe und Familie kann dem kirchliche Lehramt der Vorwurf nicht erspart werden, den gesamten *Entwicklungsaspekt* menschlicher Sexualität bislang nicht hinreichend berücksichtigt zu haben. Zwar weiß man auch in Rom, dass ein derart anspruchsvolles Ideal wie das katholische Eheverständnis nicht einfach auf Knopfdruck verwirklicht werden kann, doch hat man sich bislang weitgehend darauf beschränkt, all jene Erscheinungsformen sexuellen Handelns unter ein strenges Verdikt zu stellen, die außerhalb des Schutzraumes einer auch rechtlich abgesicherten ehelichen Gemeinschaft stattfinden. Die Liste der entsprechenden Verbotsurteile ist lang und reicht von der Selbstbefriedigung über die Pornografie bis zum vorehelichen Geschlechtsverkehr. Gerade im Blick auf diese von Seiten des kirchlichen Lehramtes gemessen am Ideal der Ehe immer wieder durchaus zu Recht als ‚*defizitär*' gebrandmarkten Handlungstypen wäre jedoch unter entwicklungspsychologischer Perspektive zunächst einmal empirisch zu überprüfen, welche Wirkungen von ihnen für die schrittweise Entfaltung wirklicher Handlungs-, Liebes- und Beziehungsfähigkeit tatsächlich ausgehen.

Im Gegensatz zu einem allgemeinen gesellschaftlichen Trend, der *moralische Verantwortung* auf sexuellem Gebiet einseitig auf bloße *Verhütungskompetenz* reduziert und sich allein an rein *quantitativen* Parametern – wie dem Zeitpunkt von ersten Masturbations-, Petting- und Koituserfahrungen und deren späterer Häufigkeit – orientiert[27], weist die Kirche zwar zu Recht darauf hin, dass der Begriff der ‚Liebe' und der ‚Beziehung' eben auch *qualitativ* zu bestimmen ist, da die einschlägigen Handlungsformen stets den *ganzen* Menschen in den verschiedenen Dimensionen seiner Existenz betreffen. Doch ist auch die Kirche selbst bedauerlicherweise zumeist dabei stehen geblieben, einzelne Handlungstypen (wie z. B. die Selbstbefriedigung oder den vorehelichen Geschlechtsverkehr) isoliert für sich zu bewerten, ohne deren Einbettung in einen komplexen Entwicklungsprozess hinreichend zu berücksichtigen.

Ausgehend von dem hier empfohlenen komplexen Kriterium der *Handlungsfähigkeit* des Menschen ließe sich nicht nur ein plausibleres, empirisch überprüfbares Kriterium zur moralischen Beurteilung einzelner sexueller Handlungstypen gewinnen, sondern auch eine Wende zu einer *ganzheitlicheren* Betrachtung sexuellen Handelns aus entwicklungspsychologischer Perspektive einleiten. Denn so sehr es stimmen mag, dass es eine ‚Liebe auf Probe' ebenso wenig gibt wie ein ‚Leben oder Sterben auf Probe', sexuelle Handlungen also immer auch einen *existenziellen Ernstfall* darstellen, so sehr gilt doch auch, dass man die rechte Weise zu *leben* (also die sog. Lebenskunst) genauso in vielen kleinen Schritten lernen *kann* und lernen *muss* wie die Kunst zu *lieben*.

Versucht man diese auch moraltheologisch bislang zu Unrecht vernachlässigte *Entwicklungsdimension* reifer Liebeskunst wirk-

---

[27] Geradezu mustergültig findet sich diese Verengung in den Repräsentativumfragen der Bundeszentrale für gesundheitliche Aufklärung zur Jugendsexualität; vgl. die neueste Studie: Jugendsexualität. Repräsentative Wiederholungsbefragung von 14- bis 17-Jährigen und ihren Eltern – Aktueller Schwerpunkt Migration –, Köln 2010.

lich ernst zu nehmen, dann dürften sich im Blick auf eine verantwortete Jugendsexualität wenigstens die folgenden Schlussfolgerungen nahelegen:

Erstens darf das *Ausdrucksrepertoire* der Liebe nicht auf den Vollzug bestimmter Akte *genitaler* Sexualität begrenzt werden. Sexualwissenschaftler beklagen seit langem einen dramatischen *Verlust an erotischer Kultur*, der sich geradezu mustergültig in einer fragwürdigen *Koitusfixierung* Jugendlicher manifestiert[28].

Zweitens zeichnet sich ein verantwortliches Handeln vor allem dadurch aus, dass die Intensität des körperlichen Ausdrucks in etwa der Intensität der emotionalen Einstellung sowie der sozialen Nähe entspricht. Jugendliche Beziehungen sind entsprechend in dem Maße unreif und moralisch fragwürdig, wie sie eine *Asymmetrie* zwischen der körperlichen und der emotionalen sowie der sozialen Dimension erkennen lassen. Zwar neigen Jugendliche heute vermehrt dazu, anonyme sexuelle Kontakte zu vermeiden und sich ihre ersten Sexpartner bewusst aus ihrem Freundeskreis auszusuchen, doch wird dieses Verhalten damit allein keineswegs der moralisch gebotenen *Symmetrie* gerecht, da auch diese frühen Beziehungen ja zumeist extrem kurzlebig und fragiler Natur sind, so dass zu bezweifeln ist, ob sie überhaupt als geeigneter Rahmen einer *maximalen* körperlichen Intimität bewertet werden sollten.

Eng damit verbunden ist ein dritter Aspekt, der die *kommunikative* Dimension des sexuellen Handelns betrifft. Wenn es stimmt, dass sexuelle Ausdruckshandlungen eine *Sprache der Liebe* sind, dann sollte die maximale Form körperlicher Intimität auch der maximalen emotionalen Engagiertheit einem Partner gegenüber vorbehalten bleiben. Wer dagegen in Ermangelung eines hinreichenden Unterscheidungsvermögens zwischen Bekanntschafts-, Freundschafts- und Liebensbeziehungen schon mit vergleichsweise flüchtigen oder passageren Partnern Höchstformen sexueller Intimität lebt, der beraubt sich selbst der Möglichkeit, tiefergehenderen und dauerhafteren Beziehungen noch eine angemessene körperliche Ausdrucksgestalt verleihen zu können.

Dies bedeutet allerdings viertens keineswegs, dass junge Erwachsene die zur vorbehaltlosen Bejahung und Annahme des Partners entschlossen sind und dies auch sexuell ausdrücken wol-

---

[28] Die massenhafte Verbreitung der Pornografie durch das Internet, die vor allem von männlichen Jugendlichen genutzt wird, führt zunehmend zu einem Fantasieverlust, der die schrittweise Erkundung der eigenen sexuellen Bedürfnisse und erotischen Ausdrucksmöglichkeiten eher verhindert als befördert. Vgl. *Grimm, Petra, Müller, Michael, Rhein, Stefanie*: Porno im Web 2.0. Die Bedeutung sexualisierter Web-Inhalte in der Lebenswelt von Jugendlichen, Berlin 2010.

len, bereits in jeder Hinsicht eine *perfekte* Beziehungskompetenz aufweisen müssen. Gerade die sich in unserer Gesellschaft immer weiter ausbreitende unrealistische Idee, den Eheabschluss auch deswegen immer weiter zu vertagen, da man die perfektionistisch verzeichneten Bedingungen hierfür in emotionaler bzw. ökonomischer Hinsicht noch nicht erfüllt, ist kritisch zu hinterfragen. Da ein verantworteter Eheabschluss nicht an die erreichte *Perfektion* der Ehepartner, sondern an deren *gemeinsame Lernbereitschaft* gebunden ist, sollten junge Erwachsene zu einem deutlich früheren Eheabschluss ermutigt und instandgesetzt werden[29].

Das gesellschaftlich immer stärker verbreitete Muster der sog. *seriellen Monogamie* ist unter diesen Voraussetzungen durchaus kritisch zu beurteilen, da es nicht nur die *psychischen Leiden* der jeweils schwächeren ehemaligen Partner banalisiert, sondern auch die *Fähigkeit zur gemeinsamen Bewältigung von Beziehungskrisen und -konflikten*, die allein einer Partnerschaft Dauerhaftigkeit und Reife verleihen können, nachweislich *schwächt*[30]. Schließlich sollte sechstens ausdrücklich betont werden, dass die verantwortliche Gestaltung des eigenen sexuellen Handelns eine *individuelle* Aufgabe darstellt, die nur bedingt auf der Basis generalisierter Handlungsmaßstäbe zu beurteilen ist. Da hier jeder in seiner je eigenen Kreativität herausgefordert ist, sollte es ein wichtiges Ziel verantwortlicher Sexualpädagogik sein, die *Ich-Stärke* der Jugendlichen zu fördern und ihre Sensibilität für fragwürdige manipulative Außensteuerungen (vor allem durch die Massenmedien!) zu erhöhen.

Das alles führt sicher nicht dazu, dass überhaupt keine Konflikte mehr im Bereich der Jugendsexualität auftreten. Wohl aber sollte es dazu beitragen, jungen Menschen ein ebenso *realistisches* wie *anspruchsvolles* Leitbild verantworteter Sexualität zu vermitteln, das insgesamt vom Vertrauen in die *sittliche Leistungsfähigkeit des Menschen* bestimmt ist. Denn unabhängig von der Einschätzung mancher sexualethischer Details dürfte es in der Zukunft vor allem darauf ankommen, allen Menschen guten Willens die Einsicht zu vermitteln, dass der *christliche Glaube* letztlich auf einem *optimistischen Menschenbild* beruht, das dem Einzelnen zutraut, das moralisch Richtige nicht nur zu erkennen, sondern diese Erkenntnis auch in die Tat umzusetzen.

---

[29] Zur Realisierung dieses Zieles wäre freilich das Zusammenwirken verschiedener kultureller, sozialer und ökonomischer Faktoren erforderlich.

[30] Es besteht eine statistisch signifikante Korrelation zwischen vorehelichen sexuellen Beziehungen zu mehreren Partnern und einem erhöhten Scheidungsrisiko.

Kontinuitäten, Problemfelder und Perspektiven kirchlicher Sexuallehre

von Konrad Hilpert

Von Sexualmoral zu sprechen, setzt voraus, dass Sexualität nicht nur ein Bestandteil menschlichen Seins und Erlebens ist, sondern auch etwas, das nach Gesichtspunkten gestaltet werden kann, die reflektiert werden können und dem Argument offen stehen. Diese Voraussetzung – vernüftige Gestaltbarkeit – teilen auch die normativen Vorgaben und Verhaltensregeln, die im Raum der Kirche formuliert und den Gläubigen als Hilfen und Bezugspunkte der Lebensgestaltung verkündigt und zugleich lehrhaft festgehalten wurden.

I. Positionen lehramtlicher Sexualmoral im Überblick

Diese kirchlichen Vorgaben und Verhaltensregeln für die Gestaltung der Sexualität bestehen in der öffentlichen Wahrnehmung vor allem oder fast ausschließlich in konkreten Einzelforderungen. In einem der jüngeren amtlichen Dokumente, das sich als „eine Darlegung des Glaubens der Kirche und der katholischen Lehre, wie sie von der Heiligen Schrift, der apostolischen Überlieferung und vom Lehramt der Kirche bezeugt und erleuchtet sind“, versteht[1], werden als konkrete Einzelforderungen genannt: das Unterlassen von Masturbation, Vergewaltigung, Homosexualität; ferner das Absehen von jeder Handlung, „die darauf abzielt, die Fortpflanzung zu verhindern“ bzw. sie mit technischen Mitteln herbeizuführen, also Empfängnisverhütung und künstliche Zeugung. Dazu kommt noch das Unterbleiben von Ehebruch, Ehescheidung, Polygamie, Inzest sowie Verhältnis.[2]

Will man wissen, wie diese doch so unterschiedlichen, sämtlich als Verstöße gefassten Einzelforderungen näherhin zusammengehören, so findet man zunächst eine formale Gruppierung: Alle

[1] Katechismus der Katholischen Kirche (= KKK), deutsche Ausgabe, München, Rom 2003, 33.
[2] KKK nr. 2351–2391.

werden sie nämlich je einem von drei Bereichen sexuellen Handelns zugeordnet: „vor und außerhalb“, „in“ und „gegen“ die Ehe. Die Ehe ist damit der zentrale Punkt, im Hinblick auf den sämtliche Ausdrucksgestalten menschlicher Sexualität betrachtet und beurteilt werden. Darüber hinaus besteht dem Text zufolge auch ein inhaltlicher Zusammenhang. Die Einzelforderungen erscheinen als Ausdruck von allgemeinen Grundsätzen, nämlich dem der Keuschheit und dem der Ganzheit der Hingabe. Dabei wird unter Keuschheit die Unversehrtheit der Person, die Bewahrung der in jedem Menschen angelegten Lebens- und Liebeskräfte verstanden.[3]

> „Unkeuschheit ist ein ungeregelter Genuss der geschlechtlichen Lust oder ein ungeordnetes Verlangen nach ihr. Die Geschlechtlichkeit ist dann ungeordnet, wenn sie um ihrer selbst willen angestrebt und dabei von ihrer inneren Hinordnung auf Weitergabe des Lebens und auf liebende Vereinigung losgelöst wird.“[4]

Und mit Ganzheit der Hingabe ist gemeint, dass die sexuelle Begegnung in ihrer dichteren Form „ein vorbehaltloses gegenseitiges Schenken der Gatten zum Ausdruck“ bringen soll.[5]

Beides, die Zuordnung zu einem Handlungsbereich und noch mehr der Versuch einer Unterfütterung durch allgemeine Grundsätze, sind Hinweise in Richtung Systematik. Der Text gibt mit anderen Worten selbst zu erkennen, dass die Einforderung der konkreten moralischen Verbote je für sich nicht genügt, sondern einer tiefer reichenden systematischen Zuordnung und Rückbindung bedarf. Was sich lehrhaft in der Gestalt konkreter Verbote herausgebildet hat, bleibt angewiesen auf moralische Grundsätze.

Auf beiden Ebenen – derjenigen der konkreten Verbote wie derjenigen der Grundsätze – sind Erkenntniszuwächse möglich. Und Korrekturen, die vorgeschlagen werden, stellen nicht eo ipso Angriffe auf bewährte Standards dar. Denn Kontinuitäten können auch fortbestehen, wo konkrete Positionen nicht einfach nur wiederholt oder schlüssiger gemacht, sondern weiterentwickelt, ergänzt oder verbessert werden.

---

[3] Vgl. KKK nr. 2338.

[4] Ebd., nr. 2351.

[5] Ebd., nr. 2370 (Zitat aus Familiaris consortio nr. 32).

Im Wesentlichen sind in den kirchlichen Lehrtexten zur Sexualmoral konstitutive Rückbezüge auf vier Grundlagenkomplexe erkennbar.

Der erste ist die Schöpfungstheologie, wie sie im Ausgang von den alttestamentlichen Schöpfungserzählungen und deren Widerhall in der Verkündigung Jesu entfaltet wird. Sexualität erscheint als gute Gabe Gottes. Der Mensch ist schon im Ursprung als Mann oder Frau erschaffen. Beiden gilt in ihrem gegenseitigen Zueinanderhingezogen-Werden der göttliche Segen. In ihrem Frau- bzw. Mannsein sind sie Ebenbild Gottes. Ihre Verschiedenheit enthält die Möglichkeit einer tiefen Begegnung und Ergänzung, die in Gemeinschaft mit anderen Lebewesen nicht erreicht werden kann. Ihre Besonderheit wird im Bild des „Ein-Fleisch-Werdens" und in der Umschreibung des Geschlechtsakts als „Erkennen" zum Ausdruck gebracht.[6] Sexualität erscheint als Ausdruck der Zugehörigkeit und Verbundenheit wie auch als Ort der Zeugung neuen menschlichen Lebens und des Fortgangs der Generationen.

Liebesbeziehung und Ehe werden in manchen alt- und neutestamentlichen Texten auch als Bilder für das Wohlwollen Gottes gegenüber seinem Volk in der Heilsgeschichte verwendet bzw. in umgekehrter Richtung als Ort der Nachfolge und der existenziellen Realisation der Liebe Christi zu seinem Volk. Im Neuen Testament werden sexuelle Bindung, Ehe und Familie unbeschadet ihrer Schöpfungsdignität auch in das Licht der hereinbrechenden Gottesherrschaft gestellt und unter dessen Dynamik als Angelegenheiten gesehen, die zur Vorläufigkeit dieser Weltzeit gehören. Insofern erscheint der freiwillige Verzicht darauf in der Verkündigung Jesu und bei Paulus als Zeichen dafür, sich besonders auf das von Gott Herkommende einzulassen.

Der zweite Referenzkomplex der Lehrtexte ist die Natur, die dem Mann und der Frau je eingeschrieben und vorgegeben sind. Vor allem bei den Erläuterungen zur Empfängnisregelung ist ausführlich von der Natur des geschlechtlichen Aktes die Rede. Gegenüber einem naturalistisch-biologischen Verständnis von Natur wird seit den Dokumenten Papst Johannes Pauls II. „Natur" als „Natur der Person" präzisiert, von der die Fähigkeit zu zeugen

[6] Eingehend dazu etwa: *Zenger, Erich*, Leib und Geschlechtlichkeit. Biblische und kulturgeschichtliche Aspekte, in: *Franz Böckle* (Hrsg.), Menschliche Sexualität und kirchliche Sexualmoral. Ein Dauerkonflikt?, Düsseldorf 1977, 51–73, 59 u. 64.

bzw. die Möglichkeit, den Partner zur Mutter bzw. zum Vater zu machen, integraler Bestandteil sei.[7]

Als dritter Bezugskomplex gilt die kirchliche Überlieferung, dem ausdrücklichen Wortlaut nach zwar eher selten und verhalten, der Sache nach aber recht stark. Zunächst geschieht das durch die bewusste hermeneutische Vorentscheidung, dass das sechste Gebot des Dekalogs dem Wortlaut des Dekalogs entgegen, der nur vom Ehebruch spricht, auch „als auf die gesamte menschliche Geschlechtlichkeit bezogen verstanden wird“[8]. Als Begründung wird ausschließlich die Überlieferung genannt. Noch weiterreichend und systematisch von durchschlagender Bedeutung ist der andere Punkt, nämlich dass dem sexuelle Akt nur im Rahmen einer ehelichen Gemeinschaft Berechtigung und Wert zugesprochen wird.

Schließlich gibt es als vierten Komplex eine Reihe von biblischen Einzelreferenzen, die bei der näheren Kennzeichnung einzelner Verstöße zu finden sind. Freilich sind derartige Belegstellen nur bei einem Teil der konkreten Verbote vorhanden, etwa bei der Stellungnahme zu Prostitution, Homosexualität, Ehebruch, Ehescheidung und Inzest, während bei der Darlegung von Selbstbefriedigung, Empfängnisverhütung, Polygamie und nichtehelichem Verhältnis solche einschlägigen Referenzen fehlen.

Zur Erhebung der Kontinuitäten im Grundsätzlichen gehört es auch zu registrieren, dass die Darstellung in neueren Texten mit Abgrenzungen und Akzentverschiebungen zu früheren Dokumenten einhergeht. So wird wiederholt und offenkundig betont, dass die Geschlechtlichkeit „alle Aspekte des Menschen in der Einheit seines Leibes und seiner Seele“ berührt[9], ja die Person bis in ihren innersten Kern betrifft[10]. Damit wird auf Distanz zu der Auffassung, Sexualität sei etwas Animalisches, und ebenso zur anthropologischen Reduktion auf Körperliches und Materielles gegangen. Auch die ehemals verbreitete Bezugnahme auf Texte und Bilder, die Sexualität und sexuelle Wünsche mit Unreinheit und Verschmutzung in Verbindung bringen, wird etwa im Zusammenhang mit der Behandlung der Masturbation[11] nicht aufgenommen. Im Gegenteil ist – wenn auch sub conditione – von der „sittlichen

[7] Familiaris consortio nr. 32 in Verbindung mit nr. 11. Zum anthropologisch-philosophischen Hintergrund s. *Böckle, Franz*, Die moraltheologische Problematik der Empfängnisregelung, in: *Peter Hünermann* (Hrsg.), Lehramt und Sexualmoral, Düsseldorf 1990, 48–63, 56–62.

[8] KKK nr. 2336.

[9] Ebd., nr. 2332.

[10] Vgl. ebd., nr. 2361.

[11] Ebd., nr. 2352.

Würde" der Geschlechtsakte und von der Geschlechtlichkeit als einer „Quelle der Freude und Lust" die Rede.[12] Hinweise auf die Verführungskraft der sinnlichen Leidenschaften des Menschen oder gar auf die erbsündlich bedingte „ungezähmte Begierlichkeit", wie sie etwa in Casti connubii zu finden sind[13], werden vermieden. Die Beschreibung der Wirklichkeit der Ehe mit Kategorien des Rechts („Eheband"[14], „Recht des Ehepartners"[15], „Vertrag"[16], „gültig geschlossen und vollzogen"[17]) wird zwar nicht aufgegeben, aber eingebettet in eine dezidiert theologische Sprache („durch das Sakrament geheiligt"[18], „Zeichen des Bundes"[19], „Bund des Heiles"[20]) und dadurch umakzenturiert. Bemerkenswert ist auch, dass auf Hinweise auf eine naturhafte oder religiöse Überordnung/Unterordnung im Binnenverhältnis der Eheleute[21] verzichtet wird.

Solche Modifikationen sind Anzeichen dafür, dass die Lehrgeschichte neben den Kontinuitäten auch Sichtweisen enthält, die von den Verfassern bzw. Autoritäten, die sich heute in die Verantwortung für die Formulierung von Standards christlichen Lebens gestellt sehen, für problematisch und korrekturbedürftig angesehen werden.

III. Problempunkte kirchlicher Sexuallehre – theologisch-ethische Anfragen

Über die hier skizzierte kirchliche Sexuallehre und einzelne ihrer konkreten Positionierungen hat es in den zurückliegenden Jahrzehnten reichlich Diskussion gegeben. Diese Diskussion war vielfach auch Gegenstand von Konflikten und gelegentlich auch Anlass zu amtlichem Maßnahmen. Der Verlauf dieser Auseinandersetzungen ist in der moraltheologischen Literatur vielfach dokumentiert[22]

---

[12] Ebd., nr. 2362.
[13] Z. B. Casti connubii nr. 102–104, 107 u. 111f.
[14] KKK nr 2360, 2381 u. 2383.
[15] Ebd., nr. 2381.
[16] Ebd., nr. 2381 u. 2384.
[17] Ebd., nr. 2382.
[18] Ebd., nr. 2360.
[19] Ebd., nr. 2381.
[20] Ebd., nr. 2384.
[21] Z. B. Casti connubii nr. 75–78.
[22] Z. B. *Böckle, Franz, Holenstein, Carl*, Die Enzyklika in der Diskussion. Eine orientierende Dokumentation zu „Humanae Vitae", Zürich 1968; *Häring, Bernhard*, Krise um „Humanae Vitae", Bergen-Enkheim 1968; *Hünermann, Peter*, Droht eine dritte Modernismuskrise?, in: Herder-Korrespondenz 43 (1989) 130–135; *Mieth, Dietmar*, Geburtenregelung. Ein Konflikt in der katholischen Kirche, Mainz 1990. Als Beispiel

und braucht hier nicht nachgezeichnet zu werden. Stattdessen sollen die großen Problemknoten benannt werden, die in der Diskussion immer wieder aufgetaucht sind und bis heute unerledigt erscheinen:

Einer der frühesten und zentralen Diskussionspunkte ist die Berufung auf die Natur des Menschen bzw. auf das Natürliche.[23] Nicht als ob jemand die Suche nach Strukturen des Unbeliebigen für sinnlos erklären und deren Relevanz für die materiale Normierung bestreiten würde. Die Gestaltung ethischer Normativität erfolgt keineswegs im Bereich unstrukturierter Beliebigkeit. Wohl aber wird die interpretatorische Gleichsetzung von dem Natürlichen mit einem biologischen Telos kritisiert. Sie bleibt auch in der enthierarchisierten Lehre der kirchlichen Dokumente über die Zwecke der Ehe seit dem Zweiten Vatikanum und deren personalistischer Weiterentwicklung durch Papst Johannes Paul II. von entscheidender Bedeutung, insofern die Fortpflanzung ebenso wie die liebende Vereinigung als dem ehelichen Akt von Natur aus innewohnend festgestellt[24] und infolgedessen jede Maßnahme, diese immanente Verknüpfung aufzulösen, für unerlaubt hingestellt wird.[25] Abgesehen von der Konzentration auf die punktuellen sexuellen Akte sieht die Kritik die faktische Rolle der Vernunft sowohl bei der Erkenntnis als auch bei der kulturellen, historischen und sozialen Ausgestaltung der menschlichen Natur nicht angemessen berücksichtigt.[26] Für normative Aussagen entscheidend sei gerade,

> „in welchem Verhältnis [die] in geschichtliche(m) Prozeß asymptotisch erkennbare menschliche Natur als Selbstaufgegebenheit zu personalem Selbstvollzug zu jenen naturalen Existenzbedingungen steht, die in der biologischen Grundstruktur menschlich leibhafter Natur vorgegeben sind“[27].

Ein anderer zentraler Punkt theologisch-ethischer Kritik ist der Hinweis auf Diskrepanzen zwischen normativen Positionen, die in

---

für eine Bilanzierung aus positionell entgegengesetzter Perspektive siehe etwa *Schulz, Christian*, Die Enzyklika „Humanae Vitae“ im Licht von „Veritatis splendor“. Verantwortete Elternschaft als Anwendungsfall der Grundlagen der katholischen Morallehre, St. Ottilien 2008.

[23] Siehe dazu die Beiträge in *Böckle, Franz* (Hrsg.), Der umstrittene Naturbegriff. Person, Natur, Sexualität in der kirchlichen Morallehre, Düsseldorf 1987.

[24] Humanae vitae 12. Vgl. KKK nr. 2366.

[25] Humanae vitae 14; Familiaris consortio 32; KKK nr. 2370.

[26] Näheres etwa bei *Böckle, Franz*, Was bedeutet „Natur“ in der Moraltheologie?, in: *ders.* (Hrsg.), Naturbegriff (s. Anm. 23), 45–68; *Korff, Wilhelm*, Wie kann der Mensch glücken? Perspektiven der Ethik, München 1985, 55–59 u. ö.

[27] *Bernhard Fraling*, Sexualethik. Ein Versuch aus christlicher Sicht, Paderborn 1995, 204.

amtlichen Lehrdokumenten vertreten werden, und den gelebten Überzeugungen bei einem Großteil der katholischen Christen. Sie bestehen nicht in allen Punkten der Sexualmoral, beispielsweise nicht was die Bewertung von Vergewaltigung, Ehebruch oder Inzest betrifft. In anderen Fragen wie Empfängnisverhütung oder Wiederverheiratung nach einem Scheitern der Ehe fallen sie jedoch recht deutlich aus und lassen sich sogar empirisch erfassen. Bei derartigen Diskrepanzen handelt es sich nicht nur um Klüfte zwischen der eigenen Erkenntnis des moralisch Richtigen und dem eigenen Handeln, sondern um Differenzen zwischen der Erkenntnis dessen, was richtig ist, und der gelehrten Norm, was richtig bzw. falsch sei. Vor allem die Diskrepanz bezüglich der Erlaubtheit verschiedener Methoden der Empfängnisverhütung ist mit solcher Wucht und so anhaltend sichtbar geworden, dass nicht nur prominente Theologen, sondern auch Bischöfe und amtliche Gremien in vielen Ländern in pastoralen Erklärungen individuelle Konfliktlösungswege aufgezeigt und sich selber und ihren Mitarbeitern bei der Einforderung der betreffenden Normen Zurückhaltung auferlegt haben. Die Diskrepanz verursacht deshalb im Alltagsleben der Gemeinden keine großen Konflikte mehr, zumal von Seiten der meisten Theologen die Übereinstimmungen im moralisch Grundsätzlichen – verantwortete Elternschaft, Schutz des vorgeburtlichen Lebens, Kinderfreundlichkeit, Sorgfalt im Umgang und Dankbarkeit für die Gabe des Lebens – herausgestellt werden. Gleichwohl ist der fortschwelende Konflikt ekklesiologisch belastend und Ausgangspunkt für viele Konflikte um Personen und Meinungen, untergründig auch Ausgangspunkt für tiefe Entfremdungen und Enttäuschungen. Vorgänge wie das Auftreten und die Verbreitung der Immunschwächekrankheit Aids lassen ihn auch in jüngster Zeit wieder aktuell erscheinen und schaffen unter Umständen zusätzliche Diskrepanzen bei sehr konkreten Fragen.

Ein weiterer Punkt, der freilich im theologisch-ethischen Schrifttum meist nur gestreift oder aber in die Zuständigkeit der Pädagogik weiterdelegiert wird, sind die nichtehelichen Lebensgemeinschaften, wie sie sich seit den 1970er Jahren in allen weltlichen Ländern millionenfach entwickelt haben. Die Ursachen für dieses Phänomen sind komplex und können nicht allein mit dem Hinweis auf emanzipatorisches Bestreben, Bindungsunfähigkeit und die allgemeinen Verfügbarkeit von Empfängnisverhütungsmöglichkeiten erklärt werden. Eine Rolle spielen auch die Ausdehnung des Zeitraums zwischen Geschlechtsreife und dem Abschluss von Ausbildung und Berufsfindung, die Entstandardisierung der Biografien und Mann-/Frau- und Familienkonstellation, die persönlichen Erwartungen an das Zusammenleben im Kontrast zu einer in allen Bereichen vom Leistungsprinzip durchdrungenen Gesellschaft. Ein amtlicher Text wie der Weltkatechismus weiß durchaus um unterschiedliche Konstellationen: „Konkubinat, Ablehnung der Ehe als solcher […], Unfähigkeit, sich durch langfristige Verpflichtungen zu binden“[28], ferner die, „die zu heiraten beabsichtigen“ und „eine Art Versuchsrecht“ beanspruchen[29], aber er hält diese Unterschiede für irrelevant und subsumiert die aufgezählten Konstellationen unter „Verhältnisse“, für die gilt: „Alle diese Situationen verletzen die Würde der Ehe; sie zerstören den Grundgedanken der Familie, sie schwächen den Sinn für Treue. Sie verstoßen gegen das moralische Gesetz.“[30] Damit aber ist schwer vereinbar, dass viele, die in nichtehelichen Lebensgemeinschaften leben, ihre Beziehung nicht als verantwortungsfrei auffassen, sondern sich moralischen Haltungen wie Treue oder Wahrhaftigkeit bei Konflikten durchaus verpflichtet wissen. Auch dürften die meisten der so Lebenden ihr Bedürfnis nach Erprobung der Beziehung mit dem Partner kaum richtig getroffen finden, wenn es nur als Beanspruchung eines Versuchsrechts auf Geschlechtsverkehr interpretiert und nicht in Zusammenhang gebracht wird mit einem Suchen nach Intimitätsfähigkeit und Partnergewissheit und mit dem gemeinsamen Ringen um die konkrete Gestalt der Partnerschaft. Dass unter den als „Verhältnis“ charakterisierten Konstellationen auch viele Menschen fallen, die die Ehe schätzen und willens sind, sich langfristig zu binden, aber bei der Realisierung dieses Wollens schon einmal Schiffbruch erlitten haben, hätte unter den Konstellationen eine eigene Erwähnung verdient.

Schließlich stellt sich aus theologisch-ethischer Sicht auch immer wieder die Frage nach der Dringlichkeit der Themen, Aufmerksamkeiten und Konflikte. Im Binnenbereich der Lehräußerungen ergibt sich eine andere Prioritätenskala als da, wo in der Gesellschaft über Sexualmoral diskutiert wird. Das spricht für sich genommen noch nicht gegen die eine bzw. für die andere, da Diskurse in der Gesellschaft auch Moden unterliegen und tradierte Gesichtspunkte in diesem Zuge auch rasch ins Hintertreffen geraten können. Eine problematische Schieflage entsteht jedoch dann, wenn bestimmte Fragen nur aus Gründen der Tradition oder auch der Macht sehr hoch rangieren, wohingegen neue Themen und Fragen, für die in Gesellschaft und Politik eine große

---

[28] KKK nr. 2390.
[29] Ebd., nr. 2391.
[30] Ebd., nr. 2390.

Sensibilität besteht, wenig Beachtung finden. Das Problem der Gewalt in Beziehungen (auch in Ehen) ist ein solches Thema ebenso wie die Herstellung und leichte Verfügbarkeit pornografischer Bilder im Internet, die sexualisierte Gewalt gegen Kinder und Abhängige ein anderes.

Sieht man die skizzierten Kritikpunkte im Zusammenhang, so zeigt sich, dass es im Kern nicht um eine Kontroverse über Loyalität und deren Grenzen geht, sondern über den Ansatzpunkt der theologischen Sexualethik. Soll sie sich ausschließlich der kirchlichen Lehrtradition verpflichtet wissen und alle theologische und pastorale Energie darauf verwenden, dass einmal formulierte konkrete Positionen verteidigt werden? Oder soll sie ihren prioritären Ausgangspunkt in der Wahrnehmung der heute lebenden Menschen mit ihren Sehnsüchten, Ängsten, Zwängen und fragilen Lebensführungs- und Beziehungsprojekten haben, die sie ins Licht der Evangelien taucht und für die sie einsehbare Orientierungen anbietet? Vergröbert und idealtypisch betrachtet bemisst sich in einem Ansatz die Richtigkeit bestimmter Positionen an der Beständigkeit des Anspruchs über die Zeiten. Typisch ist hier der Hinweis auf das Hereinbrechen von Willkür, falls die überlieferte Position verändert würde. Beim anderen Ansatz bemisst sich die Richtigkeit einer normativen Forderung wesentlich daran, dass alle Möglichkeiten der Erkenntnis, inklusive der sogenannten Humanwissenschaften, einbezogen wurden und die Forderungen von denen, denen sie zugedacht sind, auch innerlich anerkannt werden können. Überlieferte Positionierungen werden nicht als unverrückbare „Pflöcke“ hingenommen oder einfach für überholt deklariert, sondern als Konkretisierungen von Grundsätzen und als normativer Ausdruck von Wertzustimmung in einem ganz bestimmten historischen, sozialen und kulturellen Kontext verstanden.

IV. Perspektiven und Aufbrüche katholischer Sexualmoral

Eine typische Eigenart kirchenamtlicher Texte zur Sexualmoral, die sofort ins Auge springt, ist deren Darlegung als Komplex von Verboten, auch wenn dieser traditionelle Begriff in neueren Texten ebenso vermieden wird wie die Qualifizierung als „schwere Sünde“ mit größter Zurückhaltung verwendet[31] und stattdessen

[31] In den 70 Artikeln zur Erläuterung des sechsten Gebots wird dieser Ausdruck nur einmal verwendet (KKK nr. 2390), hier allerdings mit pointierter Bestimmtheit. (Dies deutet wohl auf eine späte Ergänzung im Enstehungsprozess des Textes hin.)

fast immer der Begriff „Verstöße“ gebraucht wird. Analytisch ist dieses Synonym aber genauso ein aus der Rechtssprache kommender Begriff der objektiven Abgrenzung und ein Ausdruck für den Unwert einer Handlung. Weder in der Weitergabe des Glaubens und des Ethos an neue Generationen noch psychologisch ist solch negatives Gepräge motivationsgenerierend. Denn die moralischen Grundfragen des Menschen sind die nach einem gelingenden Leben in und mit der eigenen sexuellen Identität, nach den Wegen zum Glück und die Sehnsucht nach erfüllender Partnerschaft. Es geht also in erster Linie nicht darum zu wissen, was man alles nicht darf, sondern wie Freundschaft möglich ist, Liebe und Treue gelebt und gestaltet werden können und worauf es in der Vielfalt der Möglichkeiten, Wünsche und Risiken letztlich ankommt. Ohne Zweifel haben im Gesamtspektrum der sexualethischen Orientierungen auch Grenzen und Verbote von Abwegigkeiten ihre Berechtigung, aber solche Warnungen tragen nur dann zur Sicherung der Freiheit und der Entfaltung menschlichen Personseins bei, wenn der Blick auf den Raum eigener Gestaltung, der Verantwortbarkeit, des Bemühens um Verständigung gerichtet wird, wenn es positive Modelle menschlicher Grundhaltungen gibt, denen das eigene Verhalten nacheifern kann, und wenn Güter in Aussicht gestellt werden können, die auch die Affekte ansprechen, etwa Ganzheitlichkeit oder Vorbehaltslosigkeit. Das gilt umso mehr, als es bei der Sexualität um ein Erlebnis- und Handlungsfeld geht, das stark existenziell berührt.

Als ausnahmslos gültige Normen verstanden, verlangen die Unterlassungsimperative der katholischen Lehre über die Sexualmoral Beachtung im konkreten Verhalten des Einzelnen auch in sehr individuellen und persönlichen Lebenslagen. Um allerdings als vorgegebene Orientierung für das eigene Handeln bzw. als eine Gestalt schuldhafter Verweigerung gelten zu können, muss der einzelne zum Handeln Aufgeforderte die betreffende konkrete Norm allererst kennen und ihren Anspruch an sich vernehmen und bejahen können. Letzteres kann er aber nur, wenn er sie mit selbst erlebten Situationen oder beobachteten bzw. imaginierten Lebenskonstellationen zur Deckung bringen kann. Die Befolgung einer Norm ist nämlich nicht ein mechanischer Vollzug, sondern setzt, wenn er Ausdruck von Freiheit und Einsicht ist, immer auch eine Anwendung auf die konkreten Gegebenheiten der Handlungssituation und die lebensgeschichtlichen Möglichkeiten des jeweiligen Subjekts voraus. Und nicht immer passen die konkreten Normvorgaben dazu; dann aber muss sich der, der handeln soll, ein eigenständiges situationsbezogenes Urteil aus Haltungen, die er sich angeeignet hat, und aus allgemeinen Grundsätzen bilden. Deshalb wäre es sinnvoll und hilfreich, wenn die Aufmerksamkeit des Reflektierens und Lehrens über die Sexualmoral von ganz konkreten Verhaltensnormen verschoben würde hin auf die grundlegenden Orientierungen und Einstellungen.

Ebenso wird die kirchliche Lehre auf Dauer nicht ignorieren können, dass das, was abgekürzt und scheinbar klar mit dem Wort „Sexualität" umschrieben wird, in den humanwissenschaftlichen Diskursen der letzten Jahre und Jahrzehnte komplexer und vieldimensionaler geworden ist oder negativ ausgedrückt: an Eindeutigkeit eingebüßt hat. Dieser Vorgang hat erheblich Folgen, nicht nur für die Unterscheidung zwischen biologisch-körperlichen Funktionen und sozialen Geschlechtsrollen, sondern auch für die Frage der Geschlechtsidentität und vor allem die der sexuellen Orientierung. Das Problem der angemessenen Formen des Umgangs mit Sexualität stellt sich in diesem Kontext neuen Wissens anders dar, und zwar für die Betroffenen selbst wie auch für die Gesellschaft und ihre dem Schutz des Einzelnen und der Lebensgemeinschaften verpflichteten Institutionen.

Denn die Sexualität und der Umgang mit ihr sind nicht nur für die Einzelnen selbst, für ihre Identität, ihren persönlichen Lebensvollzug, ihre Gestaltung von Beziehungen und die Entscheidung für die ihnen angemessene Lebensform von großer Bedeutung, sondern auch für die Gesellschaft, welche ja Fürsorge, Verantwortlichkeiten, aber auch Spielräume und die Verbindlichkeiten zwischen den Generationen festlegt. Und sie sind darüber hinaus auch wichtig für die Kultur, in der Frauen-, Männer-, Partnerschafts- und Familienbilder durch Bewusstseinsarbeit, Erziehung, Brauchtum, medizinische Routine, Recht, Politik u. a. m. generiert werden. Vieles spricht dafür, dass das Gewicht der sozialen und kulturellen Einflussfaktoren zunehmen wird und infolgedessen auch innerhalb der Lehre zur Sexualmoral stärkere Berücksichtigung finden muss. Ermutigende Ansätze, an die sich anknüpfen lässt, sind vorhanden und reichen bis in die zeitgeschichtlichen Kontexte eines Dokuments wie „Humanae vitae" hinein, das auch als Protest gegen einen damals vorhandenen Verhütungspaternalismus der entwickelten gegenüber den armen Ländern und dessen Regierungen wahrgenommen werden muss.

Nicht nur eine partielle Problematik, sondern ein grundsätzliches ethisches Wahrnehmungs- und Präventionsfeld, das die Kirche in ihrem sexualmoralischen Sprechen in der Zukunft nicht mehr unbeachtet lassen kann, ist das Phänomen der Macht in Beziehungen zu Abhängigen. Dies ist ein schwieriges Thema, weil es in den sogenannten Missbrauchsfällen auch Träger kirchlicher Verantwortung selbst betrifft und durch die Dynamik des Bekanntwerdens („Skandal") der innerkirchlichen Regie zeitweise entglitten ist. Allerdings ist das, was in diesem Vorgang ans Licht gebracht wurde, nur die besonders empörende Variante einer Übergriffigkeit, von der prinzipiell jede Beziehung des Vertrauens und der ungleichen Machtverteilung gefährdet ist. Auch Ehe und Familie, seelsorgliche Beratung, Heime, Kliniken und Kinderbetreuungseinrichtungen können Orte sein, wo es zu gewalthaltigen Übergriffen kommen kann und daher Bedarf besteht, die Wahrnehmung der einzelnen Mitarbeiter zu schärfen und organisationsethische Maßnahmen wie Ethik-Codices zu implementieren.

Schließlich ist darauf hinzuweisen, dass die Rede von „dem" Menschen, „der" Geschlechtlichkeit, „Mann und Frau", „der Person" usw. im Zusammenhang der Sexualmoral stets eine verkürzende Sprechweise ist. Sie bringt deutlich zum Ausdruck, dass die Sexualität unabtrennbar zum Menschsein gehört. Aber sie erlaubt auch, darüber hinwegzusehen, dass die Ausprägungen der Sexualität und ihrer Aktivierung in den verschiedenen Lebensaltern unterschiedlich sind. Sexuelle Wünsche, Praktiken und Erkundungen von Kindern und Jugendlichen lassen sich nur krampfhaft dem vorehelichen Raum zuordnen – geschweige denn mit dem Hinweis auf die Ablösung der Geschlechtlichkeit von der inneren Hinordnung des Sexualaktes auf Weitergabe des Lebens und auf liebende Vereinigung als unerlaubt qualifizieren. Pädagogisch kann es bei vielen Angehörigen dieser Alterskohorten eine viel vordringlichere Aufgabe sein, für die Auswirkungen des eigenen Tuns auf Angehörige des anderen Geschlechts zu sensibilisieren und die Achtsamkeit im Umgang mit der eigenen Möglichkeit, neues Leben zu zeugen, aufzubauen. Umgekehrt darf dort, wo die Aufforderung zur Enthaltsamkeit und zum Erlernen der Selbstbeherrschung angenommen und praktiziert wird, nicht übersehen werden, dass auch diese Personen bestimmte Entwicklungen psychosexueller Reifung durchlaufen müssen, die sich im Anschluss an psychologische Entwicklungstheorien stichwortartig als Identitätsfindung, Intimitäts- und Hingabefähigkeit umschreiben lassen und deren Vermeidung, Bekämpfung oder Verdrängung zu schweren Verhaltensstörungen in den späteren Lebensformen des Zölibats bzw. der Ehe führen können. In Richtung einer zukünftigen jugendalterspezifischen Sexualmoral deutet immerhin die Nennung des Umstands im Weltkatechismus, dass die Keuschheit „Gesetzen des Wachstums" folgt und „verschiedene Stufen" durchläuft, „in denen sie noch unvollkommen und für die Sünde anfällig ist“[32], sowie der Hinweis im Artikel über die Masturbation ebenda[33], dass „affektive Unreife, die Macht eingefleischter Gewohnheiten, Angstzustände und weitere psychische oder gesellschaftliche Faktoren“ „die moralische Schuld vermindern oder sogar aufheben“[34]. – Angesichts der weiten Verbreitung nichtehelicher Lebensgemeinschaften bei jungen Erwachsenen, aber darüber hinaus in allen Erwachsenengruppen könnte ein Denkmodell der schrittweisen Vertiefung eine wichtige Ergänzung zur traditionellen Lehre von der Ehe als dem einzig legitimen Ort des Geschlechtsverkehrs darstellen. Es könnte nämlich gleichermaßen die mit der Ehe gemeinsamen Einstellungen und Bemühen würdigen wie gleichzeitig zum Ausdruck bringen, dass die momentanen Beziehungen noch nicht ihre Vollform erreicht haben, aber – vergleichbar einem auf Zeit abgelegten Gelübde oder einem Verlöbnis – ein Schritt in diese Richtung sind.

Auch im Blick auf die Vielen, die zwar mit der Eheschließung formell diese Vollform erreicht haben, aber nach Jahren in dieser Beziehung scheitern, könnte die Denkform eines gestuften moralischen Zugehens auf die Vollform der Ehe hilfreich sein und das Bewusstsein für den eigentlich moralischen Gehalt der Ehe, für das die rechtliche Regelung nur die institutionelle Hilfe ist, stärken. Umgekehrt stünde für viele Fälle, in denen die rechtsförmige Fassung der Beziehungswirklichkeit nicht mehr entspricht, eine Möglichkeit offen, jenseits der Interpretationsfiguren „Fortbestehen des ehelichen Bandes“, „nachträgliche Feststellung der Nichtigkeit der Ehe“ und „in schwerer Sünde leben“ den tatsächlichen Schwierigkeiten Rechnung zu tragen und gleichzeitig damit fortbestehende Verpflichtungen, eigene Mitschuld, die Chance zu einem neuen Anfang und die Treue zu neu eingegangenen Verbindlichkeiten zum Ausdruck zu bringen. Am Anspruch, die Ehe (genauso wie in anderer Weise den freiwillig gewählten Zölibat) als Form zu begreifen, die Unbedingtheit der Liebe im Medium des Bedingten zu leben, müssten deshalb keine Abstriche gemacht werden.[35]

---

32 KKK nr. 2343.

33 Ebd., nr. 2343.

34 Ebd., nr. 2352.

35 Darüber besteht in der deutschsprachigen Pastoral- und Moraltheologie seit den Klärungen auf der sogenannten Würzburger Synode eine grundsätzliche Übereinstimmung. S. dazu beispielsweise *Forster, Karl*, Möglichkeiten einer Bußordnung für wiederverheiratet Geschiedene, in: Herder-Korrespondenz 34 (1980) 462–468; *Rotter, Hans*, Die sittliche Bewertung der kirchlich ungültigen Zweitehe, in: Stimmen der Zeit 198 (1980) 235–243; *ders.*, Zur ethischen Bewertung einer Zweitehe, in: Theologisch-praktische Quartalschrift 142 (1994) 351f.; *Häring, Bernhard*, Ausweglos? Zur Pastoral bei Scheidung und Wiederheirat. Ein Plädoyer, Freiburg i.Br. 1989.

In allen Lehrdokumenten zur Sexualmoral seit dem Zweiten Vatikanum sind die Fortpflanzung und die Vertiefung der ehelichen Gemeinschaft als diejenige Finalitäten genannt, auf die die Sexualität unter Menschen letztlich aus sei. Damit wurde im Vergleich zur früheren Ehezwecklehre einerseits der Ausdrucks- und Mittelcharakter der Sexualität für die Beziehung aufgewertet und andererseits die alles andere dominierende Rolle des Fortpflanzungszwecks etwas relativiert. Zweifellos stellen diese beiden, seither auf gleiche Höhe gestellten Finalitäten die größten und existenziell am nachhaltigsten die Lebensgeschichte bestimmenden Möglichkeiten dar, die Menschen mit und durch die Sexualität gestalten können. Und kaum jemand dürfte widersprechen, dass damit zentrale Inhalte des gemeinsamen Lebens in der Ehe als Lebensform benannt sind. Heruntergebrochen auf die Ebene des alltäglichen Miteinanderlebens müssen sie Tag für Tag bejaht und durchgehalten werden. Aber sie stehen nicht gleichermaßen Tag für Tag zur Entscheidung an: Die allermeisten sexuellen Begegnungen in einer Ehe sind faktisch – und das vielfach aus Gründen der Verantwortlichkeit, was die kirchliche Lehre längst anerkennt – nicht offen für erneute Zeugung, aber sie sind dennoch wichtig für die Stärkung und Vertiefung der emotionalen Verbundenheit, in der schon vorhandene oder gewünschte Kinder fürsorglich aufwachsen, Förderung und Begleitung erfahren. Und sie sind auch nicht die ständig wiederholte Ganzhingabe an den Anderen (eine solche punktuelle Betrachtung würde den Geschlechtsakt in bedenklicher Weise verklären, gleichzeitig jedoch das übrige Zusammenleben entwerten!), wohl aber Ausdruck des anhaltenden Willens, Intimität und Lusterfahrung nur mit diesem einen Partner zu teilen und die Bindung zu ihm zu vertiefen, indem ihm mitten unter den strapaziösen Erfahrungen des Alltags in „Gedanken, Worten und leibhaftigen Gesten“ Zuwendung, Anerkennung, Wertschätzung, Bewunderung, Trost, Ermutigung, Entspannung, Dankbarkeit, Solidarität, unbedingte Annahme geschenkt wird. In der theologischen Ethik wird heute gern von Beziehungsethik statt wie früher von Sexualethik gesprochen. Darin schlägt sich nieder, dass es bei der ethischen Betrachtung um die Interaktionen zwischen Personen geht, die sich ganzheitlich einbringen und sich etwas mitteilen, und nicht nur um lustvolle körperliche Berührungen und Handlungen.

Insofern die Sexualität das Personsein bis in seinen Kern prägt, aber zugleich auch Ort und Mittel seiner Verletzbarkeit ist, ist die Frage des richtigen Umgangs mit ihr, die des Verhältnisses der Geschlechter und der Ordnung der Generationen für jeden Menschen von großer Bedeutung. In der konkreten Lebenspraxis ist sie zunächst einmal Gegenstand individueller Selbstreflexion und des Gewissens.

Das Gewissen ist eine individuelle Instanz: Freilich steht es nicht abgeschottet für sich selbst, sondern registriert auch und berücksichtigt, was außerhalb seiner gilt und als verbindlich angesehen wird. Daher kann es starken Widerspruch zu dem, was anderen als richtig erscheint, nur in begrenztem Maß, nicht als Dauer- und Totalzustand aushalten. Von daher ist es auch vom Standpunkt des einzelnen Trägers des Gewissens her sinnvoll, dass es die Kirche und andere religiöse Institutionen gibt, die Antworten auf Orientierungsfragen bereithalten und sich um ihre Kohärenz und Konsistenz kümmern. Deren Anerkennbarkeit durch das Gewissen des Einzelnen als moralisch verpflichtend resultiert aber nicht einfach aus dem Anspruch der Institution oder der in ihrem Namen auftretenden Autoritäten, sondern – jedenfalls in der modernen Welt – aus der Kraft der Argumente und aus der Gewissheit, dass in den vorgeschlagenen Antworten und Orientierungen Fragen getroffen sind, die sich im Zusammenhang mit dem eigenen Bemühen um den rechten Umgang mit der Sexualität stellen.

In einen gesellschaftlichen Kontext, wo einerseits immer mehr alternative Orientierungen zur Sexualmoral angeboten werden und andererseits das Respektiertwerden der freien Entscheidung des Individuums zu den am höchsten geschätzten Gütern zählt, wird sich die Kirche immer weniger darauf verlassen können, bloß auf die Kanonisierung der überlieferten Positionen und das Appellieren an die Verpflichtung zu Gehorsam und Loyalität zu setzen. Statt den Einflussverlust nur duldend hinzunehmen oder auf Langzeiteffekte zu hoffen, bieten sich neue Strategien an und werden teilweise auch schon praktiziert, um ethische Verständigung über Sexualmoral im Binnenraum der Kirche und weit darüber hinaus anzuregen, zu begleiten und zu intensivieren.

Eine erste Strategie könnte die Veränderung der Art des Sprechens über Sexualmoral sein. Während bisher das Sprechen im Gestus des Belehrens und Unterweisens vorherrscht und der Eindruck entsteht, es handle sich bei der Sexualmoral um ein regelrechtes und weitgehend komplettes Lehrgebäude, könnte das Lehren in Zukunft stärker als Kommunizieren und Anregen und Hilfengeben zum Personsein gestaltet werden. Gemeint ist hiermit vor allem, dass das Lehren in einem Sprechmodus erfolgt, der die Fragen der Menschen aufnimmt und Denkprozesse anregt, der die Adressaten mit ihren Erfahrungen und Überzeugungen einbezieht und als Subjekte, die sich um ein authentisches Leben aus dem Glauben bemühen, auch in ihrem Suchen und auch Scheitern, ernst nimmt, und der auch der Stimme der Verletzen, Verlassenen, Missbrauchten und Gedemütigten Gehör schenkt. Ermutigendes und Verantwortung bestärkendes Sprechen statt verbietendem und rügendem. Ziel einer solchen kommunikativen Entfaltung kann dann aber weder eine möglichst vollständige Sexualethik noch die Fixierung konkreter Verhaltensregeln sein, sondern ist die Bereitstellung von Hilfen bzw. Kriterien für die Gewissensbildung von Subjekten, „die ihre eigenen Entscheidungen fällen und die Verantwortung dafür vor Gott, vor anderen und vor ihrem eigenen Selbst übernehmen müssen“[36].

Eine zweite Akzentverschiebung könnte die Stärkung des Beratens als Modus person- und beziehungsnaher Reflexionen von moralischen Entscheidungen, Lebensführungssuche, Unsicherheit, Widersprüchen sein. Diese nämlich eröffnet die Chance, dass bei der Suche nach dem richtigen Tun und bei der Einschätzung von Handlungssituationen und Veränderungsspielräumen die Betroffenen selbst in die Suche nach Lösungen einbezogen werden. Der Gewinn besteht darin, dass die gefundenen Konkretionen partieller und individualspezifisch und damit eher personengerecht ausfallen.

Schließlich ist als drittes Feld, das zukünftig eine größere Rolle bei der Verständigung über kirchliche Standards der Sexualmoral spielen könnte, das Organisieren von Reflexionsformen für sexualethisch relevantes Verhalten innerhalb bestimmter kirchlicher Tätigkeitsfelder, bei der Ausübung bestimmter Berufe und bei der Arbeit in bestimmten Einrichtungen zu nennen. Leitbilder und Richtlinien, Verhaltenscodices[37], die Regelung von Zuständigkeiten, die Einrichtung von Hotlines und die Festlegung bestimmter Prozeduren bei Verletzungen sind wichtige Schritte in diese Richtung einer kirchlichen Organisationsethik[38]. Das hauptsächli-

[36] *Robinson, Geoffrey*, Macht, Sexualität und die katholische Kirche. Eine notwendige Konfrontation, dt. Übersetzung, Oberursel 2010, 214.

[37] Als Beispiel für einen Ethik-Codex professioneller SeelsorgerInnen s. den Vorschlag der österreichischen Moraltheologen: *Müller, Sigrid, Rosenberger, Michael, Schaupp, Walter, Wolbert, Werner*, Ethikkodex professioneller Seelsorger, in: Stimmen der Zeit 227 (2009) 447–458.

[38] S. dazu neuestens die vor allem auf Krankenhäuser und caritative Einrichtungen in

che Ziel, um das es hier neben Prävention und Transparenz im Fall von Grenzüberschreitungen geht, besteht darin, die moralischen Orientierungen, die für einen bestimmten Bereich (z. B. pädagogische ganzheitliche Förderung), eine bestimmte Profession (z. B. Vertrauen und Vertraulichkeit) oder eine bestimmte Einrichtung (z. B. Fürsorglichkeit für Menschen mit Behinderung) besonders bedeutsam sind und die Identität des Christlichen berühren, in der alltäglichen Praxis zur Wirksamkeit zu bringen. Dies kann dadurch geschehen, dass man Gelegenheiten, Zeiten, Regeln und Anlässe festlegt, bei denen die unterschiedlichen Akteure gemeinsam über ihre Erfahrungen, Konflikte, Belastungen oder Zumutungen in ihrer Tätigkeit und im Umgang miteinander sprechen oder komplexe Entscheidungslagen erörtern.

Trägerschaft der Katholischen Kirche ausgerichteten Beiträge in *Krobath, Thomas, Heller, Andreas* (Hrsg.), Ethik organisieren. Handbuch der Organisationsethik, Freiburg 2010. Darin finden sich viele Anregungen zur Problematik der Implementierung ethischer Perspektiven in gesellschaftliche Praxen, die Beachtung verdienen.

Nachwort

Resultate, Kontrapunkte und bleibende Visionen

von Konrad Hilpert

I.

Die in den Beiträgen dieses Bandes behandelten Themen und Aspekte stellen den Versuch dar, die Situation der katholischen Sexualethik zu vermessen und ihre Herausforderungen wahrnehmend und ihre Anliegen berücksichtigend für das Heute und Morgen weiterzudenken. Sie benennen und machen verstehbar, welche Anfragen es in der Gesellschaft gibt und beantwortet werden müssen, sofern das theologisch-ethische Sprechen und Orientieren im Handlungsfeld Sexualität nicht einfach verstummen oder bloß als historisch erinnert werden oder als eine Sondermoral gelten soll.

Dabei ist der Anspruch der Beiträge nicht der, definitiv zu bestimmen, was richtig und was falsch ist und wie in der Zukunft gedacht und gesprochen werden muss. Sie wollen – dem Programm der Reihe Quaestiones disputatae verpflichtet – vielmehr die Fragen, Irritationen und auch Nöte der vielen aufgreifen, die als nachdenkliche Gläubige, als Lehrer, Seelsorger, Begleiter, Ratgeber oder an anderer verantwortlicher Stelle[1] eine neue Anstrengung für eine theologisch verantwortbare und zugleich realisationsfähige Sexualmoral einfordern, das heißt für eine Sexualmoral, die an die von den Menschen schon eingesehenen und bejahten Werte und Haltungen anknüpft und zugleich die gewandelten sozialen Verhältnisse sowie die Erkenntnisfortschritte der für menschliche Sexualität und Beziehungsverhalten relevanten Wissenschaften berücksichtigt. Sie alle machen existenziell je für sich wie auch intergenerationell und in der Wahrnehmung der Interaktion mit

[1] S. dazu auch den Offenen Brief der Arbeitsgemeinschaft Jugendpastoral der Orden an die Deutschen Bischöfe und die Ordensoberinnen und -obern in Deutschland von 1994 und der Brief der Jugendkommission der Deutschen Bischofkonferenz an die Verantwortlichen der kirchlichen Jugendarbeit zu einigen Fragen der Sexualität und der Sexualpädagogik von 1999.

Menschen in Beruf und Freizeit und auch in den Gemeinden eine Erfahrung, die schon das II. Vatikanum als „Unruhe“ und „Wandel der Lebensbedingungen“ und einen daraus resultierenden „umfassenden Wandel der Wirklichkeit“ sowie als „Übergang von einem mehr statischen Verständnis der Ordnung der Gesamtwirklichkeit zu einem mehr dynamischen und evolutiven Verständnis“ beschrieben hat[2].

Das Suchen nach je besserer Erkenntnis, das redliche Argumentieren und das offene Sprechen über theologische Sexualethik bleiben tentativ und sind mit dem Risiko verbunden anzuecken. Die Autoren sind sich einig darüber, dass im Sinne des Auftrags, dem Theologie und Kirche aus dem Evangelium verpflichtet sind, betretenes Schweigen und Rückzug in geschützte Räume der Überzeugungshomogenität keine verantwortbaren Alternativen sind.

Was das inhaltliche Spektrum der aktuell virulent gewordenen Themen betrifft, bleiben im vorliegenden Band Lücken. Ein Fragenkomplex, der im Zuge des Bekanntwerdens der Missbrauchsfälle aufgekommen ist und im vorliegenden Zusammenhang nicht aufgegriffen werden konnte, betrifft die Rolle des Schweigens: Warum haben die Opfer so lange (oft Jahrzehnte) geschwiegen? Dass die Täter geschwiegen haben und dieses Schweigen u. U. durch Einschüchterung oder gar Erpressung abgesichert haben, ist nachvollziehbar. Dass aber auch das Umfeld sein Wissen für sich behalten hat, erschließt sich so wenig von selbst wie der Umgang der Verantwortlichen (keineswegs nur in den Ordinariaten, sondern auch in Jugendämtern, Schulverwaltungen, Vereinszentralen) mit den überführten Tätern. Hier wäre ebenso über die Rolle der Schamgefühls wie über sozialpsychologische Mechanismen des Schutzes des eigenen Standes und des Images der Institution nachzudenken, vielleicht auch über die Angst, dass die „Welt“ der gewohnten Lebensverhältnisse und der familiären Privatheit einen Riss erhalten könnte und der Scheu vor Enttäuschungen und Konflikten. Solches Schweigen wiederum ermöglicht Wegschauen, Ignorieren, Verdrängen. Deshalb wäre gerade in diesem Zusammenhang auch das Ethos der Achtsamkeit und der Wahrnehmung einer ausführlicheren Überlegung wert.

Ein anderes interessantes Sujet in diesem Zusammenhang wäre die Analyse der Thematisierung des Missbrauchs in den Medien, die ja nicht nur einen ausgiebigen sachlich-informierenden Verlauf genommen hat, sondern auch von einer stark emotional-eskalierenden Dynamik erfasst wurde. Jeder Versuch, diese Dynamik zu

---

[2] Alle Stellen: Gaudium et spes nr. 5.

brechen (durch die Betonung, es handle sich um Einzelfälle, durch Hinweise auf andere, außerkirchliche Tatorte, durch Vermutung einer gezielten Kampagne) verwandelte sich am Ende zum Verstärker dieser Dynamik. Die Verletzung ethischer Standards, die doch jederzeit jenseits aller theologischen Diskussion standen, wurde in einer Art Kettenreaktion zum Ausgangspunkt für grundlegende Anfragen an die Institution Kirche, ihre Führungsstrukturen, ihre pädagogische und soziale Arbeit, ihre Glaubwürdigkeit in der Öffentlichkeit, ihre Rechts- und Kommunikationskultur.

Andere naheliegende Themen sind nicht Gegenstand eines eigenen Beitrags geworden, weil sie schon in anderen der vorliegenden Beiträge mitbehandelt wurden. Zu diesen Themen gehören zum Beispiel das Verständnis von Sexualität in der Geschichte des moraltheologischen Denkens, die Möglichkeiten der Prävention sexueller Gewalt sowie die Konstellation von Macht und Schutzlosigkeit sowie die Veränderung der Sexualverhältnisse durch die Nutzung des Internet (Stichwort „Neosexualitäten").

II.

Die Veränderungen, die im Zusammenhang des Zweiten Vatikanums erfolgt sind – insbesondere die Sicht der Ehe als Lebensgemeinschaft zweier Personen und die Anerkennung der Sexualität als Ausdrucksform von Liebe im theologischen Sinn, und nicht zu vergessen die prinzipielle Bejahung verantworteter Elternschaft – sind eine Ermutigung, die katholische Sexualmoral, wie sie sich in kirchlichen Dokumenten und Gebrauchstexten niedergeschlagen hat, fortzuentwickeln. Ziel hierbei ist nicht die Anpassung an die faktischen Gegebenheiten in der Gesellschaft, sondern die Erhaltung der Lebbarkeit und Tauglichkeit für die Lebensführung. Durch die unterschiedlichen Beiträge dieses Buchs hindurch erweisen sich vor allem die folgenden Punkte als entwicklungsbedürftig:

Die ausschließliche Ehebezogenheit: Seit den 1970er Jahren sind in allen entwickelten Ländern neben den herkömmlichen Lebensformen Ehe und Familie neue Formen der Vergemeinschaftung getreten, insbesondere nichteheliche Lebensgemeinschaften. Sie verzichten auf die förmliche Eheschließung oder schieben sie auf und stellen ihre Beziehung formal gesehen auf Vorläufigkeit. Ansonsten aber wohnen die Partner zusammen und orientieren sich am Ideal der Partnerschaftlichkeit und der Exklusivität. Zum überwiegenden Teil handelt es sich bei dieser Beziehungsform um Jugendliche und junge Erwachsene. Sie findet also typischerweise zwischen dem Auszug aus dem Elternhaus und einer eigenen Familiengründung statt. Nur eine kleine Minderheit der so Lebenden lehnt eine spätere Heirat prinzipiell ab. Aus empirischen Untersuchungen weiß man, dass diese Lebensgemeinschaften von unterschiedlicher Art sind, je nachdem ob es um jetzt noch nicht heiraten können geht, um Kennenlernen der jetzigen Partner und Erfahrungen mit dem Zusammenleben, um ein gemeinsames Leben und das Abwarten, was sich daraus ergibt, oder um die Ablehnung sich festlegen zu wollen. Und man weiß aus diesen Untersuchungen auch, dass der Großteil der so Lebenden ihre Beziehung nicht einfach als verantwortungsfrei auffasst, sondern sich moralischen Werten wie Treue, Wahrhaftigkeit, Zurückstellung eigener Ansprüche, Offenheit bei Konflikten verpflichtet sieht. Ferner weiß man, dass die Erwartungen an eine dauernde Partnerschaft höher und die Risiken, dass Partnerschaften scheitern können, ausgeprägter sind als früher, gleichzeitig aber im konkreten Arrangement einer Beziehung viel mehr ausgehandelt werden muss. Wenn man nun ausschließlich das Verheiratetsein als Maßstab anlegt, dann ist all das für die Bewertung belanglos und man kann der Einschätzung des Katechismus beipflichten, der feststellt: „Alle diese Situationen verletzen die Würde der Ehe; sie zerstören den Grundgedanken der Familie; sie schwächen den Sinn für Treue. Sie verstoßen gegen das moralische Gesetz: Der Geschlechtsakt darf ausschließlich in der Ehe stattfinden; außerhalb der Ehe ist er stets eine schwere Sünde und schließt vom Empfang der heiligen Kommunion aus.“[3] Es stellt sich die Frage, ob ein solches Urteil bei all seiner Klarheit den Bemühungen und Suchprozessen der so Lebenden gerecht wird.

Verbotsmoral: Eine zweite typische Eigenart traditioneller katholischer Sexualmoral besteht darin, dass sie bevorzugt als Komplex von Verboten in Erscheinung tritt. Auch wenn in jüngeren Texten der Begriff des Verbots ebenso wie der der schweren Sünde eher vermieden wird und stattdessen Bezeichnungen wie „Verstöße“ Verwendung finden, geht es bei der Darlegung der richtigen Gestaltung der Sexualität zentral um Tatbestände, die unterlassen oder vermieden werden sollen, konkret etwa Selbstbefriedigung, Vergewaltigung, homosexuelle Aktivitäten, Empfängnisverhütung, Ehebruch, Ehescheidung, Polygamie, Inzest, Unzucht – um noch einmal, auch in dieser Reihenfolge, den Katechismus sprechen zu lassen.

---

[3] KKK Nr. 2390.

Es stellt sich angesichts solch eines Katalogs die Frage, ob der sittliche Anspruch ursprünglich, stets oder auch bloß vorrangig in Gestalt von Verboten geltend gemacht werden kann. Menschen fragen aber eher nach einem gelingenden Leben in und mit ihrer eigenen sexuellen Identität, nach den Wegen zum Glück und nach dem Wie der Erfüllbarkeit ihrer Sehnsucht nach Partnerschaft. Sie möchten nicht in erster Linie hören, was sie alles nicht dürfen, sondern wissen, wie sie fähig werden können, Freundschaft, Liebe und Treue zu gestalten und worauf es in der Vielfalt der Möglichkeiten, Wünsche und Fragilitäten letztlich ankommt, wenn das Leben gelingen soll. Deshalb sollte der Blick sehr viel stärker auf die Hilfe zum Gestalten, Verantworten und Weiterentwickeln der eigenen Liebes- und Freundschaftsfähigkeit ausgerichtet sein.

Ausrichtung der Sexualität auf Fortpflanzung: Ein drittes Merkmal der katholischen Sexualmoral besteht darin, dass sie das Erleben von Sexualität engstens mit der Vertiefung der auf Dauer gestellten Partnerschaft und zugleich mit der Bejahung von Fortpflanzung und Nachkommenschaft verknüpft. Die offiziellen Äußerungen seit dem Zweiten Vatikanischen Konzil haben zwar auf den früheren Vorrang des Zeugungszwecks verzichtet, aber am Offenhalten jedes Geschlechtsakts dafür in Gestalt jeglicher Verhütungsmaßnahmen festgehalten. Anders als für frühere Generationen, wo die Aufnahme von regelmäßigem Geschlechtsverkehr mehr oder weniger automatisch mit der Folge verbunden war, dass sich Kinder einstellen können, sind für einen Großteil derjenigen, die heute im zeugungsfähigen Alter leben, Ein-sexuelles-Leben-führen und Sich-für-eine-dauerhafte-Partnerschaft-entschieden-haben, Beziehungleben und Kinderbekommen stärker trennbar. Auch dort, wo diese Elemente als zusammengehörig angesehen werden, sind sie biografisch nicht auf einen Schlag da, sondern werden als Nacheinander gesehen und als bewusstes Eintreten in eine je neue Lebenssphäre empfunden. Dass der Wunsch nach einem gemeinsamen Kind Ausdruck einer Qualität der Partnerschaft, der Sehnsucht nach ihrer Festigung und der Bereitschaft zu größerer Verantwortung ist, ist heute noch immer eine gültige Aussage ebenso wie die, dass eine stabile ganzheitliche Partnerschaft die günstigste Umwelt ist, um einem Kind Geborgenheit, Selbstbewusstsein, Weltvertrauen zu vermitteln und es lernen zu lassen, was Gesellschaft ist und wie sie funktioniert. Und es ist sicher auch heute zutreffend, dass Kinder der Entwicklung eines Erwachsenen und der Gesellschaft insgesamt gut tun und dass sie auch deshalb etwas Kostbares oder in kirchlicher Sprache: ein Geschenk sind. Aber vielleicht muss diese Offenheit für das Kind, gar der Mut und Wille zu ihm heute viel stärker als existenzielle Chance und als eigenständige Dimension in und durch Sexualität und Bindung statt als Eintrittsbedingung für das Zustandekommen einer Partnerbeziehung und erlaubte sexuelle Aktivitäten entfaltet werden.

Vernachlässigung der Verletzungsmöglichkeiten innerhalb der Ehe: Ein viertes Charakteristikum katholischer Sexualmoral herkömmlichen Typs liegt in der Fokussierung der Aufmerksamkeit auf den Umgang mit der Sexualität „vor", „außerhalb" und „ohne" Verheiratung. Soweit das sexuelle Tun „innerhalb" der Ehe thematisiert wird, interessiert sich die herkömmliche Sexualethik weitgehend nur für die Erhaltung der Treue und die Empfängnisregelung.

Hier stellt sich zum einen die Frage, ob das Thema Methoden der Empfängnisregelung in der Weise, wie es üblicherweise abgehandelt wurde – nämlich als Frage der inneren Ausgestaltung der ehelichen Sexualität, weniger als Problem der Vermeidung leichtfertiger Zeugung neuen Lebens! – theologisch so zentral sein muss. Zumindest erscheint der Grundsatz, der am Beginn dieser Diskussion stand, nämlich der der verantworteten Elternschaft, umfassender und vorrangig im Vergleich zur Frage der Methoden. Zum anderen fragt sich, ob nicht auch andere Themen, die mit Beziehungen zusammenhängen und auch den Binnenraum von Ehe betreffen, heute mehr Aufmerksamkeit finden müssten, etwa Gewalt in Beziehungen, Verdinglichung von Frauenkörpern und Sexualität, Missbrauch von Kindern, Verfestigung von Abhängigkeitsverhältnissen, Abschneiden des Partners von Entwicklungsmöglichkeiten, Unfähigkeit mit Konflikten umzugehen und andere mehr.

Verallgemeinerungen und Idealisierungen: Eine Eigenheit katholischer Sexualmoral (aber nicht nur von ihr) besteht darin, dass sie sehr darauf bedacht ist, allgemeingültig und möglichst elementar-klar zu reden. Das schlägt sich einerseits in Formulierungen nieder wie „der" Mensch, „der" Mann und „die" Frau, „die" Person usw., andererseits in der Verwendung von Idealen. So zu sprechen kann hilfreich sein, um das Wesentliche und das allen Gemeinsame zu markieren. Aber es darf nicht darüber hinwegsehen lassen, dass die Ausprägungen von Sexualität und ihre Aktivierung in den verschiedenen Lebensaltern unterschiedlich sind. Sexuelle Wünsche, Praktiken und Erkundungen von Kindern und Jugendlichen lassen sich nur krampfhaft dem „vorehelichen" Raum zuordnen, geschweige denn mit dem Hinweis auf die Ablösung der Lusterfahrung von der inneren Hinordnung auf Weitergabe des Lebens und auf liebende Vereinigung als unerlaubt qualifizieren. Erzieherisch dürfte es zuerst darum gehen, für die Auswirkungen des eigenen Verhaltens auf Angehörige des anderen Geschlechts zu sensibilisieren und Achtsamkeit im Umgang mit den Möglichkeiten, an einer Zeugung beteiligt zu sein, aufzubauen. Umgekehrt darf dort, wo die kirchliche Aufforderung zu Enthaltsamkeit und zum Erlernen von Selbstbeherrschung ernstgenommen und praktiziert wird, nicht aus dem Blick geraten, dass auch diese Personen bestimmte Prozesse psychosexueller Reifung durchlaufen müssen; ihre Vermeidung, Bekämpfung oder Verdrängung kann zu schweren Verhaltensstörungen führen, in der Lebensform des Zölibats ebenso wie in der der Ehe. Eine andere Gefahr hängt mit den Idealisierungen zusammen. Ideale können helfen, trotz Schwierigkeiten einen aus vielen kleinen Schritten bestehenden Weg zu einem Ziel zu gehen. Aber sie können auch schnell zu Stilisierungen mutieren, die etwas vortäuschen, die Kräfte überfordern und die Wirklichkeit verzerren, wenn sie zu harmonisch, zu lebensfern und zu fraglos präsentiert werden. Das zu wissen kann vor moralischer Überheblichkeit bewahren z. B. gegenüber denen, die mit der Gestaltung ihrer eigenen Partnerschaft und den Herausforderungen, die sich ihnen gestellt haben, überfordert sind oder versuchen, unter nichtidealen Verhältnissen Neuanfänge von Partnerschaft oder Familie zu leben.

Vernachlässigung der Prinzipien: Als weiteres Charakteristikum katholischer Sexualmoral herkömmlicher Art kann der Anspruch gelten, ganz konkrete Vorgaben für das Verhalten des Einzelnen auch in sehr individuellen und persönlichen Lebenslagen und Angelegenheiten machen zu können. Konkrete Verbote reichen aber oft nicht für die Ausgestaltung des Handlungsspielraums, weil sie schlicht nicht auf die Handlungskonstellation „passen". Deshalb ist die Orientierung an den grundlegenden Prinzipien und Haltungen nicht verzichtbar und oft hilfreicher als die Fixierung auf ganz konkrete Regeln.

III.

Weshalb man auf diese Anstrengung einer Transformation der traditionellen Sexuallehre nicht verzichten sollte, liegt an den theologischen Grundeinsichten, von denen sie ausgeht. In Teilen der Gesellschaft und der alltäglichen Lebenskultur wird Sexualität durchaus anders gesehen, nämlich: als Reflex des vegetativen Nevensystems oder auch als Ware, die man einfach konsumieren kann. Demgegenüber geht es in der christlichen Ethik um Sexualität als eine Weise menschlichen Erlebens und Sichverhaltens, die auf eine Person „ausgerichtet" ist, die mit Bedeutung „besetzt" und dem Miteinander dienen kann, etwas, was unser Dasein und unsere Beziehungen existenziell tief bestimmt. Wenn sie glückt, kann sie die Erfahrung schenken, über sich selbst und seine Grenzen hinauswachsen zu können und für einen anderen Menschen von Bedeutung zu sein. Sie erweist sich darin als etwas Großes, wofür man danken kann (eben auch Gott). Schließlich bewahrt die theologische Ethik auch das Wissen, dass Sexualität neben der hellen auch eine dunkle Seite hat: Bloßes Auslebenwollen ist nicht frei von Möglichkeiten der Enttäuschung, der Verletzung, der Demütigung, der verdinglichenden Behandlung, der Gewalt und sogar der gesundheitlichen Gefährdung. Deshalb muss es auch in sexuellen Beziehungen und in deren ethischer Reflexion um ethische Anliegen wie Gerechtigkeit, Partnerschaftlichkeit, Selbstdisziplin, Wahrhaftigkeit, Kultivierung durch Sprache, Kunst und Feier gehen.[4]

Was eine erneuerte Sexualmoral mit der tradierten gemeinsam hat, ist die Absicht, Hilfe zur Realisierung einer Zielvorstellung zu geben, die tiefen Sehnsüchten des Menschen entspricht: der Sehnsucht, vertrauen zu dürfen und ganz angenommen zu werden, der Sehnsucht nach Dauer und Verlässlichkeit, dem Wunsch nach Vorbehaltlosigkeit und Endgültigkeit, der Sehnsucht, gemeinsam mit dem Partner kreativ etwas Neues schaffen und der Welt überlassen zu wollen, sozusagen ein Stück Zukunft.[5]

Dass so intensive Beziehungen auch immer ein Wagnis sind – nicht nur in der Phase ihres Zustandekommens, sondern auch und gerade in der Phase des täglichen Gelebtwerdens – und dass sie infolgedessen auch mit Irrtum, Spannungen und Konflikten, Enttäuschung, Untreue, Überforderung und Scheitern zu tun bekommen können, gehört zur Eigenart der Realität, in der diese Sehnsüchte als Visionen konkret gelebt werden müssen. Die Kir-

---

[4] Zur näheren Ausgestaltung dieser Prinzipien s. etwa *Hilpert, Konrad*, Zentrale Fragen christlicher Ethik für Schule und Erwachsenenbildung, Regensburg 2009, 136–148.

[5] Zur anthropologischen Fundierung dieser Sehnsüchte als Kernpunkte einer erneuerten Theologie der Sexualität eindrucksvoll: *Schockenhoff, Eberhard*, Sexualität und Ehe. Moraltheologische Überlegungen zu ihren anthropologischen Grundlagen, in: Stimmen der Zeit 215 (1997) 435–447; *Ammicht Quinn, Regina*, Liebe – Lust – Moral. Überlegungen zu einer komplizierten Dreiecksbeziehung, in: Zur Debatte 33 (2003), Heft 2, 1–4; *Knieps-Port le Roi, Thomas*, Die Ehe als Prozess aus sakramententheologischer Perspektive, in: Zeitschrift für katholische Theologie 132 (2010) 273–292.

che kann zu ihrer Kultivierung beitragen, wenn sie sich für die Liebe als den entscheidenden Maßstab einsetzt, Anleitung und Gelegenheiten bereitstellt, über den Zusammenhang von Freiheit und Verantwortung nachzudenken, und dazu ermutigt, sich – im Wissen um das Angewiesenbleiben auf Beistand und die Möglichkeit des Verzeihens – auf dieses Wagnis einzulassen.

Autorenverzeichnis

Klaus Arntz, Prof. Dr. theol., geb. 1963 in Kalkar/Niederrhein, Studium der Katholischen Theologie in Münster und Rom. Seit 2001 Professor für Moraltheologie an der Universität Augsburg.

Franz Xaver Bischof, Prof. Dr. theol., geb. 1955 in St. Gallen, Studium der Katholischen Theologie in Luzern und Paris. Seit 2007 Professor für Kirchengeschichte des Mittelalters und der Neuzeit an der Katholisch-Theologischen Fakultät der Ludwig-Maximilians-Universität München.

Franz-Josef Bormann, Prof. Dr. M.A., geb. 1965 in Hildesheim, Studium der Katholischen Theologie und Philosophie in Frankfurt, München, Rom und Freiburg. Von 2005–2008 Professor für Moraltheologie und Ethik an der Theologischen Fakultät Paderborn, seit 2008 Professor für Moraltheologie an der Eberhard Karls Universität Tübingen. Seit 2010 Mitglied der Zentralen Ethikkommission bei der Bundesärztekammer.

Christoph Böttigheimer, Prof. Dr. theol. habil, geb. 1960 in Schwäbisch Gmünd, Studium der Katholischen Theologie in Tübingen, Innsbruck und München. Seit 2002 Ordinarius für Fundamentaltheologie an der Katholischen Universität Eichstätt-Ingolstadt. Vorsitzender der Arbeitsgemeinschaft der Katholischen Dogmatiker und Fundamentaltheologen des deutschen Sprachraums.

Sabine Demel, Prof. Dr. theol. habil., geb. 1962 in Coburg, Studium der Klassischen Philologie und Katholischen Theologie in Eichstätt. Seit 1997 Inhaberin des Lehrstuhls für Kirchenrecht an der Katholisch-Theologischen Fakultät der Universität Regensburg.

Stephan Ernst, Prof. Dr. theol., geb. 1956 in Frankfurt am Main, Studium der Katholischen Theologie, Philosophie, Pädagogik und Musikwissenschaft in Frankfurt a. M. und Münster. Seit 1999 Professor für Moraltheologie an der Katholisch-Theologischen Fakultät der Universität Würzburg.

Peter Fonk SJ, Prof. Dr. phil. Dr. theol., geb. 1955 in Münster, Studium der Katholischen Theologie, Philosophie und Slawistik in

Münster und Würzburg. Seit 1994 Professor für Moraltheologie an der Katholisch-Theologischen Fakultät der Universität Passau.

Eckhard Frick SJ, Prof. Dr. med., geb. 1955 in Bad Nauheim, Studium der Medizin, Philosophie und Theologie in Freiburg i. Br., Münster, Paris, München und Innsbruck. Professor an der Hochschule für Philosophie München (Psychosomatische Anthropologie) und an der Medizinischen Fakultät der Ludwig-Maximilians-Universität München (Spiritual Care). Lehranalytiker des C.G. Jung-Institutes München.

Stephan Goertz, Prof. Dr. theol., geb. 1964 in Oberhausen, Studium der Katholischen Theologie in Münster und Bochum. Von 2004–2010 Professor für Sozialethik und Praktische Theologie an der Universität des Saarlandes. Seit 2010 Professor für Moraltheologie an der Katholisch-Theologischen Fakultät der Johannes Gutenberg-Universität Mainz.

Marianne Heimbach-Steins, Prof. Dr. theol., geb. 1959 in Köln, Studium der Katholischen Theologie und Germanistik in Bonn, Würzburg und Fribourg. Seit 2009 Tätigkeit als Direktorin des Instituts für christliche Sozialwissenschaften an der Universität Münster/Westfalen.

Konrad Hilpert, Prof. Dr. theol., geb. 1947 in Bad Säckingen, Studium der Katholischen Theologie, Philosophie und Germanistik in Freiburg i. Br. und München. Seit 2001 Professor für Moraltheologie an der Katholisch-Theologischen Fakultät der Ludwig-Maximilians-Universität München, davor seit 1990 Professor für Praktische Theologie und Sozialethik an der Universität des Saarlandes. Mitglied der Bioethikkommission der Bayerischen Staatsregierung (seit 2001) sowie der Zentralen Ethik-Kommission für Stammzellenforschung (seit 2002). Vorsitzender der Arbeitsgemeinschaft der deutschen Moraltheologen.

Gerhard Höver, Prof. Dr. theol., geb. 1949 in Toisdorf/NRW, Studium der Katholischen Theologie, Latein und Sozialwissenschaften in Bonn. Seit 1989 Professor für Moraltheologie an der Universität Bonn. Mitglied der Bioethik-Kommission der Deutschen Bischofskonferenz.

Gerfried W. Hunold, Prof. em. Dr. theol., geb. 1938 in Oldenburg, Studium der Philosophie, Theologie, Sozialwissenschaften und Psychologie in Münster, Paderborn, Bonn und Köln. Von 1971–1981 Professor für Moraltheologie an der Philosophisch-Theologischen

Hochschule Münster und von 1981–2003 Professor für Theologische Ethik an der Eberhard-Karls-Universität Tübingen.

Klaus Kießling, Prof. Dr. phil. Dr. theol. habil., Dipl. Psych., Klinischer Psychologe (BDP/GwG), Lehrsupervisor (DGfP), geb. 1962 in Stuttgart, Studium der Katholischen Theologie und Psychologie in Würzburg, Freiburg i. Br., Bern, Fribourg i. Ue. und Tübingen. Seit 2004 Tätigkeit als Leiter des Instituts für Pastoralpsychologie und Spiritualität sowie des Seminars für Religionspädagogik, Katechetik und Didaktik an der Philosophisch-Theologischen Hochschule Sankt Georgen in Frankfurt a. M., seit 2010 Prorektor der Hochschule.

Elmar Kos, Prof. Dr. theol., geb. 1960 in Göppingen, Studium der Katholischen Theologie und Philosophie in Tübingen. Seit 2003 Professor für Moraltheologie an der Universität Vechta und Osnabrück.

Ulrike Kostka, PD Dr. theol., geb. 1971 in Celle, Studium der Katholischen Theologie und Gesundheitswissenschaften in Münster und Bielefeld. Seit 2005 Abteilungsleiterin Theologische und verbandliche Grundlagen sowie Leiterin des Präsidenten- und Vorstandsbüros des Deutschen Caritasverbandes, Lehrbeauftragte für Moraltheologie an der Universität Münster und Geschäftsführerin der Kommission Caritasprofil des Deutschen Caritasverbandes.

Walter Lesch, Prof. Dr. theol., geb. 1958 in Duisburg, Studium der Katholischen Theologie, Philosophie und Romanistik in Münster, Fribourg, Jerusalem und Tübingen. Seit 1999 Professor für Moralphilosophie und Sozialethik an der Université catholique de Louvain.

Andreas Lob-Hüdepohl, Prof. Dr. theol., geb. 1961 in Wuppertal, Studium der Theologie und Philosophie in Bonn. Seit 2009 Präsident der Katholischen Universität Eichstätt-Ingolstadt. Wissenschaftlicher Berater des Kuratoriums der Arbeitsstelle Pastoral für Menschen mit Behinderungen der Deutschen Bischofskonferenz, Mitglied der AG Menschenwürde der Deutschen Sektion Justitia et Pax, Vorsitzender der AG Ethik Sozialer Arbeit der Deutschen Gesellschaft für Soziale Arbeit.

Raimund M. Luschin SDB, Dipl. Soz. Päd. (FH), Dr. theol., Prof. em. für Moraltheologie, geb. 1942 in Klagenfurt, Studium der Sozialpädagogik und Katholischen Theologie in Benediktbeuern, München und Wien. Seit 1988 Tätigkeit als Dozent, seit 2001 als Prof. für Moraltheologie an der Philosophisch-Theologischen

Hochschule der Salesianer Don Boscos Benediktbeuern – Theologische Fakultät.

Karl-Wilhelm Merks, Prof. Dr. theol., geb. 1939 in Willich, Studium der Klassischen Sprachen, Philosophie und Theologie in Bonn, Fribourg und Toulouse. Von 1981 bis 2004 Professor für Moraltheologie an der Theologischen Fakultät Tilburg in den Niederlanden.

Wunibald Müller, Dr. theol., Dipl. psych., Psychotherapeut, geb. 1950 in Buchen (Odenwald), Studium der Katholischen Theologie und Psychologie in Freiburg, Würzburg, Jerusalem und Berkeley (USA). Seit 1991 Leiter des Recollectio-Hauses der Abtei Münsterschwarzach.

Hans J. Münk, Prof. em. Dr. theol. habil., geb. 1944 in Kolmar, Studium der Philosophie und Theologie an der Albert-Ludwigs-Universität Freiburg und an der Pontificia Universitas Gregoriana in Rom. Von 1987–2004 Professor für Philosophische und Theologische Ethik, seit 2004 Professor für Theologische Ethik (einschließlich Christlicher Sozialethik/Gesellschaftslehre), Leiter des Instituts für Sozialethik der Theologischen Fakultät der Universität Luzern. Bis Ende 2001 Mitglied der Theologischen Kommission der Schweizer Bischofskonferenz.

Jochen Sautermeister, Dr. rer. soc. Dipl.-Psych. Dipl.-theol. M.A., geb. 1975 in Weinheim, Studium der Katholischen Theologie, Psychologie und Philosophie in Tübingen und Jerusalem. Seit Oktober 2004 Wissenschaftlicher Mitarbeiter am Lehrstuhl für Moraltheologie an der Katholisch-Theologischen Fakultät der Ludwig-Maximilians-Universität München.

Eberhard Schockenhoff, Prof. Dr., geb. 1953 in Stuttgart, Studium der Katholischen Theologie in Tübingen und Rom. Seit 1990 Professor für Moraltheologie an der Universität Regensburg, seit 1994 an der Albert-Ludwigs-Universität in Freiburg. Seit 2001 Mitglied im Nationalen Ethikrat und seit 2008 Mitglied im Deutschen Ethikrat.

Josef Schuster SJ, Prof. Dr., geb. 1946 in Dauersberg (jetzt: Betzdorf/Sieg), Studium der Philosophie und Katholischen Theologie in Münster, an der Hochschule für Philosophie Pullach b. München und an der Philosophisch-Theologischen-Hochschule St. Georgen Frankfurt a. M. Seit 1987 Tätigkeit als Professor für Moraltheologie an der Philosophisch-Theologischen Hochschule St. Georgen

Frankfurt a. M. Mitglied der Kommission XI Ehe und Familie der DBK.

Günter Virt, Prof. em. Dr. theol., geb. 1940 in Wien, Professor für Moraltheologie 1981–1983 in Paderborn, 1983–1986 in Salzburg und seit 1986 in Wien. Von 1993–2001 Leiter des interdisziplinären Institutes Ethik und Recht in der Medizin, Mitglied der European Group on Ethics in Science and New Technologies in Brüssel und der Ethikkommission beim österreichischen Bundeskanzleramt.

Saskia Wendel, Prof. Dr., geb. 1964 in Ludwigshafen/Rhein, Studium der Katholischen Theologie, Philosophie und Germanistik in Freiburg i. Br. und Fribourg i. Ue. Seit 2008 Professorin für Systematische Theologie an der Universität zu Köln. Erste Vorsitzende des Forums katholischer Theologinnen e.V. (AGENDA), Mitglied der European Society of Women in Theological Research (ESWTR), Mitglied der AG „Menschenwürde und Menschenrecht“ der Deutschen Kommission „Justitia et Pax“, Mitglied des wiss. Beirats Projekt „antropos“, Leuven.

Werner Wolbert, Prof. Dr. theol. Dr. h.c., geb. 1946 in Greven/Westfalen, Studium der Katholischen Theologie in Münster und Tübingen. Seit 1989 Professor für Moraltheologie an der Katholisch-Theologischen Fakultät der Universität Salzburg.

Stichwortverzeichnis

E

R

W